常见刑事案件辩护要点

（第四版）

GENERAL DEFENSES TO COMMON CRIMINAL OFFENSES FOURTH EDITION

娄秋琴 / 著

北京大学出版社
PEKING UNIVERSITY PRESS

图书在版编目(CIP)数据

常见刑事案件辩护要点/娄秋琴著. —4版. —北京:北京大学出版社,2021.11
(律师阶梯)
ISBN 978-7-301-32656-5

I. ①常… Ⅱ. ①娄… Ⅲ. ①刑事诉讼—辩护—案例—中国 Ⅳ. ①D925.210.5

中国版本图书馆CIP数据核字(2021)第208241号

书　　　名	常见刑事案件辩护要点(第四版)
	CHANGJIAN XINGSHI ANJIAN BIANHU YAODIAN(DI-SI BAN)
著作责任者	娄秋琴　著
策划编辑	陆建华
责任编辑	陆建华　费　悦
标准书号	ISBN 978-7-301-32656-5
出版发行	北京大学出版社
地　　　址	北京市海淀区成府路205号　100871
网　　　址	http://www.pup.cn　http://www.yandayuanzhao.com
电子信箱	yandayuanzhao@163.com
新浪微博	@北京大学出版社　@北大出版社燕大元照法律图书
电　　　话	邮购部 010-62752015　发行部 010-62750672　编辑部 010-62117788
印　刷　者	北京市科星印刷有限责任公司
经　销　者	新华书店
	730毫米×1020毫米　16开本　46.25印张　780千字
	2014年3月第1版　2016年6月第2版　2018年1月第3版
	2021年11月第4版　2021年11月第1次印刷
定　　　价	148.00元

未经许可,不得以任何方式复制或抄袭本书之部分或全部内容。
版权所有,侵权必究
举报电话: 010-62752024　电子信箱: fd@pup.pku.edu.cn
图书如有印装质量问题,请与出版部联系,电话: 010-62756370

第四版修订说明

为了继续提升理论素养,我于2017年9月进入中国政法大学攻读诉讼法学博士,并利用在校时间对《常见刑事案件辩护要点》进行修订,2018年1月《常见刑事案件辩护要点》第三版正式出版面世。读博的日子是清苦的,记不清有多少个孤灯黄卷的日子,孤独过、彷徨过、痛苦过、退缩过,历经三年半的煎熬,我终于在2021年1月顺利取得了博士学位。

在这三年多的时间里,我一方面通过阅读大量的文献进行理论学习,另一方面通过查阅大量的刑事案例补给实践经验,这样的学习经历不但有利于我进行关于程序性辩护的博士论文选题的研究和写作,而且也使我积累了很多实体性辩护方面的新思路。2020年12月26日,第十三届全国人民代表大会常务委员会第二十四次会议通过了《刑法修正案(十一)》,共计48条,许多读者纷纷来信询问《常见刑事案件辩护要点》什么时候能出第四版。在这样的背景下,我开始着手修订《常见刑事案件辩护要点》,想来也算是天时、地利、人和。

《常见刑事案件辩护要点》2014年出版第一版,2016年出版第二版,2018年出版第三版,每一次我都集中投入了大量的时间和精力进行较大幅度的修订,这主要源于两方面的动力:一是这本书自出版以来,不仅成为很多律师经常使用的书籍,还得到了公、检、法等相关司法人员的青睐,更让我意外的是,还能经常收到看守所甚至监狱里的犯罪嫌疑人、被告人和已决犯的意见反馈,他们甚至也会使用书中的观点进行自行辩护,这让我备受鼓舞,希望通过修订使本书的内容更加完善、准确,使其更具实操性和指引性,能惠及更多的人;二是由于法律法规和司法解释不断更新变化,作为律师更需要不断学习以进行知识更新,所以每一次的修订对自己都是个很好的学习契机,不但可以对相关法律法规和司法解释进行重新梳理与系统学习,还可以根据最近的办案经验总结和反思刑事辩护执业技能,从而不断提升自我。既然于人于己都大有好处,就值得持续投入大量的时间和精力进行修订。

相比于前几次修订,《常见刑事案件辩护要点》第四版的修订幅度是最大的,字数从第三版的 57 万字增加到了 78 万字,案例从第三版的 148 个增加到了 257 个,章节从第三版的 11 章增加到了 12 章。具体的修订情况简述如下:

第一,根据《刑法修正案(十一)》,最高人民法院、最高人民检察院《关于执行〈中华人民共和国刑法〉确定罪名的补充规定(七)》以及其他自 2018 年 1 月 1 日以来颁布或者修正的法律法规及司法解释的内容,对书中涉及的相应内容进行了全面修订。

第二,鉴于非法集资案件的多发性和常见性,也应部分读者的要求,《常见刑事案件辩护要点》第四版增加了融资类犯罪案件一章,放在第十二章,增加了 9 个对融资类犯罪案件辩护要点的阐述。

第三,为了将本人在本书中总结的 12 类常见刑事案件的辩护要点更好地运用到实践中,更好地发挥其作用和价值,本书增加了大量的案例分析,选取的多为疑难复杂有争议且具有一定辩护空间的案例,摘选于《刑事审判参考》或中国裁判文书网。为了叙述方便,让读者能快速掌握案例中的辩护要点和核心,我删减了其中不必要的信息,仅保留了裁判的核心要义,甚至进行部分改编,具有一定的参考性。

第四,为了帮助读者在实践中更好地运用本书的辩护要点,我在本书中加入了刑事辩护执业方法和技能方面的内容,例如如何对司法鉴定意见进行质证等,力图使本书更具实操性。

第五,为了使本书的内容更加完善、准确,我对原来的 11 章进行了逐章逐节的修订,为了帮助读者快速了解修订情况,现将修改幅度较大的部分简述如下:第一章暴力类犯罪,调整了辩点的顺序,增加了非法拘禁罪,修改了鉴定意见和正当防卫的辩护要点,增加了司法实践对自首的把握以及酌定从宽情节的内容,加强了对抢劫罪加重情节的分析;第二章财产类犯罪,增加了此罪彼罪的要点;第三章诈骗类犯罪,加强了对诈骗行为的分析,增加了三角诈骗、诉讼诈骗、赌博诈骗、调包诈骗等内容,调整了对恶意透支型信用卡诈骗的分析;第四章侵占类犯罪,调整了罪名的顺序,删除了企业改制的辩护要点,将内容调整后纳入侵占行为的分析,调整了量刑标准;第五章挪用类犯罪,调整了挪用主体和挪用对象的内容,增加了主犯与从犯的认定;第六章贿赂类犯罪,调整了量刑标准,完善了自首与立功制度,增加了退还上交和既遂未遂的辩护要点;第七章渎职类犯罪,增加了企业型的渎职犯罪,完善了对滥用职权和玩忽职守行为以及因果关系的分析,增加了一罪数罪的辩护要点;第八章税务类犯罪,调整了犯罪主体和相关案例,增加了可进行无罪辩护的特殊情形;第九章走私类犯罪,对主观方面的犯罪故意、犯罪目的和犯罪动机进行了调整,增加了犯罪未遂与中止的辩护要点;第十章毒品类犯罪,增加了持有型毒品类犯罪的未完成形态辩护要点;第十一章黄赌类犯罪,增加了负有照护职责人员性侵罪和组织参与国(境)外赌博罪两个罪名,完善了传播性病罪的辩护要点。

除了对内容作了大幅修改,我也对全书的文字和标点符号进行了调整,力图使书中的表达更加清晰、准确。虽然我已经尽力而为,但由于能力所限,书中一定还会存在很多不足之处,敬请读者继续提出宝贵的意见和建议,我会继续努力,在实践中不断打磨,力争将本书打造成为一本具有实操性的刑事辩护"字典"。

娄秋琴
二〇二一年八月一日

第三版修订说明

人前行的动力源自一个个细节。

2014年的某天下午,我到山东一个看守所会见我的当事人。他是我执业生涯里遇到的非常有担当的男人,很儒雅,这次见面还没有开始谈案子,他就迫不及待地告诉我:"娄律师,我们监室不少人在读你的那本书,没有请律师的还对照书中的案例为自己辩护呢……"我一顿,心生温暖。自己的这些文字居然还能帮上一些未能请得起律师的当事人,这完全出乎我的意料。

2016年,我代理的一个涉案金额过千万元的当事人终于被依法取保候审。从看守所出来后他告诉我,在那段失去自由的日子里,他多么渴望通过法律条款,了解和掌握自己的命运,以至于不让自己"死"得不明不白,但读《刑法》和《刑事诉讼法》那些条文让他感觉很吃力,后来发现"辩点"这本书条理清晰,通俗易懂,即使他们这些从未学过法律的人,也能看得明明白白,清清楚楚。他说,虽然我写这本书的初衷也许是为了给同行一些借鉴和参考,但它对法律界以外的人士也具有不可估量的意义,他作为一个曾经失去过自由的人,有着最切身的体会。这些发自肺腑的话,让我感动不已。

《常见刑事案件辩护要点》第一版于2014年春天面世,当时它就像应景的嫩芽,在泥土里绽放,在大家的呵护下,渐渐茁壮成长,在业内传开。2016年6月,我根据《刑法修正案(九)》和新颁布的一系列关于贪污贿赂、毒品、走私、抢劫、抢夺、盗窃、敲诈勒索等的司法解释,对第一版进行了大幅度的修改和调整,增加了近50个案例的实操见解,于是第二版孕育而生。深圳、广州、郑州、昆明、楚雄、佛山、中山各地还自发举办了书友会,书友们聚集一堂,共话辩点的运用。

当初应约写稿,为梳理执业经验、归纳常见刑案辩点,把多年从业经验形成文字与大家分享,希冀对同行有所启发,倘若能吸引更多的精英加入这个行业,自然是让人欣喜的事。但当这本书得到越来越多的非法律人士的认可后,让这本书更加通俗、易懂、可读、惠及更多的人,便成了修订的最大动力。

第二版面世后,为了让读者尽可能获得准确的信息,本着严谨的精神,趁着加印的机会对书中的一些纰漏做了小幅度的修改。目前第二版上市距今已有一年半的时间,在此期间,国家司法机关出台了一些司法解释;新增的执业阅历使得我对书中原有的辩护观点和策略有了不同的看法;书中原有的体系结构和语言表达也存在可推敲和雕琢的空间。因此,全面的修订应势而生。

第三版修订的主要板块简述如下:

第一,根据最高人民法院于2017年4月1日开始实施的修订后的《关于常见犯罪的量刑指导意见》和2017年5月1日开始实施的《关于常见犯罪的量刑指导意见(二)(试行)》的规定,增加和调整了部分犯罪的量刑指导。涉及第一、二、三、四、十章的内容。

第二,根据"两高一部"关于办理电信网络诈骗案件的司法解释,大幅增加了电信网络诈骗案件的辩护要点,包括电信网络诈骗数额的认定、从重处罚的情节、共同犯罪案件的处理等内容。修改主要集中在第三章。

第三,针对实践中对国家出资企业以及国家出资企业人员在性质认定上存在的偏差,增加了对这两类主体性质的认定;另外还针对挪用公款罪,增加了法定的从宽处罚的情节以及挪用金额的计算方法。修改主要体现在第四章和第五章。

第四,针对对贪污贿赂、渎职、虚开增值税专用发票、走私等司法解释的遗漏和理解偏差,增补并更正了原有的内容。修改主要体现在第六、七、八、九章。

第五,对于毒品类犯罪,总共增加了三个大的辩点:共同犯罪、量刑指导和程序辩护。程序辩护是一种新的尝试,是在最高人民法院、最高人民检察院、公安部于2016年5月24日发布《办理毒品犯罪案件毒品提取、扣押、称量、取样和送检程序若干问题的规定》的基础上总结提炼而成。应该说,第十章修改的篇幅较大。

第六,由于"两高"在2017年7月21日发布了《关于办理组织、强迫、引诱、容留、介绍卖淫刑事案件适用法律若干问题的解释》以及"两高一部"发布了《关于办理利用赌博机开设赌场案件适用法律若干问题的意见》,所以对第十一章中淫乱类犯罪和毒品类犯罪的修订幅度也比较大。

除了以上每一章的内容都作了调整,我还对全书的语言进行了调整,力争文字更加清晰明了;对标点符号进行了修改,力争书面表达更加准确无误。写到这里,已是黎明,曙光将现。中国司法文明的前行也像此时光景,只要同行们、读者们一起努力,曙光终会出现,阳光灿烂的日子终会来临。

  囿于识见、学养、阅历等,本书一定仍存很多不足之处,要真正成为刑事辩护的"字典",还需在实践中不断打磨、在前行路上不断积淀,精致、通俗、可读是本书努力的方向。三人行,必有我师。我衷心渴望得到名家、师长、同行、读者的指点与帮助,这样我的这些文字才能变得更加精致、才能惠及更多的人。"娄秋琴工作室"微信公众号随时欢迎大家莅临并提出宝贵的意见和建议。

娄秋琴

二〇一七年十二月二十日

第二版修订说明

《常见刑事案件辩护要点》第一版于2014年3月面世,之后经历小幅度修改及三次印刷。在这两年多的时间里,感谢读者朋友们的陪伴与支持,感谢律师朋友们的鼓励和鞭策。

回想当年答应约稿的初衷,是为了将自己多年执业经验进行总结,将常见刑事案件辩点予以归纳,希冀对律师的辩护起到些许帮助作用,也能吸引更多的律师投入到刑事辩护中来。然而,有一次去看守所会见的一个案件的当事人却告诉我他同监室的人都在看我的这本书,说里面的很多观点与他们自己的案件很相似,他们还用书中的很多观点进行自行辩护。这样的信息完全超乎了我的预料,我从未想过这样的一本书竟然还可以帮助犯罪嫌疑人和被告人进行自我辩护。但是,这样的信息却更加坚定了我要把这本书继续修订完善的想法,因为这可能远比我自己单纯代理案件维护个案当事人合法权益的意义要大得多。

《刑法修正案(九)》的出台和一系列司法解释的发布和废止使得对本书进行大幅度的修订、改编势在必行。此外,新增两年的执业生涯也使得笔者对书中原有的辩护观点和策略有了不同的看法,对书中原有的体系结构和语言表达也发现了可以调整和雕琢的空间。在这样的背景之下,第二版孕育而生,修订和完善的内容主要体现在以下六个方面:

第一,根据《刑法修正案(九)》的内容,对暴力类、侵占类、贿赂类、走私类、毒品类、黄赌类案件这六章中的辩点进行了大幅度的修改和调整,有的罪名还作了调整,如删除了嫖宿幼女罪,增加了对有影响力的人行贿罪,调整了强制猥亵、侮辱罪和非法生产、买卖、运输制毒物品、走私制毒物品罪。

第二,根据新发布的一系列关于抢劫、抢夺、盗窃、敲诈勒索、走私、毒品等司法解释,对相关案件的辩点进行了大幅度的修改和调整,特别是2014年《关于办理走私刑事案件适用法律若干问题的解释》发布实施后,2000年《关于审理走私刑事案件具体应用法律若干问题的解释》以及2006年《关于审理走私刑事案件具体应用法律若干问题的解释(二)》同时废止,2016年《关于审理毒品犯罪案件适用法律若干问题的解释》发布实施后,2000年《关于审理毒品案件定罪量刑标准有关问题的解释》同时废止,因存在很多不一致的地方,所以修订幅度非常大。

第三,根据案件常见程度以及章节之间的衔接性,笔者对本书的章节排序进行了调整,按照暴力、财产、诈骗、侵占、挪用、贿赂、渎职、税务、走私、毒品、黄赌类犯罪的顺序进行阐述,使得读者能够更加快速地找到相关案件的辩点进行适用。

第四,为了加强整本书在体系上的完善和呼应,笔者对各章中辩点的排序也作了调整。此外,根据恩师曲新久教授的建议,删除了一些案件关于"此罪彼罪"辩点的阐述,将其内容融入其他辩点的论述中,对实务更具有可操作性。

第五,为了强化本书的实务性、可操作性和直观性,笔者在此次修订中根据辩点阐述的需要,新增了近50个案例的实操见解,其中包括人民法院刑事指导案例、经改编的案例以及笔者自己办理的案例,使得本书的案例已多达近150个,增强了对各类案件辩护要点在实务中运用的指导。

刑事辩护是一项需要动用全身智慧的工作,笔者希望本书通过对各类常见案件辩点的阐述,辅以形形色色案例的分析,让辩护律师和当事人能够更精确更精准地行使好辩护权,使得每一个当事人的合法权益在个案中得以维护,进而合力推动法治的进程。面对感谢与肯定,我会备受鼓舞;面对错误与质疑,我会积极改正;面对问题与困惑,我会努力解答。但由于学识有限,书中难免还有疏漏欠妥之处,敬希读者一如既往地指正赐教。为了方便读者反馈建议或意见,了解更多刑事辩护的知识,欢迎关注"娄秋琴工作室"微信公众号。

娄秋琴

二〇一六年五月一日

序一

钱列阳

娄秋琴律师最近又推力作《常见刑事案件辩护要点》，这已是她的第七本著作，作为一个执业八年的年轻律师，在办理了大量疑难复杂案件的同时，还能有此等力作已算是律师中的"高产作家"。律师业务是一个将理论和实践相结合的工作，而律师著书则是一个从理论中来又回到理论中去的拔高的过程，这种在实务中归纳、总结、提炼形成的沉淀是一个年轻律师业务积累的宝贵财富。我认为，娄秋琴律师八年的律师生涯，就像竹子一样，几年就是一节，几年就是一个新的台阶。她的著作反映出她对业务的执著带来了专业上的收获和成果；更重要的是，她探索了一条青年律师快速成长的道路，非常值得借鉴。

《常见刑事案件辩护要点》涵盖了辩护律师代理各类常见刑事案件进行辩护工作最主要的切入点，更像是为辩护工作提供了一个标准格式，犹如写书法，首先要练楷书，横平竖直，把字架子搭正了，即使将来练到了狂草，也不会超出字架子的范围。现在很多律师，尤其是年轻律师，在基本功不扎实的情况下，急于办大案要案，想写狂草却写成了没有字架子的花。其实每个行业都一样，都需要不断摸索标准的操作模式作为基本样板。《常见刑事案件辩护要点》这本书可以给律师，尤其是有志于进行刑事辩护的律师打通一条快速进入刑事辩护世界的捷径，当辩护律师掌握好了案件的切入点，拥有了规范的方方正正的标准，便打下了扎实的基本功，以后再遇到个别案件时，则可以因势利导地具体问题具体分析，也可以探索出超越这本书之外的拔高的辩护切入点。

广大年轻律师在学习了刑法学理论和刑事诉讼法基本知识之后迈入刑事辩护

领域,如果将这本书作为切入刑事辩护工作的标准规范的一种参考,会少走些弯路。因此,我认为这本书对年轻律师的引领作用是很大的,可以称为年轻刑事辩护律师的必备参考书,我很欣赏,也希望大家能够欣赏和参考。

我有幸做了这本书的顾问,但这本书的创作,从构思到研发,完全都是娄秋琴律师自己的主意和想法,而她所代表的年青一代的这种思想,这种进取的精神其实更让我感动,在感到后生可畏的同时,也给我们带来了鼓励。作为她的朋友,她的同事,她的搭档,同时又与她的导师曲新久教授是同龄人,我们一同见证了一个年轻律师,或者说是一代年轻律师,在这十年或者十几年中快速成长,快速走入执业主流的过程。我认为我们这一代老的法律工作者,不论是学者还是律师,都应该给年青一代做好铺路石、垫脚石,而不要成为他们的绊脚石,这是历史赋予我们的责任和使命。法治中国需要的就是每一代法律人从上一代人那里传承精华,为下一代人铺平道路,这是我们的社会责任,更是我们法治的历史责任。

是为序。

2014 年 1 月 6 日

序二

曲新久

娄秋琴律师是我指导的硕士研究生,她心地善良,敏于思考,善辩是非,是做律师的好材料。毕业后,她执业刑辩,为著名或者不著名的刑事被告人仗义执言,为刑事被害人伸张正义,贡献聪明才智于我国刑事法治。不仅如此,她还勤于写作,先后完成《公司企业管理人员刑事法律风险与防范》《商界警示:企业管理人员不可不知的88种刑事法律风险》《从政警示:国家公务人员不可忽视的66种刑事法律风险》《这样做HR最有效:最新企业劳动人事管理全书》等著作,《常见刑事案件辩护要点》是其又一部力作。

《常见刑事案件辩护要点》最大的看点是实现了刑法规范体系与刑事辩护工作实际需要的有机结合,重新分解、合并各类各种犯罪,这就是将刑事辩护工作中常见的犯罪划分十一大类,构成全书的十一章,这样的体系安排,是基于却不拘泥于我国刑法典分则体系,是将刑法规定与刑法理论以及刑事司法实践相结合的一种尝试,能够最大限度地方便律师迅速查找各种刑事案件的辩护要点。

以"贿赂类犯罪"为例,《中华人民共和国刑法》(以下简称《刑法》)将贿赂类犯罪区分为与国家工作人员和与非国家工作人员相关的两大类:有关国家工作人员的贿赂类犯罪规定在《刑法》分则第八章"贪污贿赂罪";有关非国家工作人员的贿赂类犯罪,即《刑法》第163条的非国家工作人员受贿罪、第164条的对非国家工作人员行贿罪和对外国公职人员、国际公共组织官员行贿罪,规定在《刑法》分则第三章第三节。《刑法》分则分两章规定贿赂类犯罪有其历史与规范体系上的道理,但是,《刑法》分则第三章第三节规定的三个贿赂犯罪与第八章规定的国家工作人员贿赂犯罪实际上有密切联系，从辩护工作的角度必须关注这样的联系，因为这直接涉及罪轻罪重的问题。

再以侵财类犯罪为例，除了贪污罪、挪用公款罪外，《刑法》分则集中地规定在第五章"侵犯财产罪"，而这本书首先将诈骗类犯罪独立出去，从规范的角度讲，诈骗类犯罪是侵财类犯罪的重要一类，但是从辩护的角度讲，诈骗类犯罪不易与其他侵财类犯罪发生混淆。因此，《常见刑事案件辩护要点》将诈骗类犯罪作为独立的一类，专章加以叙述。

当然，本书有些犯罪的新分类也许会有争议。例如，"黄赌类犯罪"一章，包括了"淫乱类""淫秽物品类""性侵类""赌博类"四类，"性侵类"犯罪包括强奸罪，强制侮辱、猥亵妇女罪，猥亵儿童罪等性犯罪。一般来说，"性侵类"犯罪是侵犯公民人身权利的犯罪，与淫乱、淫秽物品犯罪，在法益上有着重大差异，归类于一起，也许会有争议，但是，如果考虑现实生活中发生的"性侵类"犯罪有七八成发生于熟人之间，而强奸与淫乱犯罪之间常常有着事实上的密切联系，需要辩护律师高度关注，如此归类，也就有了一定的合理性。

本书各章分为"综述"和"辩点整理"两节。第一节是各类犯罪的"综述"部分，包括"犯罪分类索引"和"《刑法》规定对照表"两项，这一节提纲挈领，条理清晰，一目了然。"犯罪分类索引"，基于辩护需要突出了各种犯罪的共同特征，例如，本书第六章"侵财类犯罪"将侵财犯罪区分为强抢型、取得型、挪用型、勒索型、毁损型等五类。"《刑法》规定对照表"，详列了各种犯罪的类型、罪名、法条、罪状、主刑、附加刑、辩点速查，不仅方便律师快速查找有利于被告人的辩护要点，也有利于法官、检察官通过快速浏览表格发现裁判规则。第二节"辩点整理"是各章的主体部分，具体内容按照辩点展开，作者特别注意将刑法理论与司法解释结合起来，重要的辩点还穿插表格、案例说明，各章最后附有法条、法规、司法解释等规范性文件目录，实用性很强。

每位成功的辩护律师大脑中都有自己的辩点体系，《常见刑事案件辩护要点》是娄秋琴律师分类整理的各类常见刑事案件的辩护要点，是将刑法规定、司法解释、刑法理论所涉及的辩护要点，分门别类编排起来，以便辩护工作备检的一本书。该书具有类书、工具书的性质，是律师、法官、检察官、刑事警官，以及刑法研习者的必备手册。

是为序。

2014 年 1 月 5 日

前言

娄秋琴

写作是一项极度需要静下心来的既费脑力又费体力的工作,之所以答应编辑陆建华先生的约稿,完全是出于对刑事辩护的热爱。本人经历四年刑事侦查本科学习,三年刑法硕士研究生学习,十年刑事辩护律师工作,在刑事领域算来已有十七年之久。回想刚出道时著写《公司企业管理人员刑事法律风险与防范》,梳理了职务犯罪和经济犯罪的构成要件;而后历经十年刑事律师职业生涯,代理了一个又一个鲜活的刑事案件,从传统的暴力犯罪案件到法定的职务经济案件,从法律援助案件到慕名而来的案件,从无人问津的小案子到轰动一时的大案子,无论是哪一种,因为全身心地投入和经历,它们都在我心里刻下了深深的印迹。我之所以常说"刑辩,吾之最爱,亦吾之最伤",是因为刑辩律师的激情、理想可以在代理案件的过程中得以充分地展现和发挥,但也可能因为司法的现状而备受打击和摧残。无论如何,将它作为我此生的事业,我无怨无悔。因为它可以"雪中送炭",它可以救人于危难,它有助于保障人权和推动法治的进程。

因为刑事辩护直接关乎人最宝贵的自由权和生命权,它的神圣性,容不得我们一丝的马虎和懈怠。为了更好地完成使命,加强执业素质并提高执业技能是我们刑辩律师应当努力做到的,而在一个案件中能否找准辩护的切入点,直接影响到辩护的效果,也是执业能力的重要体现。于是,在编辑陆建华先生向我提出写"辩点"这样的选题后,虽然工作和讲学已让我分身乏术,我还是同意尝试进行写作,在分享执业经验的同时,还能让更多的人了解刑事辩护,吸引更多律师投入刑事辩护的事业中来。

本书的写作思路是：按照刑事案件的类型设立专题，再针对各类案件的具体特征，列出辩点，进行深入分析，举例说明，以期帮助大家在拿到刑事案件时便能迅速对号入座，理清思路，找到辩点。当然，由于刑事案件情节的千差万别和不具同一性，实难将各类案件的全部辩点予以全面阐述，只是希冀本书对刑辩律师能起到尽可能多的帮助作用。

本书得以顺利出版，我要特别感谢两位前辈，一位是我的搭档钱列阳律师，另一位是我的研究生导师曲新久教授。

钱列阳律师是我执业生涯的重要导师，他总是很形象地教导我们办理刑事案件一定要找到树的"主干"，然后根据主干再去找树的"枝杈""叶子"，他很强调对辩护要点的掌握，与他共同代理的案件中，他言传身教，给了我莫大的指导与启发。如在代理原铁道部部长刘志军案件的过程中，面对四百多本案卷，针对十几起指控，经过反复研究、推敲、辩论、演练，在找准了切入点后，将辩点发挥到极致，那样的经历，对我而言是永生难忘的。对于本书的出版，钱列阳律师给予了大力的支持和指导，融入了他的心血和思想，希冀能不负其所望。

曲新久教授是我刑法理论的引路者，他用严谨治学的精神、幽默风趣的语言，为我打开了刑法领域的窗户，让我看到了一个斑斓多彩的世界，让我深深爱上了这门学科。毕业后，当我在执业中遇到疑难复杂案件向他请教时，他总是诲人不倦，非常耐心地进行指导，除了理论分析，他还经常换位思考，讲解刑辩律师应当如何分析问题。此外，本书的很多辩护要点也采纳和引用了曲新久教授著写的《刑法学》中的部分观点，在此一并表示感谢。

《常见刑事案件辩护要点》是本人将刑法理论和刑辩实践相结合进行研究的一种新的尝试，虽已竭尽全力，试图让它成为刑事辩护律师寻找辩护切入点的"字典"，成为刑事辩护律师业务技能训练的必备工具，但因能力和学识有限，书中难免会有疏漏欠妥之处，恳请读者多多指正并提出宝贵意见。

2016 年 4 月 10 日

目　录

第一章　暴力类犯罪

第一节　暴力类犯罪综述 …… 003
一、暴力类犯罪分类索引 …… 003
二、暴力类犯罪《刑法》规定对照表 …… 004

第二节　辩点整理 …… 007
- 辩点1-1:犯罪主体 …… 008
  - (一)主体年龄 …… 008
  - (二)精神病人 …… 011
  - (三)醉酒的人 …… 013
  - (四)吸毒的人 …… 014
  - (五)家庭暴力的受害者 …… 015
  - (六)民间纠纷的当事人 …… 016
  - (七)首要分子和积极参加者 …… 017
- 辩点1-2:主观方面 …… 018
  - (一)犯罪动机 …… 018
  - (二)杀伤型暴力类犯罪的犯罪故意 …… 019
  - (三)强抢型暴力类犯罪的犯罪目的 …… 021

(四)拘禁型暴力类犯罪的犯罪目的 …………………………… 023
- 辩点1-3:犯罪对象 …………………………………………… 026
  (一)他人 ……………………………………………………… 026
  (二)公私财物 ………………………………………………… 027
- 辩点1-4:犯罪行为 …………………………………………… 029
  (一)杀人行为 ………………………………………………… 029
  (二)伤害行为 ………………………………………………… 031
  (三)抢劫行为 ………………………………………………… 032
  (四)抢夺行为 ………………………………………………… 049
  (五)哄抢行为 ………………………………………………… 051
  (六)绑架行为 ………………………………………………… 051
  (七)非法拘禁行为 …………………………………………… 053
- 辩点1-5:鉴定意见 …………………………………………… 054
  (一)法医鉴定意见 …………………………………………… 054
  (二)物证鉴定意见 …………………………………………… 058
  (三)物价鉴定意见 …………………………………………… 059
  (四)审查鉴定意见 …………………………………………… 060
- 辩点1-6:正当防卫 …………………………………………… 063
  (一)正当防卫的构成条件 …………………………………… 063
  (二)正当防卫和互殴行为 …………………………………… 069
  (三)无限防卫条款的适用 …………………………………… 070
- 辩点1-7:犯罪形态 …………………………………………… 073
  (一)犯罪预备 ………………………………………………… 073
  (二)犯罪中止 ………………………………………………… 074
  (三)犯罪未遂 ………………………………………………… 076
- 辩点1-8:共同犯罪 …………………………………………… 079
  (一)共同犯罪的认定 ………………………………………… 079
  (二)共同犯罪人的作用 ……………………………………… 082
  (三)共同犯罪人的分工 ……………………………………… 084
- 辩点1-9:一罪数罪 …………………………………………… 087
  (一)一罪 ……………………………………………………… 087

（二）数罪 ·· 089
● 辩点1-10：自首立功 ··· 091
　　（一）自首 ·· 092
　　（二）准自首 ·· 095
　　（三）坦白 ·· 096
　　（四）立功 ·· 096
　　（五）量刑适用 ··· 097
● 辩点1-11：量刑指导 ··· 098
　　（一）故意伤害罪 ··· 098
　　（二）抢劫罪 ·· 099
　　（三）抢夺罪 ·· 099
　　（四）强奸罪 ·· 100
　　（五）非法拘禁罪 ··· 100
● 辩点1-12：死刑辩护 ··· 101
　　（一）犯罪手段和犯罪后果 ··· 101
　　（二）法定从宽量刑情节 ·· 102
　　（三）酌定从宽量刑情节 ·· 103
　　（四）共同犯罪的死刑辩护 ··· 105
　　（五）司法机关的办案要求 ··· 105
附：本章相关法律规范性文件 ·· 106

第二章　财产类犯罪

第一节　财产类犯罪综述
一、财产类犯罪分类索引 ··· 111
二、财产类犯罪《刑法》规定对照表 ··· 112

第二节　辩点整理
● 辩点2-1：犯罪主体 ··· 114
　　（一）未成年人 ··· 114
　　（二）家庭成员或亲属 ·· 116

- (三)单位有关人员 …… 117
- 辩点 2-2:主观方面 …… 119
  - (一)犯罪故意 …… 119
  - (二)犯罪目的 …… 121
  - (三)犯罪动机 …… 124
- 辩点 2-3:犯罪对象 …… 124
  - (一)盗窃罪的对象 …… 124
  - (二)敲诈勒索罪的对象 …… 131
  - (三)故意毁坏财物罪的对象 …… 131
  - (四)破坏生产经营罪的对象 …… 132
- 辩点 2-4:犯罪行为 …… 132
  - (一)盗窃行为 …… 132
  - (二)敲诈勒索行为 …… 134
  - (三)毁坏财物行为 …… 135
  - (四)破坏生产经营行为 …… 135
- 辩点 2-5:此罪彼罪 …… 136
- 辩点 2-6:一罪数罪 …… 142
  - (一)一罪 …… 142
  - (二)数罪 …… 143
- 辩点 2-7:既遂未遂 …… 144
  - (一)盗窃罪 …… 144
  - (二)敲诈勒索罪 …… 145
  - (三)故意毁坏财物罪 …… 145
- 辩点 2-8:数额情节 …… 146
  - (一)盗窃罪 …… 146
  - (二)敲诈勒索罪 …… 149
  - (三)故意毁坏财物罪 …… 151
  - (四)破坏生产经营罪 …… 152
- 辩点 2-9:退赃退赔 …… 152
  - (一)启动当事人和解程序 …… 152
  - (二)充分利用司法解释 …… 153

（三）利用量刑指导意见 153
附：本章相关法律规范性文件 154

第三章　诈骗类犯罪

第一节　诈骗类犯罪综述 159
一、诈骗类犯罪分类索引 159
二、诈骗类犯罪《刑法》规定对照表 160

第二节　辩点整理 165
- 辩点3-1：诈骗主体 165
　　（一）一般主体和特殊主体 165
　　（二）单位犯罪和自然人犯罪 166
- 辩点3-2：主观方面 169
　　（一）金融诈骗中的非法占有目的 169
　　（二）集资诈骗中的非法占有目的 170
　　（三）恶意透支型信用卡诈骗中的非法占有目的 171
　　（四）其他诈骗中的非法占有目的 172
- 辩点3-3：诈骗行为 172
　　（一）诈骗行为的认定 173
　　（二）特殊情形的诈骗 173
　　（三）特殊型诈骗类犯罪的具体方式 175
- 辩点3-4：诈骗数额 184
　　（一）诈骗数额的标准 184
　　（二）诈骗数额的认定 186
- 辩点3-5：特殊情节 188
　　（一）不按犯罪处理或者从宽处理 189
　　（二）不起诉或者免予刑事处罚 189
　　（三）应当定罪处罚或者依照处罚较重的处罚 189
　　（四）酌情从严惩处 190
　　（五）从重处罚 190

- 辩点 3-6：共同犯罪 ………………………………………… 191
  - （一）诈骗犯罪集团 ……………………………………… 191
  - （二）诈骗团伙 …………………………………………… 192
  - （三）以共同犯罪论处 …………………………………… 192
- 辩点 3-7：一罪数罪 ………………………………………… 193
  - （一）一罪 ………………………………………………… 193
  - （二）数罪 ………………………………………………… 195
  - （三）电信网络诈骗中的一罪与数罪 …………………… 196
- 辩点 3-8：量刑指导 ………………………………………… 197
  - （一）诈骗罪的量刑指导 ………………………………… 197
  - （二）信用卡诈骗罪的量刑指导 ………………………… 197
  - （三）合同诈骗罪的量刑指导 …………………………… 198
  - （四）财产刑适用的指导 ………………………………… 198

附：本章相关法律规范性文件 ……………………………………… 199

第四章　侵占类犯罪

第一节　侵占类犯罪综述
一、侵占类犯罪分类索引 ……………………………………… 203
二、侵占类犯罪《刑法》规定对照表 ………………………… 203

第二节　辩点整理
- 辩点 4-1：侵占主体 ………………………………………… 205
  - （一）贪污罪的主体 ……………………………………… 205
  - （二）职务侵占罪的主体 ………………………………… 209
  - （三）侵占罪的主体 ……………………………………… 213
- 辩点 4-2：主观方面 ………………………………………… 213
  - （一）业务型和公务型侵占类犯罪的主观认定 ………… 213
  - （二）普通型侵占类犯罪的主观认定 …………………… 215
- 辩点 4-3：侵占对象 ………………………………………… 216
  - （一）贪污罪的对象 ……………………………………… 217

（二）职务侵占罪的对象 …………………………… 217
　　（三）侵占罪的对象 ………………………………… 218
● 辩点4-4：侵占行为 …………………………………… 221
　　（一）占为己有 ……………………………………… 221
　　（二）拒不退还或者交出 …………………………… 222
　　（三）利用职务之便 ………………………………… 223
● 辩点4-5：数额情节 …………………………………… 227
　　（一）量刑标准 ……………………………………… 227
　　（二）数额辩护 ……………………………………… 229
　　（三）情节辩护 ……………………………………… 231
● 辩点4-6：未遂标准 …………………………………… 233
　　（一）贪污罪既遂与未遂的认定 …………………… 233
　　（二）职务侵占罪既遂与未遂的认定 ……………… 234
　　（三）侵占罪无未遂形态 …………………………… 235
● 辩点4-7：共同犯罪 …………………………………… 235
　　（一）共同犯罪的认定 ……………………………… 235
　　（二）数额及从犯的认定 …………………………… 235
附：本章相关法律规范性文件 …………………………… 236

第五章　挪用类犯罪

第一节　挪用类犯罪综述
一、挪用类犯罪分类索引 ………………………………… 241
二、挪用类犯罪《刑法》规定对照表 …………………… 241

第二节　辩点整理
● 辩点5-1：挪用主体 …………………………………… 243
　　（一）国家机关工作人员 …………………………… 243
　　（二）准国家工作人员 ……………………………… 244
　　（三）受委托管理、经营国有财产的人员 ………… 246
　　（四）公司、企业和其他单位工作人员 …………… 246

    (五) 经手、掌管特定款物的直接责任人员 ················ 247
    (六) 单位领导和单位负责人 ················ 248
  - 辩点 5-2：挪用对象 ················ 249
    (一) "公款"的理解 ················ 249
    (二) "资金"的界定 ················ 251
    (三) "特定款物"的范围 ················ 252
    (四) "物"的挪用 ················ 254
  - 辩点 5-3：挪用用途 ················ 255
    (一) 非法活动 ················ 256
    (二) 营利活动 ················ 256
    (三) 个人使用 ················ 257
    (四) 其他公用 ················ 260
    (五) 非法占有 ················ 260
  - 辩点 5-4：使用归还 ················ 261
    (一) 是否使用 ················ 261
    (二) 是否归还 ················ 262
  - 辩点 5-5：量刑标准 ················ 264
    (一) 挪用公款罪 ················ 264
    (二) 挪用资金罪 ················ 265
    (三) 挪用特定款物罪 ················ 266
  - 辩点 5-6：追诉时效 ················ 266
  - 辩点 5-7：共同犯罪 ················ 267
    (一) 共同犯罪成立的条件 ················ 268
    (二) 主犯和从犯的认定 ················ 269
附：本章相关法律规范性文件 ················ 270

第六章　贿赂类犯罪

第一节　贿赂类犯罪综述 ················ 275
  一、贿赂类犯罪分类索引 ················ 275

二、贿赂类犯罪《刑法》规定对照表 ……………………………… 276

第二节　辩点整理 ……………………………………………… 281

- 辩点 6-1：主体对象 …………………………………………… 281
  - （一）国家工作人员 ………………………………………… 282
  - （二）特定关系人 …………………………………………… 284
  - （三）离职的国家工作人员 ………………………………… 286
  - （四）非国家工作人员 ……………………………………… 287
  - （五）单位 …………………………………………………… 289
- 辩点 6-2：贿赂对象 …………………………………………… 290
  - （一）货币 …………………………………………………… 290
  - （二）物品 …………………………………………………… 291
  - （三）财产性利益 …………………………………………… 291
- 辩点 6-3：职务要件 …………………………………………… 291
  - （一）受贿罪的职务要件 …………………………………… 291
  - （二）斡旋受贿的职务要件 ………………………………… 292
  - （三）利用影响力受贿罪的职务要件 ……………………… 293
  - （四）非国家工作人员受贿罪的职务要件 ………………… 294
  - （五）与"工作上的便利"的区别 …………………………… 295
- 辩点 6-4：谋利要件 …………………………………………… 295
  - （一）为他人谋取利益的认定 ……………………………… 295
  - （二）利益正当与否的标准 ………………………………… 297
- 辩点 6-5：受贿类型 …………………………………………… 298
  - （一）借用型受贿 …………………………………………… 298
  - （二）交易型受贿 …………………………………………… 298
  - （三）收受干股型受贿 ……………………………………… 299
  - （四）合作投资型受贿 ……………………………………… 300
  - （五）委托理财型受贿 ……………………………………… 300
  - （六）赌博型受贿 …………………………………………… 301
  - （七）挂名领取薪酬型受贿 ………………………………… 301
- 辩点 6-6：行贿行为 …………………………………………… 302

(一) 为谋取不正当利益 ... 303
(二) 被索贿的例外处理 ... 303
(三) 给予财物的行为方式 ... 304
(四) 影响量刑的情节 ... 304
(五) 财产刑的运用 ... 305

- 辩点 6-7：介绍贿赂 ... 306
  (一) 介绍行为 ... 306
  (二) 此罪彼罪 ... 306

- 辩点 6-8：量刑标准 ... 308
  (一) 受贿型贿赂类犯罪 ... 308
  (二) 行贿型贿赂类犯罪 ... 309
  (三) 介绍型贿赂类犯罪 ... 311

- 辩点 6-9：共同犯罪 ... 311
  (一) 国家工作人员之间共同受贿的责任区分 ... 311
  (二) 国家工作人员与非国家工作人员共同受贿的责任区分 ... 312
  (三) 国家工作人员与家属共同受贿的责任区分 ... 312

- 辩点 6-10：自首立功 ... 314
  (一) 主动交代 ... 314
  (二) 自首 ... 315
  (三) 特别自首 ... 321
  (四) 单位自首 ... 322
  (五) 坦白 ... 323
  (六) 立功 ... 324

- 辩点 6-11：其他情节 ... 326
  (一) 退还上交 ... 326
  (二) 积极退赃 ... 327
  (三) 追缴退赔 ... 328
  (四) 终身监禁 ... 328
  (五) 既遂未遂 ... 329
  (六) 索贿从重 ... 330
  (七) 多次受贿 ... 330

附：本章相关法律规范性文件 ·· 331

第七章 渎职类犯罪

第一节 渎职类犯罪综述 ·· 335
一、渎职类犯罪分类索引 ·· 335
二、渎职类犯罪《刑法》规定对照表 ·· 337

第二节 辩点整理 ··· 346
- 辩点 7-1：渎职主体 ·· 346
  - （一）国家机关工作人员的界定 ·· 346
  - （二）国家机关工作人员的扩展 ·· 347
  - （三）特殊国家机关工作人员 ·· 350
  - （四）国有公司、企业、事业单位人员 ······································ 352
- 辩点 7-2：渎职行为 ·· 354
  - （一）滥用职权 ··· 354
  - （二）玩忽职守 ··· 356
  - （三）徇私舞弊 ··· 358
- 辩点 7-3：主观方面 ·· 360
  - （一）罪过形式 ··· 360
  - （二）犯罪动机 ··· 361
- 辩点 7-4：因果关系 ·· 363
  - （一）渎职行为与损害后果之间的因果关系 ······························ 363
  - （二）"多因一果"下因果关系的认定 ······································ 363
  - （三）过失犯罪因果关系的认定 ·· 364
- 辩点 7-5：立案标准 ·· 366
  - （一）普通型渎职类犯罪的立案标准 ·· 366
  - （二）司法型渎职类犯罪的立案标准 ·· 368
  - （三）特定型渎职类犯罪的立案标准 ·· 370
  - （四）企业型渎职类犯罪的立案标准 ·· 374

- 辩点 7-6：共同犯罪 ··· 376
  - （一）无身份者与国家工作人员的共同犯罪 ·································· 377
  - （二）渎职者与其监管、查禁对象的共犯问题 ·································· 378
  - （三）国家机关工作人员之间的责任区分 ···································· 379
  - （四）集体行为与个人行为之间的责任区分 ···································· 379
- 辩点 7-7：此罪彼罪 ··· 380
  - （一）滥用职权罪与玩忽职守罪的区别 ······································ 380
  - （二）徇私枉法罪与民事、行政枉法裁判罪 ·································· 381
  - （三）普通渎职类犯罪与特殊渎职类犯罪的关系 ······························ 381
- 辩点 7-8：一罪数罪 ··· 381
  - （一）一罪 ··· 382
  - （二）数罪 ··· 383

附：本章相关法律规范性文件 ··· 384

第八章　税务类犯罪

第一节　税务类犯罪综述 ··· 389
一、税务类犯罪分类索引 ··· 389
二、税务类犯罪《刑法》规定对照表 ··· 390

第二节　辩点整理 ··· 394
- 辩点 8-1：犯罪主体 ··· 394
  - （一）单位犯罪 ··· 395
  - （二）主体身份 ··· 401
- 辩点 8-2：主观方面 ··· 404
  - （一）犯罪故意 ··· 404
  - （二）认定明知 ··· 404
  - （三）犯罪目的 ··· 407
- 辩点 8-3：犯罪行为 ··· 410
  - （一）逃税罪 ··· 410
  - （二）抗税罪 ··· 412

　　　　（三）逃避追缴欠税罪 ……………………………………… 413
　　　　（四）骗取出口退税罪 ……………………………………… 414
　　　　（五）虚开型税务类犯罪 …………………………………… 415
　　　　（六）造买售型税务类犯罪 ………………………………… 420
　　　　（七）持有型税务类犯罪 …………………………………… 423
　　● 辩点8-4：犯罪对象 …………………………………………… 425
　　● 辩点8-5：数额情节 …………………………………………… 426
　　　　（一）数额认定 ……………………………………………… 429
　　　　（二）情节认定 ……………………………………………… 430
　　● 辩点8-6：犯罪形态 …………………………………………… 433
　　　　（一）逃税罪 ………………………………………………… 434
　　　　（二）抗税罪 ………………………………………………… 434
　　　　（三）逃避追缴欠税罪 ……………………………………… 434
　　　　（四）骗取出口退税罪 ……………………………………… 434
　　　　（五）虚开型犯罪 …………………………………………… 434
　　　　（六）出售型犯罪 …………………………………………… 435
　　● 辩点8-7：共同犯罪 …………………………………………… 436
　　　　（一）单位犯罪 ……………………………………………… 436
　　　　（二）犯罪集团 ……………………………………………… 438
　　　　（三）以共犯论 ……………………………………………… 439
　　● 辩点8-8：一罪数罪 …………………………………………… 439
　　　　（一）一罪 …………………………………………………… 439
　　　　（二）数罪 …………………………………………………… 442
附：本章相关法律规范性文件 ……………………………………… 442

第九章　走私类犯罪

第一节　走私类犯罪综述

一、走私类犯罪分类索引 …………………………………………… 447
二、走私类犯罪《刑法》规定对照表 ……………………………… 447

第二节 辩点整理

- 辩点 9-1：走私主体 ········· 451
  - (一) 单位犯罪主体 ········· 451
  - (二) 国家工作人员 ········· 457
  - (三) 海上运输人 ········· 457
  - (四) 华侨、港澳同胞 ········· 457
- 辩点 9-2：主观方面 ········· 458
  - (一) 犯罪故意 ········· 458
  - (二) 犯罪目的 ········· 463
  - (三) 犯罪动机 ········· 465
- 辩点 9-3：走私行为 ········· 465
  - (一) 通关走私行为 ········· 465
  - (二) 绕关走私行为 ········· 466
  - (三) 后续走私行为 ········· 466
  - (四) 变相走私行为 ········· 468
- 辩点 9-4：走私对象 ········· 468
  - (一) 走私武器、弹药罪 ········· 468
  - (二) 走私核材料罪 ········· 470
  - (三) 走私假币罪 ········· 471
  - (四) 走私文物罪 ········· 472
  - (五) 走私贵重金属罪 ········· 473
  - (六) 走私珍贵动物、珍贵动物制品罪 ········· 475
  - (七) 走私国家禁止进出口的货物、物品罪 ········· 476
  - (八) 走私淫秽物品罪 ········· 476
  - (九) 走私废物罪 ········· 477
  - (十) 走私毒品罪 ········· 477
  - (十一) 走私制毒物品罪 ········· 477
  - (十二) 走私普通货物、物品罪 ········· 477
- 辩点 9-5：量刑标准 ········· 478
  - (一) 走私武器、弹药罪 ········· 478
  - (二) 走私核材料罪 ········· 480

（三）走私假币罪 ……………………………………………… 480
（四）走私文物罪 ……………………………………………… 481
（五）走私贵重金属罪 ………………………………………… 481
（六）走私珍贵动物、珍贵动物制品罪 ……………………… 482
（七）走私国家禁止进出口的货物、物品罪 ………………… 486
（八）走私淫秽物品罪 ………………………………………… 488
（九）走私废物罪 ……………………………………………… 489
（十）走私毒品罪 ……………………………………………… 489
（十一）走私制毒物品罪 ……………………………………… 489
（十二）走私普通货物、物品罪 ……………………………… 490
- 辩点9-6：犯罪形态 ……………………………………………… 492
- 辩点9-7：共同犯罪 ……………………………………………… 494
（一）共同走私犯罪认定的规定 ……………………………… 494
（二）单位和个人共同走私的处理 …………………………… 495
（三）共同走私案件罚金刑的判处 …………………………… 496
（四）共同走私犯罪分子的处罚 ……………………………… 496
- 辩点9-8：单位自首 ……………………………………………… 500
- 辩点9-9：一罪数罪 ……………………………………………… 501
（一）一罪 ……………………………………………………… 501
（二）数罪 ……………………………………………………… 502

附：本章相关法律规范性文件 ………………………………………… 503

第十章　毒品类犯罪

第一节　毒品类犯罪综述

一、毒品类犯罪分类索引 …………………………………………… 507
二、毒品类犯罪《刑法》规定对照表 ……………………………… 507

第二节　辩点整理

- 辩点10-1：犯罪主体 …………………………………………… 513
（一）主体年龄 ………………………………………………… 513

- (二)弱势群体 …… 516
- (三)吸毒人员 …… 517
- (四)特殊主体 …… 519
- (五)国家工作人员 …… 520
- (六)近亲属 …… 520
- 辩点 10-2：主观方面 …… 520
- 辩点 10-3：涉毒行为 …… 523
  - (一)走私 …… 524
  - (二)贩卖 …… 524
  - (三)运输 …… 524
  - (四)制造 …… 525
  - (五)非法生产 …… 525
  - (六)非法买卖 …… 525
  - (七)非法种植 …… 526
  - (八)非法持有 …… 526
  - (九)非法提供 …… 527
  - (十)其他行为 …… 527
- 辩点 10-4：界定毒品 …… 528
  - (一)毒品的种类和名称 …… 528
  - (二)毒品的数量 …… 530
  - (三)毒品的含量 …… 543
- 辩点 10-5：罪名认定 …… 545
  - (一)看主观明知 …… 545
  - (二)看动机目的 …… 545
  - (三)看是否同谋 …… 546
  - (四)看特殊人员 …… 546
  - (五)看犯罪行为 …… 546
- 辩点 10-6：犯罪情节 …… 547
  - (一)走私、贩卖、运输、制造毒品罪的情节辩护 …… 547
  - (二)非法持有毒品罪的情节辩护 …… 548
  - (三)非法生产、买卖、运输制毒物品、走私制毒物品罪的情节辩护 …… 548

（四）非法种植毒品原植物罪的情节辩护 …… 549
　　（五）引诱、教唆、欺骗他人吸毒罪的情节辩护 …… 549
　　（六）容留他人吸毒罪的情节辩护 …… 550
　　（七）非法提供麻醉药品、精神药品罪的情节辩护 …… 550
　　（八）包庇毒品犯罪分子罪的情节辩护 …… 550
　　（九）窝藏、转移、隐瞒毒品、毒赃罪的情节辩护 …… 551
　　（十）毒品再犯的情节辩护 …… 551
- 辩点10-7：特情因素 …… 553
　　（一）犯意引诱 …… 553
　　（二）数量引诱 …… 554
- 辩点10-8：犯罪形态 …… 555
　　（一）走私毒品罪的未遂 …… 555
　　（二）贩卖毒品罪的未遂 …… 555
　　（三）运输毒品罪的未遂 …… 556
　　（四）制造毒品罪的未遂 …… 557
　　（五）引诱、教唆、欺骗、强迫他人吸毒罪的未遂 …… 557
　　（六）持有型毒品类犯罪的未完成形态 …… 557
- 辩点10-9：共同犯罪 …… 557
　　（一）共同犯罪的认定与处罚 …… 557
　　（二）正确区分主犯和从犯 …… 558
　　（三）认定共犯的犯罪数量 …… 558
　　（四）确定共同犯罪人的刑罚 …… 559
　　（五）其他特殊情况下的处理 …… 559
- 辩点10-10：立功表现 …… 562
　　（一）共同犯罪中的立功认定 …… 562
　　（二）立功从宽处罚把握的标准 …… 563
- 辩点10-11：量刑指导 …… 564
　　（一）走私、贩卖、运输、制造毒品罪 …… 564
　　（二）非法持有毒品罪 …… 565
　　（三）容留他人吸毒罪 …… 566
- 辩点10-12：死刑辩护 …… 566

- (一)毒品犯罪死刑适用的原则 …………………………………… 566
- (二)不宜判处死刑立即执行的 …………………………………… 567
- (三)可能判处死刑立即执行的 …………………………………… 569
- (四)具体罪名中的死刑适用问题 ………………………………… 569
- (五)特殊情节中的死刑适用问题 ………………………………… 571
- 辩点 10-13:程序审查 ……………………………………………… 572
  - (一)毒品提取和扣押 ……………………………………………… 573
  - (二)毒品称量 ……………………………………………………… 574
  - (三)毒品取样 ……………………………………………………… 576
  - (四)毒品送检 ……………………………………………………… 577

附:本章相关法律规范性文件 ……………………………………… 578

第十一章 黄赌类犯罪

第一节 黄赌类犯罪综述 ……………………………………………… 583
一、黄赌类犯罪分类索引 ……………………………………………… 583
二、黄赌类犯罪《刑法》规定对照表 …………………………………… 584

第二节 辩点整理 ……………………………………………………… 590
- 辩点 11-1:犯罪主体 ………………………………………………… 590
  - (一)主体年龄 ……………………………………………………… 590
  - (二)主体性别 ……………………………………………………… 591
  - (三)主体身份 ……………………………………………………… 592
- 辩点 11-2:主观方面 ………………………………………………… 594
  - (一)罪过形式 ……………………………………………………… 594
  - (二)认定明知 ……………………………………………………… 596
  - (三)犯罪目的 ……………………………………………………… 598
- 辩点 11-3:客观方面 ………………………………………………… 600
  - (一)淫乱类犯罪 …………………………………………………… 600
  - (二)淫秽物品类犯罪 ……………………………………………… 604
  - (三)性侵类犯罪 …………………………………………………… 607

- (四)赌博类犯罪 …………………………………………………… 611
- 辩点11-4:追诉标准 ……………………………………………… 612
  - (一)淫乱类犯罪 …………………………………………………… 612
  - (二)淫秽物品类犯罪 ……………………………………………… 614
  - (三)性侵类犯罪 …………………………………………………… 622
  - (四)赌博类犯罪 …………………………………………………… 624
- 辩点11-5:从重情节 ……………………………………………… 627
  - (一)不满14周岁的儿童 …………………………………………… 627
  - (二)不满14周岁的幼女 …………………………………………… 628
  - (三)不满18周岁的未成年人 ……………………………………… 628
  - (四)从重、从严处罚的情形 ……………………………………… 628
- 辩点11-6:共同犯罪 ……………………………………………… 628
  - (一)网络共同犯罪的认定 ………………………………………… 629
  - (二)利用赌博机开设赌场共犯的认定 …………………………… 629
  - (三)犯罪主体的特殊处罚 ………………………………………… 629
  - (四)共同强奸中的轮奸 …………………………………………… 630
- 辩点11-7:罪与非罪 ……………………………………………… 631
  - (一)通奸行为 ……………………………………………………… 631
  - (二)半推半就的性行为 …………………………………………… 632
  - (三)对男性的性侵行为 …………………………………………… 633
  - (四)集体卖淫行为 ………………………………………………… 633
- 辩点11-8:此罪彼罪 ……………………………………………… 634
  - (一)存在暴力手段的案件 ………………………………………… 634
  - (二)赌博案件的特殊情形 ………………………………………… 636
  - (三)淫秽物品的出版传播 ………………………………………… 637

附:本章相关法律规范性文件 ……………………………………………… 638

第十二章 融资类犯罪

第一节 融资类犯罪综述 …………………………………………… 643
一、融资类犯罪分类索引 …………………………………………… 643

二、融资类犯罪《刑法》规定对照表 …………………………………… 644

第二节　辩点整理 …………………………………… 647

- 辩点 12-1：犯罪主体 …………………………………… 648
  - (一) 单位主体 …………………………………… 648
  - (二) 控股股东、实际控制人 …………………………………… 650
  - (三) 融资方和投资方 …………………………………… 651
  - (四) 中介机构及其人员 …………………………………… 651
  - (五) 金融机构及其人员 …………………………………… 651
- 辩点 12-2：主观方面 …………………………………… 652
  - (一) 犯罪故意 …………………………………… 652
  - (二) 犯罪目的 …………………………………… 652
  - (三) 犯罪动机 …………………………………… 654
- 辩点 12-3：犯罪行为 …………………………………… 655
  - (一) 非法发行证券行为 …………………………………… 655
  - (二) 骗贷行为 …………………………………… 659
  - (三) 高利转贷行为 …………………………………… 661
  - (四) 非法集资行为 …………………………………… 662
  - (五) 非法放贷行为 …………………………………… 664
  - (六) 催收非法债务行为 …………………………………… 664
- 辩点 12-4：数额情节 …………………………………… 665
  - (一) 证券融资型融资类犯罪 …………………………………… 665
  - (二) 银行贷款型融资类犯罪 …………………………………… 665
  - (三) 民间借贷型融资类犯罪 …………………………………… 666
- 辩点 12-5：其他辩点 …………………………………… 669
  - (一) 非法证券活动中的此罪与彼罪 …………………………………… 669
  - (二) 贷款中的罪与非罪 …………………………………… 670
  - (三) 放贷中的一罪与数罪 …………………………………… 670
  - (四) 集资中的共同犯罪问题 …………………………………… 670

附：本章相关法律规范性文件 …………………………………… 671

附录　娄秋琴专访文章 …………………………………… 673

第一章

暴力类犯罪

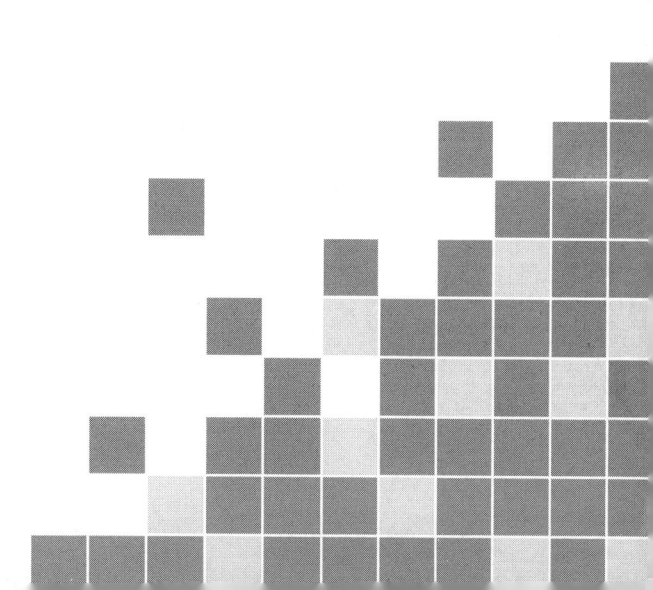

第一节 暴力类犯罪综述

所谓暴力,根据《辞海》的解释,是指强制的力量、武力。如果行为人使用暴力或者以暴力相威胁等手段,给他人造成损害后果或者危险,并达到了刑法所规定的追诉标准的,笔者在本章把它称为暴力类犯罪,这种犯罪并不是刑法上的一个罪种,而是对使用特定犯罪手段犯罪的一种概括。从刑法意义上说,暴力(包括暴力胁迫)是为自然人的故意危害行为而设立的犯罪要件。所以,本章的犯罪仅限自然人的故意犯罪。我国刑法中规定的使用暴力或暴力威胁的手段实施的犯罪比较多,集中在《刑法》分则第四章"侵犯公民人身权利、民主权利罪",如故意杀人罪,故意伤害罪,绑架罪,非法拘禁罪,强奸罪,强制猥亵、侮辱罪,猥亵儿童罪等,还有一些犯罪则体现在《刑法》分则第五章"侵犯财产罪",如抢劫罪、抢夺罪、聚众哄抢罪等。本章将重点阐述如何找到这些常见暴力类犯罪的辩点并进行辩护。

一、暴力类犯罪分类索引

根据行为手段以及侵犯客体的不同,笔者将暴力类犯罪又分为四个类型,即杀伤型、强抢型、拘禁型和性侵型。杀伤型暴力类犯罪主要侵犯的是人的生命权和健康权,包括故意杀人罪和故意伤害罪;强抢型暴力类犯罪主要侵犯的是财产权,也可能侵犯人身权,包括抢劫罪、抢夺罪和聚众哄抢罪;拘禁型暴力类犯罪主要侵犯的是人的自由权,也可能侵犯人的生命权和健康权,包括绑架罪和非法拘禁罪;性侵型暴力类犯罪主要侵犯的是性自主权和人身权,包括强奸罪,强制猥亵、侮辱罪,猥亵儿童罪。相关罪名与《刑法》法条的对应关系见下表。

类型	罪名	法条
1. 杀伤型	故意杀人罪	第 232 条
	故意伤害罪	第 234 条
2. 强抢型	抢劫罪	第 263 条、第 267 条第 2 款、第 269 条
	抢夺罪	第 267 条第 1 款
	聚众哄抢罪	第 268 条
3. 拘禁型	绑架罪	第 239 条
	非法拘禁罪	第 238 条

(续表)

类型	罪名	法条
4.性侵型	强奸罪	第236条
	强制猥亵、侮辱罪	第237条第1、2款
	猥亵儿童罪	第237条第3款

二、暴力类犯罪《刑法》规定对照表

鉴于性侵型暴力类犯罪的强奸罪,强制猥亵、侮辱罪和猥亵儿童罪将在本书第十一章"黄赌类犯罪"进行详细介绍,本章只对故意杀人罪、故意伤害罪、抢劫罪、抢夺罪、聚众哄抢罪、绑架罪、非法拘禁罪等案件的辩点进行阐述。

类型	罪名	法条	罪状	主刑	附加刑	辩点速查
杀伤型	故意杀人罪	第232条	故意杀人的	处死刑、无期徒刑或者10年以上有期徒刑		1. 犯罪主体:自然人;已满14周岁不满16周岁的人可以成为本罪的犯罪主体;已满12周岁不满14周岁的人,故意杀人致人死亡或者以特别残忍手段致人重伤造成严重残疾,情节恶劣,经最高人民检察院核准追诉的,也可以成为本罪的犯罪主体。 2. 主观方面:直接故意和间接故意均可,但犯罪人的主观恶性程度是不同的,在量刑上应有所区别。 3. 客观方面:被害人已经死亡的,死亡结果同杀人行为没有刑法上的因果关系的,行为人不应该对被害人的死亡承担既遂的刑事责任;被害人没有死亡的,不可能成立既遂,根据造成何种伤害,审查伤情鉴定意见,决定刑罚的幅度。 4. 此罪与彼罪:区分故意杀人罪与故意伤害罪的界限。 5. 防卫因素:行为人杀人的行为如果符合正当防卫的条件,成立正当防卫,不负刑事责任。如果防卫过当杀人的,应当减轻或免除处罚。
			情节较轻的	处3—10年有期徒刑		

(续表)

类型	罪名	法条	罪状	主刑	附加刑	辩点速查
杀伤型	故意伤害罪	第234条	故意伤害他人身体的	处3年以下有期徒刑、拘役或者管制		1. 犯罪主体：自然人；已满14周岁不满16周岁的未成年人只对故意伤害致人重伤、死亡的情形承担刑事责任；已满12周岁不满14周岁的人，故意伤害致人死亡或者以特别残忍手段致人重伤造成严重残疾，情节恶劣，经最高人民检察院核准追诉的，也可以成为本罪的犯罪主体。 2. 主观方面：直接故意和间接故意均可，要区分杀人故意和伤害故意，考察犯罪动机。 3. 客观方面：注意审查伤情鉴定意见，判断伤情鉴定是否科学合理，能否作为证据使用。参照《人体损伤程度鉴定标准》的规定。 4. 此罪与彼罪：区分故意伤害罪与故意杀人罪、抢劫罪的界限。 5. 防卫因素：行为人伤害的行为如果符合正当防卫的条件，成立正当防卫，不负刑事责任。如果防卫过当造成伤害，应当减轻或免除处罚。
			致人重伤的	处3—10年有期徒刑		
			致人死亡或者以特别残忍手段致人重伤造成严重残疾的	处10年以上有期徒刑、无期徒刑或者死刑		
强抢型	抢劫罪	第263条	以暴力、胁迫或者其他方法抢劫公私财物的	处3—10年有期徒刑	并处罚金	1. 犯罪主体：自然人，已满14周岁不满16周岁的未成年人可以成为本罪的犯罪主体。 2. 主观方面：必须具有非法占有他人财物的目的才能构成本罪。（1）为索取债务，使用暴力、暴力威胁等手段的，一般不以抢劫罪定罪处罚；（2）为个人使用，以暴力、胁迫等手段取得家庭成员或近亲属财产的，一般不以抢劫罪定罪处罚；（3）行为人仅以其所输赌资或所赢赌债为抢劫对象的，一般不以抢劫罪定罪处罚。 3. 客观方面：实施了暴力、威胁或其他侵犯人身权利的手段，使被害人不能反抗、不知反抗、不敢反抗，当场被迫交出财物。抢劫罪定罪没有数额的限制。
			有下列情形之一的：（1）入户抢劫的；（2）在公共交通工具上抢劫的；（3）抢劫银行或者其他金融机构的；（4）多次抢劫或者抢劫数额巨大的；（5）抢劫致人重伤、死亡的；（6）冒充军警人员抢劫的；（7）持枪抢劫的；（8）抢劫军用物资或者抢险、救灾、救济物资的	处10年以上有期徒刑、无期徒刑或者死刑	并处罚金或者没收财产	

(续表)

类型	罪名	法条	罪状	主刑	附加刑	辩点速查
强抢型	抢劫罪	第267条第2款	携带凶器抢夺的,依照《刑法》第263条的规定定罪处罚			4. 犯罪未遂:既未劫取财物,又未造成他人人身伤害后果的,属抢劫未遂。据此,《刑法》第263条规定的八种处罚情节中除"抢劫致人重伤、死亡的"这一结果加重情节之外,其余七种处罚情节同样存在既遂、未遂问题。 5. 此罪和彼罪:区分抢劫罪与抢夺罪、绑架罪、敲诈勒索罪的界限。
		第269条	犯盗窃、诈骗、抢夺罪,为窝藏赃物、抗拒抓捕或者毁灭罪证而当场使用暴力或者以暴力相威胁的,依照《刑法》第263条的规定定罪处罚			
	抢夺罪	第267条第1款	抢夺公私财物,数额较大的,或者多次抢夺的	处3年以下有期徒刑、拘役或者管制	并处或者单处罚金	1. 犯罪主体:自然人,已满16周岁的自然人才可以成为本罪的主体。 2. 主观方面:必须具有非法占有的目的。 3. 客观方面:注意免予刑事处罚的情形。 4. 追诉标准:《刑法修正案(九)》将多次抢夺增加为本罪的追诉情节,不再仅限于数额较大。
			数额巨大或者有其他严重情节的	处3—10年有期徒刑	并处罚金	
			数额特别巨大或者有其他特别严重情节的	处10年以上有期徒刑或者无期徒刑	并处罚金或者没收财产	
	聚众哄抢罪	第268条	聚众哄抢公私财物,数额较大或者有其他严重情节的,对首要分子和积极参加的	处3年以下有期徒刑、拘役或者管制	并处罚金	1. 犯罪主体:仅限首要分子和积极参加者,不处罚一般参与者,且要求已满16周岁。 2. 主观方面:必须具有非法占有的目的。 3. 客观方面:必须是聚众哄抢。
			数额巨大或者有其他特别严重情节的	处3—10年有期徒刑	并处罚金	
拘禁型	绑架罪	第239条	以勒索财物为目的绑架他人,或者绑架他人作为人质的	处10年以上有期徒刑或者无期徒刑	并处罚金或者没收财产	1. 犯罪主体:自然人,已满16周岁的自然人才可以成为本罪的主体,但已满14周岁未满16周岁的人绑架人质后杀害或者故意伤害被绑架人的,也应当负刑事责任。 2. 主观方面:必须出于勒索财物或满足其他非经济利益的目的才能构成本罪。如果是为了索取债务而绑架他人的,一般不构成本罪。
			情节较轻的	处5—10年有期徒刑	并处罚金	

(续表)

类型	罪名	法条	罪状	主刑	附加刑	辩点速查
拘禁型	绑架罪	第239条	杀害被绑架人的,或者故意伤害被绑架人,致人重伤、死亡的	处无期徒刑或者死刑	并处没收财产	3. 既遂标准:实施了绑架行为,实际控制人质即构成本罪的既遂。 4. 一罪数罪:绑架过程又以暴力、胁迫等手段当场劫取被害人财物,构成犯罪的,择一重罪处罚。 5. 此罪与彼罪:区别绑架罪与敲诈勒索罪的界限。 6. 量刑标准:《刑法修正案(九)》将原来致使被绑架人死亡或者杀害被绑架人一律判处死刑的规定进行了调整。
拘禁型	非法拘禁罪	第238条	非法拘禁他人或者以其他方法非法剥夺他人人身自由的	处3年以下有期徒刑、拘役、管制或者剥夺政治权利		1. 犯罪主体:自然人,已满16周岁的自然人才可以成为本罪的主体。 2. 客观方面:实施了非法拘禁他人或者以其他方法非法剥夺他人人身自由的行为。为索取债务(包括高利贷、赌债等法律不予保护的债务)非法扣押、拘禁他人的也属于本罪的规制行为。 3. 从重情节:具有殴打、侮辱情节的;国家机关工作人员利用职权实施非法拘禁行为的。 4. 此罪与彼罪:区分绑架罪和非法拘禁罪的界限。
拘禁型	非法拘禁罪	第238条	致人重伤的	处3—10年有期徒刑		
拘禁型	非法拘禁罪	第238条	致人死亡的	处10年以上有期徒刑		

第二节 辩点整理

辩点1-1:犯罪主体	辩点1-2:主观方面	辩点1-3:犯罪对象
辩点1-4:犯罪行为	辩点1-5:鉴定意见	辩点1-6:正当防卫
辩点1-7:犯罪形态	辩点1-8:共同犯罪	辩点1-9:一罪数罪
辩点1-10:自首立功	辩点1-11:量刑指导	辩点1-12:死刑辩护

辩点1-1：犯罪主体

（一）主体年龄

1. 主体年龄对暴力类犯罪定罪量刑的影响

根据《刑法》第17条第2款的规定，已满14周岁不满16周岁的人，犯故意杀人、故意伤害致人重伤或者死亡、强奸、抢劫罪的，应当负刑事责任。对于犯故意杀人罪和故意伤害罪的，2020年颁布的《刑法修正案（十一）》又进一步降低了刑事责任年龄，规定已满12周岁不满14周岁的人，犯故意杀人、故意伤害罪，致人死亡或者以特别残忍手段致人重伤或者造成严重残疾，情节恶劣，经最高人民检察院核准追诉的，也应当负刑事责任。从规定来看，已满12周岁不满14周岁的人犯故意杀人、故意伤害罪承担刑事责任，不但对后果和情节有法定要求，而且在程序上还必须经过最高人民检察院核准追诉。犯本章其他暴力类犯罪的，行为人必须已满16周岁才能承担刑事责任。可见，对于本章而言，行为人的年龄是否已满12周岁、14周岁或者16周岁，直接影响行为人是否应当承担刑事责任，辩护人应当根据罪名的不同掌握不同的刑事责任年龄，这是暴力类犯罪辩护中的重要切入点。

根据《刑法》第17条第4款的规定，对依照该条前三款规定追究刑事责任的不满18周岁的人，应当从轻或者减轻处罚。根据《刑法》第17条之一的规定，已满75周岁的人故意犯罪的，可以从轻或减轻处罚；过失犯罪的，应当从轻或者减轻处罚。由此可见，行为人年龄的审查还直接影响能否对其从轻或者减轻处罚。

此外，我国刑法关于年龄对于死刑适用的限制也有明确规定，如犯罪的时候不满18周岁的人不适用死刑；审判的时候已满75周岁的人不适用死刑，但以特别残忍手段致人死亡的除外。这些规定对法定刑相对较重、死刑适用相对较多的暴力类犯罪案件的辩护非常重要，直接影响能否对行为人适用死刑。

2. 主体年龄对抢劫罪定罪量刑的影响

虽然《刑法》第17条规定已满14周岁不满16周岁的人犯抢劫罪要承担刑事责任，但针对未成年人之间发生的抢劫案件，最高人民法院出台了《关于审理未成年人刑事案件具体应用法律若干问题的解释》，将部分轻微的抢劫行为进行了出罪处理，例如该司法解释第7条规定：

（1）已满14周岁不满16周岁的人使用轻微暴力或者威胁，强行索要其他未成年人随身携带的生活、学习用品或者钱财数量不大，且未造成被害人轻微伤以上或者不敢正常到校学习、生活等危害后果的，不认为是犯罪。

(2)已满16周岁不满18周岁的人具有前款规定情形的,一般也不认为是犯罪。

因此,辩护人在代理未成年人之间的抢劫案件时,除了把握未成年人犯罪的一般处罚原则,还应当结合未成年人使用的手段、抢劫的对象和数额以及造成的后果,审查是否符合司法解释规定的条件,如果符合,可以提出"不认为是犯罪"的无罪辩护意见。

3. 主体年龄对转化型抢劫定罪的影响

对于未成年人实施的转化型抢劫,不能按照普通抢劫罪的原则处理,应当根据最高人民法院《关于审理未成年人刑事案件具体应用法律若干问题的解释》第10条的规定及精神,针对不同的情况给予不同的处理:

(1)已满14周岁不满16周岁的人盗窃、诈骗、抢夺他人财物,为窝藏赃物、抗拒抓捕或者毁灭罪证而当场使用暴力,故意伤害致人轻伤或者轻微伤,不构成盗窃罪、诈骗罪、抢夺罪,也不转化为抢劫罪的,不承担刑事责任。

(2)已满14周岁不满16周岁的人盗窃、诈骗、抢夺他人财物,为窝藏赃物、抗拒抓捕或者毁灭罪证而当场使用暴力,故意伤害致人重伤或者死亡,或者故意杀人的,应当分别以故意伤害或者故意杀人罪定罪处罚,而不是以抢劫罪定罪处罚。

(3)已满14周岁不满16周岁的人盗窃、诈骗、抢夺他人财物,为窝藏赃物、抗拒抓捕或者毁灭罪证而当场以暴力相威胁,没有造成人身损伤的,不负刑事责任。

(4)已满16周岁不满18周岁的人犯盗窃、诈骗、抢夺罪,为窝藏赃物、抗拒抓捕或者毁灭罪证而当场使用暴力或者以暴力相威胁,应当以抢劫罪定罪处罚;情节轻微的,可不以抢劫罪定罪处罚。

需要注意的是,在理论界和实务中,也有些人认为转化型抢劫与普通抢劫具有同质性,而且转化型抢劫属于抢劫罪的一种类型,既然《刑法》第17条规定已满14周岁不满16周岁的人应对抢劫罪负刑事责任,当然也应当对转化型抢劫负刑事责任。所以,不排除实践中会存在对已满14周岁不满16周岁的人犯转化型抢劫追究刑事责任的情况,辩护人如果代理这类案件,应当从上述司法解释入手,审查转化型抢劫有无造成人身损伤,如果没有,则可以进行无罪辩护。

案例1-1

犯罪嫌疑人张某在甲镇盗窃刘某的摩托车一辆,2分钟后,刘某发现自己的摩托车被盗,即外出追赶查找。张某骑摩托车至乙镇后,车出现故障,遂离开摩托车去找朋友的架子车准备将其拉走。刘某追到乙镇发现了自己丢失的摩托车,遂打电话报警,警察钱某、胡某到现场后即与刘某共同在摩托车附近等候,张某找来架子车后正要将摩托车往架子车上装时,警察钱某大喝"不许动,警察",并上前抱住张某的腰,张某从身上摸出一把水果刀,将钱某的手臂刺伤后逃逸。经鉴定,钱某手臂伤情构成轻伤。案发时,张某年龄为15岁。公安机关认为张某已满14周岁未满16周岁,但其实施了盗窃行为,且为了抗拒抓捕而当场使用暴力,应当按照抢劫罪对其定罪处罚。

本案中,张某被抓后,其父母委托律师担任其辩护人。辩护人提出:首先,张某在案发时年龄仅为15岁,其实施的盗窃行为依法不承担刑事责任,不构成盗窃罪;其次,根据最高人民法院《关于审理未成年人刑事案件具体应用法律若干问题的解释》第10条的规定,张某实施盗窃行为后,为抗拒抓捕,虽然当场使用了暴力,也不能转化为抢劫罪;最后,张某当场使用暴力,故意伤害他人,致人轻伤,尚未达到重伤或者死亡的结果,依法也不对故意伤害的行为承担刑事责任。综上,辩护人提出张某的行为不构成犯罪的辩护意见,案件最终被撤销。

4. 主体年龄对绑架罪定罪量刑的影响

绑架罪的犯罪主体要求必须年满16周岁,但对于出现故意杀人和故意伤害行为的绑架案件,要注意主体年龄的影响。

(1)已满14周岁不满16周岁的人绑架他人后,没有实施故意伤害或者故意杀人行为的,或者实施了以上行为但没有致人重伤或者死亡的,依法不承担刑事责任。

(2)已满14周岁不满16周岁的人绑架他人后杀害被绑架人,致人重伤或者死亡的,不构成绑架罪,但应以故意杀人罪追究其刑事责任。

案例1-2

被告人胡某某是某高中学生,因打游戏没钱而意欲绑架他人勒索钱财,并邀约另两名同学共同参与。后胡某某打听到某中学学生王某某家庭条件较好,遂决定绑架王某某。但是,因为王某某与胡某某等人相识,胡某某恐罪行败露,遂提出先将王某某杀死再勒索钱财,其他两人表示同意,然后分别准备了绳子、尖刀等作案工具。2014年7月24日,胡某某等人到学校门口将王某某叫住,并将其骗上出租车带到事先准备好的隐匿地点,之后便捆绑王某某,在骗得王某某家中电话号码后,胡某某等人持刀先后对王某某的胸、腹、头等部位捅刺,然后用石头、瓦块等物将王某某掩埋致其死亡。次日,胡某某向王某某家打电话索取现金5万元。后胡某某等人被抓归案,公诉机关以故意杀人罪提起公诉。

在庭审过程中,辩护人提出,胡某某的行为不管是主观方面还是客观方面,都应当构成绑架罪,而不是故意杀人罪,其作案时不满16周岁,根据《刑法》第17条第2款的规定,不应当追究其刑事责任。法院认为,已满14周岁未满16周岁的人虽然不对绑架行为负刑事责任,但应对杀害被绑架人的行为负刑事责任。此年龄段的人以勒索财物为目的绑架并杀害被绑架人的,应以故意杀人罪追究刑事责任,但应从轻或者减轻处罚。

综上所述,主体年龄直接影响本章犯罪的定罪和量刑甚至罪名的适用,辩护人在办理暴力类犯罪时,首先应当审查主体年龄,具体如何界定、鉴定年龄,可参照本书第十章"毒品类犯罪"的相关阐述,此处不再赘述。辩护人如果收集到犯罪主体未达到刑事责任年龄的证据,应当及时告知司法机关。对于没有充分证据证明行为人实施被指控的犯罪时已经达到法定刑事责任年龄且确实无法查明的,应当提出"推定其没有达到相应法定刑事责任年龄"的无罪辩护意见;对于骨龄鉴定或者其他科学鉴定的意见不能准确确定行为人实施犯罪时的年龄,而且鉴定意见又表明行为人年龄在刑法规定的应负刑事责任年龄上下的,辩护人也可以提出"推定其没有达到相应法定刑事责任年龄"的无罪辩护意见。

(二) 精神病人

司法实践中经常出现精神病人实施暴力类犯罪的情形,辩护人在代理这类案件,尤其是故意杀人、故意伤害案件时,如果发现行为人有精神病史或家族精神病史,或者行为人作案前后存在明显"异常",或者其作案动机存在难以解释的"疑惑"时,应当向司法机关申请对行为人进行司法精神病和刑事责任能力的鉴定,审查行为人有无精神病,如果有精神病,还要审查其是否具有刑事责任能力以及刑事责任能力的大小,然后根据鉴定结论提出相应的辩护意见。

一般来说,精神病人的刑事责任能力可以分为以下三种,刑法根据不同的情况

规定了相应处罚原则,辩护人应当根据具体情况进行辩护:

(1)完全无刑事责任能力的精神病人。《刑法》第 18 条第 1 款规定:"精神病人在不能辨认或者不能控制自己行为的时候造成危害结果,经法定程序鉴定确认的,不负刑事责任,但是应当责令他的家属或者监护人严加看管和医疗;在必要的时候,由政府强制医疗。"

(2)完全有刑事责任能力的精神病人。《刑法》第 18 条第 2 款规定:"间歇性的精神病人在精神正常的时候犯罪,应当负刑事责任。"间歇性精神病人在精神正常的时候,具有辨认或者控制自己行为的能力,因此,应当对自己的犯罪行为负刑事责任。

(3)限制刑事责任能力的精神病人。《刑法》第 18 条第 3 款规定:"尚未完全丧失辨认或者控制自己行为能力的精神病人犯罪的,应当负刑事责任,但是可以从轻或者减轻处罚。"这类精神病人在犯罪时由于精神障碍,致使其辨认或者控制自己行为的能力削弱,所以可以从轻或者减轻处罚。

司法实践中,由于行为人处于羁押状态,辩护人通常只能向司法机关申请对行为人进行精神病司法鉴定。如何让司法机关采纳申请是辩护人要面临的问题,辩护人需要提供一定的线索或者材料,使司法机关认为行为人可能患有精神病。在震惊全国的邱兴华杀人案中,其砍死 10 人后,在逃亡途中又杀死 1 人,砍伤 2 人,辩护人在庭审中提出邱兴华杀人的前后经过、细节和抓获归案后的精神状态、言谈举止,有一些异于常人的地方,还向法庭提交了邱兴华妻子何某从老家村委会和亲属处拿到的"邱兴华家族有多人患精神病"的证明,并以此为由申请精神病司法鉴定。但是,公诉机关也出具了邱兴华老家村委会的证明:邱兴华身体健康,没什么病,他母亲在世时,只是爱唠唠叨叨。且邱兴华当庭表示自己没有精神病。最终,法院并未采纳辩护人的申请,判处邱兴华死刑。由此可见,从辩护人角度而言,想要申请精神病司法鉴定,应当做好相应的证据准备。从司法机关角度而言,在有一定证据支持的情况下,应当尽量采纳鉴定的申请,使行为人获得公正的处罚,避免判决遭受质疑。

案例 1-3

2009 年 10 月 9 日下午 4 时许,被告人孟某某在其家中见被害人冯某某到对面邻居张某某家敲门但无人开门,待冯某某走后,孟某某乘张某某家无人之机,用事先配制的钥匙打开张某某家房门,进入室内翻找现金。正在行窃时,孟某某从阳台上看到冯某某骑摩托车返回,便虚开房门持擀面杖藏在门后。当冯某某进入张某某家时,孟某某持擀面杖朝冯某某头部猛击两下,冯某某戴着头盔未被打倒,孟某某便逃回自己家中。后孟某某准备外出时,在楼道内听到冯某某正在张某某家打电话,误认为冯某某已认出自己,即返回家中拿了一把杀牛刀进入张某某家,持刀将冯某某逼到卧室,朝其腰、腹、头部连捅数刀,将冯某某刺倒在地后,又朝冯某某颈部连捅数刀,致冯某某气管、双侧颈动脉被割断,因失血性休克而死亡。案发后,孟某某被抓获归案。后法院鉴于孟某某系在校学生,且家属积极赔偿,判处孟某某死刑,缓期2年执行。

在死刑复核阶段,辩护人发现孟某某有家族精神病史,遂申请法院委托精神疾病司法鉴定委员会对孟某某犯罪时的精神状态进行鉴定。经鉴定,孟某某犯罪时患有分裂型人格障碍,属限制刑事责任能力人。辩护律师随后提出由于孟某某犯罪时因精神障碍导致辨认能力、控制能力减弱,应当对其予以从轻处罚。后法院改判孟某某无期徒刑。

(三)醉酒的人

本章杀伤型暴力类犯罪中,醉酒的人是高发人群。《刑法》第18条第4款已经明确规定,醉酒的人犯罪,应当负刑事责任。所以辩护人在代理这类案件时,如果仅以行为人是在因酒精刺激而神志不清的情况下作案,进而提出不承担刑事责任的无罪辩护意见一般很难被采纳,但辩护人仍然可以从醉酒的人对自己行为的辨认和控制能力有所减弱的角度入手,提出罪轻辩护意见。根据司法实践掌握的刑事政策,醉酒状态下实施暴力类犯罪的,一般不予判处死刑立即执行。但单纯的醉酒状态不足以作为酌定从轻处罚的情节,是否进行罪轻辩护,辩护人还是应当结合其他认罪、悔罪等情节予以综合考虑。

需要注意的是,前面提到的醉酒的人犯罪应当承担刑事责任是指生理性醉酒,因为生理性醉酒是可以控制的,系由一次大量饮酒或酒精饮料,引起急性中枢神经系统兴奋或抑制状态。但如果行为人是病理性醉酒,情况则不同。病理性醉酒,又称为特发性酒中毒,是指所饮不足以使一般人发生醉酒的酒量而出现明显的行为和心理改变,在饮酒时或其后不久突然出现激越、冲动、暴怒以及攻击或破坏行为,可造成自伤或伤人后果;发作时有意识障碍,亦可出现错觉、幻觉和片断妄想;发作持续时间不长,至多数小时,常以深睡结束,醒后无法忆起发作过程。如果行为人属于病理性醉酒,辩护人也应当申请对行为人的刑事责任能力进行鉴定,如果行为人对自己的行为没有辨认和控制能力,辩护人则应当提出不承担刑事责任的无罪辩护意见。

案例 1-4 [①]

2008 年 3 月 18 日晚,被告人侯卫春邀请被害人侯党振到其家喝酒至深夜,后送侯党振回家。当行至侯军勇(侯党振之子,侯党振在其家居住)家大门口时,侯卫春对侯党振实施殴打,又迅速从其家拿来菜刀,对躺在地上的侯党振头部、躯干部一阵乱砍后回家。次日凌晨 6 时许,侯卫春从家中出来查看侯党振的情况,并用人力三轮车将侯党振送到当地诊所,但侯党振已因钝性外力作用于头部、胸部、会阴部等处,锐器损伤头面部,造成颅脑损伤,胸部肋骨多发性骨折,最终因创伤性休克而死亡。后一审法院以被告人侯卫春犯故意杀人罪,判处死刑,剥夺政治权利终身。

一审宣判后,侯卫春提出上诉,认为一审量刑过重,其当时系因酒精刺激,在神志不清的情况下作案,没有杀人动机和目的,且对被害人有施救行为,并能积极配合公安人员调查,认罪态度好,请求法院予以从轻或减轻处罚。但二审法院裁定驳回上诉,维持原判,并依法报请最高人民法院核准。

最高人民法院经复核认为,被告人侯卫春酒后无故殴打被害人,后又持刀反复砍击被害人要害部位,致被害人死亡,其行为已构成故意杀人罪,且手段残忍,后果严重,应依法惩处。但鉴于侯卫春犯罪时处于醉酒状态,对自己行为的辨认和控制能力有所减弱;其与被害人素无矛盾,案发后对被害人有施救行为,且归案后认罪态度较好,有悔罪表现,对其判处死刑,可不立即执行。

(四)吸毒的人

司法实践中,有些案件是行为人吸毒产生幻觉后实施的暴力行为,如果行为人主动吸食毒品,应当预见到吸食毒品可能会产生幻觉,主观上应当认定为故意使自己陷入该状态,是一种自陷行为。有的行为人甚至想通过吸毒达到的无意识状态而逃避犯罪所应当承担的责任。因此,行为人即使作案时不能辨认、不能控制自己的行为,也应当承担刑事责任。但如果行为人是被他人诱骗或者强迫吸毒进而产生幻

---

① 案例来源:《刑事审判参考》总第 73 集[第 610 号]。

觉后实施暴力行为的,则应当申请对其行为时的精神状态进行鉴定,审查行为人在行为时的辨认能力和控制能力。如果其行为时已经完全丧失辨认能力和控制能力,可以进行无罪辩护;如果其行为时辨认能力和控制能力有所减弱,则可以结合案件具体情况进行罪轻辩护。

由此可见,辩护人在代理吸毒的人实施暴力类案件的过程中,首先要审查行为人吸毒是主动的还是被动的,是自陷的还是他陷的,这需要综合案件证据予以认定。但不管是哪一种情况,吸毒导致刑事责任能力有所降低时,辩护人都应当将这个情节予以展现,即使不能直接影响定罪,在一定程度上也有可能会影响量刑。

案例 1-5

2005年5月5日凌晨,被告人彭某某因服食摇头丸药性发作,在其暂住处持刀朝同室居住的被害人阮某某胸部捅刺,致阮某某抢救无效死亡。当晚9时许,被告人彭某某到公安局投案自首。经精神病司法鉴定认为,彭某某系吸食摇头丸和K粉后出现精神病症状,在精神病状态下作案,评定为限制刑事责任能力。

在庭审过程中,被告人彭某某及其辩护人辩解彭某某并无杀害阮某某的故意,其持刀捅人的行为系吸毒后产生幻觉所致,作案时并无刑事责任能力,不应当承担刑事责任,要求重新进行精神病司法鉴定。法院认为,吸毒是国家法律所禁止的行为,彭某某在以前已因吸毒产生过幻觉的情况下,再次吸毒而引发本案,其吸毒、持刀杀人在主观上均出于故意,应对自己吸毒后的危害行为依法承担刑事责任,其吸毒后的责任能力问题不需要重新进行精神病司法鉴定。

(五)家庭暴力的受害者

据有关部门统计,我国大约有24.7%的家庭存在不同程度的家庭暴力。实施家庭暴力导致被害人重伤、死亡,或者是长期遭受家庭暴力的被害人杀死施暴人的重大恶性案件时有发生。根据最高人民法院在2014年的统计,涉及家庭暴力的故意杀人案件在全部故意杀人案件中占比接近10%。由此可见,司法实践中有些故意杀人和故意伤害案件中的行为人也是家庭暴力的受害者,对待这类案件,辩护人应当积极收集证据,以证明行为人属于家庭暴力的受害者,如行为人受虐的报警记录、向妇联或者有关组织求助的记录、受虐后的伤情诊断、行为人的供述、邻居亲友的证言等,提出行为人实施犯罪行为是因为不堪忍受家庭暴力而对施暴者采取的"以暴制暴"。如果能认定这类案件的发生是因为家庭暴力和长期虐待所致,被害人对引发犯罪具有严重过错,辩护人可以结合案件具有自首情节或者防卫因素等情况,提出从轻、减轻处罚的辩护,甚至缓刑辩护或者免予刑事处罚的辩护,成功概率比较高。

案例1-6

2004年9月,被告人刘某不堪忍受丈夫常年的殴打、辱骂与虐待,在家中将丈夫杀害,随后刘某向公安机关自首。辩护人收集到刘某的同事联名提供的被告人经常受到家庭暴力虐待的证言以及被告人去市妇联的求助记录,反映其多年来被丈夫虐待的事实,提出对她减轻处罚的辩护意见。后刘某被人民法院以故意杀人罪判处有期徒刑3年。

(六)民间纠纷的当事人

因民间矛盾激化引发的暴力类犯罪主要有故意杀人、故意伤害、绑架等案件,常见的民间纠纷有:因恋爱、婚姻家庭矛盾引起的纠纷;因宅基地、相邻权、共有物权等引起的邻里纠纷;熟人之间因债权债务、言语不和等琐事引起的纠纷以及雇主雇员之间的劳动收入报酬、工钱结算等劳资纠纷;等等。

对于存在被害人的案件,辩护人还要审查被害人是否存在过错,并积极收集可以证明被害人具有过错的证据。如果被害人在犯罪行为发生之前,先行实施了违反法律法规、道德规范和公序良俗的不当行为,损害了行为人的正当法益或社会公共利益,就可以确定被害人自身有过错。在具体个案中,辩护人则应根据被害人过错的性质、所侵害法益的大小以及过错行为与犯罪行为之间的关联性等情况,全面考量评定被害人过错在量刑中的影响力,进而提出适当的从宽幅度的量刑意见。

对于实施本章暴力类犯罪,可能判处3年有期徒刑以下刑罚且有被害人的案件,辩护人应当根据刑事诉讼法规定的当事人和解的公诉案件诉讼程序,使行为人通过向被害人赔偿损失、赔礼道歉等方式获得被害人谅解,积极促使行为人和被害人达成和解协议,使行为人获得法定从宽处罚的机会。因为《刑事诉讼法》第290条明确规定:"对于达成和解协议的案件,公安机关可以向人民检察院提出从宽处理的建议。人民检察院可以向人民法院提出从宽处罚的建议;对于犯罪情节轻微,不需要判处刑罚的,还可以作出不起诉的决定。人民法院可以依法对被告人从宽处罚。"

案例 1-7

被告人张某1与被害人张某2系同胞兄弟。2013年张某1因结婚盖房借张某2一方砖(价值70元),之后二人因还没还钱的事情一直相互谩骂殴打。2020年12月16日,张某1与张某2因此事再次发生争吵打斗,在厮打过程中,张某1持刀将张某2砍成重伤。人民检察院以张某1涉嫌故意伤害罪起诉到人民法院。

在庭审过程中,辩护人提出此案属于民间纠纷导致矛盾激化引起的犯罪,双方属于同胞兄弟,被害人也把被告人打成轻微伤,本身也有一定的过错,且被告人积极赔偿医药费等经济损失,真诚悔罪,被害人也表示原谅被告人,不希望被告人受到刑事处罚。综合以上量刑情节,辩护人请求法院对被告人从轻处罚。最后,法院采纳了辩护人的意见,对被告人判处有期徒刑3年,缓刑5年。

(七) 首要分子和积极参加者

对于聚众类犯罪,一般只惩罚首要分子和积极参加者,不惩罚一般参加者,本章中的聚众哄抢罪也不例外,其主体除了必须具备刑事责任能力,还必须是首要分子和积极参加者。所谓"首要分子",是指在聚众哄抢犯罪中起组织、策划、指挥作用的人。所谓"积极参加者",是指积极参与哄抢或者在哄抢中起主要作用的人。对一般参加聚众哄抢活动的人,不应以犯罪论处。因此,辩护人在代理这类案件时,首先要审查当事人的主体身份情况,看其是否属于首要分子或者积极参加者,如果不属于,则可以进行无罪辩护。

案例 1-8[①]

遵化市某村民委员会与北京某房地产公司于2009年1月5日签订了租期为40年的土地租赁协议,协议内的部分土地用于开发旅游度假项目,并由为此成立的遵化某度假村公司管理,该公司已于2013年支付了2013年至2017年的山地租金。2012年、2013年两年土地租赁协议涉及的山场板栗采摘权由当时该

---

① 案例来源:(2015)遵刑初字第113号刑事判决书。

村的村长承包,2014年9月初遵化某度假村公司收回山场板栗的采摘权。2014年9月11日上午,该村大喇叭多次广播,号召村民上山捡拾遵化某度假村公司租赁土地内的板栗,后该村村民纷纷赶至山场抢拾板栗。该村村民柳某在哄抢过程中积极踊跃哄抢,其妻子陆某一直协助柳某直至将哄抢的板栗运送回家并最终销售。经遵化市价格鉴证中心鉴定:该度假村公司所承包山场内被抢板栗价值287000元。后柳某和陆某因涉嫌聚众哄抢罪被移送起诉。

在庭审过程中,被告人柳某、陆某对二人参与捡拾板栗的事实无异议,但均辩解是在听到村喇叭广播后才去山场捡拾板栗,没有积极踊跃参与哄抢,被抢板栗的损失不是其二人造成的。辩护人也提出本案主犯即组织者没有查清,柳某和陆某在本案中不是积极参加者。法院经审理认为,本案证据只能证明二被告人有参与捡拾板栗的行为,但村民抢拾板栗的行为持续了两天,广播者对村民上山捡拾板栗的行为起决定性作用,现有证据不能证明二被告人系积极参加者,二被告人不应对本案被抢板栗总损失价值负责。故此,二被告人的行为不符合聚众哄抢罪的犯罪特征,最终对二被告人宣告无罪。

辩点1-2:主观方面

犯罪构成的主观方面包括罪过心理(即故意和过失)、犯罪目的和犯罪动机。本章所涉及的暴力类犯罪虽然都是故意犯罪,但主观方面仍各有差异。例如:故意杀人罪和故意伤害罪分别要求具有非法剥夺他人生命的故意和非法损害他人身体健康的故意;抢劫罪和抢夺罪要求具有非法占有他人财物的故意;绑架罪要求主观上必须具备向被害人家属勒索钱财或满足其他非法要求的目的;非法拘禁罪要求主观上具有限制他人人身自由的目的。辩护人在办理暴力类犯罪案件的过程中,审查行为人的主观方面,有利于正确适用法律,有利于构建辩护策略,是辩护切入点之一。

(一)犯罪动机

在我国司法实践中,犯罪动机一般不影响定罪,但是可以影响量刑。因此,在代理暴力类犯罪案件中,考察犯罪动机是量刑辩护的一个切入点。如果行为人的犯罪动机是善的,是有益于社会的,辩护人可以提出案件情节较轻,适用较轻的量刑档次,或者提出可以从轻处罚的辩护意见。例如:在故意杀人、故意伤害案件中,有的行为人出于义愤,甚至是"大义灭亲""为民除害"的动机;在抢劫、抢夺、绑架案件中,有的行为人出于经济困难,为了救治生病的家人的动机;在非法拘禁案件中,有的行为人是为了索讨自己的合法债务;等等。这些动机相比那些为了铲除政治对手而雇凶杀人或者为了过上奢靡生活而劫财的,虽然一样会被定罪,但量刑显然会更轻。辩护人可以结合犯罪事实、性质和对社会的危害程度,行为人的主观恶性,人身危险性等方面,提出更为具体的量刑建议。

> **案例1-9**[①]
>
> 　　被告人龚世义系百汇居饭店老板。2001年6月以来,被害人冯世刚经常来该饭店肆意滋事,就餐从不付钱,且殴打饭店服务员,驱赶其他就餐人员,致该店生意冷淡。被害人冯世刚在饭店恣意殴打服务员,多次致人伤害,还对数名女服务员进行凌辱,甚至强奸。被告人龚世义及其饭店服务员怵于冯世刚暴戾恣睢,皆忍辱含垢,受其凌辱的女服务员也只能饮恨离去。2001年12月26日晚18时许,冯世刚再次至百汇居饭店,要检查对其不从的女服务员是否来了例假,在其淫欲之心未得满足的情况下,又向龚世义提出让龚世义的女友陪其过夜;在龚世义欲一走了之的情况下,冯世刚却不依不饶,摔电视机、砸手机,更是将龚世义按倒在床上扼颈挥拳进行殴打。后店里服务员胡长青闻讯赶来,见状,即持铁管对冯世刚头部猛击一下,将冯世刚打倒在地,龚世义起身后对躺在地上的冯世刚语:"今天对不起你了,是你把兄弟逼到绝路上来了。"随后龚世义亦持铁管击打冯世刚的头部,并与胡长青一同用铁丝勒冯世刚颈部,致冯世刚死亡。后被告人龚世义和胡长青被公诉机关以故意杀人罪提起公诉。
>
> 　　在庭审中,辩护人提出被告人龚世义和胡长青系受被害人冯世刚长期迫害,而出于义愤杀人,且被害人冯世刚有极大过错,承担激化矛盾的直接责任,二被告人故意杀人的行为属于情节较轻。该辩护意见后被采纳,二被告人均被判处有期徒刑5年。

(二) 杀伤型暴力类犯罪的犯罪故意

　　杀伤型暴力类犯罪包括故意杀人罪和故意伤害罪,司法实践中,这两类案件可能会产生相同的结果,比如都产生死亡的结果,有的案件定故意杀人既遂,有的案件定故意伤害致人死亡;比如都产生伤害的结果,有的案件定故意杀人未遂,有的案件则定故意伤害既遂。适用的罪名不同,量刑会产生很大的差异。因此,辩护人应当

---

① 案例来源:《人民法院案例选》2007年第2辑。

找准辩护点以便制订有利于当事人的辩护策略。从主观方面的罪过角度而言,这两个罪名都是故意犯罪,但故意的内容是不同的,一个是杀人的故意,一个是伤害的故意,辩护人应当结合整个案件的情况进行综合评判,以便正确适用相关的罪名。

第一,考察行为人与被害人之间的关系、双方矛盾的激化程度、犯罪动机、案件发生的起因,由此判断行为人具有杀人的故意还是伤害的故意。

第二,考察行为人犯罪时实施的手段和方法、打击的部位、所使用的工具(如工具的种类、工具的杀伤力、工具是否预先选择)、行为是否有节制、犯罪后是否采取一定的补救措施等情况,由此判断行为人具有杀人的故意还是伤害的故意。

第三,最后再从结果进行判断,如果产生了死亡的结果,要考察死亡的结果是行为人积极追求的或者放任发生的,还是由于过失而导致的;如果没有产生死亡的结果,则要考察被害人没有死亡是行为人本来就不想致被害人于死地还是由于行为人意志以外的因素导致的。

如果行为人与被害人积怨不深,因为琐事发生纠纷导致矛盾升级,行为人实施伤害行为时并未选择要害部位下手,甚至有意识地避开要害部位,且伤害比较有节制,即使最后造成了死亡或者重伤的结果,若行为人被指控为故意杀人罪,辩护人仍可以提出行为人只有伤害的故意,进行只构成故意伤害罪的改变定性的辩护。实践中还有一些案件,行为人因琐事和被害人起冲突,顺手抄起一把凶器捅死被害人的,也经常会被指控为故意杀人罪,辩护人也应当从行为人的性格、行为人与被害人的关系、行为人有无积极措施进行抢救等情况入手。如果行为人只是性情鲁莽,一时冲动,在被害人受伤后,积极采取措施进行抢救,即使最后抢救未果,辩护人也可以提出行为人没有杀人的故意,只构成故意伤害罪的辩护意见。

案例 1-10

被告人张某和李某都是某职工食堂的厨师,一日,二人在做饭菜时因言语不和起冲突,最后发展到拳脚相向。张某被李某踢中头部,一怒之下,顺手抄起一把菜刀朝李某砍过去,李某躲避不及,被砍到脖子,血流不止。张某大惊失色,赶紧将李某抱起,要车送到医院。后李某因失血过多,抢救无效死亡。检察院认为张某冲动之下不计后果实施了伤害行为,导致被害人死亡,具有故意杀人的间接故意;张某虽然采取措施抢救,但仍然出现了死亡结果,也不构成犯罪中止,故以故意杀人罪既遂将张某起诉到人民法院。

本案中，辩护人提出被告人张某和被害人李某积怨不深，因言语不和起冲突，被告人并无要杀死李某的故意和动机。被告人之所以选择菜刀作为作案工具，是因为案发的地点就在厨房，拿菜刀比较顺手，且被告人一贯有些鲁莽，虽拿起菜刀砍李某，但主观上并无杀人的动机和意图，被害人受伤后，被告人主动积极抢救，并未放任被害人的死亡，所以被告人的行为只构成故意伤害罪。法院最终以故意伤害罪判处张某15年有期徒刑。

(三) 强抢型暴力类犯罪的犯罪目的

强抢型暴力类犯罪中的抢劫罪、抢夺罪和聚众哄抢罪，不但都是故意犯罪，而且都要求行为人以非法占有为目的。所谓以非法占有为目的，是指明知是公共的或者他人的财物或者财产性利益，而意图把它非法转归自己或者第三者占有。辩护人在办理相关案件时，要审查行为人的主观目的，如果其不是以非法占有为目的的，就可以进行无罪辩护或者改变定性的辩护，具体情况如下：

(1) 如果行为人只抢回自己被骗走的财物、所输赌资或者所赢赌债，不构成抢劫罪、抢夺罪。最高人民法院《关于审理抢劫、抢夺刑事案件适用法律若干问题的意见》第7条"关于抢劫特定财物行为的定性"第2款规定，"抢劫赌资、犯罪所得的赃款赃物的，以抢劫罪定罪，但行为人仅以其所输赌资或所赢赌债为抢劫对象，一般不以抢劫罪定罪处罚。构成其他犯罪的，依照刑法的相关规定处罚"。因而，此种情况下如造成轻伤以上后果的，可以按照故意伤害罪论处。

案例 1-11

甲、乙二人赌博，甲输给乙1万元。甲认为乙采用了出老千的作弊手段才赢了这1万元，于是对乙以暴力相威胁，逼迫其当场退还1万元。后甲以抢劫罪被刑事拘留。

在庭审过程中，辩护律师认为，赌博是一种非法活动，赌资应当予以没收，如单纯地以赌资为抢劫对象，可以构成抢劫罪；但本案中，1万元是甲输给乙的赌资，而且甲认为乙是通过作弊手段才赢得了这1万元，本来就是乙欺骗了甲，甲通过暴力手段抢回的只是自己的钱，并不是乙的钱，也不是其他人的钱，其主观上不具有非法占有他人财物的目的，因此不构成抢劫罪。由于甲的行为给乙造成了轻伤的后果,后法院以故意伤害罪判处甲有期徒刑2年。

(2)行为人只是为了一时使用,采用暴力、胁迫等手段控制他人财物,如通过暴力手段借用他人财物的,不能认定为抢劫罪。但如果行为人以借为名,行抢劫之实,并无归还的意思,则应认定为抢劫罪。辩护人在代理这类案件时,可以从以下三个方面判断行为人是否具有非法占有的目的,如果没有,则可以提出不构成抢劫罪的辩护意见:第一,行为人实施非法取得财物行为的动机和背景,比如是否因一时之需,是否有归还的能力和意思;第二,行为人实施非法取得财物行为的具体情节,比如是否相熟,数额是否确定,有无出具借条等;第三,行为人借钱借物后的表现,比如是否携款逃跑,是否挥霍款项或者进行违法犯罪活动等。

案例1-12

案发前,被告人张某某为某日化公司代理销售商品,由于缺乏周转资金,曾向他人提出借款,但没有借到。2014年6月15日晚上,被告人张某某携带一把玩具枪、一把匕首和一卷透明胶带,翻墙入院,进入村民林某某家,持"枪"逼林某某夫妇用胶带自绑双腿,后张某某又将两人双手从背后用胶带绑住,威逼林某某夫妇借钱。林某某夫妇不得已说出家中的钱藏在床下。张某某从床下取出1万元现金,写了一张借条给林某某,并向林某某夫妇磕头表示对不起后携款回家。当晚,被害人亲属报警,侦查人员在被告人家中将其抓获,并将1万元现金扣押后返还林某某夫妇。后被告人张某某被公诉机关以抢劫罪提起公诉。

在庭审过程中,被告人张某某辩解,其目的是借款,没有抢劫故意。其辩护人的辩护意见主要有:①被告人的主观故意具有两面性,难以确定;②被告人在取得现金后写了一张借条,行为转化为借贷关系,因此被告人实际上并不能最终占有该款;③被告人能认罪悔罪,并且已因本案被予以治安拘留,可以从轻处罚。法院经审理认为,被告人张某某非法进入居民家中,以暴力取得他人财物,且数额巨大,其行为已构成抢劫罪;对辩护人提出被告人归案后能认罪悔罪,并且已因本案被予以治安处罚,可以从轻处罚的意见,予以采信。

(3)为索取债务而当场使用暴力夺取债务人或者债务人亲友财物的,不构成抢劫罪,如果造成债务人或者债务人亲友轻伤以上后果的,应以故意伤害罪论处。因为行为人只具有索回自己债务的目的,而无非法占有他人财物的目的。

案例 1-13

在传销活动中,被告人蒋某某系罗某某的下线传销人,在国家明令取缔传销活动后,蒋某某多次找其上线罗某某退还传销款未果。一天晚上,被告人蒋某某又来到罗某某家要求罗某某退还欠款,恰巧罗某某不在家。蒋某某便质问罗某某妻子张某某退钱一事怎么办,并要求她替丈夫偿还"欠款"。张某某以传销退款一事与自己无关为由拒绝付款。蒋某某即从罗家房内拿出一把菜刀,持刀向张某某要钱,又遭到张某某的拒绝,蒋某某便朝张某某身上连砍数刀。经法医鉴定,张某某右手前臂尺骨开放性骨折,全身多处皮肤裂伤,属轻伤,为九级伤残。一审法院认定,被告人蒋某某与张某某之间并无任何法律意义上的债权债务关系,向张某某索要钱财的行为即属非法,在索要不成后又持刀进行暴力威胁,继而又当场实施暴力砍伤张某某,其行为已构成抢劫罪,且属于入户抢劫,判处有期徒刑 10 年,并处罚金 1000 元。

在二审过程中,辩护人提出,被告人蒋某某虽与被害人张某某无任何债权债务关系,但其与张某某丈夫罗某某之间却客观存在就传销款项返还的经济纠纷,尽管该纠纷所产生的债权债务并不受法律保护,但却是本案发生的直接前因;被告人蒋某某在多次向罗某某索还传销款未果的情况下,遂向与其共同生活的妻子张某某追索,也合乎当地社会习俗。被告人在遭受害人拒绝后,采用暴力手段加害被害人,并造成轻伤的后果,确实具有伤害的故意,但自始至终并不具有抢劫的犯意。因为被告人只是想索回原本属于自己的"欠款",而无意占有被害人的财产,不能认定为抢劫罪。该辩护意见被二审法院采纳,改判蒋某某犯故意伤害罪,判处有期徒刑 3 年。

此外,对于转化型抢劫,除了非法占有目的,还要求行为人实施暴力或者以暴力相威胁是为了窝藏赃物、抗拒抓捕或者毁灭罪证,如果不是出于上述目的,就不能转化为抢劫罪。当然,这些目的最终是否实现,并不影响转化型抢劫罪的成立和既遂的认定。

(四)拘禁型暴力类犯罪的犯罪目的

拘禁型暴力类犯罪中的绑架罪和非法拘禁罪,都具有侵犯他人人身自由的故意,但相比于非法拘禁罪,绑架罪还必须以勒索财物或者扣押人质为目的。在实践中,以勒索财物为目的的绑架比较常见,但除了勒索财物的目的,为达到其他目的而绑架他人作为人质也可以构成绑架罪,比如为了政治目的,为了恢复恋爱或者为了离婚。但不管是哪一种目的,都不要求必须已向第三人提出了该非法要求,因为刑法并未规定犯罪目的的现实化。比如行为人以勒索财物为目的绑架他人,但尚未向被绑架人的家属提出索要财物的要求就被抓获,一样构成绑架罪既遂。但辩护人在代理这类尚未提出不法要求的案件时,可以积极审查相关证据,审查控方的证据能否证明行为人具有勒索财物或者扣押人质的目的,一般情况下,由于行为人尚未向第三人提出不法要求,要证实行为人具有勒索财物或者扣押人质的目的有一定难度,如果控方证据无法证实,辩护人可以提出只构成非法拘禁罪的辩护意见。在具体辩护过程中,还要关注以下问题:

(1)这里的勒索财物必须以非法占有财物为目的,如果只是为了索取债务而绑架他人作为人质,不具有非法占有财物的目的,不能构成绑架罪。从最高人民法院《关于对为索取法律不予保护的债务非法拘禁他人行为如何定罪问题的解释》中关于"行为人为索取高利贷、赌债等法律不予保护的债务,非法扣押、拘禁他人的,依照刑法第二百三十八条的规定定罪处罚"的规定来看,此处所索取的债务,不但包括合法债务,也包括法律不予保护的债务。行为人的行为之所以不构成绑架罪,也是因为行为人客观上虽然实施了绑架行为,但主观上是为了索取债务,并无非法占有他人财物的目的。当然,虽然司法解释有以上规定,但实践中还是要考虑索取财物的情况,如果索取的财物明显超出所欠的法律不予保护的债务,仍然构成绑架罪;此外,还要考虑被绑架人与债务人之间的关系以及绑架行为对身体安全的侵害程度,虽然有债务关系,但绑架与债务人没有共同财产关系或扶养、抚养关系的第三人作为人质,并以杀害、伤害相威胁的,也仍然可能被认定为绑架罪,因为这里可能被认定为以扣押人质为目的,而不是以勒索财物为目的。

案例1-14

2005年年初,罗某经大舅哥肖某介绍参与某公司的传销。后来,罗某觉得是肖某骗他参与的,多次向肖某索要其投进去的钱,但钱一直无法要回。于是,罗某向辽阳市工商局举报了该公司的非法传销活动。可是,钱还是迟迟拿不到手,罗某就在辽阳市找了孙某和赵某,让两人帮他要债,并许诺事成之后给两人好处。2007年4月28日,三人来到沈阳市和平区肖某所住的宾馆,在宾馆门前巧遇肖某,三人将肖某拽上车后,罗某给肖某的家人打电话,让其家人将罗某通过肖某投进传销公司的 3 万元钱送到指定的地点,要不就不放肖某回家。后三人被公安机关抓获,以涉嫌绑架罪移送到人民检察院。

辩护人提出,罗某等人虽然使用了暴力手段绑架肖某作为人质,并以此向肖某的家人索要 3 万元钱,但现有证据能够证明罗某确实是被肖某介绍参加的传销,并通过肖某投进了 3 万元钱,罗某知道被骗后,多次向肖某索要未果,才采取了绑架的手段要回财物,其主观上并无非法占有他人财物的目的,只是想要回自己的钱,故不符合绑架罪的构成要件;因扣押、拘禁肖某的时间较短,也未达到非法拘禁罪的立案标准。最后,检察院采纳了辩护人的辩护意见,对罗某等人作出了不起诉决定。

(2)以扣押人质为目的,包括恢复恋爱或者离婚等目的。对于此类案件,辩护人要注意审查行为人的目的以及对被绑架人人身自由的剥夺程度和人身安全的侵害程度。如果行为人只以非法剥夺他人人身自由的目的绑架他人,但并未以杀害、伤害等相威胁,声称只要答应恢复恋爱关系或者离婚即放人的,辩护人可以提出只构成非法拘禁罪的辩护意见。

案例 1-15

被告人张某某与妻子王某某婚后相处不和睦,王某某借机住到与其关系暧昧的本村村民顾某家中,张某某为与王某某离婚,多次要求顾家交出王某某未果,便产生了劫持顾某之子顾某某以逼迫顾某交出王某某的念头。2003 年 10 月 16 日 9 时许,张某某来到顾某某(7 岁)就读的小学将其强行带走,当顾某某的班主任及其他人阻止时,张某某拿着菜刀的刀背架在顾某某的脖子上,并抱着顾某某站到附近的河塘中,要求顾家交出王某某,声称如果不答应就与小孩同归于尽。当王某某和公安民警闻讯到场后,张某某要求民警拦住王某某,随后将菜刀丢入水中放走被害人,并随出警人员到派出所接受处理。

本案中,被告人张某某不是以勒索财物为目的,是为了达到逼迫妻子出面与其离婚的目的,而使用暴力手段挟持被害人顾某某作为人质,其行为应当认定为绑架罪。但对于这类案件,辩护人仍然可以从被告人的犯罪动机、手段以

> 及社会危害程度等情节入手,进行量刑辩护。最终法院认定张某某构成绑架罪,但对其判处免予刑事处罚。如果张某某将顾某某诱骗至其家中某一房间进行反锁扣押,并向顾家提出只要交出王某某,就把顾某某放了,在这种情况下,辩护人可以提出张某某只构成非法拘禁罪的辩护意见。

(3)对于偷盗婴幼儿的案件,辩护人要注意考察行为人的主观目的,以确定适用的罪名。如果以勒索财物为目的,按照绑架罪定罪处罚;如果以出卖为目的,则按照拐卖儿童罪定罪处罚。所以辩护人要结合相关证据对行为人的犯罪目的进行审查,以确定是否要进行改变定性的辩护。所谓偷盗婴幼儿,是指采取不为婴幼儿父母、保姆等监护人、看护人知晓的方式偷盗不满1周岁的婴儿或者1周岁以上6周岁以下幼儿并将其作为人质的行为。

辩点1-3:犯罪对象

(一)他人

故意杀人罪、故意伤害罪以及绑架罪、非法拘禁罪的行为对象都是他人,至于他人的范围则没有限制,不论国籍、种族、民族、性别、生理、心理、职业、身份等,但他人必须是有生命的,尚未出生或者已死亡都不能成为这些犯罪的行为对象,比如尚未脱离母体的胎儿或者尸体。此外,他人也不包括自己。如果是针对自己、尚未脱离母体的胎儿或者尸体的行为,要根据具体情况进行认定,辩护人要掌握相关的法律规定,不要认为只要不是针对他人的就一定不构成犯罪。

(1)自己剥夺自己生命的自杀行为,在我们国家不是犯罪,不能认定为故意杀人罪。此外,尚未脱离母体的胎儿和尸体也不是故意杀人罪的行为对象。因此,堕胎和毁坏尸体的行为不构成故意杀人罪。但出生后的婴儿是受法律保护的生命,溺婴构成故意杀人罪。如果将尸体误认为活人而加以杀害的,可以构成对象不能犯的故意杀人罪未遂。如果对尸体进行侮辱或者故意毁坏,可以构成侮辱、故意毁坏尸体罪。

(2)自己故意伤害自己身体的,一般不构成犯罪,但是行为人如果是现役军人,且在战时为了逃避履行军事义务而自伤身体的,可以按照战时自伤罪论处;如果自伤身体是为了诬告陷害他人,可以按照诬告陷害罪论处。

(3)谎称自己被绑架而向他人勒索财物或者将自己作为人质的,不构成绑架罪,但符合诈骗罪构成要件的,可以按照诈骗罪论处。

> **案例1-16**①
>
> 2013年5月25日,被告人李某某在毛庵村因灌溉农田与本村村民张某某发生争吵,进而打架,李某某将张某某的面部打伤。经鉴定,张某某的损伤程度为轻伤。后被告人李某某得知张某某的损伤构成轻伤后,将自己的右手拇指砸伤,经鉴定,损伤程度为轻伤二级。然后被告人李某某报案,意图使张某某受到刑事处罚。
>
> 法院经审理认为:被告人李某某故意伤害他人身体,致人轻伤,构成故意伤害罪;被告人李某某自伤后捏造事实诬告陷害他人,意图使他人受刑事追究,情节严重,构成诬告陷害罪。被告人李某某犯罪后投案,并如实供述犯罪事实,是自首。一人犯数罪,应当数罪并罚,判处李某某有期徒刑1年2个月。

(二) 公私财物

抢劫罪、抢夺罪和聚众哄抢罪既是暴力类犯罪,又是财产类犯罪,行为对象还涉及公私财物,这里的公私财物一般情况下表现为有经济价值的动产、有形物,也不排除特殊情况下的财产性利益。对于以特殊财物为对象的,要特别注意。

1. 关于不动产

如果行为人使用暴力、威胁的手段迫使他人将不动产过户给自己,获得财产性利益的,可以构成抢劫罪。对于行为人使用暴力、威胁的手段将房屋主人赶走,实际上控制房屋的,有的学者认为也构成抢劫罪。由于我国对于房产实行登记制度,行为人虽然实际上控制房屋,但无法对房屋进行过户和交易,如何认定抢劫罪的数额值得探究,也为辩护人提供了一定的辩护空间。

2. 关于借据、欠条

借条和欠条能否作为刑法上的财物,为毁灭债务,抢劫或者抢夺借据、欠条能否构成抢劫罪、抢夺罪,这在理论界和实践中仍存在一定的争议,这样的争议也为辩护人代理这类案件提供了一定的辩护空间。

一般来说,借据、欠条虽然不是现金、物品或者有价证券,但却是一种证明债权的凭证,尤其当该借条是确认债权存在的唯一证明时,如果失去这一凭证,债权人就将失去债权。此时,应当把借条纳入公私财物的范围。浙江省高级人民法院、浙江

---

① 案例来源:中国法院网,https://www.chinacourt.org/article/detail/2014/12/id/1517692.shtml。

省人民检察院、浙江省公安厅联合下发的《关于抢劫、盗窃、诈骗、抢夺借据、欠条等借款凭证是否构成犯罪的意见》明确规定,债务人以消灭债务为目的,抢劫、盗窃、诈骗、抢夺合法、有效的借据、欠条等借款凭证,并且该借款凭证是确认债权债务关系存在的唯一证明的,可以抢劫罪、盗窃罪、诈骗罪、抢夺罪论处。

因此,辩护人在代理这类案件时,要考察涉案的借据、欠条是否确认债权债务关系存在的唯一证明,如果失去借据、欠条仍然有其他证据能够证明债权债务关系存在,债权人并不必然失去债权,债务人也没有达到消灭债务的目的,则仍然存在无罪辩护的空间。

案例1-17

2014年2月到2015年4月,被告人张某某分三次向被害人钟某某借款18.5万元(月息2%~5%),张某某每月均如期还息,共付利息款3万余元。后因无法还债,为抢回自己向被害人钟某某借款时所出具的借条和用作抵押的房产证,被告人张某某事先购买了铁锤,于2015年6月9日夜里22时许,携铁锤至被害人钟某某所开的药店处,以归还借款为由进入药店,随后持铁锤打击钟某某的头部,将其打倒在地后拿起房产证和借条逃离现场。经法医鉴定,被害人钟某某损伤程度为八级伤残,属重伤。

在庭审过程中,被告人张某某及其辩护人辩称没有抢劫的犯意,借条也不是抢劫罪的对象,不构成抢劫罪。但法院认为,被告人张某某为毁证灭债,采用暴力手段强行取回由其出具的借条及用作抵押的房产证,致被害人重伤,其行为已经构成抢劫罪。

3. 关于被质押的本人财物

本人财物被质押后,虽然所有权不因质押而改变,但质物的占有权却由出质人转至质权人。出质人在质押关系消灭前不能侵犯质权人的占有权,如果强行改变占有状态,会使质权人遭受财产损失。因此,以被质押的本人财物为对象进行抢劫、抢夺,同样可能被追究刑事责任。但由于财物的所有权归属于行为人本人,在认定数额时,要审查被害人遭受的损失,而不能按照本人财物的数额计算。

> **案例 1-18**
>
> 2008年1月29日23时,被告人李某某在某停车场乘保管员不备,将其向某典当公司借款65000万而提供的担保物起亚牌小轿车(经鉴定,该车价值为106276元)从停车场强行开走。之后,李某某逃匿,且未向典当公司清偿债务。2009年2月6日,停车场向典当公司赔偿经济损失及相关诉讼费用90206元。后李某某主动投案并退赔了所有经济损失。
>
> 本案中,被告人李某某乘人不备,强行将车开走,虽未造成人身损害,但使得停车场基于保管合同遭受了90206元的经济损失,其行为在社会危害性上,与抢夺他人所有财物的行为无异,都会导致他人遭受财产损失,而且都有可能导致人身伤害后果,应当认定为抢夺罪。后法院基于其具有自首、退赔、取得被害单位谅解等情节,判处其有期徒刑3年,缓刑5年,并处罚金2万元。

辩点1-4:犯罪行为

(一) 杀人行为

故意杀人罪的实行行为表现为杀人行为,即非法剥夺他人生命的行为。依法剥夺他人生命的行为不能构成故意杀人罪,如依法对被判处死刑立即执行的罪犯执行枪决或者注射。杀人的行为方式一般表现为作为,如枪杀、刀刺、刀砍、斧劈、拳打等;有时也表现为不作为,如故意不给婴儿喂食。不管是什么方式,都要求必须具有致人死亡的紧迫危险性。至于具体采用什么方法和手段,虽然不直接影响定罪,但可以影响量刑。所以辩护人在代理案件的过程中首先要审查是否杀人行为,然后再审查具体的方法和手段,以确定进行定罪辩护还是量刑辩护。另外,对于自杀和安乐死等问题,在理论界和实践中存在一定的争议,辩护人需要根据情况具体分析。

1. 关于自杀问题

自杀本身不构成犯罪,但引起、导致自杀的原因在实践中比较复杂,涉及自杀的案件不一定不涉及刑事案件,辩护人需要根据情况具体分析对待:

(1)以暴力、威胁的方法逼迫他人自杀,或者以相约自杀的方式欺骗他人自杀而本人不自杀的,实质上是借助被害人之手完成故意杀人的行为,符合故意杀人罪的构成要件,应以故意杀人罪论处。但对于自愿相约自杀,如果一方死亡,另一方未死的,还要审查具体情形。如果相约各自实施自杀行为,一方自杀死亡后,另一方自杀未得逞的,对已死亡一方不承担刑事责任;如果相约由一方杀死对方再自杀,杀死对方后自杀未得逞的,则对杀死对方的行为以故意杀人罪论处,但量刑时可以从轻处罚。

(2)诱骗、帮助未满14周岁的人或者丧失辨认或者控制能力的人自杀的,实质上是借助被害人之手完成故意杀人的行为,符合故意杀人罪的构成要件,应以故意杀人罪论处。

(3)教唆、帮助意志完全自由的人自杀的,即他人本无自杀之意而故意诱发他人产生自杀之意而自杀,他人已有自杀之意而在精神上加以鼓励使其坚定自杀意图或者在客观上提供便利使其自杀意图得以实现的情形,可以构成故意杀人罪,但量刑要明显轻于谋杀他人的行为。

(4)组织和利用邪教组织制造、散布迷信邪说,指使、胁迫其成员或者其他人实施自杀行为的,邪教组织成员组织、策划、煽动、教唆、帮助邪教组织人员自杀的,以故意杀人罪定罪处罚。

(5)不法行为引起他人自杀身亡的,将该后果与不法行为综合评价,如果侵犯的法益达到犯罪的程度,即可构成犯罪。比如诽谤他人引起他人自杀身亡,就可能被认定为情节严重,按诽谤罪论处。

(6)实施刑法规定的犯罪行为而引起他人自杀身亡的,可以按照该犯罪行为定罪并从重处罚或者按照该犯罪行为结果加重的法定刑处罚。例如,强奸妇女引起被害妇女自杀身亡的,按照强奸罪从重处罚;暴力干涉他人婚姻或者虐待家庭成员,引起被害人自杀身亡的,按照"致使被害人死亡"的法定刑处罚。

案例 1-19

被告人夏某某与被害人吴某某系原配夫妻,夫妻关系一直融洽。2004年1月的一天,吴某某在结冰的路上行走时滑倒,致一条腿折断。此后,吴某某陷入伤痛之中,加之面临经济困难,产生自杀念头。被告人夏某某劝说吴某某打消轻生念头没有效果之后,在眼前艰难处境的压力下也产生不想活的念头,便与吴某某商量两人一起上吊结束生命。同年5月12日凌晨1时许,夏某某在租住的地下室准备了两张一高一矮的凳子,并准备了绳子,接着先将吴某某扶到矮凳子上,又从矮凳子上扶到高凳子上,让吴某某站立在凳子上,将绳子一端系在

> 吴某某的脖子上,另一端系在地下室的下水管上,然后其将吴某某脚下的凳子拿开,吴某某脚动了几下即窒息而死。过了十几分钟,夏某某也准备上吊自杀,但想到这样会连累房东,即打消自杀念头,于天明时到公安派出所投案自首。后夏某某被公诉机关以故意杀人罪提起公诉。
>
> 在庭审过程中,辩护人提出,被告人夏某某与被害人吴某某系结发夫妻,被害人在疾病疼痛折磨等情况下要自杀,被告人夏某某帮助被害人实施自杀行为,社会危害性小。且案发后,被告人夏某某主动到公安机关投案自首,犯罪情节轻微,请求免除处罚。法院经审理认为,根据本案的事实和证据,被害人吴某某已有自杀意图,被告人夏某某帮助被害人自杀,其主观上明知会出现他人死亡的结果而仍故意为之,客观上其积极主动地帮助被害人吴某某自杀,导致吴某某死亡结果的发生,其行为已构成故意杀人罪。辩护人提出本案社会危害性小、被告人夏某某具有自首情节的辩护意见成立,但提出犯罪情节轻微,请求免除处罚的意见与本案犯罪情节以及刑法罪责刑相适应的原则不符。最终,法院以被告人夏某某犯故意杀人罪,判处有期徒刑5年。

2.关于安乐死

所谓安乐死,通常是指为免除患有不治之症、濒临死亡的患者的痛苦,受患者嘱托而使其无痛苦地死亡,包括作为和不作为两种。不作为的安乐死,是指对濒临死亡的患者,经其同意而不再采取治疗措施任其死亡,这种情况不成立安乐死。而作为的安乐死,是指为了免除患者痛苦,经其同意而提前结束患者生命。目前,世界上只有少数国家对作为的安乐死实行了非犯罪化,我们国家还没有合法化,所以如果实施作为的安乐死,仍然构成故意杀人罪。辩护人在代理此类案件时,应提出行为人的动机是为了免除被害人所遭受的极端痛苦,实施致人死亡的行为是应被害人或者其亲属的要求,从而提出行为人所实施的行为"情节较轻",应当适用"三年以上十年以下有期徒刑"的量刑。

(二)伤害行为

故意伤害罪的实行行为表现为非法损害他人身体健康的行为,一方面要求伤害行为必须是非法的,因执行职务、执行命令、正当防卫、紧急避险等合法行为造成他人伤害的,是合法行为,不构成犯罪,如因医疗需要经患者同意的截肢行为;另一方面要求伤害行为必须损害他人身体组织的完整性和人体器官的正常功能,造成的轻伤、重伤和死亡是法定的三种伤害结果,直接影响适用的量刑幅度。如果造成的伤害仅为轻微伤,不构成故意伤害罪。

所谓轻伤,是指物理、化学及生物等各种外界原因作用于人体,造成组织、器官一定程度的损害或者部分功能障碍,尚未构成重伤亦不属于轻微伤的损伤。所谓重伤,是指具有下列情形之一的损伤:①使人肢体残废或者毁人容貌;②使人丧失听觉、视觉或者其他器官机能;③其他对于人体健康有重大伤害的。损伤程度和死亡的评定一般由司法机关委托鉴定机构根据鉴定标准作出鉴定意见,辩护人应当认真审查这些鉴定意见,以便找到有利于行为人的切入点。具体如何审查鉴定意见,可以参照辩点1-5的内容。

(三) 抢劫行为

抢劫罪的实行行为表现为当场以暴力、胁迫或者其他方法,强行劫取财物的行为。这里的"暴力方法",是指当场对他人人身实施强制,如捆绑、殴打、禁闭、伤害甚至杀害等,足以使他人的身体受到强制而处于不能反抗或者不敢反抗的状态;这里的"胁迫方法",是指对他人以当场使用暴力相威胁,进行精神上的强制,使被害人产生恐惧而不敢反抗;这里的"其他方法",是指对他人施以暴力、胁迫方法以外的与这两种方法相似的强制性方法,如用酒灌醉或者药物麻醉的方法,使他人丧失反抗能力而无法反抗。以上这些都是强制性行为,都足以压制被害人的反抗,与强奸罪中的"暴力、胁迫或者其他方法"相同。除了实施强制性行为,还要求劫取财物,而且强制性行为与取得财物之间在时间上、场合上具有同一性,如果不具有同一性,被害人是基于强制性行为而事后给予财物的,不构成抢劫罪,可能构成敲诈勒索罪。敲诈勒索罪和抢劫罪都在一定程度上侵犯了财产权利和人身权利,司法实践在认定时容易出现混淆,辩护人要把握两罪之间的界限,在代理抢劫案件时,要审查是否存在定性错误,能否进行改变罪名的辩护。

抢劫罪与敲诈勒索罪的区别在于:

(1)暴力程度不同。敲诈勒索罪与抢劫罪的手段都有暴力,但二者的暴力程度却不相同,敲诈勒索罪中的暴力程度不需达到抑制被害人的反抗;而抢劫罪中的暴力程度需达到足以抑制被害人的反抗。

(2)威胁的方式不同。敲诈勒索罪的威胁可以当着被害人的面,也可以通过第三者或书信等其他方式间接发出;而抢劫罪的威胁只能当着被害人的面直接发出。

(3)威胁的内容不同。敲诈勒索罪既可以是以暴力相威胁,也可以是以毁坏被害人名誉、财产相威胁等;而抢劫罪只能是以暴力相威胁,如以伤害或杀害被害人相威胁。

(4)威胁付诸实施的时间不同。敲诈勒索罪的威胁从发出到付诸实施有一定的间隔;而抢劫罪的威胁具有即时转化为暴力的现实紧迫性。

(5)威胁的效果不同。敲诈勒索罪中的威胁手段,是为了使被害人产生恐惧感,但是被害人在决定是否交付财物或提供财产性利益时尚有选择的余地;而抢劫罪中的威胁,是为了使被害人当场受到强制,使其完全丧失反抗的意志,除当场交付财物或提供财产性利益外别无选择的余地。

(6)意图获得财物的时间不同。敲诈勒索罪获得财物的时间既可以是当场,也可以是事后某个时间;而抢劫罪获得财物的时间只能是当场。

(7)构成犯罪对财物数额大小的要求不同。财物或财产性利益的数额较大是敲诈勒索罪成立的要件之一,当然"数额较大"只要具有可能性即可,实际上不一定占有财物或财产性利益;而抢劫罪的成立并不以劫取财物数额较大为必要条件。

案例1-20

2011年8月15日,被告人郝某某、白某某、郭某某预谋搭乘出租车以"被车碰头"为由敲诈出租车司机的钱物,后三人骗乘某出租车到村里,在对司机张某某敲诈未果的情况下,被告人郝某某采用殴打、威胁的方式当场劫取出租车司机现金100余元,三星手机一部,经鉴定价值880元。后三被告人被公诉机关以涉嫌抢劫罪提起公诉。

在庭审过程中,辩护人提出"从主观方面,郝某某及其同伙均无抢劫的故意,只有敲诈勒索的故意;从客观方面虽使用了轻微的暴力威胁,但也只是让被害人产生畏惧心理,并无伤害被害人的意思,被害人尚有相当程度的意思自由,还有回旋的余地,故从犯罪构成看,郝某某的行为更符合敲诈勒索罪的犯罪特征"的辩护意见。法院经审理认为,郝某某等人为达到非法占有他人财物的目的,以被车碰头为借口,当场对出租车司机使用威胁、殴打等暴力手段,使被害人深夜在出租车的狭小空间内处于被三人威胁控制之下不敢反抗,从而被迫当场交出财物,其行为具有当场性、暴力性和公然性,符合抢劫罪的特征,依法应构成抢劫罪。

此外,关于抢劫行为的认定,还需要注意以下特殊情况:

1. 转化型抢劫

根据《刑法》第269条的规定,犯盗窃、诈骗、抢夺罪,为窝藏赃物、抗拒抓捕或者毁灭罪证而当场使用暴力或者以暴力相威胁的,以抢劫罪定罪处罚。抢劫罪的社会危害性比盗窃罪、诈骗罪和抢夺罪更严重,法定刑自然也比盗窃罪、诈骗罪和抢夺罪重得多。因此,辩护人应当准确掌握盗窃罪、诈骗罪和抢夺罪转化为抢劫罪的条件,当被告人被指控犯有转化型抢劫罪时,应当结合法条规定和具体案情,看当事人是否具备转化的条件,如果不具备,应当作出只构成盗窃罪、诈骗罪和抢夺罪的改变定性的罪轻辩护。2016年最高人民法院《关于审理抢劫刑事案件适用法律若干问题的指导意见》中也有重申。

(1)必须首先实施了盗窃、诈骗、抢夺行为,这是转化的前提条件。但是,这些行为是否必须达到犯罪的程度,在理论上存在争议,也为辩护人提供了很大的辩护空间。一般观点认为,行为人只要实施了盗窃、诈骗、抢夺的客观行为即可,不以构成犯罪为必要条件。辩护人在辩护时,应当强调虽然行为不以构成犯罪为必要条件,但还是应当以"情节严重,接近犯罪程度"为必要条件,对数额过小的盗窃、诈骗、抢夺行为,一般不宜转化为抢劫罪。"情节严重,接近犯罪程度"的标准有:①盗窃、诈骗、抢夺接近"数额较大"的标准;②入户或在公共交通工具上盗窃、诈骗、抢夺后在户外或交通工具外实施上述行为的;③多次盗窃、抢夺;④具有其他严重情节的。

(2)必须当场使用暴力或者以当场使用暴力相威胁,这是转化型抢劫对时间的要求。如果强制性行为不是当场使用,而是与盗窃、诈骗、抢夺行为之间形成了明显的时空间隔,不能转化为抢劫罪。这里的"当场",既包括行为人实施三种犯罪行为的现场,也包括刚离开现场即被发觉而立即被追捕的整个过程与场所。如果抓捕过程中,因行为人脱离抓捕人耳目所及范围,致使抓捕人不得不停止抓捕活动,在事后(包括在通缉过程中)被其他人发现进行抓捕,其当场实施暴力和暴力相威胁的,不能以抢劫罪论处。但即便是已离开实施盗窃、诈骗、抢夺等行为的现场,只要其后的暴力或者以暴力相威胁的行为是在相隔短暂的空间范围内实施,只要一般的社会观念认为行为人先前的盗窃等行为在该时空范围内仍处于继续状态的,也应认定为符合当场条件。

案例1-21

2013年7月21日,被告人潘某某在某麦当劳快餐厅内,趁正在用餐的郭某某不备之机,从郭某某挂在椅背上的夹克衫内侧口袋里窃取皮夹一只。随即离开麦当劳快餐厅又至附近的肯德基快餐厅内欲再次行窃未果。当其欲离开时,早已跟踪至此的公安执勤人员陈某某即上前抓捕,被告人潘某某为抗拒抓捕,脚蹬抱住其双腿的陈某某右眼,同时从裤袋内掏出一把弹簧折刀,欲打开行凶。后在众人协助下,被告人潘某某被制服,并在其身上查获被窃的皮夹一只,内有 2000 余元人民币和银行卡等物品。最终,潘某某被公诉机关以抢劫罪提起公诉。

在庭审过程中,辩护人提出,潘某某在麦当劳快餐厅实施盗窃的过程已经结束,在陈某某没有表明身份的情况下对其实施的暴力行为,目的不是为了抗拒抓捕,不能转化为抢劫罪,只能构成盗窃罪。但该辩护意见未被采纳,法院经审理认为:被告人潘某某虽在麦当劳快餐厅盗窃结束,但其盗窃行为始终在公安执勤人员的监视控制之下,潘某某盗窃得手后迅速离开麦当劳快餐厅继而转至相邻的肯德基快餐厅欲再行窃,应视为盗窃现场的延伸,当其盗窃未成欲离开时,被跟踪的公安执勤人员当场抓捕,潘某某此时持刀反抗,即为当场实施暴力,其行为完全符合转化型抢劫罪的构成要件。后法院以抢劫罪判处潘某某有期徒刑 3 年 6 个月,并处罚金 5000 元。

(3)当场使用的必须是暴力或者以暴力相威胁,这是转化型抢劫对手段的要求。所采取的强制性手段,一定要达到足以压制被害人反抗的程度,如果使用的暴力或暴力威胁行为相对比较轻微,不能转化为抢劫罪,如行为人为了逃走、避免抓捕而推推撞撞,使用拳头或者只是挣脱、摆脱抓捕等轻微暴力,未造成伤害后果,不宜以转化型抢劫罪定罪。对于未持有凶器的语言威胁,因为不存在现实的危险性,也不宜以转化型抢劫罪定罪论处。

案例 1-22

2010 年 7 月 28 日晚上 9 时许,被告人李某在某市小区大门口,趁路过此处的受害人周女士不备,将周女士挎在右肩上的一个黑色女式挎包抢走。挎包内装有一个钱包(内有人民币 600 元左右)及一部灰色滑盖"索爱"W595 手机(鉴定价值为 1230 元)。在受害人及群众的追赶中,被告人李某便顺手从地上捡了一根竹棒拿在手里。突然,某单位保安从背后将李某的双手及腰抱住,并将其摁倒在地。这时,数名群众持棍对李某进行打击,致李某头部流血,身上多处软组织损伤。警察赶到后,从李某身上搜出上述现金和手机,李某当场承认现金和手机是抢来的。

本案中,检察机关认为,李某抢夺后为抗拒抓捕持棒以暴力相威胁,应属《刑法》第269条规定的抢夺罪转化为抢劫罪的情形,遂以李某涉嫌抢劫罪批准逮捕。辩护人经过向办案机关了解案情和会见李某后认为,李某在抢夺躲藏后,发现数名群众手持棍棒,才顺手从地上捡起一根并无多大杀伤力的竹棒,其目的仅是一种本能的防护行为。从案件事实来看,李某在捡起竹棒后既没有用棒打击群众,也没有伴以语言威胁的行为,其持棒的目的仅是为了避免被众多的持棒群众打伤或打残,因此,李某的行为不符合《刑法》第269条规定的抢夺罪转化为抢劫罪的情形,不构成抢劫罪。在审查起诉阶段,辩护人向承办检察官交换了上述辩护意见。检察机关最终以李某涉嫌抢夺罪向人民法院提起公诉。

(4) 使用强制性行为的目的是窝藏赃物、抗拒抓捕或者毁灭罪证,这是转化的目的要求,如果为了除此之外的其他目的,不能转化为抢劫罪。所谓"窝藏赃物",是指为防止已非法获得的赃物被追回;所谓"抗拒抓捕",是指抗拒司法机关或者任何公民尤其是失主对行为人的抓捕和扭送;所谓"毁灭罪证",是指湮灭作案现场上遗留的痕迹、物品以免被刑事追究。

如果行为人不是在窝藏赃物、抗拒抓捕或者毁灭罪证的目的支配下使用强制性行为,不能构成转化型抢劫罪。比如,行为人在盗窃、诈骗、抢夺过程中被发现,为排除妨碍进而占有财物而实施暴力或者以暴力相威胁,或者在盗窃、诈骗、抢夺过程中为防止被害人发现而对被害人实施暴力或者以暴力相威胁的,不属于转化型抢劫,应直接认定为抢劫罪。

案例 1-23

被告人赵某某与他人结伙,以摆摊摸奖的方式设局诈骗钱财,且事先明确如果摸奖的人不愿交付钱款,即围住胁迫对方交付。2013年4月29日早晨,被害人陈某某摸奖发现被骗后不愿交付钱款,赵某某与同伙即将陈某某围住迫使其交出240元。陈某某遂从自行车上取下一个装有切料刀具的袋子挥打反击,赵某某夺下袋子,并从袋子里取出一把刀具挥砍陈某某,致陈某某动脉断裂大出血而死亡。

> 本案中，被告人赵某某的行为应当直接认定为抢劫罪，而非转化型抢劫罪。因为赵某某在行骗过程中被人发现后采用暴力手段不是为了窝藏赃物、抗拒抓捕或者毁灭罪证，而是以非法占有为目的劫取他人财物。

2.抢夺型抢劫

（1）携带凶器抢夺的认定。

根据《刑法》第267条第2款的规定，携带凶器抢夺的，按照抢劫罪定罪处罚。这里的携带凶器抢夺，是指行为人随身携带枪支、爆炸物、管制刀具等国家禁止个人携带的器械进行抢夺或者为了实施犯罪而携带其他器械进行抢夺的行为。行为人携带国家禁止个人携带的器械以外的其他器械进行抢夺的，需要视其是否为实施犯罪而定，如果确有证据证明不是为了实施犯罪准备的，不应以抢劫罪定罪。

行为人只要携带了凶器进行抢夺，不要求行为人向被害人展示凶器或者向被害人显示持有、佩带凶器。如果行为人展示或者显示凶器的，直接构成抢劫罪，而无须适用《刑法》第267条第2款的规定。

案例1-24

> 2011年9月1日18时许，被告人陈某某在干完农活回家的路上，看见被害人刘某某正在玩着一部新款的手机，于是趁刘某某不注意，上去夺走手机便跑，后被其他群众抓获，并被搜出随身携带的镰刀一把。手机经鉴定价值3000元。后被告人陈某某被公诉机关以抢劫罪提起公诉。
>
> 在庭审过程中，辩护人提出，镰刀不在国家禁止携带的器械之列，其携带镰刀是为了到地里干活，不是为了实施抢夺，在实施抢夺的过程中始终也未使用镰刀，不应当认定为携带凶器抢夺，只构成抢夺罪，不构成抢劫罪。该辩护意见后被法院采纳，法院以被告人陈某某犯抢夺罪判处其有期徒刑1年。

（2）驾驶车辆抢夺的认定。

根据最高人民法院《关于审理抢劫、抢夺刑事案件适用法律若干问题的意见》第11条的规定，对于驾驶机动车、非机动车夺取他人财物的，一般以抢夺罪从重处罚。但具有下列情形之一的，应当以抢劫罪定罪处罚：

①驾驶车辆，逼挤、撞击或者强行逼倒他人以排除他人反抗，乘机夺取财物的；

②驾驶车辆强抢财物时,因被害人不放手而采取强拉硬拽方法劫取财物的;

③行为人明知其驾驶车辆强行夺取他人财物的手段会造成他人伤亡的后果,仍然强行夺取并放任造成财物持有人轻伤以上后果的。

2013年11月18日实施的最高人民法院、最高人民检察院《关于办理抢夺刑事案件适用法律若干问题的解释》第6条也进一步明确了驾驶机动车、非机动车夺取他人财物,具有下列情形之一的,应当以抢劫罪定罪处罚:

①夺取他人财物时因被害人不放手而强行夺取的;

②驾驶车辆逼挤、撞击或者强行逼倒他人夺取财物的;

③明知会致人伤亡仍然强行夺取并放任造成财物持有人轻伤以上后果的。

需要注意的是,驾驶车辆抢夺并由此造成被害人人身伤亡后果的,应以抢劫致人重伤、死亡论处,构成抢劫罪的加重情节。

案例 1-25

2010年5月9日晚10时许,被告人钱某某、黄某某经预谋,由钱某某驾驶白色新田摩托车载黄某某至自行车道,尾随骑自行车的女青年赵某某至路口处时,在车速较快的情况下,由被告人黄某某用力抢夺赵某某的右肩挎包,并加速逃离现场,将挎包抢走,致赵某某当场摔倒,送医院抢救无效,因重度颅脑损伤死亡,被抢挎包内装有人民币300余元、IC电话卡等物。公诉机关认为二被告人明知自己驾驶摩托车抢夺他人财物可能造成被害人死亡,却放任结果的发生,致使被害人死亡,其行为构成故意杀人罪。

在庭审过程中,二被告人辩解他们只有抢夺他人财物的故意,对被害人的死亡在主观上没有故意,是过失造成的,应当认定为抢夺致人死亡。法院经审理认为,二被告人以非法占有为目的,其行为虽然是将强力作用于被抢取的财物,但该强力可能会造成他人死亡的结果,二被告人是明知的,且放任危害结果的发生,抢走被害人财物并致被害人死亡,构成抢劫致人死亡,属于抢劫罪的结果加重犯。

3. 抢劫罪的加重情节

《刑法》第263条规定了抢劫罪在八种情形下的法定刑为10年以上有期徒刑、无期徒刑或者死刑,并处罚金或者没收财产。因此,当司法机关指控被告人犯有抢劫罪,且具备抢劫罪的八种加重处罚量刑情节之一的,辩护人就要深入理解法条及相关司法解释的规定,看能否排除加重情节法条的适用,以维护当事人的合法权益。

(1)"入户抢劫"的认定。

"入户抢劫"是八种情形之一,辩护人在对户内抢劫案件进行辩护时,要把握好对"户"的理解,还要根据最高人民法院《关于审理抢劫、抢夺刑事案件适用法律若干问题的意见》及其他司法解释的规定,注意审查以下内容:

①"户"的范围。"户"在这里是指住所,其特征表现为供他人家庭生活和与外界相对隔离两个方面,前者为功能特征,后者为场所特征,包括封闭的院落、牧民的帐篷、渔民作为家庭生活场所的渔船、为生活租用的房屋等。一般情况下,集体宿舍、旅店宾馆、临时搭建的工棚等不应认定为"户",但在特定情况下,如果这些地方具有上述功能和场所特征,也可以认定为"户"。对于部分时间从事经营、部分时间用于生活起居的场所,在非营业时间进入抢劫的,应认定为入户抢劫;对于部分用于经营,部分用于生活且之间有明确隔离的场所,进入生活场所部分进行抢劫的,应认定为入户抢劫;对于部分用于经营,部分用于生活且之间没有明确隔离的场所,在非营业时间入内实施抢劫的,应认定为入户抢劫,但在营业时间入内实施抢劫的,不应认定为入户抢劫。

案例1-26

2005年12月13日晚上,温某到宋某家中与李某、周某等赌博。温某输掉数千元钱后说:"有人换骰子了,大家都不能离开!"随后,温某打电话给刘某,让其来要回赌资并"收拾"宋某等人。不久,刘某等人携带刀具进入宋某家中,与温某持刀砍伤李某、周某,威逼李某、周某等人掏出1万余元后,还逼周某写了7万元欠条一张,并让宋某、李某签了名字。

本案中,检察机关以温某等人涉嫌抢劫罪向人民法院提起公诉,且指控被告人属于入户抢劫。但辩护人提出,从表面上看,被告人的行为的确是在宋某家里实施的,但在当时特定条件下,宋某住宅已经转变为聚众赌博的场所,而不再是供家庭生活休息的相对封闭的安宁场所了,因此,已不具备刑法上"户"的构成要件;且本案中被抢劫的对象系参赌人员和赌资,而非针对宋某及其家庭成员和家庭财产;宋某及其家庭成员的人身权、财产权亦未受到实际损害。因此,本案不属于"入户抢劫"。后法院采纳了辩护人的意见。

②"入户"目的的审查,要区别"入户抢劫"和"在户内抢劫"。入户抢劫要求入

户时具有实施抢劫罪的目的。这里主要包括三种情形:其一,入户的目的就是为了实施《刑法》第 263 条规定的抢劫罪;其二,入户时具有能盗窃就盗窃,不能盗窃就劫的目的;其三,入户时就具有转化型抢劫的目的。如果行为人在入户时没有实施抢劫的目的,而是因为其他目的入户后才临时起意实施抢劫的,不能认定为"入户抢劫",只能属于"在户内抢劫"。比如行为人为了实施强奸入户,后改为实施抢劫的,不能认定为"入户抢劫";再如因访友办事等原因经户内人员允许入户后,临时起意实施抢劫的,也不能认定为"入户抢劫"。

案例 1-27

被告人林某某是送水工人,经常给客户王某某送水,发现王某某经常一个人在家,于是事先准备好塑料胶带、尼龙绳子、刀具等作案工具,于 2006 年 7 月 8 日 17 时许,以为客户清洗饮水机为由进入王某某家中,然后使用自带的作案工具,以暴力手段将独自在家中的王某某捆绑在椅子上,劫取现金 300 余元和价值 2000 元的首饰,并致使王某某两处骨折,经鉴定已构成轻伤。后公诉机关以林某某入户抢劫为由提起公诉。

在庭审过程中,林某某的辩护人提出林某某进入王某某家中是为其清洗饮水机,进入其家中是合法入户,不应认定为入户抢劫。但该意见未被采纳,因为林某某在入户前就已经具有实施抢劫的目的,而不是入户后临时起意实施的抢劫,所以应当认定为入户抢劫。

③强制性行为发生的场所。既然是入户抢劫,就要求暴力或者暴力胁迫等强制行为必须发生在户内,但不要求劫财行为一定要发生在户内。如在户内实施了暴力、胁迫行为,致使被害人离开户内进而在户外取得财物的,应认定为"入户抢劫";如果在户内以欺骗等方法使被害人到户外后才实施抢劫的,不能认定为"入户抢劫";入户实施盗窃、诈骗、抢夺后,为了窝藏赃物、抗拒抓捕或毁灭罪证,而在户外使用暴力或以暴力相威胁的,不能认定为"入户抢劫"。

案例 1-28

被告人张某某、吴某某和蔡某某三人预谋拖走停放在某工地附近的挖掘机,在踩点并准备好改装的射钉枪、水果刀、手套、胶带纸、绳子等作案工具后,乘坐租用的平板拖车来到工地附近。为防止惊动看守挖掘机的农户,三被告人步行到达工地,根据事先分工,被告人蔡某某用事先配制好的挖掘机钥匙把挖掘机开上平板拖车,被告人张某某和吴某某进入看守挖掘机的农户冯某某家,持射钉枪和水果刀对被害人冯某某进行暴力威胁,并将其家中的四口人用胶带纸和绳子进行捆绑,然后将被害人冯某某家门自外反闩,后乘拖车离开现场。后三被告人被抓获,公诉机关以入户抢劫为由提起公诉。

在庭审过程中,三被告人辩称他们没有在户内抢劫,挖掘机是在户外劫走的,不应认定为入户抢劫。这样的辩解没有被法院采纳,因为被告人非法侵入被害人的住宅后,是在户内对其实施了暴力捆绑行为,尽管劫财行为不是发生在户内,但也不影响对入户抢劫的认定。

④转化型抢劫的认定。入户实施盗窃、诈骗、抢夺被发现,行为人为窝藏赃物、抗拒抓捕或者毁灭罪证而当场使用暴力或者以暴力相威胁的,暴力或者暴力胁迫行为如果发生在户内,可以认定为"入户抢劫";如果发生在户外,不能认定为"入户抢劫"。

案例 1-29

2014年12月2日晚11时许,被告人陈某某至某纺织器材厂宿舍区515房行窃,盗得人民币960元后被失主冯某某发现,冯某某在室外迅速追上了逃跑中的被告人陈某某,欲将其扭送到公安派出所处理。被告人陈某某为抗拒抓捕,当场挥拳殴打冯某某的脸部,并乘机挣脱逃走。后陈某某被抓捕归案。公诉机关认为被告人陈某某以非法占有为目的,入户盗窃被发现后,使用暴力抗拒抓捕,其行为应认定为入户抢劫。

在庭审过程中,辩护人认为,入户盗窃要转化为入户抢劫,其暴力或者暴力胁迫行为必须发生在户内。本案中,被告人陈某某虽是入户盗窃,但是在逃跑时被冯某某追至户外,陈某某为了抗拒抓捕在户外使用了暴力,其行为的时间和空间都发生了转移,虽然属于转化型抢劫,但不能认定为入户抢劫。

⑤行为人对"户"的主观认识。实践中,司法机关通常按照行为人客观存在入户抢劫行为而指控犯罪,但辩护人应该审查行为人的主观认识,因为入户抢劫是加重

构成要件,行为人不但要认识到自己在实施抢劫行为,还应当认识到入的是"户",才能承担入户抢劫的刑事责任。如果行为人误将家庭住所当作卖淫场所、商店、厂房等其他场所而实施抢劫,则应该提出不应认定为入户抢劫的辩护意见。这样的辩护意见在实务中不一定都会被采纳,但至少也可以影响量刑。

> **案例 1-30**
>
> 　　2013 年 1 月 16 日晚上,被告人宋某某与马某某、李某某酒后途经王某某大院时,听到院内有狗叫声,被告人宋某某建议将狗偷走。在砸门后以为无人的情况下,被告人宋某某与携带砍刀的马某某和携带铁棍的李某某翻入院内,在用药未把狗药晕的情况下,被告人宋某某提议将狗打死,打狗过程中惊醒了被害人王某某,当其起床持铁锹站在门口吆喝不准打狗时,被告人宋某某即上前夺锹并谎称狗咬人,马某某持刀砍向王某某并对其辱骂,不准其反抗。在宋某某和马某某与王某某纠缠之际,李某某趁机将狗(价值 150 元)扔到墙外,后被告人宋某某和马某某相继翻出墙外,将狗拖走以 50 元卖掉。另查明,王某某的院落原为废旧工厂,面积约两亩,王某某买下后作为夫妻生活居住的场所。王某某损伤为轻微伤。后被告人宋某某等人被公诉机关以入户抢劫为由提起公诉。
>
> 　　在庭审过程中,被告人宋某某辩称,根据外部特征,被害人居住的地方为废旧工厂,其主观不知该处为住户,不应认定为入户抢劫。法院经审理认为,虽然被害人居住地原为厂房,但已多年不再用于生产、经营,由被害人购买作为家庭生活场所居住,不论其外部特征如何,均不影响其成为王某某家庭生活场所,因此应认定为户。三被告人入户的目的即偷狗具有非法占有的故意,不管被告人是否承认其对户具有明知的意识,均不影响其行为构成入户抢劫。

(2)"在公共交通工具上抢劫"的认定。

根据最高人民法院《关于审理抢劫刑事案件适用法律若干问题的指导意见》的规定,"公共交通工具",包括从事旅客运输的各种公共汽车,大、中型出租车,火车,地铁,轻轨,轮船,飞机等,不含小型出租车;对于虽不具有商业营运执照,但实际从事旅客运输的大、中型交通工具,可认定为"公共交通工具";接送职工的单位班车、接送师生的校车等大、中型交通工具,视为"公共交通工具"。

"在公共交通工具上抢劫",既包括在处于运营状态的公共交通工具上对旅客及司售、乘务人员实施抢劫,也包括拦截运营途中的公共交通工具对旅客及司售、乘务人员实施抢劫,但不包括在未运营的公共交通工具上针对司售、乘务人员实施抢劫。以暴力、胁迫或者麻醉等手段对公共交通工具上的特定人员实施抢劫的,一般应认定为"在公共交通工具上抢劫"。

在公共交通工具上盗窃、诈骗、抢夺后,为了窝藏赃物、抗拒抓捕或者毁灭罪证,在公共交通工具上当场使用暴力或者以暴力相威胁的,属于在公共交通工具上抢劫;但在公共交通工具上盗窃、诈骗、抢夺,下车后转化为抢劫的,不属于"在公共交通工具上抢劫"。

案例1-31

2009年2月9日晚上8时许,被告人温某某和秦某某在某长途汽车站以拉客为名,将被害人马某某带至路边。之后被告人温某某拦下一辆长途客车,客车上只有司机和另外一名乘客,被告人秦某某将马某某安排在车后部,在要求马某某买票的过程中,温某某和秦某某开始对马某某进行暴力殴打、语言威胁,强行劫取其人民币8000余元,并威胁不许报案。后被告人温某某和秦某某被公诉机关以在公共交通工具上抢劫为由提起公诉。

在庭审过程中,二被告人的辩护人提出,二被告人的抢劫行为虽然发生在从事旅客运输的客车上,但自始至终都是针对被害人马某某一个人,对车内其他同乘人员没有任何威胁性语言和行为,更没有实施暴力,且当时车上只有一名司机和一名乘客,没有危害到多数人的人身权利和财产权利,不应当认定为"在公共交通工具上抢劫"。但该辩护意见未被采纳,法院认为二被告人对被害人施以拳脚和语言威胁等暴力行为,也会直接威胁到司机及车内其他同乘人员,给不特定多数人造成心理上的恐惧,严重破坏了社会公共秩序。

(3)"抢劫银行或者其他金融机构"的认定。

"抢劫银行或者其他金融机构"是指抢劫银行或者其他金融机构的经营资金、有价证券和客户的资金等。抢劫正在使用的银行或者其他金融机构的运钞车的,视为"抢劫银行或者其他金融机构"。如果行为人以银行的办公用品,如电脑等作为抢劫罪的对象,不属于抢劫银行或者其他金融机构。正在银行或者其他金融机构等待办理业务的客户不是金融机构本身,抢劫这些客户财物的行为不能认定为"抢劫银行或者其他金融机构"。但是,如果这些客户的财物已经递交给银行或者其他金融机构工作人员,行为人进行抢劫的,应以"抢劫银行或者其他金融机构"论处。

案例 1-32

2008年9月9日下午,被告人曾某某携带斧头来到某银行营业厅内,在某公司女职员罗某某拿出现金放在柜台上准备办理存款业务时,将其现金计人民币3万元悉数抢走,欲逃跑时被群众于营业厅内当场抓获,并被搜出随身携带的斧头一把。公诉机关认为被告人曾某某携带凶器抢夺他人财物,数额巨大,其行为已构成抢劫罪,且夺取的是金融机构的储户资金,应以"抢劫银行或者其他金融机构"论处。

但辩护人认为,正在银行或者其他金融机构等待办理业务的客户不是金融机构本身,抢劫这些客户资金的行为不能认定为"抢劫银行或者其他金融机构";且被告人曾某某在犯罪中对被害人的人身并未造成任何伤害,在抓捕时没有持械反抗,尚未造成严重后果。后法院对被告人曾某某酌情予以从轻处罚。

(4)"多次抢劫"的认定。

《刑法》第263条第(四)项中的"多次抢劫"是指抢劫3次以上。对于"多次"的认定,应以行为人实施的每一次抢劫行为均已构成犯罪为前提,综合考虑犯罪故意的产生,犯罪行为实施的时间、地点等因素,客观分析、认定。对于行为人基于一个犯意实施犯罪,如在同一地点同时对在场的多人实施抢劫的;或基于同一犯意在同一地点实施连续抢劫犯罪,如在同一地点连续地对途经此地的多人进行抢劫的;或在一次犯罪中对一栋居民楼房中的几户居民连续实施入户抢劫的,一般应认定为一次犯罪。也就是说,行为人在同一地点连续对多人同时实施抢劫的,虽属抢劫多人,但由于是基于同一犯意,不仅具有犯罪时间的连续性,还具有犯罪地点的相近性,不属于多次抢劫。

案例 1-33

2009年6月19日14时许,被告人姜某某、廖某某和聂某某从火车站货场窜上一列货车第二节车厢准备掀盗模子铁,被押运员郭某某发现并予以阻止,三被告人遂对郭某某进行威胁,强迫郭某某蹲下后掀下130公斤的模子铁,

> 随后聂某某下车捡赃。后郭某某跑向第三节车厢,姜某某和廖某某追到第三节车厢,姜某某拿起一块模子铁砸向郭某某的右足背,致其轻微伤,郭某某不敢反抗,廖某某解下郭某某腰间的手机和现金交给姜某某。在抢完郭某某后,被告人姜某某和廖某某又开始抢第三节车厢的押运员张某某,廖某某从张某某的钱包内抢得人民币70元交给姜某某,并将张某某捆绑起来。之后,被告人姜某某和廖某某又爬到第一节车厢,从该车厢押运员许某某处抢得人民币90元,并将许某某的手脚捆住。后被告人姜某某和廖某某被公诉机关以多次抢劫为由提起公诉。
>
> 在庭审过程中,辩护人认为,被告人姜某某和廖某某在正在营运的同一货物列车上先后对押运员郭某某、张某某和许某某三人进行抢劫,虽属抢劫多人,但由于是基于同一犯意,不仅具有犯罪时间的连续性,还具有犯罪地点的相近性,应当认定为一次抢劫,不属于多次抢劫。该辩护意见后被法院采纳。

(5)"抢劫数额巨大"的认定。

《刑法》第263条第(四)项中的"抢劫数额巨大",是指行为人实际抢得的财物数额巨大。至于行为人事先并不知道所抢财物的数额,但实际抢得财物数额巨大的,也构成"抢劫数额巨大"。因为抢劫罪是故意犯罪,只要明知自己的行为是抢劫,且会造成被害人财物被抢这一危害结果即可,所抢财物不管多少都未超出其主观故意范围。

但是,对于行为人以数额巨大的财物为抢劫目标,但最终没有得手的情形,是否构成"抢劫数额巨大",司法实践中存在较大争议。有的观点将其认定为"抢劫数额巨大"的未遂;有的观点将其认定为抢劫既遂,但不认定为"抢劫数额巨大"。作为辩护人,可以提出作为加重处罚情节的"抢劫数额巨大",应当是指实际抢得的财物数额巨大,而不包括行为人意图抢劫数额巨大的财物但客观上没有抢得财物或者只抢到少许财物的情形。因为对于"抢劫未遂",是指在不考虑八种加重处罚情节的前提下,行为人未抢到财物,也未造成被害人轻伤以上的伤害后果,而不是指在未出现加重处罚情节时也可以就加重处罚情节本身构成未遂形态。进一步看,"抢劫数额巨大"等加重处罚情节都应以实际出现为认定标准,对于客观上未出现的,不能认定。对这八种加重处罚情节的认定,与抢劫罪本身是否既遂,是两个层面的问题,不能在行为人客观上没有这八种加重处罚情节的条件下,仅因行为人有意图便认定具有这八种加重处罚情节。

最高人民法院《关于审理抢劫、抢夺刑事案件适用法律若干问题的意见》第6条关于"抢劫信用卡后使用、消费的,其实际使用、消费的数额为抢劫数额;抢劫信用卡后未实际使用、消费的,不计数额,根据情节轻重量刑。所抢信用卡数额巨大,但未实际使用、消费或者实际使用、消费的数额未达到巨大标准的,不适用'抢劫数额巨大'的法定刑"的规定也体现了上述精神。但是,如果行为人明知信用卡内数额,且知道密码,还继续持有信用卡,就可以推定其具有非法占有的目的,卡内数额应当计入抢劫数额,如果达到巨大标准,则可以适用"抢劫数额巨大"的法定刑。

对于"抢劫数额巨大"的认定标准,根据2016年最高人民法院《关于审理抢劫刑事案件适用法律若干问题的指导意见》的规定,参照各地认定盗窃罪数额巨大的标准执行。

案例1-34

被告人陈某某系某超市员工,知道超市的会计会在夜里10点左右清点一天的流水。一天,陈某某没有上班,赌博输了很多钱,遂夜里潜回超市,持水果刀向值班会计刘某某索要人民币3万元,刘某某不给,被告人陈某某便将刘某某的颈部划伤,后经法医鉴定为轻伤。最终刘某某逃脱,陈某某也没有抢得任何钱财。次日陈某某被抓获归案。后一审法院认定陈某某以非法占有为目的,采用暴力手段强行劫取他人数额巨大的财物,致人轻伤,其行为已构成抢劫罪,判处有期徒刑10年,剥夺政治权利2年,并处罚金人民币6万元。

在二审庭审过程中,辩护人提出,陈某某虽然以数额巨大的财物为明确目标,但由于意志以外的原因未能抢到任何财物,虽然具有"抢劫数额巨大"的情节,但同时构成犯罪未遂,应当依法结合未遂犯的处理原则量刑。一审判决量刑过重,依法应予改判。该辩护意见后被采纳,二审法院将陈某某改判为有期徒刑6年,并处罚金人民币4万元。

(6)"抢劫致人重伤、死亡"的认定。

行为人在实施抢劫过程中,因使用暴力直接导致被害人产生重伤或者死亡的结果,都属于"抢劫致人重伤、死亡"。主要有三种情况:①在实施抢劫的过程中,为压制被害人的反抗,故意先重伤他人,然后当场将财物夺走;②在实施抢劫的过程中,为压制被害人的反抗,故意重伤他人以夺取财物,使其受伤致死;③在实施抢劫的过程中,为压制被害人的反抗,故意将其杀死,然后劫取财物。不管是哪一种情形,发生的加重结果均是针对遭受抢劫的被害人。如果抢劫行为导致遭受抢劫的被害人以外的其他人重伤或者死亡结果的,不能认定为抢劫罪的加重情节。如果行为人为劫取财物而预谋故意杀人,或者在劫取财物过程中,为压制被害人的反抗而故意杀人的,以抢劫罪定罪处罚,因杀人行为造成重伤、死亡结果的,属于抢劫罪的加重情节。如果行为人实施抢劫后,为灭口而故意杀人的,以抢劫罪和故意杀人罪定罪,实行数罪并罚。如果行为人在实施劫取财物的过程中并未造成被害人重伤或者死亡,重伤或者死亡结果是抢劫后为灭口实施故意杀人行为所造成的,那么不能适用抢劫罪的加重情节,该结果属于另起犯意,应当以故意杀人罪进行评价。此外,如果致人重伤、死亡的结果虽然与抢劫行为有关联,但不是抢劫行为直接导致的,不能认定为"抢劫致人重伤、死亡",比如抢劫行为引起被害人自杀的,或者被害人追赶、逃跑过程中摔倒身亡或者被别的车辆撞倒身亡的。

案例 1-35

2007 年 11 月 2 日 21 时许,当一辆公交车停靠站台上下乘客时,被告人金某某即上车并趁被害人薛某某不备抢去其手机(价值 1200 元),同案被告人曲某某假装投币上车,阻挡车门关闭,使金某某得手后顺利从前门下车逃跑。当金某某携赃意欲跑向予以接应的摩托车时,在此设伏的陈某某等 4 名便衣警察立即亮明身份并上前抓捕,被告人金某某见状即转身跑向马路对面,陈某某紧追其后。在马路中间绿化带处,陈某某追上并抓住金某某,随即两人扭打在一起。在扭打中,金某某猛地摔打、挣脱逃跑,陈某某则随身紧追意欲抓捕,但在闪入广州大道由南往北方向快车道时,陈某某被路过的一辆小车撞伤,后经抢救无效死亡。被告人金某某则将抢得的手机弃置路旁继续逃跑,随即被警察和群众抓获。

公诉机关指控被告人金某某以非法占有为目的,乘人不备,公然夺取他人财物,数额较大,为抗拒抓捕而当场使用暴力,并导致一名警察死亡,其行为构成抢劫致人死亡,建议判处 10 年以上有期徒刑。但辩护人提出,陈某某并非该起抢劫罪的犯罪对象,且其死亡不是抢劫行为本身导致的,而是伴随因抢劫案件引发的交通事故的结果。金某某的抢夺行为与薛某某财产的丧失之间存在必然因果关系,但其使用暴力拒捕转化为抢劫罪的行为与陈某某的死亡不存在刑法上的因果关系。后被告人金某某被判处有期徒刑 8 年,并处罚金 3000 元。

(7)"冒充军警人员抢劫"的认定。

根据 2016 年最高人民法院《关于审理抢劫刑事案件适用法律若干问题的指导意见》的规定:"认定'冒充军警人员抢劫',要注重对行为人是否穿着军警制服、携带枪支、是否出示军警证件等情节进行综合审查,判断是否足以使他人误以为是军警人员。对于行为人仅穿着类似军警的服装或仅以言语宣称系军警人员但未携带枪支,也未出示军警证件而实施抢劫的,要结合抢劫地点、时间、暴力或威胁的具体情形,依照常人判断标准,确定是否认定为'冒充军警人员抢劫'。军警人员利用自身的真实身份实施抢劫的,不认定为'冒充军警人员抢劫',应依法从重处罚。"

(8)"持枪抢劫"的认定。

"持枪抢劫"是指行为人使用枪支或者向被害人显示持有、佩带的枪支进行抢劫的行为。为抢劫而携带枪支并不一定就属于"持枪抢劫",是否属于持枪抢劫要从行为人的主观目的和客观行为的一致性上进行判断,如果行为人携带枪支只是为了在抢劫过程中起到威慑作用,但客观上并未持枪进行威胁或者伤害,则不能认定为"持枪抢劫"。这里的"枪支"的概念和范围,适用《枪支管理法》的规定,仅限能发射子弹的真枪,不包括不能发射子弹的仿真枪与其他假枪,但不要求枪中装有子弹。对于转化型抢劫,犯盗窃、诈骗、抢夺罪,为窝藏赃物、抗拒抓捕或者毁灭罪证而当场使用枪支的,属于持枪抢劫。

案例 1-36

2010 年 12 月至 2011 年 1 月,被告人张某某与同案被告人白某某等人经预谋后多次结伙在某区域内实施盗窃,盗窃财物价值共计 1 万余元。2011 年 1 月 14 日凌晨,张某某和白某某又来到针织公司,先用携带的毒鸭肉毒死看门狗,后用大力钳剪断窗栅进入厂房实施盗窃,张某某将不同样式的袜子(后经鉴定价值为 5000 余元)扔出窗口,白某某将袜子装进事先准备的蛇皮袋运离现场。后因被巡逻的联防人员徐某某等人发现,张某某为抗拒抓捕,使用随身携带的枪支(经鉴定该枪以火药发射为动力,可以击发并具有杀伤力)向徐某某射击,致徐某某轻伤。后张某某被公诉机关以持枪抢劫为由提起公诉。

在庭审过程中,辩护人提出,被告人持枪的目的是抗拒抓捕,并不是劫取财物,不具有持枪抢劫的目的性,不能认定为持枪抢劫;将此种行为认定为持枪抢劫,是对持枪情节的重复评价。但该意见未被采纳,法院认为,被告人张某某在盗窃过程中随身携带枪支,其主观目的已经包含了为确保顺利取得财物并逃离现场而使用枪支的意图,符合持枪抢劫的犯罪特征,应当认定为持枪抢劫。那种认为盗窃后持枪抗拒抓捕的目的是抗拒抓捕而不是劫取财物的观点,是将一个整体行为割裂开来进行理解,难以准确地概括行为的本质特征。

(9)"抢劫军用物资或者抢险、救灾、救济物资"的认定。

这里的"军用物资",仅限武装部队或者武警部队使用的物资,不包括公安警察使用的物资。这里的"抢险、救灾、救济物资"是指已经确定用于或者正在用于抢险、救灾、救济的物资。"抢劫军用物资或者抢险、救灾、救济物资"要求明知是军用物资或抢险、救灾、救济物资而进行抢劫。如果行为人误以为是普通财物,但客观上抢劫了军用物资或抢险、救灾、救济物资,或者误以为是军用物资或抢险、救灾、救济物资,客观上抢劫了普通财物,都不能适用"抢劫军用物资或者抢险、救灾、救济物资",但将军用物资误认为抢险、救灾、救济物资或者将抢险、救灾、救济物资误认为军用物资进行抢劫,不影响"抢劫军用物资或者抢险、救灾、救济物资"的认定。

(四)抢夺行为

抢夺罪的实行行为是以非法占有为目的,公然夺取公私财物的行为,这里的"公然夺取",是指在被害人直接持有、控制着财物的情况下,采用可以使被害人立即发觉、知晓但是难以马上夺回的方式,公开夺取其直接持有或者控制着的财物。虽然与抢劫行为一样都实施了"抢"的行为,往往也会伴随暴力行为,但抢夺行为中的暴力,不是直接针对被害人,而是直接针对和作用于财物,直接使财物脱离被害人的持有、控制。一般情况下,抢夺罪中的强力仅以夺取公私财物为目的,一般不会侵犯被害人的人身权利。如果针对财物的强力过猛,即使造成被害人伤亡,也不能认定为抢劫罪,可以作为抢夺罪的量刑情节予以考虑。

1. 抢夺的数额认定

2015年《刑法修正案(九)》实施之前,抢夺罪是数额犯,抢夺财物的数额必须达到"数额较大"的标准才能构成犯罪,即使《刑法修正案(九)》也将多次抢夺作为入罪的标准,但抢夺财物数额的认定仍是辩护人进行辩护时需要重点考察的内容,因为数额达到"较大""巨大""特别巨大"的标准所适用的量刑幅度是不同的。根据最高人民法院、最高人民检察院《关于办理抢夺刑事案件适用法律若干问题的解释》第1条的规定:

(1)抢夺公私财物价值人民币1000元至3000元以上的,为"数额较大";

(2)抢夺公私财物价值人民币3万元至8万元以上的,为"数额巨大";

(3)抢夺公私财物价值人民币20万元至40万元以上的,为"数额特别巨大"。

各省、自治区、直辖市高级人民法院、人民检察院可以根据本地区经济发展状况,并考虑社会治安状况,在前款规定的数额幅度内,确定本地区执行的具体数额标准,报最高人民法院、最高人民检察院批准。

需要注意的是,"1000元至3000元以上"是认定抢夺罪中"数额较大"的一般标准,但这个标准也有例外,最高人民法院、最高人民检察院《关于办理抢夺刑事案件适用法律若干问题的解释》第2条规定了抢夺公私财物,具有下列情形之一的,"数额较大"的标准按照"1000元至3000元以上"的50%确定,换句话说,抢夺公私财物具有下列情形之一的,数额达到"500元至1500元以上"的,即可构成犯罪:

(1)曾因抢劫、抢夺或者聚众哄抢受过刑事处罚的;

(2)一年内曾因抢夺或者哄抢受过行政处罚的;

(3)一年内抢夺3次以上的;

(4)驾驶机动车、非机动车抢夺的;

(5)组织、控制未成年人抢夺的;

(6)抢夺老年人、未成年人、孕妇、携带婴幼儿的人、残疾人、丧失劳动能力人的财物的;

(7)在医院抢夺病人或者其亲友财物的;

(8)抢夺救灾、抢险、防汛、优抚、扶贫、移民、救济款物的;

(9)自然灾害、事故灾害、社会安全事件等突发事件期间,在事件发生地抢夺的;

(10)导致他人轻伤或者精神失常等严重后果的。

2.抢夺的情节认定

(1)其他严重情节:抢夺公私财物,具有下列情形之一的,应当认定为《刑法》第267条规定的"其他严重情节":

①导致他人重伤的;

②导致他人自杀的;

③具有下列情形之一,数额达到1.5万元至4万元以上的:A.一年内抢夺3次以上的;B.驾驶机动车、非机动车抢夺的;C.组织、控制未成年人抢夺的;D.抢夺老年人、未成年人、孕妇、携带婴幼儿的人、残疾人、丧失劳动能力人的财物的;E.在医院抢夺病人或者其亲友财物的;F.抢夺救灾、抢险、防汛、优抚、扶贫、移民、救济款物的;G.自然灾害、事故灾害、社会安全事件等突发事件期间,在事件发生地抢夺的;

H. 导致他人轻伤或者精神失常等严重后果的。

（2）其他特别严重情节：抢夺公私财物，具有下列情形之一的，应当认定为《刑法》第267条规定的"其他特别严重情节"：

①导致他人死亡的；

②具有下列情形之一，数额达到10万元至20万元以上的：A. 一年内抢夺3次以上的；B. 驾驶机动车、非机动车抢夺的；C. 组织、控制未成年人抢夺的；D. 抢夺老年人、未成年人、孕妇、携带婴幼儿的人、残疾人、丧失劳动能力人的财物的；E. 在医院抢夺病人或者其亲友财物的；F. 抢夺救灾、抢险、防汛、优抚、扶贫、移民、救济款物的；G. 自然灾害、事故灾害、社会安全事件等突发事件期间，在事件发生地抢夺的；H. 导致他人轻伤或者精神失常等严重后果的。

3. 不起诉或者免予刑事处罚的情节

根据最高人民法院、最高人民检察院《关于办理抢夺刑事案件适用法律若干问题的解释》第5条的规定，抢夺公私财物数额较大，但未造成他人轻伤以上伤害，行为人系初犯，认罪、悔罪、退赃、退赔，且具有下列情形之一的，可以认定为犯罪情节轻微，不起诉或者免予刑事处罚；必要时，由有关部门依法予以行政处罚：

（1）具有法定从宽处罚情节的；

（2）没有参与分赃或者获赃较少，且不是主犯的；

（3）被害人谅解的；

（4）其他情节轻微、危害不大的。

（五）哄抢行为

聚众哄抢罪的实行行为是以非法占有为目的，聚集多人，公然夺取公私财物的行为。所谓"聚众"，是指在首要分子的组织策划下纠集3人以上实施犯罪行为；所谓"哄抢"，是指一哄而起，当着公私财物所有人、保管人、持有人的面公然夺取的行为。一般情况下，聚众哄抢都有首要分子，但没有首要分子也不影响聚众哄抢罪的成立，可以处罚积极参加者。相比抢劫和抢夺行为，聚众哄抢不必使用暴力、胁迫等强制手段，而是依靠人多势众取得财物。

（六）绑架行为

绑架罪的实行行为是绑架他人的行为。所谓绑架，是指用暴力、胁迫、麻醉或者其他强制性手段将他人置于自己的控制之下作为人质的行为。

（1）行为手段的强制性：一般来说，绑架行为必须以强制手段进行，具有强制性，使用欺骗等非强制方法的，不属于绑架。但是，如果先是欺骗他人进入某地而后强制加以控制或者意图强制加以控制的,也构成绑架。

(2)胁迫的现实紧迫性:绑架罪是行为人在绑架他人后以杀害或伤害被绑架人为内容逼迫人质的亲友或有关组织交付财物,发生的胁迫内容随时都可以实现,因为行为人发出胁迫时,人质已经在行为人的控制之下了,这种胁迫的内容具有加害的现实紧迫性。如果胁迫内容的实施不具有紧迫性,而是以将对被害人实施暴力、揭发隐私、不名誉的事相威胁或要挟,不构成绑架罪,可能构成敲诈勒索罪。

(3)劫取财物的非当场性:绑架罪一般表现为行为人以杀害、伤害等方式向被绑架人的亲属、其他人或单位发出威胁,索取赎金或提出其他非法要求,劫取财物一般不具有"当场性"。而抢劫罪劫取财物一般应在同一时间、同一地点,具有"当场性"。

(4)对第三人财产的侵犯性:绑架罪既侵害了被绑架人的人身权利,也侵犯了第三人的财产权益,被绑架人和交付财物的人不是同一个人。如果被绑架的人与交付财物的人是同一个人,行为人不是从第三人手中取得财物,则不构成绑架罪,可能构成抢劫罪或者敲诈勒索罪。

> **案例1-37**
>
> 被告人文某某与林某某、朱某某经事先预谋,于2010年2月17日11时许至酒店守候,当被害人何某某欲进入自己轿车驾驶室时,被告人文某某持匕首与朱某某将何某某挟持到车后座后,由林某某驾驶汽车。途中,三被告人强行搜走何某某身上和车内的3万元人民币,又用纱布蒙住何某某的眼睛,威逼何某某打电话叫家人拿钱,何某某被迫打电话向朋友王某某借款10万元人民币并让王某某送到被告人指定的地点。当天下午5时许,三被告人挟持何某某到指定的地点接款。尔后,三被告人将车钥匙还给何某某并将其放走,三人逃离现场进行分赃。后三人被公诉机关以涉嫌绑架罪移送起诉。
>
> 在庭审过程中,辩护人提出,三被告人虽然以暴力、胁迫手段挟持了被害人何某某,也实施了勒索财物的行为,但这些行为都只是针对何某某一个人,虽然何某某在威逼下向朋友王某某借钱,但被告人并未告知王某某他们已经控制了何某某,需要用钱来赎回何某某,故被告人的行为没有指向第三人,不符合绑架罪的构成要件。该辩护意见后被采纳,三被告人被法院认定为抢劫罪。

构成绑架罪,而且杀害被绑架人的,或者故意伤害被绑架人,致人重伤、死亡的,是绑架罪的结果加重犯。在《刑法修正案(九)》实施之前,只要造成被绑架人死亡的结果,不论这个死亡结果是行为人过失造成的,还是被绑架人自杀造成的,或是行为人故意杀死被绑架人造成的,都一律判处死刑,并处没收财产。但《刑法修正案(九)》为造成死亡结果的绑架案件的辩护提供了很大空间,因为这类案件不再一律判处死刑,对于有较轻情节的,还可以判处无期徒刑。辩护人应当认真审查行为人对死亡结果的发生是否存在过失,以便进行量刑辩护。

(七) 非法拘禁行为

非法拘禁罪的实行行为是非法拘禁他人或者以其他方法非法剥夺他人人身自由的行为,而且行为方式是多种多样的,包括监禁、扣押、隔离、逮捕、拘留等。非法拘禁是一种持续行为,在一定时间里处于继续状态。

1. 非法拘禁罪的立案标准

我国刑法对非法拘禁罪没有情节上的要求,相关司法解释也没有针对非法拘禁罪规定立案标准,只有2006年最高人民检察院发布的《关于渎职侵权犯罪案件立案标准的规定》对国家机关工作人员利用职权非法拘禁的行为规定了立案标准,包括:(1)非法剥夺他人人身自由24小时以上的;(2)非法剥夺他人人身自由,并使用械具或者捆绑等恶劣手段,或者实施殴打、侮辱、虐待行为的;(3)非法拘禁,造成被拘禁人轻伤、重伤、死亡的;(4)非法拘禁,情节严重,导致被拘禁人自杀、自残造成重伤、死亡,或者精神失常的;(5)非法拘禁3人次以上的;(6)司法工作人员对明知是没有违法犯罪事实的人而非法拘禁的;(7)其他非法拘禁应予追究刑事责任的情形。有学者认为这些标准过高,不利于保护公民的人身自由。辩护人在代理这类案件时,可以提出在新的司法解释出台之前,可以参照该标准执行。

2. 非法拘禁的从重情节和结果加重犯

根据刑法的规定,非法拘禁具有殴打、侮辱情节的,要从重处罚。如果非法拘禁本身致人重伤、死亡的,重伤、死亡结果与非法拘禁行为具有直接的因果关系,则属于结果加重犯,要适用更重的法定刑。因此,辩护人在代理产生重伤、死亡结果的非法拘禁案时,要审查结果与非法拘禁行为之间是否具有直接的因果关系。如果重伤、死亡的结果是由于行为人实施非法拘禁之后或之时,被害人自杀、自残或者过失导致的,则应当提出不应认定为结果加重犯的辩护意见。另外,刑法还规定,使用暴力致人伤残、死亡的,要按照故意伤害罪、故意杀人罪定罪处罚,这里的暴力只要超出了拘禁所需要的暴力范围,致人伤残、死亡的,就可以直接按照故意伤害罪、故意杀人罪定罪处罚。如果行为人在拘禁期间产生了伤害和杀人的故意,则按照故意伤害罪、故意杀人罪与非法拘禁罪数罪并罚。

辩点1-5：鉴定意见

对于本章涉及的暴力类犯罪案件，行为人与被害人通常会存在正面冲突，留下很多痕迹和物证，且经常会引发人身伤亡等结果，有的还会造成财产受损的情况。对于这类案件，为了收集证据甚至锁定犯罪嫌疑人，通常需要对痕迹等物证进行鉴定；为了确定人身伤亡或者财产受损等危害结果的结果，通常需要对死因、伤情、财产价格等进行鉴定。因此，鉴定意见不但是暴力类犯罪案件中常见的一类证据，也是非常重要的证据，辩护人在代理这类案件时，应当特别注意对鉴定意见的审查，做好相关辩护，有可能直接影响案件的定罪和量刑。

(一) 法医鉴定意见

法医鉴定是指在诉讼活动中法医学各专业鉴定人运用科学技术或者专门知识，对诉讼涉及的专门性问题进行鉴别和判断并提供鉴定意见的活动，包括法医病理鉴定、法医临床鉴定、法医精神病鉴定、法医物证鉴定、法医毒物鉴定。具体而言：

(1) 法医病理鉴定：是指鉴定人运用法医病理学的科学技术或者专门知识对与法律问题有关的人身伤、残、病、死及死后变化等专门性问题进行鉴别和判断并提供鉴定意见的活动，包括死亡原因鉴定、死亡方式判断、死亡时间推断、损伤时间推断、致伤物推断与认定、成伤机制分析等。

(2) 法医临床鉴定：是指鉴定人运用法医临床学的科学技术或者专门知识，对诉讼涉及的与法律有关的人体损伤、残疾、生理功能、病理生理状况及其他相关的医学问题进行鉴别和判断并提供鉴定意见的活动，包括人体损伤程度鉴定，人体损伤致残等级鉴定，赔偿相关鉴定，劳动能力鉴定，人体功能评定，性侵犯与性别鉴定，诈伤、诈病、造作伤鉴定，医疗损害鉴定，骨龄鉴定及与损伤相关的其他法医临床鉴定等。

(3) 法医精神病鉴定：是指运用法医精神病学的科学技术或者专门知识，对涉及法律问题的被鉴定人的精神状态、行为/法律能力、精神损伤及精神伤残等专门性问题进行鉴别和判断并提供鉴定意见的活动，包括精神状态鉴定、刑事类行为能力鉴定、民事类行为能力鉴定、其他类行为能力鉴定、精神损伤类鉴定、医疗损害鉴定、危险性评估、精神障碍医学鉴定、多道心理生理测试(测谎)等。

(4) 法医物证鉴定：是指鉴定人运用法医物证学的科学技术或者专门知识，对各类生物检材进行鉴别和判断并提供鉴定意见的活动，包括个体识别、三联体亲子关系鉴定、二联体亲子关系鉴定、亲缘关系鉴定、生物检材种属和组织来源鉴定、生物检材来源生物地理溯源、生物检材来源个体表型推断、生物检材来源个体年龄推断、非人源 DNA 鉴定等。

(5)法医毒物鉴定：是指鉴定人运用法医毒物学的科学技术或者专门知识，对体内外毒(药)物、毒品及代谢物进行定性、定量分析，并提供鉴定意见的活动，包括气体毒物鉴定、挥发性毒物鉴定、合成药毒物鉴定、天然药毒物鉴定、毒品鉴定、杀虫剂鉴定、除草剂鉴定、杀鼠剂鉴定、金属毒物类鉴定、水溶性无机毒物类鉴定以及中毒毒理鉴定等。

在本章涉及的暴力类犯罪案件中，以上鉴定意见都有可能出现。对于出现死亡结果的案件，需要鉴定死亡原因、判断死亡方式、推断死亡时间；如果被害人尸体被损毁的，还要进行 DNA 鉴定、个体识别、亲子关系鉴定、亲缘关系鉴定等，以确定被害人身份。对于出现损伤结果的案件，需要推断损伤时间，推断和认定致伤物，分析成伤机制，鉴定损伤程度，鉴定致残等级，鉴定诈伤、诈病、造作伤，尤其是损伤程度，会直接影响对行为人的定罪和量刑。比如在故意伤害案件中，被害人的伤情鉴定意见必须达到轻伤及轻伤以上，行为人的行为才能构成犯罪，造成轻微伤的不构成犯罪；在抢劫案件中，如果行为人的抢劫行为并未抢到财物，也未造成被害人轻伤以上的后果，则只能认定为抢劫罪未遂。除了影响定罪，损伤程度还直接影响对行为人的量刑轻重。

另外，对于年龄无法查清的案件，需要进行骨龄鉴定，也可以对体液(斑)、组织等检材进行生物年龄标志物检测，以推断被检个体的生物学年龄；对于行为人或被害人精神可能存在问题的案件，需要对精神状态和刑事类行为能力进行鉴定；对于使用毒物的案件，要进行各类毒物鉴定和中毒毒理鉴定。此外，对于不是现场抓获犯罪嫌疑人的案件，还要根据现场遗留的可疑血液、精液、唾液、阴道液、汗液、羊水、组织/器官等各类生物检材及其斑痕进行细检测等，以判断其种属、组织类型或来源，或者对现场遗留的泥土等物质进行来源生物地理溯源或者对生物检材进行生物表型信息遗传标记检测，以推断被检个体容貌、身高等生物表型或其他个体特征信息，通过这些鉴定，确定侦查方向，锁定犯罪嫌疑人。司法机关通过委托司法鉴定机构出具的鉴定意见，是认定案件某一事实的证据，如果行为人或辩护人对于司法机关指控的某一事实，特别是直接影响定罪和量刑的关键事实存有异议，则应当对现有的对应鉴定意见进行质证，对于应当鉴定而司法机关未予鉴定的，应当申请司法机关委托鉴定机构进行鉴定。

实务中，因法医鉴定错误或者没有进行法医鉴定而导致冤假错案的案例不在少数，辩护人在代理行为人不认罪的案件时，要特别注意对关键鉴定意见的审查，如果应当鉴定而未鉴定的,要从证据入手,审查全案证据是否达到确实充分的程度,是否能排除其他合理怀疑,提出证据不足的无罪辩护意见。粮志诚、陈如超曾以媒体披露的在全国引起一定震动的 50 起刑事冤案作为研究样本对存在的鉴定问题进行了分析,并制作统计表,其中涉及法医鉴定的情况如下表①:

序列号	案件	涉嫌罪名	鉴定情况	地点	案件结果
1	佘祥林	故意杀人	没有进行血型与 DNA 鉴定	湖北	死刑改判为 15 年后,被害人复活
2	徐计彬	强奸	未对现场遗留精斑进行 DNA 鉴定	河北	有期徒刑 8 年,2006 年判决无罪
3	石冬玉	故意杀人	血型鉴定错误	黑龙江	死刑,缓期 2 年执行
6	岳兔元	故意杀人	基于 DNA 鉴定的解释错认	山西	后被害人出现,因诈骗被判处有期徒刑 1 年
7	聂树斌	强奸、故意杀人	未进行 DNA 鉴定	河北	被执行枪决,真凶出现
8	孙万刚	强奸、故意杀人	未对血迹进行 DNA 鉴定	云南	先后判死缓和死刑,最后判无罪
9	王树红	强奸、故意杀人	未进行精斑和 DNA 鉴定	云南	关押 296 天后无罪释放
11	张庆伟	强奸、故意杀人	检材不明,未进行 DNA 鉴定即认定同一性	辽宁	判处无期徒刑后改判 9 年
12	吴鹤声	故意杀人	仅依血型定罪,未进行 DNA 鉴定	湖北	判处无期,后真凶出现
15	杨云忠	故意杀人	未进行 DNA 鉴定,鉴定的血迹非来自被害人	黑龙江	判处死刑改判无期
16	陈国清、杨士亮	抢劫、故意杀人	未对刀子上血迹进行鉴定	河北	3 次判处死刑
21	赵新建	故意杀人	未进行精斑和 DNA 鉴定	安徽	被判死刑,缓期 2 年执行

---

① 参见粮志诚、陈如超:《中国刑事错案中的鉴定问题——基于 50 例案件的实证研究》,载《中国司法鉴定》2016 年第 3 期。

(续表)

序列号	案件	涉嫌罪名	鉴定情况	地点	案件结果
22	张少聪、王秀云	故意杀人	法医尸检报告有误	河南	冤狱6个月,后释放
23	文崇军	强奸	未进行DNA鉴定	广西	强奸罪5年,后申诉17年
29	刘前	强奸	未对血迹进行检验	河北	判6年有期徒刑
30	张从明	抢劫、故意杀人	未对血迹进行DNA鉴定	河南	判处死刑
31	孟存明	强奸	对遗留的精斑未进行鉴定	河北	判处有期徒刑9年
32	赫金安	故意杀人	未对血迹进行鉴定和来源调查	山西	判处死刑
33	王俊超	强奸	未进行DNA鉴定,血型鉴定马虎	河南	判处9有期徒刑后真凶出现
34	张绍友	故意杀人	未进行尸检和DNA精斑检验	河南	判处死刑
35	秦艳红	强奸	未进行精斑和DNA鉴定	河南	关押4年真凶出现
36	王海军	故意杀人	仅进行血型鉴定,未进行DNA鉴定	吉林	判处有期徒刑15年,后真凶出现
39	范家礼、范荣所	故意杀人	未对血迹进行DNA鉴定	云南	判处死刑
43	张高平、张辉	强奸杀人	指甲间的男性DNA物未进行鉴定数据库比对,未发现精斑	浙江	分别判处死缓和15年有期徒刑
46	杨波涛	强奸、故意杀人	体内排泄物未与杨波涛的进行对比鉴定,指纹未进行鉴定	河南	一审判死缓,无辜羁押10年
49	呼格吉勒图	故意杀人、流氓	仅依血型定罪,未对分泌物进行DNA鉴定	内蒙古	死刑
50	于英生	故意杀人	忽视指纹、精斑鉴定意见	安徽	先后被判死刑和死缓,后判无期

(二)物证鉴定意见

物证鉴定是在诉讼活动中,鉴定人运用物理学、化学、文件检验学、痕迹检验学、理化检验技术等原理、方法和专门知识,对文书物证、痕迹物证、微量物证等涉及的专门性问题进行鉴别和判断并提供鉴定意见的活动,包括文书鉴定、痕迹鉴定、微量物证鉴定等。具体而言:

(1)文书鉴定:指鉴定人运用文件检验学的理论、方法和专门知识,对可疑文件(检材)的书写人、制作工具、制作材料、制作方法、性质、状态、形成过程、制作时间等问题进行检验检测、分析鉴别和判断并提供鉴定意见的活动,包括笔迹鉴定、印章印文鉴定、印刷文件鉴定、篡改(污损)文件鉴定、文件形成方式鉴定、特种文件鉴定、朱墨时序鉴定、文件材料鉴定、基于痕迹特征的文件形成时间鉴定、基于材料特性的文件形成时间鉴定、文本内容鉴定;

(2)痕迹鉴定:指鉴定人运用痕迹检验学的理论、方法和专门知识,对痕迹物证进行勘验提取,并对其性质、状况及其形成痕迹的同一性、形成原因、形成过程、相互关系等进行检验检测、分析鉴别和判断并提供鉴定意见的活动,包括手印鉴定、潜在手印显现、足迹鉴定、工具痕迹鉴定、整体分离痕迹鉴定、枪弹痕迹鉴定、爆炸痕迹鉴定、火灾痕迹鉴定、人体特殊痕迹鉴定、动物痕迹鉴定、交通事故痕迹物证鉴定、建(构)筑物损坏(毁)痕迹鉴定、日用制品损坏痕迹鉴定等。

(3)微量物证鉴定:指鉴定人运用理化检验的原理、方法或专门知识,使用专门的分析仪器,对物质的物理性质、化学性质和成分组成进行检验检测和分析判断并提供鉴定意见的活动。其中,物理性质包括物质的外观、重量、密度、力学性质、热学性质、光学性质和电磁学性质等;化学性质包括物质的可燃性、助燃性、稳定性、不稳定性、热稳定性、酸性、碱性、氧化性和还原性等;成分组成包括物质中所含有机物、无机物的种类和含量等。微量物证鉴定包括化工产品类鉴定、矿物和金属类鉴定、纺织品类鉴定、日用化学品类鉴定、文化用品类鉴定、食品类鉴定、建筑材料类鉴定、易燃物质类鉴定、爆炸物类鉴定、射击残留物类鉴定、交通事故微量物证鉴定和火灾微量物证鉴定。

在暴力类犯罪案件中,物证鉴定意见也是比较常见的证据,尤其是痕迹鉴定,侦查机关会通过手印、足迹、人体特殊痕迹等鉴定来寻找锁定犯罪嫌疑人;对于使用工具或者枪支的案件,还可能存在工具痕迹鉴定和枪弹痕迹鉴定,侦查机关会通过这些鉴定意见寻找作案工具和枪弹以锁定犯罪嫌疑人。如果这些鉴定意见出现错误,有可能影响侦查方向,抓错犯罪嫌疑人,导致冤假错案的发生。因此,对于行为人否认到过犯罪现场或者使用过工具、枪弹等情况的案件,辩护人就应该特别注意对痕迹鉴定意见的审查和质证。稂志诚、陈如超总结的冤假错案统计表中,涉及物证鉴定的情况如下表①:

序列号	案件	涉嫌罪名	鉴定情况	地点	案件结果
4	陈世江	故意杀人	足迹鉴定、菜刀指纹鉴定偏差	山东	死缓,冤狱8年
5	李久明	抢劫故意伤害	检材来源不明,不存在同一性鉴定	河北	死缓后真凶出现
14	丁志权	故意杀人	未作指纹、脚印鉴定	黑龙江	死缓改为死刑再改为无期
20	代克农、李保春、李超	故意杀人	对遗留指纹、掌纹、脚印、毛发等瑕疵意见予以采纳	安徽	判处死刑、死缓及无期徒刑
26	胥敬祥	抢劫	作案利刃、枪支、铁棍等未能找到和进行鉴定	河南	判处16年有期徒刑,冤狱13年
27	宋保民	强奸	提取的白塑料底黑条绒布鞋前后鉴定不一致,鉴定有误	河北	判处3年有期徒刑
40	史延生	故意杀人	足迹指纹鉴定样本与检材不具有同一性	黑龙江	判处死缓
42	陈阳、田伟平	抢劫、盗窃	缺乏指纹证据的鉴定	浙江	判处死缓
44	高庆红	故意杀人	足迹鉴定造假	河南	死刑缓期执行
45	覃俊虎、兰永奎	故意杀人抢劫	未进行本应进行的物证(匕首)鉴定	广西	覃俊虎死缓,兰永奎无期

(三)物价鉴定意见

物价鉴定是物价部门依法接受公安、司法机关的委托,对案件中的物品进行分析、估定其价值的活动。物价鉴定意见作为证据的一种,在涉及财产的犯罪案件司法认定中起着关键作用,因为涉案财物金额大小直接关系到罪与非罪、罪轻与罪重

---

① 参见稂志诚、陈如超:《中国刑事错案中的鉴定问题——基于50例案件的实证研究》,载《中国司法鉴定》2016年第3期。

的判定。比如抢劫罪中，虽然抢劫数额不直接影响立案，但抢劫数额巨大是抢劫罪的情节加重犯，需要通过对被抢劫财物进行物价鉴定，看是否适用情节加重的条款；又如抢夺罪中，抢夺数额较大、巨大、特别巨大分别适用不同的量刑标准，需要通过对被抢夺财物进行物价鉴定，看具体适用哪个量刑幅度；再如聚众哄抢罪中，刑法对该罪设置了数额较大和数额巨大两个量刑幅度，也需要通过物价鉴定予以确认。辩护人在代理这类案件时，如果能通过对物价鉴定意见的质证和审查，降低涉案财物的物价认定，就有可能直接影响定罪和量刑。

(四)审查鉴定意见

1.审查鉴定意见

司法鉴定书一般由编号、绪言、资料(案情)摘要、检验过程、分析说明、鉴定意见、结尾、附件等部分组成，上述内容欠缺或不明确的，辩护人可以要求予以说明、补充鉴定或重新鉴定。此外，辩护人还要认真审查涉案鉴定意见是否合法、科学、客观、真实、合法，一般可以从以下几个方面入手：

(1)鉴定机构和鉴定人是否具有合法的资质；

(2)鉴定人是否存在应当回避的情形；

(3)鉴定程序是否符合法律及有关规定；

(4)检材的来源、取得、保管、送检是否符合法律及有关规定，与相关提取笔录、扣押物品清单等记载的内容是否相符，检材是否充足、可靠；

(5)鉴定的程序、方法、分析过程是否符合本专业的检验鉴定规程和技术方法要求；

(6)鉴定意见的形式要件是否完备，是否注明提起鉴定的事由、鉴定委托人、鉴定机构、鉴定要求、鉴定过程、鉴定方法、鉴定文书的日期等相关内容，是否由鉴定机构加盖司法鉴定专用章并由鉴定人签名盖章；

(7)鉴定意见是否明确；

(8)鉴定意见与案件待证事实有无关联；

(9)鉴定意见与其他证据之间是否有矛盾，鉴定意见与检查笔录及相关照片是否有矛盾；

(10)鉴定意见是否依法及时告知相关人员，当事人对鉴定意见是否有异议。

如果审查后，发现涉案鉴定意见具有最高人民法院《关于适用〈中华人民共和国刑事诉讼法〉的解释》中不得作为定案根据的情形，辩护人可以提出涉案鉴定意见不得作为定案根据的辩护意见。

2. 申请重新鉴定或者补充鉴定

如果涉案鉴定意见对案件的定罪量刑具有重大作用,但辩护人对涉案鉴定意见存有疑问的,可以申请重新鉴定或者补充鉴定,这是刑事诉讼法赋予当事人和辩护人的一项法定权利,辩护人应当运用好这项权利。但辩护人享有的是重新鉴定或者补充鉴定的申请权,申请能否被采纳由司法机关决定。为了能够达到重新鉴定或者补充鉴定的效果,辩护人应当提出对鉴定意见质疑的内容,然后说服司法机关采纳申请,以获得更有利于当事人的鉴定意见。如果鉴定意见虽然存在问题,但重新鉴定或者补充鉴定的结果可能会更不利于当事人,辩护人就应当谨慎提出重新鉴定或者补充鉴定的申请。鉴定意见是由鉴定机构对专门问题作出的专业意见,辩护人由于缺乏相应的专业能力,在申请重新鉴定或者补充鉴定之前,应当向有关专业领域的专家进行咨询请教,一方面有利于发现鉴定意见中存在的问题,另一方面有利于评估进行重新鉴定或者补充鉴定的必要性。

> **案例 1-38**
>
> 在火车站,李某看见孙某在看报纸,其手机就放在座位上。趁孙某不备,李某将其手机抢走。李某来到僻静处,卸下手机套,发现这部手机非常破旧,不值几个钱,随手将该手机扔在垃圾桶里。但是物价部门将手机的价值鉴定为1500元。侦查机关据此认定李某构成抢夺罪,移送人民检察院审查起诉,随后,人民检察院又据此向人民法院提起公诉。
>
> 在法庭审理过程中,辩护人质疑物价部门作出的价格鉴定意见,认为该鉴定意见与被告人李某的供述存在矛盾,遂申请对手机价格进行重新鉴定,后该手机价值被鉴定为300元。最终查明,原来的鉴定人只是询问了一下商场该型号手机的价格,并没有详细看案卷。由此可见,审查无实物的价格鉴定意见与案件中其他证据之间的关联性对于审查鉴定意见的客观性和真实性意义重大。最后,由于该案犯罪数额未达到抢夺罪的定罪标准,被告人被宣判无罪。

3. 申请鉴定人出庭作证

申请重新鉴定或者补充鉴定虽然是辩护人质疑鉴定意见的一种办法,但由于重新鉴定或者补充鉴定耗时耗力,而且还要需要费用支出,司法机关在没有确定重新鉴定或者补充鉴定的必要性时,一般很难采纳辩护人的申请。此外,即便司法机关采纳了辩护人的申请,辩护人对重新鉴定或补充鉴定出具的鉴定意见也可能仍然存有异议。在这两种情况下,辩护人还可以申请法院通知鉴定人出庭作证。在2012年《刑事诉讼法》修订之前,即使辩护人提出鉴定人出庭申请,但鉴定人出庭率仍然非常低,但2012年修订后的《刑事诉讼法》明确了"鉴定人经法院通知而拒不出庭作证的,鉴定意见则不得作为定案的根据",鉴定人出庭的情况有了一些改善,所以辩护人应当用好这项权利,并做好相应的准备。一方面,为了保障出庭申请能被法院采纳,辩护人最好详细阐述对鉴定意见的异议、申请的理由以及鉴定人出庭的必要性;另一方面,辩护人庭前还应当积极做好对鉴定人进行发问的准备,了解鉴定的程序是否合法,鉴定的过程和方法是否符合规范要求,鉴定意见的形式和内容是否明确、准确,鉴定意见与案件待证事实有无关联性等问题,以便在庭审过程中通过对鉴定人的发问,揭示鉴定意见存在的问题,使其不被作为定案的根据,或者促使司法机关重新鉴定或补充鉴定。

4. 申请有专门知识的人出庭

对于鉴定意见的质证,辩护人除了庭前自己做好充分的准备,还可以申请法庭通知有专门知识的人出庭,就鉴定人作出的鉴定意见提出意见,尤其是在法院已经通知鉴定人出庭作证的情况下。因为辩护人即使已经做足了对鉴定意见质证和对鉴定人发问的准备,但毕竟不是司法鉴定相关专业领域的专业人士,无法有效审查鉴定人在鉴定过程中是否符合职业规范、是否符合鉴定技术标准,无法从鉴定的方式方法、步骤、程度等角度发现鉴定意见存在的缺陷和问题,也无法对鉴定人的回答进行专业性的追问,申请有专门知识的人出庭,他们对鉴定有很深的了解,可以协助辩护人完成这些活动,有利于法官在专家证人和鉴定人之间的较量中,正确判断鉴定意见有无证据能力及证明力的大小。

2014年8月22日,受社会广泛关注的"念斌投毒杀人案"在福建省高级人民法院作出终审判决,撤销福州市中级人民法院的有罪判决,判决上诉人念斌无罪。在历经8年10次开庭审判,遭遇了4次死刑立即执行的有罪判决之后,"念斌投毒杀人案"最终因为检控方证据不足而作出无罪的终审判决。控辩双方争议的一个焦点问题就是两名死者是否因为氟乙酸盐鼠药中毒而死亡。在该案漫长的办理过程中,一个重要的转机就是辩方律师邀请了多位专家加入辩护团队,对控方有关中毒过程相关证据的鉴定提出重要质疑,严重动摇了控方的证据基础,并最终争取到念斌的无罪判决。

辩点1-6：正当防卫

暴力类犯罪案件一般都存在正面冲突和反抗，尤其是在行为人和被害人都存在暴力的案件中，辩护人一定不能忽略一个重要的辩点，即防卫问题，要审查行为人的行为是否属于正当防卫。如果属于，则提出无罪的辩护意见；即使不属于，但存在防卫要素，只是超过了必要限度，构成防卫过当的，也可以提出罪轻的辩护意见。

（一）正当防卫的构成条件

1. 防卫起因

正当防卫的起因是客观上存在具有一定紧迫性的不法侵害。不法侵害是指侵害国家、公共利益，本人或者他人的人身、财产和其他合法权利的行为。不法侵害还必须具备以下特点：

（1）具有侵害性：即不法侵害行为客观上对合法权益具有危害性，既包括对权益造成实际损害，也包括对权益产生危险；既包括作为，也包括不作为；既包括故意的侵害，也包括过失的侵害。

（2）具有不法性：这里的不法并不要求必须达到刑法上的违法性，也不要求达到犯罪的程度，只需要具有不法的性质即可。所以，对合法行为不得进行正当防卫是不言而喻的。

（3）具有真实性：即不法侵害是真实存在的，不是出于主观想象、推测的，对不存在的不法侵害进行防卫，是假想防卫，要根据行为人主观上有无过失，来判断是否承担法律责任，可能构成过失犯罪，也可能按照意外事件处理。所以即使不构成正当防卫，对于假想防卫，也仍然是一个可以辩护的点，有可能出罪或者获得较轻的量刑。

需要注意的是，对于未达到法定年龄、不具有刑事责任能力的人的侵害以及对于过失乃至无过失的不法侵害能否进行正当防卫，理论界存在争议，实践中也存在不被认定为正当防卫而被追究刑事责任的案件，辩护人在代理这类案件时，不但要掌握法律法规，而且还要掌握一些刑法理论知识。

案例1-39[①]

原审被告人杨斌与被害人夏某之间有纠纷。2016年8月1日22时许，杨斌与夏某在街道上发生争执追赶。随后，杨斌躲进一间门面房内，与夏某隔着

---

① 案例来源：湖南省益阳市中级人民法院（2017）湘09刑终87号刑事裁定书。

卷闸门对骂。几分钟后,杨斌双手各拿一把菜刀走出该门面房。夏某将随身携带的催泪瓦斯对着杨斌头面部喷射,杨斌双手持菜刀朝夏某乱舞,将夏某砍伤。夏某向公安机关报警,办案民警赶往现场,将杨斌带至派出所接受调查。经公安局物证鉴定室鉴定,夏某因外伤致右拇指末截(指骨)部分缺失、头面部多处皮肤裂创、左耳廓皮肤裂创、左食指皮肤裂创及左肩部软组织挫划伤,其损伤构成轻伤一级。

在庭审过程中,被告人提出自己的行为是正当防卫,不构成犯罪。法院经查认为:杨斌供认"在夏某向他喷射催泪瓦斯后,他怕夏某搞他,就想先下手,将夏某砍伤,防止夏某砍他,于是他就没管那么多,眯着眼睛对夏某乱砍";根据杨斌的供述,因担心夏某可能对其实施伤害,而持菜刀将夏某砍伤,在主观心态上,杨斌追求的是伤害夏某并让夏某失去攻击能力的后果。故杨斌持菜刀砍伤夏某的行为系刑法理论上的假想防卫,不符合正当防卫的构成要件。基于被害人夏某在本案中存在过错,对杨斌酌情从轻处罚,以故意伤害罪判处其有期徒刑1年。

2. 防卫意图

防卫意图是防卫正当化根据的主观条件。正当防卫之所以是正当行为,取决于防卫意图的合法性。正当防卫的防卫意图,是指"主观上为了使国家、公共利益、本人或者他人的人身、财产权利和其他合法权利免受不法侵害",既包括"为了保护国家、公共利益、本人或者他人的人身、财产权利和其他合法权利的心理态度"的防卫目的,也包括"认识到存在正在进行的不法侵害"的防卫认识。倘若缺乏防卫目的或者防卫认识,有可能因缺乏防卫意识而不被认定为正当防卫。

(1)为维护非法利益的防卫。

正当防卫所防卫的不法侵害可能是针对国家、集体的,也可能是针对自然人的;可能是针对本人的,也可能是针对他人的;可能是侵害人身权利的,也可能是侵害财产或其他权利的。即正当防卫是为了保护合法权益免受不法侵害而实施的行为,要求符合防卫意图的合法性。所以,如果是为了维护非法利益而实行防卫,原则上不构成正当防卫。但是,具体情况还是要具体分析,例如,赌博赢得的赌资是非法的,应当予以没收,但如果有人来抢劫赌资,赢得赌资的人仍有权实施防卫行为,也可能构成正当防卫。

(2)防卫挑拨。

行为人以加害的目的,故意挑逗他人对自己实施不法侵害并借机对不法侵害人进行反击的,是防卫挑拨,也称挑拨防卫。从客观上看,防卫挑拨似乎符合正当防卫的条件,但是由于挑拨人主观上没有正当的防卫意图,存在积极的加害意图,只是以正当防卫的形式掩盖了积极加害的目的,不是正当防卫,因而构成犯罪的,应当承担刑事责任。

(3)偶然防卫。

还有一种偶然防卫,即行为人故意或者过失实施了某种危害行为,但客观上却因巧合发生了防卫不法侵害的有利于社会或者他人的效果或结果。偶然防卫实质上是一种不法侵害行为,但客观上又排除了他人的不法侵害,虽然因缺乏正当的防卫意图而不构成正当防卫,但辩护人也仍然应当根据客观发生的效果,向司法机关提出酌情处理的辩护意见。

> **案例1-40**[①]
>
> 2015年3月2日11时许,被告人王千高到江边打鱼,并随身携带一支火药枪(枪长约170厘米)。中午约12时,王千高的妻子王某香打电话给王千高,说其患有精神分裂症的大儿子王某荣(被害人)要打王某香和二儿子王首杆。王千高听后便携枪赶回家中劝说王某荣,并与王某荣发生争吵,后王千高把王某荣平时使用的摩托车推到自家附近的水利沟处并推倒在水利沟边。王某荣见状,从家中拿一把砍刀(长约70厘米,含刀柄)追向王千高。王千高往前跑,没跑多远便停住转身朝王某荣开了一枪,击中王某荣左侧胸部等部位,致王某荣倒地当场死亡。而后王千高离开现场,将枪支、子弹丢弃后返回家中,不久被接到王某香报警电话赶来的公安民警抓获。经鉴定,王某荣系生前左前胸部枪弹伤,致心肌破裂引起急性心包堵塞而死亡。另查明,被害人王某荣生前患有偏执型精神分裂症,发病时,比较暴躁,经常殴打他人。
>
> 在庭审过程中,被告人王千高的辩护人提出被告人的行为属于正当防卫,不负刑事责任。经查,案发时,被害人王某荣持砍刀(刀长约70厘米,含刀柄)追赶被告人王千高,在离被告人王千高还有数米时,被告人王千高转身朝被害人王某荣开了一枪(枪长约170厘米),击中被害人王某荣左胸部,致其当场

---

① 案例来源:海南省第一中级人民法院(2015)海南一中刑一初字第37号刑事判决书。

death. 死亡。被害人王某荣生前患有偏执型精神分裂症,发病时比较暴躁,常无故殴打他人。法院认为,案发时针对被告人王千高的不法侵害现实存在,被告人王千高具有一定的防卫意识,且防卫的对象亦是不法侵害人王某荣,但其防卫行为明显超过必要限度,属于防卫过当。理由如下:第一,被告人王千高明知被害人王某荣患有精神病不能刺激,还将被害人王某荣平常所骑的摩托车推倒在水利沟边,致使被害人王某荣受到刺激而持刀对其进行追赶,其行为虽然不属于防卫挑拨,但有一定过错。第二,案发时,被告人王千高所持枪支明显长于被害人王某荣所持砍刀,进行防卫并不一定需要开枪。第三,被告人王千高开枪时,尚未跑多远且被害人王某荣距离其尚有数米,其有能力、有条件继续往前跑,即不法侵害的紧迫性尚不十分明显。综上,被告人王千高针对被害人王某荣的正当防卫行为明显超过了必要限度,造成被害人王某荣死亡的重大损害结果发生,其应负刑事责任,但应当减轻处罚。结合被告人的坦白情节和认罪悔罪态度,法院最终以故意杀人罪判处王千高有期徒刑3年。

3. 防卫时间

防卫时间是正当防卫的客观条件之一,也称紧迫性条件,要求不法侵害正在进行之中,不法侵害已经开始且尚未结束。对过去或者将来的不法侵害进行的防卫,系防卫不适时,不属于正当防卫。

(1) 事前防卫。对将来可能发生的不法侵害进行防卫是事前防卫。如果行为人明知不法侵害尚未开始而故意对不法侵害人进行加害的,构成故意犯罪,如果因过失没有预见不法侵害尚未开始的,构成过失犯罪。

(2) 事后防卫。对已经结束的不法侵害进行防卫是事后防卫。不法侵害行为一旦终止,就失去正当防卫的紧迫性条件,不得继续对侵害人实施防卫行为。一般来说,不法侵害已经结束、不法侵害已经被制止、不法侵害已经自动中止、不法侵害人丧失了继续侵害的能力,都属于不法侵害已经结束。如果行为人明知不法侵害已经结束而继续加害不法侵害人的,应当承担刑事责任。辩护人进行辩护时,应当掌握好结束的时间,如抢劫、抢夺、盗窃等财产性犯罪,即使已经既遂,也并不表明不法侵害行为已经完全结束,对于犯罪分子完成犯罪但尚未离开犯罪现场的,也可以实行正当防卫。

案例 1-41[①]

2004年8月1日22时40分,被告人黄中权驾驶一辆浅绿色捷达出租车搭载姜伟及其同伙至长沙南湖市场内旺德府建材超市旁时,姜伟持一把长约20厘米的水果刀与同伙对黄中权实施抢劫,从其身上抢走现金200元和手机一部,然后拔下出租车钥匙抛弃于左前轮处,迅速逃离现场。黄中权拾起钥匙后驾车寻找,当车行至南湖市场家居建材区D1-40号门前的三角坪时,黄中权发现姜伟与同伙欲搭乘从事营运的摩托车离去,便驾车朝摩托车车前轮撞去,姜伟与同伙下车逃跑,黄中权又继续驾车追赶,姜伟与同伙分头逃跑,并边跑边持刀回头朝黄中权挥舞。黄中权追至距离姜伟2米处围栏外停车与其相持,少顷,姜伟又向距围栏几米处的布艺城西头楼梯台阶方向跑,黄中权迅速驾车从后撞击姜伟将其撞倒在楼梯台阶处。随后,黄中权拨打"110"报警,并向公安机关交代了案发经过。经法医鉴定,姜伟系因巨大钝性外力作用导致肝、脾、肺等多器官裂伤引起失血性休克死亡。

在庭审过程中,黄中权的辩护人提出,黄中权在遭受抢劫后,为了夺回自己被抢财物而追赶姜伟,因姜伟持刀威胁、抗拒抓捕,才开车撞击姜伟,致其死亡,行为属于正当且合法的自救行为,符合正当防卫的法定条件,依法不负刑事责任。法院经审理认为,本案姜伟与同伙实施抢劫后逃离现场,针对黄中权的不法侵害行为已经结束。此后黄中权驾车寻找并追赶姜伟及其同伙,姜伟一边逃跑一边持水果刀对坐在车内的黄中权挥动,其行为是为了阻止黄中权继续追赶,并未形成且不足以形成紧迫性的不法侵害,故黄中权始终不具备正当防卫的时间条件。黄中权作为普通公民可以采取抓捕、扭送犯罪嫌疑人的自救行为,但所采取的方法必须与自救行为的性质、程度相适应,其采取以交通工具高速撞人的严重暴力伤害行为,显然超出了自救行为的范畴,具有社会危害性,应承担刑事责任。后黄中权因犯故意伤害罪,被判处有期徒刑3年6个月。

4.防卫对象

正当防卫的对象只能是不法侵害者,不能针对没有实施不法侵害行为的第三

[①] 案例来源:(2005)芙刑初字第108号刑事判决书。

人,包括不法侵害者的家属或者亲友,否则不属于正当防卫。

(1)共同犯罪的情况。正当防卫中防卫的对象包括共同进行不法侵害的人,对于遭受共同不法侵害的,防卫人可以选择侵害力量最弱或者没有使用侵害工具的人进行防卫。

(2)精神病人和未成年人。一般来说,不法侵害人应当是具有刑事责任能力的人。但精神病人和未成年人的侵害也属于不法侵害,对精神病人、未成年人正在进行的不法侵害也可以实施正当防卫。但是如果明知对方是精神病人、未成年人,防卫行为应当有所限制。所以行为人的主观认识也可能会影响其刑事责任。

案例1-42[①]

被告人范某秀与被害人范某雨系同胞兄弟。范某雨患精神病近10年,因不能辨认和控制自己的行为,经常无故殴打他人。2003年9月5日上午8时许,范某雨先追打其侄女范某辉,又手持木棒、砖头在公路上追撵其兄范某秀。范某秀在跑了几圈之后,因无力再跑,便停了下来,转身抓住范某雨的头发将其按倒在地,并夺下木棒朝持砖欲起身的范某雨头部打了两棒,致范某雨当即倒在地上。后范某秀把木棒、砖头捡回家。约1个小时后,范某秀见范某雨未回家,即到打架现场用板车将范某雨拉到范某雨的住处。范某雨于当日上午11时许死亡。下午3时许,被告人范某秀向村治保主任投案。

在庭审过程中,被告人范某秀辩解称其用木棒致死被害人不是故意的,是不得已而为之的自卫行为。法院经审理认为,被告人范某秀为了使自己的人身权利免受正在进行的不法侵害,而持械伤害他人身体,造成他人死亡的后果,属明显超过必要限度造成他人损害,系防卫过当,行为构成故意伤害罪,判处被告人范某秀有期徒刑3年,缓刑3年。

5.防卫限度

防卫限度是正当防卫与防卫过当的界限,是非罪与罪的界限。国家一方面允许个人行使正当防卫权,另一方面又限制或者防止个人滥用正当防卫权,所以规定正当防卫不能明显超过必要限度造成重大损失,否则就属于防卫过当。所谓"必要限度",是指对于不法侵害所造成的损害只是为了满足制止不法侵害以保护合法利益。

[①] 案例来源:《刑事审判参考》总第45集[第353号]。

一般需要综合考虑以下因素：

(1)不法侵害的强度。从不法侵害手段的强度与防卫手段的危险程度进行比较,后者不能明显超过前者。

(2)不法侵害的严重性。从不法侵害的性质与防卫行为所保护的法益进行比较,如果为了保护生命权而致人重伤,没有明显超过必要限度;如果为了保护小额财产而将诈骗犯重伤,则明显超过必要限度。

(3)不法侵害的紧迫性。必要限度的强度,还应当根据防卫行为当时的具体状况进行判断,如果不法侵害并不紧迫,防卫人可以选择其他防卫方法的,可能就超过了必要限度。

案例1-40和案例1-42都涉及防卫限度的问题。从辩护的视角而言,即使构成防卫过当,按照《刑法》第20条第2款的规定也是"应当减轻或者免除处罚",是减轻处罚还是免除处罚,能减轻多少的处罚,也仍然是辩护人辩护的重点,需要结合防卫的限度发表辩护意见,尽可能为当事人争取到最轻的处罚结果。

(二)正当防卫和互殴行为

在相互斗殴中,斗殴双方都具有攻击、伤害对方的故意。也就是说,双方都是以侵害对方为目的,实施积极的侵害行为,行为人在主观上具有相互伤害的故意,在客观上具有连续的互相侵害行为,因此,斗殴的任何一方都不得主张正当防卫的权利。轻微的相互斗殴是违法行为,情节严重的相互斗殴,双方均构成故意伤害罪或者故意杀人罪。对于纠集多人聚众斗殴的,应当按照《刑法》第292条聚众斗殴罪处理。但在特殊情况下,互殴的一方有时可能成立正当防卫。辩护人不要因为是互殴案件就完全放弃正当防卫这个辩点。

司法实践中,互殴出现以下两种情形,允许实施防卫行为,可以提出正当防卫的辩护意见。

(1)互殴停止后,一方仍紧追不舍,继续实行侵害,互殴行为转化为单方不法侵害,允许被侵害的另一方实施防卫行为。

(2)互殴没有结束或者刚刚结束而没有明显的冷静期,一方因为明显处于劣势而逃跑并一再求饶,另一方不依不饶明显超出斗殴程度继续以暴力侵害对方,劣势求饶一方可以实施防卫行为。

因此,辩护人在代理存在互殴情节的案件时,应当认真审查证据,识别案件中是否存在防卫情节,以便正确运用正当防卫的辩点,帮助当事人维护合法的权益。

案例 1-43

2008年10月13日19时许,被告人张某某到饭店与朋友马某某、付某某一起饮酒,上卫生间时遇到了曾经是邻居的徐某某,遂同徐某某戏言:"待会儿你把我们那桌的账也结了。"欲出卫生间的徐某某闻听此言又转身返回,对张某某进行辱骂并质问说:"你刚才说什么呢?我凭什么给你结账?"徐某某边说边扑向张某某并掐住其脖子,张某某当即推挡徐某某。闻讯赶来的马某某将二人劝开。徐某某离开卫生间返回饮酒处,抄起两个空啤酒瓶,将酒瓶磕碎后即寻找张某某。当张某某从酒楼走出时,徐某某嘴里说"扎死你",即手持碎酒瓶向张某某面部扎去。张某某躲闪不及,被扎伤左颈、面部(现留有明显疤痕,长约12厘米)。后张某某双手抱住徐某某的腰部将其摔倒在地,致使徐某某被自持的碎酒瓶刺伤左下肢动、静脉,造成失血性休克,经医院抢救无效死亡。被告人张某某于当日夜到医院疗伤时,被公安民警传唤归案。

本案的发展分为两个阶段,第一阶段是争执阶段,张某某和徐某某因一句戏言发生争执打斗,行为性质属于互殴;第二阶段是争执结束后的阶段。经人劝解,两人分开,互殴结束。但徐某某并未善罢甘休,而是手持碎酒瓶继续扎向张某某,张某某躲闪不及被扎伤,这属于互殴停止后,一方又进行突然袭击的情形,此时张某某为使本人免受正在进行的不法侵害而采取的制止不法侵害的行为,属正当防卫,对不法侵害人造成的损害,不负刑事责任。后法院宣告张某某无罪。

(三)无限防卫条款的适用

实施防卫行为,必须同时满足五个要件,才能构成正当防卫,不负刑事责任,如果其超出必要限度造成重大损害,则属于防卫过当,应当负刑事责任。区别正当防卫和防卫过当关键在于是否超出了防卫限度,也是辩护人进行辩护的重要切入点。对于出现重大损害的案件,尤其是发生人员伤亡的案件,辩护人除了从防卫限度角度进行辩护,还应当充分利用《刑法》第20条第3款关于"无限防卫"的规定,该条款明确规定:"对正在进行行凶、杀人、抢劫、强奸、绑架以及其他严重危及人身安全的暴力犯罪,采取防卫行为,造成不法侵害人伤亡的,不属于防卫过当,不负刑事责任。"该条款的设置是为了打击暴力类犯罪,解除防卫人的后顾之忧,从而有效地保护合法权益。如果适用该条款,辩护人只要证明防卫行为符合防卫起因、意图、时间、对象四个要件即可构成正当防卫,而不受防卫限度的限制。

当然,适用该条款,必须正确理解"行凶、杀人、抢劫、强奸、绑架以及其他严重危及人身安全的暴力犯罪"的基本含义。这里的"行凶、杀人、抢劫、强奸、绑架"是指犯罪行为,而不是具体的罪名;而且要求这些犯罪行为必须达到严重危及人身安全或者可能造成人员死亡、重伤的程度才能进行无限防卫,而不是说不法侵害者只要实施了这些犯罪行为即可以实施无限防卫。例如,以将要实施暴力相威胁的抢劫,抢劫人并未实施暴力,也尚未严重危及人身安全,就不能实施无限防卫,造成抢劫人伤亡后果的,属于防卫过当。"其他严重危及人身安全的暴力犯罪"是指与行凶、杀人、抢劫、强奸、绑架等暴力罪行相当的犯罪行为,如放火、爆炸、决水等。

案例1-44[①]

北安河村农民孙某某、李某某曾是某饭店职工。孙某某于2003年8月离开饭店,李某某于同年9月9日被饭店开除。2003年9月9日晚9时许,李某某、张某某(同系海淀区北安河村农民)将孙某某叫到张某某家,称尹某某(女)向饭店经理告发其三人在饭店吃饭、拿烟、洗桑拿没有付钱,致使李某某被开除;并说孙某某追求尹某某,尹某某却骂孙某某傻。孙某某听后很气恼,于是通过电话威胁尹某某,扬言要在尹某某身上留记号。三人当即密谋强行将尹某某带到山下旅馆关押两天。当晚23时许,三人酒后上山来到饭店敲大门,遇客人阻拦未入,便在饭店外伺机等候。次日凌晨2时许,孙某某见饭店中无客人,尹某某等服务员已经睡觉,便踹开女工宿舍小院的木门而入,并敲打女工宿舍的房门叫尹某某出屋,遭尹某某拒绝。凌晨3时许,三人再次来到女工宿舍外,继续要求尹某某开门,又被尹某某拒绝,遂强行破门而入。孙某某直接走到尹某某床头,李某某站在同宿舍居住的被告人吴某某(女)床边,张某某站在宿舍门口。孙某某进屋后,掀开尹某某的被子欲强行带走尹某某,遭拒绝后,便殴打尹某某并撕扯尹某某的睡衣,致尹某某胸部裸露。吴某某见状,下床劝阻。孙某某转身殴打吴某某,一把扯开吴某某的睡衣致吴某某胸部裸露,后又踢打吴某某。吴某某顺手从床头柜上摸起一把刃长14.5厘米、宽2厘米的水果刀将孙某某的左上臂划伤。李某某从桌上拿起一把长11厘米,宽6.5厘米,重550克的铁挂锁欲砸吴某某,吴某某即持刀刺向李某某,李某某当即倒地。吴某某见李某某

[①] 案例来源:《人民法院案例选》2007年第3辑。

倒地,惊悚片刻后,跑出宿舍给饭店经理打电话。公安机关于当日凌晨 4 时 30 分在案发地点将吴某某抓获归案。经鉴定,李某某左胸部有 2.7 厘米的刺创口,因急性失血性休克死亡。后被告人吴某某被公诉机关以涉嫌故意伤害罪提起公诉。

在庭审过程中,被告人吴某某辩称:自己是出于防卫的意识,在孙某某殴打欺辱尹某某时,认为孙某某要强奸尹某某;在孙某某殴打欺辱自己,并将上衣撕开,致上身裸露时,感到很屈辱,认为孙某某亦要对其实施强奸,最后在李某某持铁挂锁欲砸其时,才冲李某某扎了一刀。如果孙某某和李某某不对其和尹某某行凶,其也不会用刀扎。辩护人认为:被告人吴某某的行为属于正当防卫,没有超过必要限度,不构成犯罪。

但检察机关认为:被害人李某某虽然与孙某某一同进入宿舍,但没有对尹某某、吴某某实施伤害行为,其拿锁欲击打吴某某是为了制止孙某某和吴某某之间的争斗;且吴某某当时有多种求助的选择,而李某某等人的行为也没有达到严重危及吴某某等人人身安全的程度,危害后果尚未产生,故吴某某持刀扎死李某某的行为不属于正当防卫,应以故意伤害罪定罪处罚。

法院经审理认为:涉案女工宿舍,是单位向女服务员提供的休息和处理个人隐私事务的住所。未经许可闯入女工宿舍,严重侵犯住宿人的合法权利。本案中,孙某某、李某某、张某某事前曾预谋将尹某某带到山下关押两天,要在尹某某身上留下记号;继而三人上山要求进入女工宿舍,在遭到拒绝后破门而入,动手殴打女服务员、撕扯女服务员的衣衫,这种行为足以使宿舍内的三名女服务员因感到孤立无援而产生极大的心理恐慌。在自己和他人的人身安全受到严重侵害的情况下,被告人吴某某持顺手摸到的一把水果刀指向孙某某,将孙某某的左上臂划伤并逼退孙某某。此时,防卫者是受到侵害的吴某某,防卫对象是闯入宿舍并实施侵害的孙某某,防卫时间是侵害行为正在实施时,该防卫行为显系正当防卫。

当孙某某被被告人吴某某持刀逼退后,李某某又举起长 11 厘米、宽 6.5 厘米、重 550 克的铁挂锁欲砸吴某某。对李某某的行为,不应解释为是为了制止孙某某与吴某某之间的争斗。在进入女工宿舍后,李某某虽然未对尹某某、吴某某实施揪扯、殴打,但李某某是遵照事前的密谋,与孙某某一起于夜深人静之时闯入女工宿舍的。李某某既不是一名旁观者,更不是一名劝架人,而是参与不法侵害的共同侵害人。李某某举起铁挂锁欲砸吴某某,是对吴某某的继续加害。吴某某在面临李某某的继续加害威胁时,持刀刺向李某某,其目的显然仍是为了避免遭受更为严重的暴力侵害。无论从防卫人、防卫目的还是从防卫对象、防卫时间看,吴某某的防卫行为都是正当的。由于吴某某是对严重危及人身安全的暴力行为实施防卫,故虽然造成李某某死亡,也在《刑法》第20条第3款许可的幅度内,不属于防卫过当,依法不负刑事责任。

法院对被告人吴某某及其辩护人的意见予以采纳;综合考虑侵害行为暴力程度的严重性、紧迫性和受害人的性别、侵害行为发生的时间、地点、环境等因素,对公诉机关关于要求吴某某慎重选择其他方式制止或避免当时的不法侵害的意见不予采纳。

本案中,对于李某某等人的行为性质,不能简单用一个具体的罪名予以定性。因为李某某等人实行预谋的内容是要把尹某某带下山关两天,孙某某欲在尹某某身上留下记号,并夜闯女工宿舍,且孙某某进屋后即对尹某某殴打、撕扯,致尹某某胸部裸露,后又对吴某某殴打、撕扯,致吴某某胸部裸露。孙某某带尹某某下山后到底是强奸、伤害还是绑架、非法拘禁,对吴某某是伤害还是侮辱,在其闯入宿舍后的行为中,并没有明显地表现出来,即其侵害的主观故意还没有通过其客观行为明确地呈现出来,而其进屋后的一系列行为,却又有实现上述多个故意的可能性,可以纳入《刑法》第20条第3款中的"行凶"范围。

辩点1-7:犯罪形态

犯罪行为是一个过程,但并非任何犯罪行为都能顺利得以完成。完成的形态,属于犯罪既遂;未完成的形态,包括犯罪预备、未遂与中止。相比完成形态,未完成形态的后果显然会轻一些,所以量刑自然也会更轻。尤其是暴力类犯罪案件,经常会出现反抗或者面临较重的刑罚,因此行为人被动未得逞或者主动放弃犯罪,也是常发生的。所以,辩护人在代理这类案件时,要审查犯罪所处的形态,如果发现尚属于未完成形态,应当提出从轻、减轻甚至免除处罚的辩护意见。

(一)犯罪预备

《刑法》第22条规定:"为了犯罪,准备工具、制造条件的,是犯罪预备。对于预备犯,可以比照既遂犯从轻、减轻处罚或者免除处罚。"辩护人要提出案件处于犯罪预备形态,应当掌握犯罪预备认定的标准:

(1)实施了预备行为,即准备工具或者制造条件。前者如购买、制造、改装、租用物品作为犯罪工具等,后者如调查被害人行踪、到犯罪现场进行踩点、练习犯罪技术、勾结犯罪同伙、制订犯罪计划等,这些预备行为不能直接造成犯罪结果的发生,但为实行行为的顺利完成提供了可能。

(2)未能着手实施实行行为。如果已经开始着手实施《刑法》分则所规定的杀人、伤害、抢劫、抢夺、绑架、强奸等实行行为的,不能认定为犯罪预备。

(3)主观目的必须是为了实施犯罪,便于犯罪的完成,具有实施犯罪的主观意图或者目的,如为了进一步实施杀人、伤害、抢劫、抢夺、绑架、强奸等行为,不是为了实施犯罪,就不具有承担刑事责任的基础。

(4)未着手犯罪实行行为系因行为人意志以外的原因。要求客观上不可能继续实施预备行为,或者客观上不可能着手实行行为,或者因为行为人认识到自己客观上不可能继续实施预备行为与着手实行犯罪从而被迫放弃犯罪预备行为。如果行为人主动放弃犯罪预备行为的,则不是犯罪预备,辩护人可以考虑预备阶段的犯罪中止。

> **案例 1-45**
>
> 　　2008 年 3 月的一天,被告人黄某某邀约被告人舒某某去外地抢劫他人钱财,并一同精心策划,准备了杀猪刀、绳子、地图册、手套等作案工具,然后伺机作案。2008 年 3 月 20 日晚 7 时许,黄某某和舒某某在某汽车站以 100 元的价钱骗租一辆豪华夏利出租车,准备在僻静处对出租车司机吴某某实施抢劫,但二被告人一直感到没有机会下手,于是又以 50 元的价钱要求司机前往另一地点,司机吴某某察觉异样,于是报警,二被告人后被抓捕,对其准备作案工具、图谋抢劫出租车的事实供认不讳。
>
> 　　在庭审过程中,二被告人辩解自己在途中有条件实行抢劫但一直未着手实施,应当属于犯罪中止。法院经审理认为,二被告人并不是自动停止犯罪,而是在欲继续租车前行伺机作案时,被出租车司机察觉报案,二被告人未能着手实行抢劫犯罪系因意志以外的原因,属于犯罪预备。

(二)犯罪中止

《刑法》第 24 条规定:"在犯罪过程中,自动放弃犯罪或者自动有效地防止犯罪结果发生的,是犯罪中止。对于中止犯,没有造成损害的,应当免除处罚;造成损害的,应当减轻处罚。"相比犯罪预备,对中止犯的处罚是应当减轻或者免除处罚,力度更大。辩护人要提出案件处于犯罪中止形态,应当掌握犯罪中止认定的标准:

(1)必须发生在犯罪过程中。犯罪过程是指犯罪预备到犯罪完成的全过程,包括犯罪预备阶段和犯罪实行阶段,只要犯罪过程尚未结束,犯罪尚未完成,都可以成立犯罪中止。犯罪过程结束,在犯罪完成之后采取补救措施或者有悔改表现,如把抢得的财物归还被害人的,不是犯罪中止,只能作为酌定从轻处罚的情节。

(2)必须自动中止犯罪。这里强调的是自动性,即出于自我意愿而停止犯罪活动或者防止危害结果的发生。如果是因意志以外的原因而不得不中止,则不具有自动性。司法实践中,行为人中止犯罪的动机可能多种多样,除了来源于行为人自己内心的怜悯、悔悟、畏惧,还可能来源于外界的刺激或者影响,如第三人的规劝或者被害人承诺事后给予利益等,只要这些外界的力量没有起到强制作用,中止犯罪是出于行为人的自愿,就是自动中止。但因被害人呼救而仓皇逃走的,不是自动中止。

(3)中止犯罪必须彻底。也就是说,行为人必须决心以后不再继续实施已经放弃的犯罪,如果只是因为条件或者时机不成熟而暂时停止犯罪活动,等待时机再犯的,只是暂时中断犯罪,而不是犯罪中止。

(4)必须自动放弃犯罪或者有效地防止犯罪结果的发生。这是犯罪中止的有效性。自动放弃犯罪,就是自动停止进行犯罪活动。有效地防止犯罪结果的发生,是针对犯罪行为已经实施终了但法定的危害结果尚未发生的特殊情况,如投毒杀人案件,行为人投毒后积极送被害人进行抢救,挽救了被害人的生命,构成犯罪中止。

> **案例 1-46**[①]
>
> 2002 年 6 月 6 日,被告人王某某纠集被告人邵某某预谋实施抢劫。当日 10 时许,二人携带事先准备好的橡胶锤、绳子等作案工具,骗租杨某某驾驶的松花江牌小型客车。当行至某村路段时,经王某某示意,邵某某用橡胶锤猛击杨某某头部数下,王某某用手猛掐杨某某的颈部,致杨某某昏迷。二人抢得杨某某驾驶的汽车及手机等物品,共计人民币 4 万余元。二被告人见被害人杨某某昏迷不醒,遂谋划用挖坑掩埋的方法将杨某某杀死灭口。杨某某佯装昏迷,趁王某某不在现场,哀求邵某某放其逃走。邵某某同意掩埋杨某某时挖浅坑、少埋

---

① 案例来源:《刑事审判参考》总第 32 辑[第 242 号]。

> 土,并告知掩埋时将杨某某的脸朝下。王某某返回后,邵某某未将杨某某已清醒的情况告诉王某某。当日23时许,二被告人将杨某某运至一土水渠处。邵某某挖了一个浅坑,并向王某某称其一人埋即可,便按与杨某某的事先约定将杨某某掩埋。王某某、邵某某离开后,杨某某爬出土坑获救。经鉴定,杨某某所受损伤为轻伤。
>
> 本案中,在当时的环境和条件下,邵某某能够完成犯罪,但其从主观上自动、彻底地打消了原有的杀人灭口的犯罪意图。因惧怕王某某,邵某某未敢当场放被害人逃跑,而是采取浅埋等方法给被害人制造逃脱的机会,其从客观上也未行使致被害人死亡的行为。邵某某主观意志的变化及所采取的措施与被害人未死而得以逃脱有直接的因果关系,邵某某有效地防止了犯罪结果的发生,其行为属于自动有效防止犯罪结果发生的犯罪中止。邵某某在犯罪开始时曾用橡胶锤将被害人打昏,给被害人的身体已经造成损害,根据我国刑法的规定,对于中止犯,造成损害的,应当减轻处罚。而对于王某某而言,其杀人灭口意志坚定,主观故意自始至终未发生变化,被害人未死、逃脱完全是其意志以外的原因造成的,王某某构成故意杀人罪犯罪行为实施终了的未遂。

(三)犯罪未遂

《刑法》第23条规定:"已经着手实行犯罪,由于犯罪分子意志以外的原因而未得逞的,是犯罪未遂。对于未遂犯,可以比照既遂犯从轻或者减轻处罚。"相比犯罪预备,犯罪未遂是已经着手实施犯罪;相比犯罪中止,犯罪未遂是由于犯罪分子意志以外的原因而未得逞。可见,未遂犯的社会危害性较大,只能从轻或者减轻处罚,不能免除处罚。辩护人要提出案件处于犯罪未遂形态,应当掌握各类犯罪未遂认定的标准。

1. 故意杀人罪

在故意杀人案件中,如果没有出现死亡的结果,就不可能出现犯罪既遂,可以根据具体情况,判断犯罪是属于未遂、中止还是预备形态。如果出现了死亡结果,也不必然就成立犯罪既遂,还要看死亡结果与杀人行为之间有没有直接的因果关系。行为人虽然实施了杀害行为,但被害人在行为人实施杀害行为之前就已经死亡,行为人误将尸体当成活人加以杀害的,属于对象不能犯,只能构成犯罪未遂,而不能成立犯罪既遂。

2.故意伤害罪

通说认为,在故意伤害案件中,如果行为人的伤害行为只致被害人轻微伤,尚未达到故意伤害罪轻伤的定罪标准,则故意伤害罪不成立,不涉及犯罪未遂问题。若有证据证明行为人积极追求轻伤以上伤害后果的发生,但因为意志以外的原因而未得逞,只造成被害人轻微伤或者被害人没有受到伤害,理论上虽然存在犯罪未遂,但实践中一般不作为犯罪处理。

3.抢劫罪

(1)普通抢劫。

根据最高人民法院《关于审理抢劫、抢夺刑事案件适用法律若干问题的意见》的规定,抢劫罪侵犯的是复杂客体,既侵犯财产权利又侵犯人身权利,具备劫取财物或者造成他人轻伤以上后果两者之一的,均属于抢劫既遂;既未劫取财物,又未造成他人轻伤以上后果的,属于抢劫未遂。对于行为人实施抢劫时是否已经劫取财物,一般采用失控说加控制说,即应以被抢财物是否脱离所有人、保管人的控制并且实际置于行为人控制之下为标准。

案例1-47

2007年2月8日晚21时许,被告人沈某某酒后在某宾馆附近,对被害人石某某拳打脚踢,强行抢走石某某黑色挎包一个,在沈某某逃跑过程中,石某某将持该黑色挎包的沈某某追上,并夺回挎包,后公安民警前来将沈某某抓获。该挎包内有现金2万元及价值1000元的手机一部。石某某被殴打致面部、右小腿软组织损伤,经法医鉴定构成轻微伤。

本案中,被告人沈某某抢下石某某的挎包,但石某某立即起身追捕,沈某某一直未脱离石某某的追逐和视线范围,石某某尚未完全丧失对自己财物的控制,后石某某将挎包夺回。可见,沈某某虽然开始将挎包夺下,但由于被害人的自救行为而未能实际抢得财物,也未造成被害人轻伤以上的后果,构成抢劫罪未遂。

(2)转化型抢劫罪。

转化型抢劫罪与普通抢劫罪的主要区别在于:普通抢劫罪使用暴力、威胁在先,劫财在后;转化型抢劫罪是占有财物在先,使用暴力、胁迫在后。两者只是占有财物行为先后顺序有差异,在犯罪构成上并无实质区别,因此,两者的未遂标准也是相同的。

> **案例 1-48**[①]
>
> 2008年9月3日10时许,被告人谷某某在某建材城停车场内,用随身携带的改锥撬开车锁,盗窃自行车1辆(后经鉴定该车价值80元),在被保安人员潘某某发现后,为抗拒抓捕,用改锥将潘某某颈部划伤,经法医鉴定为轻微伤。后被告人谷某某被公诉机关以涉嫌抢劫罪提起公诉。
>
> 在庭审过程中,辩护人提出,本案虽然是一起转化型抢劫案件,但被告人谷某某被当场抓获,所盗窃的财物被当场起获并已发还,并未实际劫取到财物;在抓获过程中,谷某某实施暴力抗拒抓捕的行为致一人轻微伤的后果,没有造成他人轻伤以上的伤害后果,不符合抢劫既遂的特征,应认定为抢劫未遂。该辩护意见被法院采纳,以谷某某犯抢劫罪判处有期徒刑1年,并处罚金1000元。

(3)抢劫加重犯。

《刑法》第263条规定的八种处罚情节属于抢劫罪中的加重犯,除了"抢劫致人重伤、死亡的"这一结果加重情节,其余七种处罚情节同样存在既遂和未遂问题,其中构成抢劫未遂的,应当根据刑法关于加重情节的法定刑规定,结合未遂犯的处理原则量刑。例如,入户抢劫,但既未劫取财物,又未造成他人轻伤以上后果的,属于入户抢劫未遂,按照10年以上有期徒刑的量刑幅度,再结合未遂犯的处理原则进行量刑。而对于"抢劫致人重伤、死亡的"这一加重犯,则必须造成重伤或者死亡这一结果才能适用加重情节的法定刑规定,未造成重伤或者死亡这一结果的不存在未遂问题。

4. 抢夺罪和聚众哄抢罪

在抢夺案件和聚众哄抢案件中,应以行为人是否实际控制所夺取的财物作为区分既遂与未遂的标准。行为人公然夺取财物的当场又被财物所有人、保管人或者持有人夺回或者行为人因当场被人追捕而扔掉抢夺的财物,由于行为人还没有实际控制夺取的财物,非法占有的目的还没有达到,应认定为抢夺未遂或者聚众哄抢未遂。

5. 绑架罪

在绑架案件中,行为人主观上出于勒索财物或者满足其他不当要求的目的,客

---

① 案例来源:《刑事审判参考》总第56集[第441号]。

观上实施了绑架他人并实际控制他人的行为,即构成犯罪既遂。至于行为人是否实施了勒索行为,不影响既遂的成立。在实施绑架犯罪的过程中,由于被害人的反抗或其他客观条件的限制,未能实际控制被绑架人的,应认定为犯罪未遂。这是一种观点。

还有一种观点认为,行为人实施了绑架并实际控制他人的行为,尚未提出勒索财物或者其他非法要求,绑架犯罪就被破获、制止或者被绑架人自己逃走的,只能构成犯罪未遂,因为在这种情况下,第三人的身心、财物或者其他合法利益尚未受到实际的损害,没有达到既遂的程度。支持这样的观点,有利于承认绑架罪存在中止,防止不合理地限制绑架罪未遂和中止的范围。根据上述观点,以下情形属于犯罪未遂:行为人没有完成绑架行为,即没能将他人置于自己的强力控制之下;或者完成了绑架行为,将他人控制起来作为人质,但是尚未发出勒索要求;或者第三人没有接到勒索信息。以下情形属于犯罪中止:行为人实行绑架过程中放弃绑架行为;或者完成绑架行为,将他人置于自己的控制之下,但是在向第三人提出勒索财物和其他非法要求之前,释放被绑架人。

由于理论界的观点存在分歧,辩护人便获得了一定的辩护空间。辩护人在代理绑架案件过程中,要结合案件的具体情况和法律规定,尽可能根据现有理论提出对当事人有利的辩护观点,尽可能地说服司法人员认定未完成形态。

6.非法拘禁罪

在实施非法拘禁犯罪的过程中,由于被害人的反抗或其他客观条件的限制,未能实际限制被害人人身自由的,应认定为犯罪未遂。

辩点1-8:共同犯罪

本章涉及的暴力类犯罪中,一般行为人要直接面对被害人并使用暴力或者以暴力相威胁,容易遭到被害人的反抗,所以行为人经常结伙共同实施犯罪。相比一个人单独犯罪的案件,多人共同实施犯罪产生的危害后果可能更大,作为辩护人则要审查每个参与者在共同犯罪中所起的作用,看是构成主犯还是从犯甚至胁从犯,因为不同共犯人的处罚原则是不同的,这是辩护人在为共同犯罪案件进行辩护时一个非常重要的内容。

(一)共同犯罪的认定

根据《刑法》第25条的规定,2人以上共同故意犯罪是共同犯罪。对于司法机关指控共同犯罪的案件,辩护人要审查案件是否能够认定为共同犯罪,这就需要掌握共同犯罪的以下特征：

1. 必须2人以上

共同犯罪必须是2人或者2人以上，且必须达到刑事责任年龄或者具有刑事责任能力。如果只有一人达到刑事责任年龄、具备刑事责任能力，其他人都未达到刑事责任年龄或者不具有刑事责任能力，则不能构成共同犯罪。如利用未满14周岁的人实施抢劫行为的，达到刑事责任年龄、具备刑事责任能力的人单独构成抢劫罪，理论上称之为间接正犯，未满14周岁的人或者无刑事责任能力的精神病人只是犯罪人实施犯罪的工具，不与犯罪人构成共同犯罪。这是通说观点，但这个观点也受到理论界的质疑。比如，未满14周岁的甲意欲抢劫被害人，请已满16周岁的乙将被害人诱骗到某地后由甲对被害人实施抢劫行为。如果按照通说观点，由于甲没有达到刑事责任年龄，故甲和乙不成立共同犯罪，而且由于乙没有直接实施抢劫行为，既不构成抢劫罪的直接正犯，也不构成抢劫罪的间接正犯，无法对乙进行刑事处罚。有些学者认为这样的结论是不能被接受的，因此质疑通说观点。司法实务中也不排除司法机关采用新的理论进行刑事追诉的情况。作为辩护人，既要掌握最新的刑法理论动态，也要根据案件实际情况，运用现行的法律规定进行辩护。

2. 必须具有共同的犯罪行为

在共同犯罪中，每个共同犯罪人的犯罪行为都指向同一犯罪，紧密联系、相互配合，形成统一的犯罪活动整体。犯罪行为具有共同性，可以是共同的作为，也可以是共同的不作为，还可以是作为和不作为的结合。所有共同犯罪人的行为总和才满足《刑法》分则具体犯罪罪状所要求具备的实行行为、行为对象、行为结果、因果关系等客观要件。

3. 必须具有共同的犯罪故意

共同过失犯罪的，不能以共同犯罪论处。在共同犯罪中，每个共同犯罪人对他们共同犯罪行为会发生的结果都明知并且希望或者放任这种结果的发生，缺少共同犯罪故意，不能构成共同犯罪。辩护人在认定时要特别注意是否存在以下情况：

(1)2人以上共同过失犯罪的，《刑法》第25条第2款明确规定不以共同犯罪论处，应当负刑事责任的，按照他们所犯的罪分别处罚。

(2)故意犯罪和过失犯罪之间不构成共同犯罪。

(3)2人以上的故意犯罪行为在客观上有密切联系，但主观上无犯意联络的，不构成共同犯罪。

> **案例 1-49**
>
> 　　蒋某某、李某某受人雇佣驾驶农用车于 2014 年 8 月 13 日上午 9 时许在某村道上行驶时,与当地的徐某某驾驶的农用车对向相遇,双方为了让道问题发生争执并扭打。尔后,徐某某持手机打电话,蒋某某、李某某以为徐某某纠集人员,即上车调转车头欲驾车离开现场。徐某某见状,即冲上前拦在蒋某某和李某某驾驶的农用车前方并抓住右侧反光镜,意图阻止蒋某某和李某某离开。蒋某某和李某某将徐某某拉至车后,由李某某拉住徐某某,蒋某某上车驾驶该车以约 20 公里的时速缓慢行驶。后李某某放开徐某某跳上该车的后车厢。徐某某见状迅速追赶,双手抓住该车的右侧护栏欲爬上该车。蒋某某在驾车过程中,从后视窗看到徐某某的一只手抓在右侧护栏上,但未停车。李某某为了阻止徐某某爬进车厢,将徐某某的双手沿护栏扳开。徐某某因双手被扳开而右倾跌地且面朝下,被该车的右后轮当场碾轧致死。后蒋某某和李某某被公诉机关以共同故意伤害致人死亡为由提起公诉。
>
> 　　在庭审过程中,蒋某某和李某某的辩护人提出二被告人不构成故意伤害罪,也不属于共同犯罪。蒋某某在低速行驶过程中看到徐某某的手抓住护栏,其应当预见驾车继续行驶可能发生危害结果,因急于摆脱徐某某的纠缠,疏忽大意而没有预见,属于疏忽大意的过失;李某某在车厢内扳徐某某抓住护栏的双手时,已经预见到这一行为可能发生危害结果,但基于蒋某某驾车行驶的速度缓慢,轻信低速行驶过程中扳开徐某某双手的行为能够避免危害结果的发生,属于过于自信的过失。综观二被告人各自的主客观因素,可以认定二人共同的主观目的是摆脱徐某某的纠缠,但二人之间并无意思上的沟通。在危害结果可能发生的情况下,二被告人分别违反了应有的预见义务和应尽的避免义务,从而导致徐某某死亡结果的发生。二被告人并无共同的致害故意,只是由于对预见义务和避免义务的违反而造成致害的结果,其行为均符合过失致人死亡罪的基本特征。该辩护意见被法院采纳。

　　(4)共同犯罪人超出共同犯罪故意范围,单独实施其他犯罪,其他共同犯罪人对此缺乏共同犯罪故意,不以共同犯罪论。

> **案例 1-50**[①]
>
> 被告人余某某案发前在某鞋业公司务工。2005年9月29日晚,余某某因怀疑同宿舍工友王某某窃取其洗涤用品而与之发生纠纷,遂打电话给亦在某市务工的被告人陈某某,要陈某某前来"教训"王某某。次日晚上8时许,陈某某携带尖刀伙同同乡吕某某(另案处理)来到某鞋业公司门口与余某某会合,此时王某某与被害人胡某某及武某某正从门口经过,经余某某指认,陈某某即上前责问并殴打胡某某,余某某、吕某某也上前分别与武某某、王某某对打。其间,陈某某持尖刀朝胡某某的胸部、大腿等处连刺三刀,致被害人胡某某左肺破裂,急性失血性休克死亡。后余某某被一审法院以故意杀人罪判处有期徒刑15年,剥夺政治权利5年。
>
> 被告人余某某以没有杀人的故意、定性不准、量刑过重为由提出上诉。二审法院认为,陈某某事先携带尖刀,在与被害人争吵中,连刺被害人三刀,其中左胸部、左大腿的两处创伤均为致命伤,足以证明陈某某对被害人的死亡后果持放任心态,原审据此对陈某某定故意杀人罪并无不当。余某某、陈某某均供述余某某仅要求陈某某前去"教训"被害人,没有要求陈某某携带凶器;在现场斗殴时,余某某没有与陈某某作商谋,且没有证据证明其知道陈某某带着凶器前往;余某某也没有直接协助陈某某殴打被害人。原判认定余某某有杀人故意的依据不足,应对其以故意伤害罪判处。虽然余某某与陈某某等人的共同犯罪故意是概括的故意,但这一概括的故意却是有限度的,至少不包括杀人的故意。这一故意内容在犯罪行为实施阶段也没有明显转化,仍停留在对被害人"教训"的认识内容上。余某某对陈某某实施的持刀杀人行为既缺乏刑法意义上的认识,也没有事中的共同故意杀人行为,不构成故意杀人罪的共犯。

(5)窝藏、包庇、窝赃、销赃行为事前无通谋的,不构成共同犯罪;事前有通谋的,构成共同犯罪。

(二)共同犯罪人的作用

在共同犯罪中,可以根据共同犯罪人所起的作用,分为主犯、从犯和胁从犯。刑法对他们规定了不同的处罚原则。对于从犯,应当从轻、减轻或者免除处罚;对于胁

[①] 案例来源:《刑事审判参考》总第52集[第408号]。

从犯,应当按照他的犯罪情节减轻或者免除处罚。因此,辩护人在代理共同犯罪案件时,要审查自己当事人在共同犯罪中所起的作用,看能否认定为从犯或者胁从犯。

1. 主犯

《刑法》第26条规定,"组织、领导犯罪集团进行犯罪活动的或者在共同犯罪中起主要作用的,是主犯"。主犯包括组织、领导犯罪集团的首要分子,犯罪集团首要分子以外的主犯(如积极参加者)以及一般共同犯罪中的主犯。对前一类首要分子,按照集团所犯的全部罪行处罚,对于后两类主犯,按照其所参与的或者组织、指挥的全部犯罪处罚。

2. 从犯

《刑法》第27条规定,"在共同犯罪中起次要或者辅助作用的,是从犯"。起次要作用的,可以是实行犯,也可以是教唆犯;起帮助作用的,称为帮助犯。对于从犯,应当从轻、减轻处罚或者免除处罚。司法实践中,从犯对于共同犯罪罪行贡献的大小以及罪责的程度并不影响其对参与的全部犯罪负责,但直接影响在量刑时是从轻处罚、减轻处罚还是免除处罚。因此,即使认定为从犯,辩护人还应当继续审查当事人对共同犯罪罪行贡献的大小以及罪责的程度,以便获得更轻的处罚。

3. 胁从犯

胁从犯,是指被胁迫参加犯罪的犯罪分子。这里的被胁迫,是指精神上受到一定程度的强制,但没有完全丧失意志自由。如果行为人完全丧失意志自由,则不构成犯罪。在共同犯罪中,胁从犯处于被动地位,罪责比从犯还要轻,不只是从轻处罚,而是应当按照他的犯罪情节减轻处罚或者免除处罚。

案例1-51[①]

被告人于某某因与丈夫阚某某关系不睦,2000年外出打工,并与被告人戴某某相识,后二人非法同居。其间,二人商定结婚事宜。于某某因离婚不成,便产生使用安眠药杀害丈夫的念头,并将此告知了戴某某。2001年8月,于某某因母亲有病,同戴某某一起回到老家家中。8月13日上午,于某某与其10岁的儿子及戴某某到药店买安眠药未果。后于某某到另一药店买到6片安眠药,回家后乘其丈夫外出买酒之际将安眠药碾碎,并告诉戴某某要乘机害死其丈夫阚

---

① 案例来源:《刑事审判参考》总第49集[第388号]。

某某。当晚,于某某与丈夫阚某某及其儿子和戴某某一起喝酒、吃饭,待阚某某酒醉后,于某某乘机将碾碎的安眠药冲兑在水杯中让阚某某喝下。因阚某呕吐,于某某怕药物起不到作用,就指使戴某某将她的儿子带出屋外。于某某用毛巾紧勒酒醉后躺在床上的丈夫的脖子,用双手掐其脖子,致其机械性窒息死亡。戴某某见阚某某死亡后,将于某某勒丈夫用的毛巾带离现场后扔掉。次日凌晨,二被告人被抓获归案。后被告人戴某某被公诉机关以包庇罪提起公诉。

在庭审过程中,被告人戴某某及其辩护人提出"不知杀人,不在现场,没有将毛巾带走,要求宣告无罪"的辩护意见。法院经审理认为:被告人戴某某明知于某某要杀死其丈夫,不但不加阻止,反而听从于某某的指使,将于某某的儿子带离现场,以便于某某顺利实施犯罪;在被害人死亡后,又将作案用的毛巾带走,二人共同逃离现场,毁灭罪证。被告人戴某某的行为符合共同犯罪的构成要件,其行为已构成故意杀人罪。公诉机关指控其犯包庇罪,罪名不当,应予纠正。对于被告人戴某某及其辩护人所提的辩护意见,不予采纳。在共同犯罪中,被告人戴某某起辅助作用,属从犯,应予从轻处罚。故以故意杀人罪判处戴某某有期徒刑10年。

(三)共同犯罪人的分工

在共同犯罪中,根据共同犯罪人分工的不同,还可以分为实行犯、帮助犯和教唆犯。根据他们在共同犯罪中所起的作用来看,实行犯和教唆犯都可能是主犯、从犯、胁从犯,帮助犯属于从犯。按分工进行划分,有助于认定在共同犯罪中所起的作用从而影响量刑,对于教唆犯而言,刑法还规定了特殊的处罚原则,需要特别加以注意。

1. 实行犯

实行犯是在共同犯罪中直接从事犯罪实行行为的人。实行行为是指《刑法》分则罪状所规定的能够直接造成法益损害结果的行为。组织、领导、指挥和策划犯罪实行行为的,无论是否亲自实行犯罪,均是实行行为的一部分,且危险性更大。但实行犯不一定都是主犯,在共同犯罪中仅起次要或者帮助作用的,是从犯;被胁迫实行犯罪的,是胁从犯。

2. 帮助犯

帮助犯是向共同犯罪的实行犯提供帮助的人,属于从犯。这里的帮助,包括物质帮助和精神帮助两种。例如,提供凶器或者被害人行踪给杀人者属于提供物质帮助,从精神上鼓励、支持已有杀人犯意的人杀人属于提供精神帮助。帮助行为只能存在于他人实行犯罪的过程中,他人已经完成犯罪之后的帮助行为,不成立帮助犯。例如,窝藏、包庇杀人、抢劫、强奸的罪犯,窝藏、隐匿抢劫或者抢夺所得的赃物,虽对实行犯起到帮助作用,但不属于帮助犯,而单独成立窝藏罪、包庇罪或者掩饰、隐瞒犯罪所得、犯罪所得收益罪,但如果事前有通谋的,则可以构成共同犯罪。

3. 教唆犯

教唆犯是故意教唆他人实行犯罪行为的人。

(1) 教唆的故意。

在共同犯罪中,教唆犯具有双重故意,即唆使他人产生犯意的故意以及希望或者放任被教唆的人完成其所教唆的犯罪的故意,如果缺失其一,则不能构成教唆,也不应承担共同犯罪的责任。辩护人在进行辩护时要特别注意这类情形,如果能证明行为人不具有这种双重故意的,可以提出不构成教唆的辩护意见。

①无心引发他人犯罪的。通常所说的"说者无心,听者有意",对于无心之言引发他人犯罪的,不属于教唆犯罪,如果存在过失,可能成立过失犯罪。

②为了陷害他人而教唆的。为了陷害他人,并不希望或者不容许他人完成犯罪,缺乏教唆故意,也不构成教唆。例如,教唆他人实行犯罪后报警抓捕被教唆人的。

(2) 教唆的未遂。

《刑法》第29条第2款关于"如果被教唆的人没有犯被教唆的罪,对于教唆犯,可以从轻或者减轻处罚"的规定,被认为是教唆未遂。笔者认为,只有被教唆人着手实行被教唆的犯罪但没有完成而呈现未遂、中止形态时,才属于教唆未遂,可以从轻或者减轻处罚。如果被教唆人拒绝接受教唆或者接受教唆并产生犯意但没有着手实施犯罪的,不能认定为教唆未遂。因为教唆行为是从行为,没有主行为的存在,教唆行为不能单独构成犯罪。教唆没有刑事责任能力的未成年人、精神病人实行犯罪并直接构成犯罪的,不属于共同犯罪中的教唆。

案例 1-52

2011年元月上旬,被告人吴某某应朋友李某某的要求,雇佣无业青年胡某某和方某某(均不满18周岁)欲重伤与李某某有私怨的秦某某,并带领胡某某、方某某指认秦某某并告之秦某某回家的必经路线。当月12日晚,胡某某和方某某携带钢管在秦某某回家的路上守候。晚10时许,秦某某骑自行车路过,胡某某和方某某即持凶器上前殴打秦某某,把秦某某连人带车打翻在路边田地里,并从秦某某身上劫走人民币580元。事后,吴某某给付胡某某和方某某600元"酬金"。经法医鉴定,秦某某的伤情为轻微伤。后被告人吴某某被公诉机关以抢劫罪提起公诉。

在庭审过程中,被告人吴某某辩解其没有雇佣胡某某等人进行抢劫,只是雇佣他们伤害被害人。其辩护人辩称,由于胡某某等人实施的被雇佣的故意伤害行为尚不构成犯罪,故吴某某亦不构成犯罪。但法院经审理认为:被告人吴某某雇佣胡某某和方某某故意伤害被害人秦某某致其轻微伤,其行为已构成故意伤害罪(教唆未遂)。被雇佣人胡某某等人超过被告人吴某某的授意范围而实施的抢劫行为,属"实行过限"。根据刑法规定的罪责自负原则,教唆人只对其教唆的犯罪负刑事责任,而被教唆人实行的过限行为应由其自行负责。因被教唆人胡某某等人实施的伤害行为后果较轻,尚不构成故意伤害罪,故可以对吴某某从轻或减轻处罚。吴某某教唆未满18周岁的人实施故意伤害犯罪,应当从重处罚。最终以故意伤害罪(教唆未遂)判处被告人吴某某有期徒刑6个月。

(3)教唆的中止。

在被教唆人实施犯罪预备以前,教唆犯劝说被教唆人放弃犯罪意图的;在被教唆人实施犯罪预备时,教唆犯制止被教唆人实施犯罪预备的;在被教唆人实行犯罪后而犯罪结果尚未发生时,教唆犯制止被教唆人继续实行犯罪并有效防止犯罪结果发生的,成立犯罪中止。教唆犯明知被教唆人又教唆第三人犯所教唆之罪的,在确保被教唆人能及时、有效地通知、说服、制止第三人停止犯罪预备或者制止第三人实行犯罪并有效防止犯罪结果发生的情况下,才能构成犯罪中止。教唆犯虽意图放弃犯罪,并积极实施了一定的补救措施,但未能有效防止犯罪结果发生的,不成立犯罪中止,在量刑时可以酌情从轻处罚。

案例1-53

被告人白某某本是某建筑公司总经理,后被公司董事长刘某某免去总经理一职而怀恨在心,于是找到黄某某,提出找人殴打刘某某一顿,黄某某表示同意,并以1万元雇佣林某某去砍伤刘某某,后白某某害怕打伤刘某某可能会造成的法律后果,两次打电话给黄某某,明确要求黄某某取消殴打刘某某的计划。黄某某答应了白某某,但没有及时通知林某某停止伤人计划。林某某持菜刀将刘某某砍成重伤。后白某某、黄某某和林某某被公诉机关以故意伤害罪提起公诉。

在庭审过程中,白某某的辩护人提出,白某某主观上因害怕打人的后果而决定放弃伤害计划,客观上也两次电话通知黄某某放弃伤人行动。可见,白某某对其直接雇佣、教唆的人已经实施了积极的补救措施,最终伤害结果的发生是因黄某某怠于通知造成的,白某某的行为应当属于犯罪中止。但法院经审理认为:白某某是第一雇佣、教唆人,对黄某某的再雇佣情况也是知情的,因此,其对其他被雇佣、教唆人亦负有积极采取相应补救措施的责任,至少其要确保中间人黄某某能及时有效地通知、说服、制止其他被雇佣、教唆人彻底放弃犯罪意图,停止犯罪并有效地防止犯罪结果的发生。但白某某未能做到这一点,因此而导致犯罪行为和结果的实际发生,不具备犯罪中止的有效性,不能构成犯罪中止。

(4)教唆犯的处罚。

根据《刑法》第29条第1款的规定,教唆他人犯罪的,应当按照他在共同犯罪中所起的作用处罚;教唆不满18周岁的人犯罪的,应当从重处罚。可见,教唆犯并不必然被认定为主犯,辩护人在辩护时要重点考察其在共同犯罪中所起的作用,考察被教唆人是否年满18周岁,考察被教唆人是否着手实行被教唆的罪,最终是否完成了被教唆的罪,这些因素直接影响定罪和量刑。

辩点1-9:一罪数罪

(一)一罪

1. 法定一罪

(1)绑架他人并且杀害被绑架人的,行为人的行为除符合绑架罪的构成要件外,还符合故意杀人罪的构成要件,但按照法律规定,只定绑架罪一个罪,不实行数罪并罚。

(2)行为人为劫取财物而预谋故意杀人,或者在劫取财物过程中,为压制被害人反抗而故意杀人的,按照法律规定,只定抢劫罪一个罪,不实行数罪并罚。

案例 1-54

2005年10月间,被告人罗某某结识王某某(在逃),两人商定用安眠药将运输棉纱的司机迷昏后劫取棉纱,并一同购买了安眠药,寻找作案机会。同年12月中旬,二人搭乘某运输公司杨某某驾驶的载有10吨棉纱的东风半挂车(车辆价值4.5万元,棉纱价值23万元)。天黑时,车行至314国道时,王某某趁杨某某停车换轮胎之机,意欲杀害杨某某,持石头朝其头部砸了一下,致杨某某倒地。之后王某某抬着杨某某的头部,罗某某抬着杨某某的双脚(腿、脚还在动),将其扔到路基下。因怕被人发现,两人走下路基,抬着杨某某继续往下拖了几米。王某某又持石头朝杨某某砸了几下,并用石头将杨某某压住。然后罗某某驾车,两人一起逃离现场。被害人杨某某头部受打击,造成严重颅脑损伤、脑挫裂伤死亡。后被告人罗某某被公诉机关以抢劫罪和故意杀人罪提起公诉。

在庭审过程中,辩护人提出,被告人罗某某和王某某虽然杀死了被害人杨某某,但杀人行为实际是实施抢劫行为的使用暴力部分,只能定一个抢劫罪,不能数罪并罚。法院最终采纳了该辩护意见。

(3)故意杀人后为毁灭罪证、掩盖罪迹而毁坏、抛弃尸体的,其行为已被故意杀人行为所吸收,只定故意杀人罪一个罪,不与侮辱尸体罪并罚。

(4)犯盗窃、诈骗、抢夺罪,为窝藏赃物、抗拒抓捕或者毁灭罪证而当场使用暴力或者以暴力相威胁的,以抢劫罪定罪处罚。

(5)组织、策划、煽动、教唆、帮助邪教组织人员自杀、自残的,以故意杀人罪、故意伤害罪定罪处罚。

(6)未经本人同意摘取其器官,或者摘取不满18周岁的人的器官、欺骗他人捐献器官的,以故意杀人罪、故意伤害罪定罪处罚。

2. 择一重罪

(1)行为人以放火、决水、爆炸、投放危险物质、破坏交通工具、破坏交通设备等方式杀人,行为人的行为既构成故意杀人罪又构成危害公共安全罪的,属于想象竞合犯,按照想象竞合犯的原则择一重罪论处。

(2)行为人在绑架过程中,又以暴力、威胁等手段当场劫取被害人财物,构成犯罪的,择一重罪处罚。

(3) 行为人为获取实施保险诈骗所需费用而杀人取财的,属于抢劫罪与保险诈骗罪(预备)的想象竞合,应择一重罪处断,以抢劫罪论处。

(4) 行为人将他人杀死制造被保险人死亡的假象以骗取保险金的,属于故意杀人罪与保险诈骗罪的想象竞合,应择一重罪处断,以故意杀人罪论处。

> **案例 1-55**
>
> 　　被告人王某某打工时与被害人朱某某相识,认为朱某某比较有钱,遂起意抢了朱某某的钱后再买人寿保险来骗取保险金。2010年1月23日,王某某以合伙做生意为名将朱某某骗到老家。25日凌晨4时许,王某某乘朱某某睡熟,用斧子向朱某某头部猛击数下,致其死亡,并搜走朱某某随身携带的人民币5300余元。杀死朱某某后,王某某用抢来的钱先后在保险公司为自己购买了7份人寿保险,保险金额总计14万余元。其后便与另一被告人黄某某共同预谋商定杀死被害人刘某某,自己再借尸诈死实施保险诈骗。之后,王某某以请客为名骗刘某某一起喝酒吃饭并将刘某某灌醉,二被告人即共同将刘某某摁倒在床上,用衣物捂压刘某某的口鼻致其死亡。次日晨,王某某用事先准备好的汽油浇在尸体上和室内,点燃后逃往外地躲藏起来,黄某某则向公安机关报案谎称死者系王某某,并让其家人等共同欺骗公安机关,以骗取公安机关的证明后再向保险公司骗取保险金。因公安机关及时侦破此案,王某某尚未来得及向保险公司申请赔付,保险诈骗未得逞。后王某某和黄某某被公诉机关以涉嫌保险诈骗罪提起公诉。
>
> 　　法院经审理认为:被告人王某某为购买人寿保险而杀死朱某某抢劫财物,又为诈骗保险金与被告人黄某某共同预谋并杀死刘某某,其行为已分别构成抢劫罪、故意杀人罪;被告人黄某某为帮助王某某骗取保险金,与王某某共同预谋并杀死刘某某,其行为已构成故意杀人罪。公诉机关指控二被告人犯有保险诈骗罪,定性不准,不予支持。

(二) 数罪

(1) 行为人实施抢劫后,为灭口而故意杀人的,以抢劫罪和故意杀人罪定罪,实行数罪并罚。如果行为人预谋抢劫并杀人灭口,按预谋内容实施抢劫完毕后,又杀人灭口的,以抢劫罪和故意杀人罪定罪,实行数罪并罚。但如果行为人实施抢劫后,误认为被害人已死亡,为毁灭罪证又实施其他犯罪行为造成被害人死亡的,以抢劫罪论处,其他犯罪行为又构成犯罪的,实行数罪并罚。

案例 1-56

2009年5月8日晚,被告人赵某某和高某某预谋抢劫电动三轮车,并商定将司机杀死灭口。当晚11时许,赵某某携带木棍伙同高某某在某网吧门口租乘被害人谢某某驾驶的电动三轮出租车。当车行驶至偏僻的公路时,赵某某持木棍猛击谢某某头部,谢某某弃车沿公路逃跑。赵某某和高某某二人追上谢某某将其打倒在路边的渠沟内,高某某捡来石头砸谢某某。赵某某和高某某逼谢某某交出数十元现金后,脱下谢某某的上衣将其捆绑在树上。谢某某挣脱后又逃跑,赵某某追上后将谢某某摔倒在地,并同高某某一起猛掐谢某某颈部,之后二人又用混凝土块轮番猛砸谢某某的头、胸、腹等部位,致其死亡。后被告人赵某某和高某某被公诉机关以抢劫罪和故意杀人罪提起公诉。

在庭审过程中,辩护人认为,杀人是抢劫的手段行为,杀人致人死亡是抢劫暴力犯罪的一种结果,不应定两个罪名进而数罪并罚。但公诉机关认为,本案二被告人具有两个犯意,并先后实施了抢劫和杀人灭口两个行为,虽然预谋时没有明确先抢劫还是先杀人,但杀人的目的为灭口是明确的。在实施抢劫过程中,被害人一次弃车逃跑,一次挣脱捆绑后逃跑,二被告人如果没有杀人灭口的目的,完全可以任由被害人逃跑,然后携赃而逃。但二被告人却一再追上被害人,实施暴力将其砸死,主观上杀人灭口的故意非常明显,故其行为构成抢劫罪和故意杀人罪两罪。法院最终采纳了公诉机关的意见。

(2)行为人故意杀人后,又产生非法占有他人财物的意图,顺手牵羊取走已死亡被害人的财物,数额较大的,以故意杀人罪和盗窃罪数罪并罚。

案例 1-57

2009年9月,被告人李某某到被害人刘某某承包经营的速递公司打工,并与刘某某共同租住一房。同年11月,刘某某以人民币2万元将速递公司的经营权转包给李某某。因刘某某多次向李某某催要转包费,李某某无钱支付,遂起意杀死刘某某。一日,被告人李某某趁刘某某熟睡之机,持斧头猛砍刘某某的头部和颈部,将刘某某的颈右侧动脉及静脉切断,致其因失血性休克合并颅脑

> 损伤而死亡。后又将刘某某身上的2800元人民币和旅行包内一工商银行活期存折连同灵通卡（存有人民币2万元）及其密码纸拿走。李某某用灵通卡分4次从自动取款机上将存折内2万元人民币取出后购买了个人用品。后被告人李某某被法院以故意杀人罪和盗窃罪数罪并罚决定执行死刑。
>
> 本案中，速递公司的经营权已由被告人李某某通过合法手段取得，无须再通过杀死刘某某取得，其杀人的目的是逃避债务，虽然也具有非法占有刘某某2万元人民币转包费的目的，但这种方式并不是刑法意义上的当场劫取财物，不属于抢劫罪，而应以故意杀人罪论处。李某某杀死刘某某后，拿走刘某某身上的现金和银行卡，这一非法占有目的产生于故意杀害刘某某之后，与故意杀人行为之间不存在事实上的牵连或者吸收关系，应另行以盗窃罪定罪处罚。

（3）行为人实施故意伤害、强奸等犯罪行为，在被害人未失去知觉时，利用被害人不能反抗、不敢反抗的处境，临时起意劫取他人财物的，应以此前实施的具体犯罪与抢劫罪实行数罪并罚；在被害人失去知觉或者没有发觉的情形下，临时起意拿走他人财物的，应以此前所实施的具体犯罪与盗窃罪实行数罪并罚。

（4）为实施抢劫以外的其他犯罪劫取机动车辆的，以抢劫罪和实施的其他犯罪实行数罪并罚。

（5）抢劫违禁品后又以违禁品实施其他犯罪的，应以抢劫罪与具体实施的其他犯罪实行数罪并罚。

辩点1-10：自首立功

暴力类犯罪中，自首和立功是辩护人在进行量刑辩护时要特别注意的辩点，因为这是法定的从轻、减轻甚至免除处罚的情节，在关键时刻还可能起到"保命"的作用。对于不具有自首情节的，还要继续考察是否具有坦白情节，这也是《刑法修正案（八）》增设的可以从轻或者减轻处罚的情节。

根据《刑法》第67条和第68条的规定，对于自首的犯罪分子，可以从轻或者减轻处罚。其中，犯罪较轻的，可以免除处罚。对于坦白的犯罪分子，可以从轻处罚；如实供述自己的罪行，避免特别严重后果发生的，可以减轻处罚。对于有立功表现的犯罪分子，可以从轻或者减轻处罚；有重大立功表现的犯罪分子，可以减轻或者免除处罚。

(一) 自首

《刑法》第 67 条第 1 款规定,"犯罪以后自动投案,如实供述自己的罪行的,是自首"。由此可见,"自动投案"和"如实供述"是认定自首的两大要件。辩护人辩护时要考察案件是否同时具备这两大要件以便作出自首的认定。

1. 自动投案的认定

所谓"自动投案",是指犯罪事实或者犯罪嫌疑人未被司法机关发觉,或者虽被发觉,但犯罪嫌疑人在尚未受到讯问、未被采取强制措施时,主动、直接向公安机关、人民检察院或者人民法院投案,这是典型的"自动投案"的情形。除了这种情形,我国司法解释还详细列举了其他"视为自动投案"的情形,辩护人对此应当熟练掌握,对于不具有典型自动投案情形的,看其是否符合"视为自动投案"的标准,或者看案件是否存在"不能认定为自动投案"的情形。

(1) 司法解释规定的可以"视为自动投案"的情形

①犯罪嫌疑人向其所在单位、城乡基层组织或者其他有关负责人员投案的;

②犯罪嫌疑人因病、伤或者为了减轻犯罪后果,委托他人先代为投案,或者先以信电投案的;

③罪行未被司法机关发觉,仅因形迹可疑被有关组织或者司法机关盘问、教育后,主动交代自己的罪行的;

④犯罪后逃跑,在被通缉、追捕过程中,主动投案的;

⑤经查实确已准备去投案,或者正在投案途中,被公安机关捕获的;

⑥并非出于犯罪嫌疑人主动,而是经亲友规劝、陪同投案的;

⑦公安机关通知犯罪嫌疑人的亲友,或者亲友主动报案后,将犯罪嫌疑人送去投案的;

⑧犯罪后主动报案,虽未表明自己是作案人,但没有逃离现场,在司法机关询问时交代自己罪行的;

⑨明知他人报案而在现场等待,抓捕时无拒捕行为,供认犯罪事实的;

⑩在司法机关未确定犯罪嫌疑人,尚在一般性排查询问时主动交代自己罪行的;

⑪因特定违法行为被采取行政拘留、司法拘留、强制隔离戒毒等行政、司法强制措施期间,主动向执行机关交代尚未被掌握的犯罪行为的;

⑫犯罪以后潜逃至异地,其罪行尚未被异地司法机关发觉,仅因形迹可疑,被异地司法机关盘问、教育后,主动交代自己罪行的;

⑬交通肇事后保护现场、抢救伤者,并向公安机关报告的;

⑭其他符合立法本意,应当视为自动投案的情形。

(2)司法解释规定的"不能认定为自动投案"的情形

①犯罪嫌疑人自动投案后又逃跑的,不能认定为自首;

②罪行未被有关部门、司法机关发觉,仅因形迹可疑被盘问、教育后,主动交代犯罪事实的,应当视为自动投案,但有关部门、司法机关在其身上、随身携带的物品、驾乘的交通工具等处发现与犯罪有关的物品的,不能认定为自动投案;

③犯罪嫌疑人被亲友采用捆绑等手段送到司法机关,或者在亲友带领侦查人员前来抓捕时无拒捕行为,并如实供认犯罪事实的,虽然不能认定为自动投案,但可以参照法律对自首的有关规定酌情从轻处罚。

2. 如实供述的认定

所谓"如实供述",是指犯罪嫌疑人自动投案后,如实交代自己的主要犯罪事实。对于"如实供述"的认定,还要重点把握以下原则:

(1)一般情况下,除供述自己的主要犯罪事实外,还应包括姓名、年龄、职业、住址、前科等情况。犯罪嫌疑人供述的身份等情况与真实情况虽有差别,但不影响定罪量刑的,应认定为如实供述自己的罪行。犯罪嫌疑人自动投案后隐瞒自己的真实身份等情况,影响对其定罪量刑的,不能认定为如实供述自己的罪行。

(2)犯罪嫌疑人多次实施同种罪行的,应当综合考虑已交代的犯罪事实与未交代的犯罪事实的危害程度,决定是否认定为如实供述主要犯罪事实。虽然投案后没有交代全部犯罪事实,但如实交代的犯罪情节重于未交代的犯罪情节,或者如实交代的犯罪数额多于未交代的犯罪数额,一般应认定为如实供述自己的主要犯罪事实。无法区分已交代的与未交代的犯罪情节的严重程度,或者已交代的犯罪数额与未交代的犯罪数额相当的,一般不认定为如实供述自己的主要犯罪事实。

(3)犯有数罪的犯罪嫌疑人,仅如实供述所犯数罪中部分犯罪的,只对如实供述部分的犯罪行为,认定为自首。

(4)共同犯罪案件中的犯罪嫌疑人,除如实供述自己的罪行,还应当供述所知的同案犯,主犯则应当供述所知其他同案犯的共同犯罪事实,才能认定为自首。

(5)犯罪嫌疑人自动投案并如实供述自己的罪行后又翻供的,不能认定为自首,但在一审判决前又能如实供述的,应当认定为自首。

(6)犯罪嫌疑人自动投案时虽然没有交代自己的主要犯罪事实,但在司法机关掌握其主要犯罪事实之前主动交代的,应认定为如实供述自己的罪行。

(7)犯罪嫌疑人、被告人对行为性质的辩解不影响自首的成立。

3. 司法实践的把握

虽然法律和相关司法解释对"自动投案"和"如实供述"作了比较详尽的规定,也列举了很多种情形,但司法实践仍然纷繁复杂,出现的情形可能并不能完全与法律和司法解释相匹配,这时需要辩护人把握立法的精神进行辩护,现罗列一些容易混淆且难以认定的情形,以便辩护时予以把握。

(1)关于自动投案。

①犯罪后不是以投案为目的,而是为了解案情而到司法机关的,不能认定为自动投案。

②为逃避法律制裁而向司法机关报假案或者到司法机关的,不属于自动投案。

③以目击证人身份被不知情的司法工作人员带回询问,且不如实供述罪行的,不能认定为自动投案。

④不知自己已经被公安机关控制而向在场人员陈述犯罪事实的,不能认定为自动投案。

⑤虽有意愿投案的言语表示,但在没有正当理由的情况下无任何准备投案的迹象而被抓获的,不属于准备去投案,不应认定为自动投案。

⑥犯罪嫌疑人的亲友并不知道犯罪嫌疑人实施了犯罪行为,出于让其撇清犯罪嫌疑而非接受司法机关处理的目的,主动联系司法机关的,不构成送亲归案情形的自动投案。

⑦亲友虽然报案,但并未送行为人归案,在警方达到现场后,犯罪嫌疑人未自愿将自己置于司法机关控制之下的,不能认定为自动投案。

⑧犯罪嫌疑人的亲友主动联系公安机关而犯罪嫌疑人未采取反抗和逃避抓捕行为的,应当认定为自动投案;

⑨犯罪嫌疑人的亲友报案后,由于客观原因未将犯罪嫌疑人送去投案,但予以看守并带领司法机关工作人员将其抓获的,或者强制将其送去投案的,应当认定为自动投案。

⑩有证据证明犯罪嫌疑人主观上具有投案意愿,客观上具有投案准备,只是因为被公安机关及时抓获而未能投案的,属于经查实确已准备去投案,应视为自动投案。

⑪作案后打电话向公安机关报案,并等候公安机关人员将其抓获归案的,应当认定为自动投案。

(2) 关于如实供述。

①自动投案后,没有如实供述同案犯的,不属于如实供述自己的罪行。

②虽如实供述犯罪行为,但在此后审理中又对主要犯罪事实予以否认的,不应认定为自首。

③如实供述的罪行与司法机关已经掌握的罪行在事实上密切关联的,不构成自首。

④交代司法机关尚未掌握的案发起因构成其他犯罪的,应当认定为自首。

⑤自动投案后,所供述的内容能够反映犯罪的动机、性质、主要情节等,即使存在具体细节与有关证据不一致的情况的,也应认为其对主要犯罪事实进行了供述。

⑥自诉案件的被告人到案后如实陈述事实、未逃避审查和裁判的,成立自首。

(二) 准自首

《刑法》第67条第2款规定,"被采取强制措施的犯罪嫌疑人、被告人和正在服刑的罪犯,如实供述司法机关还未掌握的本人其他罪行的,以自首论"。由于该情形不具备自动投案的要件,但可以自首论,所以称为准自首。因此,对于被采取强制措施的犯罪嫌疑人、被告人和正在服刑的罪犯,辩护人要特别注意审查是否构成准自首。

1. 还未掌握的认定

对于准自首,要求如实供述的罪行必须是"司法机关还未掌握的本人其他罪行"。该罪行能否认定为司法机关已掌握,应根据不同情形区别对待。如果该罪行已被通缉,一般应以司法机关是否在通缉令发布范围内作出判断,不在通缉令发布范围内的,应认定为还未掌握,在通缉令发布范围内的,应视为已掌握;如果该罪行已被录入全国公安信息网络在逃人员信息数据库,应视为已掌握;如果该罪行未被通缉、也未被录入全国公安信息网络在逃人员信息数据库,应以该司法机关是否已实际掌握该罪行为标准。

2. 不同种罪行的认定

被采取强制措施的犯罪嫌疑人、被告人和正在服刑的罪犯,如实供述司法机关尚未掌握的罪行,必须与司法机关已掌握的或者判决确定的罪行属不同种罪行,才能以自首论;如果与司法机关已掌握的或者判决确定的罪行属同种罪行,不能以自首论,但可以酌情从轻处罚,若如实供述的同种罪行较重,一般应当从轻处罚。

犯罪嫌疑人、被告人在被采取强制措施期间如实供述本人其他罪行,该罪行与司法机关已掌握的罪行属同种罪行还是不同种罪行,一般应以罪名区分。虽然如实供述的其他罪行的罪名与司法机关已掌握犯罪的罪名不同,但如实供述的其他犯罪与司法机关已掌握的犯罪属选择性罪名或者在法律、事实上密切关联,如因受贿被采取强制措施后,又交代因受贿为他人谋取利益行为,构成滥用职权罪的,应认定为同种罪行。

(三)坦白

根据《刑法》第67条第3款的规定,犯罪嫌疑人虽然不具有自首情节,但是如实供述自己罪行的,可以从轻处罚;因其如实供述自己罪行,避免特别严重后果发生的,可以减轻处罚。可见,即使案件不具备自首的条件,辩护人还应当继续审查当事人是否如实供述自己的罪行,如果能认定为坦白,也可以进行罪轻辩护。

(四)立功

《刑法》第68条规定:"犯罪分子有揭发他人犯罪行为,查证属实的,或者提供重要线索,从而得以侦破其他案件等立功表现的,可以从轻处罚或者减轻处罚;有重大立功表现的,可以减轻或者免除处罚。"

1. 应当认定为有立功表现

(1)犯罪分子到案后有检举、揭发他人犯罪行为,包括共同犯罪案件中的犯罪分子揭发同案犯共同犯罪以外的其他犯罪,经查证属实。

(2)提供侦破其他案件的重要线索,经查证属实。

(3)阻止他人犯罪活动。

(4)协助司法机关抓捕其他犯罪嫌疑人(包括同案犯)。

犯罪分子具有下列行为之一,使司法机关抓获其他犯罪嫌疑人的,可以认定为"协助司法机关抓捕其他犯罪嫌疑人":①按照司法机关的安排,以打电话、发信息等方式将其他犯罪嫌疑人(包括同案犯)约至指定地点的;②按照司法机关的安排,当场指认、辨认其他犯罪嫌疑人(包括同案犯)的;③带领侦查人员抓获其他犯罪嫌疑人(包括同案犯)的;④提供司法机关尚未掌握的其他案件犯罪嫌疑人的联络方式、藏匿地址的;等等。

犯罪分子提供同案犯姓名、住址、体貌特征等基本情况,或者提供犯罪前、犯罪中掌握、使用的同案犯联络方式、藏匿地址,司法机关据此抓捕同案犯的,不能认定为协助司法机关抓捕同案犯。

(5)具有其他有利于国家和社会的突出表现。

需要注意的是,犯罪分子检举、揭发或者协助抓获的人的行为构成犯罪,但因法定事由不追究刑事责任、不起诉、终止审理的,不影响对犯罪分子立功表现的认定。

2. 应当认定为有重大立功表现

(1)犯罪分子有检举、揭发他人重大犯罪行为,经查证属实。

(2)提供侦破其他重大案件的重要线索,经查证属实。

(3)阻止他人重大犯罪活动。

(4)协助司法机关抓捕其他重大犯罪嫌疑人(包括同案犯)。

(5)对国家和社会有其他重大贡献等表现。

以上所称"重大犯罪""重大案件""重大犯罪嫌疑人"的标准,一般是指犯罪嫌疑人、被告人可能被判处无期徒刑以上刑罚或者案件在本省、自治区、直辖市或者全国范围内有较大影响等情形。这里的"可能被判处无期徒刑以上刑罚",应当理解为排除罪后情节而可能判处无期徒刑以上的宣告刑,不能一概以法定刑幅度内含有无期徒刑就认为是可能判处无期徒刑。犯罪分子检举、揭发或者协助抓获的人的行为应判处无期徒刑以上刑罚,但因具有法定、酌定从宽等罪后情节,宣告刑为有期徒刑或者更轻刑罚的,不影响对犯罪分子重大立功表现的认定。

3. 不能认定为有立功表现

(1)犯罪分子通过贿买、暴力、胁迫等非法手段,或者被羁押后在与律师、亲友会见过程中违反监管规定,获取他人犯罪线索并"检举、揭发"的,不能认定为有立功表现。

(2)犯罪分子将本人以往查办犯罪职务活动中掌握的,或者从负有查办犯罪、监管职责的国家工作人员处获取的他人犯罪线索予以检举、揭发的,不能认定为有立功表现。

(3)犯罪分子亲友为使犯罪分子"立功",向司法机关提供他人犯罪线索、协助抓捕犯罪嫌疑人的,不能认定为犯罪分子有立功表现。

(4)如实供述其所参与的对合型犯罪中的对方的犯罪行为,属于如实供述自己的罪行的内容,不成立立功。但对于掩饰、隐瞒抢劫或者抢夺犯罪所得、犯罪所得收益罪的犯罪嫌疑人,在供述中揭发所得或者所得收益来源的犯罪人抢劫或者抢夺等具体犯罪行为的,应当认定为揭发他人犯罪行为,成立立功。

(五)量刑适用

本节提到的自首、准自首、坦白、立功等情节都是暴力类犯罪中法定的从轻量刑情节,2021年7月1日实施的最高人民法院、最高人民检察院《关于常见犯罪的量刑指导意见(试行)》对这些情节如何适用进行了专门且细致的规定,辩护人应当掌握这些标准,以便做好委托人和当事人的庭前辅导工作。

1. 自首情节

对于自首情节,综合考虑自首的动机、时间、方式、罪行轻重、如实供述罪行的程度以及悔罪表现等情况,可以减少基准刑的40%以下;犯罪较轻的,可以减少基准刑的40%以上或者依法免除处罚。恶意利用自首规避法律制裁等不足以从宽处罚的除外。

2. 坦白情节

对于坦白情节,综合考虑如实供述罪行的阶段、程度、罪行轻重以及悔罪程度等情况,确定从宽的幅度。

(1)如实供述自己罪行的,可以减少基准刑的20%以下;

(2)如实供述司法机关尚未掌握的同种较重罪行的,可以减少基准刑的10%~30%;

(3)因如实供述自己罪行,避免特别严重后果发生的,可以减少基准刑的30%~50%。

3. 立功情节

对于立功情节,综合考虑立功的大小、次数、内容、来源、效果以及罪行轻重等情况,确定从宽的幅度。

(1)一般立功的,可以减少基准刑的20%以下;

(2)重大立功的,可以减少基准刑的20%~50%;

(3)犯罪较轻的,减少基准刑的50%以上或者依法免除处罚。

至于如何确定量刑的起点,可以参见辩点1-11。

辩点1-11:量刑指导

2021年7月1日实施的最高人民法院、最高人民检察院《关于常见犯罪的量刑指导意见(试行)》涉及五个暴力类犯罪,辩护人掌握如何根据不同的情形在相应的幅度内确定量刑起点,有利于制订合理的辩护策略以及做好庭前辅导工作。

(一)故意伤害罪

(1)构成故意伤害罪的,可以根据下列不同情形在相应的幅度内确定量刑起点:

①故意伤害致1人轻伤的,在2年以下有期徒刑、拘役幅度内确定量刑起点。

②故意伤害致1人重伤的,在3年至5年有期徒刑幅度内确定量刑起点。

③以特别残忍手段故意伤害致1人重伤,造成六级严重残疾的,在10年至13年

有期徒刑幅度内确定量刑起点。依法应当判处无期徒刑以上刑罚的除外。

(2)在量刑起点的基础上,根据伤害后果、伤残等级、手段残忍程度等其他影响犯罪构成的犯罪事实增加刑罚量,确定基准刑。

故意伤害致人轻伤的,伤残程度可在确定量刑起点时考虑,或者作为调节基准刑的量刑情节。

(3)构成故意伤害罪的,综合考虑故意伤害的起因、手段、危害后果、赔偿谅解等犯罪事实、量刑情节,以及被告人的主观恶性、人身危险性、认罪悔罪表现等因素,决定缓刑的适用。

(二)抢劫罪

(1)构成抢劫罪的,可以根据下列不同情形在相应的幅度内确定量刑起点:

①抢劫1次的,在3年至6年有期徒刑幅度内确定量刑起点。

②有下列情形之一的,在10年至13年有期徒刑幅度内确定量刑起点:入户抢劫的;在公共交通工具上抢劫的;抢劫银行或者其他金融机构的;抢劫3次或者抢劫数额达到数额巨大起点的;抢劫致1人重伤的;冒充军警人员抢劫的;持枪抢劫的;抢劫军用物资或者抢险、救灾、救济物资的。依法应当判处无期徒刑以上刑罚的除外。

(2)在量刑起点的基础上,根据抢劫情节严重程度、抢劫数额、次数、致人伤害后果等其他影响犯罪构成的犯罪事实增加刑罚量,确定基准刑。

(3)构成抢劫罪的,根据抢劫的数额、次数、手段、危害后果等犯罪情节,综合考虑被告人缴纳罚金的能力,决定罚金数额。

(4)构成抢劫罪的,综合考虑抢劫的起因、手段、危害后果等犯罪事实、量刑情节,以及被告人的主观恶性、人身危险性、认罪悔罪表现等因素,从严把握缓刑的适用。

(三)抢夺罪

(1)构成抢夺罪的,根据下列不同情形在相应的幅度内确定量刑起点:

①达到数额较大起点或者2年内3次抢夺的,在1年以下有期徒刑、拘役幅度内确定量刑起点。

②达到数额巨大起点或者有其他严重情节的,在3年至5年有期徒刑幅度内确定量刑起点。

③达到数额特别巨大起点或者有其他特别严重情节的,在10年至12年有期徒刑幅度内确定量刑起点。依法应当判处无期徒刑的除外。

(2)在量刑起点的基础上,根据抢夺数额、次数等其他影响犯罪构成的犯罪事实增加刑罚量,确定基准刑。

多次抢夺,数额达到较大以上的,以抢夺数额确定量刑起点,抢夺次数可作为调节基准刑的量刑情节;数额未达到较大的,以抢夺次数确定量刑起点,超过3次的次数作为增加刑罚量的事实。

(3)构成抢夺罪的,根据抢夺的数额、次数、手段、危害后果等犯罪情节,综合考虑被告人缴纳罚金的能力,决定罚金数额。

(4)构成抢夺罪的,综合考虑抢夺的起因、数额、手段、次数、危害后果、退赃退赔等犯罪事实、量刑情节,以及被告人的主观恶性、人身危险性、认罪悔罪表现等因素,决定缓刑的适用。

(四)强奸罪

(1)构成强奸罪的,根据下列不同情形在相应的幅度内确定量刑起点:

①强奸妇女1人的,在3年至6年有期徒刑幅度内确定量刑起点。奸淫幼女1人的,在4年至7年有期徒刑幅度内确定量刑起点。

②有下列情形之一的,在10年至13年有期徒刑幅度内确定量刑起点:强奸妇女、奸淫幼女情节恶劣的;强奸妇女、奸淫幼女3人的;在公共场所当众强奸妇女的;2人以上轮奸妇女的;奸淫不满10周岁的幼女或者造成幼女伤害的;强奸致被害人重伤或者造成其他严重后果的。依法应当判处无期徒刑以上刑罚的除外。

(2)在量刑起点的基础上,根据强奸妇女、奸淫幼女情节恶劣程度、强奸人数、致人伤害后果等其他影响犯罪构成的犯罪事实增加刑罚量,确定基准刑。

强奸多人多次的,以强奸人数作为增加刑罚量的事实,强奸次数作为调节基准刑的量刑情节。

(3)构成强奸罪的,综合考虑强奸的手段、危害后果等犯罪事实、量刑情节,以及被告人的主观恶性、人身危险性、认罪悔罪表现等因素,从严把握缓刑的适用。

(五)非法拘禁罪

(1)构成非法拘禁罪的,根据下列不同情形在相应的幅度内确定量刑起点:

①犯罪情节一般的,在1年以下有期徒刑、拘役幅度内确定量刑起点。

②致1人重伤的,在3年至5年有期徒刑幅度内确定量刑起点。

③致1人死亡的,在10年至13年有期徒刑幅度内确定量刑起点。

(2)在量刑起点的基础上,根据非法拘禁人数、拘禁时间、致人伤亡后果等其他影响犯罪构成的犯罪事实增加刑罚量,确定基准刑。

非法拘禁多人多次的,以非法拘禁人数作为增加刑罚量的事实,非法拘禁次数作为调节基准刑的量刑情节。

(3)有下列情节之一的,增加基准刑的10%~20%:

①具有殴打、侮辱情节的;

②国家机关工作人员利用职权非法扣押、拘禁他人的。

(4)构成非法拘禁罪的,综合考虑非法拘禁的起因、时间、危害后果等犯罪事实、量刑情节,以及被告人的主观恶性、人身危险性、认罪悔罪表现等因素,决定缓刑的适用。

辩点1-12:死刑辩护

从司法实践中死刑执行情形来看,无论是国内还是国外,暴力类犯罪的死刑执行个案始终占最大比例。本章所探讨的故意杀人罪、故意伤害罪、抢劫罪、绑架罪最高都可以判处死刑。因此,辩护人在代理可能判处死刑的严重暴力类犯罪案件时,在关注犯罪手段和犯罪后果是否达到适用死刑的条件和标准的同时,除了关注被告人有无法定的或者酌定的从宽量刑情节,还要把握国家司法机关对办理死刑案件应当遵循的原则要求,只有进行综合运用,才能做好死刑案件的辩护。

(一)犯罪手段和犯罪后果

《刑法》第48条第1款规定,死刑只适用于罪行极其严重的犯罪分子。一般认为,犯罪手段特别残忍、情节恶劣,后果特别严重的才属于罪行极其严重的犯罪分子,才能适用死刑。根据《刑法》第234条的规定,故意伤害罪只有致人死亡或以特别残忍的手段致人重伤或严重残疾的,法定刑中才可以选择适用死刑。《全国法院维护农村稳定刑事审判工作座谈会纪要》规定,故意伤害致人死亡,手段特别残忍,情节特别恶劣的,才可以判处死刑。故意伤害致人重伤造成严重残疾,只有犯罪手段特别残忍,后果特别严重的,才能考虑适用死刑(包括死刑,缓期2年执行)。根据《刑法》第239条的规定,只有杀害被绑架人的,或者故意伤害被绑架人,致人重伤、死亡的,才可能适用绑架罪的死刑,相比《刑法修正案(九)》实施之前的一律适用死刑,2015年《刑法修正案(九)》对这类情形增加了适用无期徒刑的可能性。根据《刑法》第263条的规定,抢劫罪中只有出现法定的八种加重处罚的情节,才可以选择适用死刑。通常,在法条规定可以选择适用死刑时,还要根据抢劫致人伤亡的后果、次数、数额、手段等其他影响犯罪构成的犯罪事实,最终决定是否适用死刑。因此,辩护人应当关注犯罪手段是不是很残忍、犯罪后果是不是很严重、是否属于情节特别恶劣,进而判断是否对被告人适用死刑条款。如果可以适用死刑条款,再关注被告人有无法定的或酌定的从宽处罚的量刑情节,只要具备其中一条,都应当提出对被告人不适用死刑或不适用死刑立即执行的辩护意见。鉴于本书其他部分已经对法定的从宽量刑情节有充分论述,此处,结合暴力类犯罪,重点介绍常见的酌定从宽量刑情节。

> **案例1-58**[①]
>
> 2004年12月7日15时许,被告人孙习军、王媛(系夫妻)经预谋后携带菜刀、绳子、手套、头套等作案工具,爬气窗进入选定的作案对象卓某某(女,23岁,丈夫外出打工)的住处。17时许,二被告人将回到家中的卓某某的手脚捆绑并用胶带蒙眼,劫得现金200余元。24时许,二被告人因被被害人认出,决定杀人灭口,遂将卓某某挟持至附近的一山坡上,又劫得卓某某随身携带的金项链一根及现金200余元,后在王媛的配合下,由孙习军用菜刀切割卓某某颈部,致卓某某失血性休克死亡。后孙习军又割下卓某某的头颅抛至该市的一条河中。
>
> 一审法院认为:被告人孙习军、王媛以非法占有为目的,入户施暴,掠人钱财,后又杀人灭口,其行为均已分别构成抢劫罪和故意杀人罪,系共同犯罪,且故意杀人罪的手段残忍、情节恶劣,依法应予严惩。认定被告人孙习军、王媛犯故意杀人罪,判处死刑,剥夺政治权利终身;犯抢劫罪判处有期徒刑10年,剥夺政治权利1年,并处罚金1000元;决定执行死刑,剥夺政治权利终身,并处罚金1000元。二审法院鉴于王媛在故意杀人犯罪中的地位、作用相对于孙习军较轻,且归案后认罪态度较好,故以故意杀人罪改判死刑缓期2年执行,其他量刑则予维持。
>
> 本案中,被告人孙习军、王媛用菜刀反复切割被害人颈部,致被害人颈部大部分断离,面目全非,后又割下被害人头颅,抛于河中,使被害人身首异处,属于杀人手段特别残忍。可见,对于一般人难以接受的杀人方法,可以认定为特别残忍、特别危险。前者如用多种工具杀害被害人,用一种工具多次杀戮,使被害人长时间经受肉体和精神上的痛苦或者杀害被害人使被害人面目全非、身首异处;后者如用爆炸或者用交通工具等方法杀害被害人等。

(二)法定从宽量刑情节

我国《刑法》总则中明确规定了诸多可以从轻、减轻甚至免除处罚的情节,辩护

---

① 案例来源:《人民法院案例选》2006年第2辑(总第56辑)。

人在代理非常严重的暴力类犯罪案件时,如果能找到这些法定从宽量刑的情节,一般可以排除适用死刑,依法提出适用无期徒刑以下刑罚的量刑建议。

如存在未成年人犯罪、妇女在审判时怀孕、防卫过当、避险过当、犯罪中止、从犯、胁从犯等应当从宽的情节时,应当排除适用死刑。再如预备犯、未遂犯、精神有障碍的犯罪人、又聋又哑的犯罪人、盲人、教唆未遂、自首、立功表现等可以从宽的情节,若具有上述情节之一,只要没有相反的特殊情况,一般也应当排除适用死刑。

(三) 酌定从宽量刑情节

1. 犯罪动机

犯罪动机是激起和推动犯罪人实施犯罪的内心起因。这一内心动力外化于行为,便会直接决定其采取的犯罪手段及最终犯罪目的,因此动机是否恶劣可以从一个侧面体现出犯罪人的主观恶性。在善的、有益于社会的动机驱使下实施的犯罪,可以考虑从轻处罚。

2. 民间纠纷

民间纠纷引发的暴力类犯罪往往发生于具有一定血缘、地缘、人缘关系的熟人之间,被告人与被害人双方大多是远亲近邻或沾亲带故的关系,因矛盾叠加、冲突升级,没有得到有效的调和,最终酿成恶果。这种暴力类犯罪案件多发生在社区、乡间邻里百姓之间的日常生活、生产经营中,因琐事或者利益争执等引发的民间纠纷多事出有因、对象特定,对社会治安秩序和人民群众的普遍安全感没有重大影响。因此,《全国法院维护农村稳定刑事审判工作座谈会纪要》"(一)关于故意杀人、故意伤害案件"中规定,"要准确把握故意杀人犯罪适用死刑的标准。对故意杀人犯罪是否判处死刑,不仅要看是否造成了被害人死亡结果,还要综合考虑案件的全部情况。对于因婚姻家庭、邻里纠纷等民间矛盾激化引发的故意杀人犯罪,适用死刑一定要十分慎重,应当与发生在社会上的严重危害社会治安的其他故意杀人犯罪案件有所区别"。

3. 被害人过错

被害人过错是指被害人出于故意或者过失,侵犯他人合法权益,诱发他人的犯罪意识,激化被告人的犯罪程度,因而直接影响被告人刑事责任的行为。对此,《全国法院维护农村稳定刑事审判工作座谈会纪要》明确规定,对于被害人一方有明显过错或对矛盾激化负有直接责任的案件,一般不应判处被告人死刑立即执行。

4. 积极赔偿被害人并取得被害方谅解的

严重暴力类犯罪案件中,被害人要求赔偿的呼声很高,因此积极赔偿作为对被告人从宽的酌定量刑情节,一般均能在判决中体现。对于被告人作出积极赔偿的,司法机关在量刑时一般会把握以下原则:一是应将真诚悔罪作为被告人赔偿后从轻处罚的前提,同时应参考被告人的人身危险性、主观恶性等因素量刑。二是应视被告人对于经济赔偿的态度和努力程度,斟酌量刑的从宽程度。被告人具有足额赔偿能力的并不多见,还要看被告人的态度及其亲属的努力程度。对于不惜变卖家产进行赔偿的,即使数额占应赔总额的比例较低,也应当体现政策,对被告人不适用死刑立即执行。三是对于被告人积极赔偿的案件,在依法从宽处罚时,必须得到被害方的谅解。四是应将被害方是否宽宥及赔偿程度作为从宽幅度的量刑参考依据。辩护人也应当熟练掌握以上原则,尽可能让案件朝着有利于从宽处罚的方向发展。

案例 1-59

被告人王某某与被害人赵某某(女,殁年 26 岁)在 A 市某职业学院学习期间建立恋爱关系。2005 年,王某某毕业后参加工作,赵某某专升本考入 B 市某大学继续学习。2007 年赵某某毕业参加工作后,王某某与赵某某商议结婚事宜,因赵某某家人不同意,赵某某多次提出分手,但在王某某的坚持下,二人继续保持联系。2008 年 10 月 9 日中午,王某某在赵某某的集体宿舍再次谈及婚恋问题,因赵某某明确表示二人不可能在一起,王某某感到绝望,愤而产生杀死赵某某然后自杀的念头,即持赵某某宿舍内的一把单刃尖刀,朝赵某某的颈部、胸腹部、背部连续捅刺,致其失血性休克死亡。次日 8 时 30 分许,王某某服农药自杀未遂,被公安机关抓获归案。王某某平时表现较好,归案后如实供述自己罪行,并与其亲属积极赔偿,但未与被害人亲属达成赔偿协议。

本案一审、二审均判处被告人死刑立即执行,报请最高人民法院复核,后最高人民法院根据复核确认的事实,未核准被告人王某某死刑,发回山东省高级人民法院重新审判。山东省高级人民法院经依法重新审理,辩护人提出鉴于本案系因婚恋纠纷引发,属于民间纠纷,王某某求婚不成,恼怒并起意杀人,归案后坦白悔罪,积极赔偿被害方经济损失,且平时表现较好,故请求人民法院从轻处罚。后法院采纳了辩护人的意见,于 2011 年 5 月 3 日作出刑事判决,以故意杀人罪改判被告人王某某死刑,缓期 2 年执行,剥夺政治权利终身,并对其限制减刑。

(四) 共同犯罪的死刑辩护

司法实践中,对共同犯罪中罪行极其严重的犯罪分子是否判处死刑立即执行,应当考虑以下因素:多个主犯中罪行最严重的主犯已经判处死刑立即执行,其他主犯地位、作用相对次要的;共同犯罪人作用、地位相当,责任相对分散的;共同犯罪人责任不清的;同案人在逃,有证据证明被告人起次要作用的;对在案的被告人适用死刑立即执行可能影响对在逃的同案人定罪量刑的;等等。对具有上述因素的,一般不适用死刑立即执行。辩护人在为共同犯罪案件中罪行极其严重的犯罪分子进行辩护时,要注意审查案件是否具备上述因素。对于其他多名被告人共同致死一名被害人的案件,要进一步分清各被告人的作用,准确认定各被告人的罪责,以做到区别对待,提出即使按照"杀人偿命""一命抵一命"的传统朴素观念,原则上也不能对两名甚至两名以上的被告人同时适用死刑的辩护意见。

(五) 司法机关的办案要求

2007 年 3 月 9 日,最高人民法院、最高人民检察院、公安部、司法部联合印发了《关于进一步严格依法办案确保办理死刑案件质量的意见》,要求各级人民法院、人民检察院、公安机关、司法行政机关全面落实科学发展观和牢固树立社会主义法治理念,依法履行职责,严格执行刑法和刑事诉讼法,切实把好死刑案件的事实关、证据关、程序关、适用法律关,使办理的每一起死刑案件都经得起历史的检验。作为辩护人,应当把握这些规定,把握司法机关办理死刑案件应当遵循的原则要求,并运用这些规定和原则对死刑案件进行辩护。

上述意见指出了充分认识、确保办理死刑案件质量的重要意义,规定了认真履行法定职责,严格依法办理死刑案件的具体做法,还提出了办理死刑案件应当遵循的原则要求,这些原则要求对于辩护工作也具有极大的指导意义,必要时也可以作为辩护人对死刑案件辩护的切入点,下面简单作一下介绍。

1. 坚持惩罚犯罪与保障人权相结合

坚持依法惩罚犯罪和依法保障人权并重,坚持罪刑法定、罪责刑相适应、适用刑法人人平等和审判公开、程序法定等基本原则,真正做到有罪依法惩处,无罪不受刑事追究。

2. 坚持保留死刑,严格控制和慎重适用死刑

"保留死刑,严格控制和慎重适用死刑"是我国的基本死刑政策。我国现在还不能废除死刑,但应逐步减少适用,凡是可杀可不杀的,一律不杀。办理死刑案

件,必须根据构建社会主义和谐社会和维护社会稳定的要求,严谨审慎,既要保证根据证据正确认定案件事实,杜绝冤错案件的发生,又要保证定罪准确,量刑适当,做到少杀、慎杀。

3. 坚持程序公正与实体公正并重,保障犯罪嫌疑人、被告人的合法权利

人民法院、人民检察院和公安机关进行刑事诉讼,既要保证案件实体处理的正确性,也要保证刑事诉讼程序本身的正当性和合法性。在侦查、起诉、审判等各个阶段,必须始终坚持依法进行诉讼,坚决克服重实体轻程序、重打击轻保护的错误观念,尊重犯罪嫌疑人、被告人的诉讼地位,切实保障犯罪嫌疑人、被告人充分行使辩护权等诉讼权利,避免因剥夺或者限制犯罪嫌疑人、被告人的合法权利而导致冤错案件的发生。

4. 坚持证据裁判原则,重证据、不轻信口供

办理死刑案件,要坚持重证据、不轻信口供的原则。只有被告人供述,没有其他证据的,不能认定被告人有罪;没有被告人供述,其他证据确实充分的,可以认定被告人有罪。刑讯逼供取得的犯罪嫌疑人供述、被告人供述和以暴力、威胁等非法方法收集的被害人陈述、证人证言,不能作为定案的根据。对被告人作出有罪判决的案件,必须做到"事实清楚,证据确实、充分"。证据不足,不能认定被告人有罪的,应当作出证据不足、指控的犯罪不能成立的无罪判决。

5. 坚持宽严相济的刑事政策

对死刑案件适用刑罚时,既要防止重罪轻判,也要防止轻罪重判,做到罪刑相当,罚当其罪,重罪重判,轻罪轻判,无罪不罚。对于罪行极其严重的被告人,必须依法惩处,严厉打击;对于具有法律规定"应当"从轻、减轻或者免除处罚情节的被告人,依法从宽处理;对于具有法律规定"可以"从轻、减轻或者免除处罚情节的被告人,如果没有其他特殊情节,原则上依法从宽处理;对于具有酌定从宽处罚情节的被告人,也依法予以考虑。

附:本章相关法律规范性文件[①]

1. 法律

《中华人民共和国刑法》(2020年修正,法宝引证码:CLI.1.349391)第232、234、

[①] 所列法律规范性文件的详细内容,可登录"北大法宝"引证码查询系统(www.pkulaw.com/fbm),输入所提供的相应的"法宝引证码",免费查询。

263、267、239、236、237、238 条

2. 司法解释

最高人民法院、最高人民检察院《关于常见犯罪的量刑指导意见(试行)》(法发〔2021〕21号,2021.07.01实施,法宝引证码:CLI.3.5016504)

最高人民法院《关于审理抢劫刑事案件适用法律若干问题的指导意见》(法发〔2016〕2号,2016.01.06实施,法宝引证码:CLI.3.262976)

最高人民法院、最高人民检察院《关于办理抢夺刑事案件适用法律若干问题的解释》(法释〔2013〕25号,2013.11.18实施,法宝引证码:CLI.3.213070)

最高人民法院刑三庭《在审理故意杀人、伤害及黑社会性质组织犯罪案件中切实贯彻宽严相济刑事政策》(2010.04.14实施,法宝引证码:CLI.3.279931)

最高人民法院《关于贯彻宽严相济刑事政策的若干意见》(法发〔2010〕9号,2010.02.08实施,法宝引证码:CLI.3.126987)

最高人民检察院《关于渎职侵权犯罪案件立案标准的规定》(高检发释字〔2006〕2号,2006.07.26实施,法宝引证码:CLI.3.78161)

最高人民法院《关于审理未成年人刑事案件具体应用法律若干问题的解释》(法释〔2006〕1号,2006.01.23实施,法宝引证码:CLI.3.73233)

最高人民法院《关于审理抢劫、抢夺刑事案件适用法律若干问题的意见》(法发〔2005〕8号,2005.06.08实施,法宝引证码:CLI.3.59300)

最高人民法院、最高人民检察院《关于办理妨害预防、控制突发传染病疫情等灾害的刑事案件具体应用法律若干问题的解释》(法释〔2003〕8号,2003.05.15实施,法宝引证码:CLI.3.45773)

最高人民法院《关于审理偷税抗税刑事案件具体应用法律若干问题的解释》(法释〔2002〕33号,2002.11.07实施,法宝引证码:CLI.3.43218)

最高人民法院、最高人民检察院《关于办理组织、利用邪教组织破坏法律实施等刑事案件适用法律若干问题的解释》(法释〔2017〕3号,2017.02.01实施,法宝引证码:CLI.3.289471)

最高人民法院《关于审理抢劫案件具体应用法律若干问题的解释》(法释〔2000〕35号,2000.11.28实施,法宝引证码:CLI.3.34725)

最高人民法院《关于审理交通肇事刑事案件具体应用法律若干问题的解释》(法释〔2000〕33号,2000.11.21实施,法宝引证码:CLI.3.34723)

最高人民法院《关于对为索取法律不予保护的债务非法拘禁他人行为如何定罪

问题的解释》(法释〔2000〕19号,2000.07.19实施,法宝引证码:CLI.3.30920)

3.其他

最高人民法院《全国法院维护农村稳定刑事审判工作座谈会纪要》(法〔1999〕217号,1999.10.27实施,法宝引证码:CLI.3.26458)

第二章 财产类犯罪

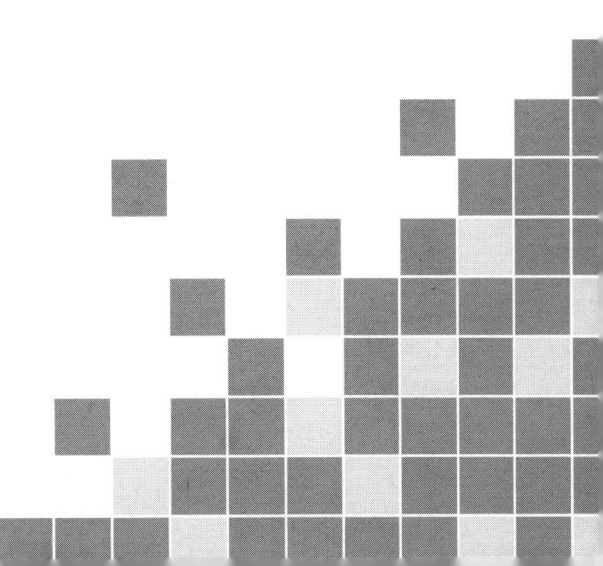

第一节 财产类犯罪综述

本章将以财产作为侵犯对象的这类犯罪概括为财产类犯罪,它与暴力类犯罪一样,都不是刑法上的一个罪种,但因侵犯对象具有共同之处,所以在进行辩护时也具有共同的辩点。我国刑法规定的财产类犯罪也比较多,除了《刑法》分则第五章"侵犯财产罪",还包括第四章"侵犯公民人身权利、民主权利罪"和第八章"贪污贿赂罪"中客体涉及财产权益的抢劫罪、绑架罪和贪污罪、挪用公款罪。本章将重点详细讲述如何找到辩点,对这些常见的财产类犯罪进行辩护。

一、财产类犯罪分类索引

根据侵犯财产手段的不同,笔者将财产类犯罪分成五个类型,分别为强抢型、勒索型、取得型、挪用型和毁损型。强抢型财产类犯罪主要是使用暴力、胁迫、人多势众等强力手段侵犯财产,包括抢劫罪、抢夺罪和聚众哄抢罪,这类犯罪同时也是暴力类犯罪,第一章已进行了阐述;勒索型财产类犯罪的手段除了暴力和暴力胁迫,还包括精神上的胁迫,与强抢型财产类犯罪当场向被害人取得财物不同,勒索型财产类犯罪可以事后取得财物或者从第三人处取得财物,包括敲诈勒索罪和绑架罪;取得型财产类犯罪是指使用非暴力手段窃取、骗取或者非法占有财物,包括盗窃罪、诈骗罪、侵占罪、职务侵占罪和贪污罪;挪用型财产类犯罪不是非法占有财物而是非法占用财物,包括挪用资金罪、挪用公款罪和挪用特定款物罪;毁损型财产类犯罪是使用损毁等手段破坏财物,包括故意毁坏财物罪和破坏生产经营罪。相关罪名与《刑法》法条的对应关系见下表。

类型	罪名	法条
1. 强抢型	抢劫罪	第263、269条
	抢夺罪	第267条
	聚众哄抢罪	第268条
2. 勒索型	敲诈勒索罪	第274条
	绑架罪	第239条

(续表)

类型	罪名	法条
3.取得型	盗窃罪	第264、265条
	诈骗罪	第266条
	侵占罪	第270条
	职务侵占罪	第271条
	贪污罪	第382条
4.挪用型	挪用资金罪	第272条
	挪用公款罪	第384条
	挪用特定款物罪	第273条
5.毁损型	故意毁坏财物罪	第275条
	破坏生产经营罪	第276条

二、财产类犯罪《刑法》规定对照表

鉴于强抢型财产类犯罪中的抢劫罪、抢夺罪、聚众哄抢罪和勒索型财产类犯罪中的绑架罪已经在第一章"暴力类犯罪"中作了详细介绍,故本章不再赘述;鉴于取得型财产类犯罪中的诈骗罪和金融诈骗罪、合同诈骗罪之间存在法条竞合,本书将诈骗类犯罪单列在第三章,故本章不再赘述;鉴于取得型财产类犯罪中的侵占罪、职务侵占罪和贪污罪以及挪用型财产类犯罪中的挪用特定款物罪、挪用资金罪和挪用公款罪在行为方式上存在相似性,本书也将单列侵占类犯罪和挪用类犯罪两章,故本章也不再赘述。因此,本章主要就敲诈勒索罪、盗窃罪、故意毁坏财物罪和破坏生产经营罪等案件的辩点进行阐述。

类型	罪名	法条	罪状	主刑	附加刑	辩点速查
敲诈勒索型	敲诈勒索罪	第274条	敲诈勒索公私财物,数额较大或者多次敲诈勒索的	处3年以下有期徒刑、拘役或者管制	并处或者单处罚金	1.客观方面:行为人采用威胁、要挟、恫吓等手段,迫使被害人交出财物的行为。2.主观方面:非法强索他人财物的目的,若索取财物目的合法,则不构成本罪。3.既遂未遂:被害人并未产生恐惧情绪;或者虽然产生了恐惧,但并未交出财物,均属未遂。
			数额巨大或者有其他严重情节的	处3—10年有期徒刑	并处罚金	
			数额特别巨大或者有其他特别严重情节的	处10年以上有期徒刑	并处罚金	

(续表)

类型	罪名	法条	罪状	主刑	附加刑	辩点速查
取得型	盗窃罪	第264条	盗窃公私财物，数额较大或者多次盗窃、携带凶器盗窃和扒窃的	处3年以下有期徒刑、拘役或者管制	并处或者单处罚金	1. 单位犯罪：仅追究直接责任人员的责任。 2. 盗窃数额：各地区对"数额较大、巨大、特别巨大"的标准有所差别。 3. 行为方式：注意"入户盗窃""多次盗窃"、携带凶器盗窃和扒窃的认定以及盗窃电信资费案件的认定。 4. 入罪情形：接近"数额较大"起点，具有法定情形之一的仍应追究刑事责任。 5. 出罪情形：未成年人犯罪虽已达到"数额较大"起点，但具有法定情形之一的，可不作为犯罪处罚。 6. 从轻情节：偷拿自己家或者近亲属财物的，一般不按犯罪处理，确有必要追究的应从轻。
			数额巨大或者有其他严重情节的	处3—10年有期徒刑	并处罚金	
			数额特别巨大或者有其他特别严重情节的	处10年以上有期徒刑或者无期徒刑	并处罚金或者没收财产	
毁损型	故意毁坏财物罪	第275条	故意毁坏公私财物，数额较大或者有其他严重情节的	处3年以下有期徒刑、拘役或者罚金		1. 犯罪动机：出于对财物所有人的打击报复、嫉妒心理或其他类似有针对性的心理态度。 2. 追诉标准：最高人民检察院、公安部《关于公安机关管辖的刑事案件立案追诉标准的规定(一)》第33条。
			数额巨大或者有其他特别严重情节的	处3—7年有期徒刑		
	破坏生产经营罪	第276条	由于泄愤报复或者其他个人目的，毁坏机器设备、残害牲畜或者以其他方法破坏生产经营的	处3年以下有期徒刑、拘役或者管制		1. 犯罪目的：泄愤报复或其他个人目的。 2. 破坏对象：必须与生产经营活动直接相联系。 3. 追诉标准：最高人民检察院、公安部《关于公安机关管辖的刑事案件立案追诉标准的规定(一)》第34条。
			情节严重的	处3—7年有期徒刑		

第二节 辩点整理

辩点 2-1:犯罪主体	辩点 2-2:主观方面	辩点 2-3:犯罪对象
辩点 2-4:犯罪行为	辩点 2-5:此罪彼罪	辩点 2-6:一罪数罪
辩点 2-7:既遂未遂	辩点 2-8:数额情节	辩点 2-9:退赃退赔

辩点 2-1:犯罪主体

(一)未成年人

根据我国刑法的规定,行为人达到刑事责任年龄的,才能承担刑事责任。一般情况下,已满 16 周岁属于负完全刑事责任的年龄,对于已满 14 周岁不满 16 周岁的行为人,只有实施了刑法特别规定的部分犯罪,才能承担刑事责任,本章中的抢劫罪就是其中的一种,除抢劫罪以外的其他财产类犯罪,都需要达到 16 周岁才能承担刑事责任。已满 14 周岁不满 18 周岁的未成年人犯罪的,应当从轻或者减轻处罚。由此可见,辩护人代理未成年人实施的财产类犯罪案件,首先要考察其是否达到刑事责任年龄,没有达到的,要进行不承担刑事责任的无罪辩护;已经达到的,提出应当从轻或者减轻处罚的罪轻辩护。

案例 2-1

2017 年 12 月 12 日,许某(在逃)纠集 17 岁的李某在某村附近碰瓷摩托车载客工,约定事成后支付李某 10%的报酬,于是李某事先折断手臂,乘坐刘某驾驶的摩托车,在刘某驾驶摩托车经过时,许某故意制造摔倒事故,然后要求刘某送"受伤乘客"李某就医检查。随后,许某安排多人冒充李某亲友,在医院采取紧跟、围堵、言语威胁、恐吓等手段,向被害人刘某勒索"赔偿金"1 万元,因被害人刘某报警而未能得逞。后李某被公诉机关以敲诈勒索罪移送起诉。

在庭审过程中,李某的辩护人提出,被告人李某实施犯罪行为时已满 16 周岁不满 18 周岁,系共同犯罪中的从犯,且犯罪未遂,到案后如实供述自己的罪行,当庭自愿认罪,主观恶性和人身危险性较低,依法应当予以从宽处罚。后法院以敲诈勒索罪,判处李某拘役 4 个月,缓刑 6 个月,并处罚金 2000 元。

此外,为了保护未成年人的权益,我国有些司法解释对于未成年人实施本章财产类犯罪的案件,还专门规定了可以不作为犯罪处理或者不认为是犯罪或者可以从轻、减轻处罚的情形,辩护人除了掌握未成年人犯罪一般的处罚原则,还要审查代理的案件是否具有这些特殊的情形,以帮助未成年人获得出罪或者从轻处罚的机会。

1. 不认为是犯罪

(1)已满16周岁不满18周岁的人实施盗窃行为未超过3次,盗窃数额虽已达到"数额较大"标准,但案发后能如实供述全部盗窃事实并积极退赃,且具有下列情形之一的,可以认定为"情节显著轻微危害不大",不认为是犯罪:①系又聋又哑的人或者盲人;②在共同盗窃中起次要或者辅助作用,或者被胁迫;③具有其他轻微情节的。

(2)已满16周岁不满18周岁的人盗窃未遂或者中止的,可不认为是犯罪。

2. 不作为犯罪处理

(1)已满16周岁不满18周岁的人盗窃自己家庭或者近亲属财物,或者盗窃其他亲属财物但其他亲属要求不予追究的,可不按犯罪处理。

(2)已满16周岁不满18周岁的未成年人盗窃公私财物虽已达到"数额较大"的起点,但情节轻微,可不作为犯罪处理。

(3)已满16周岁不满18周岁的未成年人偶尔盗窃、抢夺、诈骗,数额刚达到较大的标准,案发后能如实交代并积极退赃的,可以认定为情节显著轻微,不作为犯罪处理。

需要注意的是,我国司法解释虽然有上述规定,但在实践中,司法机关还要考察未成年行为人一贯的表现和社会危险性,如果未成年行为人一贯表现不好,不作为犯罪处理可能不利于对其进行教育,也有可能作为犯罪处理。因此,辩护人在代理这类案件时,还要从行为人一贯表现等方面入手进行辩护,不能单纯依赖司法解释的规定。

案例2-2

2019年10月14日下午,被告人陈某某(刚满16周岁)到其伯父陈某承位于某林业站宿舍的家中,盗走其放在房间抽屉中的现金4700元。2020年5月9日,被告人陈某某之父陈某金将其送到公安机关投案。后被告人陈某某被公诉机关以盗窃罪移送起诉。

> 在庭审过程中，辩护人根据最高人民法院《关于审理未成年人刑事案件具体应用法律若干问题的解释》的规定提出对被告人陈某某可不按犯罪处理。但公诉机关认为所盗物品价值4700元，数额较大，且其平时不听管教，时有小偷小摸的行为，应当追究其刑事责任，构成盗窃罪，但应与盗窃社会上其他人员的财物有所区别。后法院经核查了解到，陈某某在家不听管教；在学校不爱读书，经常违反纪律；在社会有小偷小摸的不良嗜好，还经常和一些社会不良青年一起上网等，且屡教不改。综合考虑陈某某的各项情况，虽然其犯罪时已满16周岁未满18周岁，但盗窃数额较大，同时其父母也希望司法机关进行管教，使其改邪归正，因此，从有利于其教育出发，法院综合考虑以上情节，认为应构成犯罪，但量刑时可结合法律和司法解释规定，从轻或减轻处罚，遂作出了被告人陈某某犯盗窃罪，判处拘役4个月，并处罚金1000元的判决。

3. 不按转化型抢劫罪论处

已满16周岁不满18周岁的人犯盗窃、诈骗、抢夺罪，为窝藏赃物、抗拒抓捕或者毁灭罪证而当场使用暴力或者以暴力相威胁，情节轻微的，可不以抢劫罪定罪处罚。

4. 从轻处理

(1) 已满16周岁不满18周岁的未成年人偶尔盗窃、抢夺、诈骗，罪行较轻的，可以依法适当多适用缓刑或者判处管制、单处罚金等非监禁刑；依法可免予刑事处罚的，应当免予刑事处罚。

(2) 对于犯罪情节严重的未成年人，也应当予以从轻或者减轻处罚。

(3) 对于已满16周岁不满18周岁的未成年犯罪人，一般不判处无期徒刑。

(二) 家庭成员或亲属

对于本章财产类犯罪，行为人与被害人之间有可能是家庭成员或者具有亲属关系，容易得到被害人的谅解，情节相对较轻。为了维护家庭关系和谐和稳定，我国司法解释还专门规定了这类案件在符合特定条件时，可以不按犯罪处理，或者即使按照犯罪处理的，也可以从宽处罚。辩护人在代理具备这些特殊关系的案件时，要积极促使行为人取得被害人谅解，然后注意运用相关规定进行出罪辩护或者罪轻辩护。

1. 盗窃家庭成员或者亲属的财物

（1）已满16周岁不满18周岁的未成年人盗窃自己家庭或者近亲属的财物，或者盗窃其他亲属财物但其他亲属要求不予追究的，可不按犯罪处理。

（2）偷拿自己家的财物或者近亲属的财物，一般可不按犯罪处理；对确有追究刑事责任必要的，处罚时也应与社会上作案的有所区别。

（3）盗窃近亲属财物的，可以减少基准刑的50%以下。

2. 诈骗近亲属的财物

（1）诈骗近亲属的财物，近亲属谅解的，一般可不按犯罪处理。

（2）诈骗近亲属的财物，确有追究刑事责任必要的，具体处理也应酌情从宽。

3. 敲诈勒索近亲属的财物

（1）敲诈勒索近亲属的财物，获得谅解的，一般不认为是犯罪。

（2）认定为犯罪的，应当酌情从宽处理。

上述所提的"确有追究刑事责任必要"，必须是盗窃或者诈骗数额较大或巨大，同时又具有其他严重情节，引起家庭成员和亲属愤慨，要求追究刑事责任的。如多次盗窃家庭亲属财产，经教育不改，引起家庭成员和亲属不安的；盗窃无生活来源的亲属财产，造成其生活困难，或造成其他严重后果的；盗窃数额特别巨大，挥霍浪费，无法追回，给家庭成员和亲属造成重大损失的；盗窃主观恶性深，多次在社会上盗窃，因种种原因限制而盗窃数额不大，后又转为盗窃家庭亲属财产的；因盗窃造成家庭成员和亲属关系劣变和其他严重后果的；等等。

（三）单位有关人员

根据刑法的规定，本章的犯罪主体都仅限自然人，没有规定单位可以构成本章之罪。但司法实践中，仍然存在以单位名义实施犯罪，违法所得归单位所有的情形，如实施盗窃或者诈骗。对于这类案件，由于刑法没有规定单位可以构成本章犯罪，故不能以盗窃罪和诈骗罪等罪名追究单位的刑事责任，这是不存在争议的，如果司法机关将单位作为指控对象，辩护人当然应当为单位进行无罪辩护。

但是，对于司法机关单独指控单位里组织、策划、实施盗窃、诈骗等行为的主管人员或者直接责任人员的案件，有的辩护人会提出单位不构成犯罪，其主管人员和直接责任人员自然也不构成犯罪的辩护意见，这样的意见可以在2001年最高人民法院发布的《全国法院审理金融犯罪案件工作座谈会纪要》中找到些许依据，里面提到"对于单位实施的贷款诈骗行为，不能以贷款诈骗罪定罪处罚，也不能以贷款诈骗罪追究直接负责的主管人员和其他直接责任人员的刑事责任"。

但具体到本章中的犯罪,例如盗窃罪,最高人民法院、最高人民检察院《关于办理盗窃刑事案件适用法律若干问题的解释》第13条就明确规定:"单位组织、指使盗窃,符合刑法第二百六十四条及本解释有关规定的,以盗窃罪追究组织者、指使者、直接实施者的刑事责任。"再如诈骗罪,1996年最高人民法院《关于审理诈骗案件具体应用法律的若干问题的解释》规定:"单位直接负责的主管人员和其他直接责任人员以单位名义实施诈骗行为,诈骗所得归单位所有,数额在5万至10万元以上的,应当依照《刑法》第一百五十一条的规定追究上述人员的刑事责任;数额在20万至30万元以上的,依照《刑法》第一百五十二条的规定追究上述人员的刑事责任。"该司法解释虽然早已失效,但反映了单位实施诈骗行为可以追究单位相关人员刑事责任的精神。

2014年4月24日第十二届全国人民代表大会常务委员会第八次会议通过的《关于〈中华人民共和国刑法〉第三十条的解释》对单位不构成犯罪,对单位有关人员能否追究刑事责任这一问题进行了彻底解决,其规定:"公司、企业、事业单位、机关、团体等单位实施刑法规定的危害社会的行为,刑法分则和其他法律未规定追究单位的刑事责任的,对组织、策划、实施该危害社会行为的人依法追究刑事责任。"因此,辩护人在代理这类案件时要特别注意相关法律的规定以及法律变更的情形,确定合理的辩护策略,如果盲目进行无罪辩护恐怕很难达到预期的效果。

案例2-3[①]

2013年10月10日,阿尔法公司向给其供应天然气的西部天然气公司提出在现有供气管道旁再安装一套减压系统的施工申请并于次日得到审批通过。其间,时任阿尔法公司常务副厂长的王某某向厂长夏某某提议,乘改造施工之际秘密接一条天然气输送管道至阿尔法公司厂区,盗取天然气用于生产,夏某某表示同意,并向董事长姚某某进行请示,姚某某亦表示同意。2013年11月中下旬,王某某组织阿尔法公司其他员工铺设盗气管道。施工结束后,西部天然气公司于2013年11月18日向阿尔法公司厂区恢复供气,直至2015年6月5日,阿尔法公司一直使用盗窃的天然气用于生产。后经鉴定,被盗7366124.53

---

① 案例来源:(2017)内刑终191号刑事判决书。

立方米工业天然气的市场价格为10828203.1元。在盗气期间,姚某某以发放奖金的方式,给付夏某某共计15万元,给付王某某共计9万元。后姚某某和夏某某主动投案。姚某某、夏某某和王某某被公诉机关以盗窃罪移送起诉。

在庭审过程中,公诉机关就提出,本案盗窃情节与其他一般性盗窃案件有所不同,此盗窃在本质上属于阿尔法公司的盗窃行为,我国刑法虽未规定盗窃罪具有单位犯罪,但是本质上的单位盗窃犯罪与个人盗窃犯罪的社会危害性、主观恶性程度均有不同,故量刑时应当予以考虑。后法院综合各方面因素,以盗窃罪判处王某某有期徒刑11年,并处罚金20万元;判处姚某某有期徒刑7年,并处罚金20万元;判处夏某某有期徒刑7年,并处罚金20万元。

辩点2-2:主观方面

(一) 犯罪故意

财产类犯罪在主观上均为故意,且多为直接故意,即行为人明知是公共的或者他人的财物而意图把它非法转归己有或者归第三者占有,但不排除间接故意,比如故意毁坏财物罪中,虽然没有追求毁坏财物的主观心态,但放任财物毁坏结果的发生,也可以构成故意毁坏财物罪。过失不构成本章的犯罪。比如由于行为人的过失导致他人财物受到毁损的,不能认定为故意毁坏财物罪。

对于本章财产类犯罪而言,侵犯的财产数额大小直接影响量刑的档次和幅度。实践中通常以行为人实际侵犯到的财产的数额进行量刑。但如果行为人犯罪时确实没有认识到所侵犯的财产的实际价值,辩护人仍然可以从犯罪故意的主观方面切入进行辩护,提出行为人主观上只有非法占有或者毁坏他人数额较大财物的故意,而无非法占有或者毁坏数额巨大财物的故意;或者提出行为人主观上只有非法占有或者毁坏他人数额巨大财物的故意,而无非法占有或者毁坏数额特别巨大财物的故意。

"天价葡萄案"就是一个很好的例证。2003年海淀警方发现4名男子抬着一个可疑的编织袋。盘查后,发现编织袋中放着偷来的47斤科研用葡萄。这些葡萄是北京农科院研究所投资40万元、历经10年培育研制的科研新品种。其中的20余株试验链中断,损失无法估量。案发后,北京市物价局价格认证中心对被偷的葡萄进行估价,被偷葡萄的直接经济损失为11220元。后经过检察院两次退补侦查后,涉案葡萄按照葡萄的市场价格估价为376元。2005年2月海淀区人民检察院作出不起诉决定书。

案例 2-4①

2018 年 1 月 30 日 14 时许,李某将 51000 元现金存放于自己的摩托车坐垫箱内,尔后将车停放在"正平酒店"后门附近后离开。当天 16 时 30 分许,被告人曾双双将该摩托车盗走,后以 600 元卖给了一家摩托车修理店的金某。经鉴定,被盗摩托车价值 2450 元。后被告人曾某某被公诉机关以盗窃数额巨大(53450 元)移送起诉。

在庭审过程中,被告人曾双双辩称,他不知道摩托车上有 51000 元现金,他也没拿这 51000 元现金。辩护人提出,被告人曾双双没有非法占有 51000 元现金的故意,认定被告人曾双双盗窃数额巨大的证据不足。法院经审理认为:盗窃罪的成立,主观上必须是故意并且具有非法占有的目的。主客观相统一是刑法定罪的基本原则。根据这一原则,如果盗窃行为人无认识或者低估了盗窃财物的价值,就不能认定行为人具有占有的故意。责任主义也要求行为人仅对自己在自由意志下实施的行为承担责任,超出主观责任范围的行为或结果,是不可归责的行为或结果,不属于刑法评价的对象。这就要求行为人对盗窃财物的价值明知或应当明知,主观上至少有概括的故意。"天价葡萄案"就是例证。本案中,被告人曾双双并不知道被盗摩托车上有较大财物,更不知道有巨额现金。从一般人的认识来讲,也不能预料到摩托车上会藏有巨额现金,被告人曾双双不能预料到也在常理之中。事实上,摩托车体积狭小,且容易被盗,一般人都不会将数额较大的财物放在摩托车上。一般人也不会认为摩托车上有数额较大的财物。这在法院审理的大量摩托车被盗案件中得到了印证。因此,被告人曾双双对于摩托车上的 51000 元现金,在主观上不明知,也不是一种应当明知的概括的放任心态的占有故意,因此,被告人曾双双主观上没有非法占有 51000 元现金的故意。再加上没有证据证明被告人曾双双拿走了摩托车上的 51000 元现金,且无法排除其他可能,51000 元现金不能认定为被告人曾双双的盗窃数额。遂以盗窃罪判处曾双双判处有期徒刑 9 个月,并处罚金 1000 元。

---

① 案例来源:(2018)湘 0521 刑初 307 号。

(二) 犯罪目的

1. 非法占有财物的目的

所谓"非法占有",是指明知是公共的或者他人的财物而意图把它非法转归己有或者归第三人占有。财产类犯罪中,大多数犯罪的行为人对涉案的财产具有非法占有的目的,如其他章节介绍的诈骗罪、侵占罪、职务侵占罪、抢劫罪、抢夺罪等,在本章中,盗窃罪和敲诈勒索罪也要求行为人具有非法占有的目的。需要注意的是,这里的"非法占有"并不以占为己有为必要,为他人占有或者为公益事业如捐赠而占有公私财物,也属于"以非法占有为目的"。如果行为人主观上不具有非法占有的目的,辩护人可以进行无罪辩护或者改变定性的辩护,因为非法占有目的具有区分罪与非罪以及此罪与彼罪的功能。

(1) 盗用行为的认定。

不以非法占有为目的,盗窃他人财物进行使用的,一般不按照盗窃罪定罪处罚。但在特殊情况下,也有可能被认定为盗窃罪,需要具体情况具体分析。比如行为人虽然没有非法占有的目的,只有一时使用的意思,但没有返还的意思,并在使用后毁弃、放置、丢失的,则成立盗窃罪。这在偷开机动车辆的案件中比较常见。最高人民法院、最高人民检察院《关于办理盗窃刑事案件适用法律若干问题的解释》还针对相关情况作了明确规定:

①偷开机动车,导致车辆丢失的,以盗窃罪定罪处罚。

②为盗窃其他财物,偷开机动车作为犯罪工具使用后非法占有车辆,或者将车辆遗弃导致丢失的,被盗车辆的价值计入盗窃数额。

③为实施其他犯罪,偷开机动车作为犯罪工具使用后非法占有车辆,或者将车辆遗弃导致丢失的,以盗窃罪和其他犯罪数罪并罚;将车辆送回未造成丢失的,按照其所实施的其他犯罪从重处罚。

(2) 误将公私财物当作自己财物的认定。

实践中,行为人因为认识的错误,将他人财物当作自己的财物而将财物占为己有的,虽然客观上造成了占有他人财物的后果,但由于行为人主观上不具有非法占有他人财物的目的,不能成立盗窃罪。

案例 2-5

某天夜里,周某和朋友在歌厅 108 包房内唱歌,唱歌时喝了很多酒,出去上洗手间,回来时走错了包房,走进隔壁的 107 包房,看到桌子上有一个 iphone 手机,以为是自己的,便揣进了口袋里,见朋友不在包房内,出来寻找,碰上了回107包房的客人李某和张某,李某发现桌上的手机不见了,问周某是否偷了他的手机,不由分说地在其口袋里找出了手机,并要求周某赔偿其损失费,周某认为自己只是误拿,不是偷,不同意赔偿,李某遂报警。

本案中,李某在接受询问时坚持是周某偷了自己的手机,而且是人赃俱获,要求司法机关进行严惩,但周某的口供一直很稳定,说是自己喝多了酒,走错了房间,才误拿了手机。辩护人介入案件后,对周某喝酒的状况进行了调查,查明周某当晚和朋友在一起确实喝了很多酒,然后提出107包房离周某自己的包房很近,就在108包房隔壁,且周某自己的手机与李某的手机在外观上很接近,再结合周某自己的辩解,提出了周某不具有非法占有的目的,只是将他人财物误当作自己的财物,不构成盗窃罪的辩护意见。该辩护意见被侦查机关采纳,案件最终被撤销。

(3)使用手段进行维权的认定。

如果行为人主观上只是维护自己的合法权利,使用了盗窃或者敲诈勒索的手段,且窃取或者索要的财物数额合理,辩护人可考虑进行无罪辩护。例如,行为人通过窃取的方式拿到债务人的财产进行抵押,或者行为人通过威胁或者恐吓的方式索取债务,辩护人可以提出行为人不具有非法占有的目的,所以不构成盗窃罪或者敲诈勒索罪的辩护意见。

案例 2-6

2009年4月,湖北某集团公司在某县开发区开发项目,其中拆迁由开发区管委会委托拆迁公司实施。2009年11月中旬,因涉及白某家房屋拆迁和坟墓迁移,白某与拆迁公司签订了房屋拆迁协议,并收到房屋拆迁补偿费5万余元和坟墓迁移补偿费3万余元。被告人蔡某某系白某的女儿,对其母亲白某签订拆迁协议非常不满,想重新向开发区管委会等单位索取拆迁、迁坟相关损失赔偿费。于是先后起草打印了一份要求开发区管委会、湖北某集团公司等单位赔偿住宅和祖坟毁坏及精神损失费计35万元的索赔材料并将该索赔材料交给开发区管委会,同时将一份举报湖北某集团公司在项目开发过程中存在违规、违法行为的举报信交给县信访局。2010年1月13日晚,湖北某集团公司总经理

> 唐某某得知蔡某某举报其公司开发的项目后,担心对工程进展造成不利,通过开发区有关人员了解到被告人蔡某某的联系方式,并打电话约见。次日,蔡某某依约与唐某某见面,并将举报信和索赔材料交给唐某某,蔡某某声称"不满足我的要求,要举报这个项目不合法,要这个项目搞不下去"。唐某某考虑到该项目已大量投资,为不使举报行为对项目产生不利影响,答应对蔡某某赔偿,后双方协商,确定赔偿给蔡某某共计20万元。1月19日,蔡某某在一份由唐某某起草的关于愿意支付20万元、蔡某某不再举报该项目的承诺书上签字后,收到唐某某首期支付的10万元。案发后,公诉机关以蔡某某涉嫌敲诈勒索罪提起公诉,后一审法院判处蔡某某有期徒刑4年。
>
> 一审宣判后,蔡某某不服,提出上诉。辩护人提出:被告人蔡某某不具备非法敲诈他人财物的主观故意,其就房屋、祖坟向开发商提出赔偿是一项正常主张民事权利的行为;不具备敲诈勒索的客观行为,其与开发商接触是一个民事谈判的过程,不是敲诈对方的过程,开发商支付10万元是自愿的。请求撤销原审判决,宣告被告人无罪。二审法院经审理认为:虽然被告人以要挟为手段索赔,获取了巨额钱财,但被告人的索赔是基于在房屋拆迁、坟墓搬迁中享有一定的民事权利提出的,故认定被告人具有敲诈勒索罪构成要件中"以非法占有为目的"的主观故意,证据不足,不能认定被告人有罪。故判决撤销原判,宣告蔡某某无罪。

2. 牟利目的

根据《刑法》第265条的规定,以牟利为目的,盗接他人通信线路、复制他人电信码号或者明知是盗接、复制的电信设备、设施而使用的,成立盗窃罪。这意味着对于盗接他人通信线路、复制他人电信码号或者明知是盗接、复制的电信设备、设施而使用的行为,如果认定为盗窃罪,必须要以牟利为目的。根据司法实践,这里的以牟利为目的,是指为了出售、出租、自用、转让等谋取经济利益的目的。如果是为了其他目的,则不构成盗窃罪。

3. 泄愤报复或者其他个人目的

本章中,强抢型、勒索型和取得型财产类犯罪一般都要求以非法占有为目的;挪用型财产类犯罪一般要求以非法占用为目的;对于毁损型财产类犯罪,一般是出于泄愤报复或者其他个人目的,这里的其他个人目的,主要是指基于个人得失的各种心怀不满、愤恨、厌恶、解气等目的。应当注意的是,这里的泄愤报复等个人目的一般是实施犯罪的动机,有别于目的犯中的目的。对于破坏生产经营罪,由于刑法条文中明确要求"由于泄愤报复或者其他个人目的",辩护人在代理此类案件时,也可以从行为人的目的和动机入手,如果行为人破坏生产经营并非因为泄愤报复,也不是为了其他个人目的,也可以考虑进行无罪辩护。

(三)犯罪动机

财产类犯罪的动机多种多样,如贪图钱财、追求享乐、好逸恶劳、泄愤、嫉妒或者陷害他人等。一般来说,犯罪动机不影响犯罪的成立,但可以影响量刑。因此,辩护人在代理财产类犯罪案件时,可以挖掘行为人犯罪的动机,如果是出于善良的动机或者出于生活困难等动机实施了犯罪,可以提出从轻处罚的辩护意见。例如,行为人确因生活困难或者为了救治家人而实施了盗窃行为,辩护人可以从犯罪动机切入进行罪轻辩护,以获得从轻处罚的结果。

> **案例2-7**
>
> 2013年1月20日,赵某骑车来到一家门市店内,乘人不备用螺丝刀将收银台的抽屉撬开后,盗走现金4800元。2013年3月9日,某县检察院依法批准逮捕了赵某。辩护人介入案件后,协助赵某积极退赃,赵某也真心悔罪,认罪态度较好,并取得了被害人的谅解。与此同时,辩护人根据赵某实施盗窃是为了给身患重病的父亲看病的辩解,走访了赵某的家,了解到其父亲确实身患重病,但因经济困难而无法住院。赵某被逮捕后,家中失去了经济支柱,生活非常困难,父亲无人照顾。于是辩护人根据走访调查的情况向司法机关递交了法律意见书,提出赵某是出于救治父亲的动机,且悔罪明显,不具有社会危害性的辩护意见,申请对赵某变更强制措施,该意见被司法机关采纳,后赵某被取保候审。

辩点2-3:犯罪对象

(一)盗窃罪的对象

盗窃罪的对象是公私财物,范围非常广泛,但并不是所有的公私财物都可以成为盗窃罪的犯罪对象。因此,辩护人在代理盗窃案件的过程中,可以审查行为人盗窃的对象,甄别盗窃财物的类别,如果不属于盗窃罪的对象,可以考虑进行无罪辩护或者改变定性的罪轻辩护。

1. 他人财物和本人财物

从财物的归属和占有情况来看,公私财物可以分为他人财物和本人财物。盗窃罪的行为对象当然是指他人财物,即不属于行为人的公私财物,这里的"不属于"是指不属于行为人自己所有或者不属于行为人合法占有的财物。

行为人以自己合法占有的他人财物为对象进行盗窃,不构成盗窃罪。例如,行为人将基于保管合同的约定而合法占有的保管物秘密窃走并以失窃为由拒不返还保管物的,可以构成侵占罪,但不能构成盗窃罪。但是,如果行为人以自己拥有所有权但被他人合法占有的财物为盗窃对象,在特定情况下也可能构成盗窃罪,例如,窃取本人已被依法扣押的财物,或者偷回已交付他人合法持有或者保管的财物,致使他人因负赔偿责任而遭受财产损失的,则仍应以盗窃罪论处。[①] 但如果行为人的行为并未致使他人遭受财产损失,辩护人也可以进行无罪辩护,为当事人争取最大的合法权益。

案例 2-8

2007 年 3 月 28 日 10 时许,被告人秦某某驾驶自己的一辆简易机动三轮车在 204 国道上行驶。因秦某某无驾驶执照,其所驾车辆被执勤交通民警查扣,停放在交通民警中队大院内。当晚 10 时许,秦某某潜入该院内,趁值班人员不备偷取院门钥匙欲将车盗走。值班人员黄某某发现后上前制止。秦某某即殴打黄某某,并用绳索将黄某某手、脚捆绑后驾驶自己的三轮车逃离。后黄某某被鉴定为轻伤。公诉机关认为秦某某在实施盗窃的过程中,为抗拒抓捕而当场使用暴力,应当以抢劫罪论处。

在庭审过程中,辩护人提出,涉案的三轮车虽然被公安机关查扣,但被告人秦某某仍然属于所有权人,秘密取走自己享有所有权的财物,从犯罪对象和犯罪目的来看,都不能构成盗窃罪,因此也不存在转化为抢劫罪的问题。公诉机关指控秦某某构成抢劫罪不能成立。法院采纳了辩护人的意见,最终以故意伤害罪判处被告人秦某某拘役 3 个月。

---

① 参见曲新久:《刑法学》(第三版),中国政法大学出版社 2012 年版,第 458 页。

2. 动产和不动产

从财物是否可移动并且移动是否会损害价值的角度来看,公私财物可以分为动产和不动产。就不动产而言,由于一般很难移动不动产本身,因此对不动产很难建立新的占有事实。所以理论上一般认为,盗窃罪的对象仅限动产,不包括不动产,除非是可以与不动产分离的附着物。例如,行为人当然不能将土地移动到他处,但是却可以窃取甚至公然盗取他人土地上的土壤,这里的土壤也依然属于动产意义上的财物。

但由于我国刑法没有明文规定盗窃的财物仅限动产,也没有就盗窃不动产专门规定新的罪名,随着社会的发展,盗窃已经不限于自然意义上的拿走和物理意义上的移动,因此,也不排除不动产成为盗窃罪对象的可能。比如某华侨在大陆有祖传房屋数间无人居住,其远方侄子背着该华侨将其盗卖,价款归己并已挥霍殆尽,这种情况所有人可以主张构成盗窃罪。但由于不动产毕竟具有难以移动并形成新的占有事实的特点,且不动产能否成为盗窃罪对象在理论上仍存有争议,辩护人在代理盗窃不动产的案件时,还是要综合审查案件事实,从不动产的占有、登记效力等角度,寻找更有利于当事人的辩护策略。

3. 有形物和无形物

从财物是否具有实物形态的角度来看,公私财物可以分为有形物和无形物,它们都可以成为盗窃罪的行为对象。这里的无形物,包括电力、煤气、天然气、电信码号资源等具有经济价值的无形物。具体的行为体现为:

(1)以牟利为目的,盗接他人通信线路、复制他人电信码号或者明知是盗接、复制的电信设备、设施而使用的,依照盗窃罪定罪处罚。

(2)将电信卡非法充值后使用,造成电信资费损失数额较大的,以盗窃罪定罪处罚。

(3)盗用他人公共信息网络上网账号、密码上网,造成他人电信资费损失数额较大的,以盗窃罪定罪处罚。

(4)明知是非法制作的 IC 电话卡而使用或者购买并使用,造成电信资费损失数额较大的,以盗窃罪定罪处罚。

(5)盗窃油气或者正在使用的油气设备,未危害到公共安全的,以盗窃罪定罪处罚。

需要注意的是,债权及其他财产上的请求权,是一种权利,而不是财物,所以不属于盗窃罪的对象,但是记载这些权利的权利凭证,如股票、债券、支票、汇票、存单

（折）、借条等，可以成为盗窃罪的对象。

此外，对于网络中虚拟财产能否成为盗窃罪的对象，理论界存在一定的争议，实务界判决情况也不尽相同。电力、煤气、天然气虽然是无形的，但仍然可以以电流、气态等方式存在，是可检测的。但网络虚拟财产是人们根据计算机规则而进行的一种拟制，不能直接归于传统分类中的无形物。有人认为网络虚拟财产本质上是电磁记录，属于计算机信息系统中的一段字符串，不具有现实有用性和价值共通性的属性，不存在类似于现实财产的价值与使用价值，不能认定为盗窃罪的对象，构成犯罪的，可以按照侵犯计算机信息系统数据方面的犯罪定罪处罚；也有人认为，网络虚拟财产可以通过个人劳动获得或者投入财产买得，虚拟财产与真实财产存在市场交易，价值具有可衡量性，应当将其列为刑法所保护的对象，盗窃网络虚拟财产的，应当按照盗窃罪定罪处罚。

司法实践中既存在按照盗窃罪判处的案例，也存在不按照盗窃罪判处的案例，具体情况如下：

案例 2-9[①]

"传奇世界 2"是盛大公司出品的一款网络游戏，玩家可以使用现金货币到盛大公司的官方网站购买虚拟货币"元宝"，再使用"元宝"在盛大公司的游戏平台购买游戏角色所使用的装备。盛大公司还提供了"G 买卖"交易平台，供游戏玩家以虚拟货币"元宝"来买卖游戏装备。此外，盛大公司允许游戏玩家注册多个游戏账号，并允许玩家通过手机卫士软件捆绑名下所有账号，只要在手机中快捷操作，就可以在电脑上轻松登录捆绑的任一账号，并随意转换和控制其他账号。但在该登录卫士推出不久的一段时间里，有些玩家误以为快捷登录捆绑的某个账号仅能查看捆绑的其他账号的情况，而不能控制其他账号。被告人杨宏锦、李楚勇、陈强杰常年玩"传奇世界"网络游戏，发现不少玩家存在前述认识误区。2015 年，三人在"G 买卖"等交易平台上谎称要购买装备或账号不断寻找作案目标，并通过手机通话、YY 语音聊天等方式与卖家沟通，要求卖家提供级别低、装备差的账号，以便查看级别高、装备好的账号情况。卖家上钩后，三人便趁机登录卖家级别高、装备好的账号，或将该账号内的游戏装备及元宝等物转移至自己所有的账号内，或直接控制卖家的账号对外出售游戏装备及元宝，

---

① 案例来源：(2016)粤 06 刑终 1152 号刑事判决书。

并使用自己的账号收取交易所得的"元宝"。然后通过售卖"元宝"获取人民币,赚取生活费用。至案发,被告人杨宏锦共参与盗窃 24 次,盗窃数额为人民币 143190 元;被告人李楚勇共参与盗窃 16 次,盗窃数额为人民币 82990 元;被告人陈强杰共参与盗窃 7 次,盗窃数额为人民币 33390 元。

在庭审过程中,三被告人及其辩护人均有提出涉案虚拟财产不是盗窃罪的犯罪对象,不应定性为盗窃罪,而应认定为非法获取计算机信息系统数据罪的辩护意见。但法院经审理认为:涉案虚拟财产能够被公民独占管理,也能被公民转移处置,并且还具有价值属性。涉案的虚拟货币不同于身份认证信息类虚拟财产,一方面,它们能够帮助玩家购买游戏装备,获得游戏装备后玩家可以获得更好的游戏体验,即涉案的虚拟财产能够满足玩家的精神需求,具有使用价值;另一方面,涉案虚拟财产的有偿转让已经成为普遍现象,即涉案的虚拟财产具有交换价值与市场需求。因此,涉案的虚拟财产应当认定为公民私人所有的财产,可以成为盗窃罪的犯罪对象。此外,三被告人是凭授权合法登录被害人账号,而没有利用木马程序、后台漏洞等技术手段非法侵入涉案计算机信息系统,故不符合非法获取计算机信息系统数据罪的构成要件,更没有控制或者破坏计算机信息系统。综合案件其他情节,法院以盗窃罪判决杨宏锦有期徒刑 5 年,并处罚金 5000 元;李楚勇有期徒刑 3 年,并处罚金 3000 元;陈强杰有期徒刑 2 年,并处罚金 2000 元。

案例 2-10[①]

被告人施宛如在杭州纳财公司担任客服,其掌握的 24 号管理官账号有修改用户密码的权限。2015 年 12 月至 2016 年 4 月,被告人施宛如利用上述权限,对公司一款名为"Hi"的交友软件平台上大量注册用户的账户密码进行修改,并将上述账户内的充值虚拟币"钻石"统一以"送礼"的方式转移至其违规解禁的可提现账号内,而后在公司软件平台内将虚拟币兑换成现金后提现至支付宝账户内,违法所得共计 15587 元。案发后,被告人施宛如向公司退赔 19725 元并取得谅解。

---

① 案例来源:(2017)浙 0106 刑初 791 号刑事判决书。

法院经审理认为,被告人施宛如违反国家规定,侵入国家事务、国防建设、尖端科学技术领域以外的计算机信息系统,获取该计算机信息系统中存储的数据,情节严重,其行为已构成非法获取计算机信息系统数据罪,对其判处有期徒刑1年,缓刑1年6个月,并处罚金3000元。

案例2-11

被告人曾智峰于2004年5月31日受聘于深圳市腾讯计算机系统有限公司,后被安排到公司安全中心负责系统监控工作。2005年3月初,被告人曾智峰通过购买QQ号在淘宝网上与被告人杨医男互相认识,二被告人遂合谋通过窃取他人QQ号出售获利。2005年3月至7月间,由被告人杨医男将随机选定的他人的QQ号,通过互联网发给被告人曾智峰。并无查询QQ用户密码保护资料权限的曾智峰私下破解密码,进入公司的计算机后台系统,然后将查询到的资料发回给杨医男,由杨医男将QQ号密码保护问题答案破解,并将QQ号的原密码更改后将QQ号出售给他人,造成QQ用户无法使用原注册的QQ号。经查,二被告人共计修改密码并卖出QQ号约130个,获利61650元,其中,被告人曾智峰分得39100元,被告人杨医男分得22550元。

在庭审过程中,控辩双方围绕QQ号是否系财物而展开激烈争辩。公诉机关指出,QQ号是信息产品,由腾讯公司投入巨大人力、物力研发而出,符合财物的特征,二被告人认识到其中的使用价值和交换价值,通过秘密窃取的形式占有他人的QQ号,从中谋取"生财之道",根据《刑法》第264条的规定,以非法占有为目的秘密窃取公司的财物,已构成盗窃罪。辩护人提出:QQ号是运营商虚拟出来的,是一种代码服务,存在于虚拟的世界,现行法律对QQ号是否系财物并没有规定,而且被告人盗窃QQ号并没有给社会带来危害,被盗者丢失QQ号无非是不能进行网上聊天,不能及时与人进行沟通,并没有给他们带来实质性的损失。QQ号失窃带来的损失如何去估算也是个问题,故应认定被告人无罪。法院经审理认为:我国现行的法律法规和司法解释对"财物"的内涵和外延均有明确的界定,但尚未明文将QQ号等网络账号纳入刑法保护的财产之列。本案中,二被告人篡改了130多个QQ号密码,使原注册的QQ用户无法使用本人的QQ号与他人联系,造成侵犯他人通信自由的后果,其行为构成侵犯通信自由罪。故以侵犯通信自由罪判处二被告人拘役6个月。

对于代理盗窃网络虚拟财产案件的辩护人而言,在理论尚存争议,实践判决不尽相同,国家目前尚未出台明确的法律和司法解释进行规制的情况下,应当结合案件具体的事实和证据情况,提出对当事人更有利的辩护方案。

4. 合法财物和非法财物

从财物是否具有合法性的角度来看,公私财物可以分为合法财物和非法财物。盗窃罪的行为对象不限于合法财物,也包括非法财物和禁止买卖的物品,甚至包括违禁物品。例如:盗窃他人违法所得的财物可以构成盗窃罪;盗窃他人犯罪所得的财物也可以构成盗窃罪;盗窃增值税专用发票、珍贵动植物、人体器官、许可证等禁止买卖的物品也可以构成盗窃罪;盗窃毒品、伪造的货币、走私物等违禁物品也可以构成盗窃罪。由此可见,盗窃的对象是否具有合法性,不影响盗窃罪的成立。但由于有些非法财物不能正常交易,无法确定数额,对于盗窃这类财物的,一般不以数额而以情节进行量刑认定,这也给了辩护人一定的辩护空间。

案例2-12

刘某某和许某某均为吸毒人员。一天,刘某某得知张某某有毒品,即与许某某商量将该毒品盗走。2001年1月5日21时许,刘某某和许某某潜入张某某所在单位的员工宿舍,偷走张某某放在宿舍的耐克牌黑色旅行包一个,里面放有安非他命类毒品MDA药品4万余片,共计10余千克。后毒品被起获并没收。公诉机关以刘某某和许某某涉嫌盗窃罪且数额特别巨大提起公诉。

在庭审过程中,辩护人认为毒品是违禁品,因其本身不为法律所保护,没有合法的市场交易价格,所以不应计数额,公诉机关认定盗窃数额特别巨大没有法律依据。法院经审理最终采纳了辩护人的辩护意见。但基于涉案违禁品的数量特别巨大,法院最终决定在情节特别严重的法定刑幅度内追究二被告人的刑事责任。

5. 普通财物和特定财物

盗窃罪的行为对象是公私财物,但是刑法另有规定的,依照特别规定定罪处罚。我国《刑法》分则中有盗窃枪支、弹药、爆炸物、危险物质罪,盗窃国家机关公文、证件、印章罪,盗窃武装部队公文、证件、印章罪,盗窃武器装备、军用物资罪,盗伐林木罪,盗掘古人类化石、古脊椎动物化石罪,盗掘古文化遗址、古墓葬罪,盗窃尸体、尸骨、骨灰罪,为境外窃取国家秘密、情报罪,为境外窃取军事秘密罪,侵犯商业秘密罪,窃取信用卡信息罪等罪名。因此,这些罪名所涉及的对象,属于特定财物,不属于盗窃罪的对象。

(二) 敲诈勒索罪的对象

敲诈勒索罪的对象也是公私财物,具体的理解可以参考盗窃罪的行为对象。总的来说,敲诈勒索罪的对象既包括财产也包括财产性利益;既包括动产也包括不动产;既包括合法财产,也包括非法财产和禁止买卖的物品,甚至包括违禁物品。具体不再展开和赘述。

案例 2-13

被告人刘某某与邱某某于 1981 年 9 月 30 日登记结婚,并育有一子。二人于 2005 年 6 月 1 日在法院提起离婚诉讼,法院于 2006 年 9 月 15 日判决离婚。法院判决离婚时并未就财产分割及子女抚养问题进行处理。被告人刘某某于 2007 年 2、3 月间,以语言及寄信等手段,称不解决"经济问题"就向检察院检举揭发邱某某的行贿行为,向邱某某索要人民币 200 万元。后经双方协商,邱某某称先支付 50 万元,刘某某表示同意。后公诉机关以被告人刘某某涉嫌敲诈勒索罪提起公诉。另查明,在婚姻关系存续期间,二人尚未分割的财产达 2000 万元。

在庭审过程中,辩护人提出,被告人刘某某与被害人邱某某之间的婚姻关系虽然已经结束,但二人之间存在大量的财产并未分割。被告人刘某某尽管在索要财产的过程中采取了敲诈的手段,但对其所得财物的占有,在二人财产关系得到明确划分之前无法确定为非法占有状态,故不应认定为敲诈勒索罪。后公诉机关提出撤诉申请,法院作出同意撤诉的裁定。

(三) 故意毁坏财物罪的对象

故意毁坏财物罪的对象是公私财物,包括动产和不动产,行为人是否占有该财物不影响本罪的成立。但是财物必须由他人所有,故意毁坏自己所有的财物,不构成本罪。此外,本罪的对象不包括名胜古迹、文物、电力设备、广播电视设施、公用电信设施、交通工具、交通设施、易燃易爆设备、界碑、界桩、永久性测量标志、武器装备、军事设施、军事通信等,因为针对这些财物实施毁坏行为,我国《刑法》分则专门规定了特定的罪名,依照特别法优于普通法的原则,应当按照特定的犯罪定罪处罚。

(四)破坏生产经营罪的对象

破坏生产经营罪的对象是与生产经营有关的生产资料、生产工具、生产对象等,如机器设备、耕畜,但这里的机器设备必须是生产使用中的,如果破坏的是未投入生产使用或者已经废弃不用的设备,不构成本罪;这里的耕畜也是用于耕作生产的牲畜,破坏仅供食用的肉用畜,也不构成本罪。如果破坏未投入生产使用或者已经废弃不用的设备,以及仅供食用的肉用畜,符合故意毁坏财物罪的构成要件,应按故意毁坏财物罪论处。

辩点 2-4:犯罪行为

(一)盗窃行为

1. 秘密窃取还是公开盗取

盗窃罪的实行行为是盗窃。我国刑法理论通说将盗窃定义为秘密窃取,那么对于公开盗取的案件,辩护人应当如何进行辩护?

对于盗取,我国刑法理论通说将其定义为秘密窃取,1998 年最高人民法院《关于审理盗窃案件具体应用法律若干问题的解释》第 1 条将盗窃罪界定为"以非法占有为目的,秘密窃取公私财物数额较大或者多次盗窃公私财物的行为"。因此,实践中辩护人也经常以此为据对不具有"秘密窃取"特征的案件进行无罪辩护。但随着理论的深入,公开盗取也可以构成盗窃罪日益成为共识。因此,2013 年 4 月 4 日开始施行的最高人民法院、最高人民检察院《关于办理盗窃刑事案件适用法律若干问题的解释》废止了上述 1998 年的司法解释,也没有对盗窃罪进行概念上的界定。应当认为,盗窃主要是指秘密窃取,但不限于秘密窃取,也可以是抢劫、抢夺、聚众哄抢等强制方法之外的公开盗取,只是后者在实践中发生的概率较低。

(1)"秘密窃取",是一种最常见的盗窃行为,指采取不会被财物所有人、管理人、持有人发觉、知晓的方法,将公私财物转移到自己的控制之下,并非法占有或者让第三人占有。需要注意的是,"秘密"只是针对被害人知与不知而言,并不是针对被害人以外的其他人,实践中存在公开或者公然进行秘密窃取的情况,即在被害人不知晓,但被害人以外的其他人知晓的情况下公开盗窃,如在公共场所或者公共交通工具上的扒窃行为。

(2)"公开窃取"在实践中发生的概率较小,但仍然存在,是指在被害人已经知晓的情形下,非法占有或者让第三人占有公私财物的盗窃行为。其实,我国刑法在某种意义上也承认盗窃是可以针对被害人公开进行的。例如,我国《刑法》第265条规定,以牟利为目的,盗接他人通信线路、复制他人电信码号或者明知是盗接、复制的电信设备、设施而使用的,以盗窃罪论处。在实践中,这一类的盗窃行为,既有秘密进行的,也有公开进行的。故辩护人对不具有"秘密窃取"特征的案件进行辩护时,应当慎重制订无罪辩护的策略。

案例 2-14

2006年4月21日晚10时,被告人许霆来到天河区黄埔大道广州市商业银行的ATM取款机取款,先行取出1000元后,发现机器出错连续取款5.4万元。当晚,被告人许霆回到住处,将此事告诉了同伴郭安山(另案已判决)。两人随即再次前往提款,之后反复操作多次。后经警方与公诉机关提交的银行账单查实,许霆先后取款171笔,合计17.5万元;郭安山则取款1.8万元。事后,二人各携款潜逃。案发后,被告人许霆被广州市中级人民法院以犯盗窃罪,判处无期徒刑,剥夺政治权利终身,并处没收个人全部财产。后案件被广东省高级人民法院发回重审。广州市中级人民法院以被告人许霆犯盗窃罪,判处5年有期徒刑。许霆再次上诉,被维持原判。

该案在社会上引起了广泛关注,对以盗窃罪定罪的最大争议焦点就在于许霆的行为是否符合"秘密窃取"这一特征,控辩双方也是围绕这一焦点展开的辩论。后法院经审理认为,刑法中盗窃罪的"秘密窃取",虽然通常表现为秘密,但并不限于客观上的秘密窃取,还包括行为人自以为被害人不知晓的窃取。本案被告人许霆利用银行系统升级出错漏洞,自以为银行工作人员不会及时发现,非法获取银行资金,与储户正常、合法的取款行为有本质区别,且未退还赃款,表明其主观上具有非法占有银行资金的故意,客观上实施了秘密窃取的行为,构成盗窃罪。

2. 盗窃行为的方式

根据《刑法修正案(八)》的规定,盗窃罪的行为方式有五种:

(1)盗窃数额较大的公私财物:这是最常见的行为方式,要求盗窃的数额必须达到"较大"的标准才能构成犯罪。

(2)多次盗窃:是指2年内盗窃3次以上。

(3)入户盗窃:是指非法进入供他人家庭生活,与外界相对隔离的住所盗窃。

(4)携带凶器盗窃:是指携带枪支、爆炸物、管制刀具等国家禁止个人携带的器械盗窃,或者为了实施违法犯罪携带其他足以危害他人人身安全的器械进行盗窃。

(5)扒窃:是指在公共场所或者公共交通工具上盗窃他人随身携带的财物。

由此可见,2011年颁布的《刑法修正案(八)》在(1)和(2)的基础上又增加了(3)、(4)、(5)三种方式,除了(1)要求达到数额较大的标准,另外四种都没有数额上的要求,加大了对盗窃行为的打击范围和力度。辩护人在进行盗窃案件的辩护时,也要加强法律的学习,及时转换思路,不能简单地仅从数额方面进行辩护。

(二)敲诈勒索行为

1. 敲诈勒索行为的手段

敲诈勒索罪的实行行为是敲诈勒索,是指以威胁或者要挟的方法,强行索取公私财物的行为。由于敲诈勒索罪的犯罪手段具有一定的强制性,故在一定程度上易与抢劫罪混淆,但其强制手段又非暴力强制,故有时又容易与诈骗罪混淆。因此,辩护人在代理这类案件时,要牢牢掌握敲诈勒索行为的本质特征,以便制订周全的辩护策略。

使用"威胁或者要挟"的方法是敲诈勒索行为的核心手段。这里的"威胁",是指以将要对被害人或者其亲属实施杀害或者伤害等暴力行为,或者揭发、张扬其违法犯罪行为、隐私,或者以毁坏财物、损害名誉等相威胁,引起被害人心理恐惧的精神强制方法,迫使被害人交出财物。这里的"要挟",是指利用被害人所处的困境、危险或者弱点进行要挟,迫使被害人交出财物。

一般来说,敲诈勒索罪的犯罪手段通常不包括暴力手段,但轻微的暴力手段也可以成为敲诈勒索罪的犯罪手段。轻微暴力是指程度较轻的暴力,具体到敲诈勒索罪的犯罪手段来讲,是指不足以压制被害人反抗的暴力,例如程度较轻的拳打脚踢。如果暴力程度达到足以压制被害人反抗的程度,则不构成敲诈勒索罪,可能成立抢劫罪。

案例2-15

2011年12月19日21时许,被告人李某某和韩某某预谋敲诈韩某某的男网友蔡某某,后由韩某某约蔡某某到某迎宾招待所开房间见面,李某某尾随其后,在蔡某某进入房间不久,李某某就以蔡某某欺负其表妹为由对蔡某某进行殴打,后以到派出所报案并通知其妻子相要挟,向蔡某某索要现金1万元。李某某从蔡某某钱包拿走4000元,又让韩某某在房间看着蔡某某,自己拿着蔡某某的银行卡到银行取出现金 6000 元。后公诉机关以李某某和韩某某涉嫌抢劫罪向法院提起公诉。

在庭审过程中,公诉机关认为,被告人李某某当场对被害人蔡某某实施殴打,并当场从蔡某某身上取得现金 1 万元,构成抢劫罪。但辩护人提出,被告人李某某虽然对蔡某某实施了暴力,但该暴力的目的不在于对被害人造成人身伤害,而是为了使被害人内心产生恐惧心理,特别是后来以到派出所报案并通知其妻子为由实施威胁,才是使被害人交出财物的主要原因,符合敲诈勒索罪的构成要件。后法院采纳了辩护人的意见,以敲诈勒索罪对被告人李某某和韩某某进行定罪和量刑。

2. 敲诈勒索行为的方式

根据《刑法修正案(八)》的规定,敲诈勒索罪的行为方式表现为两种:

(1) 敲诈勒索数额较大的公私财物:这是最常见的行为方式,要求敲诈勒索财物的数额必须达到"较大"的标准才能构成犯罪。

(2) 多次敲诈勒索:是指 2 年内敲诈勒索 3 次以上,这是《刑法修正案(八)》新增的,不管敲诈勒索财物的数额是否达到"较大"的标准,只要在 2 年内敲诈勒索 3 次以上的,就可以构成敲诈勒索罪。因此,辩护人在进行敲诈勒索案件的辩护时,也要及时转换思路,不能简单地仅从数额方面进行辩护。

(三) 毁坏财物行为

故意毁坏财物罪的行为表现为故意毁灭或者损坏公私财物。所谓"毁灭",是指以破坏的手段使公私财物灭失或者完全丧失价值或者使用价值,不可修复或者恢复原状,如烧毁他人钱币。所谓"损坏",是指以破坏手段使公私财物部分丧失价值或者使用价值,如将相机或者手机丢进污水中。

如果使用各种危险方法毁坏财物从而危害到公共安全的,则以具体的危害公共安全犯罪定罪处罚。例如,以放火或者爆炸的方式毁坏他人房屋,如果危害到公共安全的,则构成放火罪或者爆炸罪。

(四) 破坏生产经营行为

破坏生产经营罪的行为表现为毁坏机器设备、残害耕畜或者以其他方法破坏生产经营。其他方法是指以前两种方法以外的足以使生产经营不能正常进行或者使已经进行的生产经营归于无效的方法。例如,打开水闸淹没农作物、切断电源造成停电事故等。

如果使用各种危险方法破坏生产经营从而危害到公共安全的,则以具体的危害公共安全的犯罪定罪处罚。例如,放火罪、决水罪、爆炸罪等。如果以破坏特定对象达到破坏生产经营目的,从而危害到公共安全的,则以破坏电力设备罪、破坏交通工具罪论处。

案例 2-16

被告人刘某某与被害人武某某系同村村民,两人素有积怨。2008 年至 2009 年,武某某开始种植萝卜,并租赁位于该村国家湿地公园管理局的冷库用于冷藏萝卜。被告人刘某某的冷库恰好与武某某租赁的冷库相邻,大致垂直排列,两家冷库前的空地是车辆进入冷库的必然通道。2008 年 6 月,刘某某请人在武某某租赁的冷库前建起长约 18 米、高约 40 厘米的障碍物,致使武某某无法将成熟的萝卜运至冷库储藏,萝卜大量腐烂。障碍物经多方协调拆除后,刘某某又 3 次建起障碍物,致使武某某的萝卜大量腐烂。公诉机关对刘某某以故意毁坏财物罪提起公诉。

法院经审理认为,由于被告人刘某某与武某某素有积怨,刘某某主观目的是泄愤报复,客观上实施了破坏行为,且破坏的对象是武某某生产经营过程中的农作物,侵犯的客体应当是武某某生产经营活动的正常进行,故以破坏生产经营罪对被告人刘某某进行定罪量刑。

辩点 2-5:此罪彼罪

1.盗窃罪与侵占罪

盗窃罪与侵占罪都属于取得型财产类犯罪,两种行为都有可能具有一定的秘密性,在特定条件下,两个罪名有时容易混淆。但盗窃罪是公诉案件,侵占罪是自诉案件,而且侵占罪的量刑明显更轻。因此,辩护人在代理盗窃案件时,要审查案件具体情况,审查司法机关适用罪名是否准确,如果能将盗窃罪改变定性为侵占罪,显然更有利于当事人。要进行这样的辩护,需要熟练掌握两者之间的界限。一般来说,已经由行为人占有的财物才是侵占罪的对象,即因合同等原因由行为人保管、持有、支配、经手的他人财物。如果是将他人占有或者控制下的财物,乘人不知移入自己占有或者控制之下,则构成盗窃而非侵占罪。区别两者的关键就是看财物占有的归属。但如何判断占有的归属,是比较疑难的问题,这也给了辩护人一定的辩护空间。

案例 2-17

2010 年 9 月 29 日 17 时许,被告人梁某某在协助警察郭某某执行公务时,发现郭某某的手机掉在地上,就用脚踩住。郭某某发现手机不见后,四处寻找,梁某某没有回应,并趁郭某某不备,将踩在脚下的华为手机拿走,后将该手机销赃得款 350 元。经某市价格认证中心鉴定,该手机价值 1120 元。案发后,手机已追回并发还被害人郭某某。

在庭审过程中,被告人梁某某辩解,手机是郭某某自己掉在地上的,并不是其从郭某某身上偷走的,其没有实施盗窃行为。梁某某的辩护人也提出梁某某不构成盗窃罪的辩护意见,认为被告人梁某某是把被害人郭某某掉落的手机当作了遗失物,在这种认识因素下,被告人主观上的故意应属于侵占而不是盗窃。但法院经审理认为,被告人梁某某在见到他人的手机掉在地上时,以用脚踩住的隐蔽行为,使被害人查找未得,随后将手机带离现场,从而脱离了被害人的控制而置于其控制之下,并予以销赃,数额较大,其行为已构成盗窃罪。换句话说,本案中虽然手机掉在地上是由于被害人保管不善造成的,但不能因此就断定该手机系遗失物,更谈不上是遗忘物。就本案当时的情形而言,手机是掉在特定的现场,而且就在失主的旁边,被告人为避免被人发觉,用脚踩住,且不敢弯腰将手机捡起,可见手机并未完全失去控制。因此认定被告人构成盗窃罪是恰当的。

2. 盗窃罪与诈骗罪

盗窃罪是以非法占有为目的,秘密窃取数额较大的公私财物的行为;而诈骗罪是以非法占有为目的,用虚构事实或者隐瞒真相的方法,骗取数额较大的公私财物的行为。诈骗罪与盗窃罪的关键区别在于:受骗人是否基于认识错误处分了财物,也就是说,是否将财物转移给行为人占有和支配,倘若被害人自愿处分了财物,则构成诈骗罪;倘若被害人没有处分财物,则构成盗窃罪。

案例 2-18

2014 年 12 月的一天晚上,被告人秦某某与郭某某预谋后,由郭某某以与以前的男友冯某某和好为由,将冯某某约至某商业街"老兵"酒吧。席间,秦某某给冯某某打电话称要找郭某某,郭某某以在酒吧内说话不方便为由,将冯某某的一部三星T408型手机拿出酒吧外,后二人将手机销赃,得赃款600余元,经估价鉴定,该手机价值1330元。2015年1月初的一天下午,被告人秦某某与郭某某预谋后,来到某中学门口找到郭某某的朋友李某某,秦某某趁郭某某和李某某说话之机,以借用电话为名,将李某某的一部熊猫700型手机拿走,后秦某某与郭某某将手机销赃,得赃款400余元,经估价鉴定,该手机价值1530元。后公诉机关以被告人秦某某和郭某某涉嫌盗窃罪提起公诉。

在庭审过程中,被告人秦某某和郭某某均辩称他们并没有实施任何盗窃行为,手机是他们从被害人手中骗取的,被害人也是自愿交付的手机,他们没有采取秘密窃取的方法,不构成盗窃罪。辩护人也认为二被告人的行为属于诈骗,但鉴于本案两部手机的价值只有2860元,没有达到本省要求的3000元以上的定罪标准,故二被告人的行为不构成犯罪。法院经审理认为:虽然本案的被告人实施了欺骗行为,但本案的被害人没有基于认识错误将自己的手机交由被告人占有和控制,被告人随后的秘密逃离行为才导致被害人丧失了对手机的占有和控制。所以,被告人的行为应构成盗窃罪。

司法实践中,随着计算机信息技术的发展,网络购物、网上充值、电子支付等网络交易、支付行为不断兴起,成为人们日常生活的重要组成部分。与此同时,通过网络支付平台非法获取他人财产或财产性利益的案件也呈现多发趋势。这类案件一般具有以下特征:一是犯罪行为人与财物所有者之间介入了具有一定智能的电子系统或网络技术;二是网络系统本身不可能对犯罪行为人发送的信息进行实质性审核,因而犯罪行为人发送的虚假信息极易获得网络支付平台的"认可",具有"基于认识错误而处分(交付)财物"的表象;三是无论是网络支付平台还是财物实际的权利人,通常都是在事后查验账户发现资金短缺时,才意识到可能遭遇了犯罪行为的侵害,行为人实施的非法转移占有的行为具有秘密窃取的特征,由此造成了盗、骗交织性关系。对此,刑法理论与司法实践中存在较大争议,前面所阐述的盗窃罪与诈骗罪之间的区别在这类案件中也很难完全直接适用。在现实的司法实践中,以盗窃罪定罪量刑或者以诈骗罪定罪量刑的案例均大量存在,辩护人应当认真研读这些案例,从中寻找可以适用于自己案例的切入点。

案例 2-19

2013年6月27日,覃有信利用QQ与广西某广告公司客服取得联系,以每期30元的价格,委托该公司帮他刊登一则"出资找合作"的广告,内容为:本人出资寻求有生意项目的老板一起合作,只要有投资项目,50万元以内本人出钱投资,利润双方协商分配。广告刊出后一个月,被告人覃有信接到莫先生电话,称其有投资石油的项目,正寻求合伙人。覃有信以要了解情况为由,让莫先生提供了姓名及身份证号码。同年8月1日,覃有信假称合作有风险,怕亏本,只愿意无息贷款给莫先生,莫先生以为遇到贵人,欣然同意。此时,覃有信又电话告知莫先生,已经准备好钱了,但要求他到银行新开一个账户,存入5万元,以证明经济实力;并假称,为及时收到开户者存钱进银行的信息,要求莫先生开户的联系方式上登记他提供的电话号码。求款心切的莫先生信以为真,便到银行开通了账户,存入5万元。得知莫先生存好钱后,覃有信立刻在自己的电脑上,用莫先生的身份资料注册支付宝账户,并使用快捷支付方式,将莫先生存入银行账户的5万元转入另一支付宝账户,并分批提取到不同的银行卡内。除了莫先生,覃有信还通过上述方式,于2012年10月至2013年7月期间,将多名受害人共计19万余元的资金转移到自己的账户。后覃有信被抓获,如实供述了自己的犯罪事实,并主动将存有全部犯罪所得的银行卡交给公安机关,返还给上述各被害人。公诉机关以被告人覃有信涉嫌盗窃罪起诉到人民法院。

在庭审过程中,被告人覃有信对自己的犯罪事实供认不讳,但辩称自己是诈骗,不是盗窃。一审法院审理后认为,被告人覃有信以非法占有为目的,刊登虚假广告,以无抵押贷款或寻找生意伙伴为名,骗取被害人的身份资料及银行卡账号,后通过支付宝快捷支付方式占有被害人钱财,欺骗行为系为秘密窃取创造可行条件,欺骗是盗窃的辅助手段。本案中,被害人将钱存入自己的账户,是为了证明自己的经济实力,并没有交付钱财给覃有信的意愿,被告人覃有信在获取被害人钱财时,未告知被害人亦未取得被害人的同意,而是采取偷偷转账的方法,因此,被告人覃有信的行为符合盗窃罪的特征,公诉机关指控盗窃罪的罪名成立。

> **案例 2-20**
>
> 　　2015年3月11日晚,被告人徐雅芳使用单位配发的手机登录支付宝时,发现可以直接登录原同事、被害人马某的支付宝账户,该账户内显示有5万余元。次日下午1时许,在某理发店,徐雅芳利用其工作时获取的马某支付宝密码,使用上述手机分两次从该账户转账1.5万元到刘浩的中国银行账户,后刘浩从银行取现1.5万元交给徐雅芳。案发后,涉案赃款已全部追还给被害人。公诉机关指控被告人徐雅芳犯盗窃罪,向人民法院提起公诉。
>
> 　　法院经审理认为:支付宝(中国)网络技术有限公司(以下简称"支付宝公司")作为第三方支付平台,为用户提供代管、转账等服务,被害人马某在支付宝账户内的款项由支付宝公司代管。徐雅芳利用偶然获取的支付宝密码操作马某的支付宝账户转账,使支付宝公司陷入错误认识,误以为该操作系受用户马某的委托,从而支付款项,徐雅芳的行为符合诈骗罪的构成要件。公诉机关指控徐雅芳犯盗窃罪不成立,法院不予支持,判决被告人徐雅芳犯诈骗罪,判处有期徒刑7个月,缓刑1年,并处罚金3000元。后公诉机关以原判定罪错误为由,提出抗诉。但二审法院裁定驳回上诉,维持原判。

3. 敲诈勒索罪与抢劫罪

敲诈勒索罪和抢劫罪都具有非法占有的目的,且使用的威胁方法在给财物所有人、保管人、持有人造成精神压力方面具有相似之处。但两者在客观行为上还是有很大的区别:

(1)实施威胁的方式不同。抢劫行为只能是行为人当面亲自对被害人实施,但敲诈勒索行为的方式多样化,既可以是当面实施,也可以通过寄信、打电话、发电子邮件等不是当面的间接方式进行;既可以是亲自实施,也可以通过第三人带口信等方式进行。

(2)威胁的内容不同。抢劫行为仅限于暴力威胁,被害人在暴力威胁下实际上已经丧失了自己处分财物的意识,系行为人强行从被害人处劫走财物,而敲诈勒索行为威胁的内容非常广泛,既可以包括暴力,也可以包括非暴力,且实践中以非暴力相威胁居多。

(3)实施威胁内容的方式不同。抢劫行为一般都是当场就实施暴力威胁,而敲诈勒索行为的威胁内容一般不是当场实施的,威胁的内容有可能实施,也有可能不实施。

（4）取得财物的时间不同。抢劫行为中实施威胁内容与取得财物一般具有同时、同地性，一般是当场就取得财物，而敲诈勒索行为既可以是当场取得财物，也可以在以后的某个时间点取得财物。

4. 敲诈勒索罪与诈骗罪

敲诈勒索罪与诈骗罪虽然都是财产类犯罪，都以非法占有为目的，但两者的行为手段是有很大区别的，敲诈勒索行为使用的是轻微暴力、威胁或要挟的方法，而诈骗罪使用的是欺骗的方法；被敲诈勒索的人是基于心理恐惧被迫交付财物或提供财产性利益，而被诈骗的人是基于被骗而自愿地交付财物。但在实践中，也有发生因被骗而产生错误认识因此陷入恐惧而交出财物的案例，辩护人需要具体情况具体分析。此外，对于实践中常发的"碰瓷"案件，一般是以敲诈勒索罪定罪，但不能一概而论，也需要区别具体情形，看被害人主要是基于被骗而自愿交出财物，还是基于恐惧而被迫交出财物，以此制订辩护策略。

案例2-21

被告人张某谎称李某得罪了王某，王某要找人对李某进行报复，只要李某愿意出8000元给张某，他可以出面"摆平"此事，李某听后非常害怕，便按照张某的要求将8000元钱交给了张某，后张某因涉嫌敲诈勒索罪被起诉。

辩护人介入本案后，认为公诉机关指控的罪名有误，被告人张某假借"他人"王某对受害人李某进行报复为名对被害人李某实施威胁，这种威胁离不开其所设的骗局，离不开被害人李某的主观错误认识，张某的行为只侵犯了李某的财产所有权，并没有侵犯其人身权利。虚假言论本身并不会在客观上对被害人李某的人身权利形成威胁，因此辩护律师认为被告人张某的行为符合诈骗罪的特点，但不构成敲诈勒索罪。

5. 敲诈勒索罪与绑架罪

敲诈勒索罪与绑架罪均是勒索型财产类犯罪，但两者在客观行为上还是有明显区别的：

（1）取财对象不同。敲诈勒索行为是直接从受威胁者身上取得财物，受威胁者与交付财物者为同一个人；而绑架行为不是从被绑架人身上取得财物，被绑架人和交付财物的人不是同一个人。

(2)胁迫的内容不同。敲诈勒索行为是以将对被害人实施暴力、揭发隐私、不名誉的事相威胁或要挟进行逼迫;而绑架行为是在绑架他人后以杀害或伤害被绑架人为内容进行逼迫。

(3)胁迫内容的特点不同。敲诈勒索行为威胁的内容可以是暴力的也可以是非暴力的,可以是合法的也可以是非法的,并且威胁内容的实现一般不具有当时性;而绑架行为的胁迫内容随时都可以实现,因为胁迫内容发出时,人质已经在行为人的控制之下了,胁迫内容具有加害的现实紧迫性。

但司法实践中,勒索型绑架罪与诱拐型敲诈勒索罪在构成要件上却有很多相似之处,主要表现为:都是以对被害人实施加害相要挟,向被害人的利害关系人提出索财要求,以达到其获取财物的目的。由于两个罪名在量刑上存在很大差异,因此辩护人在代理此类案件时要特别注意,避免敲诈勒索行为被认定为绑架罪。我国《刑法》将绑架罪归类于第四章"侵犯公民人身权利、民主权利罪"中,将敲诈勒索罪归类于第五章"侵犯财产罪"中,可见,从犯罪客体方面来看,人身权利是绑架罪侵犯的主要客体,财产权利是敲诈勒索罪侵犯的主要客体。因此,区别勒索型绑架罪还是诱拐型敲诈勒索罪,关键就是要确定被告人是否真正绑架了被害人,也即其行为对被害人人身自由的剥夺是否达到严重的程度、是否严重危及了被害人的人身安全。

辩点2-6:一罪数罪

(一)一罪

1.法定一罪

(1)盗窃信用卡并使用的,以盗窃罪定罪处罚。

(2)实施盗窃犯罪,造成公私财物损毁的,以盗窃罪从重处罚。

(3)盗窃公私财物未构成盗窃罪,但因采用破坏性手段造成公司财物损毁数额较大的,以故意毁坏财物罪定罪处罚。

(4)盗窃后毁坏自己盗窃所得的财物,仅构成盗窃罪。

(5)故意毁坏特定对象,法律另有规定的,依照特别法优于普通法的原则按照特定的犯罪定罪处罚。

(6)以各种危险方法实施毁坏财物的行为,如果危害了公共安全,则以具体的危害公共安全的犯罪定罪处罚。

(7)行为人冒充正在执行公务的人民警察"抓赌""抓嫖"、没收赌资或者罚款的行为,构成犯罪的,以招摇撞骗罪从重处罚;在实施上述行为中使用暴力或者暴力威胁的,以抢劫罪定罪处罚。行为人冒充治安联防队员"抓赌""抓嫖"、没收赌资或者罚款的行为,构成犯罪的,以敲诈勒索罪定罪处罚;在实施上述行为中使用暴力或者暴力威胁的,以抢劫罪定罪处罚。

2. 择一重罪

(1)采用破坏性的手段盗窃广播电视设施、公用电信设施,同时构成盗窃罪和破坏广播电视设施、公用电信设施罪的,从一重罪处罚。

(2)采用破坏性的手段盗窃使用中的电力设备,同时构成盗窃罪和破坏电力设备罪的,从一重罪处罚。

(3)采用破坏性的手段盗窃正在使用的油田输油管道中的油品,同时构成盗窃罪和破坏易燃易爆设备罪的,从一重罪处罚。

(4)为实施其他犯罪,偷开机动车作为犯罪工具使用后将车辆送回未造成丢失的,按照其所实施的其他犯罪从重处罚。

(5)以勒索财物为目的,秘密窃取财物后,以所窃财物作为交换条件,向被害人索取财物的,从一重罪处罚。

(二) 数罪

(1)盗窃后为掩盖盗窃罪行或者报复等,故意破坏公私财物构成犯罪的,应当以盗窃罪和构成的其他罪实行数罪并罚。

(2)行为人先行实施杀人、伤害、强奸等暴力犯罪,在被害人尚未失去知觉的情况下,行为人利用被害人不能反抗、不敢反抗的处境,临时起意劫取他人财物的,应以先前犯罪与抢劫罪数罪并罚;在被害人已经失去知觉或者没有知觉的情形下,行为人临时起意拿走他人财物的,应以先前犯罪与盗窃罪数罪并罚。

(3)为实施其他犯罪,偷开机动车作为犯罪工具使用后非法占有车辆,或者将车辆遗弃导致丢失的,以盗窃罪和其他犯罪数罪并罚。

(4)盗窃违禁品后又以违禁品实施其他犯罪的,应以盗窃罪与具体实施的其他犯罪实行数罪并罚。

案例 2-22

被告人杨某某系某摄影店员工,于 2014 年 11 月 6 日凌晨 3 时许,跳窗进入其工作的摄影店内,盗走两台佳能牌相机和镜头,价值共计 18000 元。后被告人杨某某拨打电话通知该店老板常某某,告知店内物品是其所盗,向常某某索要人民币1万元作为归还物品的条件。后杨某某被抓获,并被公诉机关以盗窃罪和敲诈勒索罪提起公诉。

在庭审过程中,辩护人提出,被告人虽然实施了两个行为,一个是从摄影店内窃走相机和镜头等财物,一个是以归还财物为条件向被害人索要钱款,但这两个行为之间存在牵连关系,其盗窃行为是实现敲诈勒索的手段行为,盗窃的目的不是为了占有这些财物,而是为了进行敲诈,因此盗窃行为与敲诈行为之间存在手段和目的的关系,构成牵连犯,应当择一重罪处罚,而不能数罪并罚。法院最终采纳了辩护人的意见,以盗窃罪判处被告人杨某某有期徒刑3年,并处罚金3000元。

辩点2-7:既遂未遂

在办理本章财产类犯罪案件中,掌握犯罪所处的形态是辩护的一个重点。犯罪完成形态的犯罪既遂与犯罪未完成形态的犯罪未遂、犯罪预备和犯罪中止在量刑上有着重大区别。对于预备犯,可以比照既遂犯从轻、减轻处罚或者免除处罚;对于未遂犯,可以比照既遂犯从轻或者减轻处罚;对于中止犯,没有造成损害的,应当免除处罚,造成损害的,应当减轻处罚。有的司法解释甚至明确规定,具备未完成形态的可不作为犯罪处理。由此可见,辩护人应当准确把握未完成犯罪形态的判断标准,以便正确适用法律,维护当事人的正当合法权益。在未完成犯罪形态中,相比犯罪预备和犯罪中止,犯罪未遂的标准更难掌握,现重点阐述。

(一)盗窃罪

关于盗窃罪的既遂标准,通说观点是失控加控制说,即盗窃行为已经使被害人丧失了对财物的控制,或者行为人已经控制了所盗财物的,都是既遂。一般情况下,被害人的失控与行为人的控制通常是统一的,被害人的失控即意味着行为人的控制。但是,二者也存在不统一的情况,即被害人失去了控制,但行为人并没有实际控制财物,例如,行为人从被害人处窃取财物后放置在不被行为人控制下的某隐蔽场所,等待时机再去取,但行为人在尚未到隐蔽场所取回所窃财物时就被抓获了,对此也应认定为盗窃既遂。刑法以保护合法权益为目的,既遂与未遂的区分主要是从社会危害性来看的,就盗窃罪而言,其危害程度的大小不在于行为人是否控制了财物,而在于被害人是否丧失了对财物的控制。因此,只要被害人失去了对财物的控制,即使行为人没有控制财物,也成立盗窃既遂,没有理由以未遂论处。

因此,关于盗窃罪的未遂标准,通说观点就是被害人尚未丧失对财物的控制,并结合是否造成被害人损失进行判断。盗窃行为以数额巨大的财物,或者以珍贵文物、金融机构为目标,即使行为人没有盗得任何财物,也应当以盗窃未遂予以定罪处罚。需要注意的是,如果盗窃行为是以数额较大的财物为目标,行为人没有盗得任何财物,虽然是盗窃未遂,但根据最高人民法院、最高人民检察院《关于办理盗窃刑事案件适用法律若干问题的解释》的规定,一般不作为犯罪处理,可以不追究刑事责任。这是辩护人在代理盗窃未遂案件中的一个重大辩点,从行为人的盗窃目标切入,看公诉机关是否有足够的证据证明行为人是以数额巨大的财物,或者以珍贵文物、金融机构为盗窃目标。如果没有证据证明,或者有证据证明行为人只是以数额较大的财物为盗窃目标,在没有盗得任何财物的情况下,辩护人则可以进行不作为犯罪处理的无罪辩护,而非构成犯罪未遂的罪轻辩护。

实践中还要注意一种情形,即行为人盗窃记名的有价支付凭证、有价证券、有价票证,尚没有兑现,但失主无法通过挂失、补领、补办手续等方式避免损失的,如果给失主造成的实际损失达到盗窃罪的立案标准,也构成盗窃既遂,而非犯罪未遂。

(二) 敲诈勒索罪

敲诈勒索罪需要具备主观与客观两个方面的要求:即被害人主观上受到了威胁;客观上基于威胁原因向行为人交付了财物。因此,敲诈勒索罪的既遂也需在两个条件均满足时才成立。

对于敲诈勒索罪而言,行为人使用了威胁或要挟手段,非法取得了他人的财物,就构成敲诈勒索罪的既遂。如果行为人仅仅使用了威胁或要挟手段,被害人并未产生恐惧情绪,因而没有交出财物;或者被害人虽然产生了恐惧,但并未交出财物;或者被害人交付财物并不是因为心生恐惧,而是出于怜悯或其他因素交付财物的,均属于敲诈勒索罪的未遂。

(三) 故意毁坏财物罪

关于故意毁坏财物罪的既遂标准,一般认为故意毁坏财物的行为直接造成公私财物全部或部分毁坏,导致财物部分或者全部丧失价值或者使用价值的,认定为既遂。实践中,对于公私财物的外形并未毁坏,但其价值或者使用价值受损的,也应视为故意毁坏财物罪的既遂。因此,如果公私财物并未被毁坏或效用并未受到影响,只构成故意毁坏财物罪的未遂。

案例 2-23

贾某和李某是单位同事,两人平时因为工作原因,关系闹得很僵。有一天,贾某买了一台新的单反相机,价值 2 万多元,拿到单位进行炫耀显摆,李某很生气,他看到相机摆在桌子上,就端着一杯咖啡假装不小心洒到了相机上,贾某赶紧将相机送修后,但因咖啡已经进入机器内部,花费了 5000 元才修好,且已无法恢复到新机的状态。后李某以涉嫌故意毁坏财物罪被刑事拘留。李某辩解,其并未想毁坏掉贾某的相机,也从没想到相机洒上那么一点咖啡就要花费 5000 元。公安机关认为,李某的行为已经造成贾某相机丧失部分价值和使用价值,且给贾某造成至少 5000 元的损失,构成故意毁坏财物罪的既遂。

辩点 2-8:数额情节

对于本章犯罪的量刑,既要考虑侵犯财产的数额,又要考虑侵犯财产的情节,这两个因素都直接决定对当事人适用哪一个量刑幅度。因此,辩护人不但要熟练掌握数额和情节的认定标准,还要熟练掌握数额的认定方法。此外,2021 年 7 月 1 日实施的最高人民法院、最高人民检察院《关于常见犯罪的量刑指导意见(试行)》对部分财产类犯罪的规范化量刑作出了规定,辩护人应当掌握最新的规定,掌握如何根据不同的情形在相应的幅度内确定量刑起点,以便制订合理的辩护策略,做好委托人和当事人的庭前辅导工作。

(一)盗窃罪

1. 数额的认定标准

(1)数额较大。一般情况下,盗窃公私财物价值 1000 元至 3000 元以上或者盗窃国有馆藏一般文物的,认定为"数额较大";如果具有下列情形之一的,"数额较大"以盗窃公私财物价值 500 元至 1500 元以上为标准:①曾因盗窃受过刑事处罚的;②1 年内曾因盗窃受过行政处罚的;③组织、控制未成年人盗窃的;④自然灾害、事故灾害、社会安全事件等突发事件期间,在事件发生地盗窃的;⑤盗窃残疾人、孤寡老人、丧失劳动能力人的财物的;⑥在医院盗窃病人或者其亲友财物的;⑦盗窃救灾、抢险、防汛、优抚、扶贫、移民、救济款物的;⑧因盗窃造成严重后果的。

(2)数额巨大。盗窃公私财物价值 3 万元至 10 万元以上或者盗窃国有馆藏三级文物的,认定为"数额巨大"。

(3)数额特别巨大。盗窃公私财物价值30万元至50万元以上或者盗窃国有馆藏二级以上文物的,认定为"数额特别巨大"。

各省、自治区、直辖市高级人民法院、人民检察院可以根据本地区经济发展状况,并考虑社会治安状况,在上述数额幅度内,确定本地区执行的具体数额标准,报最高人民法院、最高人民检察院批准。在跨地区运行的公共交通工具上盗窃,盗窃地点无法查证的,盗窃数额是否达到"数额较大""数额巨大""数额特别巨大",应当根据受理案件所在地省、自治区、直辖市高级人民法院、人民检察院确定的有关数额标准认定。

2. 情节的认定标准

(1)多次盗窃。2年内盗窃3次以上的,应当认定为"多次盗窃"。

(2)其他严重情节。具有以下情形之一,且盗窃公私财物价值1.5万元至5万元以上:①入户盗窃的;②携带凶器盗窃的;③组织、控制未成年人盗窃的;④自然灾害、事故灾害、社会安全事件等突发事件期间,在事件发生地盗窃的;⑤盗窃残疾人、孤寡老人、丧失劳动能力人的财物的;⑥在医院盗窃病人或者其亲友财物的;⑦盗窃救灾、抢险、防汛、优抚、扶贫、移民、救济款物的;⑧因盗窃造成严重后果的。

(3)其他特别严重情节。具有以下情形之一,且盗窃公私财物价值15万元至25万元以上:①入户盗窃的;②携带凶器盗窃的;③组织、控制未成年人盗窃的;④自然灾害、事故灾害、社会安全事件等突发事件期间,在事件发生地盗窃的;⑤盗窃残疾人、孤寡老人、丧失劳动能力人的财物的;⑥在医院盗窃病人或者其亲友财物的;⑦盗窃救灾、抢险、防汛、优抚、扶贫、移民、救济款物的;⑧因盗窃造成严重后果的。

3. 数额的认定方法

(1)被盗财物有有效价格证明的,根据有效价格证明认定;无有效价格证明,或者根据价格证明认定盗窃数额明显不合理的,应当按照有关规定委托估价机构估价。

(2)盗窃外币的,按照盗窃时中国外汇交易中心或者中国人民银行授权机构公布的人民币对该货币的中间价折合成人民币计算;中国外汇交易中心或者中国人民银行授权机构未公布汇率中间价的外币,按照盗窃时境内银行人民币对该货币的中间价折算成人民币,或者该货币在境内银行、国际外汇市场对美元汇率,与人民币对美元汇率中间价进行套算。

(3)盗窃电力、燃气、自来水等财物,盗窃数量能够查实的,按照查实的数量计算盗窃数额;盗窃数量无法查实的,以盗窃前6个月月均正常用量减去盗窃后计量仪表显示的月均用量推算盗窃数额;盗窃前正常使用不足6个月的,按照正常使用期间的月均用量减去盗窃后计量仪表显示的月均用量推算盗窃数额。

(4)明知是盗接他人通信线路、复制他人电信码号的电信设备、设施而使用的,按照合法用户为其支付的费用认定盗窃数额;无法直接确认的,以合法用户的电信设备、设施被盗接、复制后的月缴费额减去被盗接、复制前6个月的月均电话费推算盗窃数额;合法用户使用电信设备、设施不足6个月的,按照实际使用的月均电话费推算盗窃数额。

(5)盗接他人通信线路、复制他人电信码号出售的,按照销赃数额认定盗窃数额。

(6)盗窃不记名、不挂失的有价支付凭证、有价证券、有价票证的,应当按票面数额和盗窃时应得的孳息、奖金或者奖品等可得收益一并计算盗窃数额。

(7)盗窃记名的有价支付凭证、有价证券、有价票证,已经兑现的,按照兑现部分的财物价值计算盗窃数额;没有兑现,但失主无法通过挂失、补领、补办手续等方式避免损失的,按照给失主造成的实际损失计算盗窃数额。

除了第(7)项,如果盗窃行为给失主造成的损失大于盗窃数额,损失数额可以作为量刑情节考虑。

案例 2-24

2011年4月至2012年1月间,被告人钱某某在某证券营业部交易大厅,通过偷窥和推测的方法先后获得蒋某某、叶某某等10人的股票账户账号及交易密码后,利用电话或者电脑操作等委托方式,在蒋某某、叶某某这10人的账户上高买低卖某一股票,同时在自己开设的股票账户上低买高卖同一股票,从中获利,共计给被害人造成35万余元的经济损失,钱某某共从中非法获利18万余元。案发后,钱某某退出22万元,已发还被害人。公诉机关认为,被告人钱某某多次盗窃公民财物,数额特别巨大,应以盗窃罪追究刑事责任。

在庭审过程中,辩护人提出,被告人钱某某秘密侵入被害人账户后,通过被害人账户与自己账户的对应买卖,即通过自己账户高卖或低买,被害人账户低卖或高买,从中进行获利。但由于证券市场的集合竞价方式,交易成功与否由多种因素决定,被告人意图使被害人账户与自己账户进行相对买卖的委托不可能均能成功,这样便产生了很多次交易使被害人遭受了损失,但被告人却没有获利的状况。因此,本案中,被害人虽然损失了35万余元,但被告人只获利18万余元。公诉机关以35万余元作为被告人钱某某盗窃的数额是不恰当的,应以其获利的18万余元作为盗窃数额,属于盗窃数额巨大,而非盗窃数额特别巨大。对于被害人的损失,可以作为量刑情节予以考虑。法院最终采纳了辩护人的意见。

4. 量刑起点和基准刑的确定

2021年7月1日实施的最高人民法院、最高人民检察院《关于常见犯罪的量刑指导意见(试行)》就盗窃罪规定了量刑指导意见,认为可以根据不同的情形在相应的幅度内确定量刑起点,辩护人应当掌握最新的规定,以便制订合理的辩护策略及做好庭前辅导工作。

(1)达到数额较大起点的,2年内3次盗窃的,入户盗窃的,携带凶器盗窃的,或者扒窃的,可以在1年以下有期徒刑、拘役幅度内确定量刑起点。

(2)达到数额巨大起点或者有其他严重情节的,在3年至4年有期徒刑幅度内确定量刑起点。

(3)达到数额特别巨大起点或者有其他特别严重情节的,在10年至12年有期徒刑幅度内确定量刑起点。依法应当判处无期徒刑的除外。

此外,在量刑起点的基础上,根据盗窃数额、次数、手段等其他影响犯罪构成的犯罪事实增加刑罚量,确定基准刑。多次盗窃,数额达到较大以上的,以盗窃数额确定量刑起点,盗窃次数可作为调节基准刑的量刑情节;数额未达到较大的,以盗窃次数确定量刑起点,超过3次的次数作为增加刑罚量的事实。

5. 罚金刑的确定和缓刑的适用

2021年7月1日实施的最高人民法院、最高人民检察院《关于常见犯罪的量刑指导意见(试行)》还新增了对盗窃罪罚金数额的确定和缓刑的适用的规定,辩护人应当掌握这些最新规定,以便在量刑辩护时,不但对自由刑长短提出意见,而且对罚金数额多少以及是否可以适用缓刑提出意见。

(1)构成盗窃罪的,根据盗窃的数额、次数、手段、危害后果等犯罪情节,综合考虑被告人缴纳罚金的能力,在1000元以上盗窃数额2倍以下决定罚金数额;没有盗窃数额或者盗窃数额无法计算的,在1000元以上10万元以下判处罚金。

(2)构成盗窃罪的,综合考虑盗窃的起因、数额、次数、手段、退赃退赔等犯罪事实、量刑情节,以及被告人的主观恶性、人身危险性、认罪悔罪表现等因素,决定缓刑的适用。

(二)敲诈勒索罪

2011年颁布的《刑法修正案(八)》对敲诈勒索罪进行了修订,体现为:首先,降低了入罪门槛,将"多次敲诈勒索"入罪,不论数额大小;其次,增加了罚金刑,构成敲诈勒索罪的,一律并处或者单处罚金;最后,提高了法定最高刑,增加了"数额特别巨大或者有其他特别严重情节的,处 10 年以上有期徒刑,并处罚金"的量刑档次,将敲诈勒索罪的法定最高刑提高到 15 年。

1. 数额的认定标准

(1) 数额较大。一般情况下,敲诈勒索公私财物价值 2000 元至 5000 元以上的,认定为"数额较大";如果具有下列情形之一的,"数额较大"的标准以敲诈勒索公私财物价值 1000 元至 2500 元以上为标准:①曾因敲诈勒索受过刑事处罚的;②1 年内曾因敲诈勒索受过行政处罚的;③对未成年人、残疾人、老年人或者丧失劳动能力人敲诈勒索的;④以将要实施放火、爆炸等危害公共安全犯罪或者故意杀人、绑架等严重侵犯公民人身权利犯罪相威胁敲诈勒索的;⑤以黑恶势力名义敲诈勒索的;⑥利用或者冒充国家机关工作人员、军人、新闻工作者等特殊身份敲诈勒索的;⑦造成其他严重后果的。

(2) 数额巨大。敲诈勒索公私财物价值 3 万元至 10 万元以上的,认定为"数额巨大"。

(3) 数额特别巨大。敲诈勒索公私财物价值 30 万元至 50 万元以上的,认定为"数额特别巨大"。

各省、自治区、直辖市高级人民法院、人民检察院可以根据本地区经济发展状况和社会治安状况,在上述数额幅度内,共同研究确定本地区执行的具体数额标准,报最高人民法院、最高人民检察院批准。

2. 情节的认定标准

(1) 多次敲诈勒索。2 年内敲诈勒索 3 次以上的,应当认定为"多次敲诈勒索"。

(2) 其他严重情节。具有以下情形之一,且敲诈勒索公私财物价值 24000 元至 8 万元以上:①对未成年人、残疾人、老年人或者丧失劳动能力人敲诈勒索的;②以将要实施放火、爆炸等危害公共安全犯罪或者故意杀人、绑架等严重侵犯公民人身权利犯罪相威胁敲诈勒索的;③以黑恶势力名义敲诈勒索的;④利用或者冒充国家机关工作人员、军人、新闻工作者等特殊身份敲诈勒索的;⑤造成其他严重后果的。

(3) 其他特别严重情节。具有以下情形之一,且敲诈勒索公私财物价值 24 万元至 40 万元以上的:①对未成年人、残疾人、老年人或者丧失劳动能力人敲诈勒索的;②以将要实施放火、爆炸等危害公共安全犯罪或者故意杀人、绑架等严重侵犯公民人身权利犯罪相威胁敲诈勒索的;③以黑恶势力名义敲诈勒索的;④利用或者冒充国家机关工作人员、军人、新闻工作者等特殊身份敲诈勒索的;⑤造成其他严重后果的。

3. 量刑起点和基准刑的确定

2021 年 7 月 1 日实施的最高人民法院、最高人民检察院《关于常见犯罪的量刑指导意见(试行)》就敲诈勒索罪规定了量刑指导意见,认为可以根据不同的情形在相应的幅度内确定量刑起点,辩护人应当掌握最新的规定,以便制订合理的辩护策略及做好庭前辅导工作。

(1)达到数额较大起点的,或者2年内3次敲诈勒索的,在1年以下有期徒刑、拘役幅度内确定量刑起点。

(2)达到数额巨大起点或者有其他严重情节的,在3年至5年有期徒刑幅度内确定量刑起点。

(3)达到数额特别巨大起点或者有其他特别严重情节的,在10年至12年有期徒刑幅度内确定量刑起点。

此外,在量刑起点的基础上,根据敲诈勒索数额、次数、犯罪情节严重程度等其他影响犯罪构成的犯罪事实增加刑罚量,确定基准刑。多次敲诈勒索,数额达到较大以上的,以敲诈勒索数额确定量刑起点,敲诈勒索次数可作为调节基准刑的量刑情节;数额未达到较大的,以敲诈勒索次数确定量刑起点,超过3次的次数作为增加刑罚量的事实。

4. 罚金刑的确定和缓刑的适用

2021年7月1日实施的最高人民法院、最高人民检察院《关于常见犯罪的量刑指导意见(试行)》还新增了对敲诈勒索罪罚金数额的确定和缓刑的适用的规定,辩护人应当掌握这些最新规定,以便在量刑辩护时,不但对自由刑长短提出意见,而且对罚金数额多少以及是否可以适用缓刑提出意见。

(1)构成敲诈勒索罪的,根据敲诈勒索的数额、手段、次数、危害后果等犯罪情节,综合考虑被告人缴纳罚金的能力,在2000元以上盗窃数额2倍以下决定罚金数额;被告人没有获得财物的,在2000元以上10万元以下判处罚金。

(2)构成敲诈勒索罪的,综合考虑敲诈勒索的手段、数额、次数、危害后果、退赃退赔等犯罪事实、量刑情节,以及被告人的主观恶性、人身危险性、认罪悔罪表现等因素,决定缓刑的适用。

(三)故意毁坏财物罪

根据2008年6月25日实施的最高人民检察院、公安部《关于公安机关管辖的刑事案件立案追诉标准的规定(一)》第33条的规定,故意毁坏公私财物,涉嫌下列情形之一的,应予立案追诉:

(1)造成公私财物损失5000元以上的;

(2)毁坏公私财物3次以上的;

(3)纠集3人以上公然毁坏公私财物的；

(4)其他情节严重的情形。

如果辩护人发现行为人的行为不具备以上情形之一的，可以进行尚未达到立案标准的无罪辩护。

(四)破坏生产经营罪

根据2008年6月25日实施的最高人民检察院、公安部《关于公安机关管辖的刑事案件立案追诉标准的规定(一)》第34条的规定，由于泄愤报复或者其他个人目的，毁坏机器设备、残害耕畜或者以其他方法破坏生产经营，涉嫌下列情形之一的，应予立案追诉：

(1)造成公私财物损失5000元以上的；

(2)破坏生产经营3次以上的；

(3)纠集3人以上公然破坏生产经营的；

(4)其他破坏生产经营应予追究刑事责任的情形。

如果辩护人发现行为人的行为不具备以上情形之一的，可以进行尚未达到立案标准的无罪辩护。

辩点2-9：退赃退赔

侵犯财产类犯罪中，案发后积极退赃、积极赔偿被害人经济损失，可以认定为具有悔罪态度和表现，对被破坏的社会关系的修复具有积极意义。所以司法实践中，退赃和退赔都是酌定可以从宽处罚的情节，辩护人充分利用好这些情节，有利于达到良好的辩护效果。

(一)启动当事人和解程序

根据《刑事诉讼法》第288条的规定，对于因民间纠纷引起的，涉嫌侵犯财产的犯罪案件，对可能判处3年有期徒刑以下刑罚的犯罪嫌疑人、被告人真诚悔罪，通过向被害人赔偿损失、赔礼道歉等方式获得被害人谅解，被害人自愿和解的，双方当事人可以和解。

《刑事诉讼法》第290条规定："对于达成和解协议的案件，公安机关可以向人民检察院提出从宽处理的建议。人民检察院可以向人民法院提出从宽处罚的建议；对于犯罪情节轻微，不需要判处刑罚的，可以作出不起诉的决定。人民法院可以依法对被告人从宽处罚。"

据此，辩护人在办理本章犯罪案件时，对于符合刑事和解条件的，应当尽量发挥积极作用,向犯罪嫌疑人、被告人解读法律,通过向被害人赔偿损失、赔礼道歉等方式获得被害人谅解,积极促成犯罪嫌疑人、被告人和被害人之间达成和解协议。对不符合刑事和解条件的,辩护人也应当协助犯罪嫌疑人、被告人及其家属,尽量获得被害人的谅解,以争取从宽处罚。

(二) 充分利用司法解释

一般来说,认罪、悔罪、退赃、退赔、获得被害人谅解等属于酌情从宽处罚的情节,但有的司法解释确定了可以不起诉或者免予刑事处罚的规定,辩护人在辩护时要充分注意这些规定,为当事人争取最大程度的从轻处罚。

例如,根据最高人民法院、最高人民检察院《关于办理盗窃刑事案件适用法律若干问题的解释》第7条的规定,盗窃公私财物数额较大,行为人认罪、悔罪、退赃、退赔,且具有下列情形之一,情节轻微的,可以不起诉或者免予刑事处罚;必要时,由有关部门予以行政处罚:

(1) 具有法定从宽处罚情节的。

(2) 没有参与分赃或者获赃较少且不是主犯的。

(3) 被害人谅解的。

(4) 其他情节轻微、危害不大的。

再如,根据最高人民法院、最高人民检察院《关于办理敲诈勒索刑事案件适用法律若干问题的解释》第5条的规定,敲诈勒索数额较大,行为人认罪、悔罪、退赃、退赔,并具有下列情形之一的,可以认定为犯罪情节轻微,不起诉或者免予刑事处罚,由有关部门依法予以行政处罚:

(1) 具有法定从宽处罚情节的。

(2) 没有参与分赃或者获赃较少且不是主犯的。

(3) 被害人谅解的。

(4) 其他情节轻微、危害不大的。

(三) 利用量刑指导意见

2021年7月1日实施的最高人民法院、最高人民检察院《关于常见犯罪的量刑指导意见(试行)》中常见量刑情节的适用就涉及退赃退赔,并就相关的量刑情节确定了调节比例,辩护人应当掌握最新的规定,以便制订合理的辩护策略及做好庭前辅导工作。

(1) 对于退赃、退赔的,综合考虑犯罪性质,退赃、退赔行为对损害结果所能弥补的程度,退赃、退赔的数额及主动程度等情况,可以减少基准刑的30%以下。

(2) 对于积极赔偿被害人经济损失并取得谅解的,综合考虑犯罪性质、赔偿数额、赔偿能力以及认罪悔罪表现等情况,可以减少基准刑的40%以下;积极赔偿但没有取得谅解的,可以减少基准刑的30%以下;尽管没有赔偿,但取得谅解的,可以减少基准刑的20%以下。

(3) 对于当事人根据《刑事诉讼法》第288条达成刑事和解协议的,综合考虑犯罪性质、赔偿数额、赔礼道歉以及真诚悔罪等情况,可以减少基准刑的50%以下;犯罪较轻的,可以减少基准刑的50%以上或者依法免除处罚。

附:本章相关法律规范性文件[①]

1. 法律

《中华人民共和国刑法》(2020年修正,法宝引证码:CLI.1.349391)第263—276条

2. 司法解释

最高人民法院、最高人民检察院《关于常见犯罪的量刑指导意见(试行)》(法发〔2021〕21号,2021.07.01实施,法宝引证码:CLI.3.5016504)

最高人民法院、最高人民检察院《关于办理敲诈勒索刑事案件适用法律若干问题的解释》(法释〔2013〕10号,2013.04.27实施,法宝引证码:CLI.3.200335)

最高人民法院、最高人民检察院《关于办理盗窃刑事案件适用法律若干问题的解释》(法释〔2013〕8号,2013.04.04实施,法宝引证码:CLI.3.198681)

最高人民检察院、公安部《关于公安机关管辖的刑事案件立案追诉标准的规定(一)》(公通字〔2008〕36号,2008.06.25实施,法宝引证码:CLI.4.109511)

最高人民法院、最高人民检察院《关于办理盗窃油气、破坏油气设备等刑事案件具体应用法律若干问题的解释》(法释〔2007〕3号,2007.01.19实施,法宝引证码:CLI.3.83346)

最高人民法院《关于审理未成年人刑事案件具体应用法律若干问题的解释》(法释〔2006〕1号,2006.01.23实施,法宝引证码:CLI.3.73233)

最高人民检察院《关于非法制作、出售、使用IC电话卡行为如何适用法律问题的答复》(〔2003〕高检研发第10号,2003.04.02实施,法宝引证码:CLI.3.62175)

[①] 所列法律规范性文件的详细内容,可登录"北大法宝"引证码查询系统(www.pkulaw.com/fbm),输入所提供的相应的"法宝引证码",免费查询。

最高人民检察院《关于单位有关人员组织实施盗窃行为如何适用法律问题的批复》(高检发释字〔2002〕5号,2002.08.13实施,法宝引证码:CLI.3.40970)

最高人民法院《关于审理破坏森林资源刑事案件具体应用法律若干问题的解释》(法释〔2000〕36号,2000.12.11实施,法宝引证码:CLI.3.34733)

最高人民法院《关于审理扰乱电信市场管理秩序案件具体应用法律若干问题的解释》(法释〔2000〕12号,2000.05.24实施,法宝引证码:CLI.3.29253)

最高人民法院《关于村民小组组长利用职务便利非法占有公共财物行为如何定性问题的批复》(法释字〔1999〕12号,1999.07.03实施,法宝引证码:CLI.3.22671)

第三章

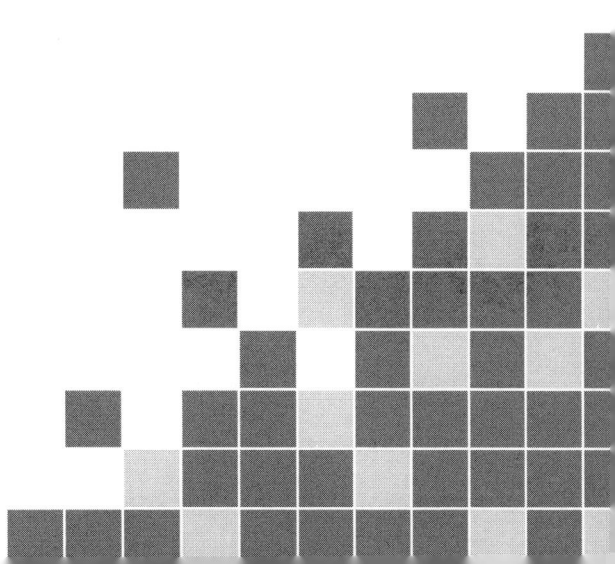

诈骗类犯罪

第一节 诈骗类犯罪综述

本章将客观上使用诈骗手段,主观上具有非法占有目的的犯罪概括为诈骗类犯罪,我国刑法中涉及诈骗的犯罪很多,根据侵犯客体的不同,规定在不同的章节中,如《刑法》分则第五章"侵犯财产罪"中的诈骗罪、第三章第五节中一系列的金融诈骗、第三章第八节中的合同诈骗罪。本章将重点详细讲述如何找到辩点并对这些常见的诈骗类犯罪进行辩护。

一、诈骗类犯罪分类索引

根据诈骗对象和手段的不同,笔者将诈骗类犯罪分为两种类型,即普通型和特殊型。普通型诈骗类犯罪就是《刑法》第266条规定的诈骗罪,特殊型诈骗类犯罪则包括金融诈骗型和扰乱市场型两种诈骗类犯罪。相关罪名与《刑法》法条的对应关系见下表。

类型		罪名	法条
1. 普通型		诈骗罪	第266条
2. 特殊型	(1)金融诈骗型	集资诈骗罪	第192条
		贷款诈骗罪	第193条
		票据诈骗罪、金融凭证诈骗罪	第194条
		信用证诈骗罪	第195条
		信用卡诈骗罪	第196条
2. 特殊型	(1)金融诈骗型	有价证券诈骗罪	第197条
		保险诈骗罪	第198条
	(2)扰乱市场型	合同诈骗罪	第224条

理论上认为,规定特殊型诈骗类犯罪的法条与规定普通型诈骗类犯罪的法条是特别法条与普通法条的关系,根据特别法条优于普通法条的原则,对符合特殊型诈骗类犯罪构成要件的行为,应认定为特殊型诈骗类犯罪,但有的学者提出两种例外:一是行为人实施特殊诈骗行为,但却不符合特殊型诈骗类犯罪的构成要件,只符合诈骗罪的构成要件,则以诈骗罪论处;二是认定特殊型诈骗类犯罪不能全面评价行为的不法内容,应认定为想象竞合,从一重罪处罚。但这样的例外处理可能更不利于行为人,辩护人可以从特别法条优于普通法条的原则以及《刑法》第266条"本法

另有规定的,依照规定"的规定出发,提出更有利于行为人的辩护方案。

二、诈骗类犯罪《刑法》规定对照表

鉴于特殊型诈骗类犯罪中的集资诈骗罪在第十二章"融资类犯罪"也有介绍,对于该罪的辩点,可以同时参考第十二章的内容。鉴于诈骗类犯罪的客观方面都存在诈骗行为且主观方面都要求以非法占有为目的,所以辩点速查中不再赘述,在正文中进行详细阐述。

类型	罪名	法条	罪状		主刑	附加刑	辩点速查
普通型	诈骗罪	第266条	诈骗公私财物	数额较大的	处3年以下有期徒刑、拘役或者管制	并处或者单处罚金	1. 犯罪主体:自然人;单位犯罪的,仅追究单位直接负责的主管人员和其他直接责任人员的刑事责任。 2. 特殊情节:是否具有可不起诉或免予刑事处罚或者特殊案件可不按犯罪处理的情形。 3. 此罪与彼罪:本罪与盗窃罪、侵占罪和敲诈勒索罪的界限。 4. 立案标准:最高人民法院、最高人民检察院《关于办理诈骗刑事案件具体应用法律若干问题的解释》第1条。
				数额巨大或者有其他严重情节的	处3—10年有期徒刑	并处罚金	
				数额特别巨大或者有其他特别严重情节的	处10年以上有期徒刑或者无期徒刑	并处罚金或者没收财产	
			本法另有规定的,依照规定				
特殊型	集资诈骗罪	第192条	以非法占有为目的,使用诈骗方法非法集资	数额较大的	处3—7年有期徒刑	并处罚金	1. 犯罪主体:自然人和单位。 2. 此罪与彼罪:本罪与非法吸收公众存款罪的界限。 3. 立案标准:最高人民检察院、公安部《关于公安机关管辖的刑事案件立案追诉标准的规定(二)》第49条。 4. 量刑标准:《刑法修正案(九)》废除了本罪的死刑,《刑法修正案(十一)》调整了量刑档次。
				数额巨大或者有其他严重情节的	处7年以上有期徒刑或者无期徒刑	并处罚金或者没收财产	
			单位犯集资诈骗罪的,对单位判处罚金,并对其直接负责的主管人员和其他直接责任人员,数额较大的,处3年以上7年以下有期徒刑,并处罚金;数额巨大或者有其他严重情节的,处7年以上有期徒刑或无期徒刑,并处罚金或者没收财产。				

第三章 诈骗类犯罪

(续表)

类型	罪名	法条	罪状	主刑	附加刑	辩点速查
特殊型	贷款诈骗罪	第193条	有下列情形之一,以非法占有为目的,诈骗银行或者其他金融机构的贷款:(1)编造引进资金、项目等虚假理由的;(2)使用虚假的经济合同的;(3)使用虚假的证明文件的;(4)使用虚假的产权证明作担保或者超出抵押物价值重复担保的;(5)以其他方法诈骗贷款的。	数额较大的	处5年以下有期徒刑或者拘役	并处2万元—20万元罚金	1.犯罪主体:自然人,无单位犯罪。2.罪与非罪:区分本罪与贷款纠纷的界限。3.此罪与彼罪:区分本罪与骗取贷款、票据承兑、金融票证罪的界限。4.立案标准:最高人民检察院、公安部《关于公安机关管辖的刑事案件立案追诉标准的规定(二)》第50条。
				数额巨大或者有其他严重情节的	处5—10年有期徒刑	并处5万元—50万元罚金	
				数额特别巨大或者有其他特别严重情节的	处10年以上有期徒刑或者无期徒刑	并处5万元—50万元罚金或者没收财产	
	票据诈骗罪	第194条第1款	有下列情形之一,进行金融票据诈骗活动:(1)明知是伪造、变造的汇票、本票、支票而使用的;(2)明知是作废的汇票、本票、支票而使用的;(3)冒用他人的汇票、本票、支票的;(4)签发空头支票或者与其预留印鉴不符的支票,骗取财物的;(5)汇票、本票的出票人签发无资金保证的汇票、本票或者在出票时作虚假记载,骗取财物的。	数额较大的	处5年以下有期徒刑或者拘役	并处2万元—20万元罚金	1.犯罪主体:自然人和单位。2.一罪与数罪:伪造、变造金融票据后使用并进行诈骗活动的认定。3.立案标准:最高人民检察院、公安部《关于公安机关管辖的刑事案件立案追诉标准的规定(二)》第51条。
				数额巨大或者有其他严重情节的	处5—10年有期徒刑	并处5万元—50万元罚金	
				数额特别巨大或者有其他特别严重情节的	处10年以上有期徒刑或者无期徒刑	并处5万元—50万元罚金或者没收财产	
		第200条	单位犯票据诈骗罪的,对单位判处罚金,并对其直接负责的主管人员和其他直接责任人员,处5年以下有期徒刑或者拘役,可以并处罚金;数额巨大或者有其他严重情节的,处5年以上10年以下有期徒刑,并处罚金;数额特别巨大或者有其他特别严重情节的,处10年以上有期徒刑或者无期徒刑,并处罚金。			

(续表)

类型	罪名	法条	罪状	主刑	附加刑	辩点速查
特殊型	金融凭证诈骗罪	第194条第2款	使用伪造、变造的委托收款凭证、汇款凭证、银行存单等其他银行结算凭证,进行诈骗活动	数额较大的	处5年以下有期徒刑或者拘役	并处2万元—20万元罚金	1.犯罪主体:自然人和单位。2.一罪数罪:伪造、变造金融凭证后使用,并进行诈骗活动的认定。3.立案标准:最高人民检察院、公安部《关于公安机关管辖的刑事案件立案追诉标准的规定(二)》第52条。
				数额巨大或者有其他严重情节的	处5—10年有期徒刑	并处5万元—50万元罚金	
				数额特别巨大或者有其他特别严重情节的	处10年以上有期徒刑或者无期徒刑	并处5万元—50万元罚金或者没收财产	
		第200条	单位犯金融凭证诈骗罪的,对单位判处罚金,并对其直接负责的主管人员和其他直接责任人员,处5年以下有期徒刑或者拘役,可以并处罚金;数额巨大或者有其他严重情节的,处5年以上10年以下有期徒刑,并处罚金;数额特别巨大或者有其他特别严重情节的,处10年以上有期徒刑或者无期徒刑,并处罚金。			
	信用证诈骗罪	第195条	有下列情形之一,进行信用证诈骗活动的:(1)使用伪造、变造的信用证或者附随的单据、文件的;(2)使用作废的信用证的;(3)骗取信用证的;(4)以其他方法进行信用证诈骗活动的。	处5年以下有期徒刑或者拘役	并处2万元—20万元以下罚金	1.犯罪主体:自然人和单位。2.一罪数罪:伪造、变造信用证后使用,并进行诈骗活动的认定。3.立案标准:最高人民检察院、公安部《关于公安机关管辖的刑事案件立案追诉标准的规定(二)》第53条。
				数额巨大或者有其他严重情节的	处5—10年有期徒刑	并处5万元—50万元罚金	
				数额特别巨大或者有其他特别严重情节的	处10年以上有期徒刑或者无期徒刑	并处5万元—50万元罚金或者没收财产	
		第200条	单位犯信用证诈骗罪的,对单位判处罚金,并对其直接负责的主管人员和其他直接责任人员,处5年以下有期徒刑或者拘役,可以并处罚金;数额巨大或者有其他严重情节的,处5年以上10年以下有期徒刑,并处罚金;数额特别巨大或者有其他特别严重情节的,处10年以上有期徒刑或者无期徒刑,并处罚金。			

(续表)

类型	罪名	法条	罪状	主刑	附加刑	辩点速查
特殊型	信用卡诈骗罪	第196条	有下列情形之一，进行信用卡诈骗活动：(1)使用伪造的信用卡，或者使用以虚假的身份证明骗领的信用卡的；(2)使用作废的信用卡的；(3)冒用他人信用卡的；(4)恶意透支的。	数额较大的	处5年以下有期徒刑或者拘役	并处2万元—20万元罚金	1.犯罪主体：自然人。2.犯罪行为：恶意透支和有效催收的认定，注意最高人民法院、最高人民检察院《关于办理妨害信用卡管理刑事案件具体应用法律若干问题的解释》2008年修正后的新规定。3.特殊情节：是否具有从轻、免除处罚或者不追究刑事责任的情节。4.一罪数罪：伪造信用卡后使用，并进行诈骗活动的认定。5.立案标准：最高人民检察院、公安部《关于公安机关管辖的刑事案件立案追诉标准的规定(二)》第54条。
				数额巨大或者有其他严重情节的	处5—10年有期徒刑	并处5万元—50万元罚金	
				数额特别巨大或者有其他特别严重情节的	处10年以上有期徒刑或者无期徒刑	并处5万元—50万元罚金或者没收财产	
	有价证券诈骗罪	第197条	使用伪造、变造的国库券或者国家发行的其他有价证券，进行诈骗活动	数额较大的	处5年以下有期徒刑或者拘役	并处2万元—20万元罚金	1.犯罪主体：自然人。2.一罪数罪：伪造、变造有价证券后使用，并进行诈骗活动的认定。3.立案标准：最高人民检察院、公安部《关于公安机关管辖的刑事案件立案追诉标准的规定(二)》第55条。
				数额巨大或者有其他严重情节的	处5—10年有期徒刑	并处5万元—50万元罚金	
				数额特别巨大或者有其他特别严重情节的	处10年以上有期徒刑或者无期徒刑	并处5万元—50万元罚金或者没收财产	
	保险诈骗罪	第198条	有下列情形之一，进行保险诈骗活动：(1)投保人故意虚构保险标的，骗取保险金的；(2)投保人、被保险人或者受益人对发生的保险事故编造	数额较大的	处5年以下有期徒刑或者拘役	并处1万元—10万元罚金	1.犯罪主体：自然人和单位。2.一罪数罪：投保人、被保险人故意造成财产损失的保险事故或者投保人、受益人故意造成被保险人死亡、伤残或者疾病，骗取保险金又同时构成其他犯罪的定罪处罚。
				数额巨大或者有其他严重情节的	处5—10年有期徒刑	并处2万元—20万元罚金	

(续表)

类型	罪名	法条	罪状	主刑	附加刑	辩点速查
特殊型	保险诈骗罪	第198条	虚假的原因或者夸大损失的程度，骗取保险金的；(3)投保人、被保险人或者受益人编造未曾发生的保险事故，骗取保险金的；(4)投保人、被保险人故意造成财产损失的保险事故，骗取保险金的；(5)投保人、受益人故意造成被保险人死亡、伤残或者疾病，骗取保险金的。	数额特别巨大或者有其他特别严重情节的	处10年以上有期徒刑	并处2万元—20万元罚金或者没收财产	3.立案标准：最高人民检察院、公安部《关于公安机关管辖的刑事案件立案追诉标准的规定(二)》第56条。
			单位犯上述罪的，对单位判处罚金，并对其直接负责的主管人员和其他直接责任人员，处5年以下有期徒刑或者拘役；数额巨大或者有其他严重情节的，处5年以上10年以下有期徒刑；数额特别巨大或者有其他特别严重情节的，处10年以上有期徒刑。				
	合同诈骗罪	第224条	有下列情形之一，以非法占有为目的，在签订、履行合同过程中，骗取对方当事人财物：(1)以虚构的单位或者冒用他人名义签订合同的；(2)以伪造、变造、作废的票据或者其他虚假的产权证明作担保的；(3)没有实际履行能力，以先履行小额合同或者部分履行合同的方法，诱骗对方当事人继续签订和	数额较大的	处3年以下有期徒刑或者拘役	并处或者单处罚金	1.犯罪主体：自然人和单位。 2.一罪数罪：合同诈骗罪与金融诈骗罪的竞合。 3.立案标准：最高人民检察院、公安部《关于公安机关管辖的刑事案件立案追诉标准的规定(二)》第77条。
				数额巨大或者有其他严重情节的	处3—10年有期徒刑	并处罚金	
				数额特别巨大或者有其他特别严重情节的	处10年以上有期徒刑或者无期徒刑	并处罚金或者没收财产	

(续表)

类型	罪名	法条	罪状	主刑	附加刑	辩点速查
特殊型	合同诈骗罪	第224条	履行合同的;(4)收受对方当事人给付的货物、货款、预付款或者担保财产后逃匿的;(5)以其他方法骗取对方当事人财物的。			
备注		第231条	单位犯以上罪的,对单位判处罚金,并对其直接负责的主管人员和其他直接责任人员,依照上述规定处罚。			

第二节 辩点整理

辩点3-1:诈骗主体	辩点3-2:主观方面	辩点3-3:诈骗行为
辩点3-4:诈骗数额	辩点3-5:特殊情节	辩点3-6:共同犯罪
辩点3-7:一罪数罪	辩点3-8:量刑指导	

辩点3-1:诈骗主体

(一)一般主体和特殊主体

本章犯罪中,只有保险诈骗罪是特殊主体,其他诈骗类犯罪均为一般主体,不要求其具有特殊的身份,只要是达到刑事责任年龄、具有刑事责任能力的人均可以构成犯罪。

对于保险诈骗罪的犯罪主体,我国刑法规定了两类:一类是投保人、被保险人和受益人,另一类是保险事故的鉴定人、证明人和财产评估人。投保人、被保险人和受益人是保险诈骗罪的实行犯,保险事故的鉴定人、证明人和财产评估人故意提供虚假的证明文件,为他人诈骗提供条件的,可以与投保人、被保险人和受益人构成共犯。

> **案例 3-1**
>
> 2013年4月间,被告人曾某某因无力归还蔡某某10万元的债务,遂产生保险诈骗的念头,于是分别向四家保险公司投保了四份意外伤害保险,保额共计50万元。为了达到骗取保险金的目的,曾某某找到蔡某某,劝说蔡某某帮助自己砍掉双脚,用以向上述保险公司诈骗,并承诺将所得高额保险金中的16万元用于偿还其所欠债务。蔡某某经曾某某多次劝说同意帮其一起实施。2013年6月17日晚9时许,二人来到事先选好的地点,由蔡某某用随身携带的砍刀将曾某某双脚砍断后逃离,曾某某在蔡某某离开现场后呼救,被周围群众发现后报警,后被接警送至医院抢救。案发后,被告人曾某某向公安机关和保险公司谎称自己是被3名陌生男子抢劫时砍去双脚,以期获得保险赔偿。之后,曾某某的妻子向保险公司提出人身险理赔申请,后因公安机关侦破此案未能得逞。经法医鉴定与伤残评定,曾某某的伤情属重伤,伤残评定为三级。
>
> 本案中,被告人蔡某某虽然既不是投保人、被保险人、受益人,也不是保险事故的鉴定人、证明人、财产评估人,但其明知被告人曾某某实施保险诈骗罪而提供帮助,属于保险诈骗罪的帮助犯。但是,蔡某某帮助曾某某实施自残的行为,既伤害了他人的身体健康,又为保险诈骗制造了条件,属于一个行为触犯了两个罪名,系想象竞合犯。按照想象竞合犯从一重处断原则,应按故意伤害罪对蔡某某进行定罪量刑。

(二) 单位犯罪和自然人犯罪

本章犯罪中,有的犯罪规定了单位犯罪,有的犯罪没有规定单位犯罪。一般情况下,相比自然人犯罪,单位犯罪的立案门槛更高,且对单位犯罪中直接负责的主管人员和其他直接责任人员的量刑更轻。例如,个人集资诈骗数额在10万元以上的,就可以予以立案追诉,而单位集资诈骗数额必须达到50万元以上的,才可以予以立案追诉。因此,辩护人在代理个人诈骗类案件时,要审查案件是否属于单位犯罪,提出是单位犯罪而不是自然人犯罪的辩护意见。

1. 是否存在单位犯罪

本章犯罪中,并不是所有的犯罪主体都可以由单位构成的。有些犯罪规定了单位犯罪,如集资诈骗罪、票据诈骗罪、金融凭证诈骗罪、信用证诈骗罪、保险诈骗罪、合同诈骗罪;有些犯罪没有规定单位犯罪,如诈骗罪、贷款诈骗罪、信用卡诈骗罪、有价证券诈骗罪。

《刑法》第30条规定:"公司、企业、事业单位、机关、团体实施的危害社会的行为,法律规定为单位犯罪的,应当负刑事责任。"换言之,如果法律没有规定为单位犯罪的,单位则不承担刑事责任。那么,在单位不承担刑事责任的情况下,单位直接负责的主管人员和其他直接责任人员等个人是否还要承担刑事责任呢?2001年最高人民法院发布的《全国法院审理金融犯罪案件工作座谈会纪要》规定,对于单位实施的贷款诈骗行为,不能以贷款诈骗罪定罪处罚,也不能以贷款诈骗罪追究直接负责的主管人员和其他直接责任人员的刑事责任。而1996年最高人民法院《关于审理诈骗案件具体应用法律的若干问题的解释》(已失效)曾规定,单位直接负责的主管人员和其他直接责任人员以单位名义实施诈骗行为,诈骗所得归单位所有的,也应当以诈骗罪追究上述人员个人的刑事责任。这两个截然相反的规定,使得实践中存在很大混乱,辩护人从有利于当事人利益的角度出发,通常也会根据最高人民法院《全国法院审理金融犯罪案件工作座谈会纪要》的精神对单位中的有关人员进行无罪辩护。

2014年4月24日第十二届全国人民代表大会常务委员会第八次会议通过的《关于〈中华人民共和国刑法〉第三十条的解释》则对以上问题进行了彻底解决,其规定:"公司、企业、事业单位、机关、团体等单位实施刑法规定的危害社会的行为,刑法分则和其他法律未规定追究单位的刑事责任的,对组织、策划、实施该危害社会行为的人依法追究刑事责任。"随着该立法解释的出台,辩护人再以最高人民法院《全国法院审理金融犯罪案件工作座谈会纪要》为根据进行无罪辩护恐怕很难达到预期的效果,应当及时转变思路,从行为人是否属于组织、策划、实施危害社会行为的人入手进行辩护。

2. 如何认定单位犯罪

一般来说,认定单位犯罪要注意以下规定和原则:

(1)以单位名义实施犯罪,违法所得归单位所有的,是单位犯罪。以单位的分支机构或者内设机构、部门的名义实施犯罪,违法所得亦归这些机构或者部门所有的,也应认定为单位犯罪。

(2)个人为进行违法犯罪活动而设立的公司、企业、事业单位实施犯罪的,或者公司、企业、事业单位设立后,以实施犯罪为主要活动的,不以单位犯罪论处。

(3)盗用单位名义实施犯罪,违法所得由实施犯罪的个人私分的,依照刑法有关自然人犯罪的规定定罪处罚。

3. 如何为单位辩护

按照上述原则,如果辩护人认为案件属于单位犯罪,应当提出适用刑法有关单位犯罪规定的辩护意见,例如适用单位犯罪的立案标准,适用单位犯罪的量刑幅度。对单位实施了没有规定单位犯罪的危害社会行为的,不能追究单位的刑事责任,单位的辩护人应当进行无罪辩护。

对于贷款诈骗罪,最高人民法院《全国法院审理金融犯罪案件工作座谈会纪要》提出,"在司法实践中,对于单位十分明显地以非法占有为目的,利用签订、履行借款合同诈骗银行或其他金融机构贷款,符合刑法第二百二十四条规定的合同诈骗罪构成要件的,应当以合同诈骗罪定罪处罚"。在这种情况下,辩护人可以进行从贷款诈骗罪改为合同诈骗罪的改变定性的辩护。

案例 3-2

被告人李某某和王某某于 2011 年成立了一家科技有限公司,公司运营两年后严重亏损,负债累累。为了解决公司的资金困难问题,李某某和王某某谎称公司将要引进某高科技项目,且伪造了一份其公司与外国某公司签署的项目合作协议,并以此向当地某信用社申请贷款,信用社最终向该科技公司放贷 25 万元。李某某和王某某后将这 25 万元全部用于归还公司之前所欠的债务。案发后,公诉机关以贷款诈骗罪对李某某和王某某提起公诉。

本案中,如果认定李某某和王某某个人贷款诈骗 25 万元,属于数额特别巨大,他们可能将面临 10 年以上有期徒刑的判决。辩护人代理该案后提出,首先李某某和王某某是以单位名义申请的贷款,而且所贷款项全部用于归还公司债务,李某某和王某某个人没有任何获益,应当属于单位犯罪;其次,李某某和王某某明知公司负债累累,没有任何偿还能力,还编造引进项目的理由,并使用虚假合同与信用社签订贷款合同,确实有非法占有贷款的目的,符合贷款诈骗罪的特征,但由于单位不能构成贷款诈骗罪,公诉机关指控的罪名错误。最终,法院认定本案属于单位犯罪,认定李某某和王某某构成合同诈骗罪,按照单位犯罪中的直接负责的主管人员分别判处李某某和王某某有期徒刑各 4 年。但 2014 年 4 月 24 日全国人民代表大会常务委员会《关于〈中华人民共和国刑法〉第三十条的解释》实施之后,可以不追究单位贷款诈骗罪的刑事责任,不过可以以贷款诈骗罪追究李某某和王某某的刑事责任。

辩点3-2:主观方面

诈骗类犯罪主观上普遍要求行为人具有诈骗的故意,并以非法占有为目的。原则上讲,只要行为人实施了诈骗行为,使被害单位或者被害人陷于错误认识而处分财产,就可以认定行为人具有非法占有的目的,如果能证明行为人确实没有诈骗故意或者没有非法占有的目的,则不能按照本章犯罪论处。

可见,是否具有非法占有的目的直接影响罪与非罪以及此罪与彼罪,是辩护人从主观方面切入案件的要点。由于犯罪故意和犯罪目的的主观性,司法实践中有时很难把握,为了解决这个问题,有的司法解释便对如何认定具有非法占有的目的作出了明确规定,辩护人在代理案件时要审查行为人是否存在对应的情形,以判断行为人是否具有非法占有的目的。

(一)金融诈骗中的非法占有目的

虽然刑法关于金融诈骗犯罪的条文中,只对集资诈骗罪、贷款诈骗罪和恶意透支型的信用卡诈骗罪明确规定了必须具有非法占有的目的,票据诈骗罪、金融凭证诈骗罪、信用证诈骗罪、有价证券诈骗罪和保险诈骗罪没有在法条中要求"以非法占有为目的",但这并不意味着这些金融犯罪就不要求以非法占有为目的。之所以在集资诈骗罪、贷款诈骗罪和恶意透支型的信用卡诈骗罪的法条中强调以非法占有为目的,是因为在非法集资(诈骗)、违法贷款(诈骗)和恶意透支信用卡行为中,行为人采取虚假手段集资、贷款或者恶意透支信用卡,并不一定都具有非法占有目的,因此刑法更强调它们必须以非法占有为目的才能构成犯罪。

根据最高人民法院《全国法院审理金融犯罪案件工作座谈会纪要》的规定,金融诈骗罪中非法占有目的的认定,应当坚持主客观相一致的原则,既要避免单纯根据损失结果客观归罪,也不能仅凭被告人自己的供述,而应当根据案件具体情况具体分析。司法实践中,对于行为人通过诈骗的方法非法获取资金,造成数额较大资金不能归还,并具有下列情形之一的,可以认定为具有非法占有的目的:

(1)明知没有归还能力而大量骗取资金的;
(2)非法获取资金后逃跑的;
(3)肆意挥霍骗取资金的;
(4)使用骗取的资金进行违法犯罪活动的;
(5)抽逃、转移资金,隐匿财产,以逃避返还资金的;
(6)隐匿、销毁账目,或者搞假破产、假倒闭,以逃避返还资金的;
(7)其他非法占有资金、拒不返还的行为。

但是,在处理具体案件的时候,对于有证据证明行为人不具有非法占有目的的,不能单纯以财产不能归还而按金融诈骗罪处罚。

还有一点必须注意的是,金融诈骗罪中的贷款诈骗罪、部分票据诈骗罪、信用证诈骗罪都必须是以非法占有为目的,如果以非法占用为目的,使用欺骗的手段取得了银行或者其他金融机构的贷款、票据承兑、信用证、保函,即使给银行或者其他金融机构造成重大损失,也不应当构成贷款诈骗罪、票据诈骗罪或者信用证诈骗罪,如果符合骗取贷款、票据承兑、金融票证罪构成要件的,可以按骗取贷款、票据承兑、金融票证罪论处。由于贷款诈骗罪、票据诈骗罪和信用证诈骗罪最高都可以判处无期徒刑,而骗取贷款、票据承兑、金融票证罪最高只能判处7年有期徒刑,两者在量刑上具有很大差异,所以辩护人从主观方面切入进行改变定性的辩护是非常必要的。

(二)集资诈骗中的非法占有目的

根据2011年1月4日实施的最高人民法院《关于审理非法集资刑事案件具体应用法律若干问题的解释》第4条的规定,使用诈骗方法非法集资,具有下列情形之一的,可以认定为"以非法占有为目的":

(1)集资后不用于生产经营活动或者用于生产经营活动与筹集资金规模明显不成比例,致使集资款不能返还的;

(2)肆意挥霍集资款,致使集资款不能返还的;

(3)携带集资款逃匿的;

(4)将集资款用于违法犯罪活动的;

(5)抽逃、转移资金、隐匿财产,逃避返还资金的;

(6)隐匿、销毁账目,或者搞假破产、假倒闭,逃避返还资金的;

(7)拒不交代资金去向,逃避返还资金的;

(8)其他可以认定非法占有目的的情形。

集资诈骗罪中的非法占有目的,应当区分情形进行具体认定。行为人部分非法集资行为具有非法占有目的的,对该部分非法集资行为所涉集资款以集资诈骗罪定罪处罚;非法集资共同犯罪中部分行为人具有非法占有目的,其他行为人没有非法占有集资款的共同故意和行为的,对具有非法占有目的的行为人以集资诈骗罪定罪处罚。

此外,正确认定集资诈骗罪的犯罪目的有助于区别此罪与彼罪。例如,集资诈骗罪和欺诈发行证券罪、非法吸收公众存款罪在客观上均表现为向社会公众非法募集资金,区别的关键就在于行为人是否具有非法占有的目的。以非法占有为目的而非法集资,或者在非法集资过程中产生了非法占有他人资金的故意的,均构成集资诈骗罪。但是,在处理具体案件时要注意以下两点:一是不能仅凭较大数额的非法集资款不能返还的结果,推定行为人具有非法占有的目的;二是行为人将大部分资金用于投资或生产经营活动,而将少量资金用于个人消费或挥霍的,不应仅以此便认定其具有非法占有的目的。因此,如果能够认定行为人不具有非法占有的目的,辩护人可以提出不构成集资诈骗罪的无罪辩护意见或者提出仅符合欺诈发行证券罪或非法吸收公众存款罪特征的改变定性的辩护意见。

(三)恶意透支型信用卡诈骗中的非法占有目的

根据2018年修正的最高人民法院、最高人民检察院《关于办理妨害信用卡管理刑事案件具体应用法律若干问题的解释》第6条的规定,对于恶意透支的信用卡诈骗罪,是否以非法占有为目的,应当综合持卡人信用记录、还款能力和意愿、申领和透支信用卡的状况、透支资金的用途、透支后的表现、未按规定还款的原因等情节作出判断。不得单纯依据持卡人未按规定还款的事实认定为具有非法占有目的。具有以下情形之一的,应当认定为《刑法》第196条第2款规定的恶意透支中的"以非法占有为目的",但有证据证明持卡人确实不具有非法占有目的的除外:

(1)明知没有还款能力而大量透支,无法归还的;
(2)使用虚假资信证明申领信用卡后透支,无法归还的;
(3)透支后通过逃匿、改变联系方式等手段,逃避银行催收的;
(4)抽逃、转移资金,隐匿财产,逃避还款的;
(5)使用透支的资金进行犯罪活动的;
(6)其他非法占有资金,拒不归还的情形。

案例 3-3

2019年11月至2020年1月间,被告人刘某先后以自己或他人身份向交通银行和光大银行申办信用卡后,共透支信用卡本金人民币10万元,经银行工作人员多次催缴,拒不归还。后被告人刘某改变联系方式逃避催收。刘某被公诉机关以涉嫌信用卡诈骗罪移送起诉。

在庭审过程中,刘某辩称其没有诈骗的故意,只是与银行之间的欠款纠纷。法院经审理认为,被告人刘某超过规定期限透支,并且经发卡银行两次催收后超过3个月仍不归还,透支后逃匿、改变联系方式,逃避银行催收,足以认定其具有非法占有的目的。

(四)其他诈骗中的非法占有目的

对普通型和扰乱市场型的诈骗类犯罪虽然没有出台明确的司法解释认定非法占有目的,但都可以参照上述规定,主要从行为人是否实施了诈骗行为,是否使被害单位或者被害人陷于错误认识,以及对于诈骗来的财物如何进行处置等方面进行认定,不再一一赘述。

案例 3-4

杨某在 2014 年组建了一个施工队,没有到工商部门登记注册,而是靠着自己的口碑和别人的介绍在一些工地施工。2015 年 11 月,杨某与乙公司业务员张某联系,想要购进一批建筑材料,但张某提出公司有规定不能与个人签合同,只与公司签署销售合同,杨某遂以河北某建筑工程劳务有限公司的名义向乙公司购买建筑材料,张某明知河北某建筑工程劳务有限公司不是杨某的公司,但也没有提出异议。后杨某与张某达成合意,乙公司先送货,杨某在 1 个月内将货款付清。但是,杨某在取得乙公司价值共计 10 万元的建筑材料后突然失踪了,张某通过电话和其他途径都联系不上杨某,遂报案。公安机关后来在杨某的老家某村庄将杨某缉拿归案。

在侦查阶段,辩护人到看守所会见了杨某,杨某提出其使用河北某建筑工程劳务有限公司的名义与乙公司签署合同是因为乙公司不与个人签合同,而杨某没有登记注册公司,乙公司业务员张某对此是明知的,且其回老家是为了回去处理丧事,不是为了逃避债务,其没有占有货物的目的。辩护人经过核实后向公安机关提供了证据线索和法律意见,公安机关经侦查作出了撤案处理。

辩点 3-3:诈骗行为

本章共涵盖了十个罪名,它们在客观方面有一个共性,就是都实施了诈骗行为。所以作为辩护人,首先要审查行为人的行为是否属于诈骗行为,如果不属于,则不构成本章的任何一个罪名。此外,特殊型诈骗类犯罪的诈骗行为在诈骗对象、手段和方式等方面有特殊的要求,辩护人还要进一步审查是否符合特殊型诈骗类犯罪的构成要件,审查指控的罪名是否适用准确。

(一) 诈骗行为的认定

1. 使用了欺骗的方法

欺骗的方法包括虚构事实和隐瞒真相两种方式,这里的虚构事实,是指捏造并不存在的事实,骗取被害人的信任。这里的隐瞒真相,是指对被害人掩盖客观存在的某种事实,使被害人对客观事实产生错误认识。欺骗的方法没有限制,可以是语言欺骗也可以是文字欺骗,可以是明示也可以是默示,可以是作为也可以是不作为。

2. 对方产生错误认识

欺骗的行为必须达到足以使对方产生错误认识的程度,一般性的夸张表述或者夸大判断,不足以使对方产生错误认识的,不能认定为诈骗行为。鉴于此,受骗者只能是有行为能力的自然人,不能是无行为能力的幼儿、精神病患者,也不能是机器。骗取幼儿、精神病患者财物的,构成盗窃罪。向机器传递不真实资讯而取得财物的,也只能认定为盗窃罪。

3. 对方基于错误认识处分财产

这里的处分财产,不限于转移所有权或其他本权,还包括转移占有;既包括处分给行为人本人,也包括处分给第三人;既包括直接交付,也包括通过辅助者的间接交付。对方处分财产,必须是基于错误认识,而不是其他不法行为。

辩护人在代理诈骗类犯罪案件时,首先要审查行为人的行为是否属于诈骗行为,是否具备以上条件,如果不具备,则可能不构成本章的任何诈骗类犯罪。但需要注意的是,不具备以上条件,也有可能构成盗窃罪,相比于诈骗罪,盗窃罪的量刑更重,更不利于行为人。因此,作为辩护人,要综合审查案件事实认定和法律适用,制订更有利于行为人的辩护方案。

(二) 特殊情形的诈骗

1. 三角诈骗

一般情况下,诈骗行为发生在两者之间,行为人实施诈骗行为,被害人因为被欺骗产生错误认识而处分自己的财产,被害人与被骗人为同一人。但在实际生活中,也存在被害人与被骗人不是同一人的情况,即被骗人因被行为人欺骗产生错误认识而处分了被害人的财产,我们把这种情况称为三角诈骗,同样构成诈骗罪。通常情况下,被骗人具有处分被害人财物的权限或者处于可以处分被害人财产的地位。如果被害人不具有这样的权限或者地位,行为人则可能构成盗窃罪。

2. 诉讼诈骗

诉讼诈骗有两种情形：一种是以捏造的事实提起民事诉讼骗取财物或者免除债务，一种是在民事诉讼中使用虚假证据骗取财物或者免除债务。不管是哪一种情形，都属于广义的三角诈骗，因为法官是受骗人，是财产处分人，但不是被害人。《刑法修正案（九）》为第一种情形增设了虚假诉讼罪，但同时规定，虚假诉讼，非法占有他人财产或者逃避合法债务，又构成其他犯罪的，依照处罚较重的规定定罪处罚。可见，第一种情形仍然可能按照诈骗罪定罪处罚。

3. 赌博诈骗

在赌博案件中，存在设置圈套或者欺骗的方式，具体的定罪要看设置的圈套是为了诱骗他人参赌获取钱财还是为了控制赌博的输赢结果。如果只是为了诱骗他人参赌，但在赌博过程中完全遵守射幸规则，没有使用欺骗手段控制输赢结果，只能构成赌博罪；如果是在赌博的过程中设置圈套，完全不遵守射幸规则，而是使用欺骗的手段（如专门的工具）控制赌博输赢结果的，则构成诈骗罪。

案例 3-5

2017年1月至12月，被告人李某某、吴某某、张某某、刘某某等人结伙，将多名被害人骗至事先订好的本市小饭店，在包房内诱骗被害人参与赌牌。其间，有专人在旁伺机借钱给被害人，诱使被害人交出手机、证件等作为抵押，又有专人假冒两轮摩托车载客人员送被害人回家取钱，并监视被害人。各被告人结伙他人诈骗25次，共骗得5.9万余元以及手机、戒指等物。

在庭审过程中，李某某等人辩称是被害人自愿参与赌博，他们所获得的钱物是赌博所得，只能构成赌博罪，不构成诈骗罪。法院经审理认为，李某某等人是出于非法占有的诈骗意图，丝毫没有与对方赌博的想法。通过被告人之间的默契配合，赌博的输赢已经完全由他们掌控，被害人一旦入局，必定是有输无赢，完全不符合赌博行为凭借偶然事实决定输赢的特性，他们只是以赌博为名诈骗被害人钱款，其行为应当认定为诈骗罪。

4. 调包诈骗

在调包案件中，行为人一般先使用欺骗手段获取财物然后使用调包手段调换财物后交回给被害人，行为人之所以能取得财物，利用的是趁被害人不注意的调包行为,而不是前面的欺骗手段,行为人采取欺骗手段只是为了转移被害人的注意力,获得临时占用财物使其能够实施调包行为的机会,被害人虽然也受到欺骗,但并非自愿作出处分财产的决定。因此,在这种情况下,行为人构成的是盗窃罪而非诈骗罪。如行为人谎称要低价出售黄金项链,购买方答应购买并交给行为人5000元,行为人将黄金项链交给购买方后,谎称要帮其清洁一下项链,在清洁过程中,行为人调换了项链,将外表相似的假的黄金项链交给购买方。此时,行为人构成盗窃罪。但如果行为人谎称要低价出售黄金项链,购买方答应购买并交给行为人5000元后,行为人直接将假的黄金项链交给购买方的,行为人对5000元构成诈骗罪。

案例 3-6

2017年11月26、27日晚上,周某分别伙同王某等人在取款机插卡口内安装吞卡器,李某使用银行卡在取款机上取款时,银行卡被吞,于是周某告诉李某拨打取款机上被王某事先更改的银行热线电话,于是王某在电话中告诉李某"按取消键,输入95599,再输入密码,卡就会退出来",李某按上述提示操作后卡并未退出,周某则乘机偷窥获得李某银行卡的密码,李某因卡被吞无奈离开现场后,周某从取款机插卡口内撬出李某的银行卡,然后使用偷窥到的密码从取款机上取出李某的存款5.98万元。后周某和王某被公安机关抓获。

本案中,周某和王某坚称自己只是实施了诈骗手段,应定诈骗罪。但法院经审理后认为,周某和王某以非法占有为目的,两人合伙盗窃他人信用卡并使用,其行为构成盗窃罪。诈骗罪是指行为人以非法占有为目的,用虚构事实或者隐瞒真相的方法,骗取数额较大的公私财物的行为。其本质特征是以虚构事实或隐瞒真相的方法骗取被害人的信任,使被害人信以为真,从而自愿地向行为人交付财物。本案中,被告人周某和王某虽然使用了一定的欺诈手段,即在被害人的信用卡被吞后诱骗被害人拨打虚假的热线电话,但被害人并未因该欺诈手段而自愿地将信用卡交付给周某和王某,他们最终是趁被害人不备之机,采用螺丝刀从取款机插卡口内撬取的方法获得被害人的信用卡的,其行为明显不符合诈骗罪的构成要件。

(三)特殊型诈骗类犯罪的具体方式

1. 集资诈骗罪

根据《刑法》第192条的规定,集资诈骗罪的行为表现为使用诈骗方法非法集资。这里的"诈骗方法",是指编造事实或者隐瞒真相的方法。在实际案件中,诈骗方法多种多样,可以以引资合作经营为名,可以以共同投资为名,还可以以高利率为诱饵吸引公众投资。这里的"非法集资",是指违反国家规定,未经批准,通过某种渠道或者某种手段向社会公众募集资金的行为。具体的表现方式参见本书第十二章"融资类犯罪"的相关内容。

使用"诈骗方法"和"非法集资"是集资诈骗罪客观方面的两个要素,缺一不可。如果只是违反国家金融管理法律规定,向不特定社会公众非法集资,并没有使用诈骗方法的,也不是以非法占有为目的的,不能构成集资诈骗罪,符合非法吸收公众存款罪构成要件的,按照非法吸收公众存款罪论处。集资诈骗和非法吸收公众存款都属于非法集资行为,但非法吸收公众存款罪的量刑明显轻于集资诈骗罪。因此,辩护人在代理这类案件时要注意考察犯罪行为和犯罪目的,如果指控的罪名错误,应当提出改变定性的辩护意见。

2. 贷款诈骗罪

根据《刑法》第193条的规定,贷款诈骗的行为方式表现为:

(1)编造引进资金、项目等虚假理由的;

(2)使用虚假的经济合同的;

(3)使用虚假的证明文件的;

(4)使用虚假的产权证明作担保或者超出抵押物价值重复担保的;

(5)以其他方法诈骗贷款的。

对于行为人合法取得贷款后,由于某种原因不能还本付息,采取欺骗手段将用于贷款的抵押物隐匿、转移,使得贷款人不能对抵押物行使权利的,只能作为民事纠纷处理,不能认定为贷款诈骗罪。但行为人如果在贷款过程中就隐瞒了事后要隐匿、转移用于贷款的抵押物而拒不归还贷款的意图从而获得贷款的,则可能构成贷款诈骗罪。辩护人在代理这类案件时,要注意审查相关证据,确定行为人是否实施了贷款诈骗的行为。

案例 3-7

2015年6月7日,被告人郭某某用某有色金属铸造厂的1400平方米厂房和机器设备作抵押,与某城建信用社签订了250万元的贷款合同。贷款合同到期后,经信用社多次催要,郭某某均没有偿还借款。2016年10月21日,郭某某擅自将有色金属铸造厂的全部建筑物及厂区土地(包括上述贷款抵押物)作价200万元,一次性转让给某塑料制品厂厂长吴某某,并对吴某某隐瞒了有色金属铸造厂已有部分建筑物抵押给信用社的事实。郭某某收到吴某某分期给付的150万元现金,但未用于偿还贷款。2016年12月15日,郭某某以有色金属铸造厂的名义起诉塑料制品厂,要求认定其与吴某某之间的转让合同无效。后该案经两级法院审理,认定郭某某与信用社签订的抵押合同因未到有关部门登记而无效,郭某某与吴某某之间所签订的转让合同合法有效,至此造成信用社不能通过抵押的财产收回贷款。

在庭审过程中,被告人郭某某辩称,其将厂房卖给吴某某时,已将贷款一并移交给吴某某,由吴某某代为偿还贷款。后因吴某某不承认代其还贷一事,故向法院起诉吴某某,是因法院驳回了其诉讼请求才导致不能偿还贷款,其没有非法占有贷款的故意,不构成贷款诈骗罪。法院经审理认为,被告人在贷款当时没有采取欺诈手段,只是在还贷的过程中将抵押物卖掉,如果该抵押是合法有效的,信用社可随时采取法律手段将抵押物收回,不会造成贷款无法收回的后果;且郭某某在转让抵押物后,确也采取了诉讼的手段欲将抵押物收回,因认定抵押合同无效才致使本案发生,故被告人不构成犯罪的理由成立。

3. 票据诈骗罪

根据《刑法》第194条第1款的规定,票据诈骗的行为方式表现为:

(1)明知是伪造、变造的汇票、本票、支票而使用的。这里的使用,是指行为人故意将伪造、变造的汇票、本票、支票作为支付、结算、流通、融资、信用工具使用,直接或者间接骗取他人财物。

(2)明知是作废的汇票、本票、支票而使用的。这里的作废,是指原来真实有效的票据失去票据效力,包括过期的票据、无效的票据和依法宣布作废的票据。

(3)冒用他人的汇票、本票、支票的。这里的冒用,是指行为人擅自以票据权利人的名义,支配、使用、转让自己不具有支配权的他人票据的行为,票据的来源可以是以欺诈、盗窃等非法手段获取,也可以通过拾得、保管等合法手段获取。

(4)签发空头支票或者与其预留印鉴不符的支票,骗取财物的。空头支票,是指出票人所签发的支票金额超出其银行存款账户余额或者透支额度而不能兑付的支票。与其预留印鉴不符的支票,是指支票签发人在其签发的支票上加盖与其预留在银行或者其他金融机构处的印鉴不一致的财务公章或者支票签发人的名章。

(5)汇票、本票的出票人签发无资金保证的汇票、本票或者在出票时作虚假记载,骗取财物的。签发汇票、本票的行为人有无资金保证,不能单纯从时间上作形式上的认定,而要从实质上考察签发行为人是否足以造成他人损失。在出票时作虚假记载,仅限于出票环节,不包括背书、提示承兑、付款及保证环节。

> **案例 3-8**
>
> 陈某某拟在深圳成立一家 A 公司,遂委托在深圳代办工商登记的李某某办理公司设立和税务登记手续,双方约定委托费为 7000 元,后李某某在深圳某银行开设了 A 公司临时账户,陈某某以出资人的身份往该临时账户汇入 50 万元作为注册资本金。之后,李某某按照约定办理了 A 公司工商登记、税务登记手续,刻制了公司公章、财务专用章以及法定代表人陈某某的虚假印章,然后李某某将临时账户上 50 万元注册资本金转入一般账户,并以公司财务章和陈某某私章作为印鉴。然后李某某使用 A 公司财务专用章、陈某某的印章开出支票,从一般账户上提走现金 40 万元并携款潜逃。后李某某被检察机关以涉嫌票据诈骗罪移送起诉。
>
> 在庭审过程中,李某某的辩护人提出,涉案注册资金是陈某某委托李某某代为保管的,其构成侵占罪,不构成票据诈骗罪。但法院经审理认为,李某某接受委托办理的事项是公司设立登记,其代为保管的是公司设立登记所需和所形成的证章,而不是注册资金。李某某仅凭手中所保管的公司证章是不能实现对注册资金的占有的,其之所以能取得资金是因为实施了骗领、签发、使用支票的行为。对于没有代理权或者超越代理权以及利用保管的出票权利人的印章开具票据并使用的行为,属于冒用票据还是使用伪造的票据,理论界和实务界有一定的分歧,但不管属于哪一种,都应当按照票据诈骗罪论处。

4. 金融凭证诈骗罪

根据《刑法》第 194 条第 2 款的规定,金融凭证诈骗的行为方式表现为使用伪造、变造的委托收款凭证、汇款凭证、银行存单等其他银行结算凭证,骗取财物的行为。其中,委托收款凭证,是指行为人在委托银行向付款人收取款项时所填写、提供的凭据和证明。汇款凭证,是指汇款人委托银行将款项汇给外地收款时,所填写的凭据和证明。其他银行结算凭证是指除本票、汇票、支票、委托收款凭证、汇款凭证、银行存单以外的办理银行结算的凭证和证明。

根据中国人民银行印发的《支付结算办法》，支付结算是指单位、个人在社会经济活动中使用票据、信用卡和汇兑、托收承付、委托收款等结算方式进行货币给付及其资金清算的行为。银行结算凭证是指中国人民银行为上述结算活动统一制定的书面凭证。但在实践中，对于哪些凭证属于银行结算凭证仍然存在一些争议，办案机关有时也拿捏不准，需要向上一级机关进行请示。比如江苏省公安厅经侦总队在2000年向公安部提交了《关于"单位存款开户证实书"是否属于银行结算凭证的请示》，公安部经济犯罪侦查局作出了"'单位定期存款开户证实书'是接受存款的金融机构向存款单位开具的人民币定期存款权利凭证，其性质上是一种金融凭证，它与存单同样起到存款证明作用，只是不能作为质押的权利凭证"的批复；公安部办公厅在2001年向中国人民银行提交了《关于银行储蓄卡是否属于银行结算凭证问题的函》，中国人民银行办公厅作出了"银行储蓄卡是商业银行或城乡信用社为方便储户取款而向储户发行的，主要用于储户在自动柜员机上提取款项的支付工具，其性质等同于银行存折和银行存单。可以视同银行存单将其界定为银行结算凭证"的复函；广东省公安厅经济犯罪侦查局在2008年向公安部提交了《关于银行进账单、支票存根联、支付系统专用凭证、转账贷方传票是否属于银行结算凭证的请示》，公安部经济犯罪侦查局作出了"银行进账单、支付系统专用凭证、转账贷方传票属于银行结算凭证，而支票存根联是出票人自行留存、用于核对账务的内部凭证，不属于银行结算凭证"的批复。因此，辩护人在办理具体案件过程中，还需要积极审查涉案凭证是否属于银行结算凭证，进而审查其是否不属于金融凭证诈骗罪的对象。

案例3-9

A公司法定代表人张某某以帮朋友拉存款为名，引诱B公司将资金转入工商银行C支行账户，后张某某安排自己的A公司到工商银行D支行开立一般账户并办理工商银行网上客户服务中心开户手续，并在工商银行C支行开立一般账户，私刻工商银行C支行公章，制作了虚假的《中国工商银行网上银行企业客户账户查询、转账授权书》、客户证书档案信息资料、需增加的分支机构档案信息资料，然后将资料交给工商银行电子结算中心市场部负责人，违规办理了"网上银行下挂账户手续"，将B公司设立在工商银行C支行的账户以A公司分支机构的名义下挂到A公司设立在工商银行D支行账户名下，使得张某某可以对B公司账户进行转账支配。当B公司500万元资金到账后，张某某在银行工作

> 人员的帮助下解锁,将 B 公司 500 万元中的 280 万元转入 A 公司账户,由张某某进行支配使用。后张某某被检察机关以涉嫌金融凭证诈骗罪移送起诉。
>
> 在庭审过程中,张某某辩称其伪造的《中国工商银行网上银行企业客户账户查询、转账授权书》并不是金融凭证,不能构成金融凭证诈骗罪。但法院经审理认为,该账户查询、转账授权书是用于网上电子银行进行收付、结算的唯一的、排他的重要依据,是用于金融机构和存款人之间以特定的格式记载双方特定权利、义务的书面文件,也是双方记账的重要凭证,转账授权书与加盖银行印章后的网上银行票证一起,即具有金融票证中的"委托收款凭证"的效力,属于金融凭证。

5. 信用证诈骗罪

根据《刑法》第 195 条的规定,信用证诈骗的行为方式表现为:

(1)使用伪造、变造的信用证或者附随的单据、文件的。

(2)使用作废的信用证的。

(3)骗取信用证的。

(4)以其他方法进行信用证诈骗活动的。这里的其他方法,还包括利用远期信用证支付时,进口商先取货后付款,在信用证到期前转移、隐匿财产,骗取财物;与银行勾结,在信用证到期付款前,将银行资金转移,宣告资不抵债,非法占有进口货物;利用软条款信用证,非法占有进口财物;等等。

6. 信用卡诈骗罪

根据《刑法》第 196 条的规定,信用卡诈骗的行为方式表现为:

(1)使用伪造的信用卡,或者使用以虚假的身份证明骗领的信用卡的。需要注意的是,使用真实的身份信息,但提交了虚假的收入证明、财产情况、房产证明等申领信用卡,不能认定为以虚假的身份证明骗领信用卡。

(2)使用作废的信用卡的。这里的作废的信用卡,是指因超过有效使用期限或者办理了退卡手续或者挂失等原因而失效作废的信用卡。使用的主体可以是持卡人,也可以是其他人。

(3)冒用他人信用卡的。这里的冒用他人信用卡,包括以下情形:①拾得他人信用卡并使用的;②骗取他人信用卡并使用的;③窃取、收买、骗取或者以其他非法方式获取他人信用卡信息资料,并通过互联网、通讯终端等使用的;④其他冒用他人信用卡的情形。对于拾得他人信用卡并在自动柜员机即 ATM 机上使用的行为,2008 年 4 月 18 日实施的最高人民检察院《关于拾得他人信用卡并在自动柜员机(ATM 机)上使用的行为如何定性问题的批复》指出,以信用卡诈骗罪追究刑事责任,但也有观点认为该批复与最高人民检察院的司法解释相矛盾,应当构成盗窃罪,因为机器不存在产生认识错误的问题,不应构成信用卡诈骗罪。作为辩护人,要根据现有的法律规定和全案实际情况,制订有利于当事人的辩护方案。

(4)恶意透支的。这里的恶意透支,是指持卡人以非法占有为目的,超过限额或者规定期限透支,经发卡银行两次有效催收后超过 3 个月仍不归还的行为。由此可见,要认定恶意透支,不但有发卡银行催收次数的要求,有不归还时间上的要求,而且要求催收必须是有效的。根据 2018 年修正的《关于办理妨害信用卡管理刑事案件具体应用法律若干问题的解释》的规定,催收要同时符合以下条件,才能认定为有效催收:①在透支超过规定限额或者规定期限后进行;②催收应当采用能够确认持卡人收悉的方式,但持卡人故意逃避催收的除外;③两次催收至少间隔 30 日;④符合催收的有关规定或者约定。辩护人在代理恶意透支的信用卡诈骗案件时,要注意审查发卡银行是否进行了有效催收,可以根据发卡银行提供的电话录音、信息送达记录、信函送达回执、电子邮件送达记录、持卡人或者其家属签字以及其他催收原始证据材料进行判断。对于发卡银行提供的相关证据材料,要注意审查是否有银行工作人员签名和银行公章。

这里的信用卡,是指由商业银行或者其他金融机构发行的具有消费支付、信用贷款、转账结算、存取现金等全部功能或者部分功能的电子支付卡。使用伪造的或者作废的信用卡仅限于对自然人使用,在机器上使用伪造的或者作废的信用卡取得财物的,成立盗窃罪。

> ## 案例 3—10
>
> 2012 年 7 月,被告人郑某某与被告人陈某某商议,由郑某某出资,由陈某某利用邱某某的身份证,在北京市五道口开办了艺精工艺品店,并向中国银行北京分行为该店申请开立了银行结算基本账户及国际信用卡交易 POS 机,准备实施信用卡诈骗。同年 7 月 17 日至 8 月 30 日,郑某某事先伪造了国际信用卡,在艺精工艺品店并无实际货物交易的情况下,郑某某、陈某某多次利用伪造的国际信用卡刷卡,伪造交易,并在交易记录确认单上虚假签名,进而从中国银行北

> 京分行骗取交易结算款,共计30万余元人民币。
>
> 在庭审过程中,辩护人提出被告人郑某某使用的是国际信用卡,即使造成损害也是针对国外信用卡公司或者国外的信用卡持有者,没有破坏到我国的信用卡管理秩序和制度。法院经审理认为,本案是一种新类型的利用国际信用卡实施诈骗的行为,陷入错误认识、处分行为的人系国内委托收单银行,虽然实际受害者是国外信用卡公司或者信用卡持有人,但由于我国银行与国外信用卡公司之间签订有委托收单协议,其行为严重破坏了我国的信用卡管理秩序和制度,损害了国际金融资金安全,具有严重的法益侵害性,应当以信用卡诈骗罪定罪处罚。

7. 有价证券诈骗罪

根据《刑法》第197条的规定,有价证券诈骗的行为方式表现为,使用伪造、变造的国库券或者国家发行的其他有价证券进行诈骗活动。这里的国家发行,既包括国家直接发行,也包括国家间接发行,比如通过证券商承销出售证券的方式发行。这里的使用,是指对不知情的自然人使用,如果对方知情,就不存在受骗者,不能认定为有价证券诈骗,而只能认定为倒卖伪造的有价票证罪。

8. 保险诈骗罪

根据《刑法》第198条的规定,保险诈骗的行为方式表现为:

(1)投保人故意虚构保险标的,骗取保险金的。比如,将他人的财产谎称为自己的财产进行投保骗取保险金的。

(2)投保人、被保险人或者受益人对发生的保险事故编造虚假的原因或者夸大损失的程度,骗取保险金的。比如,酒后驾驶机动车发生事故后,谎称由第三者驾驶机动车骗取保险金的。

(3)投保人、被保险人或者受益人编造未曾发生的保险事故,骗取保险金的。比如,将他人作为被保险人的替身杀害骗取保险金的,这种情形不属于第(5)项的故意造成被保险人死亡的情形。

(4)投保人、被保险人故意造成财产损失的保险事故,骗取保险金的。实施该行为,同时构成其他犯罪的,数罪并罚。

(5)投保人、受益人故意造成被保险人死亡、伤残或者疾病,骗取保险金的。实施该行为,同时构成其他犯罪的,数罪并罚。

案例 3-11

2015年7月,被告人许某某个人购买了一辆"三菱"货车,并挂靠在北郊运输队,并以该运输队的名义向平安保险公司办理了盗抢险保险业务,所有上牌、年检、保险的相关费用均由许某某个人支出。2018年4月,许某某将自己购买的该货车出售给他人,次日即向公安机关及保险公司谎报假案,称车辆失窃。2018年8月,许某某通过北郊运输队从平安保险公司骗得盗抢险保险金7万余元。

在庭审过程中,许某某辩称保险合同上的投保人和被保险人都是北郊运输队,其不属于保险合同的一方主体,不构成保险诈骗罪。法院经审理认为,向保险公司投保的保险标的实际所有人系许某某,保险费等也实际系许某某交纳,许某某编造未曾发生的车辆失窃的保险事故,利用北郊运输队实施诈骗保险公司7万余元保险金的行为,使保险公司财产受到了损失,故许某某属于间接正犯,构成保险诈骗罪。

9. 合同诈骗罪

根据《刑法》第224条的规定,合同诈骗的行为方式表现为:

(1)以虚构的单位或者冒用他人名义签订合同的,即以虚假的主体身份与他人签订合同。司法实践中,如果为了规避法律或者其他目的,合同一方以虚假的身份签订合同,对方当事人完全知道其真实身份的,不属于本条规定的情形。

(2)以伪造、变造、作废的票据或者其他虚假的产权证明作担保的。

(3)没有实际履行能力,以先履行小额合同或者部分履行合同的方法,诱骗对方当事人继续签订和履行合同的。行为人是否确实没有实际履行能力,应从行为人的主体资格、资信状况、经营能力、经营状况、负债状况等诸多方面进行综合判断。

(4)收受对方当事人给付的货物、货款、预付款或者担保财产后逃匿的。如果行为人暂时外出寻找不到,或者因主客观原因拒不接受传讯,而无转移、隐匿对方当事人给付的货款、货物、预付款或者担保财产的,不能认为是本条规定的情形。

(5)以其他方法骗取对方当事人财物的。

需要注意的是,在诈骗过程中存在合同,但使对方产生认识错误的并非合同,而是合同以外的欺骗行为,不能认定为合同诈骗罪,构成诈骗罪的,按照诈骗罪论处。

案例3-12[①]

2003年2月,被告人王贺军谎称自己是中国石油天然气集团公司计划司"司长",并虚构了一个"辽河石油勘探局油建公司24号工程项目",称不需要招标、投标,其就能够将该工程发包给王小岱和王惠明。后王小岱又将核工业长沙中南建设集团公司项目负责人杨宜章介绍给王贺军。为骗取杨宜章等人的信任,王贺军伪造了虚假的工程批文,并要其朋友张发两次假冒辽河石油勘探局基建处"张子良处长"与杨宜章等人见面,因此,杨宜章等人对王贺军深信不疑。王贺军则以办理工程批文需要活动经费为由,自2003年3月至2004年1月,先后骗取了杨宜章72万元、王惠明20万元、王小岱11万元。2004年1月7日,王贺军称受"张子良处长"的全权委托,与杨宜章所属的核工业长沙中南建设工程集团公司经理陈志荣签订了一份虚假的"24号井至主干线公路工程施工承包合同"。合同记载的工程项目总造价为5906万元,王贺军在合同上签名为"张子良"。2004年1月28日王贺军在上海被抓获。除公安机关追回的4万元赃款外,其余赃款均已被王贺军挥霍。

一审法院以合同诈骗罪判处被告人王贺军无期徒刑。二审法院经审理认为,王贺军假冒国家工作人员,虚构工程项目和能揽到工程项目的事实,以许诺给他人承包虚假的工程项目为诱饵,骗取他人财物,其行为构成诈骗罪,原审认定为合同诈骗罪不当。因为合同诈骗罪是一种利用合同进行诈骗的犯罪,诈骗行为发生或者伴随着合同的签订、履行,以签订虚假合同为诱饵骗取他人财物的,不构成合同诈骗罪。

辩点3-4:诈骗数额

(一)诈骗数额的标准

对于本章中的犯罪,诈骗的数额不仅是定罪的重要标准,也是量刑的主要依据。纵观刑法中关于诈骗类犯罪的条文,都根据"数额较大""数额巨大"以及"数额特别巨大"规定了不同的量刑幅度,因此,掌握每个罪名中数额"较大""巨大"和"特别巨大"的标准尤为重要。

根据2010年5月7日实施的最高人民检察院、公安部《关于公安机关管辖的刑

---

① 案例来源:《刑事审判参考》总第51集[第403号]。

事案件立案追诉标准的规定(二)》、2011年1月4日实施的最高人民法院《关于审理非法集资刑事案件具体应用法律若干问题的解释》、2018年12月1日实施的最高人民法院、最高人民检察院《关于办理妨害信用卡管理刑事案件具体应用法律若干问题的解释》、2011年4月8日实施的最高人民法院、最高人民检察院《关于办理诈骗刑事案件具体应用法律若干问题的解释》、2001年1月21日实施的最高人民法院《全国法院审理金融犯罪案件工作座谈会纪要》等相关司法解释的规定,对本章各个罪名的数额标准汇总如下:

罪名	主体		数额较大	数额巨大	数额特别巨大
集资诈骗罪	个人		10万元以上	30万元以上	100万元以上
	单位		50万元以上	150万元以上	500万元以上
贷款诈骗罪	个人		2万元以上		
票据诈骗罪	个人		1万元以上	5万元以上	10万元以上
	单位		10万元以上	30万元以上	100万元以上
金融凭证诈骗罪	个人		1万元以上		
	单位		10万元以上		
信用证诈骗罪	个人			10万元以上	50万元以上
	单位			50万元以上	250万元以上
信用卡诈骗罪	个人和单位	一般行为	5000元以上	5万元以上	50万元以上
		恶意透支	5万元以上	50万元以上	500万元以上
有价证券诈骗罪	个人		1万元以上		
保险诈骗罪	个人		1万元以上	5万元以上	20万元以上
	单位		5万元以上	25万元以上	100万元以上
合同诈骗罪	个人		2万元以上		
	单位				
诈骗罪	个人		3000元至1万元以上	3万元至10万元以上	50万元以上

根据最高人民法院、最高人民检察院、公安部《关于办理电信网络诈骗等刑事案件适用法律若干问题的意见》的规定,利用电信网络技术手段实施诈骗,诈骗公私财物价值3000元以上、3万元以上、50万元以上的,应当分别认定为诈骗罪规定的"数额较大""数额巨大""数额特别巨大",与上述标准是一致的。

(二)诈骗数额的认定

1. 金融诈骗的数额

(1)一般原则:以行为人实际骗取的数额计算。

(2)应予扣除的部分:案发前已归还的数额应予扣除。

(3)不予扣除的部分:行为人为实施金融诈骗活动而支付的中介费、手续费、回扣等,或者用于行贿、赠与等费用,均应计入金融诈骗的犯罪数额。

2. 集资诈骗的数额

(1)一般原则:以行为人实际骗取的数额计算。

(2)应予扣除的部分:案发前已归还的数额应予扣除。

(3)不予扣除的部分:①行为人为实施集资诈骗活动而支付的广告费、中介费、手续费、回扣,或者用于行贿、赠与等费用,不予扣除。②行为人为实施集资诈骗活动而支付的利息,除本金未归还可折抵本金以外,应当计入诈骗数额。

3. 信用卡诈骗的数额

恶意透支数额,是指公安机关刑事立案时尚未归还的实际透支的本金数额,不包括利息、复利、滞纳金、手续费等发卡银行收取的费用。归还或者支付的数额,应当认定为归还实际透支的本金。检察机关在审查起诉、提起公诉时,应当根据发卡银行提供的交易明细、分类账单(透支账单、还款账单)等证据材料,结合犯罪嫌疑人、被告人及其辩护人所提辩解、辩护意见及相关证据材料,审查认定恶意透支的数额;恶意透支的数额难以确定的,应当依据司法会计、审计报告,结合其他证据材料审查认定。人民法院在审判过程中,应当在对上述证据材料查证属实的基础上,对恶意透支的数额作出认定。发卡银行提供的相关证据材料,应当有银行工作人员签名和银行公章。作为辩护人,在代理这类案件时,要掌握以上恶意透支数额的认定标准和方法,这对于定罪和量刑辩护都有非常重要的作用。

案例3-13

2019年5月至2020年4月,被告人秦某先后向光大银行、中信银行、华夏银行、民生银行等四家银行申办信用卡6张。其后,秦某对其中3张信用卡通过消费或直接取现的方式予以透支。光大银行向秦某多次催收后秦某仍拒不归还,于是向公安机关报案。公安机关经侦查后发现,秦某对其他信用卡也存在透支的情况,在秦某被抓获时,中信银行已向秦某催收过3次,都已经超过3个月,华夏银行向秦某催收过2次,第一次催收已经超过3个月,但第二次才刚过1个月,民生银行向秦某催收过1次,已经超过3个月,秦某对这4张信用卡都没有归还透支的款项,透支的金额共计59000元,四家银行还向公安机关递交了秦某未归还款项而产生的复利、滞纳金、手续费共计35000元的证明。

本案中,辩护律师提出,只有经过发卡银行两次催收后超过3个月拒不归还的数额或者尚未归还的数额才属于恶意透支的数额,华夏银行虽向秦某催收过2次,但尚未超过3个月,故秦某透支华夏银行信用卡的数额不能计算在信用卡诈骗的数额内;民生银行的催收虽然超过了3个月,但其只催收过1次,故秦某透支民生银行信用卡的数额也不能计算在信用卡诈骗的数额内;至于透支所产生的35000元的复利、滞纳金、手续费也不应计算在信用卡诈骗的数额内。因此,秦某信用卡诈骗的数额只包括其透支光大银行和中信银行信用卡尚未归还的部分。后公安机关经核实,认定秦某信用卡诈骗数额为11200元。

4. 电信网络诈骗的数额

(1)累计计算:2年内多次实施电信网络诈骗未经处理,诈骗数额累计计算构成犯罪的,应当依法定罪处罚。

(2)既遂数额:实施电信网络诈骗犯罪,犯罪嫌疑人、被告人实际骗得财物的,以诈骗罪(既遂)定罪处罚。

(3)未遂标准:诈骗数额难以查证,但具有下列情形之一的,应当认定为《刑法》第266条规定的"其他严重情节",以诈骗罪(未遂)定罪处罚:①发送诈骗信息5000条以上的,或者拨打诈骗电话500人次以上的;②在互联网上发布诈骗信息,页面浏览量累计5000次以上的。

具有上述情形,数量达到相应标准10倍以上的,应当认定为《刑法》第266条规定的"其他特别严重情节",以诈骗罪(未遂)定罪处罚。

上述"拨打诈骗电话",包括拨出诈骗电话和接听被害人回拨电话。反复拨打、接听同一电话号码,以及反复向同一被害人发送诈骗信息的,拨打、接听电话次数、发送信息条数累计计算。

5. 普通诈骗的数额

(1)一般原则:以行为人实际骗取的数额计算。

(2) 特殊情况:被害人的损失数额高于行为人所得数额,该差额可归因于诈骗行为的,诈骗数额应以损失数额认定。

> **案例 3-14**
>
> 被告人白某某与被告人钱某某出国时经人介绍后相识。2018 年 4 月,两被告人商量从外省购买移动电话 GSM 卡在深圳设点拨打国际声讯台,以此获取国际电话费回扣,并商定回扣所得白某某分 30%、钱某某分 70%。尔后,两被告人在钱某某的租房处开始安装移动电话、控制手机拨号电脑,然后又购置了电话卡、充电器、稳压器等物,并雇用 10 余人为他们拨打国际声讯台。白某某还负责与境外人员联系和领取电话费回扣。2018 年 7 月至 9 月间,钱某某指使雇佣人员到其他省市用假身份证购得 GMS 卡 16 张后,又指使雇佣人员按照白某某告诉的电话号码用其中的 14 张卡昼夜拨打国际声讯台,给电信公司造成话费损失 490 万元。白某某共领取了 200 万元国际电话费回扣,由两被告人共同分赃。后两名被告人以涉嫌诈骗 490 万元被公诉机关提起公诉。在庭审过程中,辩护人提出 490 万元是电信公司损失的金额,不是诈骗的金额,诈骗的数额应为两被告人从国际声讯台所获得的回扣,或者以拨打国际声讯台所产生的话费减去电信公司利润的差额。法院经审理认为,两被告人利用虚假的主体购买手机卡,逃避电话费缴纳义务,实际上是非法占有了电信公司的电信资费。490 万元话费是电信公司本应收到而损失的金额,也是被告人应当支出而未支出的费用,应当认定为两被告人非法占有的金额,即诈骗金额。

辩点 3-5:特殊情节

前面提过,诈骗的数额虽然是定罪和量刑的重要标准,但不是唯一的标准。辩护人在掌握诈骗数额的基础上,还要综合考虑案件的情节,因为情节也可以直接影响到定罪和量刑。例如,有的诈骗数额已经达到了立案标准,但因为具有某种情节而不予追诉;有的诈骗数额尚未达到数额巨大,但因为具有某种情节而处以 3 年以上有期徒刑。除此之外,我国司法解释还有就具有某种情节明确规定了可以或者应当从轻或者从严处罚的规定。

因此,辩护人在代理诈骗类犯罪案件时,重视诈骗数额的同时,还要注意情节辩护,尽量找到法律或者司法解释明确规定可以从轻处罚甚至不作为犯罪处理的情节,这些情节主要包括:①诈骗的对象是否特殊人群,如近亲属、残疾人、老年人、丧失劳动能力的人或者不特定多数人;②诈骗的财物是否特殊款物,如救灾、抢险、防汛、优抚、扶贫、移民、救灾、医疗款物等;③是否取得被害人谅解;④是否退赃、退赔,如偿还全部透支款息;⑤是否参与分赃及分赃多少;⑥是否造成严重后果,如被害人自杀、精神失常等;⑦是否认罪、悔罪;⑧是否具有其他法定从宽或者从严的情节;等等。

下面将刑法及司法解释明确规定的情节及处理方式汇总如下:

(一)不按犯罪处理或者从宽处理

(1)诈骗近亲属的财物,近亲属谅解的,一般可不按犯罪处理。

(2)诈骗近亲属的财物,确有追究刑事责任必要的,具体处理也应酌情从宽。

(依据:最高人民法院、最高人民检察院《关于办理诈骗刑事案件具体应用法律若干问题的解释》第4条)

(二)不起诉或者免予刑事处罚

诈骗公私财物已达到"数额较大"的标准,但具有下列情形之一,且行为人认罪、悔罪的,可以不起诉或者免予刑事处罚:

(1)具有法定从宽处罚情节的;

(2)一审宣判前全部退赃、退赔的;

(3)没有参与分赃或者获赃较少且不是主犯的;

(4)被害人谅解的;

(5)其他情节轻微、危害不大的。

(依据:最高人民法院、最高人民检察院《关于办理诈骗刑事案件具体应用法律若干问题的解释》第3条)

恶意透支数额较大,在提起公诉前全部归还或者具有其他情节轻微情形的,可以不起诉;在一审判决前全部归还或者具有其他情节轻微情形的,可以免予刑事处罚。但是,曾因信用卡诈骗受过两次以上处罚的除外。

(依据:最高人民法院、最高人民检察院《关于办理妨害信用卡管理刑事案件具体应用法律若干问题的解释》第10条)

(三)应当定罪处罚或者依照处罚较重的处罚

(1)诈骗未遂,以数额巨大的财物为诈骗目标的,或者具有其他严重情节的,应当定罪处罚。

(2)利用发送短信、拨打电话、互联网等电信技术手段对不特定多数人实施诈骗,诈骗数额难以查证,但具有下列情形之一的,应当认定为《刑法》第266条规定的"其他严重情节",以诈骗罪(未遂)定罪处罚:①发送诈骗信息5000条以上的;②拨打诈骗电话500人次以上的;③诈骗手段恶劣、危害严重。实施前款规定行为,数量达到上述第①、②项规定标准10倍以上的,或者诈骗手段特别恶劣、危害特别严重的,应当认定为《刑法》第266条规定的"其他特别严重情节",以诈骗罪(未遂)定罪处罚。

(3)诈骗既有既遂,又有未遂,分别达到不同量刑幅度的,依照处罚较重的规定处罚;达到同一量刑幅度的,以诈骗罪既遂处罚。

(依据:最高人民法院、最高人民检察院《关于办理诈骗刑事案件具体应用法律若干问题的解释》第5、6条)

(四)酌情从严惩处

诈骗公私财物达到数额标准,具有下列情形之一的,可以依照《刑法》第266条的规定酌情从严惩处:

(1)通过发送短信、拨打电话或者利用互联网、广播电视、报纸杂志等发布虚假信息,对不特定多数人实施诈骗的;

(2)诈骗救灾、抢险、防汛、优抚、扶贫、移民、救济、医疗款物的;

(3)以赈灾募捐名义实施诈骗的;

(4)诈骗残疾人、老年人或者丧失劳动能力人的财物的;

(5)造成被害人自杀、精神失常或者其他严重后果的。

诈骗数额接近"数额巨大""数额特别巨大"的标准,并具有前款规定的情形之一或者属于诈骗集团首要分子的,应当分别认定为《刑法》第266条规定的"其他严重情节""其他特别严重情节"。

(依据:最高人民法院、最高人民检察院《关于办理诈骗刑事案件具体应用法律若干问题的解释》第2条)

(五)从重处罚

(1)在预防、控制突发传染病疫情等灾害期间,假借研制、生产或者销售用于预防、控制突发传染病疫情等灾害用品的名义,诈骗公私财物数额较大的,依照刑法有关诈骗罪的规定定罪,依法从重处罚。

(依据:最高人民法院、最高人民检察院《关于办理妨害预防、控制突发传染病疫情等灾害的刑事案件具体应用法律若干问题的解释》第7条)

（2）实施电信网络诈骗犯罪，达到相应数额标准，具有下列情形之一的，酌情从重处罚：

①造成被害人或其近亲属自杀、死亡或者精神失常等严重后果的；

②冒充司法机关等国家机关工作人员实施诈骗的；

③组织、指挥电信网络诈骗犯罪团伙的；

④在境外实施电信网络诈骗的；

⑤曾因电信网络诈骗犯罪受过刑事处罚或者二年内曾因电信网络诈骗受过行政处罚的；

⑥诈骗残疾人、老年人、未成年人、在校学生、丧失劳动能力人的财物，或者诈骗重病患者及其亲属财物的；

⑦诈骗救灾、抢险、防汛、优抚、扶贫、移民、救济、医疗等款物的；

⑧以赈灾、募捐等社会公益、慈善名义实施诈骗的；

⑨利用电话追呼系统等技术手段严重干扰公安机关等部门工作的；

⑩利用"钓鱼网站"链接、"木马"程序链接、网络渗透等隐蔽技术手段实施诈骗的。

实施电信网络诈骗犯罪，诈骗数额接近"数额巨大""数额特别巨大"的标准，具有前述情形之一的，应当分别认定为《刑法》第266条规定的"其他严重情节""其他特别严重情节"。这里的"接近"，一般应掌握在相应数额标准的80%以上。

（依据：最高人民法院、最高人民检察院、公安部《关于办理电信网络诈骗等刑事案件适用法律若干问题的意见》第2条）

辩点3-6：共同犯罪

对于诈骗类案件中共同犯罪的认定，可以参见第一章"暴力类犯罪"中辩点1-8的相关内容，不再赘述。在这里，笔者重点阐述电信网络诈骗犯罪案件中的共同犯罪。

（一）诈骗犯罪集团

（1）认定：三人以上为实施电信网络诈骗犯罪而组成的较为固定的犯罪组织，应依法认定为诈骗犯罪集团。

（2）处罚：

①对组织、领导犯罪集团的首要分子，按照犯罪集团所犯的全部罪行处罚。对犯罪集团中组织、指挥、策划者和骨干分子依法从严惩处。

②对犯罪集团中起次要、辅助作用的从犯,特别是在规定期限内投案自首、积极协助抓获主犯、积极协助追赃的,依法从轻或减轻处罚。

③对犯罪集团首要分子以外的主犯,应当按照其所参与的或者组织、指挥的全部犯罪处罚。全部犯罪包括能够查明具体诈骗数额的事实和能够查明发送诈骗信息条数、拨打诈骗电话人次数、诈骗信息网页浏览次数的事实。

(二)诈骗团伙

(1)认定:多人共同实施电信网络诈骗,没有组成较为固定的犯罪组织,可以认定为诈骗团伙。

(2)处罚:犯罪嫌疑人、被告人应对其参与期间该诈骗团伙实施的全部诈骗行为承担责任。在其所参与的犯罪环节中起主要作用的,可以认定为主犯;起次要作用的,可以认定为从犯。

上述规定的"参与期间",从犯罪嫌疑人、被告人着手实施诈骗行为开始起算。

(三)以共同犯罪论处

(1)明知他人实施电信网络诈骗犯罪,具有下列情形之一的,以共同犯罪论处,但法律和司法解释另有规定的除外:

①提供信用卡、资金支付结算账户、手机卡、通讯工具的;

②非法获取、出售、提供公民个人信息的;

③制作、销售、提供"木马"程序和"钓鱼软件"等恶意程序的;

④提供"伪基站"设备或相关服务的;

⑤提供互联网接入、服务器托管、网络存储、通讯传输等技术支持,或者提供支付结算等帮助的;

⑥在提供改号软件、通话线路等技术服务时,发现主叫号码被修改为国内党政机关、司法机关、公共服务部门的号码,或者境外用户改为境内号码,仍提供服务的;

⑦提供资金、场所、交通、生活保障等帮助的;

⑧帮助转移诈骗犯罪所得及其产生的收益,套现、取现的。

上述规定的"明知他人实施电信网络诈骗犯罪",应当结合被告人的认知能力、既往经历、行为次数和手段、与他人关系、获利情况、是否曾因电信网络诈骗受过处罚、是否故意规避调查等主客观因素进行综合分析认定。

(2)负责招募他人实施电信网络诈骗犯罪活动,或者制作、提供诈骗方案、术语清单、语音包、信息等的,以诈骗共同犯罪论处。

(3)事先通谋,明知是电信网络诈骗犯罪所得及其产生的收益,以下列方式之

一予以转账、套现、取现的,以共同犯罪论处:

①通过使用销售点终端机具(POS机)刷卡套现等非法途径,协助转换或者转移财物的;

②帮助他人将巨额现金散存于多个银行账户,或在不同银行账户之间频繁划转的;

③多次使用或者使用多个非本人身份证明开设的信用卡、资金支付结算账户或者多次采用遮蔽摄像头、伪装等异常手段,帮助他人转账、套现、取现的;

④为他人提供非本人身份证明开设的信用卡、资金支付结算账户后,又帮助他人转账、套现、取现的;

⑤以明显异于市场的价格,通过手机充值、交易游戏点卡等方式套现的。

辩点3-7:一罪数罪

(一)一罪

(1)行为人伪造、变造汇票、本票、支票等金融票据后,使用其伪造、变造的金融票据进行诈骗活动,骗取公私财物数额较大的,符合牵连犯的特征,应从一重罪,即以票据诈骗罪论处,无须和伪造、变造金融票证罪数罪并罚。

(2)行为人伪造、变造委托收款凭证、汇款凭证、银行存单等其他银行结算凭证后,使用其伪造、变造的金融凭证进行诈骗活动,骗取公私财物数额较大的,符合牵连犯的特征,应从一重罪,即以金融凭证诈骗罪论处,无须和伪造、变造金融票证罪数罪并罚。

(3)行为人伪造、变造信用证或者附随的单据、文件后,使用其伪造、变造的信用证、附随的单据、文件进行诈骗活动,骗取公私财物的,符合牵连犯的特征,应从一重罪,即以信用证诈骗罪论处,无须和伪造、变造金融票证罪数罪并罚。

(4)行为人伪造信用卡后,使用其伪造的信用卡进行诈骗活动,骗取公私财物数额较大的,符合牵连犯的特征,应从一重罪,即以信用卡诈骗罪论处,无须和伪造、变造金融票证罪数罪并罚。

(5)行为人伪造、变造国库券或者国家发行的其他有价证券后,使用其伪造、变造的有价证券进行诈骗活动,骗取公私财物数额较大的,符合牵连犯的特征,应从一重罪,即以有价证券诈骗罪论处,无须和伪造、变造国家有价证券罪数罪并罚。

(6)行为人伪造、变造票据后,使用其伪造、变造的票据进行合同诈骗活动,骗取公私财物数额较大的,符合牵连犯的特征,应从一重罪,即以合同诈骗罪论处,无须和伪造、变造金融票证罪数罪并罚。

(7)行为人以伪造、变造、作废的票据进行合同诈骗活动的,可能既构成合同诈骗罪又构成票据诈骗罪、金融凭证诈骗罪、信用证诈骗罪等金融诈骗罪,构成合同诈骗罪与金融凭证诈骗罪的竞合,应从一重罪论处。

(8)行为人非法拘禁被害人,使用暴力或者胁迫手段,逼迫被害人说出密码,然后使用劫取的信用卡的,以抢劫罪论处。抢劫的数额根据行为人抢劫信用卡后实际使用、消费的数额认定。

(9)行为人盗窃真的、有效的信用卡并使用的,以盗窃罪论处。盗窃的数额根据行为人盗窃信用卡后使用的数额认定。行为人盗窃信用卡后未使用的,不构成盗窃罪,也不构成信用卡诈骗罪。

(10)行为人盗窃伪造或者作废的信用卡,不知是伪造或者作废的信用卡而使用的,以盗窃罪未遂论处。

(11)行为人明知是伪造或者作废的信用卡而盗窃,而后利用盗窃的伪造或者作废的信用卡进行诈骗活动的,以信用卡诈骗罪论处。

(12)拾得他人信用卡并在自动柜员机(ATM机)上使用的,以信用卡诈骗罪论处。

(13)行为人以非法占有为目的,通过伪造证据骗取法院民事裁判占有他人财物的行为所侵害的主要是人民法院正常的审判活动,可以由人民法院依照《民事诉讼法》的有关规定作出处理,不宜以诈骗罪追究行为人的刑事责任。如果行为人伪造证据时,实施了伪造公司、企业、事业单位、人民团体印章的行为,构成犯罪的,以伪造公司、企业、事业单位、人民团体印章罪论处;如果行为人指使他人作伪证,构成犯罪的,以妨害作证罪论处。

(14)冒充国家机关工作人员进行诈骗,同时构成诈骗罪和招摇撞骗罪的,依照处罚较重的规定定罪处罚。

(15)以虚假、冒用的身份证件办理入网手续并使用移动电话,造成电信资费损失数额较大的,以诈骗罪论处。

(16)使用伪造、变造、盗窃的武装部队车辆号牌,骗免养路费、通行费等各种规费,数额较大的,以诈骗罪论处。

(17)以使用为目的,伪造停止流通的货币,或者使用伪造的停止流通的货币的,以诈骗罪论处。

(18)行为人与他人签订合同,收到货款后提供伪劣产品的,是合同诈骗罪与生产、销售伪劣产品罪的想象竞合犯,从一重罪处罚。

(19)利用合同诈骗贷款或者诈骗保险金的,构成贷款诈骗罪或者保险诈罪,而非合同诈骗罪。

(20)以伪造的金融凭证作抵押,通过签订借款合同骗取银行贷款的,成立金融凭证诈骗罪和贷款诈骗罪,从一重罪处罚。

案例3-15

朱某某为了诈骗银行贷款,先后比照银行存单上的印章模式,伪造了某银行的储蓄章和行政章以及有关银行工作人员的名章,并通过银行工作人员了解到一些单位和个人在该银行的存款情况,然后通过印制银行空白存单、打印存款人名字、存款金额等方式,伪造了500万元的假存单,然后持该假存单向某信用社要求抵押贷款,骗取了300万元贷款。后朱某某被检察机关以涉嫌贷款诈骗罪和金融凭证诈骗罪移送起诉。

在庭审过程中,朱某某辩称其伪造存单是为了诈骗贷款,只构成贷款诈骗罪,不构成金融凭证诈骗罪。但法院经审理认为,朱某某使用伪造的金融凭证诈骗贷款,同时构成贷款诈骗罪和金融凭证诈骗罪,是一行为同时触犯数罪名,应从一重处,认定为金融凭证诈骗罪。

(二)数罪

(1)投保人、被保险人故意造成财产损失的保险事故,骗取保险金的,同时构成其他犯罪的,如故意毁坏财物罪、破坏生产经营罪等,则以保险诈骗罪与其他犯罪数罪并罚。

(2)投保人、受益人故意造成被保险人死亡、伤残或者疾病,骗取保险金的,同时构成其他犯罪,如故意杀人罪、故意伤害罪等,则以保险诈骗罪与其他犯罪数罪并罚。

(3)抢劫信用卡并事后在机器上使用的,按抢劫罪和盗窃罪数罪并罚;抢劫信用卡并事后对自然人使用的,按抢劫罪和信用卡诈骗罪数罪并罚。

案例3-16

2013年4月间,被告人曾某某因无力归还蔡某某15万元的债务,遂产生保险诈骗的念头,于是分别向四家保险公司投保了四份意外伤害保险,保额共计60万元。为了达到骗取保险金的目的,曾某某找到蔡某某,劝说其砍掉他的双脚,用以向上述保险公司诈骗,并承诺将所得高额保险金中的20万元用于偿还其所欠债务。蔡某某经曾某某多次劝说同意帮其一起实施。2013 年 6 月 17 日晚 9 时许，二人来到事先选好的地点，由蔡某某用随身携带的砍刀将曾某某双脚砍断后逃离，曾某某在蔡某某离开现场后呼救，被周围群众发现后报警，后被接警送至医院抢救。案发后，被告人曾某某向公安机关和保险公司谎称自己是被 4 名陌生男子抢劫时砍去双脚，以期获得保险赔偿。之后，曾某某的妻子向保险公司提出人身险理赔申请，后因公安机关侦破此案未能得逞。经法医鉴定与伤残评定，曾某某的伤情属重伤，伤残评定为三级。

　　本案中，被告人曾某某既是投保人、受益人，又是被保险人，与被告人蔡某某共谋伤残自己以骗取保险金，而蔡某某也按事先共谋的方式砍断曾某某的双脚致其重伤，貌似符合《刑法》第 198 条第 2 款关于"投保人、受益人故意造成被保险人死亡、伤残或者疾病，骗取保险金的，同时构成其他犯罪的，依照数罪并罚的规定处罚"的规定，但由于曾某某的重伤是在他自己的教唆和指使下造成的，属于自残的行为，故对被告人曾某某不能以故意伤害罪追究刑事责任并与其保险诈骗罪实行并罚。

(三)电信网络诈骗中的一罪与数罪

1. 一罪

　　(1)在实施电信网络诈骗活动中，非法使用"伪基站""黑广播"，干扰无线电通讯秩序，符合《刑法》第 288 条规定的，以扰乱无线电通讯管理秩序罪追究刑事责任。同时构成诈骗罪的，依照处罚较重的规定定罪处罚。

　　(2)冒充国家机关工作人员实施电信网络诈骗犯罪，同时构成诈骗罪和招摇撞骗罪的，依照处罚较重的规定定罪处罚。

　　(3)网络服务提供者不履行法律、行政法规规定的信息网络安全管理义务，经监管部门责令采取改正措施而拒不改正，致使诈骗信息大量传播，或者用户信息泄露，造成严重后果的，依照《刑法》第 286 条之一的规定，以拒不履行信息网络安全管理义务罪追究刑事责任。同时构成诈骗罪的，依照处罚较重的规定定罪处罚。

　　(4)实施《刑法》第 287 条之一、第 287 条之二规定之行为，构成非法利用信息网络罪、帮助信息网络犯罪活动罪，同时构成诈骗罪的，依照处罚较重的规定定罪处罚。

2. 数罪

违反国家有关规定,向他人出售或者提供公民个人信息,窃取或者以其他方法非法获取公民个人信息,符合《刑法》第253条之一的规定的,以侵犯公民个人信息罪追究刑事责任。使用非法获取的公民个人信息,实施电信网络诈骗犯罪行为,构成数罪的,应当依法予以并罚。

辩点 3-8:量刑指导

(一) 诈骗罪的量刑指导

2021年7月1日实施的最高人民法院、最高人民检察院《关于常见犯罪的量刑指导意见(试行)》对诈骗罪的量刑规范化作出了规定,辩护人应当掌握最新的规定,掌握如何根据不同的情形在相应的幅度内确定量刑起点,以便制订合理的辩护策略,做好委托人和当事人的庭前辅导工作。

(1)构成诈骗罪的,可以根据下列不同情形在相应的幅度内确定量刑起点:

①达到数额较大起点的,可以在1年以下有期徒刑、拘役幅度内确定量刑起点。

②达到数额巨大起点或者有其他严重情节的,可以在3年至4年有期徒刑幅度内确定量刑起点。

③达到数额特别巨大起点或者有其他特别严重情节的,可以在10年至12年有期徒刑幅度内确定量刑起点。依法应当判处无期徒刑的除外。

(2)在量刑起点的基础上,根据诈骗数额等其他影响犯罪构成的犯罪事实增加刑罚量,确定基准刑。

(3)构成诈骗罪的,根据诈骗的数额、手段、危害后果等犯罪情节,综合考虑被告人缴纳罚金的能力,决定罚金数额。

(4)构成诈骗罪的,综合考虑诈骗的起因、手段、数额、危害后果、退赃退赔等犯罪事实、量刑情节,以及被告人的主观恶性、人身危险性、认罪悔罪表现等因素,决定缓刑的适用。对实施电信网络诈骗的,从严把握缓刑的适用。

(二) 信用卡诈骗罪的量刑指导

2017年5月1日实施的最高人民法院《关于常见犯罪的量刑指导意见(二)(试行)》增加了对信用卡诈骗罪的量刑规范化规定,辩护人应当掌握最新的规定,掌握如何根据不同的情形在相应的幅度内确定量刑起点,以便制订合理的辩护策略,做好委托人和当事人的庭前辅导工作。

(1) 构成信用卡诈骗罪的,可以根据下列不同情形在相应的幅度内确定量刑起点:

①达到数额较大起点的,可以在 2 年以下有期徒刑、拘役幅度内确定量刑起点。

②达到数额巨大起点或者有其他严重情节的,可以在 5 年至 6 年有期徒刑幅度内确定量刑起点。

③达到数额特别巨大起点或者有其他特别严重情节的,可以在 10 年至 12 年有期徒刑幅度内确定量刑起点。依法应当判处无期徒刑的除外。

(2) 在量刑起点的基础上,可以根据信用卡诈骗数额等其他影响犯罪构成的犯罪事实增加刑罚量,确定基准刑。

(三) 合同诈骗罪的量刑指导

2017 年 5 月 1 日实施的最高人民法院《关于常见犯罪的量刑指导意见(二)(试行)》增加了对合同诈骗罪的量刑规范化规定,辩护人应当掌握最新的规定,掌握如何根据不同的情形在相应的幅度内确定量刑起点,以便制订合理的辩护策略,做好委托人和当事人的庭前辅导工作。

(1) 构成合同诈骗罪的,可以根据下列不同情形在相应的幅度内确定量刑起点:

①达到数额较大起点的,可以在 1 年以下有期徒刑、拘役幅度内确定量刑起点。

②达到数额巨大起点或者有其他严重情节的,可以在 3 年至 4 年有期徒刑幅度内确定量刑起点。

③达到数额特别巨大起点或者有其他特别严重情节的,可以在 10 年至 12 年有期徒刑幅度内确定量刑起点。依法应当判处无期徒刑的除外。

(2) 在量刑起点的基础上,可以根据合同诈骗数额等其他影响犯罪构成的犯罪事实增加刑罚量,确定基准刑。

(四) 财产刑适用的指导

最高人民法院《全国法院审理金融犯罪案件工作座谈会纪要》就金融诈骗犯罪的财产刑适用作出的规定认为:

金融犯罪是图利型犯罪,惩罚和预防此类犯罪,应当注重同时从经济上制裁犯罪分子。刑法对金融犯罪都规定了财产刑,人民法院应当严格依法判处。罚金的数额,应当根据被告人的犯罪情节,在法律规定的数额幅度内确定。对于具有从轻、减轻或者免除处罚情节的被告人,对于本应并处的罚金刑原则上也应当从轻、减轻或者免除。

单位金融犯罪中直接负责的主管人员和其他直接责任人员,是否适用罚金刑,应当根据刑法的具体规定。《刑法》分则条文规定有罚金刑,并规定对单位犯罪中直接负责的主管人员和其他直接责任人员依照自然人犯罪条款处罚的,应当判处罚金刑,但是对直接负责的主管人员和其他直接责任人员判处罚金的数额,应当低于对单位判处罚金的数额;《刑法》分则条文明确规定对单位犯罪中直接负责的主管人员和其他直接责任人员只判处自由刑的,不能附加判处罚金刑。

附:本章相关法律规范性文件①

1. 法律

《中华人民共和国刑法》(2020年修正,法宝引证码:CLI.1.349391)第193—200、224、266条

2. 司法解释

最高人民法院《关于常见犯罪的量刑指导意见(二)(试行)》(2017.05.01实施,法宝引证码:CLI.3.300153)

最高人民法院、最高人民检察院《关于常见犯罪的量刑指导意见(试行)》(法发〔2021〕21号,2021.07.01实施,法宝引证码:CLI.3.5016504)

最高人民法院、最高人民检察院《关于办理妨害信用卡管理刑事案件具体应用法律若干问题的解释》(法释〔2018〕19号,2018.12.01实施,法宝引证码:CLI.3.326655)

最高人民法院、最高人民检察院、公安部《关于办理非法集资刑事案件若干问题的意见》(高检会〔2019〕2号,2019.01.30实施,法宝引证码:CLI.3.329174)

最高人民法院、最高人民检察院、公安部《关于办理电信网络诈骗等刑事案件适用法律若干问题的意见》(法发〔2016〕32号,2016.12.20实施,法宝引证码:CLI.3.286976)

最高人民法院、最高人民检察院《关于办理妨害武装部队制式服装、车辆号牌管理秩序等刑事案件具体应用法律若干问题的解释》(法释〔2011〕16号,2011.08.01实施,法宝引证码:CLI.3.155392)

最高人民法院、最高人民检察院《关于办理诈骗刑事案件具体应用法律若干问题的解释》(法释〔2011〕7号,2011.04.08实施,法宝引证码:CLI.3.149016)

---

① 所列法律规范性文件的详细内容,可登录"北大法宝"引证码查询系统(www.pkulaw.com/fbm),输入所提供的相应的"法宝引证码",免费查询。

最高人民法院《关于审理非法集资刑事案件具体应用法律若干问题的解释》（法释〔2010〕18号,2011.01.04实施,法宝引证码:CLI.3.143591）

最高人民法院《关于审理伪造货币等案件具体应用法律若干问题的解释(二)》（法释〔2010〕14号,2010.11.03实施,法宝引证码:CLI.3.139778）

最高人民检察院、公安部《关于公安机关管辖的刑事案件立案追诉标准的规定(二)》（公通字〔2010〕23号,2010.05.07实施,法宝引证码:CLI.4.131249）

最高人民检察院《关于拾得他人信用卡并在自动柜员机(ATM机)上使用的行为如何定性问题的批复》（高检发释字〔2008〕1号,2008.05.07实施,法宝引证码:CLI.3.104728）

最高人民法院、最高人民检察院《关于办理妨害预防、控制突发传染病疫情等灾害的刑事案件具体应用法律若干问题的解释》（法释〔2003〕8号,2003.05.15实施,法宝引证码:CLI.3.45773）

最高人民检察院法律政策研究室《关于通过伪造证据骗取法院民事裁判占有他人财物的行为如何适用法律问题的答复》（〔2002〕高检研发第18号,2002.10.24实施,法宝引证码:CLI.3.44251）

最高人民法院《关于审理扰乱电信市场管理秩序案件具体应用法律若干问题的解释》（法释〔2000〕12号,2000.05.24实施,法宝引证码:CLI.3.29253）

最高人民检察院政策研究室《关于保险诈骗未遂能否按犯罪处理问题的答复》（〔1998〕高检研发第20号,1998.11.27实施,法宝引证码:CLI.3.147135）

3. 其他

最高人民法院《全国法院审理金融犯罪案件工作座谈会纪要》（法〔2001〕8号,2001.01.21实施,法宝引证码:CLI.3.73063）

全国人民代表大会常务委员会《关于〈中华人民共和国刑法〉有关信用卡规定的解释》（2004.12.29实施,法宝引证码:CLI.1.56440）

第四章 侵占类犯罪

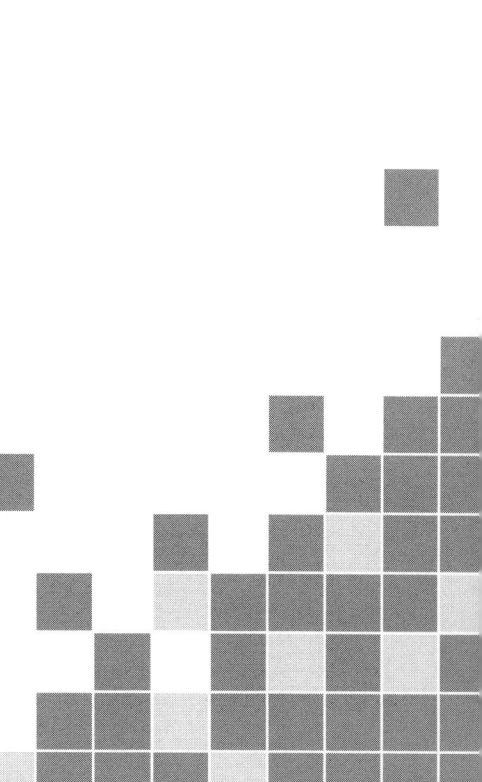

第一节 侵占类犯罪综述

所谓侵占，就是非法占有公共的或者他人的财物。我国刑法涉及侵占的犯罪有三个罪名，一个是贪污罪，规定在《刑法》分则第八章"贪污贿赂罪"中，另外两个是职务侵占罪和侵占罪，规定在第五章"侵犯财产罪"中。鉴于这三个罪名在客观方面的相似性，对这类案件进行辩护具有相似的要点，故将其概括为侵占类犯罪，在本章重点阐述如何寻找辩护要点。

一、侵占类犯罪分类索引

本章虽然只涉及三个罪名，但为了全书的一致性，笔者也将其分为三类，分别为公务型、业务型和普通型，相关罪名与《刑法》法条的对应关系见下表。

类型	罪名	法条
1.公务型	贪污罪	第382条
2.业务型	职务侵占罪	第271条第1款
3.普通型	侵占罪	第270条

二、侵占类犯罪《刑法》规定对照表

《刑法修正案（十一）》对职务侵占罪进行了修改，将原来的两个量刑档次修改为三个，将最高刑期从原来的15年有期徒刑提高到了无期徒刑，整体而言加大了对职务侵占罪的刑事处罚力度。但对于职务侵占数额巨大的案件而言，最高刑期从原来的15年有期徒刑调整为10年有期徒刑，也给了辩护人一定的辩护空间。

类型	罪名	法条	罪状	主刑	附加刑	辩点速查
公务型	贪污罪	第382条	国家工作人员利用职务上的便利，侵吞、窃取、骗取或者以其他手段非法占有公共财物的，是贪污罪。受国家机关、国有公司、企业、事业单位、人民团体委托管理、经营国有财产的人员，利用职务上的便利，侵吞、窃取、骗取或者以其他手段非法占有国有财物的，以贪污论。与前两款所列人员勾结，伙同贪污的，以共犯论处。			1.侵占主体：特殊主体，仅限国家工作人员以及受国家机关、国有公司、企业、事业单位、人民团体委托管理、经营国有财产的人员。2.侵占对象：公共财物，注意是否属于特定款物。3.侵占行为：不但包括利用职务上的便利非法占有公共财物，还包括接受礼物应当交公而不交公。

(续表)

类型	罪名	法条	罪状	主刑	附加刑	辩点速查
公务型	贪污罪	第382条	贪污数额较大或者有其他较重情节的	处3年以下有期徒刑或者拘役	并处10万元—20万元的罚金	4. 主观方面：明知是公共财物而非法占为己有。 5. 此罪与彼罪：贪污罪与职务侵占罪之间的界限；贪污罪与挪用公款罪之间的界限。 6. 共同犯罪：本罪的主体和职务侵占罪的主体，各自利用自己的职务便利共同侵占本单位财产的，构成共犯，以主犯的性质定性。 7. 数额情节：见《刑法修正案（九）》及最高人民法院、最高人民检察院《关于办理贪污贿赂刑事案件适用法律若干问题的解释》中的最新规定。 8. 追赃退赃：赃款赃物的去向及用途对量刑的影响。 9. 死刑辩护：《刑法修正案（九）》的最新规定，注意终身监禁的适用。
			贪污数额巨大或者有其他严重情节的	处3—10年有期徒刑	并处20万元以上犯罪数额2倍以下的罚金或者没收财产	
			贪污数额特别巨大或者有其他特别严重情节的	处10年以上有期徒刑或者无期徒刑	并处50万元以上犯罪数额2倍以下的罚金或者没收财产	
			数额特别巨大，并使国家和人民利益遭受特别重大损失的	处无期徒刑或者死刑	并处没收财产	
		第394条	国家工作人员在国内公务活动或者对外交往中接受礼物，依照国家规定应当交公而不交公，数额较大的，依照本法第382条、第383条的规定定罪处罚。			
业务型	职务侵占罪	第271条第1款	公司、企业或者其他单位的工作人员，利用职务上的便利，将本单位财物非法占为己有，数额较大的	处3年以下有期徒刑或者拘役	并处罚金	1. 侵占主体：特殊主体，即公司、企业或者其他单位的人员。 2. 侵占对象：本单位财物。 3. 主观方面：明知是本单位的财物而非法占为己有。 4. 此罪与彼罪：职务侵占罪与挪用资金罪之间的界限。 5. 量刑辩护：《刑法修正案（十一）》增加了一档量刑，将最高刑期提高到了无期徒刑，但数额巨大的最高刑期从15年有期徒刑降为了10年有期徒刑。
			数额巨大的	处3—10年有期徒刑	并处罚金	
			数额特别巨大的	处10年以上有期徒刑或者无期徒刑	并处罚金	

(续表)

类型	罪名	法条	罪状	主刑	附加刑	辩点速查
普通型	侵占罪	第270条	将代为保管的他人财物非法占为己有,数额较大,拒不退还的	处2年以下有期徒刑、拘役	单处罚金	1. 侵占主体:一般主体,仅限自然人。 2. 侵占对象:行为人合法持有的代为保管的他人财物、他人的遗忘物或者埋藏物。 3. 主观方面:变占有为所有。 4. 案件类型:告诉才处理的自诉案件。 5. 此罪与彼罪:侵占罪、职务侵占罪、贪污罪以及盗窃罪之间的界限。
			数额巨大或者有其他严重情节的	处2—5年有期徒刑	并处罚金	
			将他人的遗忘物或者埋藏物非法占为己有,数额较大,拒不交出的,依照前款规定处罚			

第二节 辩点整理

辩点4-1:侵占主体　　辩点4-2:主观方面　　辩点4-3:侵占对象
辩点4-4:侵占行为　　辩点4-5:数额情节　　辩点4-6:未遂标准
辩点4-7:共同犯罪

辩点4-1:侵占主体

本章犯罪的主体都只能是自然人,且必须已满16周岁,单位不可能构成本章之罪。其中,侵占罪的犯罪主体为一般主体,职务侵占罪和贪污罪的主体为特殊主体。相比而言,侵占罪的罪质和法定刑最轻,职务侵占罪次之,贪污罪则最重。辩护人在代理此类案件时,首先要从行为人的主体情况入手,审查司法机关指控的罪名是否准确,以便制订合理的辩护方案。

(一)贪污罪的主体

贪污罪的主体是特殊主体,包括两类:一类为"国家工作人员";另一类为"受国家机关、国有公司、企业、事业单位和人民团体委托管理、经营国有财产的人员",以下简称为"受托管理经营国有财产的人员"。辩护人在代理贪污罪案件时,首先要审查行为人是否属于这两类主体,如果不属于这两类主体,就可以提出不构成贪污罪的无罪辩护或只构成职务侵占罪的改变定性的辩护。

1. 第一类"国家工作人员"的认定

根据《刑法》第93条的规定:"本法所称国家工作人员,是指国家机关中从事公务的人员。国有公司、企业、事业单位、人民团体中从事公务的人员和国家机关、国有公司、企业、事业单位委派到非国有公司、企业、事业单位、社会团体从事公务的人员,以及其他依照法律从事公务的人员,以国家工作人员论。"由此可见,国家工作人员的认定有两大标准:一是公务标准;二是身份标准。辩护人在代理案件时,要认真审查行为人是否同时符合这两个标准,只要有一个标准不符合的,都不能认定为国家工作人员。

(1)公务标准。

是否从事公务,是认定国家工作人员的一个重要标准。所谓"从事公务",是指代表国家机关、国有公司、企业、事业单位、人民团体等履行组织、领导、监督、管理等职责。公务主要表现为与职权相联系的公共事务以及监督、管理国有财产的职务活动。如国家机关工作人员依法履行职责,国有公司的董事、经理、监事、会计、出纳等人员依法管理、监督国有财产,都属于从事公务。

不具备职权内容的劳务活动、技术服务工作,如售货员、售票员等所从事的工作,一般不认为是公务。因此,在国家机关、国有公司、企业、事业单位、人民团体中从事劳务、技术性服务工作的人员,由于不具备"从事公务"的标准,不属于国家工作人员,不符合贪污罪的主体要件。如果其利用职务便利,侵占本单位数额较大的财物,只能以职务侵占罪定罪处罚。

(2)身份标准。

除了公务标准,还要看身份标准,即这些人员是在哪里从事公务的,如:

①在国家机关中从事公务的人员。

国家机关中从事公务的人员,包括在各级国家权力机关、行政机关、司法机关和军事机关中从事公务的人员。根据最高人民法院《全国法院审理经济犯罪案件工作座谈会纪要》的有关规定,在依照法律、法规规定行使国家行政管理职权的组织中从事公务的人员,或者在受国家机关委托代表国家行使职权的组织中从事公务的人员,或者虽未列入国家机关人员编制但在国家机关中从事公务的人员,视为国家机关工作人员。在乡(镇)以上中国共产党机关、人民政协机关中从事公务的人员,司法实践中也应当视为国家机关工作人员。

②在国有公司、企业、事业单位和人民团体中从事公务的人员。

国有公司,是指公司财产完全属于国家所有的公司,国家参股、国家控股或者国有成分与其他经济成分合资、合作的公司,都不是国有公司。国有企业,是指企业财产完全属于国家所有的从事生产、经营活动的经济实体。国有事业单位,是指国家投资兴办管理的,为了满足社会的公共需求,实现国家和社会的公共利益,向社会提供教育、科研、文化、卫生、体育、新闻、出版、广播电视等公共服务的非营利性组织。人民团体,是指由国家财政拨款,负责组织、协调有关国家或者社会公共事务的组织(包括工会、共青团、妇联、科协、归国华侨联合会、台湾同胞联谊会、青年联合会和工商业联合会等)。对于在国有资本控股、参股的股份有限公司中从事管理工作的人员,只有是受国家机关、国有公司、企业、事业单位委派从事公务的,才属于国家工作人员。

③国家机关、国有公司、企业、事业单位委派到非国有公司、企业、事业单位、社会团体从事公务的人员。

所谓委派,即委任、派遣,其形式多种多样,如任命、指派、提名、批准等。不论被委派的人身份如何,只要是接受国家机关、国有公司、企业、事业单位委派,代表国家机关、国有公司、企业、事业单位在非国有公司、企业、事业单位、社会团体中从事组织、领导、监督、管理等工作,都可以认定为此类委派从事公务的人员。如前面提到的,国家机关、国有公司、企业、事业单位委派在国有控股或者参股的股份有限公司从事公务的人员,以国家工作人员论。

在实践中,要特别注意国家出资企业人员的认定。一般来说,"国家出资企业"包括国家出资的国有独资公司、国有独资企业,以及国有资本控股公司、国有资本参股公司。是否属于国家出资企业不清楚的,应遵循"谁投资、谁拥有产权"的原则进行界定。企业注册登记中的资金来源与实际出资不符的,应根据实际出资情况确定企业的性质。企业实际出资情况不清楚的,可以综合工商注册、分配形式、经营管理等因素确定企业的性质。经国家机关、国有公司、企业、事业单位提名、推荐、任命、批准等,在国有控股、参股公司及其分支机构中从事公务的人员,应当认定为国家工作人员。具体的任命机构和程序,不影响国家工作人员的认定。经国家出资企业中负有管理、监督国有资产职责的组织批准或者研究决定,代表其在国有控股、参股公司及其分支机构中从事组织、领导、监督、经营、管理工作的人员,应当认定为国家工作人员。国家出资企业中的国家工作人员,在国家出资企业中持有个人股份或者同时接受非国有股东委托的,不影响其国家工作人员身份的认定。

④其他依照法律从事公务的人员。

除了以上三类人员,还有一些人员是依照法律从事公务的,他们虽然不具备以上三类人员的身份,但也具备国家工作人员的身份,具体包括:

A. 依法履行职责的各级人民代表大会代表。

B. 依法履行审判职责的人民陪审员。

C. 协助乡镇人民政府、街道办事处从事行政管理工作的村民委员会、居民委员会等农村和城市基层组织人员。这里的行政管理工作具体包括：a. 救灾、抢险、防汛、优抚、扶贫、移民、救济款物的管理；b. 社会捐助公益事业款物的管理；c. 国有土地的经营和管理；d. 土地征用补偿费用的管理；e. 代征、代缴税款；f. 有关计划生育、户籍、征兵工作；g. 协助人民政府从事的其他行政管理工作。如果协助从事以上行政管理工作以外的工作的，不能认定为国家工作人员。

D. 其他由法律授权从事公务的人员。

2. 第二类"受托管理、经营国有财产的人员"的认定

所谓"受委托管理、经营国有财产"，是指因承包、租赁、临时聘用等管理、经营国有财产。这类人员本身不是国家工作人员，也不因受委托而取得国家工作人员的身份，但依照法律规定能够成为贪污罪的主体。司法实践中，承包、租赁、聘用的表现形式多种多样，能否认定为贪污罪的主体，还需要具体情况具体分析。

(1) 承包人把承包事项转包给第三人的情形。

承包人与国有单位签订承包合同，承包合同的双方当事人是国有单位和承包人，承包人是受国有单位的委托管理、经营国有财产的人员，符合贪污罪的主体要求。但当承包人将承包事项转包给第三人时，虽然是由第三人管理、经营国有财产，但因为其不是受国有单位的委托，而是因承包人的转包，因此第三人不能成为贪污罪的主体。第三人在承包过程中非法占有国有财产，构成其他罪的按其他罪处理，但不构成贪污罪。

(2) 私营企业以承包的形式挂靠在国有单位的情形。

私营企业以承包的形式挂靠在国有单位时，国有单位一般既不投资，也不参加管理，更不承担经营风险，只是按照承包合同的规定向承包人收取一定数额的管理费，这种企业虽然名义上挂靠国有单位，但是并未管理、经营国有财产，因此这种企业中的人员不符合贪污罪的主体要求。

案例 4-1

被告人张某某通过与国有的储运公司签订临时劳务合同，受聘担任储运公司承包经营的海关验货场门卫，当班时负责验货场内货柜及物资安全，凭司机

所持的缴费卡放行车辆,晚上还代业务员、核算员对进出场车辆进行打卡、收费。受聘用期间,张某某多次萌生纠集他人合伙盗窃验货场内货柜的想法,后结识被告人黄某某,经密谋商定作案。2012年5月14日,张某某利用当班的时机,通知黄某某联系拖车前来验货场行窃。当日下午7时许,黄某某带着联系好的拖车前往海关验货场,在张某某的配合下,将验货场内的3个集装箱货柜偷运出验货场,并利用其窃取的货物出场单,将货柜运出保税区大门。黄某某走后,张某某到保税区门岗室,乘值班经警不备,将上述3个货柜的货物出场单及货物出区登记表偷出销毁。次日,二被告人被公安机关抓获,所有赃物均已被查获并发还被窃单位。

检察机关认为,储运公司在承包经营海关验货场后,对进入验货场的货物负有保管责任。因此,货物在受储运公司保管期间,视同储运公司所有的财产,张某某作为受国有公司委托管理、经营国有财产的人员,利用职务上的便利,窃取国有财产,构成贪污罪。辩护人认为,储运公司系国有公司,该公司保管的财产虽可列为经手管理的国有财产,但被告人张某某只是该公司雇佣的工作人员,从事的只是看管验货场的劳务工作,其身份是一般工勤人员,对场内货物不具有管理权利,既不属于在"国有公司中从事公务的人员",也不属于"受委托管理、经营国有财产的人员",因此不能成为贪污罪的主体。法院采纳了辩护人的意见,最终以职务侵占罪判处张某某有期徒刑5年,并处罚金1万元。

(二)职务侵占罪的主体

职务侵占罪的主体也是特殊主体,仅限于公司、企业或者其他单位的工作人员,且不具备国家工作人员身份。根据理论界的通说,"公司工作人员",是指依法设立的有限责任公司、股份有限责任公司和一人有限责任公司的所有工作人员。"企业工作人员",是指在依法设立的从事经营活动的经济实体(包含国有企业、集体企业、合资企业和私营企业)的所有工作人员。"其他单位人员",是指公司、企业人员以外的其他单位的所有工作人员。由于实践中公司、企业和其他单位的种类繁多,辩护人在审查时,既要注意国有与非国有之间的界限,也要注意公司、企业和其他单位是否具有独立的财产权,这些情形可能直接影响罪与非罪以及此罪与彼罪的界定。

1. 非国有公司、企业或单位

职务侵占罪与贪污罪最大的区别就在于主体,贪污罪的主体要求是国家工作人员,而职务侵占罪的主体要求是非国家工作人员。但非国有公司、企业或者其他单位的工作人员不必然就是非国家工作人员,如果其工作人员是从国家机关、国有公司、企业、事业单位委派过来从事公务的,则属于国家工作人员,如果其工作人员是受托管理、经营国有财产的人员,也视为国家工作人员,属于贪污罪的主体。只有排除这两种情况,非国有公司、企业或单位的工作人员才是职务侵占罪的主体。

2. 国有资本控股、参股企业

国有资本控股、参股的股份有限公司有国有资本的控制和参与,不属于国有公司,但也不是私营公司,对于其从事管理工作的人员,仍然要审查其是否受国家机关、国有公司、企业、事业单位委派而从事公务,如果是受委派从事公务的,属于国家工作人员;如果不是,则不属于国家工作人员,对于其利用职务上的便利,将本单位财物非法占为己有,数额较大的,应当以职务侵占罪定罪处罚。

3. 村民小组、村委会、村党支部

根据最高人民法院《关于村民小组组长利用职务便利非法占有公共财物行为如何定性问题的批复》的规定,对村民小组组长利用职务上的便利,将村民小组集体财产非法占为己有,数额较大的行为,以职务侵占罪定罪处罚。

根据最高人民法院《全国法院维护农村稳定刑事审判工作座谈会纪要》的规定,关于村委会和村党支部成员利用职务上的便利侵吞集体财产犯罪的定性问题,为了保证案件的及时审理,在没有司法解释规定之前,原则上以职务侵占罪定罪处罚。

根据上述两个规定,村民小组组长、村委会和村党支部成员,可以构成职务侵占罪的主体。但这类主体是否一定按照职务侵占罪定罪处罚,还要具体情况具体分析。一般来说,如果村民小组组长、村委会和村党支部成员侵占的财产未定性为集体财产,而是依法从事公务的人员这一主体所对应的公共财产,则构成的不是职务侵占罪,而是贪污罪。具体理由在贪污罪主体部分已经进行了分析,此处不赘。

案例 4-2

2018年某村被县政府确定为旧村改造新村建设试点村,要对该村的"上岭桥"角落进行改造建设。被告人林某某利用担任村委会主任管理"上岭桥"改造建设的便利,事先私下联系土方承包者方某某,与其约定以计时、计车的方式承包土方工程。但在村民委员会、村党支部委员会开会时,林某某提议后经研究决定:"上岭桥"规划区土方工程按土方量每方 10 元的方式发包。村民委员会组织对该土方测量,确定共 8000 立方米,需 8 万元。后该工程交由方某某承包施工,完工后被告人林某某以按计时、计车的方式实际付款 5 万元给方某某,指使方某某按土方量承包方式开具 8 万元的发票,交由他向村里报支 8 万元,从中赚取两种承包方式的差价 3 万元。被告人林某某的违法所得 3 万元用于个人及家庭开支,案发后向检察机关退还全部赃款。后检察机关以林某某涉嫌贪污罪向法院提起公诉。

辩护人提出检察机关指控林某某犯贪污罪定性不准,该村对"上岭桥"改造是新村建设,属村一级集体事务,非协助政府从事行政管理工作。被告人林某某在履行集体管理事务中,利用职务便利,骗取了集体财产,构成职务侵占罪。案发后,其认罪态度较好,退还全部赃款,具有悔罪表现,建议从轻处罚,并适用缓刑。法院最终采纳了辩护人的辩护意见,以被告人林某某犯职务侵占罪,判处其有期徒刑 1 年 6 个月,缓刑 2 年。

4. 个人独资企业

个人独资企业,是指根据《个人独资企业法》的规定在中国境内设立,由一个自然人投资,财产为投资人个人所有,投资人以其个人财产对企业债务承担无限责任的经营实体。由此可见,个人独资企业的财产均为投资人个人所有,企业财产和投资人个人财产是混同的。由于投资人要以其个人财产对企业债务承担无限责任,因此投资人理论上不存在占有企业财物的情形,不符合职务侵占罪的主体要件。

但是,个人独资企业的投资人以外的人员,如企业聘用的其他人员,利用职务上的便利将本企业财物非法占为己有的,仍侵犯了个人独资企业的管理秩序,亦可构成职务侵占罪。

5. 个体工商户

个体工商户是《民法典》所规范的,属于个人或家庭投资经营,用个人或家庭财产承担责任的特殊民事主体。首先,个体工商户与个人独资企业有所不同,它不属于企业;其次,个体工商户在民事法律上也不同于自然人,因为个体工商户既可以是公民个人投资经营,也可以由家庭成员一部分或全部投资经营。就前者而言,个体工商户在刑法意义上应视为个人;就后者而言,从刑法意义上也不能视为单位。能称为单位的,必须是依法成立的具有一定经费和财产,有相对独立性的社会组织。

个体工商户是特殊的民事主体,具有自然人的全部特征,却不具备单位的组织性特点。因此,在刑法意义上,个体工商户是实质的个人,而不是企业或单位。所以,个体工商户聘用的雇员、帮工、学徒,无论其称谓如何,均不能成为职务侵占罪的主体。

案例 4-3

2013年1月17日上午8时许,被告人张某某利用其任某不锈钢加工厂司机的职务之便,在该厂安排其独自一人开车将一批价值人民币8万余元的不锈钢卷带送往本市另一家不锈钢制品有限公司之际,将该批货物擅自变卖给他人,并弃车携变卖所得款4万元逃匿,后被抓获。另查明,该不锈钢加工厂的注册性质系个体工商户,投资人为朱某某。后检察机关以张某某涉嫌职务侵占罪向法院提起公诉。

在庭审过程中,辩护人提出,本案个体工商户某不锈钢加工厂虽然规模较大,管理方式类似于企业,但在法律意义上仍不具备单位的组织性特点,被告人张某某作为该加工厂所聘用的专职司机,不属于职务侵占罪的主体,依法不构成职务侵占罪。本案中,被告人张某某作为受雇佣的司机,负责将雇主所有的货物运交他人,这种雇佣委托关系,使双方就所交运的货物已形成一种实质意义上的代为保管关系。其非法占有代为保管的他人财物而逃匿,拒不退还或拒不交出,确实符合侵占罪的特征。但由于侵占罪属于告诉才处理的自诉案件,案发后,张某某已经与该厂投资人朱某某达成谅解,故不应再追究张某某的刑事责任。后检察机关撤回起诉,法院裁定准许。

6. 合伙企业

合伙企业,是指自然人、法人和其他组织依照《合伙企业法》的规定在中国境内设立的普通合伙企业和有限合伙企业。普通合伙企业由普通合伙人组成,合伙人对合伙企业债务承担无限连带责任;而有限合伙企业由普通合伙人和有限合伙人组成,普通合伙人对合伙企业债务承担无限连带责任,有限合伙人以其认缴的出资额为限对合伙企业债务承担责任。不管是普通合伙企业还是有限合伙企业,只要符合法定登记形式的,登记部门就应当发给营业执照。由此可见,合伙企业属于一种经营实体,属于一种企业形式,其聘用的人员实施职务侵占行为的,可以构成职务侵占罪。对于普通合伙人,虽然其对合伙企业债务承担的是无限连带责任,但由于合伙企业必须由两个以上的合伙人设立,普通合伙人利用职务之便侵占合伙企业财物的行为,侵犯了合伙企业的管理秩序,也侵犯了其他合伙人的利益,也可以成为职务侵占罪的主体。

(三)侵占罪的主体

侵占罪的主体为一般主体,而且仅限于自然人,一般是指合法占有他人财物的人,如代为保管他人财物的人,他人遗忘物的拾得人或者埋藏物的发现人等。

对于侵占罪,单位不能成为犯罪主体。实践中,虽然存在一些单位或其他组织侵占代为保管的他人财物的情况,也不应当按照单位犯罪处理,而应当对组织、策划、实施该侵占行为的人按照有关个人犯罪的规定依法追究刑事责任。

辩点 4-2:主观方面

对于侵占类犯罪,行为人主观上都是故意犯罪,对危害结果的发生持有积极希望或者放任的心态,而且行为人一般还具有非法占有的目的。如果行为人主观上不是故意,而是过失,则不构成本章的罪,可以进行无罪辩护;如果行为人不具有非法占有的目的,而只是为了挪作他用,也不构成侵占类犯罪,可以进行改变定性的辩护。此外,作为辩护人,还要注意审查行为人非法占有目的产生的时间,看其是产生于合法占有他人之物之前、之时还是之后,这都有可能影响到定罪和量刑。

本章中的三个罪名在主观方面存在共性,但也各有差异,详细分述如下:

(一)业务型和公务型侵占类犯罪的主观认定

公务型侵占类犯罪的贪污罪和业务型侵占类犯罪的职务侵占罪虽然是不同的罪名,但差异主要体现在犯罪主体和行为对象上,主观方面都是故意,而且都具有明知是本单位的财物而非法占为己有的主观心理态度,所以将其放在一起进行阐述。在实践中,辩护人主要要审查行为人非法占有目的产生的时间以及是否具有排除非法占有目的的情形。

1.非法占有目的产生的时间

一般来说,贪污罪和职务侵占罪非法占有目的产生的时间存在以下两种情形:

(1)行为人因职务原因合法占有本单位财物,在占有过程中产生非法占有目的,即非法占有目的产生在占有之后。

(2)行为人产生非法占有目的后,利用自己职务上的便利非法侵占本单位财物,即非法占有目的产生于实际占有之前。

不论是哪一种情形,均不影响犯罪的成立。

2.排除非法占有目的的几种情形

既然非法占有目的产生的时间不影响犯罪的成立,辩护人就没有必要对此予以重点关注,而应重点关注行为人是否具有非法占有目的,是否具有排除非法占有目的的情形。如果行为人没有非法占有目的或者能够排除其具有非法占有目的情形的,辩护人就可以提出不构成犯罪的无罪辩护意见或者提出只能构成挪用类犯罪的改变定性的罪轻辩护意见。实践中,通常有以下三种可以排除非法占有目的的情形:

(1)主观上的过失或者工作上的失误。如果行为人是因为主观上的过失或者工作上的失误造成占有公共财物或者本单位财物的结果,或者是由于他人利用自己主观上的过失或工作上的失误而实施了占有公共财物或者本单位财物的行为,行为人没有事先通谋或者事后没有进行分赃的,辩护人可以从不具有非法占有目的的角度进行不构成贪污罪或职务侵占罪的辩护。

(2)行为人出于暂时挪用的目的。如果行为人使用单位资金只是为了暂时挪用,日后还要归还,并不具有非法占有的目的,辩护人可以进行无罪辩护或者只构成挪用资金罪或挪用公款罪的改变定性的辩护。司法实践中,有些案件还会出现挪用类犯罪和侵占类犯罪相互转化的情形。例如,对于以下挪用款项的行为,应当按照职务侵占罪或者贪污罪定罪处罚:①行为人携带挪用的款项潜逃的;②行为人挪用款项后采取虚假发票平账、销毁有关账目等手段,使所挪用的款项已难以在单位财务账目上反映出来,且没有归还行为的;③行为人截取单位收入不入账,非法占有,使所占有的公款难以在单位财务账目上反映出来,且没有归还行为的。由此可见,辩护人在代理此类案件时,不但要审查行为人的供述和辩解,更要从行为人的客观行为进行分析。侵占行为由于行为人的主观意图在于永久占有资金,其必然尽其所能掩盖、隐匿资金的真实去向,尽量在有关账目上不留痕迹;挪用行为由于行为人的初衷只是临时性地使用资金,所以一般总要给使用的款项留个"后门",使其在有条件的情况下可以顺利归还。所以,如果行为人挪用后并未平账、销账,挪用的账目仍然能在单位财务账目上反映出来,且行为人并未将其挥霍致使无法归还的,应当认定行为人主观上没有非法占有的目的,不能认定为职务侵占罪或者贪污罪,除非司法机关有充分的证据证明行为人并无归还的意思。

(3)因与单位的纠纷引发的侵占。司法实践中,公司、企业或者其他单位因种种原因拖欠员工工资、奖金等报酬的情况时有发生,从而可能引发单位员工扣押单位的财物迫使单位发放报酬,或者直接以扣押的单位财物抵偿报酬的行为。对于这类案件,应当区别对待,在认真辨别行为人的主观目的后再进行定性。如果员工所扣押的财物数额大大超过被拖欠的报酬数额,且任意处置甚至随意变卖被扣押的财物的,一般可以认定行为人主观上具有非法占有的目的;如果行为人只是为了维护自己的合法民事权利,所扣押的财物数额与被拖欠的报酬数额相当,或者即使超过被拖欠的报酬数额,但妥善保管被扣押的财物,并在得到报酬后立即主动返还的,应当认定其主观上没有非法占有的目的,一般不宜认定为职务侵占罪或者贪污罪。

案例 4-4

某快递公司聘用胡某担任主管,聘用时胡某谈的工资比较高,但胡某担任主管后公司业绩并未明显提高,公司想辞退胡某但又不愿意支付高额的赔偿金,双方因此闹得很不愉快。就在胡某打算与公司办理工作交接时,胡某发现手上有一笔收取的业务费还没有交付公司财务,共计 45000 元。由于公司迟迟未向胡某支付赔偿金,胡某便将该 45000 元进行了隐瞒,没有交付公司。后案发,公安机关以胡某涉嫌职务侵占罪立案侦查。

本案中,辩护人经调查核实,公司单方解除与胡某的劳动合同,按照胡某的工资标准进行计算,公司应当向胡某支付 42800 元的赔偿金。辩护人认为,胡某与公司产生纠纷,理应通过劳动仲裁或者诉讼手段维护自己的合法权益,其通过隐瞒 45000 元业务费在处理方法上是不当的,但基于公司确实应当向其支付 42800 元的赔偿金而未支付,胡某隐瞒的 45000 元与 42800 元在数额上基本相当,其主观上只是为了维护自己的民事权益,并无非法占有公司财物的目的,不宜按职务侵占罪认定。后胡某与公司达成了谅解协议,公安机关对胡某进行了撤案处理。

(二) 普通型侵占类犯罪的主观认定

普通型侵占类犯罪的侵占罪的主观方面也要求是故意,但故意的内容与贪污罪和职务侵占罪有所不同,要求行为人具有明知是代为保管的他人财物、遗忘物或者埋藏物而非法占有的主观心理态度,且非法占有目的必须发生在合法占有关系成立之后,如果在还没有形成占有关系的情况下,以非法占有为目的,用各种方式非法取得他人财物的,则不构成侵占罪,而可能构成其他侵犯财产罪,如盗窃罪、诈骗罪等。因此,在代理侵犯财产罪案件时,辩护人要重点审查行为人非法占有目的产生的时间,如果行为人非法占有目的是发生在合法占有关系成立之后的,可以考虑将盗窃罪、诈骗罪等改变定性为侵占罪。此外,对于侵占罪案件,辩护人还应当审查行为人是否具有非法占有的目的或者是否具有排除非法占有的情形,如果行为人没有非法占有的目的或者具有排除非法占有的情形,可以进行不构成犯罪的无罪辩护。

1. 非法占有目的产生的时间

一般认为,侵占罪中非法占有的目的产生于行为人合法占有他人之物之时或者之后,即行为人在已具有合法的根据和原因占有他人财物的过程中,具有把对他人财物的占有转变为所有的意图。

侵占罪相比于其他侵犯财产罪而言量刑较轻,且属于自诉案件,所以在实践中,辩护人在代理其他侵犯财产罪的案件时,要注意审查行为人非法占有目的产生的时间,看其是否符合侵占罪的这个特点,以此进行改变定性的辩护。

2. 排除非法占有目的的三种情形

辩护人在代理侵占罪案件时,要注意审查行为人是否具有以下排除非法占有目的的情形,如果具有以下情形之一的,可以提出行为人主观上不具有非法占有的目的,故不构成侵占罪的辩护意见。

(1)行为人有理由认为其享有财物的处分权。行为人客观上合法占有他人的财物,但是行为人有理由认为他对该财物拥有合法的处分权,比如说被害人欠行为人债务到期未还,行为人认为自己不归还对方的财产是为了抵销债务。即使行为人出现了认识错误,也不宜认定行为人具有非法占有的目的。

(2)行为人依法行使履约抗辩权。形成财物代为保管状态的法律关系的双方往往互负义务,并且这些法律关系的义务履行通常存在明确的先后顺序,这种情况下,先履行一方未履行之前,后履行一方有权拒绝其履行请求,先履行一方履行债务不符合约定,后履行一方有权拒绝相应的履行请求。在这种情况下,如果后履行一方拒不归还对方财物是依法行使履约抗辩权,应当认定行为人主观上不具有非法占有的目的。

(3)行为人为了实现债权而依法行使留置权。在货物运输合同、保管合同、仓储合同中,托运人、寄存人、存货人没有支付费用和报酬的情况下,相对方有权依照法律规定对财物留置,并可从变卖所得中优先受偿。在这种情况下,行为人拒不退还对方财物并对财物进行处分的行为是为了得到相应报酬和费用,应当认定行为人主观上不具有非法占有的目的。

辩点 4-3:侵占对象

本章涉及三个罪名,客观方面都表现为侵占行为,但侵占的对象各不相同,公务型侵占类犯罪的贪污罪的对象是公共财物,业务型侵占类犯罪的职务侵占罪的对象是本单位的财物,且一般不是公共财物,普通型侵占类犯罪的侵占罪的对象是合法占有的代为保管的他人财物、他人的遗忘物、埋藏物。因此,辩护人在代理侵占类案件时,通过审查侵占的对象,也可以判断出罪名的适用是否恰当。

此外,由于盗窃罪和诈骗罪也具有非法占有的目的,在实践中与侵占类犯罪容易产生混淆,因此辩护人在办理这类案件时,还要仔细审查侵占对象的具体情况,如有无对委托运输的财物进行监视,有无对委托保管的财物进行封缄,然后再根据具体的行为确定罪名。

(一) 贪污罪的对象

贪污罪的对象是公共财物,包括国有财物、劳动群众集体所有的财物以及用于扶贫和其他公益事业的社会捐助或者专项基金的财物。在国家机关、国有单位、企业、集体企业和人民团体管理、使用或者运输中的私人财物,也属于公共财物。这里的公共财物,不但包括动产,也包括不动产;既包括普通公共财物,也包括救灾、抢险、防汛、优抚、扶贫、移民、救济等特定款物。

需要特别注意的是,辩护人在代理贪污案件过程中,应当注意犯罪对象是否属于特定款物。因为根据最高人民法院、最高人民检察院《关于办理贪污贿赂刑事案件适用法律若干问题的解释》的规定,相比于非特定款物,贪污特定款物的量刑会更重,贪污数额的把握标准也不同。例如,贪污非特定款物 3 万元以上的才能立案追诉,而贪污特定款物达到 1 万元以上的即可立案追诉;贪污非特定款物 20 万元以上的可以判处 3 年以上 10 年以下有期徒刑,而贪污特定款物只需达到 10 万元以上即可;贪污非特定款物 300 万元以上的可以判处 10 年以上有期徒刑,而贪污特定款物只需达到 150 万元以上即可。可见,辩护人在代理贪污案件时,不仅要审查犯罪对象是否公共财物,还要审查公共财物的具体情形,因为这不但会影响定罪,而且会影响量刑。

(二) 职务侵占罪的对象

职务侵占罪的对象是公司、企业或其他单位的财物,这里的"财物",不但是指本单位"所有"的财物,而且还包括本单位"持有"的财物。具体而言,不仅包括已经在本单位占有、管理之下并为本单位所有的财物,也包括本单位尚未占有、支配但属于本单位所有的财物,以及由本单位依照法律规定和契约约定临时管理、使用或者运输的他人财物。

案例 4-5

被告人贺某某系某铁路公司聘用的临时装卸工,利用当班装卸旅客托运的行李、包裹的职务便利,在 2013 年 5 月至 2015 年 12 月间,先后 19 次窃取电脑、手机、电磁炉等物品,共计价值人民币 4 万余元。后检察机关以贺某某涉嫌盗窃罪提起公诉。

在庭审过程中,辩护人提出检察机关指控贺某某构成盗窃罪的定性错误。首先,被告人贺某某虽然是聘用的临时工,但根据《劳动法》的规定,固定工、合同工、临时工均为单位职工,贺某某符合职务侵占罪的主体资格要求;其次,被告人窃取的财物虽然是托运人的私人用品,不属于铁路公司所有,但属于铁路公司受托运输中的财物,属于职务侵占罪的对象;最后,被告人贺某某的盗窃行为,就是利用其当班管理、经手这些财物的职务之便,在自己负责的中转货物的库区非法占有这些财物,完全可以认定为利用职务上的便利而窃取单位财物。因此,贺某某的行为依法不构成盗窃罪。法院最终采纳了辩护人的意见,以职务侵占罪对贺某某定罪处罚。

(三)侵占罪的对象

侵占罪的犯罪对象是行为人合法占有的代为保管的他人财物、他人的遗忘物、埋藏物,这些都属于他人的财物。这里的他人,是指公民个人,不包括国家和单位。

1. 代为保管的他人财物

代为保管的他人财物,既包括受他人委托,代为收藏、管理的财物,如寄存的财物或者受他人委托临时看管的财物,又包括未受委托因无因管理而代为保管的他人财物;既包括依照法律强制规定由其托管的财物,如无行为能力的未成年人、精神病人的财物依法应由其监护人代为保管,又包括依照合同或者契约约定由其托管的财物,如因借贷、租赁、委托、寄托、运送、合伙、抵押等合同关系而持有代为保管,但因职务或工作上的关系代为保管本单位的财物的,不属于本罪的代为保管,这类财物可能构成贪污罪或者职务侵占罪的行为对象。对于代为保管的他人财物,在实践中,还要特别注意以下两类情形,以区别于侵占罪与盗窃罪。

(1)押运货物。委托人将货物委托他人进行运输,如果委托人没有自己亲自或委派第三人押运货物,对货物进行监视的,托运人对托运货物独立占有,若托运人将托运货物非法占为己有,拒不归还的,构成侵占罪。但是,如果委托人自己亲自或委派第三人对货物的运输进行监视,托运人趁委托人或第三人放松监视之机将货物占为己有逃匿的,则应认定为盗窃罪。

(2)封缄委托物及其内容物。所谓封缄委托物,是指委托保管、运输的财物被装在容器中,并盖有封印或者被锁住。若委托人将该封缄物交受托人保管或者运输,受托人将封缄物或其内容物占为己有,构成盗窃罪还是侵占罪?一般认为,委托人将存有物品的容器加锁或封印后寄托时,容器的占有转移到受托者,但委托人对其中的内容物依然拥有现实性的支配力。受托人若将内容物取出转为自己支配的行为构成盗窃罪而非侵占罪。《刑法》第253条的规定印证了上述观点,即"邮政工作人员私自开拆或者隐匿、毁弃邮件、电报的,处二年以下有期徒刑或者拘役。犯前款罪而窃取财物的,依照本法第二百六十四条的规定定罪从重处罚"。

> **案例 4-6**
>
> 赵某某系某袜厂业主,自2017年上半年开始,其将袜子分批交由被告人杨某某的父亲所经营的定型厂定型,该定型厂系从事袜子加工业务的个体工商户,系家庭经营,主要由被告人杨某某的父母二人负责经营。同年12月下旬,赵某某发现有人在出售自己厂里生产的袜子,遂报案。公安机关经侦查发现,被告人杨某某从定型厂偷偷盗取赵某某委托加工定型的袜子卖给他人。公安机关追回袜子95包,每包300—500双,价值共计10万余元。案件发生后,被告人及其家属从一开始就表示愿意进行等价赔偿,但遭到赵某某拒绝。后杨某某被检察机关以盗窃罪移送起诉。
>
> 在庭审过程中,辩护人提出,赵某某将袜子委托给杨某某的父母经营的定型厂加工定型,这些袜子属于定型厂代为保管的财物,该定型厂在组织形式上系家庭经营,杨某某作为家庭成员之一,对该批袜子已经形成事实上的占有,故其将这些袜子予以盗卖,符合侵占罪的构成特征。但案发后杨某某并没有拒不退还,而是积极予以赔偿,只是遭到赵某某的拒绝,因此也不构成侵占罪。法院采纳了辩护人的意见,宣判杨某某无罪。

2. 他人的遗忘物

所谓他人的遗忘物,是指财物所有人或者持有人由于自己不慎而暂时失去控制的财物,过后能想起是遗忘在何处,如果不被他人处置,还能在原地找到。如买东西将物品忘在柜台上,到他人家里玩将东西遗忘在人家家里,乘坐出租车把财物遗忘在车里等。一般情况下，行为人将遗忘物占为己有拒不退还的构成侵占罪。但如果财物遗忘在他人有权控制的范围内，行为人乘人不备将其占为己有的，则构成盗窃罪，而非侵占罪。例如，司机将乘客遗忘在出租车上的财物占为己有拒不退还的，构成侵占罪；而乘客将上一位乘客遗忘在出租车里的财物趁出租车司机不注意，将财物拿走的，则构成盗窃罪。此外，在认定遗忘物时，还要注意与遗失物和遗弃物之间的界限。

（1）遗忘物不等于遗失物。遗失物是财物所有人或者持有人不知何时何地在何种情况下丢失的财物，失去对财物的控制时间相对较长，一般也不知道丢失的时间和地点，不能根据记忆找回，拾捡者一般不知道也难以找到失主。而遗忘物，则是刚刚、暂时遗忘之物，遗忘者对之失去控制的时间相对较短，一般会很快回想起来遗忘的时间与地点。在刑法理论上，有观点认为侵占遗失物的行为不构成侵占罪，也有观点反对，认为侵占遗失物与侵占遗忘物的性质完全相同，都是变合法占有为非法所有，应当构成侵占罪。辩护人在代理这类案件时，要注意细分案件具体情形，结合侵占罪的其他要件进行分析判断，制订辩护策略。

案例 4-7

被告人张某某系某县邮政局储蓄金库外勤出纳，负责各储蓄点头寸箱的发放和回收。2016 年 12 月 5 日，张某某将头寸箱归库后离开金库。因当时正值停电，金库内勤出纳李某某收到上交的残币及邮袋装的 10 万元现金后，就在邮政局办公楼一口的拉闸门内金库走道上清点残币，其将残币清点好后入库，却将 10 万元现金遗忘在走道上。次日上午，张某某上班第一个拉开闸门后，发现门内有一邮袋内装有 10 万元现金，趁无人注意之机，将 10 万元提出办公楼，然后藏入摩托车尾箱后带离。后邮政局通过监控发现是张某某拿走 10 万元现金，向其追要后，张某某便将 10 万元现金退回邮政局。后张某某被检察机关以盗窃罪移送起诉。

在庭审过程中，辩护人提出，涉案 10 万元现金系李某某遗忘在楼梯间的遗忘物，张某某作为邮政局职工，可以自由进入现场，其上班经过时捡到，没有采取秘密窃取的方式，只是对遗忘物的占有，且在邮政局向其索要时，没有拒不退还或交回，所以既不构成盗窃罪，也不构成侵占罪。但法院经审理认为，本案涉及的 10 万元虽然是李某某遗忘在楼梯间的，但仍处于邮政局的合法控制和

> 管理范围内,不属于遗忘物,不构成侵占罪;张某某利用熟悉环境,容易进入现场的工作之便,而不是利用其担任金库外勤出纳的职务之便,所以也不构成职务侵占罪;其以非法占有为目的,采用秘密手段,窃取属于本单位控制下的财物,构成盗窃罪。

(2)遗忘物不同于遗弃物。遗弃物是财物所有人认为对自己已无任何价值而放弃所有权加以处分或者抛弃的财物。因为财物所有人已经放弃了财物的所有权,所以将遗弃物占为己有没有侵犯任何法益,遗弃物不属于侵占罪的行为对象。

3. 埋藏物

所谓埋藏物,是指埋藏于地下、沉没在水里或者隐藏于他物之中的财物。不是所有的埋藏物都是侵占罪的对象,只有那些他人所有但并未占有的埋藏物才属于侵占罪的对象,一般人根据经验能够判断埋藏物是有主物,但并未形成有效控制。辩护人在代理这类案件过程中,要注意审查埋藏物的实际情况。

(1)所有权不明的埋藏物。如果埋藏物的所有权并不明确,将这类埋藏物占为己有的,不能构成侵占罪。

(2)仍在他人占有之下的埋藏物。虽然是埋藏物,但依然在他人占有之下的,不属于侵占罪的对象,例如进入他人住宅窃取主人埋藏在地窖里的财物,应以盗窃罪论处,而非侵占罪。

(3)埋藏于地下的文物。埋藏物不同于地下的文物,文物年代久远,具有历史、文化、科学、艺术价值的地下埋藏物,一般应属于国家所有。如果在建筑过程中发现古墓葬,继续挖掘进而非法占有其中埋藏的文物的,以盗掘古墓葬罪论处,而非侵占罪。

辩点4-4:侵占行为

对于本章的侵占类犯罪,其核心的犯罪行为就是"侵占",即非法占为己有。三个罪名虽有共性,但又有很大差异。例如,贪污罪和职务侵占罪具有职务性的特点,要求行为人必须是利用职务上的便利,且两个罪名对"利用职务上的便利"的含义有所区别。侵占罪没有职务上的要求,但要求具有拒不退还或者拒不交出的要件。辩护人在代理这类案件时,要注意审查具体的行为表现。

(一)占为己有

"占为己有"是侵占类犯罪的核心行为,且不但要求占为己有,而且要求"非法占为己有",是指将他人财物、本单位财物或者公共财物变为自己或者第三人所有或者占有,具体表现为排除财物的所有人对于财物的所有或者占有,而自己或者第三人以所有人的身份、名义、意思占有、使用或者处分财物。但这三个罪名对于占为己有的具体要求有所区别。贪污罪和职务侵占罪要求"将主管、经管的财物变为非法占有",而侵占罪的特征是"变合法占有为非法所有"。

> **案例4-8**
>
> 被告人秦某某是某旋耕机厂厂长,在担任厂长期间,指使财务人员蔡某某做假账,通过"增加应负、减少应收"等方法,以不入账的形式隐瞒产成品,以估价入账的形式虚构负债,并以旋耕机厂的名义在银行设立了账外账户,截至2015年2月,该账外账户上共有100万余元没有纳入旋耕机厂的银行存款和应收账款总账。2015年2月,旋耕机厂被另外一家国有企业收购,财务人员蔡某某离职,并将旋耕机厂的账外账户交给秦某某。2017年,旋耕机厂因被审计查出该账外账户,秦某某在压力之下只好主动向检察机关交代了事情的经过。检察机关以秦某某涉嫌贪污罪提起公诉。
>
> 辩护人在接受被告人秦某某家属的委托后,到看守所会见秦某某,秦某某认为自己没有将旋耕机厂账外账户上的资金占为己有,该账户上的资金仍处于旋耕机厂名下,自己不构成贪污罪,要求律师进行无罪辩护。但辩护律师认为秦某某的辩解很难成立,其虽然没有将账外账户的资金直接据为己有,但该账户上的资金已经通过做假账等方法被秦某某实际控制,不但构成了贪污罪,而且属于贪污既遂。如果秦某某坚持做无罪辩护,可能会丧失自首这一法定从轻、减轻的情节。最终,秦某某听取了辩护人的意见,在庭审过程中认罪悔罪,法院最终也采纳了辩护人提出的罪轻辩护意见,以贪污罪对秦某某从轻处罚。

(二)拒不退还或者交出

所谓"拒不交还",是指物主或者有关机关要求行为人退还或者交出而行为人拒不退还或者交出,即行为人不履行其应当履行的返还义务。"拒不退还、拒不交出"与"非法占为己有"都是侵占罪的构成要素,如果行为人有非法占有财物的行为,但一经要求其退还或者交出,便立即退还或者交出的,则不应以侵占罪论处。但贪污罪和职务侵占罪并没有"拒不交还"这一构成要素,如果行为人利用职务便利将公共财物或者本单位财物占为己有后,经有关人员或者单位索要而退还或者交出的,只能作为量刑上从轻处罚的情节,并不影响犯罪的成立。

(三) 利用职务之便

贪污罪和职务侵占罪客观上体现为行为人"利用职务上的便利",实施了将公共财物或者本单位财物"非法占为己有"的行为,而侵占罪则没有"利用职务上的便利"的要求。这里的"便利"是由行为人担任的职务产生的,利用与职务无关的便利,不属于"利用职务上的便利"。由于贪污罪和职务侵占罪侵犯的客体不同,它们所利用的"职务之便"也不同。例如,贪污罪中的"职务"一般特指"公务",不包括劳务和其他非公务性工作;而职务侵占罪中的"职务",既包括公务,也包括劳务和非公务性工作。

1. 职务侵占罪中"职务便利"

职务侵占罪中"职务便利"是指利用自己主管、管理、经营、经手本单位财物的便利条件,包括利用从事公务活动的便利和利用从事劳务活动的便利。不论行为人是公司、企业或其他单位的董事、经理等管理层或其他管理人员,还是从事速递、搬运、售票、售货、保管等工作的劳务人员,只要行为人具体从事的工作属于主管、管理、经营、经手本单位财物,行为人利用了这一便利条件,就属于职务侵占罪中的"利用职务上的便利"。如果行为人只是利用在本单位工作、熟悉环境等条件,则不属于"利用职务上的便利"。

案例 4-9

2016 年 4 月,被告人王某某被聘用到 A 有限责任公司工作,与公司签署了用工合同,并被任命为加工车间主任。2017 年 4 月,A 公司与王某某的用工合同到期,因当时公司暂停生产,故未与王某某续签用工合同,A 公司打算在恢复生产后与王某某续签合同。被告人王某某工作的加工车间大门及车间内仓库大门均锁有两把挂锁,只有两把挂锁同时打开,才能启动大门。王某某和车工组组长分别保管每扇门上其中一把挂锁的钥匙。2017 年 6 月上旬,王某某趁公司停产车间无人及车工组组长未上班之机,将车间大门上由车工组组长保管钥匙的挂锁撬开还上了新锁,然后多次利用自己保管的钥匙和新换锁的钥匙打开车间和仓库大门,从仓库窃得电暖浴器、油箱安全阀等财物,价值共计 10 万余元。检察机关认为王某某案发时已经与 A 公司不存在劳动关系,且采用撬锁的方式进入仓库,已经构成盗窃罪,遂以盗窃罪将其移送起诉。

在庭审过程中,辩护人提出,案发时被告人王某某与A公司的用工合同虽然已经到期,但A公司并未与王某某进行交接,也未收回王某某保管的车间和仓库钥匙,双方事实劳动关系依然存在,王某某对仓库财物保管的职责因此并未中断。王某某虽然有撬锁行为,但其最终能顺利实现非法占有公司财物的目的还是利用了公司赋予其保管仓库财物的职务便利,因为案发在车间停产期间,如果不是本单位人员是无法进入厂区的,正因为王某某是加工车间主任,又持有车间及仓库钥匙,才能多次进入厂区并接近仓库,然后将单位财物占为己有,应当构成职务侵占罪,而不是盗窃罪。后法院采纳了辩护人的意见,对被告人王某某以职务侵占罪定罪处罚。

2. 贪污罪中"职务便利"

根据最高人民检察院《关于人民检察院直接受理立案侦查案件立案标准的规定(试行)》的规定,贪污罪中的"利用职务上的便利"是指利用职务上主管、管理、经手公共财物的权力及方便条件,既包括利用本人职务上主管、管理、经手公共财物的职务便利,也包括利用职务上有隶属关系的其他国家工作人员的职务便利。"主管"是指行为人本人虽然不具体管理、经手公共财物,但是对公共财物具有调拨、统筹、使用的决定权、决策权;"管理"是指行为人对公共财物直接负有保管、使用的职权;"经手"是指行为人虽无决定对公共财物进行调拨、统筹、使用的权力,也不具有管理、处置公共财物的职权,但因为工作需要,公共财物一度由其经手,行为人对公共财物具有实际控制权。贪污罪中的职务便利只包括从事公务的便利,不包括从事劳务的便利。因此,在国家机关、国有公司、企业、事业单位、人民团体中从事劳务的职工,利用从事劳务经手单位财物的便利条件,侵占单位财物数额较大的,不属于贪污罪中的"利用职务上的便利",符合条件的,可以构成职务侵占罪。

案例 4-10

被告人杨某某系某市委常委,兼任某商品城市场建设领导小组指挥部总指挥,主持指挥部全面工作,其在得知某村列入拆迁和旧村改造范围后,决定在该村购买旧房以获取拆迁安置补偿。后其安排人以王某某的名义在该村购买了3

间旧房(房产证53平方米,发证时间1998年),然后让村民委员会及其成员出具了该3间旧房系王某某1983年所建的虚假证明。杨某某还利用职务便利,要求兼任指挥部分管土地确权工作的副总指挥、某市国土资源局副局长吴某某和指挥部确权报批科人员,对王某某拆迁安置、土地确权予以关照。指挥部遂将王某某所购房屋作为有村证明但无产权证的旧房进行确权审核,上报某市国土资源局确权,并多认定其占地面积20平方米。为此,王某某多获得50万余元的拆迁安置补偿款。后被告人杨某某被检察机关以贪污罪移送起诉。

在庭审过程中,杨某某辩称其并未利用职务便利,是兼任指挥部分管土地确权工作的副总指挥、某市国土资源局副局长吴某某和指挥部确权报批科人员等人未严格按照程序履行职责,不能以此认定其构成贪污罪。但法院经审理认为,贪污罪中的利用职务上的便利,既包括利用本人职务上主管、管理公共财物的职务便利,也包括利用职务上有隶属关系的其他国家工作人员的职务便利。本案中,杨某某正是利用担任某市委常委,兼任某商品城市场建设领导小组指挥部总指挥的职务便利,给其下属的兼任指挥部分管土地确权工作的副总指挥、某市国土资源局副局长吴某某和指挥部确权报批科人员打招呼,才使得王某某非法多获得50万余元的拆迁安置补偿款,属于利用职务上的便利。

3. 企业改制中相关行为的处理

(1)关于国家出资企业工作人员在改制过程中隐匿公司、企业财产归个人持股的改制后公司、企业所有的行为的处理。

①国家工作人员或者受国家机关、国有公司、企业、事业单位、人民团体委托管理、经营国有财产的人员利用职务上的便利,在国家出资企业改制过程中故意通过低估资产、隐瞒债权、虚设债务、虚构产权交易等方式隐匿公司、企业财产,转为本人持有股份的改制后公司、企业所有,应当依法追究刑事责任的,以贪污罪定罪处罚。贪污数额一般应当以所隐匿财产全额计算;改制后公司、企业仍有国有股份的,按股份比例扣除应归国有的部分。所隐匿财产在改制过程中已为行为人实际控制,或者国家出资企业改制已经完成的,以犯罪既遂处理。

②其他人员(即国家工作人员或者受国家机关、国有公司、企业、事业单位、人民团体委托管理、经营国有财产的人员以外的人员)实施上述行为的,以职务侵占罪定罪处罚。

③其他人员与国家工作人员或者受国家机关、国有公司、企业、事业单位、人民团体委托管理、经营国有财产的人员共同实施上述行为的,以贪污罪的共犯论处。

④在企业改制过程中未采取低估资产、隐瞒债权、虚设债务、虚构产权交易等方式故意隐匿公司、企业财产的,一般不应当认定为贪污;造成国有资产重大损失,依法构成《刑法》第168条或者第169条规定的犯罪的,依照该规定定罪处罚。

案例 4-11

某燃料公司原系国有企业。2003 年,该燃料公司进行产权制度改革,在资产评估过程中,被告人徐某某明知公司的应付款账户中有三笔共计 47 万元系上几年虚设,而未向评估人员作出说明,隐瞒该款项的真实情况,从而使评估人员将该三笔款项作为应付款评估并予以确认。同年 12 月,区政府发文同意该燃料公司产权制度改革实施方案。此后,燃料公司在 21 名职工中平均配股。2005 年 4 月,被告人徐某某在部分职工得知内情要求私分的情况下,商定开职工大会,经讨论并确定虚报负债部分用于冲减企业亏损或上缴国有资产管理部门。6 月 30 日,被告人徐某某被燃料有限公司股东大会选举为董事长。尔后,被告人徐某某又收购了 10 名股东的全部股份成为该公司最大的股东。2005 年 9 月 7 日,燃料有限公司向区财政局交清该燃料公司国有资产购买款 465 万元。随后,被告人徐某某积极办理公司产权转移手续。案发时,手续尚在办理之中。后检察机关以徐某某涉嫌贪污罪向法院提起公诉。

在庭审过程中,被告人徐某某辩称,其在国有资产评估后是民事法律关系的一方当事人,不是国有资产管理者;没有贪污故意;评估结论中隐瞒的 47 万元已在职工大会上宣布,没有实施秘密占有的行为;其行为不构成贪污罪。法院经审理认为,被告人徐某某身为国有公司工作人员,为达到非法占有的目的,在国有企业改制的资产评估中,对公司虚设负债款不作说明,从而骗取评估人员的确认,之后又积极到有关部门办理企业改制后继手续,造成国有资产即将被转移。被告人徐某某的行为已构成贪污(未遂)罪。

(2)关于国有公司、企业在改制过程中隐匿公司、企业财产归职工集体持股的改制后公司、企业所有的行为的处理。

国有公司、企业违反国家规定,在改制过程中隐匿公司、企业财产,转为职工集体持股的改制后公司、企业所有的,对其直接负责的主管人员和其他直接责任人员,以私分国有资产罪定罪处罚。如果改制后的公司、企业中只有改制前公司、企业的管理人员或者少数职工持股,改制前公司、企业的多数职工未持股的,以贪污罪定罪处罚。

(3)关于国家工作人员在企业改制过程中徇私舞弊行为的处理。

国家出资企业中的国家工作人员在公司、企业改制或者国有资产处置过程中徇私舞弊,将国有资产低价折股或者低价出售给特定关系人持有股份或者本人实际控制的公司、企业,致使国家利益遭受重大损失的,以贪污罪定罪处罚。贪污数额以国有资产的损失数额计算。

(4)关于改制前后主体身份发生变化的犯罪的处理。

国家工作人员在国家出资企业改制前利用职务上的便利实施犯罪,在其不再具有国家工作人员身份后又实施同种行为,依法构成不同犯罪的,应当分别定罪,实行数罪并罚。

国家工作人员利用职务上的便利,在国家出资企业改制过程中隐匿公司、企业财产,在其不再具有国家工作人员身份后将所隐匿财产占为己有的,以贪污罪定罪处罚。

辩点4-5:数额情节

对于本章犯罪的量刑,既要考虑侵占财产的数额,也要考虑侵占财产的情节,这两个因素直接决定对当事人适用哪一个量刑幅度。尤其是《刑法修正案(九)》实施之后,贪污罪的量刑标准发生了很大的变化,案件是否具有规定的犯罪情节,直接影响适用哪一个数额标准。《刑法修正案(十一)》对职务侵占罪也作了修订,增加了数额特别巨大的量刑档次,并将最高刑期从原来的15年有期徒刑提高到了无期徒刑。因此,辩护人代理这类案件的过程中,不但要进行数额辩护,也要进行情节辩护。

(一)量刑标准

1.贪污罪

《刑法修正案(九)》对贪污罪的量刑标准进行了较大调整,由原来刚性的数额标准改为更有弹性的"数额加情节"模式。《刑法修正案(九)》颁布之前,贪污罪的量刑标准共分为"十万元以上""五万元以上不满十万元""五千元以上不满五万元""五千元以上不满一万元""不满五千元"五个档次,修正后的《刑法》则调整为"数额较大或者较重情节""数额巨大或者严重情节""数额特别巨大或者特别严重情节""数额特别巨大并使国家和人民利益遭受特别重大损失"四个档次,这样的调整,既是为了应对社会经济快速发展,也是对刑事司法活动中普遍存在的量刑不平衡问题的回应。

2016年4月18日开始实施的最高人民法院、最高人民检察院《关于办理贪污贿赂刑事案件适用法律若干问题的解释》对"数额较大""较重情节""数额巨大""严重情节""数额特别巨大""特别严重情节"分别作出了明确的规定,为了司法实践中适用方便,现使用列表的方式展示如下:

量刑	罪状	"数额+情节"标准	
3年以下有期徒刑或者拘役,并处罚金。	数额较大	3万元≤数额<20万元	
	其他较重情节	1万元≤数额<3万元	1. 贪污救灾、抢险、防汛、优抚、扶贫、移民、救济、防疫、社会捐助等特定款物的; 2. 曾因贪污、受贿、挪用公款受过党纪、行政处分的; 3. 曾因故意犯罪受过刑事追究的; 4. 赃款赃物用于非法活动的; 5. 拒不交代赃款赃物去向或者拒不配合追缴工作,致使无法追缴的; 6. 造成恶劣影响或者其他严重后果的。
3—10年有期徒刑,并处罚金或者没收财产。	数额巨大	20万元≤数额<300万元	
	其他严重情节	10万元≤数额<20万元	1. 贪污救灾、抢险、防汛、优抚、扶贫、移民、救济、防疫、社会捐助等特定款物的; 2. 曾因贪污、受贿、挪用公款受过党纪、行政处分的; 3. 曾因故意犯罪受过刑事追究的; 4. 赃款赃物用于非法活动的; 5. 拒不交代赃款赃物去向或者拒不配合追缴工作,致使无法追缴的; 6. 造成恶劣影响或者其他严重后果的。
10年以上有期徒刑、无期徒刑或者死刑,并处罚金或者没收财产。	数额特别巨大	数额≥300万元	
	其他特别严重情节	150万元≤数额<300万元	1. 贪污救灾、抢险、防汛、优抚、扶贫、移民、救济、防疫、社会捐助等特定款物的; 2. 曾因贪污、受贿、挪用公款受过党纪、行政处分的; 3. 曾因故意犯罪受过刑事追究的; 4. 赃款赃物用于非法活动的; 5. 拒不交代赃款赃物去向或者拒不配合追缴工作,致使无法追缴的; 6. 造成恶劣影响或者其他严重后果的。

2. 职务侵占罪

《刑法修正案(十一)》对职务侵占罪进行了修订,将原来两个量刑档次修改为三个,在原来"数额较大"和"数额巨大"的基础上又增加了"数额特别巨大"的法定刑,将最高刑期从原来的15年有期徒刑提高到了无期徒刑,整体而言加大了对职务侵占罪的刑事处罚力度。所以作为辩护人,更要做好数额方面的辩护。

对于"数额较大""数额巨大"的标准,最高人民法院、最高人民检察院《关于办理贪污贿赂刑事案件适用法律若干问题的解释》作出了规定,按照贪污罪相对应的数额标准规定的2倍、5倍执行,即职务侵占数额在6万元以上不满100万元的,属于数额较大;职务侵占数额在100万元以上的,属于数额巨大,但对于数额特别巨大的标准,由于是《刑法修正案(十一)》新增的内容,该司法解释未作出规定,需要后续司法解释予以明确。但不管怎样,最高人民检察院、公安部《关于公安机关管辖的刑事案件立案追诉标准的规定(二)》中关于职务侵占罪立案追诉标准的规定已经不再适用。具体见下表:

罪状表述	数额标准	量刑幅度
数额较大	6万元≤数额<100万元	处3年以下有期徒刑或者拘役,并处罚金
数额巨大	100万元≤数额<?（300万元的多少倍需要司法解释予以明确）	处3—10年有期徒刑,并处罚金
数额特别巨大	数额≥?（300万元的多少倍需要司法解释予以明确）	处10年以上有期徒刑或者无期徒刑,并处罚金

3. 侵占罪

根据《刑法》第270条的规定,侵占罪的量刑,不但要考虑数额,还要考虑情节。侵占的数额达到"较大"标准的,才能构成犯罪,处2年以下有期徒刑、拘役或者罚金;数额达到"巨大"标准或者情节达到"严重"程度的,处2年以上5年以下有期徒刑,并处罚金。

但至于数额达到多少是"较大",达到多少是"巨大",情节达到什么程度才是"严重",《刑法》和司法解释都未作出明确的规定。辩护人在进行数额和情节辩护时,应掌握当地的标准,本着有利于被告的原则进行辩护。

(二)数额辩护

我国刑法和司法解释虽然对贪污罪和职务侵占罪的数额标准作出了明确的规

定,但辩护人除了掌握这些标准,还要掌握对这些标准的认定和计算方法,才能确定行为人的涉案数额,审查司法机关适用的量刑幅度是否准确。

1. 多次侵占未经处理的数额如何认定

我国《刑法》第383条第2款对多次贪污未经处理的,作出了"按照累计贪污数额处罚"的规定。与此同时,这里的"多次贪污未经处理",是指两次以上(含两次)的贪污行为,既没有受到刑事处罚(包括免予起诉、免予刑事处分),也没有受到行政处理。对累计贪污数额的,应按刑法有关追诉时效的规定执行。在追诉时效期限内的贪污数额应累计计算,已过追诉时效的贪污数额不予计算。这些规定虽然是针对贪污罪的,其他侵占类犯罪也可以参照执行。

2. 侵占物品所生孳息是否计入犯罪数额

最高人民法院曾对贪污公款所生利息应否计入贪污公款犯罪数额问题有过明确的批复,行为人贪污公款后产生的利息不作为贪污犯罪数额。因此,职务侵占本单位的资金所生孳息或者侵占他人财物所生孳息都不应计入职务侵占罪或者侵占罪的犯罪数额。但需要注意的是,该孳息是侵占行为给被害人造成实际经济损失的一部分,应作为被告人的非法所得,连同其侵占的财物一并依法追缴。

3. 共同犯罪中的分赃数额如何考量

在共同侵占犯罪中,应当以行为人参与犯罪的数额作为定罪量刑的基本依据,个人分赃数额仅作为量刑的一个情节予以考虑。

4. 如何计算侵占财物的数额

可以参照最高人民法院、最高人民检察院《关于办理盗窃刑事案件适用法律若干问题的解释》中对被盗物品的数额计算方法。对侵占物品的价格,应以侵占物品价格的有效证明确定。对于不能确定价格的,可区分情况,根据作案当时、当地的同类物品价格,并按照下列核价方法,以人民币计算:

(1)被盗财物有有效价格证明的,根据有效价格证明认定;无有效价格证明,或者根据价格证明认定盗窃数额明显不合理的,应当按照有关规定委托估价机构估价。

(2)盗窃外币的,按照盗窃时中国外汇交易中心或者中国人民银行授权机构公布的人民币对该货币的中间价折合成人民币计算;中国外汇交易中心或者中国人民银行授权机构未公布汇率中间价的外币,按照盗窃时境内银行人民币对该货币的中间价折算成人民币,或者该货币在境内银行、国际外汇市场对美元汇率,与人民币对美元汇率中间价进行套算。

(3)盗窃电力、燃气、自来水等财物,盗窃数量能够查实的,按照查实的数量计算盗窃数额;盗窃数量无法查实的,以盗窃前6个月月均正常用量减去盗窃后计量仪表显示的月均用量推算盗窃数额;盗窃前正常使用不足6个月的,按照正常使用期间的月均用量减去盗窃后计量仪表显示的月均用量推算盗窃数额。

(4)明知是盗接他人通信线路、复制他人电信码号的电信设备、设施而使用的,按照合法用户为其支付的费用认定盗窃数额;无法直接确认的,以合法用户的电信设备、设施被盗接、复制后的月缴费额减去被盗接、复制前6个月的月均电话费推算盗窃数额;合法用户使用电信设备、设施不足6个月的,按照实际使用的月均电话费推算盗窃数额。

(5)盗接他人通信线路、复制他人电信码号出售的,按照销赃数额认定盗窃数额。

(6)盗窃不记名、不挂失的有价支付凭证、有价证券、有价票证的,应当按票面数额和盗窃时应得的孳息、奖金或者奖品等可得收益一并计算盗窃数额。

(7)盗窃记名的有价支付凭证、有价证券、有价票证,已经兑现的,按照兑现部分的财物价值计算盗窃数额;没有兑现,但失主无法通过挂失、补领、补办手续等方式避免损失的,按照给失主造成的实际损失计算盗窃数额。

除了第(7)项情形,如果盗窃行为给失主造成的损失大于盗窃数额,损失数额可以作为量刑情节考虑。

(三)情节辩护

辩护人掌握侵占类犯罪的量刑标准,既要考虑数额,又要考虑情节,由于贪污罪规定的情形较为复杂,现重点对贪污罪的情节辩护予以阐述。

1. 审查案件是否具备从重处罚的情节

根据《刑法修正案(九)》关于数额与情节并重的立法精神,最高人民法院、最高人民检察院《关于办理贪污贿赂刑事案件适用法律若干问题的解释》同时规定,贪污数额1万元以上不满3万元,具有规定情节的,应当认定为"其他较重情节";数额不满"数额巨大""数额特别巨大",但达到起点一半的,同时具有规定情节的,应当认定为"严重情节""特别严重情节"。因此,辩护人在代理这一类案件时,首先应当审查案件是否具备法律规定的以下情节,如果没有以下情节,就应当根据贪污数额确定法定刑。

(1)贪污救灾、抢险、防汛、优抚、扶贫、移民、救济、防疫、社会捐助等特定款物的;

(2)曾因贪污、受贿、挪用公款受过党纪、行政处分的;

（3）曾因故意犯罪受过刑事追究的；

（4）赃款赃物用于非法活动的；

（5）拒不交代赃款赃物去向或者拒不配合追缴工作，致使无法追缴的；

（6）造成恶劣影响或者其他严重后果的。

2. 审查案件是否具备从轻处罚的情节

根据《刑法修正案（九）》的规定，犯贪污罪，在提起公诉前如实供述自己罪行、真诚悔罪、积极退赃，避免、减少损害结果的发生，贪污数额较大或者有其他较重情节的，可以从轻、减轻或者免除处罚；贪污数额巨大或者有其他严重情节的，数额特别巨大或者有其他特别严重情节的，可以从轻处罚。这样的规定，将以往一些酌定从轻的情节规定为法定的从轻、减轻甚至免除处罚的情节。

此外，司法解释还规定，贪污后将赃款赃物用于单位公务支出或者社会捐赠的，虽然不影响贪污罪的认定，但在量刑时可以酌情考虑。

因此，辩护人在代理贪污案件时，还要注意审查案件是否具备法定或者酌定可以从轻、减轻甚至免除处罚的情节。

3. 审查案件是否具备判处死刑的情节

根据《刑法修正案（九）》的规定，数额特别巨大，并使国家和人民利益遭受特别重大损失的，处无期徒刑或者死刑，并处没收财产。可见，对贪污罪判处死刑的条件是"数额特别巨大"和"使国家和人民利益遭受特别重大损失"，但即使这两个条件同时具备，也可以判处无期徒刑，不必然判处死刑。

最高人民法院、最高人民检察院《关于办理贪污贿赂刑事案件适用法律若干问题的解释》进一步规定了可以判处死刑的条件，即贪污数额特别巨大、犯罪情节特别严重、社会影响特别恶劣、给国家和人民利益造成特别重大损失。这四个条件必须同时具备，才可以判处死刑；但即使同时具备这四个条件，也不是必然判处死刑立即执行，如果具有自首、立功、如实供述自己罪行、真诚悔罪、积极退赃，或者避免、减少损害结果的发生等情节，可以判处死刑缓期二年执行。

对于可以判处死刑缓期二年执行的案子，审判机关可以根据犯罪情节等情况同时裁判决定在其死刑缓期执行二年期满依法减为无期徒刑后，终身监禁，不得减刑、假释。

因此，辩护人在代理贪污数额特别巨大的案件时，首先应当审查案件是否具备刑法及司法解释所规定的可以判处死刑的情节，尽量排除适用死刑；如果可以判处死刑，则应当继续审查案件是否具备可以判处死刑缓期二年执行的情形，尽量排除判处死刑立即执行;如果可以判处死刑缓期二年执行,还需要继续审查犯罪情节等情况,尽量排除被同时裁判为终身监禁。

辩点4-6:未遂标准

审查犯罪所处的形态是对所有刑事案件辩护的一个要点,因为相比于犯罪完成形态的犯罪既遂,犯罪未完成形态的犯罪未遂、犯罪预备和犯罪中止在量刑上明显更轻。因此,对于任何案件,辩护人都应当审查行为人是否处于犯罪未完成形态。对于本章侵占类犯罪也不例外。鉴于实践中对本章犯罪的犯罪既遂和未遂的认定有难点,下面进行重点阐述。

(一) 贪污罪既遂与未遂的认定

根据最高人民法院《全国法院审理经济犯罪案件工作座谈会纪要》的规定,贪污罪是一种以非法占有为目的的财产性职务犯罪,与盗窃、诈骗、抢夺等侵犯财产罪一样,应当以行为人是否实际控制财物作为区分贪污罪既遂与未遂的标准。对于行为人利用职务上的便利,实施了虚假平账等贪污行为,但公共财物尚未实际转移,或者尚未被行为人控制就被查获的,应当认定为贪污未遂。行为人控制公共财物后,是否将财物占为己有,不影响贪污既遂的认定。

对于贪污不动产的犯罪,只要行为人利用职务之便,采取欺骗等非法手段,使公有不动产脱离了公有产权人的实际控制,并被行为人现实地占有的,或者行为人已经就所有权的取得进行了变更登记的,即可认定为贪污罪的既遂。而且在办理不动产转移登记之后,即使不动产尚未实现事实上的转移,也不影响贪污罪既遂的成立。①

案例4-12

2017年年底,某开发公司归还因开发建设某小区而占用某房产管理所商企房面积321.52平方米(5户),被告人于某某系该房管所房管科副科长,其利用负责房管所回迁工作之机,将开发公司归还的面积填报为305.75平方米,并将其中4户面积加大,从中套取商企房1户,价值25万余元,用于个人出租牟利。后于某某被检察机关以贪污罪既遂移送起诉。

---

① 参见陈兴良、张军、胡云腾主编:《人民法院刑事指导案例裁判要旨通纂下卷·第二版》,北京大学出版社2018年版,第1689页。

在庭审过程中,辩护人提出被告人于某某并未对52.03平方米房屋办理私有产权证,该房屋的所有权并未发生转移,不应认定为犯罪既遂。但法院经审理认为,被告人于某某虽未就其所截留的公有房屋进行私有产权登记,但于某某在房屋移交过程中,采用弄虚作假的手段欺瞒了其所在的单位房管所,房管所在不知情的情况下不可能对该房屋主张权利,所以于某某的截留行为已经实现了对该公有房屋事实上的占有,该公有房屋也已经实际脱离了房管所的控制。故于某某构成贪污罪的既遂。

(二)职务侵占罪既遂与未遂的认定

职务侵占罪与贪污罪一样,都属于以非法占有为目的的财产性职务犯罪,因此,可以借鉴贪污罪的既遂判断标准,以行为人是否实际控制财物为标准。行为人已经实际控制、占有本单位财物的是职务侵占罪的既遂,未能实际控制财物的是职务侵占罪的未遂。

案例 4-13

被告人吴某、王某与祝某均为某科技公司的员工。2019年4月29日,三人商议利用职务之便将他们经手的废塑胶粒拉出公司变卖,所得赃款均分。吴某负责找车将废塑胶粒拉出厂外,王某负责加封海关放行条,而祝某负责找买家。5月19日11时许,吴某找到货车司机宋某(另案处理)并口头承诺500元雇请宋某将一批货物运到D5码头,三人计划在D5码头用装卸车将塑胶粒装车去卖。当日,宋某在将载有塑胶粒的车开出公司门口时,被公司保安员拦下,当场缴获准备运出厂的塑胶粒13吨。后经鉴定,塑胶粒价值为人民币52000元。

吴某、王某与祝某作为公司工作人员,利用职务上的便利,预谋合伙非法将单位财物占为己有,数额较大,其行为完全符合职务侵占罪的要件,应当予以追究刑事责任。本案中,辩护人唯有从犯罪未完成形态入手,才能作出对被告人有利的辩护。辩护人认为,被告人在着手实施犯罪后,还未把单位财物拉出公司的控制范围之外即被查获,尚未取得对财物的控制,属于意志以外的原因未得逞,系犯罪未遂,依法可以从轻或减轻处罚。最后,法院采纳了辩护人的意见。

(三) 侵占罪无未遂形态

我国刑法确认犯罪既遂与未遂的标准是是否齐备了犯罪的全部构成要件。齐备了犯罪的全部构成要件,就是犯罪既遂,否则就是犯罪未遂。根据《刑法》第270条的规定,只要行为人实施了将数额较大的代为保管的他人财物或他人遗忘物、埋藏物非法占为己有,而"拒不退还"或者"拒不交出"的行为即构成侵占罪。这里的"拒不退还"或"拒不交出",不仅是行为人主观上有非法占有他人财物的客观表现,也是构成侵占罪的一个必要要件。如果行为人主观上具有非法占有他人财物的目的,但客观上并未将该财物由持有变为所有或者在他人请求退还或者交出时就予以退还或者交出的,虽然行为人主观目的没有达到,似应构成侵占未遂,但由于这种情况下行为在客观方面没有具备侵占罪所要求的客观要件,则不构成犯罪,也就谈不上犯罪未遂了。

辩点 4-7:共同犯罪

本章犯罪中,侵占罪的共同犯罪问题比较简单,适用《刑法》总则中共同犯罪的规定即可,不再赘述。在这里,笔者重点介绍一下职务侵占罪和贪污罪的共同犯罪问题。

(一) 共同犯罪的认定

根据最高人民法院《关于审理贪污、职务侵占案件如何认定共同犯罪几个问题的解释》的规定:

(1) 行为人与国家工作人员勾结,利用国家工作人员的职务便利,共同侵吞、窃取、骗取或者以其他手段非法占有公共财物的,以贪污罪的共犯论处。

(2) 行为人与公司、企业或者其他单位的人员勾结,利用公司、企业或者其他单位人员的职务便利,共同将该单位财物非法占为己有,数额较大的,以职务侵占罪的共犯论处。

(3) 公司、企业或者其他单位中,不具有国家工作人员身份的人与国家工作人员勾结,分别利用各自的职务便利,共同将本单位财物非法占为己有的,按照主犯的犯罪性质定罪。

司法实践中,如果根据案件的实际情况,各共同犯罪人在共同犯罪中的地位、作用相当,难以区分主从犯的,可以贪污罪定罪处罚。

(二) 数额及从犯的认定

根据最高人民法院《全国法院审理经济犯罪案件工作座谈会纪要》的规定:

（1）个人贪污数额，在共同贪污犯罪案件中应理解为个人所参与或者组织、指挥共同贪污的数额，不能只按个人实际分得的赃款数额来认定。

（2）对共同贪污犯罪中的从犯，应当按照其所参与的共同贪污的数额确定量刑幅度，并依照《刑法》第27条第2款的规定，从轻、减轻处罚或者免除处罚。

①贪污犯罪集团的首要分子，应当计算犯罪集团实施的全部贪污行为所涉及的贪污数额；

②贪污犯罪集团的其他主犯和一般共同贪污犯罪案件中的主犯，应当计算其所参与的或者组织、指挥的全部贪污行为涉及的贪污数额；

③共同贪污犯罪案件中的从犯，应当计算其参与的贪污行为所涉及的贪污数额。

各共犯对参与的贪污数额负责，但不意味着参与数额相等的各共犯承担同等罪责。数额只是决定各共犯罪刑轻重的因素之一。根据贪污数额确定法定刑幅度后，应当根据各行为人在共同犯罪中所起的作用、所处的地位以及他们的分赃情况来确定主犯、从犯甚至胁从犯，然后根据《刑法》总则中共同犯罪的规定，提出从轻、减轻或免除处罚的辩护意见。

附：本章相关法律规范性文件[①]

1. 法律

《中华人民共和国刑法》（2020年修正，法宝引证码：CLI.1.349391）第270、271、382条

2. 司法解释

最高人民法院、最高人民检察院《关于常见犯罪的量刑指导意见（试行）》（法发〔2021〕21号，2021.07.01实施，法宝引证码：CLI.3.5016504）

最高人民法院、最高人民检察院《关于办理贪污贿赂刑事案件适用法律若干问题的解释》（法释〔2016〕9号，2006.04.18实施，法宝引证码：CLI.3.268586）

最高人民法院、最高人民检察院《关于办理国家出资企业中职务犯罪案件具体应用法律若干问题的意见》（法发〔2010〕49号，2010.11.26实施，法宝引证码：CLI.3.154888）

---

① 所列法律规范性文件的详细内容，可登录"北大法宝"引证码查询系统（www.pkulaw.com/fbm），输入所提供的相应的"法宝引证码"，免费查询。

最高人民检察院、公安部《关于公安机关管辖的刑事案件立案追诉标准的规定（二）》（公通字〔2010〕23号,2010.05.07实施,法宝引证码:CLI.4.131249）

最高人民法院研究室《关于对行为人通过伪造国家机关公文、证件担任国家工作人员职务并利用职务上的便利侵占本单位财物、收受贿赂、挪用本单位资金等行为如何适用法律问题的答复》（法研〔2004〕38号,2004.03.30实施,法宝引证码:CLI.3.54545）

最高人民法院《关于在国有资本控股、参股的股份有限公司中从事管理工作的人员利用职务便利非法占有本公司财物如何定罪问题的批复》（法释〔2001〕17号,2001.05.26实施,法宝引证码:CLI.3.35582）

最高人民法院《关于审理贪污、职务侵占案件如何认定共同犯罪几个问题的解释》（法释〔2000〕15号,2000.07.08实施,法宝引证码:CLI.3.30915）

最高人民检察院《关于人民检察院直接受理立案侦查案件立案标准的规定（试行）》（高检发释字〔1999〕2号,1999.09.16实施,法宝引证码:CLI.3.23469）

最高人民法院《关于村民小组组长利用职务便利非法占有公共财物行为如何定性问题的批复》（法释字〔1999〕12号,1999.07.03实施,法宝引证码:CLI.3.22671）

最高人民法院、最高人民检察院《关于办理职务犯罪案件认定自首、立功等量刑情节若干问题的意见》（法发〔2009〕13号,2009.03.12实施,法宝引证码:CLI.3.114655）

3. 其他

最高人民法院《全国法院审理经济犯罪案件工作座谈会纪要》（法发〔2003〕167号,2003.11.13实施,法宝引证码:CLI.3.51080）

全国人民代表大会常务委员会《关于〈中华人民共和国刑法〉第九十三条第二款的解释》（主席令第18号,2009.08.27实施,法宝引证码:CLI.1.167165）

最高人民法院《全国法院维护农村稳定刑事审判工作座谈会纪要》（法〔1999〕217号,1999.10.27实施,法宝引证码:CLI.3.26458）

第五章

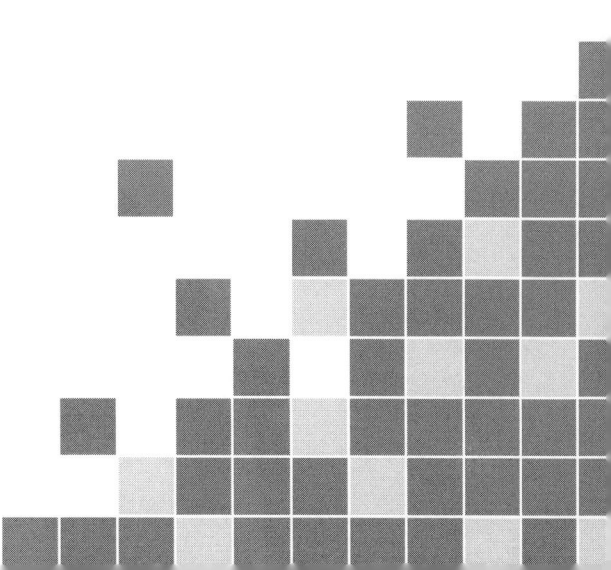

挪用类犯罪

第一节　挪用类犯罪综述

所谓挪用,就是把某一方面的钱物移到别的地方使用。我国刑法涉及挪用的犯罪有三个罪名,一个是挪用公款罪,规定在《刑法》分则第八章"贪污贿赂罪"中,另外两个是挪用资金罪和挪用特定款物罪,规定在第五章"侵犯财产罪"中。鉴于这三个罪名在客观方面的相似性,对这类案件进行辩护具有相似的要点,故将其概括为挪用类犯罪,本章重点阐述如何寻找这类案件的辩护要点。

一、挪用类犯罪分类索引

本章虽然只涉及三个罪名,但为了全书的一致性,笔者也将其分为三类,分别为公务型、业务型和特定型,相关罪名与《刑法》法条的对应关系见下表。

类型	罪名	法条
1.公务型	挪用公款罪	第384条、第272条第2款、第185条第2款
2.业务型	挪用资金罪	第272条第1款、第185条第1款
3.特定型	挪用特定款物罪	第273条

二、挪用类犯罪《刑法》规定对照表

《刑法修正案(十一)》对挪用资金罪进行了修改,将原来两个量刑档次修改为三个,将最高刑期从原来的10年有期徒刑提高到了15年有期徒刑,整体而言加大了对挪用资金罪的刑事处罚力度。但对于挪用本单位资金数额巨大的案件而言,最高刑期从原来的10年有期徒刑调整为7年有期徒刑,也给了辩护人一定的辩护空间。

类型	罪名	法条	罪状	主刑	附加刑	辩点速查
公务型	挪用公款罪	第384条	国家工作人员利用职务上的便利,挪用公款归个人使用,进行非法活动的,或者挪用公款数额较大、进行营利活动的,或者挪用公款数额较大、超过3个月未还的	处5年以下有期徒刑或者拘役		1.挪用主体:国家工作人员,主体应当具备处理特定公共事务或管理国有财产的职权属性,单位不能构成本罪的主体,经单位领导集体研究决定将公款给个人使用,或者单位负责人为单位利益,决定将公款给个人使用的,不以挪用公款罪定罪处罚。

(续表)

类型	罪名	法条	罪状	主刑	附加刑	辩点速查
公务型	挪用公款罪	第384条	情节严重的	处5年以上有期徒刑		2. 挪用对象：广义的公款，不仅包括货币形式的公款，也包括票证形式的公款。 3. 挪用行为：一是挪用公款进行非法活动；二是挪用公款进行营利活动；三是挪用公款进行非法、营利活动以外的个人活动。 4. 此罪与彼罪：要注意挪用公款罪与贪污罪之间的转化。如挪用行为中伴有拒不归还的主观心态和为掩饰而窜改账目、销毁凭证等行为，则可能转化为贪污罪。
			挪用公款数额巨大不退还的	处10年以上有期徒刑或者无期徒刑		
业务型	挪用资金罪	第272条第1款	公司、企业或者其他单位的工作人员，利用职务上的便利，挪用本单位资金归个人使用或者借贷给他人，数额较大、超过3个月未还的，或者虽未超过3个月，但数额较大、进行营利活动的，或者进行非法活动的	处3年以下有期徒刑或者拘役		1. 挪用主体：公司、企业或者其他单位的工作人员，主要包括公司的董事、监事以及高级管理人员，或者企业、单位内部的负责人或职工。 2. 挪用对象：本单位的资金。 3. 挪用行为：一是挪用本单位资金归个人使用或借贷给他人；二是挪用本单位资金进行营利活动；三是挪用本单位资金进行非法活动。 4. 此罪与彼罪：要注意挪用资金罪与职务侵占罪之间的转化。 5. 量刑辩护：《刑法修正案（十一）》增加了一档量刑，将最高刑期提高到了15年有期徒刑，但数额巨大的最高刑期从10年有期徒刑降为7年有期徒刑。
			挪用本单位资金数额巨大的	处3—7年有期徒刑		
			数额特别巨大的	处7年以上有期徒刑		
特定型	挪用特定款物罪	第273条	挪用用于救灾、抢险、防汛、优抚、扶贫、移民、救济款物，情节严重，致使国家和人民群众利益遭受重大损害的	对直接责任人员，处3年以下有期徒刑或者拘役		1. 挪用主体：特殊主体，即对特定款物具有保管、分配、使用等管理权限的管理人员或者责任人员。 2. 挪用对象：特定款物，救灾、抢险、防汛、优抚、扶贫、移民、救济款物。 3. 挪用行为：要求达到情节严重，给国家和人民群众利益造成重大损害。 4. 此罪与彼罪：要注意与挪用公款罪和挪用资金罪的区别。
			情节特别严重的	处3—7年有期徒刑		

第二节 辩点整理

辩点 5-1:挪用主体	辩点 5-2:挪用对象	辩点 5-3:挪用用途
辩点 5-4:使用归还	辩点 5-5:量刑标准	辩点 5-6:追诉时效
辩点 5-7:共同犯罪		

辩点 5-1:挪用主体

本章挪用类犯罪的主体均为特殊主体,挪用公款罪的主体是国家工作人员,挪用资金罪的主体是公司、企业或者其他单位的工作人员,而挪用特定款物罪的主体是对保管、分配和使用特定款物直接负责的主管人员和其他直接责任人员。主体不同,导致适用的罪名和量刑标准各不相同。因此,辩护人在代理这类案件时,首先要审查行为人的主体情况,以确定司法机关指控或者认定的罪名是否准确以及对应的犯罪是否成立,提出不构成指控犯罪的无罪辩护意见,或者提出符合量刑更轻的改变定性的罪轻辩护意见。

(一)国家机关工作人员

国家机关工作人员,是指在国家机关中从事公务的人员,包括:①在各级国家权力机关、行政机关、司法机关和军事机关中从事公务的人员;②在依照法律、法规规定行使国家行政管理职权的组织中从事公务的人员;③在受国家机关委托代表国家行使职权的组织中从事公务的人员;④虽未列入国家机关人员编制但在国家机关中从事公务的人员;⑤在乡(镇)以上中国共产党机关、人民政协机关中从事公务的人员。由此可见,认定是否属于国家机关工作人员,不能单纯看行为人所处的单位和编制,还要看其所从事的活动。如果仅以行为人不在国家机关工作或者没有列入国家机关人员编制就认为其不是国家机关工作人员,是无法达到好的辩护效果的。根据我国《刑法》第 93 条第 1 款的规定,国家机关工作人员属于国家工作人员。如果行为人具备国家机关工作人员的身份,符合挪用公款罪的主体要求,如果其经手、管理国家救灾、抢险、防汛、优抚、扶贫、移民、救济款物,也有可能构成挪用特定款物罪。具体适用什么罪名,还要继续审查挪用行为和挪用对象。

案例 5-1

被告人王某某系某卫生局局长,其于 2018 年 2 月 25 日达到退休年龄,并于 2018 年 3 月办理了退休手续,但并未向他人交接原有工作、办理交接手续。2018 年 4 月 5 日,其朋友蔡某某入股注册一家公司急需 50 万元向其借款,王某某知悉卫生局账外户上还有 80 多万元,于是指令保管该账户的财务人员从该账户开出 50 万元的转账支票,并在支票上加盖了仍由其保管的账外户的银行预留印鉴,蔡某某将该 50 万元用于公司验资注册后,于 4 月 26 日归还。后王某某被检察机关以涉嫌挪用公款罪移送起诉。

在庭审过程中,王某某辩称其于行为时已经办理了退休手续,不再属于国家工作人员,不具备挪用公款罪的主体资格。但法院经审理认为,王某某虽然在行为时已经办理了退休手续,但实际上仍然控制并管理着原单位账外户,领导着经管该账户的财务人员,事实上依然在从事公务,履行着国家工作人员监管财务的职责,因此构成挪用公款罪的主体,故以挪用公款罪对其定罪处罚。

(二)准国家工作人员

除了国家机关工作人员,我国刑法还规定了以国家工作人员论的情形,笔者将这类人员称为准国家工作人员,主要包括国有公司、企业、事业单位、人民团体中从事公务的人员和国家机关、国有公司、企业、事业单位委派到非国有公司、企业、事业单位、社会团体从事公务的人员,以及其他依照法律从事公务的人员。如果行为人属于这三类人员之一,也符合挪用公款罪的主体要求,也不排除构成挪用特定款物罪的可能。由于这类主体涉及公司、企业、事业单位、人民团队,与挪用资金罪的主体容易产生交叉,如何认定"国有""委派"等内容,直接影响挪用公款罪与挪用资金罪的适用问题。所以针对这三类主体的认定分析如下:

1. 国有公司、企业、事业单位、人民团体中从事公务的人员

这里的"国有公司、企业",是指国有独资公司、国有独资企业,不包括国有资本控股公司、国有资本参股公司。国有公司、企业改制为股份有限公司后,原国有公司、企业的工作人员和股份有限公司新任命的人员中,除代表国有投资主体行使监督、管理职权的人外,不以国家工作人员论。

2. 国家机关、国有公司、企业、事业单位委派到非国有公司、企业、事业单位、社会团体从事公务的人员

这里"委派"的形式是多种多样的，包括任命、指派、提名、批准、派遣等，不论被委派的人身份如何，只要是接受国家机关、国有公司、企业、事业单位委派，代表国家机关、国有公司、企业、事业单位在非国有公司、企业、事业单位、社会团体中从事组织、领导、监督、管理等工作，就可以认定为国家工作人员。此外，这里的"非国有公司"包括国有资本控股公司和国有资本参股公司，委派到国有资本控股公司和国有资本参股公司从事组织、领导、监督、管理等工作的人员，也是国家工作人员。

我国《刑法》第185条第2款还专门针对金融机构作出了规定，即国有商业银行、证券交易所、期货交易所、证券公司、期货经纪公司、保险公司或者其他国有金融机构的工作人员和国有商业银行、证券交易所、期货交易所、证券公司、期货经纪公司、保险公司或者其他国有金融机构委派到非国有金融机构从事公务的人员，利用职务上的便利，挪用本单位或者客户资金的，以挪用公款罪而非挪用资金罪追究刑事责任。

3. 其他依照法律从事公务的人员

这类人员有两个特征：一是在特定条件下行使国家管理职能；二是依照法律规定从事公务。具体包括：①依法履行职责的各级人民代表大会代表；②依法履行审判职责的人民陪审员；③协助乡镇人民政府、街道办事处从事行政管理工作的村民委员会、居民委员会等农村和城市基层组织人员；④其他由法律授权从事公务的人员。其中，村民委员会等基层组织人员协助政府从事的行政管理工作范围可以参见第四章"侵占类犯罪"中"贪污罪的主体"的相关内容，在此不再赘述。但需要注意的是，这些行政管理工作就包括救灾、抢险、防汛、优抚、扶贫、移民、救济款物的管理，所以这类人员是具备挪用特定款物罪条件的，因此，辩护人还要注意审查挪用的行为，看是挪作其他公用还是私用，以便确定是挪用特定款物罪还是挪用公款罪。

不管是国家机关工作人员还是准国家工作人员，从事公务是认定的关键，辩护人应当重点审查行为人所从事的活动，看其是否代表国家机关、国有公司、企业、事业单位、人民团体等履行组织、领导、监督、管理等职责，看其所从事的活动是否属于与职权相联系的公共事务或者监督、管理国有财产的职务活动。如果行为人所从事的活动不具备职权内容，比如劳务活动、技术服务工作，辩护人可以提出不应认定为从事公务的辩护意见。

(三)受委托管理、经营国有财产的人员

《刑法》第 382 条第 2 款规定:"受国家机关、国有公司、企业、事业单位、人民团体委托管理、经营国有财产的人员,利用职务上的便利,侵吞、窃取、骗取或者以其他手段非法占有国有财物的,以贪污论。"可见,这里受委托管理、经营国有资产的人员不管是国家工作人员还是非国家工作人员,都可以构成贪污罪。但需要注意的是,我国刑法并未将这类主体界定为国家工作人员,对于这一类人员挪用国有资金的行为,并不是一定构成挪用公款罪,还要看受委托管理、经营国有财产人员的具体身份。如果受委托管理、经营国有财产的人员是"国家工作人员",利用职务上的便利,挪用国有资金归个人使用构成犯罪的,按照挪用公款罪定罪处罚;但如果受委托管理、经营国有财产的人员是"非国家工作人员",其利用职务上的便利,挪用国有资金归个人使用构成犯罪的,则按照挪用资金罪定罪处罚。这是 2000 年 2 月 24 日实施的最高人民法院《关于对受委托管理、经营国有财产人员挪用国有资金行为如何定罪问题的批复》的明确规定。辩护人在代理受委托管理、经营国有财产的非国家工作人员的案件时要加以重视。如果这类人员被指控为贪污罪,辩护人根据事实和证据认为其行为不是贪污行为,而只是挪用行为,不能只是进行将贪污罪改变为挪用公款罪的辩护,而是应当提出将贪污罪改变为挪用资金罪的辩护,最大限度地维护当事人的合法权益。

(四)公司、企业和其他单位工作人员

这里的公司、企业和其他单位工作人员,是指非国家工作人员,一般不包括国有公司、企业、事业单位、人民团体的人员,但在国有公司、企业、事业单位、人民团体中没有从事公务的人员,如保洁人员等,也是本项下的公司、企业和其他单位工作人员,如果他们实施了挪用资金的行为,构成挪用资金罪,而非挪用公款罪;如果将特定款物挪作他用,也可以构成挪用特定款物罪。司法实践中,这些人员包括:

(1)股份有限公司、有限责任公司的董事、监事。

(2)上述公司董事、监事之外的经理、部门负责人和其他一般职工。

(3)上述公司以外的公司、企业或者其他单位的工作人员,包括集体性质的企业、私营企业、外商独资企业的工作人员,以及在国有公司、国有企业、中外合资、中外合作股份制公司、企业中不具有国家工作人员身份的人员。

需要注意的是,有些特殊形式的单位(如个体工商户和个人独资企业)的负责人挪用单位的资金是否构成犯罪,应当根据具体情况具体分析。

案例 5-2

张某成立了个人独资企业,其妻子胡某在企业管理财务。胡某的弟弟向胡某借钱做生意,胡某没有和张某商量,便从企业拿出 30 万元资金借给了弟弟做生意使用。后张某和胡某夫妻关系破裂欲离婚,张某以挪用资金罪向公安机关控告胡某从企业借钱给其弟弟。

胡某委托的辩护人提出胡某的行为不构成挪用资金罪。因为个人独资企业是指一个自然人投资、财产归个人所有,投资人以其全部财产对企业承担无限责任的经营实体。因此,个人独资企业的财产归属私营企业主个人或家庭所有,私营业主挪用企业资金的行为也不能认定为挪用资金的行为。本案中,张某成立个人独资企业的财产来自家庭,胡某作为张某的妻子,即使擅自使用了企业资金,也不能认定为挪用资金罪。

(五)经手、掌管特定款物的直接责任人员

我国《刑法》第 273 条虽然没有明确规定挪用特定款物罪的犯罪主体是特殊主体,但由于立法设置该罪的目的就是为了打击和预防在使用赈灾救济等款项中出现的腐败犯罪,加上我国对赈灾、扶贫、救济等特定款物的使用和发放都有着严格的监督和管理制度,只有经手、管理国家救灾、抢险、防汛、优抚、扶贫、移民、救济款物的直接责任人员,才具有挪作他用的职务和职权上的便利。因此,这类人员通常是挪用特定款物罪的主体。但对这些人员处于什么单位并没有直接限制,在上述第(一)、(二)、(三)、(四)类主体中,只要其具备经手、掌管国家救灾、抢险、防汛、优抚、扶贫、移民、救济款物的条件,都有可能成为挪用特定款物罪的主体。但具体适用哪个罪名,则需要继续结合挪用的行为和对象进行审查分析。

案例 5-3

李某在担任某街道办事处居委会主任期间,结识了某公司董事长陈某,两人交往甚密。陈某因企业经营不善资金紧张,又无法从银行得到贷款而发愁时,得知某居委会刚得到一笔扶贫款项。陈某遂向李某请求借部分款项以救企业经营之需。李某遂将 80 万元的扶贫款借给了陈某,陈某使用该笔扶贫款半年后归还给了居委会。

> 本案中,居委会主任李某作为协助街道办事处从事行政管理工作的人员,属于"其他依照法律从事公务的人员",符合挪用公款罪的主体要求。与此同时,李某还经手国家扶贫款项,又符合挪用特定款物罪的主体要求。李某将经手的国家扶贫款项借给他人,超过3个月未还,应当构成挪用公款罪。但如果李某不是将经手的国家扶贫款项挪给他人使用,而是将款项用于居委会的办公场所改建等其他公用,则构成挪用特定款物罪。

(六)单位领导和单位负责人

我国刑法没有规定挪用类犯罪可以由单位构成,意味着挪用类犯罪的主体不能是单位。而单位领导和单位负责人有可能代表的是单位意志,所以辩护人在代理这类人员的案件时,要审查他们的行为是个人行为还是单位行为。如果是个人行为,则按照他们的身份和从事工作的性质适用对应的罪名;如果是单位行为,则要根据具体情况具体分析,确定合理的辩护方案。

一般来说,不论是在国家机关、国有公司、企业、事业单位还是非国有公司、企业、事业单位、人民团体,都存在对资金的管理制度,比如章程、内部规定或者财会制度,经过审批程序可以为了单位利益向外出借款项。因此,经单位领导集体研究决定将款项给个人使用,或者单位负责人为单位利益,决定将款项给个人使用的,由于代表了单位利益,所以不应以挪用公款罪或者挪用资金罪定罪处罚。最高人民法院《全国法院审理经济犯罪案件工作座谈会纪要》对此进行了规定,如果这些行为致使单位遭受重大损失,构成其他犯罪的,可以依照《刑法》的有关规定对责任人员定罪处罚。

但这并不意味着这些人员就一定不能构成挪用类犯罪,辩护人在代理案件过程中还要仔细分析决策的过程,审查是否存在以下情况:①是否存在个别领导"一人独大",以个人权力迫使其他人员作出决定的情况;②是否存在个人为了某些私利而隐瞒事实真相,通过走过场而由单位领导集体研究通过资金使用的决定;③是否存在领导集体共谋挪用的情况。如果以上三种情况都不存在,才能进行不构成挪用类犯罪的无罪辩护。如果存在其中一种情况,虽然形式上存在集体决策,但还是体现了个人利益,仍然有可能构成挪用类犯罪。但作为辩护人,在代理此类案件时,要认真审查相关证据,看控方的证据能否证明体现个人利益的情况。

案例 5-4

张某系某市甲国有企业董事长。乙公司系地方民营企业,企业负责人刘某与张某是同学关系。乙公司因计划并购其他企业需要大量资金,于是刘某找到张某请求借款 2000 万元,并承诺以银行同期利率的 3 倍给予利息。张某考虑既能帮助老同学,又能为企业谋取利益,随即召开了董事会研究此事,董事会全体成员按照议事规则,同意了此事项,最终借给刘某 2000 万元。后甲国有企业被审计时发现有 2000 万元借给民营企业未归还,张某以涉嫌挪用公款罪被移送司法机关。

本案中,张某的辩护人提出,甲国有企业借给刘某 2000 万元的事项,虽然系由董事长张某提议,但最终是由甲公司董事会按照议事规则集体研究决定的,属于"经单位领导集体研究决定将公款给个人使用",按照最高人民法院《全国法院审理经济犯罪案件工作座谈会纪要》的规定,张某不构成挪用公款罪。

辩点 5-2:挪用对象

本章的三个罪名中,虽然都涉及挪用行为,但挪用的对象各不相同:挪用公款的,构成挪用公款罪;挪用公司、企业或者其他单位资金的,构成挪用资金罪;挪用用于救灾、抢险、防汛、优抚、扶贫、移民、救济款物的,构成挪用特定款物罪。三个挪用对象虽然各不相同,但又有交叉,如用于救灾等款项有可能是公款也有可能是单位资金,对于这种交叉的情况,还要结合挪用的主体和具体的行为方式等情况以确定相关罪名。

(一)"公款"的理解

挪用公款罪的行为对象要求必须是公款,如果挪用的对象不能被认定为公款,则不能认定为挪用公款罪。实践中存在通过否定公款的办法达到成功改变罪名的案例。因此,辩护人在代理这类案件时要注意审查涉案款项是否属于公款。一般来说,这里的公款,不仅包括国家工作人员所在单位的公款,也包括具有法人资格的下级单位的公款;不仅包括货币资金,也包括其他可以变现的金融票据。相关的依据如下:

根据最高人民法院《全国法院审理经济犯罪案件工作座谈会纪要》的规定:"国有单位领导利用职务上的便利指令具有法人资格的下级单位将公款供个人使用

的,属于挪用公款行为,构成犯罪的,应以挪用公款罪定罪处罚。"

根据最高人民检察院《关于挪用国库券如何定性问题的批复》的规定,"国家工作人员利用职务上的便利,挪用公有或本单位的国库券的行为以挪用公款论"。

根据最高人民法院《全国法院审理经济犯罪案件工作座谈会纪要》的规定:"挪用金融凭证、有价证券用于质押,使公款处于风险之中,与挪用公款为他人提供担保没有实质的区别,符合刑法关于挪用公款罪规定的,以挪用公款罪定罪处罚,挪用公款数额以实际或者可能承担的风险数额认定。"

由此可知,公款不一定就是现金,还包括国库券等金融凭证、有价证券,行为人不管是将金融凭证、有价证券变现获取资金还是将金融凭证、有价证券用于质押获取资金,都使得公款处于风险之中,会对公款造成损害,一样构成挪用公款罪。

案例 5-5[①]

2013年5月,大安市东风马场财务科科长兼会计刘某某欲使用其为单位顶名领取的国家粮食补贴款存折办理质押贷款,但因其名下的直补金额7797.6元(68.4亩×114元/亩)不足,便找到其单位现金员周某某,欲使用其保管的赵某甲名下为单位顶名领取的粮食直补款10989.6元(96.4亩×114元/亩)。周某某在明知刘某某要使该存折贷款的情况下,将赵某甲名下为单位顶名领取的粮食直补款10989.6元并入刘某某名下。然后刘某某用单位粮食直补款18787元,向农村信用合作联社申请"直补保小额贷款"的贷款。根据有关规定,刘某某贷款数额,原则上不得超过其一年直补金额的10倍。于是2013年,刘某某在信用社贷款15万元,用于个人购房、购买生产资料及日常开销。案发后,刘某某已将贷款全部还清。本案中,检察机关以两名被告人挪用公款187870元移送起诉。法院经审理认为,两被告人挪用金融凭证、有价证券用于质押,使公款处于风险之中,与挪用公款为他人提供担保没有实质的区别,构成挪用公款罪,但挪用公款数额应以实际或者可能承担的风险数额认定,所以本案两名被告人挪用公款可能承担的风险数额应为15万元,而不是187870元,故判决刘某某有期徒刑2年,缓刑2年;判决周某某有期徒刑1年6个月,缓刑1年6个月。

[①] 案例来源:(2015)大刑初字第146号刑事判决书。

(二)"资金"的界定

挪用资金罪的行为对象是公司、企业或者其他单位的资金。这里的资金,也不一定就是指现金,非国家工作人员挪用本单位的国库券或者挪用金融凭证、有价证券用于质押,一样使得公司、企业或者其他单位的资金处于风险之中,一样可以构成挪用资金罪。

现实中,行为人挪用资金通常挪用的是已经注册成立的公司、企业或者其他单位的资金,但对于尚未注册完成的公司的资金,也一样可以成为挪用资金罪的对象。依据是最高人民检察院《关于挪用尚未注册成立公司资金的行为适用法律问题的批复》的规定,即筹建公司的工作人员在公司登记注册前,利用职务上的便利,挪用准备设立的公司在银行开设的临时账户上的资金,归个人使用或者借贷给他人,数额较大、超过3个月未还的,或者虽未超过3个月,但数额较大、进行营利活动的,或者进行非法活动的,应当根据《刑法》第272条的规定,追究刑事责任。

对于债权能否成为挪用资金罪的对象,理论界和实践中存在一定的争议。有观点认为,从民事法律角度看,债权属于相对权,债权人对债权仅享有请求权,并不具有支配权,行为人即便挪用了公司的债权,其实际侵害了公司的债权请求权而非物权所有权,并不等同于实际侵犯了公司的资金。也有观点认为,行为人侵犯公司债权的行为,无论其将债权抵销或者通过债的实现而消除了债权,对于公司来说,将公司享有的债权挪作个人使用这一具体事实的本质与挪用资金罪中将公司的货币资金挪作个人使用这一规范特征是相一致的,将挪用债权的行为解释为挪用资金罪中的挪用资金行为并不会超出一般人的预期。因此,作为辩护人,在代理行为人挪用公司或企业的债权的具体案件时,需要分析行为人的行为是否具有实际可罚的危害性,从而提出对行为人有利的辩护方案。

对于银行或者其他金融机构而言,行为人挪用资金不但包括银行或者其他金融机构的资金,也包括客户的资金,但客户的资金一般是指账内资金。如果银行或者其他金融机构及其工作人员用账外客户资金非法拆借、发放贷款,则可能构成吸收客户资金不入账罪;如果行为人利用职务上的便利,挪用已经记入金融机构法定存款账户的客户资金归个人使用的,或者吸收客户资金不入账,却给客户开具银行存单,客户也认为已将钱款存入银行,该钱款却被行为人以个人名义借贷给他人的,则可以根据主体的情况认定为挪用资金罪或者挪用公款罪。

案例 5-6

2015年6月,被告人卫某某与A汽车贸易公司协商共同注册成立一家分公司,取名昌盛汽车贸易公司,在该公司尚未到工商部门登记注册之前,卫某某便先以昌盛汽车贸易公司的名义与A汽车贸易公司签订《合作协议》,根据"协议"约定,卫某某交了8万元保证金,代销A汽车贸易公司的"三菱""马自达"系列轿车,并从该公司拉走7辆轿车,总价值72.02万元。后卫某某将该7辆轿车卖给相关买主,获得首付款39.28万元,卫某某将该款项全部用于赌博和还账。后卫某某在案发后归还了A汽车贸易公司部分车款,尚欠24.664万元。后A汽车贸易公司法定代表人以卫某某涉嫌诈骗罪报案。后法院经审理认为,被告人卫某某作为筹建公司的工作人员,在公司登记注册前,利用职务上的便利,挪用公司代销的汽车销售款,超过3个月未还,且数额巨大,其行为已构成挪用资金罪,判决有期徒刑1年。

(三)"特定款物"的范围

本章的三个犯罪的挪用对象都可能涉及救灾、抢险、防汛、优抚、移民和救济款物等特定款物:国家工作人员挪用属于公款范围的特定款物进行私用的,构成挪用公款罪。非国家工作人员挪用非公款范围的特定款物进行私用的,构成挪用资金罪。但特定款物只属于挪用公款罪和挪用资金罪行为对象中的一小部分内容,而挪用特定款物罪的行为对象仅限于特定款物,且系将这些特定款物挪作其他公用,而非私用,这是挪用特定款物罪与挪用公款罪和挪用资金罪的区别。一般来说,特定款物包括救灾、抢险、防汛、优抚、移民和救济款物等,辩护人在代理涉及特定款物的案件时,要注意审查行为对象是否属于刑法规定的特定款物。

救灾扶贫基金,是指救灾款有偿使用回收本金及其增值部分的资金和其他渠道的社会资金,由各级民政部门掌握并周转使用。鉴于救灾扶贫基金是基于国家拨给的救灾款实行有偿使用而来的,或以救灾为名吸引筹集社会资金而形成的,属于一种常备的救灾资金,应当专款专用,不得挪用。挪用救灾扶贫基金构成犯罪的,以挪用特定款物罪论处。

社会公众或者境外捐赠的资金属于"特定款物"。按照民政部《关于安排使用境外捐赠资金有关事宜的通知》的规定,境外捐赠资金有明确意向的,应按上述原则协商,统筹安排使用。如捐赠方坚持单建项目,也可允许,但应采取对应措施,用国家下拨救灾资金、国内及其他捐赠资金在同一乡村或邻近乡村建同类项目。

失业保险基金和下岗职工基本生活保障资金属于"特定款物"。根据最高人民检察院《关于挪用失业保险基金和下岗职工基本生活保障资金的行为适用法律问题的批复》的规定，挪用失业保险基金和下岗职工基本生活保障资金属于挪用救济款物。挪用失业保险基金和下岗职工基本生活保障资金，情节严重，致使国家和人民群众利益遭受重大损害的，对直接负责人员，应当依照《刑法》第273条的规定，以挪用特定款物罪追究刑事责任；国家工作人员利用职务上的便利，挪用失业保险基金和下岗职工基本生活保障资金归个人使用，构成犯罪的，应当依照《刑法》第384条的规定，以挪用公款罪追究刑事责任。

案例 5-7①

2009年3月至2014年期间，被告人刘某在珠晖区酃湖乡政府任民政办主任，主要负责酃湖乡的救灾救济、危房改造等民政工作。2010年，国家下拨灾后重建专项资金用于因自然灾害倒损房屋的灾后恢复重建工作。珠晖区民政局向上级申请到灾后重建专项资金后，要求辖区内各乡镇上报名单。由于当年珠晖区未发生因自然灾害导致房屋损毁的情形，实际上该专项资金应用于辖区内无房户和危房户的房屋修缮改造工作。2010年9月，区民政局拨付给酃湖乡灾后重建资金人民币10万元，酃湖乡民政办将该专项资金存放在民政账户中保管。2010年12月，被告人刘某考虑酃湖乡民政办没有公务开支经费，特向主管领导李某（时任酃湖乡党委委员）请示，并建议从民政账户资金中解决公务经费问题，李某当即表示同意。2010年12月16日左右，刘某以虚构一张《湖南省灾区倒损民房恢复重建发放表》，并由自己或安排他人在发放表上冒充村民签字，再交由李某、谢某（时任酃湖乡乡长）等领导批示的方式，先后套取灾后重建资金人民币5.5万元和4.5万元，并将该10万元用于酃湖乡民政办发放加班补助、给上级部门领导送土特产、酃湖乡民政办的办公费、招待费和宣传费等公务开支。后被告人刘某因涉嫌挪用特定款物罪被检察机关移送起诉。

在庭审过程中，被告人刘某的辩护人提出，2010年酃湖乡未发生自然灾害，酃湖乡民政办领取灾后重建专项资金后用于日常公务开支，由于专项资金

---

① 案例来源：(2016)湘0405刑初184号刑事判决书。

无实际救助对象,未给国家和人民群众利益造成损失,故刘某的行为不构成挪用特定款物罪。但法院经审理认为,刘某身为鄱湖乡民政办主任对灾后重建资金负有保管、分配等职责,且明知救灾资金必须专款专用,不得挪用。2010年鄱湖乡未发生自然灾害导致房屋倒塌的情形,但鄱湖乡民政办获取灾后重建资金10万元,对该资金刘某应妥善保管,待需要救灾时予以使用或者返还给财政,但刘某不仅未履行保管职责,还将救灾资金10万元全部用于其他公务开支,刘某的犯罪情节严重,且给国家造成损失导致需要救助的人员无法获取救灾资金,故判决其犯挪用特定款物罪,但鉴于其具有自首、悔罪等情节,对其免予刑事处罚。

(四)"物"的挪用

挪用特定款物罪的行为对象既包括"款"也包括"物",而挪用公款罪和挪用资金罪的行为对象仅限于"款",不包括"物"。换句话说,挪用"物"进行其他公用的,如果物属于救灾、抢险、防汛、优抚、扶贫、移民、救济方面的物,可以构成特定款物罪;但如果挪用"物"进行私用的,不管是公物还是非公物,都不能构成挪用公款罪,也不能构成挪用资金罪。但如果将挪用的"物"予以变现,将变现所得的款项归个人使用的,那本质与一般的挪用公款或挪用资金的行为是一致的,也应以挪用公款罪或者挪用资金罪论处。

根据最高人民检察院于2000年3月6日实施的《关于国家工作人员挪用非特定公物能否定罪的请示的批复》,挪用公款罪中未包括挪用非特定公物归个人使用的行为,对该行为不以挪用公款罪论处。对于这类行为,由于被挪用的非特定公物一般不会进入流通领域,案发时往往还在行为人的实际控制之下,所以社会危害性较小,可以按违纪处理。但如果将非特定公物变现,公物就已经进入流通领域实现了其价值,这时的公物实际上就是公款的载体,公物已经转化为公款,对其进行挪用完全符合挪用公款罪的特征。

案例 5-8

被告人姚某某系某国有实业公司出口材料部经理,负责有色金属等原材料业务。至2020年2月,由姚某某经手实业公司实控的A公司与邱某某经营的B

公司发生了两次购销业务,后B公司违约,欠A公司180万元,实业公司领导责令姚某某向邱某某进行催讨,邱某某以资金紧张为由,要姚某某想办法替他先向A公司归还100万元货款,并答应在半年后归还其垫付的钱款。为了减轻追回货款的压力,姚某某便找到其朋友刘某某进行帮忙,以刘某某经营的C公司的名义与其主管的出口材料部签订出借电解铜协议,然后安排仓库保管员从实业公司借出40吨电解铜,借出后,姚某某将该40吨电解铜进行变卖,将变卖款替邱某某归还了欠A公司的货款。半年后,邱某某归还100万元货款,姚某某将该款项购买了40吨电解铜,然后归还给了实业公司。后姚某某被检察机关以涉嫌挪用公款罪被移送起诉。

在庭审过程中,姚某某的辩护人提出姚某某挪用的是40吨电解铜,属于公物,不属于公款,不符合挪用公款罪的客观要件,不应当构成挪用公款罪。但法院经审理认为,姚某某从挪用行为时起,追求的就不是40吨电解铜的使用价值,而是希望通过变卖40吨电解铜获得款项替他人归还经营活动产生的债务,属于用于经营活动,此时的40吨电解铜,本质上就是100万元公款的载体,因此,其行为完全具备挪用公款罪的构成要件。法院最终以挪用公款罪对其定罪处罚。

辩点5-3:挪用用途

本章的三个罪名的行为都涉及挪用,不但有"挪"还有"用",被挪款物的用途,不但直接影响定罪,还直接影响量刑,是辩护人应当重点关注的问题。一方面,挪用公款罪和挪用资金罪主要是挪作私用,而挪用特定款物罪则是挪作其他公用,如果挪用特定款物归个人使用的,则按照挪用公款罪从重处罚。可见,区别私用或是公用,不但影响定罪,也影响量刑;另一方面,对于挪用公款罪和挪用资金罪,刑法将挪用方式根据用途分为三类:一是用于非法活动;二是用于营利活动;三是用于非法活动、营利活动以外的个人活动。我们在理论上将其分为非法活动型、营利活动型和超期未还型。由于用途的不同,追诉标准也各不相同,影响罪与非罪以及量刑的适用幅度。对于三种用途的认定,原则上应当根据客观的使用情况予以判断,而不能根据行为时的主观想法进行认定。例如,原本为了赌博而将款项挪出,但发现股市行情好又用于炒股的,则不应认定为用于非法活动,而应认定为用于营利活动;原本为了炒股而将款项挪出,但因家人生重病而将款项用于支付医疗费,则不应认定为用于营利活动,而应认定为归个人用于其他活动。下面具体分析各类用途。

(一)非法活动

这里的非法活动,既包括触犯刑法的犯罪活动,也包括一般的违法活动,主要为以下四类:一是非法营利活动,即用于非法营利活动以获取利益的行为,如走私、赌博、贩毒、非法经营等;二是非法挥霍活动,即用于满足非法的私欲,如嫖娼、吸毒、包养情妇等;三是非法补救活动,即用于清偿非法活动所负的债务或欠款。在实践中,如果挪用人与使用人不是同一个人,但挪用人明知使用人用于非法活动的,也应认定为挪用款项进行非法活动。

对于非法活动型的挪用类犯罪,一般来说不受挪用数额多少和时间长短的限制,只要实施了该行为,就以犯罪论。但这并不意味着数额上没有任何要求,我国司法解释对这类犯罪的数额规定了立案标准,如根据最高人民法院、最高人民检察院《关于办理贪污贿赂刑事案件适用法律若干问题的解释》的规定,挪用资金进行非法活动的,以6万元为追究刑事责任的数额起点,挪用公款进行非法活动的,以3万元为追究刑事责任的数额起点。如果挪用的数额不大,时间很短,情节显著轻微,危害不大的,辩护人也可以提出"不作为犯罪处理"的辩护意见。

案例 5-9

某国有企业出纳应某过节放假时在朋友家打牌,将其保管的公司小金库的资金 5000 元输光,但第二天就从自己的积蓄中抽出 5000 元补上了小金库的亏空。在这种情况下,应某的行为虽然也属于挪用公款进行非法活动,但从挪用的数额和归还的时间来看,情节都显著轻微,辩护人可以进行"不作为犯罪处理"的无罪辩护。

(二)营利活动

这里的营利活动,通常是指进行经商、办企业等经营性活动以及投资于股票、债券、期货市场或者用于拆借、集资、存入银行等行为。至于经营性活动是否实际获利,不影响犯罪的成立。

申报注册资本是为进行生产经营活动做准备,属于成立公司、企业进行营利活动的组成部分。因此,挪用公款或者资金归个人用于公司、企业注册资本验资证明,应当认定为挪用进行营利活动。

挪用公款或者资金给他人使用,挪用人明知使用人用于营利活动的,应认定为挪用款项进行营利活动。如果挪用公款或者资金归还个人进行营利活动产生的欠款,也应当认定为进行营利活动。

一般来说,用于营利活动的挪用行为构成犯罪,不受挪用时间的限制,但受挪用数额的限制。根据最高人民法院、最高人民检察院《关于办理贪污贿赂刑事案件适用法律若干问题的解释》的规定,挪用资金和挪用公款进行营利活动的,分别以10万元和5万元作为追究刑事责任的数额起点。因营利活动产生的利息、利润、收益等违法所得,应当追缴,但不计入挪用的数额。

案例 5-10

王某系某股份制银行职员,为完成工作业绩,找到在某集团公司下属的财务公司担任会计的大学同学苏某,请求苏某帮忙购买银行推出的理财产品。苏某在获知该理财产品系本金无任何损失风险的情况下,将其保管的5万元公司资金购买了该理财产品,帮助王某完成了业绩要求。一个月后王某将公司资金连同收益一起返还了苏某。苏某将资金和收益一同入了公司账目。

本案中,苏某将其保管的公司资金用于购买银行理财产品,表面上看应认定为挪用资金用于营利活动,但仔细分析,苏某购买理财产品的行为,并不是为了个人谋利,而是为了帮助同学完成工作业绩,最终将资金和利息都记入了公司账目,不应认定为挪用资金进行营利活动。

(三)个人使用

这里的归个人使用,主要是指那些挪用公款、资金进行非法活动和营利活动之外的其他活动。用于这类活动的挪用行为要构成犯罪,不但受挪用数额的限制,还受挪用时间的限制。只有在"挪用数额较大"和"超过3个月未还"两个条件同时具备时,才构成犯罪。根据相关司法解释的规定,挪用资金和挪用公款归个人使用,超过3个月未还的,分别以10万元和5万元作为追究刑事责任的数额起点。这里的"未还",是指案发前即被司法机关、主管部门或者有关单位发现前未还。

1."归个人使用"的情形

这里的"归个人使用",并不限于挪用人自己个人使用,还包括挪给其他自然人使用,而且这里的"个人"也不限于自然人,在特定条件下,挪给单位使用的也属于"归个人使用",辩护人在代理这类案件时不能机械理解,要掌握"归个人使用"包括的具体情形,才能制订恰当的辩护方案。一般来说,"归个人使用"具体包括以下情形:

(1)将公款或者资金供本人、亲友或者其他自然人使用的;
(2)以个人名义将公款或者资金供其他单位使用的;
(3)个人决定以单位名义将公款或者资金供其他单位使用,谋取个人利益的。

司法实践中,第(2)、(3)两种情形产生的争议较多集中在对"个人名义""个人决定"以及"谋取个人利益"的理解上。

在第(2)种情形中,如果不是以个人名义,而是以单位名义将公款或者资金供其他单位使用的,则不能认定为"归个人使用",这通常也是辩护人进行辩护的要点。对于是否属于"以个人名义"的认定,不能只看形式,还要从实质上把握。对于行为人逃避财务监管,或者与使用人约定以个人名义进行,或者借款、还款都以个人名义进行,只是形式上以单位名义将公款或者资金给其他单位使用的,还是会被认定为"以个人名义"。因此,辩护人在进行辩护时,也要注意从实质和证据方面予以把握。

在第(3)种情形中,如果不是个人决定而是单位决定,或者没有谋取个人利益的,则不能认定为"归个人使用",辩护人也要善于运用这些辩护要点。这里的"个人决定",既包括行为人在职权范围内决定,也包括超越职权范围决定。"谋取个人利益",既包括行为人与使用人事先约定谋取个人利益实际尚未获取的情况,也包括虽未事先约定但实际已获取了个人利益的情况。其中的"个人利益",既包括不正当利益,也包括正当利益;既包括财产性利益,也包括非财产性利益,但这种非财产性利益应当是具体的实际利益,如升学、就业机会等。

案例 5-11

被告人林某某系某村村委会主任,2015 年 8 月,某私立学校校长王某某以学校资金紧张为由,向林某某提出从村委会贷款 100 万元,月息 0.8%,林某某在未与村委会其他成员商议的情况下,安排村委会出纳将村里的征地补偿款 100 万元借给该校使用,约定月利息为 0.8%。两个月后,王某某又提出再借 300 万元。林某某遂召集村委会委员会议,就是否给学校借款事宜进行讨论,并就此前已经借款给学校 100 万元向会议进行说明,大家一致同意借给学校 400 万元,并与之前的 100 万元一起签订了 400 万元的贷款合同,约定月息 0.6%。案发后,学校尚有 150 万元未归还。

一审法院认为:被告人林某某作为村委会主任,在协助政府从事土地征用补偿费用的管理工作中,超越职权范围,在未经村委会集体讨论的情况下,以个人名义将 100 万元公款挪给他人使用,构成挪用公款罪。辩护人在二审中提出,涉案的 100 万元虽然是林某某个人决定借出的,但不能认定是以个人名义,因为不管是从转账凭证、收据还是借款还款的程序来看,借款方都是村委会,而不是林某某个人,村委会对公款去向是知情的,林某某并未隐瞒公款的真实用途。此外,100 万元借出后,村委会集体讨论决定再借出 300 万元,并签署了 400 万元的贷款合同追认了这 100 万元,没有任何证据证明林某某因此谋取了个人利益。因此,林某某将 100 万元借给学校,既不是以个人名义将公款挪用给他人,也不是个人决定以单位名义将公款供其他单位使用,谋取个人利益,不构成挪用公款罪。二审法院最终采纳了辩护人意见,改判林某某无罪。

2. "归个人使用"的认定

相比于非法活动和营利活动,归个人使用的情形能够构成犯罪的条件更高。司法实践中,认定"归个人使用"还需要注意以下问题:

(1)这里"归个人使用"的"个人"既包括自然人也包括单位,单位的性质在所不问。

(2)挪用公款或者资金给他人使用,不知道使用人进行营利活动或者用于非法活动的,不能按照"进行营利活动或者进行非法活动"的情形处理,如果具备"数额较大"和"超过 3 个月未还"的构成要件,可以构成挪用公款罪或者挪用资金罪。

(3)挪用公款或者资金后尚未投入实际使用的,只要同时具备"数额较大"和"超过 3 个月未还"的构成要件,也可以构成挪用公款罪或者挪用资金罪。

案例 5-12

张某因挪用公款被举报到监察委。被传唤后,张某供述了其在 2019 年 3 月挪用公款进行赌球的情况。据此,监察委于 2019 年 4 月立案调查。立案后,张某一直未归还其所挪用的款项,而监察委也一直未查到张某参与赌博的其他证据。2019 年 10 月,检察机关以张某挪用公款数额较大、超过 3 个月未归还为由将其移送起诉。公诉人认为,在移送起诉前张某未归还挪用款项超过3个月,应当定罪处罚。

在庭审过程中,辩护人进行了无罪辩护,理由如下:首先,张某供述挪用公款用于赌球,而司法机关未能查清证据,挪用公款进行非法活动的证据不足;其次,张某挪用公款被发现时尚未超过3个月,是因为被留置而无法归还。因此,张某的行为属于挪用公款归个人使用,尚未超过3个月,故不构成挪用公款罪。

(四)其他公用

该用途仅限于挪用特定款物罪,即将本应用于救灾、抢险、防汛、优抚、扶贫、移民、救济等用途的特定款物用于其他公共用途,如修建职工宿舍、发放职工福利等,构成挪用特定款物罪。将特定款物以外的其他公款、资金挪作其他公用的,不能构成本章中的犯罪。

(五)非法占有

本章犯罪中,行为人对于挪用的公款、资金或者特定款物都不具有非法占有的目的,都是为了挪作他用。如果行为人将挪用的款物占为己有,挪用类犯罪则可能转化为量刑更重的贪污罪或职务侵占罪。辩护人在代理此类案件时,要注意判断和审查行为人在主观上是否具有非法占有的目的,审查司法机关的指控是否符合主客观相一致的原则。一般情况下,如果具有以下情形之一的,可以认定行为人具有非法占有的目的:

(1)行为人携带挪用的公款、资金或者特定款物潜逃的,对于其携带挪用的部分,以贪污罪或者职务侵占罪定罪处罚。

(2)行为人挪用公款后采取虚假发票平账、销毁有关账目等手段,使所挪用的款项难以在单位财务账目上反映出来,且没有归还行为的。

(3)行为人截取单位收入不入账,非法占有,使所占有的款项难以在单位财务账目上反映出来,且没有归还行为的。

(4)有证据证明行为人有能力归还所挪用的款项而拒不归还,并隐瞒挪用的款项去向的。

司法实践中,有的司法机关会以是否平账来推断行为人是否具有非法占有的目的,认为平账了而不能显示行为人挪用行为的,就推断其具有非法占有的目的,从而指控行为人犯贪污罪或者职务侵占罪,作为这类案件的辩护人,则应当认真审查行为人是否具有归还的意思,不能仅凭是否平账来作为判断根据。如果行为人具有归还的意思,只是为了应付检查或者暂时掩盖挪用的行为而进行平账,则依然应认定为挪用类犯罪。相反,如果行为人没有归还的意思,即使没有平账,也依然可以认定为贪污罪或者职务侵占罪。

案例 5-13

2014 年 5 月起,被告人张某某担任全民事业单位某鱼种场场长,后该鱼种场收取承包费共计 30 万元,经全体职工同意,该承包费由张某某保管,专项用于缴纳职工社保金及生活费。之后,张某某陆续向职工发放生活费 20 万元,张某某将剩余的 10 万元现金作为其本人及家庭生活费用支出且一直未归还。检察机关认为张某某系携带挪用的公款潜逃,故以贪污罪将张某某移送起诉。

在庭审过程中,辩护人提出张某某虽然携带公款外出并使用,但其主观上只是暂时占有并使用公款,打算日后归还,且没有使用伪造单据等手段掩盖其挪用的行为,挪用的公款可以在账面上体现出来,检察机关也没有证据证明其具有非法占有的目的,不应认定为贪污罪。法院最终采纳了辩护人的意见,以挪用公款罪对张某某定罪量刑。

辩点 5-4:使用归还

对于挪用类犯罪,行为人对被挪用的款物都具有使用的意图,但实践中未必都进行了实际使用,因为没有非法占有的目的,所以行为人主观上对被挪用的款物都具有使用后归还的意思,但实践中未必都进行了归还。作为辩护律师,在代理挪用类犯罪案件时,一定要注意审查挪用的款物是否实际被使用以及是否归还,因为这两个情节有时不但直接影响量刑,还直接影响定罪,是该类犯罪辩护的要点。

(一)是否使用

挪用款物后并使用的是典型的挪用行为,但司法实践中,也存在大量"挪而未用"的现象。对于"挪而未用"的案件,辩护人要根据案件情况分析具体的原因,审查挪用类犯罪所处的犯罪形态。我国司法解释虽然没有对挪用类犯罪的犯罪形态作出明确的规定,但根据最高人民法院《全国法院审理经济犯罪案件工作座谈会纪要》的规定:"挪用公款后尚未投入实际使用的,只要同时具备

'数额较大'和'超过三个月未还'的构成要件,应当认定为挪用公款罪,但可以酌情从轻处罚。"可见,我国法律对挪而未用的处理原则就是定罪但可酌情从轻处罚。辩护人应该在把握该条规定的基础上,进一步分析行为人未用的原因,以便取得更大幅度的从轻处理。

(1)挪而不能用。行为人控制款物后,具体用途明确,但由于客观原因导致款物未能实际投入使用,此时案发,款物被追回。

(2)挪而准备用。行为人控制款物后,具体用途明确,准备投入使用,但在实际使用前案发,款物被追回。

(3)挪而停止用。行为人控制款物后,具体用途明确,准备投入使用,后因行为人主观原因停止使用,并准备将款物归还,此时案发,将款物交回。

(4)挪而不准备用。行为人控制款物后,并没有实际使用的打算,只是作为炫耀或证明之用,计划要在事发前将款物归还的,此时案发,行为人主动交还款物。

在以上四种情形中,情形(1)被认为是犯罪未遂,可以比照既遂犯从轻或者减轻处罚;情形(2)被认为是犯罪预备,可以比照既遂犯从轻、减轻处罚或者免除处罚;情形(3)被认为是犯罪中止,对没有造成损害的应当免除处罚,对造成损害的,应当减轻处罚;情形(4)可不作为犯罪处理,因其社会危害性较小,情节显著轻微。可见,不同原因引发"未用"的结果在量刑上存在很大的差异。

案例 5-14

徐某系某国有企业出纳,嗜好赌博。为到境外赌博,徐某决定从单位挪用一些资金,遂私自开具了一张金额为 5 万元的现金支票。但还没等到徐某到银行承兑,事情就被单位领导发现了。

本案中,徐某虽然已经开出单位的现金支票,但因其尚未承兑成功,资金并未脱离单位控制,属于犯罪未遂,可以比照既遂犯从轻或者减轻处罚。

(二)是否归还

(1)挪用公款或者资金归个人使用,数额较大,超过 3 个月未还的,构成挪用公款罪或者挪用资金罪,如果行为人在 3 个月以内归还的,则不构成犯罪。可见,是否在 3 个月以内归还可以直接影响犯罪是否成立。

(2)公司、企业,或者其他单位的工作人员挪用本单位资金构成挪用资金罪的,在提起公诉前将挪用的资金退还的,可以从轻或者减轻处罚。其中,犯罪较轻的,可以减轻或者免除处罚。这是《刑法修正案(十一)》对挪用资金罪增加的一个条款。辩护人要充分运用好该条款,对于已经构成挪用资金罪的行为人,应当说服其在被提起公诉前将挪用的资金退还,以获得法定的从轻、减轻甚至免除处罚的情节。

(3)对于挪用公款归个人使用,数额较大,超过3个月但在案发前全部归还本金的,可以从轻或者免除处罚。挪用数额巨大,超过3个月但在案发前全部归还本金的,可以酌情从轻处罚。可见,挪用公款归个人使用超过3个月但在案发前是否全部归还,虽然不影响定罪,但影响是否可以从轻处罚或者免除处罚。

(4)对于挪用公款数额较大,归个人进行营利活动的,在案发前部分或者全部归还本息的,可以从轻处罚;情节轻微的,可以免除处罚。可见,该种情形下是否在案发前全部归还本息也影响是否可以从轻处罚或者免除处罚。

(5)对于挪用公款情节严重的,刑法规定处5年以上有期徒刑。如果挪用公款数额巨大,同时又具有"不退还"情节的,则要处10年以上有期徒刑或者无期徒刑。可见,在挪用公款数额巨大的情况下,是否退还直接影响适用哪个量刑幅度。

(6)根据最高人民法院、最高人民检察院《关于办理贪污贿赂刑事案件适用法律若干问题的解释》的规定,对于非法活动型的挪用公款行为,不退还数额在50万元以上不满100万元的,对于营利活动和超期未还型的挪用公款行为,不退还数额在100万元以上不满200万元的,应当认定为情节严重。可见,挪用公款不退还的数额直接影响情节的认定。

案例 5-15

胡某系某国有事业单位财务主管,为结婚欲全款购买住房,但其在银行的定期存款两个月后才到期,若提前支取则会损失利息,若等到两个月后支取,又恐房价再涨,遂从单位的资金账户上支取10万元支付了购房款。两个月后,其银行定期存款到期后,胡某立即取出归还了从单位支取的款项。

本案中,胡某挪用公款的行为虽然已经完成,但其并未使用公款进行营利活动和非法活动,而且其已在3个月内归还了挪用的公款,不符合挪用公款罪的构成要件,其行为不构成挪用公款罪。

辩点 5-5：量刑标准

（一）挪用公款罪

量刑	罪状	挪用类型	"数额+情节"标准
5年以下有期徒刑或者拘役	数额较大	非法活动型	3万元≤挪用公款数额＜100万元
		营利活动型和超期未还型	5万元≤挪用公款数额＜200万元
5年以上有期徒刑	情节严重	非法活动型	1.挪用公款数额≥100万元 2.50万元≤挪用特定款物数额＜100万元 3.50万元≤挪用公款不退还数额＜100万元 4.其他严重的情节
		营利活动型和超期未还型	1.挪用公款数额≥200万元 2.100万元≤挪用特定款物数额＜200万元 3.100万元≤挪用公款不退还数额＜200万元 4.其他严重的情节
10年以上有期徒刑或者无期徒刑	数额巨大不退还	非法活动型	挪用公款数额≥300万元
		营利活动型和超期未还型	挪用公款数额≥500万元

辩护人除了应当掌握上述量刑标准，还应当掌握以下从宽处罚的情节以及数额的计算方法：

（1）挪用正在生息或者需要支付利息的公款归个人使用，数额较大，超过3个月但在案发前全部归还本金的，可以从轻处罚或者免除处罚。给国家、集体造成的利息损失应予追缴。挪用公款数额巨大，超过3个月，案发前全部归还的，可以酌情从轻处罚。

（2）挪用公款数额较大，归个人进行营利活动的，在案发前部分或者全部归还本息的，可以从轻处罚；情节轻微的，可以免除处罚。挪用公款存入银行、用于集资、购买股票、国债等，属于挪用公款进行营利活动。所获取的利息、收益等违法所得，应当追缴，但不计入挪用公款的数额。

（3）挪用公款给他人使用，不知道使用人进行营利活动或者用于非法活动，数额较大，超过3个月未还的，构成挪用公款罪；明知使用人用于营利活动或者非法活动的，应当认定为挪用人挪用公款进行营利活动或者非法活动。

（4）多次挪用公款不还，挪用公款数额累计计算；多次挪用公款，并以后次挪用的公款归还前次挪用的公款,挪用公款数额以案发时未还的实际数额认定。

（5）犯罪分子及其亲友主动退赃或者在办案机关追缴赃款赃物过程中积极配合的,在量刑时应当与办案机关查办案件过程中依职权追缴赃款赃物的有所区别。

（6）立案后,犯罪分子及其亲友自行挽回的经济损失,司法机关或者犯罪分子所在单位及其上级主管部门挽回的经济损失,或者因客观原因减少的经济损失,不予扣减,但可以作为酌情从轻处罚的情节。

(二) 挪用资金罪

《刑法修正案(十一)》对挪用资金罪进行了修订,将原来的两个量刑档次修改为三个,将最高刑期从原来的10年有期徒刑提高到了15年有期徒刑,在罪状中删除了"数额较大不退还"的情节。之前司法解释对挪用资金罪的挪用资金数额较大、数额巨大、数额较大不退还的标准进行了解释,具体情况见下图:

量刑	罪状	挪用类型	"数额+情节"标准
3年以下有期徒刑或者拘役	数额较大	非法活动型	6万元≤挪用资金数额<200万元
		营利活动型和超期未还型	10万元≤挪用资金数额<400万元
3—10年有期徒刑	数额巨大	非法活动型	挪用资金数额≥200万元
		营利活动型和超期未还型	挪用资金数额≥400万元
	数额较大不退还	非法活动型	挪用资金不退还数额≥6万元
		营利活动型和超期未还型	挪用资金不退还数额≥10万元

鉴于新的司法解释尚未出台,参考现有司法解释,相关标准见下图:

量刑	罪状	挪用类型	"数额+情节"标准
3年以下有期徒刑或者拘役	数额较大	非法活动型	6万元≤挪用资金数额<200万元
		营利活动型和超期未还型	10万元≤挪用资金数额<400万元
3—7年有期徒刑	数额巨大	非法活动型	挪用资金数额≥200万元
		营利活动型和超期未还型	挪用资金数额≥400万元
7年以上有期徒刑	数额特别巨大		有待新的司法解释确定标准

(三) 挪用特定款物罪

根据最高人民检察院、公安部《关于公安机关管辖的刑事案件立案追诉标准的规定(二)》的规定,挪用用于救灾、抢险、防汛、优抚、扶贫、移民、救济款物,涉嫌下列情形之一的,应予立案追诉:

(1)挪用特定款物数额在5000元以上的;

(2)造成国家和人民群众直接经济损失数额在5万元以上的;

(3)虽未达到上述数额标准,但多次挪用特定款物的,或者造成人民群众的生产、生活严重困难的;

(4)严重损害国家声誉,或者造成恶劣社会影响的;

(5)其他致使国家和人民群众利益遭受重大损害的情形。

需要注意的是,最高人民法院、最高人民检察院《关于办理贪污贿赂刑事案件适用法律若干问题的解释》已经大幅提高了挪用公款罪和挪用资金罪中相关数额的标准,但没有涉及挪用特定款物罪,上述立案标准还是最高人民检察院、公安部于2010年发布的,按照这样的标准进行追诉,对挪用特定款物罪的行为人明显不公平,所以辩护人在司法实践中可以结合最新司法解释的精神对立案标准的适用提出意见,以维护当事人正当合法的权益。

辩点5-6:追诉时效

所谓追诉时效,是指按照刑法的规定追究犯罪行为的有效期限。犯罪行为已经超过法律规定的追诉时效期限的,不再追究其法律责任。因此,辩护人在代理刑事案件的过程中,审查涉案的犯罪行为是否已经超过追诉时效,也是辩护的一大要点。对于挪用类犯罪,由于存在挪用行为的连续状态和归还行为,如何计算追诉期限具有一定的难度和争议。为此,最高人民法院还专门针对挪用公款追诉期限问题发布了《关于挪用公款犯罪如何计算追诉期限问题的批复》,辩护人要熟练掌握这些规定,并根据案件实际情况进行计算,以判定挪用公款的行为是否已过追诉时效。

(1)挪用公款归个人使用,进行非法活动的,或者挪用公款数额较大、进行营利活动的,犯罪的追诉期限从挪用行为实施完毕之日起计算;

(2)挪用公款数额较大、超过3个月未还的,犯罪的追诉期限从挪用公款罪成立之日起计算;

(3)挪用公款行为有连续状态的,犯罪的追诉期限应当从最后一次挪用行为实施完毕之日或者犯罪成立之日起计算。

挪用资金罪和挪用特定款物罪的追诉时效虽然没有明确的司法解释，但亦可参照上述标准执行。

> **案例 5-16**
>
> 　　李某在某公司担任会计，于 2013 年 4 月 7 日将自己保管的 5000 元单位资金用于个人赌博，于 5 月 10 日将挪用的资金归还。后表妹余某向其借钱，其又在 2013 年 5 月 29 日将公司 2 万元资金借给了余某，余某在 9 月 10 日将 2 万元资金还给李某后，李某即刻将钱归还给了公司。公司在 2018 年 5 月审计时发现了李某的挪用行为并向公安机关举报，后李某被移送审查起诉。庭审过程中，李某认为自己挪用 5000 元进行赌博，挪用 2 万元借给他人，确实构成挪用资金罪，但时间已经过去这么多年了，早已过了追诉时效，不应再对其追究刑事责任。
>
> 　　本案中，李某有两次挪用行为，第一次是挪用 5000 元进行赌博，后一次是挪用 2 万元借给他人，对其挪用行为的追诉期限应当按照最后一次挪用行为实施完毕之日或者犯罪成立之日起计算。李某于 2013 年 5 月 29 日挪用 2 万元借给他人，到 9 月 10 日将 2 万元全部归还给单位，归还的时间已经超过 3 个月，故犯罪的追诉时效应当从挪用公款罪成立之日起计算，即在李某 5 月 29 日挪用之后的 3 个月，即 2013 年 8 月 30 日时挪用资金罪成立。根据李某挪用的数额和情节，法定最高刑为不满 5 年有期徒刑，那么经过 5 年则不应再追诉。换句话说，如果李某的行为在 2018 年 8 月 30 日之后被发现，对其可不再追诉，但本案于 2018 年 5 月案发，尚未超过 5 年，故仍在追诉期限内。

辩点 5-7：共同犯罪

　　挪用类犯罪除了可以由行为人一人实施，还经常存在共同犯罪的情形，包括内部人员共同利用职务之便实施挪用犯罪，使用人与挪用人共谋实施挪用犯罪以及其他人员教唆、指使、帮助挪用人实施挪用犯罪等。对于共同犯罪的案件，辩护人要注意审查行为人在共同犯罪中所起的作用和作用大小，根据案件事实和证据判断行为人是主犯、从犯、胁从犯还是教唆犯，然后按照刑法的规定适用对应的条款。挪用类犯罪中，挪用人与使用人之间的共同犯罪比较常见，下面进行重点介绍。

(一)共同犯罪成立的条件

根据最高人民法院《关于审理挪用公款案件具体应用法律若干问题的解释》第8条的规定:"挪用公款给他人使用,使用人与挪用人共谋,指使或者参与策划取得挪用款的,以挪用公款罪的共犯定罪处罚。"可见,使用人与挪用人要构成共同犯罪,必须同时具备主客观条件。该司法解释虽然是针对挪用公款罪而言的,但认定的精神同样适用于挪用资金罪。

1. 主观方面

挪用人与使用人共谋,在主观上具有共同挪用的故意。这里的"共谋",是指挪用人与使用人之间具有主观犯意的联络和沟通。

如果挪用人和使用人在犯意上并无联络和沟通,则不构成共同犯罪。例如,使用人不知道其所使用的款项是挪用人挪用的公款或者资金,而误以为是挪用人的自有资金或是其他合法途径获得的资金时,不能将使用人与挪用人认定为共同犯罪。再如,即使使用人事后知道其所用的款项是挪用人挪用的公款或资金,但事先与挪用人之间并无共同挪用的故意时,也不能将使用人认定为挪用犯罪的共犯。

但是,当挪用人与使用人对于款项用途存在不同认识时,则需要具体情况具体分析。一般来说,挪用类犯罪中,犯罪故意的内容是行为人明知是公款或者资金而仍然挪用,至于公款的使用用途,则属于犯罪目的,不属于犯罪故意的内容。因此尽管使用人与挪用人对款项的用途有不同认识,但仍然不妨碍共同故意的成立。根据最高人民法院《关于审理挪用公款案件具体应用法律若干问题的解释》第2条第2款的规定,挪用公款给他人使用,不知道使用人用公款进行营利活动或者非法活动,数额较大,超过3个月未还的,构成挪用公款罪;明知使用人用于营利活动或者非法活动的,应当认定为挪用人挪用公款进行营利活动或者非法活动。这个解释为司法实践解决上述问题提供了一个准则。

2. 客观方面

共同犯罪的成立必须是两人以上具有共同的犯罪行为。根据相关司法解释的精神,使用人应当指使或者参与策划取得挪用款才能与挪用人构成共犯。使用人仅有犯罪决意及单纯的犯意表示,不作为刑法调整对象,只有进一步实施了犯罪行为,才能纳入刑法调整的范围。使用人向款项管理人提出"借用"公款或者资金的意思表示后,又利用自己的优势指使管理人挪用公款或资金,或是与管理人一起策划挪用公款或资金的方法、步骤、时间等,这种情形符合共犯的特征,应以共犯论处。

如果使用人仅是提出借用款项的建议,款项的挪用与否取决于款项管理人的意志,使用人没有进一步提出利益分配的建议或进一步出谋划策让挪用人实施具体挪用行为的,不宜认定为共犯。

案例 5-17

2020年夏天,某学校出纳张某的表弟王某说炒股能盈利,建议张某将其管理的学生校服款借出一个暑假假期用来炒股,张某想想觉得可行,便将其管理的35万元校服款交给王某,王某用该35万元炒股,学校开学后张某将该35万元归还。后案发,王某以挪用公款罪的共犯同张某一起被移送起诉。

本案中,公款使用人王某向公款管理人张某提出借用公款的请求后,并未与张某进一步策划如何挪用,即与挪用人没有犯意上的"共谋",不能构成挪用的共犯。不宜将仅提出用款请求并使用公款的人视为参与共谋,构成犯罪。在此情形下,张某利用自己的职务之便,将公款未经批准挪作他用,符合挪用公款罪的犯罪构成,应单独构成挪用公款罪。

(二)主犯和从犯的认定

在使用人与挪用人共同犯罪中,并不是挪用人一定是主犯,使用人一定是从犯。如何认定主犯与从犯,应当从行为人在共同犯罪中所起的作用进行区分。在共同犯罪中起组织、领导和主要作用的,是主犯;在共同犯罪中起次要或者辅助作用的,是从犯。

使用人虽然不具有挪用上的职务便利,但在犯罪中起主导作用,如组织、领导、教唆、指使、策划挪用人实施挪用行为的,也应当认定为主犯。

此外,实践中还存在国家工作人员与非国家工作人员共同挪用的情形,一般可能会出现三种状况:一是利用国家工作人员的职务便利,共同挪用公款;二是利用公司、企业或者其他单位人员的职务便利,共同挪用该单位资金;三是国家工作人员和非国家工作人员各自利用自己的职务便利,共同挪用款项。对于前两种情况的定性,观点比较一致,就是看谁的身份起作用,只利用了国家工作人员的职务便利的,行为人均构成挪用公款罪;只利用了公司、企业或者其他单位人员职务便利的,行为人均构成挪用资金罪。但对于第三种情况的定性,实践中和理论界存在一定的争议,有的认为按照不同行为人的职务便利和身份分别定罪,也有人认为应当尽量区分主从犯,按照主犯的犯罪性质定罪。提出这种观点的依据有两个:一个是最高人民法院《关于审理贪污、职务侵占案件如何认定共同犯罪几个问题的解释》

第 3 条关于"公司、企业或者其他单位中,不具有国家工作人员身份的人与国家工作人员勾结,分别利用各自的职务便利,共同将本单位财物非法占为己有的,按照主犯的犯罪性质定罪"的规定;二是最高人民法院《全国法院审理经济犯罪案件工作座谈会纪要》中关于"对于在公司、企业或者其他单位中,非国家工作人员与国家工作人员勾结,分别利用各自职务便利,共同将本单位财物非法占有的,应当尽量区分主从犯,按照主犯的犯罪性质定罪。司法实践中,如果根据案件的实际情况,各共同犯罪人在共同犯罪中的地位、作用相当,难以区分主从犯的,可以贪污罪定罪处罚"的规定。该观点的支持者认为这两个规定虽然是针对职务侵占罪和贪污罪的,但在挪用公款罪和挪用资金罪中也可以参照适用。

附:本章相关法律规范性文件①

1. 法律

《中华人民共和国刑法》(2020 年修正,法宝引证码:CLI. 1. 349391)第 272、273、384 条

2. 司法解释

最高人民法院、最高人民检察院《关于办理贪污贿赂刑事案件适用法律若干问题的解释》(法释〔2016〕9 号,2016.04.18 实施,法宝引证码:CLI. 3. 268586)

最高人民法院、最高人民检察院《关于办理国家出资企业中职务犯罪案件具体应用法律若干问题的意见》(法发〔2010〕49 号,2010.11.26 实施,法宝引证码:CLI. 3. 154888)

最高人民法院、最高人民检察院《关于办理职务犯罪案件认定自首、立功等量刑情节若干问题的意见》(法发〔2009〕13 号,2009.03.12 实施,法宝引证码:CLI. 3. 114655)

最高人民法院《关于挪用公款犯罪如何计算追诉期限问题的批复》(法释〔2003〕16 号,2003.10.10 实施,法宝引证码:CLI. 3. 49731)

最高人民检察院《关于挪用失业保险基金和下岗职工基本生活保障资金的行为适用法律问题的批复》(高检发释字〔2003〕1 号,2003.01.30 实施,法宝引证码:CLI. 3. 44535)

---

① 所列法律规范性文件的详细内容,可登录"北大法宝"引证码查询系统(www.pkulaw.com/fbm),输入所提供的相应的"法宝引证码",免费查询。

最高人民检察院《关于挪用尚未注册成立公司资金的行为适用法律问题的批复》(高检发研字〔2000〕19号,2000.10.09实施,法宝引证码:CLI.3.31459)

最高人民法院《关于如何理解刑法第二百七十二条规定的"挪用本单位资金归个人使用或者借贷给他人"问题的批复》(法释〔2000〕22号,2000.07.27实施,法宝引证码:CLI.3.31023)

最高人民检察院、公安部《关于公安机关管辖的刑事案件立案追诉标准的规定(二)》(公通字〔2010〕23号,2010.05.07实施,法宝引证码:CLI.4.131249)

最高人民检察院《关于国家工作人员挪用非特定公物能否定罪的请示的批复》(高检发释字〔2000〕1号,2000.03.06实施,法宝引证码:CLI.3.29254)

最高人民法院《关于对受委托管理、经营国有财产人员挪用国有资金行为如何定罪问题的批复》(法释〔2000〕5号,2000.02.24实施,法宝引证码:CLI.3.26469)

最高人民检察院《关于人民检察院直接受理立案侦查案件立案标准的规定(试行)》(高检发释字〔1999〕2号,1999.09.16实施,法宝引证码:CLI.3.23469)

最高人民法院《关于审理挪用公款案件具体应用法律若干问题的解释》(法释〔1998〕9号,1998.05.09实施,法宝引证码:CLI.3.19722)

最高人民检察院《关于挪用国库券如何定性问题的批复》(高检发释字〔1997〕5号,1997.10.13实施,法宝引证码:CLI.3.19708)

3. 其他

最高人民法院《全国法院审理经济犯罪案件工作座谈会纪要》(法发〔2003〕167号,2003.11.13实施,法宝引证码:CLI.3.51080)

全国人民代表大会常务委员会《关于〈中华人民共和国刑法〉第三百八十四条第一款的解释》(2002.04.28实施,法宝引证码:CLI.1.39701)

全国人民代表大会常务委员会《关于〈中华人民共和国刑法〉第九十三条第二款的解释》(主席令第18号,2009.08.27实施,法宝引证码:CLI.1.167165)

第六章

贿赂类犯罪

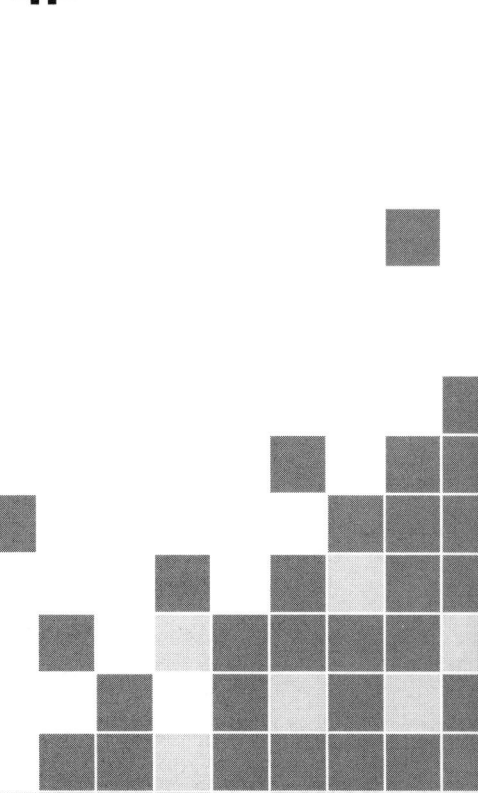

第一节 贿赂类犯罪综述

我国刑法中与贿赂相关的罪名繁多,大部分规定在《刑法》分则第八章"贪污贿赂罪"中,还有三个罪名规定在《刑法》分则第三章"破坏社会主义市场经济秩序罪"中,由于有的犯罪的构成要件之间有相似之处,故本章将其概括为贿赂类犯罪,然后阐述如何寻找该类犯罪的辩护要点。

一、贿赂类犯罪分类索引

根据贿赂行为表现不同,笔者将贿赂类犯罪分为三个类型,即受贿型、行贿型和介绍型。受贿型贿赂类犯罪是指收受或者索取贿赂,因受贿主体不同,刑法设置了受贿罪、单位受贿罪、利用影响力受贿罪、非国家工作人员受贿罪;行贿型贿赂类犯罪是指给予他人贿赂,针对不同的行贿对象,刑法设置了行贿罪,对有影响力的人行贿罪,对单位行贿罪,单位行贿罪,对非国家工作人员行贿罪,对外国公职人员、国际公馆组织官员行贿罪;介绍型贿赂类犯罪是指在行贿方和受贿方之间进行介绍,即介绍贿赂罪。相关罪名与《刑法》法条的对应关系见下表。

类型	罪名	法条
1.受贿型	受贿罪	第385条
	单位受贿罪	第387条
	利用影响力受贿罪	第388条之一
	非国家工作人员受贿罪	第163条第1款
2.行贿型	行贿罪	第389条、第390条
	对有影响力的人行贿罪	第390条之一
	对单位行贿罪	第391条
	单位行贿罪	第393条
	对非国家工作人员行贿罪	第164条第1款
	对外国公职人员、国际公共组织官员行贿罪	第164条第2款
3.介绍型	介绍贿赂罪	第392条

二、贿赂类犯罪《刑法》规定对照表

《刑法修正案(十一)》对非国家工作人员受贿罪进行了修改,将原来两个量刑档次修改为三个,将最高刑期从原来的 15 年有期徒刑提高到了无期徒刑,整体而言加大了对非国家工作人员受贿罪的刑事处罚力度。但对非国家工作人员受贿数额巨大的犯罪,最高刑期从原来的 15 年有期徒刑调整为 10 年有期徒刑,也给了辩护人一定的辩护空间。

类型	罪名	法条	罪状	主刑	附加刑	辩点速查
受贿型	受贿罪	第385条	国家工作人员利用职务上的便利,索取他人财物的,或者非法收受他人财物,为他人谋取利益的。 国家工作人员在经济往来中,违反国家规定,收受各种名义的回扣、手续费,归个人所有的。			1. 受贿主体:特殊主体,仅限国家工作人员。 2. 行贿一方:包括自然人和单位。 3. 财物范围:包括货币、物品和财产性利益,尤其是房屋装修、债务免除、会员服务、旅游等利益的认定。 4. 职务要件:利用职务上的便利的认定。 5. 谋利要件:为他人谋取利益的认定,不论利益正当与否,注意感情投资的处理。 6. 受贿类型:特殊受贿和斡旋受贿的认定。 7. 受贿情节:索贿的处理,多次受贿的处理。 8. 共同犯罪:共同受贿的认定,与特定关系人共同受贿的主观认定。
		第388条	国家工作人员利用本人职权或者地位形成的便利条件,通过其他国家工作人员职务上的行为,为请托人谋取不正当利益,索取请托人财物或者收受请托人财物的。			9. 数额情节:见《刑法修正案(九)》及最高人民法院、最高人民检察院《关于办理贪污贿赂刑事案件适用法律若干问题的解释》的最新规定。 10. 追赃退赃:赃款赃物的去向及用途对量刑的影响。 11. 死刑辩护:《刑法修正案(九)》的最新规定,注意终身监禁的适用。

(续表)

类型	罪名	法条	罪状		主刑	附加刑	辩点速查
受贿型	受贿罪	第386条	对犯受贿罪的,根据受贿所得数额及情节,分别依照下列规定处罚	数额较大或者有其他较重情节的	处3年以下有期徒刑或者拘役	并处10万元—50万元的罚金	1. 受贿主体:特殊主体,仅限国家工作人员。 2. 行贿一方:包括自然人和单位。 3. 财物范围:包括货币、物品和财产性利益,尤其是房屋装修、债务免除、会员服务、旅游等利益的认定。 4. 职务要件:利用职务上的便利的认定。 5. 谋利要件:为他人谋取利益的认定,不论利益正当与否,注意感情投资的处理。 6. 受贿类型:特殊受贿和斡旋受贿的认定。 7. 受贿情节:索贿的处理,多次受贿的处理。 8. 共同犯罪:共同受贿的认定,与特定关系人共同受贿的主观认定。 9. 数额情节:见《刑法修正案(九)》及最高人民法院、最高人民检察院《关于办理贪污贿赂刑事案件适用法律若干问题的解释》的最新规定。 10. 追赃退赃:赃款赃物的去向及用途对量刑的影响。 11. 死刑辩护:《刑法修正案(九)》的最新规定,注意终身监禁的适用。
				数额巨大或者有其他严重情节的	处3—10年有期徒刑	并处20万元以上犯罪数额2倍以下的罚金或者没收财产	
				数额特别巨大或者有其他特别严重情节的	处10年以上有期徒刑或者无期徒刑	并处50万元以上犯罪数额2倍以下的罚金或者没收财产	
				数额特别巨大,并使国家和人民利益遭受特别重大损失的	处无期徒刑或者死刑	并处没收财产	
	单位受贿罪	第387条	国家机关、国有公司、企业、事业单位、人民团体,索取、非法收受他人财物,为他人谋取利益,情节严重的		对直接负责的主管人员和其他直接责任人员,处5年以下有期徒刑或者拘役	对单位判处罚金	1. 受贿主体:特殊主体,仅限单位,包括国家机关、国有公司、企业、事业单位、人民团体。 2. 行贿一方:包括自然人和单位。 3. 受贿行为:"账外暗中"的认定和回扣、手续费的界定。 4. 财物范围:财产性利益的认定。 5. 谋利要件:利用职务上的便利的认定。

(续表)

类型	罪名	法条	罪状	主刑	附加刑	辩点速查
受贿型	利用影响力受贿罪	第388条之一	国家工作人员的近亲属或者其他与该国家工作人员关系密切的人,通过该国家工作人员职务上的行为,或者利用该国家工作人员职权或者地位形成的便利条件,通过其他国家工作人员职务上的行为,为请托人谋取不正当利益,索取请托人财物或者收受请托人财物			1.受贿主体:特殊主体,仅限国家工作人员的近亲属或者其他与该国家工作人员关系密切的人、离职的国家工作人员或者其近亲属以及其他与其关系密切的人。 2.行贿一方:包括自然人和单位。 3.财物范围:财产性利益的认定。 4.职务要件:利用职权或者地位形成的便利条件的认定。 5.谋利要件:谋取不正当利益的认定。 6.共同犯罪:本罪与共同受贿的界限。 7.量刑标准:参照受贿罪的规定执行。
			数额较大或者有其他较重情节的	处3年以下有期徒刑或者拘役	并处罚金	
			数额巨大或者有其他严重情节的	处3—7年有期徒刑	并处罚金	
			数额特别巨大或者有其他特别严重情节的	处7年以上有期徒刑	并处罚金或者没收财产	
			离职的国家工作人员或者其近亲属以及其他与其关系密切的人,利用该离职的国家工作人员原职权或者地位形成的便利条件实施前款行为的,依照前款的规定定罪处罚			
	非国家工作人员受贿罪	第163条第1款	公司、企业或者其他单位的工作人员利用职务上的便利,索取他人财物或者非法收受他人财物,为他人谋取利益,数额较大的	处3年以下有期徒刑或者拘役	并处罚金	1.受贿主体:特殊主体,仅限公司、企业或者其他单位的工作人员。 2.行贿一方:包括自然人和单位。 3.财物范围:财产性利益的认定。 4.谋利要件:为他人谋取利益的认定。 5.此罪与彼罪:与其他受贿型贿赂类犯罪的区别。 6.量刑辩护:《刑法修正案(十一)》将本罪的最高刑期从15年有期徒刑提高到了无期徒刑,且量刑不单纯以数额为标准,还要考察情节。
			数额巨大或者有其他严重情节的	处3—10年有期徒刑	并处罚金	
			数额特别巨大或者有其他特别严重情节的	处10年以上有期徒刑或者无期徒刑	并处罚金	

(续表)

类型	罪名	法条	罪状	主刑	附加刑	辩点速查
行贿型	行贿罪	第389条	为谋取不正当利益,给予国家工作人员以财物			1. 行贿主体:仅限自然人,不包括单位。 2. 行贿对象:国家工作人员,审查是否司法工作人员或者是否负有监督管理职责。 3. 谋利要件:不正当利益的认定,审查是否谋取职务提拔、调整。 4. 行贿情节:有无被索贿,如因被勒索给予国家工作人员以财物,没有获得不正当利益的,不是行贿。 5. 主动交代:时机的把握以及对从轻、减轻、免除处罚的适用。
			在经济往来中,违反国家规定,给予国家工作人员以财物,数额较大的,或者违反国家规定,给予国家工作人员以各种名义的回扣、手续费的			
		第390条	对犯行贿罪的	处5年以下有期徒刑或者拘役	并处罚金	
			因行贿谋取不正当利益,情节严重的,或者使国家利益遭受重大损失的	处5—10年有期徒刑	并处罚金	
			情节特别严重的,或者使国家利益遭受特别重大损失的	处10年以上有期徒刑或者无期徒刑	并处罚金或者没收财产	
	对有影响力的人行贿罪	第390条之一	为谋取不正当利益,向国家工作人员的近亲属或者其他与该国家工作人员关系密切的人,或者向离职的国家工作人员或者其近亲属以及其他与其关系密切的人行贿的			1. 行贿主体:自然人和单位。 2. 行贿对象:国家工作人员的近亲属、其他与国家工作人员关系密切的人、离职的国家工作人员或者其近亲属以及其他与其关系密切的人。 3. 谋利要件:不正当利益的认定。 4. 法条变更:《刑法修正案(九)》增设。 5. 量刑标准:参照行贿罪的规定执行,单位行贿的,应达到20万元以上。
				处3年以下有期徒刑或者拘役	并处罚金	
			情节严重的,或者使国家利益遭受重大损失的	处3—7年有期徒刑	并处罚金	
			情节特别严重的,或者使国家利益遭受特别重大损失的	处7—10年有期徒刑	并处罚金	
	对单位行贿罪	第391条	为谋取不正当利益,给予国家机关、国有公司、企业、事业单位、人民团体以财物的,或者在经济往来中,违反国家规定,给予各种名义的回扣、手续费的	处3年以下有期徒刑或者拘役	并处罚金	1. 行贿主体:自然人和单位。 2. 行贿对象:国家机关、国有公司、企业、事业单位、人民团体。 3. 谋利要件:不正当利益的认定。

（续表）

类型	罪名	法条	罪状	主刑	附加刑	辩点速查
行贿型	单位行贿罪	第393条	单位为谋取不正当利益而行贿，或者违反国家规定，给予国家工作人员以回扣、手续费，情节严重的	对其直接负责的主管人员和其他直接责任人员，处5年以下有期徒刑或者拘役	对单位判处罚金 对其直接负责的主管人员和其他直接责任人员，并处罚金	1. 行贿主体：仅限单位。 2. 行贿对象：国家工作人员。 3. 谋利要件：不正当利益的认定。
行贿型	对非国家工作人员行贿罪	第164条第1款	为谋取不正当利益，给予公司、企业或者其他单位的工作人员以财物，数额较大的	处3年以下有期徒刑或者拘役	并处罚金	1. 行贿主体：自然人和单位。 2. 行贿对象：公司、企业或者其他单位的工作人员。 3. 谋利要件：不正当利益的认定。
行贿型	对非国家工作人员行贿罪	第164条第1款	数额巨大	处3—10年有期徒刑	并处罚金	
行贿型	对外国公职人员、国际公共组织官员行贿罪	第164条第2款	为谋取不正当商业利益，给予外国公职人员或者国际公共组织官员以财物，数额较大的	处3年以下有期徒刑或者拘役	并处罚金	1. 行贿主体：自然人和单位。 2. 行贿对象：外国公职人员或者国际公共组织官员。 3. 谋利要件：不正当利益的认定。
行贿型	对外国公职人员、国际公共组织官员行贿罪	第164条第2款	数额巨大	处3—10年有期徒刑	并处罚金	
介绍型	介绍贿赂罪	第392条	向国家工作人员介绍贿赂，情节严重的	处3年以下有期徒刑或者拘役	并处罚金	1. 介绍对象：仅限国家工作人员。 2. 共同犯罪：本罪与共同受贿或者共同行贿的界限。 3. 主动交代：时机的把握。

第二节 辩点整理

辩点6-1:主体对象	辩点6-2:贿赂对象	辩点6-3:职务要件
辩点6-4:谋利要件	辩点6-5:受贿类型	辩点6-6:行贿行为
辩点6-7:介绍贿赂	辩点6-8:量刑标准	辩点6-9:共同犯罪
辩点6-10:自首立功	辩点6-11:其他情节	

辩点6-1:主体对象

本章的犯罪中,受贿型贿赂类犯罪与行贿型贿赂类犯罪属于对向犯,收受贿赂的主体同时也是行贿的对象,我国刑法根据受贿主体和行贿对象的不同设置了不同的罪名,以打击各种贿赂类犯罪。例如,国家工作人员受贿构成受贿罪,对国家工作人员行贿则构成行贿罪;国有性质单位受贿的构成单位受贿罪,对国有性质单位行贿的则构成对单位行贿罪;国家工作人员的近亲属或者其他与该国家工作人员关系密切的人受贿构成利用影响力受贿罪,对国家工作人员的近亲属或者其他与该国家工作人员关系密切的人行贿构成对有影响力的人行贿罪;公司、企业或者其他单位的工作人员受贿构成非国家工作人员受贿罪,对公司、企业或者其他单位的工作人员行贿则构成对非国家工作人员行贿罪。具体对比表如下:

受贿型贿赂类犯罪	受贿主体	行贿对象	行贿型贿赂类犯罪
受贿罪	国家工作人员受贿	个人向国家工作人员行贿	行贿罪
		单位向国家工作人员行贿	单位行贿罪
单位受贿罪	国家机关、国有公司、企业、事业单位、人民团体受贿	个人向国家机关、国有公司、企业、事业单位、人民团体行贿	对单位行贿罪
		单位向国家机关、国有公司、企业、事业单位、人民团体行贿	
利用影响力受贿罪	国家工作人员的近亲属或者其他与该国家工作人员关系密切的人受贿	(个人或者单位)向国家工作人员的近亲属或者其他与该国家工作人员关系密切的人行贿	对有影响力的人行贿罪

(续表)

受贿型贿赂类犯罪	受贿主体	行贿对象	行贿型贿赂类犯罪
利用影响力受贿罪	离职的国家工作人员或者其近亲属以及其他与其关系密切的人受贿	（个人或者单位）向离职的国家工作人员或者其近亲属以及其他与其关系密切的人行贿	对有影响力的人行贿罪
		事先约定，（个人或者单位）在国家工作人员离职后对其行贿	行贿罪或者单位行贿罪
非国家工作人员受贿罪	公司、企业或者其他单位的工作人员受贿	（个人或者单位）向公司、企业或者其他单位的工作人员行贿	对非国家工作人员行贿罪
		（个人或者单位）向外国公职人员、国际公共组织官员行贿	对外国公职人员、国际公共组织官员行贿罪

由此可见，主体身份的确定，不但影响对受贿型贿赂类犯罪的认定，而且影响对行贿型贿赂类犯罪的认定。与此同时，我国刑法只将向国家工作人员介绍贿赂的行为界定为介绍贿赂罪，换句话说，向非国家工作人员或者其他单位介绍贿赂的并不构成犯罪。因此，国家工作人员的界定还直接影响介绍型贿赂类犯罪的构成。辩护人代理本章涉及的犯罪案件时，主体和对象的身份是一个非常重要的辩点。下面笔者一一进行分析。

（一）国家工作人员

1. 国家工作人员涉及的罪名

通过上述分析，受贿罪、利用影响力受贿罪、行贿罪、单位行贿罪、对有影响力的人行贿罪、介绍贿赂罪六个罪名的条款中都涉及国家工作人员。受贿罪要求受贿的主体是国家工作人员；利用影响力受贿罪要求受贿的主体是国家工作人员的近亲属或者其他与该国家工作人员关系密切的人，和离职的国家工作人员或者其近亲属以及其他与其关系密切的人；行贿罪是指向国家工作人员行贿的行为；对有影响力的人行贿罪是指向国家工作人员的近亲属或者其他与该国家工作人员关系密切的人，以及离职的国家工作人员或者近亲属以及其他与其关系密切的人行贿的行为；单位行贿罪是指单位向国家工作人员行贿的行为；介绍贿赂罪则是向国家工作人员介绍贿赂的行为。在这六个罪名中，国家工作人员要么是受贿的主体，要么是行贿的对象,要么是介绍贿赂的对象,要么是受贿主体的近亲属或者关系密切的人,要么是行贿对象的近亲属或者关系密切的人。如果受贿主体或者行贿、介绍贿赂的对象与国家工作人员无关,那么就不能以这些罪名定罪处刑。

2. 国家工作人员的含义

根据《刑法》第93条的规定,国家工作人员是指国家机关中从事公务的人员。国有公司、企业、事业单位、人民团体中从事公务的人员和国家机关、国有公司、企业、事业单位委派到非国有公司、企业、事业单位、社会团体从事公务的人员,以及其他依照法律从事公务的人员,以国家工作人员论。

案例6-1

被告人沈某某以工人身份,受某市某区人民政府聘用,担任某市轨道工程某区指挥部副部长,负责房屋建筑拆除、垃圾清运等工程项目的处理、管理工作。A公司总经理为了获得各工程中的垃圾清运业务,先后送给沈某某20万元。沈某某利用职务上的便利,通过协调操作,帮助A公司承揽了一些工程中的垃圾清运业务。后沈某某因涉嫌受贿罪被移送起诉。

在庭审过程中,沈某某的辩护人提出,某市轨道工程某区指挥部并非国家机关,而且沈某某也只是以工人身份被聘用至指挥部工作,不是国家机关的正式在编人员,其不符合受贿罪的主体要件。但法院经审理认为,地方各级人民政府可以根据工作需要设立必要的工作部门,可以是常设的工作部门,也可以是非常设的工作部门,都是地方人民政府的组成部分。某市轨道工程某区指挥部是某市某区人民政府为相关重大市政工程的建设而成立的非常设性机构,职能是负责协调、管理相关工程中的具体事项,其性质仍然是国家行政机关。沈某某虽然不是正式在编人员,但代表国家机关从事公务,即使是工人身份,也应认定为国家工作人员,符合受贿罪的主体要件。

3. 国家工作人员的认定

国家工作人员的具体认定标准在第四章"贪污罪的主体"中有详细阐述,包括公务和身份两大标准,本章不再进行赘述,在此仅提示以下两种司法解释有特别规定的情形:

(1) 根据最高人民检察院法律政策研究室《关于集体性质的乡镇卫生院院长利用职务之便收受他人财物的行为如何适用法律问题的答复》的规定,经过乡镇政府或者主管行政机关任命的乡镇卫生院院长,在依法从事本区域卫生工作的管理与业务技术指导,承担医疗预防保健服务工作等公务活动时,属于《刑法》第93条第2款规定的其他依照法律从事公务的人员。对其利用职务上的便利,索取他人财物的,或者非法收受他人财物,为他人谋取利益的,应当以受贿罪追究刑事责任。

(2)根据最高人民法院、最高人民检察院《关于办理国家出资企业中职务犯罪案件具体应用法律若干问题的意见》的规定,国家工作人员在国家出资企业改制过程中利用职务上的便利为请托人谋取利益,事先约定在其不再具有国家工作人员身份后收受请托人财物,或者在身份变化前后连续收受请托人财物的,以受贿罪定罪处罚。

案例 6-2

谢某在担任村委会主任期间,结识了茶场的承包业主张某(已另案处理),两人交往甚密。张某为骗取国家退耕还林补助款,让作为村委会主任的谢某等人将自己承包的长安乡明月村集体茶场的180亩土地分到该村42户农民的名下,伪造了一本退耕还林的花名册。张某利用该花名册骗取国家退耕还林补助粮食2.7万公斤、国家退耕还林补助款近24万元。张某为表示感谢先后给谢某好处费共计5万元。公诉机关以谢某涉嫌受贿罪移送人民法院提起公诉。谢某认为自己只是村民委员会成员,不属于国家机关工作人员,不构成受贿罪。法院经审理认为,谢某作为协助乡镇人民政府从事行政管理工作的村民委员会成员,属于"其他依照法律从事公务的人员",应以国家工作人员论,符合受贿罪的主体,其行为构成受贿罪。

由此可见,国家工作人员除了在国家机关从事公务的人员,还存在很多"以国家工作人员论"的情形,他们有可能不在国家机关工作,有可能不具有国家机关人员编制,所以辩护人在进行辩护时不能简单地只看表面、看形式,而应结合相关的法律和司法解释正确认定"国家工作人员",避免制订无效的辩护策略。

(二)特定关系人

1.特定关系人涉及的罪名

《刑法修正案(七)》设立了利用影响力受贿罪,不属于国家工作人员但属于国家工作人员的"特定关系人"可以单独构成利用影响力受贿罪。《刑法修正案(九)》又增设了对有影响力的人行贿罪,对国家工作人员的特定关系人可以构成对有影响力的人行贿罪。除此之外,特定关系人与国家工作人员通谋,共同实施受贿行为的,对特定关系人以受贿罪的共犯论处。如果国家工作人员利用职务上的便利为请托人谋取利益,授意请托人以各种形式将有关财物给予特定关系人,特定关系人虽然接收了财物,但没有与国家工作人员通谋,不构成犯罪,对国家工作人员仍以受贿论处。反过来,国家工作人员与特定关系人即使事先没有通谋,但知道特定关系人索取、收受他人财物后仍未退还或者未上交,则推断国家工作人员具有受贿的故意,可以按照共犯处理,这是最高人民法院、最高人民检察院《关于办理贪污贿赂刑事案件适用法律若干问题的解释》的规定,需要特别注意。

可见,特定关系人不但可以单独构成利用影响力受贿罪,也可以构成受贿罪的共犯,还可以成为行贿人给予财物的对象,行贿人可以构成对有影响力的人行贿罪。

2. 特定关系人的含义和范围

最高人民法院、最高人民检察院《关于办理受贿刑事案件适用法律若干问题的意见》第11条对"特定关系人"的范围作出了明确的界定。所谓"特定关系人",是指与国家工作人员有近亲属、情妇(夫)以及其他共同利益关系的人。具体包括:

(1)近亲属:包括夫、妻、父、母、子、女、同胞兄弟姐妹;

(2)情妇或者情夫;

(3)共同利益关系人。

现有司法解释并未对"共同利益关系"作出明确的规定,在实务中的理解应该把握两点:一是共同利益关系主要是指经济利益关系,纯粹的同学、同事、朋友关系不属于共同利益关系;二是共同利益关系不限于共同财产关系。

案例6-3

陈某1是某农业大学工学院副院长,分管基建工作。陈某1不同意其女儿陈某2与白某某的婚事,陈某2与白某某婚后感情不好,白某某长期在外地工作,与陈某1没有什么交往。2016年5月,陈某2与白某某离婚,2017年9月复婚。2016年8月,白某某的朋友刘某某想要参加陈某1所在工学院的招标项目,找到白某某让其帮忙,后白某某采取请客送礼的方法,通过工学院基建总务处处长高某某的职务行为,使得刘某某顺利进入招、投标范围并获取了相关设计信息,帮助刘某某中标成功。为了感谢白某某的帮助,刘某某先后四次送给白某某共计25万元。后白某某因涉嫌利用影响力受贿罪被移送起诉。

> 在庭审过程中,白某某的辩护人提出白某某与陈某1关系一直不好,且本案中的招、投标事务与中标发生在其与陈某1女儿陈某2离婚状态中,不应认定其与陈某2系关系密切的人,不构成利用影响力受贿罪。法院经审理认为,白某某与陈某二的离婚状态并不影响工学院基建总务处处长高某某对白某某与陈某1之间密切关系的认定,高某某证实"因为知道白某某是陈某1的女婿才提供的帮助",可见,白某某依然是利用了陈某1的影响力才达到了其目的,故其行为构成利用影响力受贿罪。

(三)离职的国家工作人员

离职的国家工作人员从广义上虽然也属于国家工作人员,但因其已经离职或者退休,已无直接的职务便利,其收受贿赂的情形与任职的国家工作人员有所区别。因此,我国《刑法》及相关司法解释对"离职的国家工作人员"作出了一些特殊的规定,辩护人在进行辩护时要注意把握。

(1)离职的国家工作人员以及其他与其关系密切的人,利用该离职的国家工作人员原职权或者地位形成的便利条件,通过其他国家工作人员职务上的行为,为请托人谋取不正当利益,索取请托人财物或者收受请托人财物,构成犯罪的,按照利用影响力受贿罪定罪处罚。该情形要求行为人为请托人谋取的是不正当利益,如果谋取的是正当利益,则不能按照本罪处理。此外,《刑法修正案(九)》还增设了对有影响力的人行贿罪,行为人为谋取不正当利益,向离职的国家工作人员行贿的,也可以构成犯罪。

(2)国家工作人员利用职务上的便利为请托人谋取利益,并与请托人事先约定,在其离职后收受请托人财物,构成犯罪的,应以受贿罪定罪处罚。因此,国家工作人员利用职务上的便利为请托人谋取利益,在离职后收取他人财物的行为是否构成受贿罪的关键在于"事先有无约定"。如果行为人在任职期间利用职权为他人谋取利益时没有受贿的意图,但在离职后实施了收受财物的行为,此时行为人已经离职,已无职权可利用,如果事先没有和请托人约定在离职后收取财物,不能认定收受财物的行为与职务行为存在联系。因此,无约定的离职后收受财物的行为不能认定为犯罪。

需要特别注意的是,最高人民法院、最高人民检察院《关于办理贪污贿赂刑事案件适用法律若干问题的解释》规定履职时未被请托,但事后基于该履职事由收受他人财物,也应当认定为"为他人谋取利益"。这里的"事后",不应进行扩大解释,不应包括"离职后"。离职后收受财物能否按照受贿罪处理,还是应当考察"事先有无约定",这是辩护人要注意的一个辩护要点。

> **案例 6-4**
>
> 　　2012 年至 2019 年间,金某为某区教委主任,2019 年年底退休。在任教委主任期间,大力促进民办教育发展,并接受李某请托,为其办的学校在硬件建设、师资力量引进、政策扶持上做了大量工作。退休后,李某为感谢金某在任职期间对学校的支持,送其人民币 15 万元。
> 　　本案中,虽然金某在任职期间为李某开办学校提供便利和支持,但并没有向李某索要过任何财物,李某也并未送过金某任何财物,双方也没有约定金某在退休后再收取李某的财物。因此,金某在其退休后收取李某 15 万元的行为不构成受贿罪。

(四) 非国家工作人员

1. 非国家工作人员涉及的罪名

本章犯罪中,涉及非国家工作人员的有非国家工作人员受贿罪和对非国家工作人员行贿罪两个罪名,它们与国家工作人员的受贿罪和对国家工作人员行贿的行贿罪是相互对应的。因此,是否属于"国家工作人员"直接关系到此罪与彼罪的界限。

2. 非国家工作人员的含义与范围

根据《刑法》第 163 条的规定,非国家工作人员是指公司、企业或者其他单位的工作人员。根据最高人民法院、最高人民检察院《关于办理商业贿赂刑事案件适用法律若干问题的意见》及相关规定,非国家工作人员主要包括:

(1) 非国有公司、企业的工作人员。包括董事、经理、监事、管理人员和职工。

(2) 国有公司、企业以及其他国有单位中的非国家工作人员。例如,为国家工作人员提供交通、饮食服务的人员,他们在国有公司、企业以及其他国有单位中也担任一定的工作职责,也存在利用职务上的便利索取或收受贿赂的情形,但并非属于从事公务,应以非国家工作人员认定。

(3) "其他单位"中的非国家工作人员。既包括在事业单位、社会团体、村民委员会、居民委员会、村民小组等常设性的组织非从事公务的人员,也包括在为组织体育赛事、文艺演出或者其他正当活动而成立的组委会、筹委会、工程承包队等非常设性组织中非从事公务的人员。

3. 区分标准的实例解析

司法实践中,医疗机构、教育机构、评标委员会以及谈判和询价小组的工作人员既有认定为国家工作人员的,也有认定为非国家工作人员的,辩护人在代理这些主体的案件时,不仅要审查其所在单位的性质,还要审查其所从事的是否属于公务,这两个标准缺一不可,具体情况如下:

(1) 医疗机构。

①医疗机构中的国家工作人员,在药品、医疗器械、医用卫生材料等医药产品采购活动中,利用职务上的便利,索取销售方财物,或者非法收受销售方财物,为销售方谋取利益,构成犯罪的,以受贿罪定罪处罚。

②医疗机构中的非国家工作人员,有第①项的行为,构成犯罪的,以非国家工作人员受贿罪定罪处罚。

③医疗机构中的医务人员,利用开处方的职务便利,以各种名义非法收受药品、医疗器械、医用卫生材料等医药产品销售方财物,为医药产品销售方谋取利益,数额较大,构成犯罪的,以非国家工作人员受贿罪定罪处罚。

案例 6-5

2013年3月至2015年11月,某国有医院内科医师李某应多名医药代表之托,在为临床诊疗病人开具的处方中经常选用医药代表推荐的药品,并按照双方事先约定的比例,从中收受回扣20万余元,后被以涉嫌受贿罪移送起诉。辩护人认为,被告人李某虽然是在国有事业单位工作,但其看病开具处方属于医疗行为,不具有管理性和职权性,不属于从事公务的人员,不应认定为国家工作人员。法院采纳了辩护人的意见,最终认定被告人李某构成非国家工作人员受贿罪。

从该案例可以看出,国有医院虽然是国有事业单位,但并不是该单位中所有的工作人员都是国家工作人员。国有医院医生开处方的行为,只是一项公共服务活动,并非从事公务,其身份不能认定为国家工作人员,故不构成受贿罪。但是,如果李某作为医师,在采购药品的活动中,利用职务便利,非法收受医药代表财物的,则属于从事公务,可以按照受贿罪定罪处罚。可见,是否从事公务直接影响主体的认定。

（2）学校及其他教育机构。

①学校及其他教育机构中的国家工作人员，在教材、教具、校服或者其他物品的采购等活动中，利用职务上的便利，索取销售方财物，或者非法收受销售方财物，为销售方谋取利益，构成犯罪的，以受贿罪定罪处罚。

②学校及其他教育机构中的非国家工作人员，有第①项的行为，构成犯罪的，以非国家工作人员受贿罪定罪处罚。

③学校及其他教育机构中的教师，利用教学活动的职务便利，以各种名义非法收受教材、教具、校服或者其他物品销售方财物，为教材、教具、校服或者其他物品销售方谋取利益，数额较大，构成犯罪的，以非国家工作人员受贿罪定罪处罚。

（3）依法组建的评标委员会、竞争性谈判采购中的谈判小组、询价采购中的询价小组。

①依法组建的评标委员会、竞争性谈判采购中的谈判小组、询价采购中的询价小组的组成人员，在招标、政府采购等事项的评标或者采购活动中，索取他人财物或者非法收受他人财物，为他人谋取利益，构成犯罪的，以非国家工作人员受贿罪定罪处罚。

②依法组建的评标委员会、竞争性谈判采购中的谈判小组、询价采购中的询价小组中国家机关或者其他国有单位的代表，有第①项的行为，构成犯罪的，以受贿罪定罪处罚。

（五）单位

在本章罪名中直接涉及单位的有单位受贿罪、对单位行贿罪和单位行贿罪。

1. 单位受贿罪

根据《刑法》第387条的规定，单位受贿罪是单位犯罪，其主体不但要求必须是单位，而且还要求必须是国家机关、国有公司、企业、事业单位、人民团体。这里的"事业单位"，仅指国家出资设立，经费由国家拨付的事业单位，而不包括集体所有制和民办的事业单位；"人民团体"也要求为国有性质，一般是指各民主党派、各级共青团、工会、妇联、残联等。

2. 对单位行贿罪

根据《刑法》第391条的规定，对单位行贿罪的行为对象是单位，其范围与单位受贿罪的犯罪主体相一致，是指国家机关、国有公司、企业、事业单位、人民团体，如果向非国有公司、企业、事业单位、人民团体等单位行贿的，则不构成对单位行贿罪，如果构成行贿罪或者对非国家工作人员行贿罪的，则按照相关规定定罪处刑。

3. 单位行贿罪

根据《刑法》第 393 条的规定,单位行贿罪也是单位犯罪,但对单位的性质和属性没有任何限制,既包括国有性质的单位,也包括非国有性质的单位。只要是以单位名义或者为了单位利益实施行贿,所得利益归单位所有的,就可以构成单位行贿罪。

> **案例 6-6**
>
> 某国有企业为剥离非主营业务,与两家民营企业共同出资成立了一家有限责任公司,国有企业参股 20%,控股股东为其中一家民营企业。为经营方便,成立的有限责任公司选举国有企业委派的管理人员担任董事长。该公司在经营中,接受其他企业请托,通过该国有企业为其他企业谋取利益,并收取各种回扣归公司所有。对成立的有限责任公司来讲,由于国有企业仅仅参股 20%,即使该有限责任公司的董事长是由国有企业委派的,也不能认定该有限责任公司为国有公司,故不符合单位受贿罪的主体要件。

辩点 6-2:贿赂对象

对于贿赂类犯罪的辩护,贿赂的对象是切入点之一。从刑法条文的表述来看,贿赂对象涉及的有:财物和回扣、手续费,回扣和手续费也可以统称为财物。所以,从贿赂对象入手,主要是审查财物的范围,如果接受或者给予的财物不是法律规定的对象,可以进行无罪辩护。

(一) 货币

这是贿赂类犯罪中常见的财物之一。所谓"货币",本质上是所有者之间关于交换权的契约,也就是我们所称的"金钱"。根据不同的分类标准,货币可以分为纸币和硬币,也可以分为现金和储蓄货币,还可以分为本国货币和外国货币。不管是哪一种类型,只要是货币,都属于贿赂犯罪中"财物"的范围。需要说明的是,对于外国货币,一般以行贿或者受贿时中国外汇交易中心或者中国人民银行授权机构公布的人民币对该货币的汇率中间价折合成人民币计算犯罪数额;中国外汇交易中心或者中国人民银行授权机构未公布汇率中间价的外币,按照行贿或者受贿时境内银行人民币对该货币的汇率中间价折算成人民币计算,或者按照该货币在境内银行、国际外汇市场对美元汇率与人民币对美元的汇率中间价进行套算。

(二) 物品

在社会生活中,物品的范围非常宽泛,它是一种客观存在的有形实体,通常可以折算为货币或者需要支付货币才能取得。物品具备有效价格证明的,犯罪数额按照有效价格证明认定;不具备有效价格证明的或者根据价格证明认定数额明显不合理的,按照有关规定委托估价机构估价认定。因此,辩护人在代理这类案件时,要注意审查司法机关对于物品的估价是否准确,这直接决定了犯罪数额的认定。一般来说,对于贿赂对象是物品的案件,会出现估价的司法鉴定意见,辩护人要注意对司法鉴定意见进行审查,如果能通过推翻鉴定意见或者重新鉴定将物品估价降低,就可以达到将犯罪数额降低的目的。

(三) 财产性利益

最高人民法院、最高人民检察院《关于办理商业贿赂刑事案件适用法律若干问题的意见》中就明确规定:"商业贿赂中的财物,既包括金钱和实物,也包括可以用金钱计算数额的财产性利益,如提供房屋装修、含有金额的会员卡、代币卡(券)、旅游费用等。具体数额以实际支付的资费为准。"可见,该司法解释明确了"财物"的范围包括财产性利益,还对"财产性利益"的范围进行了界定,包括:

(1)可以折算为货币的物质利益。这些物质利益是可以直接折算为货币的,犯罪的数额以折算出的货币计算。例如房屋装修、债务免除等。

(2)需要支付货币的其他利益。这些利益虽然不能直接折算为货币,但需要支付货币才能取得,仍然属于财产性利益,犯罪数额以实际支付或者应当支付的数额计算。例如会员服务、旅游等。

辩点6-3:职务要件

在本章中,不论是受贿型贿赂类犯罪、行贿型贿赂类犯罪,还是介绍型贿赂类犯罪,都与"利用职务上的便利"有着或多或少的联系。在我国目前的刑法框架下,利用职务上的便利是受贿型贿赂类犯罪在客观方面的重要构成要件之一。在司法实务中,理解、把握受贿型贿赂类犯罪的职务要件的内涵和外延,对准确理解受贿型贿赂类犯罪有非常重要的意义,也是辩护人为受贿型贿赂类犯罪进行辩护的一个重要切入点。

(一) 受贿罪的职务要件

受贿罪要求利用职务上的便利。根据最高人民法院《全国法院审理经济犯罪案件工作座谈会纪要》的规定,《刑法》第 385 条第 1 款规定的"利用职务上的便利",既包括利用本人职务上主管、负责、承办某项公共事务的职权,也包括利用职务上有隶属、制约关系的其他国家工作人员的职权。担任单位领导职务的国家工作人员通过不属于自己主管的下级部门的国家工作人员的职务为他人谋取利益的,不应认定为"利用职务上的便利"为他人谋取利益。

> **案例 6-7**
>
> 某市主管农业的副市长张某,受某民营企业负责人请托,向某国有商业银行行长打招呼,希望银行能向该企业发放贷款。银行向该企业发放贷款后,企业负责人为表示感谢,给予张某 5 万元感谢费,张某后被人民检察院以受贿罪提起公诉。在代理该案过程中,辩护人可以从张某是否利用职务上的便利作为切入点,张某虽然是副市长,但主管的是农业,而且国有商业银行系垂直管理,并非地方政府下级机构,张某对银行既没有主管的职权,与银行工作人员之间也没有形成隶属、制约的关系,因此不符合《刑法》第 385 条第 1 款规定的"利用职务上的便利"的条件。

(二)斡旋受贿的职务要件

斡旋受贿要求利用本人职权或者地位形成的便利条件,通过其他国家工作人员职务上的行为为他人谋利。根据最高人民法院《全国法院审理经济犯罪案件工作座谈会纪要》的规定,《刑法》第 388 条规定的"利用本人职权或者地位形成的便利条件",是指行为人与被其利用的国家工作人员之间在职务上虽然没有隶属、制约关系,但是行为人利用了本人职权或者地位产生的影响和一定的工作联系,如单位内不同部门的国家工作人员之间,上下级单位没有职务上隶属、制约关系的国家工作人员之间,有工作联系的不同单位的国家工作人员之间,等等。

虽然斡旋受贿按照受贿罪定罪处罚,但两者之间有很大区别,普通受贿利用的是职务上的便利,而斡旋受贿利用的是本人职权或者地位形成的便利条件。普通受贿中为他人谋取的可以是不正当利益也可以是正当利益,而斡旋受贿中为他人谋取的是不正当利益。在案例 6-7 中,张某作为某市主管农业的副市长,虽然与银行行长之间没有隶属、制约关系,但因其副市长的职权和地位仍会对银行行长产生影响,其向银行行长打招呼希望银行向企业发放贷款虽然不属于"利用职务上的便利",但属于"利用本人职权或者地位形成的便利条件",如果张某为该民营企业谋取的是正当利益,则不构成犯罪,但如果为企业谋取的是不正当利益,则属于斡旋受贿,构成受贿罪。

案例6-8

王某因涉嫌经济犯罪被某区公安分局经侦支队抓获。王某的家人找到在该区司法局工作的老乡张某帮忙。张某打听后得知经侦支队主办该案的副支队长胡某正好是其同学,遂联系胡某请求帮忙为王某开脱。侦查期满后,王某被经侦支队取保候审。之后张某收取了王某及其家人给予的好处费10万元。后张某因涉嫌受贿罪被逮捕。辩护人接受委托代理该案,向侦查机关提交法律意见认为,虽然张某通过经侦支队胡某为涉嫌犯罪的王某开脱,但并非利用职权和地位形成的便利条件。张某系司法局一般工作人员,对在公安局工作的胡某不会产生任何影响,双方在业务及工作上也没有任何联系,其接受王某家人请托联系到胡某也是基于与胡某的同学关系,因此不能认定为其利用职权和地位形成的便利条件,不属于斡旋受贿。

(三) 利用影响力受贿罪的职务要件

利用影响力受贿罪中,职务要件存在以下三种情形:

(1)国家工作人员的近亲属或者其他与该国家工作人员关系密切的人,通过该国家工作人员职务上的行为,为请托人谋取不正当利益而索贿或者受贿的。在这种情形中,职务要件是通过该国家工作人员职务上的行为,利用的是该国家工作人员职务上的便利。

(2)国家工作人员的近亲属或者其他与该国家工作人员关系密切的人,利用该国家工作人员职权或者地位形成的便利条件,通过其他国家工作人员职务上的行为,为请托人谋取不正当利益而索贿或者受贿的。在这种情形中,职务要件是利用该国家工作人员职权或者地位形成的便利条件,实现为他人谋利的途径是通过其他国家工作人员职务上的行为。

(3)离职的国家工作人员或者其近亲属以及其他与其关系密切的人,利用该离职的国家工作人员原职权或者地位形成的便利条件,通过其他国家工作人员职务上的行为,为请托人谋取不正当利益而索贿或者受贿的。在这种情形中,职务要件是利用该离职国家工作人员原来职权或者地位形成的便利条件,实现为他人谋利的途径是通过其他国家工作人员职务上的行为。

案例 6-9

刘某是某市中级人民法院院长,已经退休,该市某公司因合同纠纷被另一家单位起诉到该市某区人民法院。该公司老总陈某找到刘某,希望刘某能够帮忙给予关照,刘某遂找到某区人民法院院长,表达了请托人的想法,后该公司胜诉,陈某送给刘某20万元以表谢意。本案中,刘某虽然已经退休,但其利用自己原来担任中级人民法院院长职务形成的便利条件,通过某区人民法院院长职务上的行为,为请托人陈某谋取了不正当利益,符合利用影响力受贿罪职务要件的要求。

(四)非国家工作人员受贿罪的职务要件

受贿罪与非国家工作人员受贿罪在职务要件上都是"利用职务上的便利",但由于两者在犯罪主体上的差别以及犯罪领域的不同,"利用职务上的便利"的内涵也存在不同之处。非国家工作人员受贿罪中的"利用职务上的便利",是指利用本人在公司、企业或者其他单位中组织、领导、监督、管理等职权以及利用与上述职权有关的便利条件,通常包括资产管理、资本运作、经济活动的支配、管理、控制等职权。其与受贿罪中的"利用职务上的便利"的区别在于:

(1)非国家工作人员受贿罪中"利用职务上的便利"不包括间接利用本人职权,仅指直接利用本人职权。

(2)非国家工作人员在离职后收取贿赂,或利用原职权或地位形成的便利条件,索取或收受贿赂,不能以非国家工作人员受贿罪论处。

案例 6-10

赵某系某民营集团公司负责法务的副总,某办公家具企业找到赵某希望向其所在的公司推销办公家具。赵某遂向公司负责采购的行政副总宋某推荐了该办公家具企业。宋某接受赵某建议从该企业采购了一批办公家具。该企业为感谢赵某,送去人民币5万元。本案中,赵某系民营公司副总,属于非国家工作人员,其在公司负责法务,采购办公家具并非其职权范围内的事项,因此其收受5万元的行为不构成非国家工作人员受贿罪。

(五) 与"工作上的便利"的区别

不论是受贿罪还是非国家工作人员受贿罪,本质上都是一种权钱交易,与行为人的职权密不可分,这种"职务上的便利"不包括"工作上的便利",两者在本质上是不同的。"工作上的便利"是行为人在履职过程中产生的便利条件,与职权没有内在联系,比如因工作而熟悉环境、认识熟人、听到消息等。因此,准确地区分"职务上的便利"与"工作上的便利"是正确区分受贿型贿赂类犯罪中罪与非罪界限的一个关键因素。

案例 6-11

郭某系区财政局法制科工作人员。政府采购中心要通过招投标的方式购买一批办公电脑,某电脑销售商丁某请郭某帮忙。郭某在和政府采购中心工作人员谈论事情时无意知道了该次采购的标底,遂告知丁某,丁某即调整标书而中标。事后,丁某给郭某送去感谢费 6 万元。本案中,郭某虽然是财政局工作人员,但其不在政府采购中心工作,亦不参与或者负责此次电脑采购工作,其获悉标底,是其在工作中无意得知的,利用的是其工作上的便利,而非职务上的便利,因此其收受丁某 6 万元的行为不构成受贿罪。

辩点 6-4:谋利要件

根据我国现行《刑法》及相关司法解释的规定,收受或者索取型受贿必须具备"为他人谋取利益"的要件,斡旋受贿和利用影响力受贿必须具备"为他人谋取不正当利益"的要件,行贿型贿赂类犯罪则必须要以"谋取不正当利益"为要件。所以,清楚准确地认定"为他人谋取利益"以及"正当利益"和"不正当利益"的含义,对本章犯罪的构成以及区分此罪与彼罪都具有重要意义。

(一) 为他人谋取利益的认定

1. 总的认定

根据最高人民法院《全国法院审理经济犯罪案件工作座谈会纪要》的规定,为他人谋取利益包括承诺、实施和实现三个阶段的行为,只要具有其中一个阶段的行为,不管是根据他人的请托事项承诺为其谋取利益的,还是利用职务上的便利,实施为他人谋取利益的行为,还是利用职务便利,为他人实际谋取到了利益,均应认定为

"为他人谋取利益"。

除此之外,最高人民法院、最高人民检察院《关于办理贪污贿赂刑事案件适用法律若干问题的解释》进一步细化了"为他人谋取利益"要件的情形,只要具有下列情形之一的,就应当认定为"为他人谋取利益":

(1)实际或者承诺为他人谋取利益的;

(2)明知他人有具体请托事项的;

(3)履职时未被请托,但事后基于该履职事由收受他人财物的。

这些新的规定,辩护人应当熟练掌握,并根据法律和司法解释的不断变化,随时转变辩护思路和辩护策略,不能仅审查行贿人是否明确提出具体的请托事项或者收受他人财物的时候有无被请托。

案例 6-12

石某某系证监会发行监管部审委工作处助理调研员,经某证券公司工作人员介绍,认识了发行股票申请单位 A 科技股份公司的董事长黄某某,后介绍参与审核和核准股票发行申请的人员与黄某某私下接触并接受黄某某的吃请送礼,为了感谢石某某的帮助,黄某某多次给予石某某人民币共计 70 万元。后石某某因涉嫌受贿罪被移送起诉。

在庭审过程中,石某某的辩护人提出,石某某的工作职位与 A 公司上市没有直接联系,其不具有为 A 公司上市谋取利益的职务便利,也没有利用其职务上的便利为 A 公司谋取过任何利益,不应构成受贿罪。法院经审理认为,受贿罪中的为他人谋取利益包括许诺为他人谋取利益,这种许诺既可以采取明示方式,也可以采取暗示方式。本案中,从石某某接受财物并联系审核员与黄某某私下接触的行为来看,就是一种暗示的许诺。石某某虽然没有直接利用自己的职务便利为 A 公司谋取利益,但通过证监会发行监管部其他工作人员的职务上的行为,为 A 公司上市过程谋取不正当利益,构成受贿罪。

2. 感情投资

在以往的司法实践中,对于没有任何请托事项的"感情投资",辩护人通常会从"没有为他人谋取利益"的角度进行无罪辩护,这样的辩护在以前还存在一定的空间,但在 2016 年 4 月 18 日之后,则需要调整辩护思路。因为最高人民法院、最高人民检察院《关于办理贪污贿赂刑事案件适用法律若干问题的解释》对一些所谓的

"感情投资"提出了明确的处理意见,即国家工作人员索取、收受具有上下级关系的下属或者具有行政管理关系的被管理人员的财物,价值3万元以上,可能影响职权行使的,视为承诺为他人谋取利益,应当以受贿犯罪定罪处罚。换句话说,具有以上情形的,不管是否有请托事项,均视为承诺为他人谋取利益。所以辩护人不能仅从有无请托事项入手,还应当审查是否具有上下级关系或者是否具有行政管理关系,审查是否可能影响职权的行使。作为辩护人,随着法律和司法解释的变更而转变辩护思路是非常重要的。

(二) 利益正当与否的标准

同为受贿型贿赂类犯罪,收受或者索取型受贿中的"为他人谋取利益"不区分是正当利益还是不正当利益;而斡旋受贿和利用影响力受贿则要求为他人谋取的是不正当利益,如果为他人谋取的是正当利益,即使收受或者索取了他人财物,也不构成犯罪。对于行贿型贿赂类犯罪,不管是行贿罪,对有影响力的人行贿罪,对非国家工作人员行贿罪,对外国公职人员、国际公共组织官员行贿罪,单位行贿罪,还是对单位行贿罪,都要求必须是"为谋取不正当利益",如果为了谋取正当利益而行贿的,则不构成行贿型贿赂类犯罪中的任何一个罪名。

根据最高人民法院、最高人民检察院《关于在办理受贿犯罪大要案的同时要严肃查处严重行贿犯罪分子的通知》和最高人民法院、最高人民检察院《关于办理行贿刑事案件具体应用法律若干问题的解释》的规定,行贿犯罪中的"谋取不正当利益",是指行贿人谋取的利益违反法律、法规、规章、政策规定,或者要求国家工作人员违反法律、法规、规章、政策、行业规范的规定,为自己提供帮助或者方便条件。分析该规定可以看出"不正当利益"主要包括:

(1) 利益本身违法,即谋取违反法律、法规、规章、政策规定的利益,比如免除犯罪应当承担的刑事责任。

(2) 利益本身合法,但谋取利益的途径或手段违法,即要求国家工作人员提供违反法律、法规、规章、政策规定的帮助或方便条件。

(3) 违背公平、公正原则,在经济、组织人事管理等活动中,谋取竞争优势的,应当认定为"谋取不正当利益"。

对于不正当利益,还要特别注意审查是否存在为他人谋取职务提拔或者职务调整的情形,因为不论是为他人谋取职务提拔、调整而受贿的,还是为了谋取职务提拔、调整而向他人行贿的,都属于从重处罚的情节,作为辩护人,应当注意这类情形。

案例 6-13

某开发商为了竞得一国有土地使用权,向规划局和国土资源局的工作人员行贿,规划局和国土资源局的工作人员为使该开发商获得该国有土地的使用权,针对该开发商的实际情况设置了竞标条件,最后使得该开发商顺利中标。本案中,国有土地使用权本身属于合法利益,但开发商通过行贿排除竞争的违法手段获得,对其来讲即构成了不正当利益。

辩点 6-5:受贿类型

(一) 借用型受贿

依据《全国法院审理经济犯罪案件工作座谈会纪要》的规定,国家工作人员利用职务上的便利,以借为名向他人索取财物,或者非法收受财物为他人谋取利益的,应当认定为受贿。具体认定时,除双方交代或者书面协议之外,应当根据以下因素综合判定:①有无借用的合理事由;②款项的去向或者物品是否实际使用;③双方平时关系如何、有无经济往来;④出借方是否要求国家工作人员利用职务上的便利为其谋取利益;⑤借用时间的长短;⑥有无归还的意思表示及行为;⑦有无归还的能力和条件;⑧未归还的原因;等等。辩护人应当综合上述因素判定借用人与出借人之间是真实的借用关系还是以借为名的贿赂关系,以便确定辩护方向。

(二) 交易型受贿

根据最高人民法院、最高人民检察院《关于办理受贿刑事案件适用法律若干问题的意见》第1条的规定,国家工作人员利用职务上的便利为请托人谋取利益,以下列交易形式收受请托人财物的,以受贿论处:

(1)以明显低于市场价的价格向请托人购买房屋、汽车等物品;

(2)以明显高于市场价的价格向请托人出售房屋、汽车等物品;

(3)以其他交易形式非法收受请托人财物。

把握交易型受贿的关键点在于对"明显"的理解。由于最高人民法院、最高人民检察院《关于办理受贿刑事案件适用法律若干问题的意见》没有进一步界定什么是"明显",司法实践中可根据具体个案的具体问题处理,但有一点应该明确的是,是否"明显"应当以普通公众的认识来判断,而不是以行为人或者某一个国家工作人员的认识来判断,既要考虑相差的数额,又要考虑相差的比例数,并结合当地物价水平和收入水平衡量,不可绝对化和片面化。

交易型受贿的数额按照交易时当地市场价格与实际支付价格的差额计算。这里所说的"市场价格"包括商品经营者事先设定的不针对特定人的最低优惠价格。根据商品经营者事先设定的各种优惠交易条件,以优惠价格购买商品的,不属于受贿。

案例6-14

张某某系某 A 国有企业总经理。2014 年 8 月,A 国有企业与 B 房地产公司合作开发房地产,由该国有企业出地,并负责施工现场的水电协调,而 B 房地产公司则负责出资金进行施工。2015 年 2 月,张某某给 B 房地产公司副总经理马某某打电话,说其妻弟林某某拟购买 B 房地产公司在别处开发的住宅,要求价格上给予优惠。林某某看上一套住宅后,提出只交 40 万购房款,B 房地产公司商议后,认为 40 万元太低,房管局也通过不了合同,但因担心影响与 A 国有企业之间的合作,商定按 70 万签订买卖合同,林某某先交 40 万元,余款能给就给,不能给就算了。后林某某在只支付了 40 万元的情况下,办理了房屋所有权证。后该房屋被鉴定为价值 65 万元。张某某因涉嫌受贿罪被移送起诉。

在庭审过程中,张某某辩称其妻弟与 B 房地产公司之间正常的房屋买卖,与其无关,其未从中获取任何利益,不构成犯罪。但法院经审理认为,张某某在担任 A 国有企业总经理期间,要求与本单位联合开发房地产的 B 房地产公司为其妻弟提供低价住房,属于利用职务之便,索取他人财物,为他人谋取利益,虽是为其妻弟提供低价住房,但不影响其个人受贿的构成。

(三)收受干股型受贿

根据最高人民法院、最高人民检察院《关于办理受贿刑事案件适用法律若干问题的意见》第 2 条的规定,"国家工作人员利用职务上的便利为请托人谋取利益,收受请托人提供的干股的,以受贿论处"。这里的干股,是指未出资而获得的股份。对于收受干股型受贿,关键在于对受贿数额的把握。

(1)进行了股权转让登记,或者相关证据证明股份发生了实际转让的,受贿数额按转让行为时股份价值计算,所分红利按受贿孳息处理。

(2)股份未实际转让,以股份分红名义获取利益的,实际获利数额应当认定为受贿数额。

(四) 合作投资型受贿

根据最高人民法院、最高人民检察院《关于办理受贿刑事案件适用法律若干问题的意见》第 3 条的规定："国家工作人员利用职务上的便利为请托人谋取利益,由请托人出资,'合作'开办公司或者进行其他'合作'投资的,以受贿论处。受贿数额为请托人给国家工作人员的出资额。国家工作人员利用职务上的便利为请托人谋取利益,以合作开办公司或者其他合作投资的名义获取'利润',没有实际出资和参与管理、经营的,以受贿论处。"实际获利数额应当认定为受贿数额。

根据上述规定,对国家工作人员和请托人合作投资是否构成受贿,应当看国家工作人员是否有实际出资,是否参与了管理、经营。如果国家工作人员有实际出资,即便是该出资最初由请托人垫付,但国家工作人员事后归还了请托人的垫资,无论该国家工作人员是否参与了管理、经营,都不能以受贿论处。

> **案例 6-15**
>
> 李某投资成立一家矿产企业,为了取得某石灰矿的开采权,李某找到国土资源部门领导谢某帮忙办理采矿证,承诺可以让谢某在企业里投资共同经营。谢某利用职权为李某办理了采矿证。李某为感谢谢某,拿出 50 万元作为谢某的出资投到了该矿产企业。事后谢某感觉不妥,遂拿出 50 万元归还了李某。后谢某获得该企业利润分配 5 万元。根据相关司法解释,应该认定为谢某自己实际出资,因出资获得利润分配 5 万元,不构成受贿罪。

(五) 委托理财型受贿

根据最高人民法院、最高人民检察院《关于办理受贿刑事案件适用法律若干问题的意见》第 4 条的规定："国家工作人员利用职务上的便利为请托人谋取利益,以委托请托人投资证券、期货或者其他委托理财的名义,未实际出资而获取'收益',或者虽然实际出资,但获取'收益'明显高于出资应得收益的,以受贿论处。受贿数额,前一情形,以'收益'额计算;后一情形,以'收益'额与出资应得收益额的差额计算。"

案例 6-16

被告人季某某在担任某市计划委员会主任期间,曾为 A 公司补办某大厦工程项目立项审批手续及减让固定资产调节税税率,后其交给 A 公司董事长唐某某 100 万元,作为其在 A 公司的投资款,要求唐某某每年按照固定的收益比率给予其高额回报,季某某共从 A 公司领取了 170 万元回报收益。后季某某因涉嫌受贿 170 万元被移送起诉。

在庭审过程中,季某某的辩护人提出,季某某交给唐某某 100 万元投资款,并收取投资回报 170 万元,属于平等主体之间的委托理财行为,与季某某的职务无关,不应认定为受贿罪。法院经审理认为,正常的投资是平等主体之间的民事行为,但本案中,季某某具有市计划委员会主任的职权,和 A 公司之间形成的是管理者与被管理者的关系,且这 100 万元的投资系季某某主动提出,A 公司并未将该款投入任何项目,支付的 170 万元回报也不是从投资利润中支付,而是从唐某某个人掌控的款项中支付,之所以给付 170 万元回报也是为了感谢季某某的帮助,所以这 170 万元名为投资回报款实为受贿款,季某某构成受贿罪。

(六)赌博型受贿

根据最高人民法院、最高人民检察院《关于办理受贿刑事案件适用法律若干问题的意见》第 5 条和最高人民法院、最高人民检察院《关于办理赌博刑事案件具体应用法律若干问题的解释》第 7 条的规定,国家工作人员利用职务上的便利为请托人谋取利益,通过赌博方式收受请托人财物的,构成受贿。

实践中应注意区分贿赂与赌博活动、娱乐活动的界限。具体认定时,主要应当结合以下因素进行判断:

(1)赌博的背景、场合、时间、次数。如国家工作人员和参赌者有无利益诉求关系;场合是随机的,还是请托人精心策划的;是经常性的还是偶然性的。

(2)赌资来源。是否为国家工作人员自己出资。

(3)其他赌博参与者有无事先通谋,输赢结果是否被控制或者设计。

(4)输赢钱物的具体情况和金额大小。

(七)挂名领取薪酬型受贿

根据最高人民法院、最高人民检察院《关于办理受贿刑事案件适用法律若干问题的意见》第 6 条的规定:"国家工作人员利用职务上的便利为请托人谋取利益,要求或者接受请托人以给特定关系人安排工作为名,使特定关系人不实际工作却获取所谓薪酬的,以受贿论处。"但如果特定关系人实际付出了相应劳动,从事正常工作并领取相应薪酬的,所领薪酬为合法劳动所得,不能以受贿论处。

司法实践中,对于存在以上情形的,受贿人通常辩解属于正常的经济往来而非受贿,作为辩护人,应当认真审查案件证据和事实,审查行为人是否利用职务上的便利为请托人谋取利益,以确定行为人是否构成受贿。

此外,对于行为人与没有共有关系的亲友之间的经济往来,不一定就不存在行贿、受贿问题,也要根据具体情况进行分析,比如:①双方的关系。根据双方之间有无经济往来以及往来次数的多少,判断双方是否存在馈赠的基础。②款项的数额。根据当地当时的习俗和双方的感情基础,往来的款项多少,判断是否属于馈赠。③往来的事由。根据有无具体请托事项,有无利用职务便利进行谋利,判断是馈赠还是受贿。

案例 6-17

被告人秦某某系某有色金属公司副总经理,负责该公司修建安居工程,秦某某的姐夫周某某要求秦某某帮其承揽部分工程,秦某某答应找下属公司经理说情。后秦某某要出国考察,周某某以出国开销大为由,送给秦某某 5 万元。秦某某回国后给下属公司打招呼,周某某由此承揽了 7600 平方米的安居建筑工程。后秦某某因受贿罪被移送起诉。

在庭审过程中,秦某某辩称其与周某某系亲属关系,其出国周某某送其 5 万元属于亲属之间的馈赠,不构成受贿罪。但法院经审理认为,周某某虽然是秦某某的姐夫,两人之间虽然长期存在正当的经济往来,但从未有过 5 万元这样大额的往来,周某某在秦某某出国时送其 5 万元是因为其要承揽秦某某所在单位的工程而需要秦某某帮忙,秦某某在收到 5 万元后确实也给其下属公司打招呼,要求对周某某予以关照,最终帮助周某某承揽了 7600 平方米的建筑工程,所以应当认定为受贿而非亲属之间的馈赠。

辩点 6-6:行贿行为

行贿型贿赂类犯罪中,核心行为就是为谋取不正当利益,给予个人或者单位以财物。根据给予的主体和给予的对象的不同,又分为行贿罪,对有影响力的人行贿罪,对非国家工作人员行贿罪,对外国公职人员、国际公共组织官员行贿罪,对单位行贿罪和单位行贿罪。

(一) 为谋取不正当利益

为谋取不正当利益是行贿型贿赂类犯罪必要的谋利要件,如果是为了谋取正当利益而行贿的,不论是向谁行贿,均不构成行贿型贿赂类犯罪。如何区分正当利益和不正当利益,在以上谋利要件中有详细分析,不再赘述。

对于行贿犯罪取得的不正当财产性利益,应当依照《刑法》第 64 条的规定予以追缴、责令退赔或者返还被害人。因行贿犯罪取得财产性利益以外的经营资格、资质或者职务晋升等其他不正当利益,建议有关部门依照相关规定予以处理。

对于谋取不正当利益,还要注意审查是否谋取职务提拔、调整等不正当利益,以及谋取不正当利益是否给国家和人民利益造成经济损失,如果存在这些情节,则可能从重处罚,辩护人要注意这两类情形。

(二) 被索贿的例外处理

对于受贿型贿赂类犯罪,索贿的从重处罚,多次索贿的还将降低入刑的数额标准,比如一般情况下受贿 3 万元的才立案,但多次索贿数额达到 1 万元的即可追诉。可见,索贿对于受贿型贿赂类犯罪而言是一种从重或者加重处罚的情节。

但对于行贿型贿赂类犯罪而言,如果存在被索贿的情节,则存在出罪的可能性。行贿型贿赂类犯罪要求必须为了谋取不正当利益,至于不正当利益是否实际取得,是不影响犯罪成立的。但是有一种情况例外,那就是行为人因被勒索给予财物,又没有获得不正当利益的,不是行贿。该规定虽然只规定在《刑法》第 389 条第 3 款行贿罪中,但其立法精神也适用于其他行贿型贿赂类犯罪。

需要注意的是,不是所有被勒索给予财物的都不按行贿处理,如果行为人虽因被勒索给予财物,但不正当利益最终也实现或者获取了,则仍构成行贿。

案例 6-18

张某涉嫌生产伪劣产品被工商部门查获,工商部门执法人员私下向其表示如果愿意给 3 万元,可以免除处罚,否则就从重处罚。张某遂给该执法人员送去人民币 3 万元。但是,该执法人员拟定的免予处罚决定被上级领导否定,张某受到了应有的处罚。本案中,张某虽然送给执法人员 3 万元,但是是被执法人员勒索而给予的,也没有被免除处罚而获得不正当利益,因此其行为不构成行贿罪。

(三)给予财物的行为方式

行贿与受贿是对向犯,在实践中,受贿的形式多种多样,行贿的方式自然也是多种多样,主要体现为以下方式:

(1)直接给予钱物进行行贿;

(2)以各种名义的回扣、手续费进行行贿;

(3)以财产性利益进行行贿;

(4)以借为名进行行贿;

(5)以交易为名进行行贿;

(6)以提供干股为名进行行贿;

(7)以开办公司等合作投资名义进行行贿;

(8)以受托投资证券、期货或者其他理财产品为名进行行贿;

(9)以赌博形式进行行贿;

(10)以给特定关系人挂名发放薪酬为名进行行贿;

(11)以各种形式将有关财物给予特定关系人进行行贿。

(四)影响量刑的情节

根据刑法和司法解释的规定,对于行贿型贿赂类犯罪的量刑,情节轻重至关重要,对各个档位的量刑虽然都有数额上的标准,但如果具备法定的情节,数额标准则从宽把握,有的档位的量刑标准甚至可以降到50%。因此,辩护人在代理行贿型贿赂类犯罪案件时,需要注意审查以下情节。

1. 行贿对象的人数

行贿型贿赂类犯罪中,需要审查行贿对象的人数有多少,如果行为人向三人以上或者三个以上单位行贿的,相比于向一人(一个单位)或者二人(两个单位)行贿的,处罚要重,数额标准降低。

2. 行贿对象的身份

行贿对象的身份不同,其负有的职责也不同,向具有特定职责的人员或者单位行贿,社会危害性可能更大。因此,司法解释规定,对于个人向负有食品、药品、安全生产、环境保护等监督管理职责的国家工作人员行贿,或者向司法工作人员行贿的,处罚要重,数额标准降低。当然,前者要求实施非法活动,后者要求影响司法公正,这样的限定也为辩护人提供了一定的辩护空间。对于单位向党政机关、司法机关、行政执法机关行贿的,处罚要重,数额标准降低。

3. 行贿款物的来源

司法实践中,用以行贿的款物有的是合法收入,有的是违法所得,如果将违法所得用于行贿,处罚要重,数额标准降低。

4. 谋取利益的范围

行贿型贿赂类犯罪所要求谋取的都是不正当利益,但社会生活中不正当利益的范围也很宽泛,辩护人要特别注意审查是否属于谋取职务提拔、调整的利益,如果属于,则处罚要重,数额标准降低。

5. 经济损失的要求

为谋取不正当利益而行贿,有的没有造成经济损失,有的则造成了经济损失。造成经济损失达到 50 万元以上的,则处罚要重,数额标准降低。

(五) 财产刑的运用

在《刑法修正案(九)》实施之前,对于行贿型贿赂类犯罪,只有对非国家工作人员行贿罪(数额巨大),对外国公职人员、国际公共组织官员行贿罪(数额巨大),行贿罪(情节特别严重的,或者使国家利益遭受特别重大损失的)在法定刑上附加了罚金或者没收财产的财产刑,除此以外的罪名以及该三项罪名的其他法定刑均无财产刑的规定。但 2015 年颁布的《刑法修正案(九)》加大了对行贿型贿赂类犯罪的打击力度,在每一个行贿型贿赂类犯罪的每一个量刑档次中均附加了财产刑,包括罚金和没收财产。而对于这些行贿型贿赂类犯罪中并处罚金的判罚标准,2016 年最高人民法院、最高人民检察院《关于办理贪污贿赂刑事案件适用法律若干问题的解释》也作出了明确的规定,应当在 10 万元以上犯罪数额 2 倍以下判处罚金,加大了经济处罚力度,也提高了犯罪的经济成本,辩护人应当及时把握这种变化。

除了行贿型贿赂类犯罪全部附加了财产刑,受贿型贿赂类犯罪也全部附加了财产刑,原来唯一没有附加财产刑的非国家工作人员受贿罪,《刑法修正案(十一)》也对其进行了修订,不但将该罪的量刑档从两个改为三个,还对该罪附加了罚金刑。而且相关司法解释还对受贿型贿赂类犯罪并处罚金的判罚标准作了明确规定,尤其对受贿罪,还根据主刑的不同,分层次地规定了远重于其他犯罪的罚金刑判罚标准:一是对受贿罪判处 3 年以下有期徒刑以下刑罚的,应当判处 10 万元以上 50 万元以下的罚金;二是判处 3 年以上 10 年以下有期徒刑的,应当判处 20 万元以上犯罪数额 2 倍以下的罚金或者没收财产;三是判处 10 年以上有期徒刑或者无期徒刑的,应当判处 50 万元以上犯罪数额 2 倍以下的罚金或者没收财产。其他受贿型贿赂类犯罪,还有介绍贿赂罪,与行贿型贿赂类犯罪一样,并处罚金的,均在 10 万元以上犯罪数额 2 倍以下。

作为辩护人,应当掌握贿赂类犯罪的财产刑方面的立法变化,在辩护时,不但要根据案件的数额和情节对自由刑的适用提出辩护意见,而且要对财产刑的适用提出辩护意见,这样的辩护才是全面的。

辩点 6-7:介绍贿赂

介绍型贿赂类犯罪只有一个介绍贿赂罪,我国《刑法》第 392 条第 1 款规定:"向国家工作人员介绍贿赂,情节严重的,处三年以下有期徒刑或者拘役,并处罚金。"

(一) 介绍行为

根据最高人民检察院《关于人民检察院直接受理立案侦查案件立案标准的规定(试行)》的规定,介绍贿赂罪的"介绍行为",是指在行贿人与受贿人之间沟通关系、撮合条件,使贿赂行为得以实现的行为。

案例 6-19

高某是某国有房地产公司总经理的司机。由于工作关系,高某和公司的领导都比较熟悉。从事拆房工程的张某通过关系认识了高某,提出请高某帮助介绍拆房业务。通过高某的介绍,张某结识了该公司的副总经理陈某。随后,高某组织张某与陈某一起打麻将,并通过这种"工作麻将"的形式完成了张某对陈某行贿的活动。他个人也从张某处得到好处费人民币 3 万余元。之后,陈某利用职务便利,帮助张某承揽了上海某企业的拆房业务。本案中,高某在行贿人张某与国家工作人员陈某之间联络、撮合,促使行贿、受贿得以实现,而且单独从张某处得到了好处费,其行为是典型的介绍贿赂行为。

(二) 此罪彼罪

在实践中,介绍贿赂人在行贿人与受贿人之间进行沟通和撮合,不论是对行贿还是受贿都起到了一定的帮助作用,所以与行贿罪和受贿罪共同犯罪中的帮助犯在行为上有相似之处,尤其是行贿人或者受贿人在贿赂实现后又给予介绍贿赂人以财物的情况下,此罪与彼罪之间的界限显得更为模糊,突出体现在介绍贿赂罪与受贿罪共同犯罪之间的界限,在实践中,主要从以下几个方面对两者进行区分:

1. 主观故意不同

受贿罪的共同犯罪中,各行为人在主观上均具有共同受贿的故意,目的在于通过权钱交易,从行贿人一方取得权钱交易的对价。而介绍贿赂罪的犯罪故意则是通过中介行为,促成行贿人和受贿人的权钱交易,从而收取居间费用,其性质是佣金,介绍贿赂人主观上并无与受贿人共同犯罪的故意。

2. 行为人代表的利益不同

受贿罪的共同犯罪中,帮助犯代表着受贿方的利益,只为受贿一方服务,实施的是帮助、实行行为。而介绍贿赂罪中,介绍人代表自己的利益,同时为行贿人和受贿人提供服务,其行为在于为行贿人和受贿人沟通关系。

3. 财物性质及占有情况不同

受贿罪的共同犯罪中,各行为人是一个利益整体,行贿财物不区分特别的份额。在介绍贿赂中,介绍贿赂人与受贿人是两个利益主体,介绍人不能共同占有贿赂财物,而是在此之外单独收取费用。

总之,介绍贿赂人是根据行贿人和受贿人双方的意图进行斡旋、撮合,是一种独立的犯罪主体。

> **案例 6-20**
>
> 赵某酒后驾车,路遇紧急情况采取措施不当发生了交通事故,致使乘车人死亡。事故发生后,赵某找到其朋友任某交给其 3 万元人民币,请其帮助打点,任某找到专门负责酒精检验的公安鉴定人员马某,将钱交给了马某,马某篡改了检验结果。公安交巡警大队据此鉴定,作出了事故双方负同等责任的认定书,致使赵某逃避了刑事处罚。后来,因群众举报而事发。法院最终对赵某以行贿罪、任某以行贿罪的共同犯罪依法判处了刑罚。
>
> 本案中,赵某为了谋取逃避处罚的不正当利益而给予国家工作人员财物,其行为构成行贿罪不容置疑。任某受行贿人之托帮助赵某实施行贿行为,促成行贿得以实现,其客观上是帮助行贿人实施行贿行为。从其主观意图上看,他明知赵某已触犯了法律还是帮助了赵某,说明他与赵某有着共同的犯罪故意,即希望赵某逃脱刑罚处罚。从其将 3 万元交给马某的行为来看,其并不是介绍贿赂的行为,符合行贿罪共同犯罪的成立条件。因此,任某的行为应定性为行贿罪。

辩点 6-8：量刑标准

(一) 受贿型贿赂类犯罪

1. 受贿罪

数额		数额+情节	量刑
3万元≤数额<20万元	1万元≤数额<3万元	1. 多次索贿； 2. 为他人谋取不正当利益，致使公共财产、国家和人民利益遭受损失； 3. 为他人谋取职务提拔、调整； 4. 曾因贪污、受贿、挪用公款受过党纪、行政处分的； 5. 曾因故意犯罪受过刑事追究的； 6. 赃款赃物用于非法活动的； 7. 拒不交代赃款赃物去向或者拒不配合追缴工作，致使无法追缴的； 8. 造成恶劣影响或者其他严重后果的。	3年以下有期徒刑或者拘役，并处罚金。
20万元≤数额<300万元	10万元≤数额<20万元		3—10年有期徒刑，并处罚金或者没收财产。
数额≥300万元	150万元≤数额<300万元		10年以上有期徒刑、无期徒刑或者死刑，并处罚金或者没收财产。

2. 单位受贿罪

数额		数额+情节	量刑
数额≥10万元	数额<10万元	1. 故意刁难、要挟有关单位、个人，造成恶劣影响； 2. 强行索取财物； 3. 致使国家或者社会利益遭受重大损失。	进行立案追诉。

3. 利用影响力受贿罪

数额		数额+情节	量刑
3万元≤数额<20万元	1万元≤数额<3万元	1. 多次索贿； 2. 为他人谋取不正当利益，致使公共财产、国家和人民利益遭受损失； 3. 为他人谋取职务提拔、调整； 4. 曾因贪污、受贿、挪用公款受过党纪、行政处分的； 5. 曾因故意犯罪受过刑事追究的； 6. 赃款赃物用于非法活动的； 7. 拒不交代赃款赃物去向或者拒不配合追缴工作，致使无法追缴的； 8. 造成恶劣影响或者其他严重后果的。	3年以下有期徒刑或者拘役，并处罚金。
20万元≤数额<300万元	10万元≤数额<20万元		3—7年有期徒刑，并处罚金或者没收财产。
数额≥300万元	150万元≤数额<300万元		7年以上有期徒刑，并处罚金或者没收财产。

4. 非国家工作人员受贿罪

数额	量刑
6 万元≤数额<100 万元	3 年以下有期徒刑或者拘役。
100 万元≤数额<？（300 万元的多少倍需要司法解释予以明确）	3—10 年有期徒刑，并处罚金。
数额≥？（300 万元的多少倍需要司法解释予以明确）	10 年以上有期徒刑或者无期徒刑，并处罚金。

(二) 行贿型贿赂类犯罪

1. 行贿罪

数额	数额+情节		量刑
3 万元≤行贿数额<100 万元	1 万元≤行贿数额<3 万元	1. 向 3 人以上行贿； 2. 将违法所得用于行贿； 3. 通过行贿谋取职务提拔、调整； 4. 向负有食品、药品、安全生产、环境保护等监督管理职责的国家工作人员行贿，实施非法活动； 5. 向司法工作人员行贿，影响司法公正的。	5 年以下有期徒刑或者拘役，并处罚金。
1 万元≤行贿数额<3 万元，且 50 万元≤经济损失<100 万元			
100 万元≤行贿数额<500 万元	50 万元≤行贿数额<100 万元		5—10 年有期徒刑，并处罚金。
100 万元≤经济损失<500 万元			
行贿数额≥500 万元	250 万元≤行贿数额<500 万元		10 年以上有期徒刑或者无期徒刑，并处罚金或者没收财产。
经济损失≥500 万元			

2. 对有影响力的人行贿罪

数额	数额+情节	量刑
3 万元≤个人行贿数额<100 万元	1 万元≤个人行贿数额<3 万元	3 年以下有期徒刑或者拘役，并处罚金。
1 万元≤个人行贿数额<3 万元，且 50 万元≤经济损失<100 万元		1. 向 3 人以上行贿； 2. 将违法所得用于行贿； 3. 通过行贿谋取职务提拔、调整；

(续表)

数额	数额+情节	量刑
100万元≤个人行贿数额<500万元 100万元≤经济损失<500万元	50万元≤个人行贿数额<100万元	3—7年有期徒刑,并处罚金。
个人行贿数额≥500万元 经济损失≥500万元	250万元≤个人行贿数额<500万元	4. 向负有食品、药品、安全生产、环境保护等监督管理职责的国家工作人员行贿,实施非法活动; 5. 向司法工作人员行贿,影响司法公正的。	7—10年有期徒刑,并处罚金。
单位行贿数额≥20万元		对单位判处罚金,并对其直接负责的主管人员和其他直接责任人员,处3年以下有期徒刑或者拘役,并处罚金。

3. 对单位行贿罪

数额	数额+情节	量刑
个人行贿数额≥10万元	个人行贿数额<10万元	1. 为谋取不正当利益而行贿; 2. 向3个以上单位行贿; 3. 向党政机关、司法机关、行政执法机关行贿; 4. 致使国家或者社会利益遭受重大损失。	进行立案追诉。
单位行贿数额≥20万元	10万元≤单位行贿数额<20万元		

4. 对非国家工作人员行贿罪

数额	量刑
6万元≤数额<200万元	3年以下有期徒刑或者拘役,并处罚金。
数额≥200万元	3—10年有期徒刑,并处罚金。

(三)介绍型贿赂类犯罪

数额	数额+情节	量刑
介绍个人行贿数额≥2万元	介绍个人行贿数额<2万元	1. 为使行贿人获取非法利益而介绍贿赂； 2. 3次以上或者向3人以上介绍贿赂； 3. 向党政领导、司法工作人员、行政执法人员介绍贿赂； 4. 致使国家或者社会利益遭受重大损失。	进行立案追诉。
介绍单位行贿数额≥20万元	介绍单位行贿数额<20万元		

辩点6-9：共同犯罪

我国刑法规定对共同犯罪的处罚实行区别对待的原则，根据每个共同犯罪人在共同犯罪中所起作用的大小确定每个人的责任轻重。因此，是否存在共同犯罪以及每个行为人在犯罪中所起的作用和地位是辩护人进行辩护的一个切入点。

本章中，行贿型贿赂类犯罪和介绍型贿赂类犯罪的共同犯罪问题比较简单，前面也已经介绍，不再赘述。下面重点介绍一下共同受贿犯罪的问题。

(一)国家工作人员之间共同受贿的责任区分

在国家工作人员相互勾结的共同受贿中，一般来说各行为人均构成受贿罪，但不能简单认定为所有参与人均是实行犯，从而认定均是主犯。在共同受贿犯罪中，要注意区分主犯、从犯与胁从犯，区分实行犯、组织犯、教唆犯和帮助犯。区分的关键在于行为人是否利用职务上的便利。如果所有行为人的职务与请托人的事项有关联，向请托人索要贿赂或收受贿赂为他人谋利益，则构成共同的实行犯，属于主犯。如果有的行为人没有利用本人职务上的便利条件，则可能构成帮助犯或教唆犯。

司法实践中，共同受贿与斡旋受贿犯罪都涉及两个以上的国家工作人员，但两者具有本质区别，体现在：①犯罪主体不同。在斡旋受贿中，直接利用职务便利为请托人谋利的国家工作人员并没有收受贿赂，所以不能成为共同受贿犯罪的主体；而斡旋受贿人可以单独构成受贿罪。②主观方面不同。共同受贿的国家工作人员之间存在意思联络，是共同故意；而在斡旋受贿中，两名国家工作人员之间并无共同受贿的意思联络，直接利用职权的行为人是在另一国家工作人员的指示、要求下为他人谋取不正当利益，没有收取贿赂的主观故意。

(二)国家工作人员与非国家工作人员共同受贿的责任区分

1. 事先通谋的处理

国家工作人员与非国家工作人员通谋,共同收受他人财物,构成共同犯罪的,根据双方利用职务便利的具体情形分别定罪追究刑事责任。

(1)利用国家工作人员的职务便利为他人谋取利益的,以受贿罪追究刑事责任。

(2)利用非国家工作人员的职务便利为他人谋取利益的,以非国家工作人员受贿罪追究刑事责任。

(3)分别利用各自的职务便利为他人谋取利益的,按照主犯的犯罪性质追究刑事责任,不能分清主从犯的,可以受贿罪追究刑事责任。

2. 事先无通谋的处理

(1)国家工作人员与非国家工作人员事先无通谋,非国家工作人员先收受贿赂后,要求国家工作人员为请托人谋取利益,而国家工作人员在明知非国家工作人员已经收受贿赂的情况下还利用职务之便为请托人谋利,两者构成实行共犯。

(2)国家工作人员与非国家工作人员事先无通谋,国家工作人员利用职务便利为请托人谋取利益,而后由非国家工作人员收受贿赂,由于非国家工作人员对犯罪没有支配作用,应以帮助犯承担责任。

(三)国家工作人员与家属共同受贿的责任区分

根据最高人民法院《全国法院审理经济犯罪案件工作座谈会纪要》的规定,"国家工作人员的近亲属向国家工作人员代为转达请托事项,收受请托人财物并告知该国家工作人员,或者国家工作人员明知其近亲属收受了他人财物,仍按照近亲属的要求利用职权为他人谋取利益的,对该国家工作人员应认定为受贿罪,其近亲属以受贿罪共犯论处"。

1. 家属作为受贿罪共犯的责任区分

(1)实行犯。如果家属和国家工作人员事先存在共谋,由国家工作人员利用职权为请托人谋利,家属负责收受贿赂,两者分工,相互配合,共同完成受贿的,两者均为实行犯。

(2)教唆犯。如果家属为收受财物而教唆、鼓励、劝说国家工作人员利用职务便利为他人谋取利益,构成共同受贿犯罪,家属属于教唆犯。

(3)帮助犯。如果国家工作人员利用职权为请托人谋利后,告知或指示家属收取贿赂,家属明知是贿赂款而收受的,则属于帮助犯。

案例 6-21

辛某是某区税务局局长,受某企业负责人冯某之托违规为其减免税费 50 万元。冯某为感谢辛某,到其家送 8 万元人民币,但辛某不在家,只有其妻子赵某在家,赵某遂打电话问辛某情况,辛某告知赵某其帮助冯某的情况并让赵某收下。本案中,赵某的行为构成受贿罪的帮助犯,属于从犯。如果辛某并未告诉赵某其帮助冯某的情况,只是让辛某收下钱,辛某因缺乏共同犯罪的故意,不应构成犯罪。

2. 家属明知国家工作人员收受了贿赂而占有使用的行为定性

如果国家工作人员利用职权为他人谋利后收取了贿赂,又将受贿财物交给家属保管、占有、使用,则家属不构成受贿共犯。因为家属保管、占有、使用受贿财物时,国家工作人员已经完成了受贿的全过程,家属在主观上没有受贿的故意,也没有受贿的行为,故不构成受贿罪共犯。在案例 6-21 中,如果辛某自己收下冯某送的 8 万元,回到家后告知妻子赵某并让赵某把钱存到银行,在这种情况下,赵某虽然明知 8 万元是辛某受贿所得,但辛某收钱后受贿犯罪已经完成,赵某在受贿完成之后得知情况,其保管 8 万元的行为不构成受贿罪。

3. 国家工作人员明知家属收受贿赂而未退还或者上交的主观推定

如果家属索取、收受他人财物,国家工作人员知道后仍未退还或者上交,即使之前没有通谋,也可以推断国家工作人员具有受贿故意。这是 2016 年最高人民法院、最高人民检察院《关于办理贪污贿赂刑事案件适用法律若干问题的解释》中新增的内容,需要特别予以注意。

以上关于家属的相关处理原则,同样也适用其他特定关系人,如情妇、情夫。

4. 家属共同受贿与利用影响力受贿的区别

不论是在国家工作人员与家属共同受贿中,还是在家属利用影响力单独受贿中,国家工作人员都可能存在利用职务上的便利为请托人谋取利益的行为,如果国家工作人员与家属存在共同受贿的故意,则构成受贿罪的共犯;如果国家工作人员既没有与家属共同受贿的故意,也不知道家属收受了贿赂,即使其利用了职务上的便利为请托人谋取了不正当利益,国家工作人员也不构成犯罪,其家属可以单独构成利用影响力受贿罪。

辩点6-10:自首立功

(一)主动交代

我国《刑法》总则中虽然规定了自首和坦白的处理原则,但为了鼓励行贿人和介绍贿赂人在被追诉前主动交代,《刑法》分则中还针对行贿人和介绍贿赂人专门作出了"被追诉前主动交代"的处罚原则的规定。

1.法律规定

(1)对非国家工作人员行贿罪和对外国公职人员、国际公共组织官员行贿罪:行贿人在被追诉前主动交代行贿行为的,可以减轻处罚或者免除处罚。(《刑法》第164条第4款)

(2)行贿罪:行贿人在被追诉前主动交代行贿行为的,可以从轻或者减轻处罚。其中,犯罪较轻的,对侦破重大案件起关键作用的,或者有重大立功表现的,可以减轻或者免除处罚。(《刑法》第390条第2款)

这个是《刑法修正案(九)》的最新规定,对行贿罪从宽处罚的条件和幅度作了重要调整,对减轻或者免除处罚设定了更为严格的适用条件,明确行贿人在被追诉前主动交代行贿行为,只有在"犯罪较轻""对侦破重大案件起关键作用""有重大立功表现"这三种情况下才可以减轻或者免除处罚。为了司法机关正确掌握、严格使用该规定,最高人民法院、最高人民检察院《关于办理贪污贿赂刑事案件适用法律若干问题的解释》对"犯罪较轻""重大案件"以及"对侦破重大案件起关键作用"等情况的具体理解作出了明确规定。

①"情节较轻",是指根据行贿犯罪的事实、情节,可能被判处3年有期徒刑以下刑罚的。

②"重大案件",是指根据犯罪的事实、情节,已经或者可能被判处10年有期徒刑以上刑罚的,或者案件在本省、自治区、直辖市或者全国范围内有较大影响的案件。

③"对侦破重大案件起关键作用"。具有下列情形之一的,可以认定为"对侦破重大案件起关键作用":主动交代办案机关未掌握的重大案件线索的;主动交代的犯罪线索不属于重大案件的线索,但该线索对于重大案件侦破有重要作用的;主动交代行贿事实,对于重大案件的证据收集有重要作用的;主动交代行贿事实,对于重大案件的追逃、追赃有重要作用的。

(3)单位行贿罪:单位行贿的,在被追诉前,单位集体决定或者单位负责人决定主动交代单位行贿行为的,依照《刑法》第 390 条第 2 款的规定处罚;受委托直接办理单位行贿事项的直接责任人员在被追诉前主动交代自己知道的单位行贿行为的,对该直接责任人员可以依照《刑法》第 390 条第 2 款的规定处罚。(最高人民法院、最高人民检察院《关于办理行贿刑事案件具体应用法律若干问题的解释》第 7 条第 2 款)

(4)介绍贿赂罪:介绍贿赂人在被追诉前主动交代介绍贿赂行为的,可以减轻处罚或者免除处罚。(《刑法》第 390 条第 2 款)

2.法律适用

(1)适用范围:主要针对行贿型贿赂类犯罪和介绍型贿赂类犯罪;对于受贿型贿赂类犯罪,如果构成自首或者坦白的,按照自首或者坦白的规定处理。

(2)适用条件:仅限行贿人或者介绍贿赂人在被追诉前主动交代,如果是在被追诉后才如实交代的,构成自首或者坦白的,按照自首或者坦白的规定处理,而不适用《刑法》分则的条文。这里的"被追诉前",是指监察机关或者司法机关对行贿人的行贿行为立案前。

(3)适用后果:相比于自首和坦白,从轻减轻的力度更大。对于自首,一般可以从轻或者减轻处罚,只有犯罪较轻的,才可以免除处罚。对于坦白,一般可以从轻处罚,只有避免特别严重后果发生的,才可以减轻处罚。但对于向非国家工作人员、外国公职人员和国际公共组织官员行贿的人以及介绍贿赂的人在被追诉前主动交代的,可以直接减轻处罚或者免除处罚。因此,辩护人在代理此类案件时,如果能够直接适用《刑法》分则关于"主动交代"的条款,更有利于维护当事人的合法权益。

(二)自首

在贿赂类犯罪案件中,自首情节是辩护人在进行量刑辩护时应当重点考虑的辩点,因为这是一个法定的从轻、减轻甚至免除处罚的情节,也是贿赂类犯罪案件中常见的辩点,有时对建议判处缓刑或者在法定刑以下判处刑罚能起到关键性的作用。在刑法理论上,自首分为两类,一类是一般自首,另一类是特别自首,也叫准自首。不管是哪一类,只要认定为自首,对于自首的犯罪分子,就可以按照我国《刑法》第 67 条第 1 款的规定进行量刑,即可以从轻或者减轻处罚。其中,犯罪情节较轻的,可以免除处罚。在贿赂类犯罪案件中,一般比较容易找到酌定或者法定从轻处罚的情节,但法定减轻处罚或者免除处罚的情节并不是那么容易找到的。因此,对于具有自首情节的当事人,辩护人应当充分利用这个情节以达到减轻处罚或者免除处罚的目的。

对于具有自首情节的行为人,辩护人应当从行为人自首的动机、时间、方式、罪行轻重、如实供述罪行的程度以及悔罪表现等方面分析入手,提出辩护意见,以达到最佳的辩护效果。

根据最高人民法院、最高人民检察院《关于常见犯罪的量刑指导意见(试行)》的规定,对于自首情节,综合考虑自首的动机、时间、方式、罪行轻重、如实供述罪行的程度以及悔罪表现等情况,可以减少基准刑的40%以下;犯罪较轻的,可以减少基准刑的40%以上或者依法免除处罚。需要注意的是,恶意利用自首规避法律制裁等不足以从宽处罚的除外。

根据我国《刑法》第67条第1款的规定,犯罪以后自动投案,如实供述自己的罪行的,是自首。这是自首的一般规定,刑法理论上也称"一般自首"。根据法条我们发现,"自动投案"和"如实供述"是认定一般自首的两大要件,两者缺一不可。在代理案件过程中,辩护人会经常听到当事人辩解说他是自动投案的或者是归案后他们就已经全部如实供述了犯罪事实,希望辩护人能给他们作自首的辩护。其实,一般自首能否成立,需要辩护人在辩护时重点审查案件是否同时具备以上两大要件,而不能只片面地考虑一个要件。

此外,《监察法》于2018年3月20日实施,涉及国家工作人员的贿赂类犯罪由监察委员会调查,而不再由检察机关进行侦查,而涉及非国家工作人员的贿赂类犯罪仍然由公安机关进行侦查,虽然不同性质主体的贿赂类犯罪的调查和侦查的主体有所不同,相关司法解释也尚未根据《监察法》进行修改,但在认定自首的原则和精神上没有本质差别。

1. 自动投案的认定

(1)一般规定。

对于"自动投案",虽然《刑法》总则没有明确规定,但相关的司法解释,如最高人民法院《关于处理自首和立功具体应用法律若干问题的解释》、最高人民法院《关于处理自首和立功若干具体问题的意见》都对自动投案的认定作出了非常详细的规定。所谓自动投案,是指犯罪事实或者犯罪嫌疑人未被司法机关发觉,或者虽被发觉,但犯罪嫌疑人尚未受到讯问、未被采取强制措施时,主动、直接向公安机关、人民检察院或者人民法院投案。除了这种情形,相关司法解释还详细列举了"视为自动投案"的情形,辩护人对此应当熟练掌握,对于不具有典型自动投案情形的,看是否符合"视为自动投案"的标准,或者看案件是否存在"不能认定为自动投案"的情形。这些规定对所有案件都适用,是进行辩护的切入点,贿赂类犯罪案件也不例外。

①司法解释规定的可以"视为自动投案"的情形:

A. 犯罪嫌疑人向其所在单位、城乡基层组织或者其他有关负责人员投案的;

B. 犯罪嫌疑人因病、伤或者为了减轻犯罪后果,委托他人先代为投案,或者先以信电投案的;

C. 罪行未被司法机关发觉,仅因形迹可疑被有关组织或者司法机关盘问、教育后,主动交代自己的罪行的;

D. 犯罪后逃跑,在被通缉、追捕过程中,主动投案的;

E. 经查实确已准备去投案,或者正在投案途中,被公安机关捕获的;

F. 并非出于犯罪嫌疑人主动,而是经亲友规劝、陪同投案的;

G. 公安机关通知犯罪嫌疑人的亲友,或者亲友主动报案后,将犯罪嫌疑人送去投案的;

H. 犯罪后主动报案,虽未表明自己是作案人,但没有逃离现场,在司法机关询问时交代自己罪行的;

I. 明知他人报案而在现场等待,抓捕时无拒捕行为,供认犯罪事实的;

J. 在司法机关未确定犯罪嫌疑人、尚在一般性排查询问时主动交代自己罪行的;

K. 因特定违法行为被采取行政拘留、司法拘留、强制隔离戒毒等行政、司法强制措施期间,主动向执行机关交代尚未被掌握的犯罪行为的;

L. 犯罪以后潜逃至异地,其罪行尚未被异地司法机关发觉,仅因形迹可疑,被异地司法机关盘问、教育后,主动交代自己罪行的;

M. 其他符合立法本意,应当视为自动投案的情形。

②司法解释规定的"不能认定为自动投案"的情形:

A. 犯罪嫌疑人自动投案后又逃跑的,不能认定为自首;

B. 罪行未被有关部门、司法机关发觉,仅因形迹可疑被盘问、教育后,主动交代了犯罪事实的,应当视为自动投案,但有关部门、司法机关在其身上、随身携带的物品、驾乘的交通工具等处发现与犯罪有关的物品的,不能认定为自动投案;

C. 犯罪嫌疑人被亲友采用捆绑等手段送到司法机关,或者在亲友带领侦查人员前来抓捕时无拒捕行为,并如实供认犯罪事实的,虽然不能认定为自动投案,但可以参照法律对自首的有关规定酌情从轻处罚。

(2)特殊规定。

对于国家工作人员的贿赂类案件,辩护人还应特别注意最高人民法院、最高人民检察院发布的《关于办理职务犯罪案件认定自首、立功等量刑情节若干问题的意见》的规定,该意见认为,犯罪事实或者犯罪分子未被办案机关掌握,或者虽被掌握,但犯罪分子尚未受到调查谈话、讯问,或者未被宣布采取调查措施或者强制措施时,向办案机关投案的,是自动投案。2019年7月,中央纪委办公厅印发的《纪检监察机关处理主动投案问题的规定(试行)》还对自动投案以及视为自动投案的情形进行了列举,包括:

①党员、监察对象的涉嫌违纪或者职务违法、职务犯罪问题,未被纪检监察机关掌握,或者虽被掌握,但尚未受到纪检监察机关的审查调查谈话、讯问或者尚未被采取留置措施时,主动向纪检监察机关投案;

②涉案人员的涉嫌行贿犯罪或者共同职务违法、职务犯罪问题,未被纪检监察机关掌握,或者虽被掌握,但尚未受到纪检监察机关的询问、审查调查谈话、讯问或者尚未被采取留置措施时,主动向纪检监察机关投案;

③有关人员主动向其所在党组织、单位或者有关负责人员投案,向有关巡视巡察机构投案,以及向公安机关、人民检察院、人民法院投案,视为主动投案。

④在初步核实阶段,尚未受到纪检监察机关谈话时主动投案的;

⑤在纪检监察机关谈话函询过程中,主动交代纪检监察机关未掌握的涉嫌违纪或者职务违法、职务犯罪问题的;

⑥因伤病等客观原因无法前往投案,先委托他人代为表达主动投案意愿,或者以书信、网络、电话、传真等方式表达主动投案意愿,后本人到纪检监察机关接受处理的;

⑦涉嫌严重职务违法或者职务犯罪潜逃后又主动投案,包括在被通缉、抓捕过程中主动投案的;

⑧经查实确已准备去投案,或者正在投案途中,被有关机关抓获的;

⑨虽非完全出于本人主动,但经他人规劝、陪同投案的;

⑩其他应当视为主动投案的情形。

(3)实践掌握。

虽然法律和相关司法解释对"自动投案"作了比较详尽的规定,也列举了很多种情形,但司法实践中出现的情形可能并不能完全与法律和司法解释相匹配,这时需要辩护人把握立法的精神进行辩护,现罗列一些容易混淆且难以认定的情形,以便辩护时予以把握。

①犯罪后不是以投案为目的,而是为了解案情而到司法机关的,不能认定为自动投案。

②为逃避法律制裁而向司法机关报假案或者到司法机关的,不属于自动投案。

③以目击证人身份被不知情的司法工作人员带回询问,且不如实供述罪行的,不能认定为自动投案。

④不知自己已经被公安机关控制而向在场人员陈述犯罪事实,不能认定为自动投案。

⑤虽有意愿投案的言语表示,但在没有正当理由的情况下无任何准备投案的迹象而被抓获的,不属于准备去投案,不应认定为自动投案。

⑥犯罪嫌疑人的亲友并不知道犯罪嫌疑人实施了犯罪行为,出于让其撇清犯罪嫌疑而非接受司法机关处理的目的,主动联系司法机关的,不构成送亲归案情形的自动投案。

⑦亲友虽然报案,但并未送行为人归案,在警方达到现场后犯罪嫌疑人未自愿将自己置于司法机关控制之下的,不能认定为自动投案。

⑧犯罪嫌疑人的亲友主动联系公安机关而犯罪嫌疑人未采取反抗和逃避抓捕行为的,应当认定为自动投案。

⑨犯罪嫌疑人的亲友报案后,由于客观原因未将犯罪嫌疑人送去投案,但予以看守并带领司法机关工作人员将其抓获的,或者强制将其送去投案的,应认定为自动投案。

⑩有证据证明犯罪嫌疑人主观上具有投案意愿,客观上具有投案准备,只是因为被公安机关及时抓获而未能投案的,属于经查实确已准备去投案,应视为自动投案。

⑪作案后打电话向公安机关报案,并等候公安机关人员将其抓获归案的,应当认定为自动投案。

2. 如实供述的认定

(1) 一般原则。

所谓"如实供述",是指犯罪嫌疑人自动投案后,如实交代自己的主要犯罪事实。对于"如实供述"的认定,还要重点把握以下原则:

①一般情况下,除供述自己的主要犯罪事实外,还应包括姓名、年龄、职业、住址、前科等情况。犯罪嫌疑人供述的身份等情况与真实情况虽有差别,但不影响定罪量刑的,应认定为如实供述自己的罪行。犯罪嫌疑人自动投案后隐瞒自己的真实身份等情况,影响对其定罪量刑的,不能认定为如实供述自己的罪行。

②行为人多次实施同种罪行的,应当综合考虑已交代的犯罪事实与未交代的犯罪事实的危害程度,决定是否认定为如实供述主要犯罪事实。虽然投案后没有交代全部犯罪事实,但如实交代的犯罪情节重于未交代的犯罪情节,或者如实交代的犯

罪数额多于未交代的犯罪数额,一般应认定为如实供述自己的主要犯罪事实。无法区分已交代的与未交代的犯罪情节的严重程度,或者已交代的犯罪数额与未交代的犯罪数额相当,一般不认定为如实供述自己的主要犯罪事实。

③犯有数罪的犯罪嫌疑人,仅如实供述所犯数罪中部分犯罪的,只对如实供述部分犯罪的行为,认定为自首。

④共同犯罪案件中的犯罪嫌疑人,除如实供述自己的罪行,还应当供述所知的同案犯的罪行,主犯则应当供述所知其他同案犯的共同犯罪事实,才能认定为自首。

⑤犯罪嫌疑人自动投案并如实供述自己的罪行后又翻供的,不能认定为自首,但在一审判决前又能如实供述的,应当认定为自首。

⑥犯罪嫌疑人自动投案时虽然没有交代自己的主要犯罪事实,但在司法机关掌握其主要犯罪事实之前主动交代的,应认定为如实供述自己的罪行。

⑦犯罪嫌疑人、被告人对行为性质的辩解不影响自首的成立。

在贿赂类案件中,受贿人和行贿人的供述、辩解和证言对于定罪量刑具有非常重要的作用,受贿人或者行贿人自动投案后,交代的犯罪事实有的是办案机关已经掌握的,有的是办案机关尚未掌握的。因此,确定受贿人或者行贿人如实供述的时间对判定是否构成自首具有关键作用。

(2)实践把握。

虽然法律和相关司法解释对"如实供述"作了比较详细的规定,也列举了很多种情形,但司法实践中出现的情形可能并不能完全与法律和司法解释相匹配,这时需要辩护人把握立法精神进行辩护,现罗列一些容易混淆且难以认定的情形,以便辩护时予以把握。

①自动投案后,没有如实供述同案犯的,不属于如实供述自己的罪行。

②虽如实供述犯罪行为,但在此后审理中又对主要犯罪事实予以否认的,不应认定为自首。

③如实供述的罪行与司法机关已经掌握的罪行在事实上密切关联的,不构成自首。

④交代司法机关尚未掌握的案发起因构成其他犯罪的,应当认定为自首。

⑤自动投案后,所供述的内容能够反映犯罪的动机、性质、主要情节等,即使存在具体细节与有关证据不一致的情况的,也应认为其对主要犯罪事实作了供述。

⑥自诉案件的被告人到案后如实陈述案件事实、未逃避审查和裁判的,成立自首。

案例 6-22

某区纪检监察机关得到该区民防局局长任某涉嫌受贿的线索,考虑民防局局长属于正处级领导干部,为慎重起见,纪检监察机关领导决定先找任某进行廉政谈话。在廉政谈话过程中,任某主动交代了收取贿赂的事实。此时,纪检监察机关尚未对任某立案审查,任某承认受贿的行为应当认定为自首。

(三) 特别自首

《刑法》第 67 条第 2 款规定:"被采取强制措施的犯罪嫌疑人、被告人和正在服刑的罪犯,如实供述司法机关还未掌握的本人其他罪行的,以自首论。"由于该情形不具备自动投案的要件,但可以以自首论,所以我们称之为"特别自首"或者"准自首"。因此,对于被采取强制措施的犯罪嫌疑人、被告人和正在服刑的罪犯,虽然缺失自动投案的要件,但并不意味着就无法成立自首,辩护人要特别注意审查。

1. 还未掌握的认定

对于特别自首,要求如实供述的罪行必须是"司法机关还未掌握的本人其他罪行"。该罪行能否认定为司法机关已掌握,应根据不同情形区别对待。如果该罪行已被通缉,一般应以该司法机关是否在通缉令发布范围内作出判断,不在通缉令发布范围内的,应认定为还未掌握,在通缉令发布范围内的,应视为已掌握;如果该罪行已录入全国公安信息网络在逃人员信息数据库,应视为已掌握。如果该罪行未被通缉、也未录入全国公安信息网络在逃人员信息数据库,应以该司法机关是否已实际掌握该罪行为标准。

2. 不同种罪行的认定

被采取强制措施的犯罪嫌疑人、被告人和已宣判的罪犯,如实供述司法机关尚未掌握的罪行,必须是与司法机关已掌握的或者判决确定的罪行属不同种罪行的,才能以自首论;如果是与司法机关已掌握的或者判决确定的罪行属同种罪行的,则不能以自首论,但可以酌情从轻处罚,若如实供述的同种罪行较重的,一般应当从轻处罚。

犯罪嫌疑人、被告人在被采取强制措施期间如实供述本人其他罪行,该罪行与司法机关已掌握的罪行属同种罪行还是不同种罪行,一般应以罪名区分。虽然如实供述的其他罪行的罪名与司法机关已掌握的犯罪罪名不同,但如实供述的其他犯罪与司法机关已掌握的犯罪属选择性罪名或者在法律、事实上密切关联,如因受贿被采取强制措施后,又交代因受贿为他人谋取利益的行为,构成滥用职权罪的,应认定为同种罪行。又如,办案机关掌握犯罪嫌疑人涉嫌挪用公款罪,但在侦查期间,行为人又如实交代了受贿的犯罪事实,对受贿的罪行应视为自首。

没有自动投案,办案机关所掌握的线索针对的犯罪事实不成立,在此范围外犯罪分子交代同种罪行的,以自首论。司法实践中,办案机关对所掌握的犯罪线索调查后,发现针对的犯罪事实不成立,而行为人在此范围外交代了同种罪行的,对交代的罪行视为自首。比如办案机关掌握行为人收受请托人甲贿赂的线索,侦查后发现不构成犯罪,而行为人交代了收受请托人乙的贿赂,对收受乙贿赂的罪行应当视为自首。

案例6-23

被告人凌某某利用担任某公司总经理的职务便利,收受乔某某贿赂款50万元,在支付货款、租赁费等方面为乔某某等人谋取利益。凌某某到案后,承认了司法机关已经掌握的收受乔某某50万元的事实,不但主动交代了司法机关尚未掌握的收受蔡某某20万元的事实,还主动交代了其向国家机关工作人员雷某某行贿30万元的事实,后司法机关根据该线索侦破了蔡某某行贿和雷某某受贿两个案件。

在庭审过程中,凌某某的辩护人提出,凌某某不但有坦白情节,还检举揭发了蔡某某行贿的事实和雷某某受贿的事实,具有立功情节。法院经审理认为,贿赂犯罪属于对合犯,行为人供述受贿事实,必须交代行贿人的情况;供述行贿事实,同样必须交代受贿人的情况。本案中,凌某某主动交代司法机关尚未掌握的其收受蔡某某20万元的事实,与已经掌握的犯罪事实属于同一种罪行,故不成立自首,构成坦白;其主动交代司法机关尚未掌握的其向雷某某行贿30万元的事实,与已经掌握的犯罪事实不属于同一种罪行,故对行贿罪成立自首。司法机关根据其主动交代的情况侦破了蔡某某行贿案和雷某某受贿案,在客观上具有揭发他人犯罪的效果,但不再重复评价认定为立功。

供述蔡某某行贿20万元仍属于对其受贿事实供述的范围,故不能再认定构成立功。

(四)单位自首

(1)单位犯罪案件中,单位集体决定或者单位负责人决定自动投案,如实交代单位犯罪事实的,或者单位直接负责的主管人员自动投案,如实交代单位犯罪事实的,应当认定为单位自首。

(2)单位主动投案的案件,需要追究相关人员责任的,参与集体研究并同意投案的人员、决定投案的单位负责人以及投案的单位直接负责的主管人员均应当认定为主动投案。

(3)单位自首的直接负责的主管人员和直接责任人员未自动投案,但如实交代自己知道的犯罪事实的,可以视为自首;拒不交代自己知道的犯罪事实或者逃避法律追究的,不应当认定为自首。

(4)单位没有自首,直接责任人员自动投案并如实交代自己知道的犯罪事实的,对该直接责任人员应当认定为自首。

案例 6-24

昆明某科贸有限公司在销售百利多、威克创心脏起搏器和强生冠脉支架、导管过程中,为增加公司销量,以支付射线补助费的形式,向十余家医院返还回扣款共计 224 万元。后该公司总经理许某某在未被采取强制措施之前,主动到公安机关交代自己的罪行。后法院认定昆明某科贸有限公司及许某某构成对单位行贿罪,均构成自首。

(五) 坦白

根据我国《刑法》第 67 条第 3 款的规定,犯罪嫌疑人虽然不具有自首情节,但是如实供述自己罪行的,可以从轻处罚;因其如实供述自己罪行,避免特别严重后果发生的,可以减轻处罚。可见,即使案件不具备自首的条件,辩护人还应当继续审查当事人是否如实供述自己的罪行,如果能认定为坦白,也可以进行罪轻辩护。

(1)《刑法修正案(八)》在《刑法》第 67 条中增加一款作为第 3 款:"犯罪嫌疑人虽不具有前两款规定的自首情节,但是如实供述自己罪行的,可以从轻处罚;因其如实供述自己罪行,避免特别严重后果发生的,可以减轻处罚。"

(2)《刑法修正案(九)》规定,犯受贿罪,在提起公诉前如实供述自己罪行、真诚悔罪、积极退赃,避免、减少损害结果的发生,受贿数额较大或者有其他较重情节的,可以从轻、减轻或者免除处罚;受贿数额巨大或者有其他严重情节的、受贿数额特别巨大或者有其他特别严重情节的,可以从轻处罚。

(3)最高人民法院、最高人民检察院《关于办理职务犯罪案件认定自首、立功等量刑情节若干问题的意见》中关于"如实交代犯罪事实的认定和处理"与《刑法》总则规定相矛盾的,应适用《刑法》总则的规定。

(4)最高人民法院、最高人民检察院《关于办理行贿刑事案件具体应用法律若干问题的解释》第8条也明确规定:"行贿人被追诉后如实供述自己罪行的,依照刑法第六十七条第三款的规定,可以从轻处罚;因其如实供述自己罪行,避免特别严重后果发生的,可以减轻处罚。"

(六)立功

根据《刑法》第68条规定:"犯罪分子有揭发他人犯罪行为,查证属实的,或者提供重要线索,从而得以侦破其他案件等立功表现的,可以从轻或者减轻处罚;有重大立功表现的,可以减轻或者免除处罚。"

由于行贿型贿赂类犯罪与受贿型贿赂类犯罪为对向犯,司法实践中存在因行为人在被追诉前主动交代行贿行为而破获相关受贿案件或者因行为人在被追诉前主动交代受贿行为而破获相关行贿案件的现象,在这种情况下,行为人是否构成立功存在很大争议。最高人民法院、最高人民检察院《关于办理行贿刑事案件具体应用法律若干问题的解释》第7条明确规定,因行贿人在被追诉前主动交代行贿行为而破获相关受贿案件的,对行贿人不适用《刑法》第68条关于立功的规定,依照《刑法》第390条第2款的规定,可以减轻或者免除处罚。第9条规定,行贿人揭发受贿人与其行贿无关的其他犯罪行为,查证属实的,依照《刑法》第68条关于立功的规定,可以从轻、减轻或者免除处罚。

1.应当认定为有立功表现的情形

(1)犯罪分子到案后有检举、揭发他人犯罪行为,包括共同犯罪案件中的犯罪分子揭发同案犯共同犯罪以外的其他犯罪,经查证属实。

(2)提供侦破其他案件的重要线索,经查证属实。

(3)阻止他人犯罪活动。

(4)协助司法机关抓捕其他犯罪嫌疑人(包括同案犯)。

犯罪分子具有下列行为之一,使司法机关抓获其他犯罪嫌疑人的,可以认定为"协助司法机关抓捕其他犯罪嫌疑人":①按照司法机关的安排,以打电话、发信息等方式将其他犯罪嫌疑人(包括同案犯)约至指定地点的;②按照司法机关的安排,当场指认、辨认其他犯罪嫌疑人(包括同案犯)的;③带领侦查人员抓获其他犯罪嫌疑人(包括同案犯)的;④提供司法机关尚未掌握的其他案件犯罪嫌疑人的联络方式、藏匿地址的;等等。

犯罪分子提供同案犯姓名、住址、体貌特征等基本情况,或者提供犯罪前、犯罪中掌握、使用的同案犯联络方式、藏匿地址,司法机关据此抓捕同案犯的,不能认定为协助司法机关抓捕同案犯。

(5)具有其他有利于国家和社会的突出表现的。

需要注意的是,犯罪分子检举、揭发或者协助抓获的人的行为构成犯罪,但因法定事由不追究刑事责任、不起诉、终止审理的,不影响对犯罪分子立功表现的认定。

2.应当认定为有重大立功表现的情形

(1)犯罪分子有检举、揭发他人重大犯罪行为,经查证属实。
(2)提供侦破其他重大案件的重要线索,经查证属实。
(3)阻止他人重大犯罪活动。
(4)协助司法机关抓捕其他重大犯罪嫌疑人(包括同案犯)。
(5)对国家和社会有其他重大贡献等表现的。

以上所称"重大犯罪""重大案件""重大犯罪嫌疑人"的标准,一般是指犯罪嫌疑人、被告人可能被判处无期徒刑以上刑罚或者案件在本省、自治区、直辖市或者全国范围内有较大影响等情形。这里的"可能被判处无期徒刑以上刑罚",应当理解为排除罪后情节而可能判处无期徒刑以上的宣告刑,不能一概以法定刑幅度内含有无期徒刑就认为是可能判处无期徒刑。犯罪分子检举、揭发或者协助抓获的人的行为应判处无期徒刑以上刑罚,但因具有法定、酌定从宽等罪后情节,宣告刑为有期徒刑或者更轻刑罚的,不影响对犯罪分子重大立功表现的认定。

司法实践中,对于协助抓捕型立功中的"重大犯罪嫌疑人"的认定存在不同意见。一种观点认为,从相关司法解释的规定分析,协助抓捕犯罪嫌疑人是构成立功还是重大立功,只看客观结果,即只需考虑在客观结果上被抓捕的犯罪嫌疑人是否属于"重大犯罪嫌疑人"。而另一种观点认为,虽然相关司法解释没有从主观方面对立功、重大立功予以条件限制,但是司法实践中对立功、重大立功的把握仍应坚持主客观相统一原则,不能只考虑客观结果,而忽视主观条件,且对犯罪嫌疑人的认定应当以立功时为准,应当具有一定的时间要求,即应当以实施协助抓捕行为时犯罪分子所揭发的犯罪事实或者司法机关所掌握的犯罪事实为依据。犯罪分子协助抓捕其他犯罪嫌疑人时,根据犯罪分子揭发的犯罪事实或者司法机关已经掌握的犯罪事实可能判处无期徒刑以上刑罚的,应认定该犯罪分子为重大犯罪嫌疑人;根据当时犯罪分子揭发的犯罪事实或者司法机关已经掌握的犯罪事实虽然尚不能明确能否判处无期徒刑以上刑罚,但根据已经掌握的犯罪线索,通过继续侦查所查证的犯罪事实,确定可能判处无期徒刑以上刑罚的,也可以认定为重大犯罪嫌疑人;但是,如果根据当时犯罪分子揭发的犯罪事实或者司法机关已经掌握的犯罪事实不能确定为重大犯罪嫌疑人,而是根据抓捕之后查明的其他犯罪事实才确定其为重大犯罪嫌疑人的,不能认定为司法解释中的"重大犯罪嫌疑人"。

3. 不能认定为有立功表现的情形

(1)犯罪分子通过贿买、暴力、胁迫等非法手段,或者被羁押后与律师、亲友会见过程中违反监管规定,获取他人犯罪线索并"检举、揭发"的,不能认定为有立功表现。

(2)犯罪分子将本人以往查办犯罪职务活动中掌握的,或者从负有查办犯罪、监管职责的国家工作人员处获取的他人犯罪线索予以检举、揭发的,不能认定为有立功表现。

(3)犯罪分子亲友为使犯罪分子"立功",向司法机关提供他人犯罪线索、协助抓捕犯罪嫌疑人的,不能认定为犯罪分子有立功表现。

(4)如实供述其所参与的对合型犯罪中的对方的犯罪行为,属于如实供述自己的罪行的内容,不构成立功。但对于掩饰、隐瞒抢劫或者抢夺犯罪所得、犯罪所得收益罪的犯罪嫌疑人,在供述中揭发所得或者所得收益来源的犯罪人抢劫或者抢夺等具体犯罪行为的,应当认定为揭发他人犯罪行为,成立立功。

案例 6-25

被告人刘某某因涉嫌受贿罪被移送起诉,但因病取保候审。在一审审理期间,其途径动物园地铁口时,将正在盗窃被害人钱包(内有现金9800元)的犯罪嫌疑人陈某某(案发时刚满15周岁)当场抓获,被盗钱包已返还被害人。后陈某某因未达到刑事责任年龄,公安机关未予刑事立案。在庭审过程中,辩护人提出刘某某阻止他人犯罪活动,应当认定为有立功表现。法院经审理认为,被告人刘某某发现陈某某正在盗窃他人钱包时予以制止,虽然司法机关未追究陈某某的刑事责任,但陈某某的行为侵害了被害人的财产利益,具有社会危害性,且客观上符合盗窃罪客观要件的外在表现形式,应认定刘某某为阻止他人犯罪活动的立功。

辩点 6-11:其他情节

(一)退还上交

最高人民法院、最高人民检察院《关于办理受贿刑事案件适用法律若干问题的意见》规定,"国家工作人员收受请托人财物后及时退还或者上交,不是受贿"。该规定虽然是针对受贿罪而言的,但其精神也同样适用其他受贿型贿赂类犯罪。因此,辩护人在代理受贿型贿赂类犯罪案件时,要注意审查行为人收受贿赂后有无及时退还或者上交,如果有,可以提出不是受贿的无罪辩护意见。由于司法解释并未对"及时"作出明确的界定,这也给了辩护人一定的辩护空间,辩护人要掌握好,避免错失无罪辩护的机会。但是还要注意两个问题:

(1)这里的退还或者上交,并非针对受贿既遂后的退还或者上交。行为人出于受贿的故意,非法收受他人财物之后,将赃款赃物用于单位公务支出或者社会捐赠的,不影响受贿罪的认定,但量刑时可以酌情考虑。

(2)行为人在受贿后,因自身或者与其受贿有关联的人、事被查处,为掩盖犯罪而退还或者上交的,不影响受贿型贿赂类犯罪的认定。因此,对于有退还或者上交情节的案件,辩护人要注意审查行为人是否因自身或者与其受贿有关联的人、事被查处,为了掩盖犯罪而退还或者上交,如果不是,仍然可以提出不是受贿的无罪辩护意见。

案例 6-26

被告人潘某某利用其担任某街道工委书记的职务便利,为 A 房地产公司受让某大厦项目减免 100 万元费用提供帮助,并以低于市场价 60 万元的价格购买了该房地产公司开发的一处房产。两年后潘某某了解到监察委调取 A 公司账目已经掌握其购房仅支付了部分款项,遂向 A 公司总经理许某某支付了 60 万元房屋差价。后潘某某因涉嫌受贿罪被移送起诉。

在庭审过程中,潘某某的辩护人提出,潘某某在监察委进行监察立案之前已经将 60 万元房屋差价补给了 A 房地产公司,不应认定为受贿。法院经审理认为,潘某某购房两年后才向 A 房地产公司补房屋差价,且是因为 A 房地产公司总经理许某某被监察委找去谈话,监察委从公司账上已经掌握潘某某购房仅支付部分款项的情况后,出于掩盖罪行目的而采取的退赃行为,不影响对受贿罪的认定。

(二)积极退赃

(1)《刑法修正案(九)》增加一个条款,犯受贿罪,在提起公诉前积极退赃,避免、减少损害结果的发生,对于受贿数额较大或者有其他较重情节的,可以从轻、减轻或者免除处罚;对于受贿数额巨大或者有其他严重情节的、受贿数额特别巨大或者有其他特别严重情节的,可以从轻处罚。这是新增的一个法定从轻、减轻甚至免除处罚的条款,辩护人在代理这类案件时要特别注意,要适用这个条款,应当把握积极退赃的时机。

(2)根据最高人民法院、最高人民检察院《关于办理职务犯罪案件认定自首、立功等量刑情节若干问题的意见》的规定,"受贿案件中赃款赃物全部或者大部分追缴的,视具体情况可以酌定从轻处罚。犯罪分子及其亲友主动退赃或者在办案机关追缴赃款赃物过程中积极配合的,在量刑时应当与办案机关查办案件过程中依职权追缴赃款赃物的有所区别。职务犯罪案件立案后,犯罪分子及其亲友自行挽回的经济损失,司法机关或者犯罪分子所在单位及其上级主管部门挽回的经济损失,或者因客观原因减少的经济损失,不予扣减,但可以作为酌情从轻处罚的情节"。根据上述司法解释,积极退赃与被动追缴在量刑上是有区别的,辩护人在进行罪轻辩护时要注意运用。

(三)追缴退赔

我国《刑法》第64条规定,犯罪分子违法所得的一切财物,应当予以追缴或者责令退赔;被害人的合法财产,应当及时返还。为了有效剥夺贪污贿赂犯罪分子的违法所得,尽可能挽回经济损失,最高人民法院、最高人民检察院《关于办理贪污贿赂刑事案件适用法律若干问题的解释》进一步强化了赃款赃物的追缴,强调贪污贿赂犯罪分子违法所得的一切财物,应当依法予以追缴或者责令退赔;尚未追缴到案或者尚未足额退赔的违法所得,应当继续追缴或者责令退赔。据此,追缴赃款赃物不设时限,一追到底,随时发现随时追缴。这样的变化,辩护人也应当把握,并与委托人、家属以及当事人说清利害关系,做好法律辅导。

(四)终身监禁

根据刑法的规定,受贿数额特别巨大,并使国家和人民利益遭受特别重大损失的,可以判处无期徒刑或者死刑,并处没收财产。对于判处死刑缓期执行的,人民法院根据犯罪情节等情况可以同时决定在其死刑缓期执行2年期满依法减为无期徒刑后,终身监禁,不得减刑、假释。这是《刑法修正案(九)》新增的内容,在生刑和死刑之间增加了"终身监禁"这一刑罚,辩护人在代理这一类案件时,情节辩护就显得极为重要。对于受贿数额特别巨大的案件,辩护人还应当审查犯罪情节是否特别严重,社会影响是否特别恶劣,是否存在国家和人民利益遭受特别重大损失的结果,审查该结果与受贿行为之间是否存在刑法上的因果关系,如果都没有,则应当提出不应判处死刑、死缓的量刑建议。

(五) 既遂未遂

司法实践中,受贿型贿赂类犯罪的既遂未遂标准有时会存在一定争议,这里简单作一下介绍。一般来说,受贿型贿赂类犯罪的既遂未遂标准在理论上有丧失说、占有说和控制说,实务中司法机关多采用控制说,即受贿人对贿赂具有支配、处分的能力即可构成既遂,而不要求其对贿赂实际占有、使用或者收益。辩护人多使用丧失说进行辩护,即以行贿人对贿赂的丧失为标准,这样更有利于受贿的当事人,但这样的辩护意见在实践中有时很难被采纳。如果受贿人并未实现对贿赂的实际控制,则应认定为受贿未遂。例如,行贿人对承诺的贿赂款只出具了借据或者欠条,受贿人收取了借据或者欠条,这样的债权能否兑现仍存在不确定性,不能认为收取了借据或欠条就实现了对款项的实际控制,如果受贿人因案发未实际获得贿赂的,就应认定为受贿未遂。

案例6-27

被告人王某某系某国有知名酒厂厂长,李某某系该酒厂的原浆酒供应商,为了能持续向该酒厂供应原浆酒,其向王某某表示根据其提供给该酒厂的原浆酒数量按一定比例给予王某某个人提成,王某某表示同意,后在8年的时间里,李某某每年按照供应原浆酒的数量,按照约定的标准计算出提成金额,并从其公司内账上支出,兑换成共计55万美元存入李某某家人的个人账户上,并每年将具体数额向王某某汇报,申明王某某可以随时转存、使用,但王某某只动用了其中10万美元为其在美国的儿子支付学费和生活费,其余款项一直存放在李某某家人的账户里。后王某某因涉嫌受贿55万元既遂被移送起诉。

王某某的辩护人提出,案发时,王某某只控制了10万美元,还有45万美元一直在行贿人处,其并未实际控制,属于受贿未遂。但法院经审理认为,口头承诺收受贿赂也可以构成受贿罪,从每年李某某向王某某汇报提成数额,听从王某某对钱款的安排,从中支取10万美元为王某某在美国的儿子支付学费和生活费,以上行为结合王某某所处的地位、所拥有的职权以及由此产生的各种有利条件,45万美元在案发时虽然没有转入王某某账户,但并不影响其对该笔款项的实际控制,所以对该45万美元,王某某也构成受贿既遂。

(六) 索贿从重

本章犯罪中,有一个刑法明确规定的从重情节,即索贿应从重处罚。我国刑法或者司法解释虽然未对索贿的含义作出规定,但司法实践中可以按照索贿用语的通常含义来认定,只要行为人主动向他人索要财物,就属于索贿。此外,多次索贿的,还可以降低对数额的入刑标准和量刑标准。因此,辩护人在代理受贿型贿赂类犯罪案件时,要注意区别是收受贿赂还是索取贿赂。

案例 6-28

在被告人吴某某担任某省高速公路管理局养护工程公司副经理期间,田某某多次找到吴某某,希望能承接某高速所需钢绞线供应业务。吴某某原计划安排赵某某承接该业务,便假称有领导朋友要介入这些业务,于是田某某提出愿意出钱让竞争对手退出竞争,吴某某便以"让领导的朋友退出"为由,要求田某某给予"领导的朋友"好处费100万元,田某某表示同意。后吴某某利用职权,决定由田某某以其三家公司的名义承接5000万元的钢绞线供应业务,田某某按约定联系吴某某交付100万元好处费,吴某某安排其朋友秦某某与田某某见面,谎称秦某某系"领导的朋友",秦某某收到100万元后转交给吴某某。后吴某某因涉嫌受贿罪且具有索贿情节被移送起诉。

在庭审过程中,吴某某辩解是田某某主动提出愿意出钱让"竞争对手"退出竞争,涉案100万元是田某某自愿支付的好处费,不能认定其具有索贿情节。法院经审理认为,吴某某采用欺骗手段使田某某相信有"领导的朋友"介入业务,涉案100万元虽然是田某某自愿支付的好处费,但吴某某早已向田某某传递了不付出一定代价不可能顺利承揽业务的信号,故其使用的欺骗手段并不能改变其主动向田某某索要贿赂的实质。

(七) 多次受贿

对于多次受贿未经处理的,累计计算受贿数额。国家工作人员利用职务上的便利为请托人谋取利益,先后多次收受请托人财物,受请托之前收受的财物数额在1万元以上的,应当一并计入受贿数额。

附：本章相关法律规范性文件①

1. 法律

《中华人民共和国刑法》（2020年修正，法宝引证码：CLI.1.349391）第163、164、385—393条

2. 司法解释

最高人民法院、最高人民检察院《关于办理贪污贿赂刑事案件适用法律若干问题的解释》（法释〔2016〕9号，2016.04.18实施，法宝引证码：CLI.3.268586）

最高人民法院、最高人民检察院《关于办理行贿刑事案件具体应用法律若干问题的解释》（法释〔2012〕22号，2013.01.01实施，法宝引证码：CLI.3.192108）

最高人民法院、最高人民检察院《关于办理国家出资企业中职务犯罪案件具体应用法律若干问题的意见》（法发〔2010〕49号，2010.11.26实施，法宝引证码：CLI.3.154888）

最高人民法院、最高人民检察院《关于办理职务犯罪案件认定自首、立功等量刑情节若干问题的意见》（法发〔2009〕13号，2009.03.12实施，法宝引证码：CLI.3.114655）

最高人民法院、最高人民检察院《关于办理商业贿赂刑事案件适用法律若干问题的意见》（法发〔2008〕33号，2008.11.20实施，法宝引证码：CLI.3.110862）

最高人民法院、最高人民检察院《关于办理受贿刑事案件适用法律若干问题的意见》（法发〔2007〕22号，2007.07.08实施，法宝引证码：CLI.3.94981）

最高人民检察院法律政策研究室《关于集体性质的乡镇卫生院院长利用职务之便收受他人财物的行为如何适用法律问题的答复》（〔2003〕高检研发第9号，2003.04.02实施，法宝引证码：CLI.3.53042）

最高人民法院《关于国家工作人员利用职务上的便利为他人谋取利益离退休后收受财物行为如何处理问题的批复》（法释〔2000〕21号，2000.07.21实施，法宝引证码：CLI.3.30921）

最高人民法院、最高人民检察院《关于在办理受贿犯罪大要案的同时要严肃查处严重行贿犯罪分子的通知》（高检会〔1999〕1号，1999.03.04实施，法宝引证码：CLI.3.65208）

---

① 所列法律规范性文件的详细内容，可登录"北大法宝"引证码查询系统（www.pkulaw.com/fbm），输入所提供的相应的"法宝引证码"，免费查询。

最高人民法院、最高人民检察院、公安部、国家工商行政管理局《关于依法查处盗窃、抢劫机动车案件的规定》(公通字〔1988〕31号,1998.05.08实施,法宝引证码:CLI.4.20226)

3.其他

最高人民法院《全国法院审理经济犯罪案件工作座谈会纪要》(法发〔2003〕167号,2003.11.13实施,法宝引证码:CLI.3.51080)

第七章 渎职类犯罪

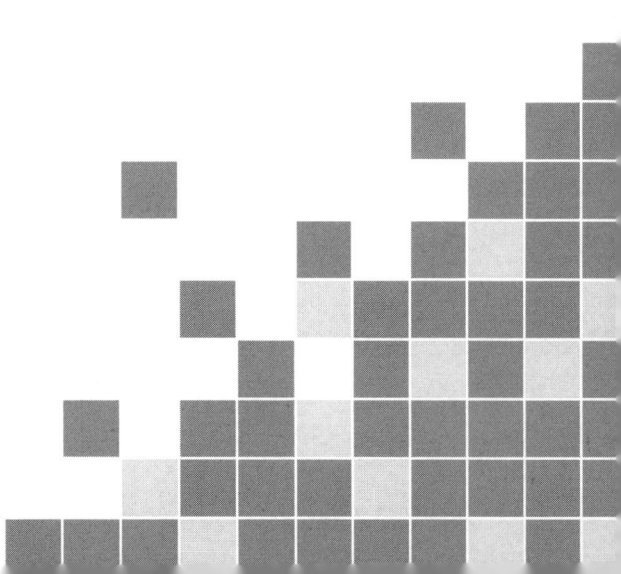

第一节 渎职类犯罪综述

所谓渎职,是指在履行职责或者行使职权过程中,徇私舞弊、滥用职权或者玩忽职守,致使国家和人民利益遭受重大损失的行为,如果主体是国家机关工作人员,则构成《刑法》分则第九章的渎职罪,由监察委员会监督、调查、处置;如果主体是国有公司、企业、事业单位的工作人员,则构成《刑法》分则第三章的妨害对公司、企业的管理秩序罪中的签订、履行合同失职被骗罪,国有公司、企业、事业单位人员失职罪和国有公司、企业、事业单位人员滥用职权罪。本章将此类犯罪统称为渎职类犯罪,并详细阐述如何找到辩点对该类案件进行辩护。

一、渎职类犯罪分类索引

根据渎职主体的不同,笔者将渎职类犯罪分为四种类型,即普通型、司法型、特定型和企业型。前三种类型渎职类犯罪的主体都是国家机关工作人员,普通型渎职类犯罪的主体是一般国家机关工作人员,司法型渎职类犯罪的主体是司法工作人员,即具有侦查、检察、审判、监管职责的工作人员,特定型渎职类犯罪的主体是在某一特定领域履行特定职责的国家机关工作人员,如工商、证券、税务、海关、环保监督、食品药品安全监督、商检、动植物检疫等部门的工作人员。企业型渎职类犯罪的主体不是国家机关工作人员,而是国有公司、企业、事业单位的工作人员。相关罪名与《刑法》法条的对应关系见下表。

类型	罪名	法条
1.普通型	滥用职权罪,玩忽职守罪	第397条
	故意泄露国家秘密罪,过失泄露国家秘密罪	第398条
	国家机关工作人员签订、履行合同失职被骗罪	第406条
	非法批准征收、征用、占用土地罪,非法低价出让国有土地使用权罪	第410条
	招收公务员、学生徇私舞弊罪	第418条
	失职造成珍贵文物损毁、流失罪	第419条

(续表)

类型	罪名	法条
2. 司法型	徇私枉法罪	第 399 条第 1 款
	民事、行政枉法裁判罪	第 399 条第 2 款
	执行判决、裁定失职罪,执行判决、裁定滥用职权罪	第 399 条第 3 款
	私放在押人员罪	第 400 条第 1 款
	失职致使在押人员脱逃罪	第 400 条第 2 款
	徇私舞弊减刑、假释、暂予监外执行罪	第 401 条
3. 特定型	枉法仲裁罪	第 399 条之一
	徇私舞弊不移交刑事案件罪	第 402 条
	滥用管理公司、证券职权罪	第 403 条
	徇私舞弊不征、少征税款罪	第 404 条
	徇私舞弊发售发票、抵扣税款、出口退税罪	第 405 条第 1 款
	违法提供出口退税凭证罪	第 405 条第 2 款
	违法发放林木采伐许可证罪	第 407 条
	环境监管失职罪	第 408 条
	食品、药品监管渎职罪	第 408 条之一
	传染病防治失职罪	第 409 条
	放纵走私罪	第 411 条
	商检徇私舞弊罪	第 412 条第 1 款
	商检失职罪	第 412 条第 2 款
	动植物检疫徇私舞弊罪	第 413 条第 1 款
	动植物检疫失职罪	第 413 条第 2 款
	放纵制售伪劣商品犯罪行为罪	第 414 条
	办理偷越国(边)境人员出入境证件罪,放行偷越国(边)境人员罪	第 415 条
	不解救被拐卖、绑架妇女、儿童罪	第 416 条第 1 款
	阻碍解救被拐卖、绑架妇女、儿童罪	第 416 条第 2 款
	帮助犯罪分子逃避处罚罪	第 417 条
4. 企业型	签订、履行合同失职被骗罪	第 167 条
	国有公司、企业、事业单位人员失职罪	第 168 条
	国有公司、企业、事业单位人员滥用职权罪	第 168 条

二、渎职类犯罪《刑法》规定对照表

类型	罪名	法条	罪状		主刑	辩点速查
普通型	滥用职权罪	第397条	国家机关工作人员滥用职权	致使公共财产、国家和人民利益遭受重大损失的	处3年以下有期徒刑或者拘役	1.犯罪主体：国家机关工作人员。 2.犯罪行为：滥用职权。 3.犯罪结果：既包括物质上的可量化的损失，也包括造成的无法量化的不良影响。 4.因果关系：滥用职权行为与所造成的结果之间必须有刑法上的直接因果关系。
				情节特别严重的	处3—7年有期徒刑	
			国家机关工作人员徇私舞弊，滥用职权	致使公共财产、国家和人民利益遭受重大损失的	处5年以下有期徒刑或者拘役	
				情节特别严重的	处5—10年有期徒刑	
普通型	玩忽职守罪	第397条	国家机关工作人员玩忽职守	致使公共财产、国家和人民利益遭受重大损失的	处3年以下有期徒刑或者拘役	1.犯罪主体：国家机关工作人员。 2.犯罪行为：玩忽职守。 3.犯罪结果：既包括物质上的可量化的损失，也包括对国家社会造成的无法量化的不良影响。 4.因果关系：玩忽职守行为与所造成的结果之间必须有刑法上的直接因果关系。
				情节特别严重的	处3—7年有期徒刑	
			国家机关工作人员徇私舞弊，玩忽职守	致使公共财产、国家和人民利益遭受重大损失的	处5年以下有期徒刑或者拘役	
				情节特别严重的	处5—10年有期徒刑	
	故意泄露国家秘密罪	第398条	国家机关工作人员违反保守国家秘密法的规定，故意泄露国家秘密	情节严重的	处3年以下有期徒刑或者拘役	1.犯罪主体：国家机关工作人员。 2.犯罪行为：泄露国家机密。 3.主观方面：故意。
				情节特别严重的	处3—7年有期徒刑	
	过失泄露国家秘密罪	第398条	国家机关工作人员违反保守国家秘密法的规定，过失泄露国家秘密	情节严重的	处3年以下有期徒刑或者拘役	1.犯罪主体：国家机关工作人员。 2.犯罪行为：泄露国家机密。 3.主观方面：过失。
				情节特别严重的	处3—7年有期徒刑	

(续表)

类型	罪名	法条	罪状		主刑	辩点速查
普通型	国家机关工作人员签订、履行合同失职被骗罪	第406条	国家机关工作人员在签订、履行合同过程中,因严重不负责任被诈骗	致使国家利益遭受重大损失的	处3年以下有期徒刑或者拘役	1. 犯罪主体:国家机关工作人员。 2. 犯罪行为:因严重不负责任而被骗。 3. 范围限制:在签订、履行合同过程中。
				致使国家利益遭受特别重大损失的	处3—7年有期徒刑	
	非法批准征收、征用、占用土地罪	第410条	国家机关工作人员徇私舞弊,违反土地管理法规,滥用职权,非法批准征收、征用、占用土地	情节严重的	处3年以下有期徒刑或者拘役	1. 犯罪主体:国家机关工作人员。 2. 犯罪行为:徇私舞弊,滥用职权,非法批准征收、征用、占用土地。
				致使国家或者集体利益遭受特别重大损失的	处3—7年有期徒刑	
	非法低价出让国有土地使用权罪	第410条	国家机关工作人员徇私舞弊,违反土地管理法规,滥用职权,非法低价出让国有土地使用权	情节严重的	处3年以下有期徒刑或者拘役	1. 犯罪主体:国家机关工作人员。 2. 犯罪行为:徇私舞弊,滥用职权,非法低价出让国有土地使用权。
				致使国家或者集体利益遭受特别重大损失的	处3—7年有期徒刑	
	招收公务员、学生徇私舞弊罪	第418条	国家机关工作人员在招收公务员、学生工作中徇私舞弊	情节严重的	处3年以下有期徒刑或者拘役	1. 犯罪主体:国家机关工作人员。 2. 犯罪行为:徇私舞弊。 3. 范围限制:在招收公务员、学生工作中。
	失职造成珍贵文物损毁、流失罪	第419条	国家机关工作人员严重不负责任,造成珍贵文物损毁或者流失	后果严重的	处3年以下有期徒刑或者拘役	1. 犯罪主体:国家机关工作人员。 2. 犯罪行为:严重不负责任。

（续表）

类型	罪名	法条	罪状		主刑	辩点速查
司法型	徇私枉法罪	第399条第1款	司法工作人员徇私枉法、徇情枉法，对明知是无罪的人而使他受追诉、对明知是有罪的人而故意包庇不使他受追诉，或者在刑事审判活动中故意违背事实和法律作枉法裁判的	情节严重的	处5年以下有期徒刑或者拘役	1. 犯罪主体：司法工作人员。 2. 犯罪行为：徇私枉法、徇情枉法。 3. 范围限制：在刑事诉讼过程中。
					处5—10年有期徒刑	
				情节特别严重的	处10年以上有期徒刑	
	民事、行政枉法裁判罪	第399条第2款	在民事、行政审判活动中故意违背事实和法律作枉法裁判	情节严重的	处5年以下有期徒刑或者拘役	1. 犯罪主体：司法工作人员。 2. 犯罪行为：枉法裁判。 3. 范围限制：在民事、行政审判活动中。
				情节特别严重的	处5—10年有期徒刑	
	执行判决、裁定失职罪	第399条第3款	在执行判决、裁定活动中，严重不负责任，不依法采取诉讼保全措施、不履行法定执行职责	致使当事人或者其他人的利益遭受重大损失的	处5年以下有期徒刑或者拘役	1. 犯罪主体：司法工作人员。 2. 犯罪行为：严重不负责任。 3. 范围限制：在执行判决、裁定过程中。
				致使当事人或者其他人的利益遭受特别重大损失的	处5—10年有期徒刑	
	执行判决、裁定滥用职权罪	第399条第3款	在执行判决、裁定活动中，滥用职权，违法采取诉讼保全措施、强制执行措施	致使当事人或者其他人的利益遭受重大损失的	处5年以下有期徒刑或者拘役	1. 犯罪主体：司法工作人员。 2. 犯罪行为：滥用职权，违法采取诉讼保全措施、强制执行措施。 3. 范围限制：在执行判决、裁定过程中。
				致使当事人或者其他人的利益遭受特别重大损失的	处5—10年有期徒刑	

(续表)

类型	罪名	法条	罪状		主刑	辩点速查
司法型	私放在押人员罪	第400条第1款	司法工作人员私放在押的犯罪嫌疑人、被告人或者罪犯的		处5年以下有期徒刑或者拘役	1.犯罪主体:司法工作人员。 2.犯罪行为:私放在押人员。 3.主观方面:故意。
				情节严重的	处5—10年有期徒刑	
				情节特别严重的	处10年以上有期徒刑	
	失职致使在押人员脱逃罪	第400条第2款	司法工作人员由于严重不负责任,致使在押的犯罪嫌疑人、被告人或者罪犯脱逃	造成严重后果的	处3年以下有期徒刑或者拘役	1.犯罪主体:司法工作人员。 2.犯罪行为:严重不负责任致使在押人员脱逃。 3.主观方面:过失。
				造成特别严重后果的	处3—10年有期徒刑	
	徇私舞弊减刑、假释、暂予监外执行罪	第401条	司法工作人员徇私舞弊,对不符合减刑、假释、暂予监外执行条件的罪犯,予以减刑、假释或者暂予监外执行的		处3年以下有期徒刑或者拘役	1.犯罪主体:司法工作人员。 2.犯罪行为:徇私舞弊,对不符合条件的罪犯,予以减刑、假释或者暂予监外执行。
				情节严重的	处3—7年有期徒刑	
特定型	枉法仲裁罪	第399条之一	依法承担仲裁职责的人员,在仲裁活动中故意违背事实和法律作枉法裁决	情节严重的	处3年以下有期徒刑或者拘役	1.犯罪主体:依法承担仲裁职责的人员。 2.犯罪行为:枉法仲裁。 3.范围限制:在仲裁活动中。
				情节特别严重的	处3—7年有期徒刑	
	徇私舞弊不移交刑事案件罪	第402条	行政执法人员徇私舞弊,对依法应当移交司法机关追究刑事责任的不移交	情节严重的	处3年以下有期徒刑或者拘役	1.犯罪主体:行政执法人员。 2.犯罪行为:徇私舞弊不移交刑事案件。
				造成严重后果的	处3—7年有期徒刑	

(续表)

类型	罪名	法条	罪状	主刑	辩点速查
特定型	滥用管理公司、证券职权罪	第403条	国家有关主管部门的国家机关工作人员，徇私舞弊，滥用职权，对不符合法律规定条件的公司设立、登记申请或者股票、债券发行、上市申请，予以批准或者登记	致使公共财产、国家和人民利益遭受重大损失的	处5年以下有期徒刑或者拘役	1. 犯罪主体：国家有关主管部门的国家机关工作人员。 2. 犯罪行为：徇私舞弊和滥用职权。 3. 范围限制：在公司设立、登记或者股票、债券发行、上市的申请过程中。
特定型	徇私舞弊不征、少征税款罪	第404条	税务机关的工作人员徇私舞弊，不征或者少征应征税款	致使国家税收遭受重大损失的	处5年以下有期徒刑或者拘役	1. 犯罪主体：税务机关工作人员。 2. 犯罪行为：徇私舞弊，不征或者少征应征税款。
				造成特别重大损失的	处5年以上有期徒刑	
特定型	徇私舞弊发售发票、抵扣税款、出口退税罪	第405条第1款	税务机关工作人员违反法律、行政法规的规定，在办理发售发票、抵扣税款、出口退税工作中，徇私舞弊	致使国家利益遭受重大损失的	处5年以下有期徒刑或者拘役	1. 犯罪主体：税务机关工作人员。 2. 犯罪行为：徇私舞弊。 3. 范围限制：在办理发售发票、抵扣税款、出口退税工作中。
				致使国家利益遭受特别重大损失的	处5年以上有期徒刑	
特定型	违法提供出口退税凭证罪	第405条第2款	其他国家机关工作人员违反国家规定，在提供出口货物报关单、出口收汇核销单等出口退税凭证工作中，徇私舞弊	致使国家利益遭受重大损失的	处5年以下有期徒刑或者拘役	1. 犯罪主体：其他国家机关工作人员。 2. 犯罪行为：徇私舞弊。 3. 范围限制：在提供出口货物报关单、出口收汇核销单等出口退税凭证工作中。
				致使国家利益遭受特别重大损失的	处5年以上有期徒刑	

(续表)

类型	罪名	法条	罪状	主刑	辩点速查
特定型	违法发放林木采伐许可证罪	第407条	林业主管部门的工作人员违反森林法的规定,超过批准的年采伐限额发放林木采伐许可证或者违反规定滥发林木采伐许可证	情节严重,致使森林资源遭受严重破坏的	处3年以下有期徒刑或者拘役	1.犯罪主体:林业主管部门的工作人员。2.犯罪行为:违法发放林木采伐许可证。
	环境监管失职罪	第408条	负有环境保护监督管理职责的国家机关工作人员严重不负责任	致发生重大环境污染事故,公私财产遭受重大损失或者造成人身伤亡的严重后果的	处3年以下有期徒刑或者拘役	1.犯罪主体:负有环境保护监督管理职责的国家机关工作人员。2.犯罪行为:严重不负责任。
	食品、药品监管渎职罪	第408条之一	负有食品药品安全监督管理职责的国家机关工作人员,滥用职权或者玩忽职守,有下列情形之一:(1)瞒报、谎报食品安全事故、药品安全事件的;(2)对发现的严重食品药品安全违法行为未按规定查处的;(3)在药品和特殊食品审批审评过程中,对不符合条件的申请准予许可的;(4)依法应当移送司法机关追究刑事责任不移交的;(5)有其他滥用职权或者玩忽职守行为的	造成严重后果或者有其他严重情节的	处5年以下有期徒刑或者拘役	1.犯罪主体:负有食品药品安全监管职责的国家机关工作人员。2.犯罪行为:滥用职权或者玩忽职守。3.从重情节:徇私舞弊。
				造成特别严重后果或者有其他特别严重情节的	处5—10年有期徒刑	

(续表)

类型	罪名	法条	罪状	主刑	辩点速查
特定型	传染病防治失职罪	第409条	从事传染病防治的政府卫生行政部门的工作人员严重不负责任,导致传染病传播或者流行	情节严重的 处3年以下有期徒刑或者拘役	1. 犯罪主体:从事传染病防治工作的政府卫生行政部门工作人员。 2. 犯罪行为:严重不负责任。
	放纵走私罪	第411条	海关工作人员徇私舞弊,放纵走私	情节严重的 处5年以下有期徒刑或者拘役	1. 犯罪主体:海关工作人员。 2. 犯罪行为:徇私舞弊,放纵走私。
				情节特别严重的 处5年以上有期徒刑	
	商检徇私舞弊罪	第412条第1款	国家商检部门、商检机构的工作人员徇私舞弊,伪造检验结果的	处5年以下有期徒刑或者拘役	1. 犯罪主体:国家商检部门、商检机构的工作人员。 2. 犯罪行为:徇私舞弊,伪造检验结果。
				造成严重后果的 处5—10年有期徒刑	
	商检失职罪	第412条第2款	国家商检部门、商检机构的工作人员严重不负责任,对应当检验的物品不检验,或者延误检验出证、错误出证	致使国家利益遭受重大损失的 处3年以下有期徒刑或者拘役	1. 犯罪主体:国家商检部门、商检机构的工作人员。 2. 犯罪行为:严重不负责任。
	动植物检疫徇私舞弊罪	第413条第1款	动植物检疫机关的检疫人员徇私舞弊,伪造检疫结果的	处5年以下有期徒刑或者拘役	1. 犯罪主体:动植物检疫机关的检疫人员。 2. 犯罪行为:徇私舞弊,伪造检疫结果。
				造成严重后果的 处5—10年有期徒刑	
	动植物检疫失职罪	第413条第2款	动植物检疫机关的检疫人员严重不负责任,对应当检疫的检疫物不检疫,或者延误检疫出证、错误出证	致使国家利益遭受重大损失的 处3年以下有期徒刑或者拘役	1. 犯罪主体:动植物检疫机关的检疫人员。 2. 犯罪行为:严重不负责任。

(续表)

类型	罪名	法条	罪状	主刑	辩点速查
特定型	放纵制售伪劣商品犯罪行为罪	第414条	对生产、销售伪劣商品犯罪行为负有追究责任的国家机关工作人员,徇私舞弊,不履行法律规定的追究职责	情节严重的	处5年以下有期徒刑或者拘役	1. 犯罪主体:对生产、销售伪劣商品犯罪行为负有追究责任的国家机关工作人员。 2. 犯罪行为:徇私舞弊,不履行法律规定的追究职责。
特定型	办理偷越国(边)境人员出入境证件罪	第415条	负责办理护照、签证以及其他出入境证件的国家机关工作人员,对明知是企图偷越国(边)境的人员,予以办理出入境证件的		处3年以下有期徒刑或者拘役	1. 犯罪主体:负责办理护照、签证以及其他出入境证件的国家机关工作人员。 2. 犯罪行为:对明知是企图偷越国(边)境的人员,予以办理出入境证件。
特定型	办理偷越国(边)境人员出入境证件罪	第415条	负责办理护照、签证以及其他出入境证件的国家机关工作人员,对明知是企图偷越国(边)境的人员,予以办理出入境证件的	情节严重的	处3—7年有期徒刑	
特定型	放行偷越国(边)境人员罪	第415条	边防、海关等国家机关工作人员,对明知是偷越国(边)境的人员,予以放行的		处3年以下有期徒刑或者拘役	1. 犯罪主体:边防、海关等国家机关工作人员。 2. 犯罪行为:对明知是偷越国(边)境的人员,予以放行。
特定型	放行偷越国(边)境人员罪	第415条	边防、海关等国家机关工作人员,对明知是偷越国(边)境的人员,予以放行的	情节严重的	处3—7年有期徒刑	
特定型	不解救被拐卖、绑架妇女、儿童罪	第416条第1款	对被拐卖、绑架的妇女、儿童负有解救职责的国家机关工作人员,接到被拐卖、绑架的妇女、儿童及其家属的解救要求或者接到其他人的举报,而对被拐卖、绑架的妇女、儿童不进行解救	造成严重后果的	处5年以下有期徒刑或者拘役	1. 犯罪主体:负有解救职责的国家机关工作人员,如公安机关的工作人员。 2. 犯罪行为:对被拐卖、绑架的妇女、儿童不进行解救。

(续表)

类型	罪名	法条	罪状		主刑	辩点速查
特定型	阻碍解救被拐卖、绑架妇女、儿童罪	第416条第2款	负有解救职责的国家机关工作人员利用职务阻碍解救的		处2—7年有期徒刑	1. 犯罪主体:负有解救职责的国家机关工作人员。 2. 犯罪行为:利用职务阻碍解救。
				情节较轻的	处2年以下有期徒刑或者拘役	
	帮助犯罪分子逃避处罚罪	第417条	有查禁犯罪活动职责的国家机关工作人员,向犯罪分子通风报信、提供便利,帮助犯罪分子逃避处罚的		处3年以下有期徒刑或者拘役	1. 犯罪主体:有查禁犯罪活动职责的国家机关工作人员。 2. 犯罪行为:向犯罪分子通风报信、提供便利,帮助犯罪分子逃避处罚。
				情节严重的	处3—10年有期徒刑	
企业型	签订、履行合同失职被骗罪	第167条	国有公司、企业、事业单位直接负责的主管人员,在签订、履行合同过程中,因严重不负责任被诈骗	致使国家利益遭受重大损失的	处3年以下有期徒刑或者拘役	1. 犯罪主体:国有公司、企业、事业单位的人员。 2. 犯罪行为:因严重不负责任而被骗。 3. 范围限制:在签订、履行合同过程中。
				致使国家利益遭受特别重大损失的	处3—7年有期徒刑	
	国有公司、企业、事业单位人员失职罪	第168条	国有公司、企业、事业单位的人员,由于严重不负责任	造成国有公司、企业破产或者严重损失,致使国家利益遭受重大损失的	处3年以下有期徒刑或者拘役	1. 犯罪主体:国有公司、企业、事业单位的人员。 2. 犯罪行为:严重不负责任。 3. 犯罪结果:造成国有公司、企业破产或者严重损失,致使国家利益遭受重大损失。 4. 因果关系:失职行为与所造成的结果之间必须有刑法上的直接因果关系。
				致使国家利益遭受特别重大损失的	处3—7年有期徒刑	

(续表)

类型	罪名	法条	罪状	主刑	辩点速查
企业型	国有公司、企业、事业单位人员滥用职权罪	第168条	国有公司、企业、事业单位的人员,由于滥用职权,造成国有公司、企业破产或者严重损失	致使国家利益遭受重大损失的	处3年以下有期徒刑或者拘役	1. 犯罪主体:国有公司、企业、事业单位的人员。2. 犯罪行为:滥用职权。3. 犯罪结果:造成国有公司、企业破产或者严重损失,致使国家利益遭受重大损失。4. 因果关系:滥用职权行为与所造成的结果之间必须有刑法上的直接因果关系。
				致使国家利益遭受特别重大损失的	处3—7年有期徒刑	

第二节　辩点整理

辩点 7-1:渎职主体　　辩点 7-2:渎职行为　　辩点 7-3:主观方面

辩点 7-4:因果关系　　辩点 7-5:立案标准　　辩点 7-6:共同犯罪

辩点 7-7:此罪彼罪　　辩点 7-8:一罪数罪

辩点 7-1:渎职主体

(一)国家机关工作人员的界定

渎职类犯罪的主体,都与职务紧密相关,前三种类型渎职类犯罪的主体都是履行特定职责和行使特定职权的国家机关工作人员。所谓"国家机关工作人员",是指在国家机关中从事公务的人员,包括在各级立法机关、各级行政机关、各级司法机关、各级军事机构中从事公务的人员。乡镇以上的党的机关或者人民政协机关中从事公务的人员,视为国家机关工作人员。

案例 7-1

被告人余某作为某县某镇某村的党支部书记,于 2015 年至 2018 年 12 月期间,违反《人口与计划生育法》的规定,滥用职权,预先收取村民鲍某、沙某、侯某等 12 户村民的社会抚养费,同意其计划外生育,致使超生多人,社会影响恶劣。后余某被立案侦查,以涉嫌滥用职权罪被移送起诉。

在庭审过程中,辩护人提出,被告人余某的行为虽然属于滥用职权,且该行为致使超生多人,社会影响恶劣,也达到了滥用职权罪的立案标准。但是余某作为村里的党支部书记,虽然属于在党的机关中从事公务的人员,但未达到乡镇以上级别,不能视为国家机关工作人员,即使其行为符合滥用职权罪的要件,但主体不符合要求,也不构成滥用职权罪。

(二)国家机关工作人员的扩展

1. 立法解释

除在国家机关从事公务的人员外,全国人民代表大会常务委员会《关于〈中华人民共和国刑法〉第九章渎职罪主体适用问题的解释》还规定了三类主体:一是在依照法律、法规规定行使国家行政管理职权的组织中从事公务的人员;二是在受国家机关委托代表国家机关行使职权的组织中从事公务的人员;三是虽未列入国家机关人员编制但在国家机关中从事公务的人员。这三类人员在代表国家机关行使职权时,有渎职行为,构成犯罪的,也依照《刑法》分则第九章关于渎职罪的规定追究刑事责任。从该立法解释可以看出,行为人是否符合渎职罪主体要求,并不取决于其固定的身份,而是取决于其从事活动的内容及根据。

案例 7-2[①]

2007 年 6 月至 9 月,财政部、教育部及福建省财政厅、教育厅陆续出台《中等职业学校国家助学金管理暂行办法》《福建省中等职业学校国家助学金管理暂行办法》等文件,规定中等职业学校(以下简称"中职学校")国家助学金资助对象是具有中职学校全日制正式学籍的在校一、二年级所有学生(含五年制高

---

① 案例来源:(2020)闽 01 刑初 125 号刑事判决书。

> 职在校一、二年级学生);中职学校国家助学金实行校长负责制,校长是第一责任人,对学校助学工作负主要责任。为确保顺利实施中职学校国家助学政策,2007年10月8日,福建工贸学校成立学生资助管理工作领导小组,负责该校国家助学金的申请、发放、管理以及数据统计上报等工作,时任校长的被告人林某某任领导小组组长。2008年1月3日,福建工贸学校召开校长办公会议,研究校企联合办学问题。被告人林某某未尽认真履职义务,玩忽职守,研究决定将校企联合办学招收的"半工半读"学生作为全日制学生。2008年6月至2010年6月,福建工贸学校先后与江西鑫宝辉金业有限公司漳浦分公司、乐佰年(福州)投资管理有限公司等13家企业合作开展校企"半工半读"中职班联合办学,招收企业员工等进行"半工半读"教学。2008年9月至2010年5月,经被告人林某某审批,福建工贸学校将上述学生按照具有全日制正式学籍的学生上报福建省教育厅申请国家助学金,共计38167人次,上述学生申领国家助学金人民币572.49万元,其中大部分被13家企业或企业主侵吞,最终造成国家财产损失人民币560.74万元。后被告人林某某被检察机关以涉嫌玩忽职守罪移送起诉。
>
> 本案中,福建工贸学校系由福建省粮食局开办的财政核拨经费的国有事业单位法人,有人认为被告人林某某属于国有事业单位人员,不是国家机关工作人员,要构成犯罪,也是国有事业单位人员失职罪,而不是玩忽职守罪。但法院经审理认为,被告人林某某属于在受国家机关委托代表国家机关行使职权的组织中从事公务的人员,符合玩忽职守罪的主体要求,最终判决其构成玩忽职守罪。

2. 司法解释

(1)根据最高人民检察院《关于镇财政所所长是否适用国家机关工作人员的批复》的规定:"对于属行政执法事业单位的镇财政所中按国家机关在编干部管理的工作人员,在履行政府行政公务活动中,滥用职权或玩忽职守构成犯罪的,应以国家机关工作人员论。"

(2)根据最高人民检察院《关于合同制民警能否成为玩忽职守罪主体问题的批复》的规定:"根据刑法第九十三条第二款的规定,合同制民警在依法执行公务期间,属其他依照法律从事公务的人员,应以国家机关工作人员论。对合同制民警在依法执行公务活动中的玩忽职守行为,符合刑法第三百九十七条规定的玩忽职守罪构成条件的,依法以玩忽职守罪追究刑事责任。"

(3) 根据最高人民检察院《关于属工人编制的乡(镇)工商所所长能否依照刑法第 397 条的规定追究刑事责任问题的批复》的规定:"根据刑法第 93 条第 2 款的规定,经人事部门任命,但为工人编制的乡(镇)工商所所长,依法履行工商行政管理职责时,属其他依照法律从事公务的人员,应以国家机关工作人员论。如果玩忽职守,致使公共财产、国家和人民利益遭受重大损失,可适用刑法第 397 条的规定,以玩忽职守罪追究刑事责任。"

(4) 根据最高人民检察院《关于企业事业单位的公安机构在机构改革过程中其工作人员能否构成渎职侵权犯罪主体问题的批复》的规定:"企业事业单位的公安机构在机构改革过程中虽尚未列入公安机关建制,其工作人员在行使侦查职责时,实施渎职侵权行为的,可以成为渎职侵权犯罪的主体。"

(5) 根据最高人民检察院《关于对海事局工作人员如何使用法律问题的答复》的规定,海事局及其分支机构工作人员在从事公务活动中,滥用职权或者玩忽职守,致使公共财产、国家和人民利益遭受重大损失的,应当依照《刑法》第 397 条的规定,以滥用职权罪或者玩忽职守罪追究刑事责任。

(6) 根据最高人民检察院法律政策研究室《关于非司法工作人员是否可以构成徇私枉法罪共犯问题的答复》的规定:"非司法工作人员与司法工作人员勾结,共同实施徇私枉法行为,构成犯罪的,应当以徇私枉法罪的共犯追究刑事责任。"

(7) 根据最高人民检察院《关于工人等非监管机关在编监管人员私放在押人员行为和失职致使在押人员脱逃行为适用法律问题的解释》的规定:"工人等非监管机关在编监管人员在被监管机关聘用受委托履行监管职责的过程中私放在押人员的,应当依照刑法第四百条第一款的规定,以私放在押人员罪追究刑事责任;由于严重不负责任,致使在押人员脱逃,造成严重后果的,应当依照刑法第四百条第二款的规定,以失职致使在押人员脱逃罪追究刑事责任。"

(8) 根据最高人民法院、最高人民检察院《关于办理危害生产安全刑事案件适用法律若干问题的解释》的规定,"公司、企业、事业单位的工作人员在依法或者受委托行使安全监督管理职责时滥用职权或者玩忽职守,构成犯罪的,应当依照《全国人民代表大会常务委员会关于〈中华人民共和国刑法〉第九章渎职罪主体适用问题的解释》的规定,适用渎职罪的规定追究刑事责任"。

这些司法解释进一步解释了行为人是否符合《刑法》分则第九章的渎职罪主体要求,并不取决于其固定的身份,而是取决于其从事活动的内容及根据。因此,辩护人在代理这类案件时,不能只是审查行为人所在的单位和职务,还要审查其所从事的工作内容和性质,以判断其是否符合主体要求,判断司法机关所适用的罪名是否准确。

(三)特殊国家机关工作人员

普通型渎职类犯罪的主体没有被限制在特定领域,只要是国家机关工作人员都有可能构成该类犯罪,但司法型和特定型渎职类犯罪的主体则有特定领域的限制,不具备特定条件的主体,不能构成对应的犯罪,具体情况如下。

1. 司法型渎职类犯罪的主体

司法型渎职类犯罪的主体都是司法工作人员。所谓司法工作人员,根据《刑法》第 94 条的规定,是指有侦查、检察、审判、监管职责的工作人员。不同的犯罪,主体职责的要求也不尽相同,如徇私枉法罪多为具有侦查、检察、审判职责的司法工作人员;民事、行政枉法裁判罪多为具有审判职责的司法工作人员;执行判决、裁定失职罪和执行判决、裁定滥用职权罪多为有执行职责的司法工作人员;私放在押人员罪、失职致使在押人员脱逃罪和徇私舞弊减刑、假释、暂予监外执行罪则多为有监管职责的司法工作人员。

> **案例 7-3**[①]
>
> 2012 年 7 月 18 日,何小某被同村村民白某打伤右眼。7 月 20 日何小某在扎赉特旗蒙医院被诊断为轻度闭合性颅脑损伤,头面部外伤,并住院治疗 12 天。8 月 13 日何小某在兴安盟人民医院眼科门诊被诊断为右眼神经挫伤。8 月 15 日何小某在兴安盟司法鉴定中心进行伤情法医鉴定,被鉴定为右眼轻伤。9 月 3 日,何小某在哈尔滨医大二院门诊被诊断为右眼钝挫伤,麻痹性斜视。9 月 24 日上午,何小某在同村村民戴长某的引见下找到兴安盟公安局法医何春某作眼部功能性损伤鉴定,何春某让何小某到兴安盟人民医院进行复查。同日,何小某在兴安盟人民医院眼科被诊断为右眼神经挫伤,复视。何小某将扎赉特旗阿尔本格勒派出所出具的鉴定委托书及以上三份门诊诊断书和医疗手册交给何春某,何春某受理了何小某的鉴定申请。9 月 30 日,何春某在何小某右眼受伤不满 3 个月的情况下作出兴公(刑技)鉴字〔2012〕71 号鉴定书,鉴定意见为何小某右眼损伤属重伤,并于 10 月 7 日交给何小某。12 月 12 日何小某据此鉴定书向扎赉特旗公安局报案,扎赉特旗公安局对白某进行立案侦查,并于 2013

---

① 案例来源:(2016)内 22 刑终 68 号刑事判决书。

年1月29日对其故意伤害案移送审查起诉,检察机关在审查起诉过程中发现被鉴定人何小某的损伤鉴定存在违法违规问题,退回补充侦查。白某在被羁押145天后被变更强制措施为取保候审,其亲属及其本人数次上访。2013年12月30日,内蒙古中泽司法鉴定中心受扎赉特旗公安局委托对何小某的损伤程度进行重新鉴定,鉴定意见为不构成轻重伤。2015年8月26日,内蒙古扎赉特旗公安局委托司法鉴定科学技术研究所司法鉴定中心进行重新鉴定,鉴定意见为何小某的伤情已构成轻微伤。后被告人何春某被检察机关以涉嫌徇私枉法罪被移送起诉,认为何春某是兴安盟公安局刑警支队的法医,负责对全盟的刑事案件作出相关的鉴定,其身份是具有侦查职责的工作人员,与一般鉴定人的身份和职责有所不同,符合徇私枉法罪的主体要件。但一审法院最终以被告人何春某犯滥用职权罪,判处其有期徒刑1年,缓刑2年。检察机关对法院改变定性的判决不服而提出抗诉,被告人何春某及其辩护人则认为何春某虽然在兴安盟公安局工作,但属于鉴定人身份,只属于诉讼参与人,不具有侦查职能,不符合徇私枉法罪的主体要件,且其出具的鉴定意见是否使用,应由侦查机关审查决定,扎赉特公安局对白某故意伤害案立案及采取强制措施的结果负有直接和主要责任,其不应构成犯罪,故提起上诉。案件历经二审、发回重审以及重审后的二审。

二审法院经审理认为:何春某作为鉴定人,在其作鉴定时白某故意伤害案并未立案侦查,因此不构成徇私枉法罪的主体。但何春某作为公安机关鉴定人员,属国家机关工作人员,负有接受委托进行鉴定的权力和义务,属履行职务行为,但其没有严格按照相关要求,审查鉴定委托书内容,按程序进行鉴定,同时依据《人体重伤鉴定标准》及鉴定程序的相关规定,在何小某受伤72天为其作鉴定,作出的鉴定存在瑕疵,公安机关以此鉴定书为依据,对白某以故意伤害罪立案侦查,并采取了刑事拘留的强制措施,导致白某被羁押145天,造成白某及其亲属多次上访,社会影响恶劣,其行为符合滥用职权罪的犯罪构成,构成滥用职权罪。但鉴于何春某犯罪情节轻微,且得到受害人白某的谅解,综合考虑本案具体案情,对何春某改判为免予刑事处罚。

2. 特定型渎职类犯罪的主体

(1)枉法仲裁罪:依法承担仲裁职责的人员;

(2)徇私舞弊不移交刑事案件罪:行政执法人员;

(3)滥用管理公司、证券职权罪:国家有关主管部门的国家机关工作人员;

(4)徇私舞弊不征、少征税款罪和徇私舞弊发售发票、抵扣税款、出口退税罪:税务机关的工作人员;

(5)违法提供出口退税凭证罪:其他国家机关工作人员;

(6)违法发放林木采伐许可证罪:林业主管部门的工作人员;

(7)环境监管失职罪:负有环境保护监督管理职责的国家机关工作人员;

(8)食品、药品监管渎职罪:负有食品药品安全监督管理职责的国家机关工作人员;

(9)传染病防治失职罪:从事传染病防治的政府卫生行政部门的工作人员;

(10)放纵走私罪:海关工作人员;

(11)商检徇私舞弊罪和商检失职罪:国家商检部门、商检机构的工作人员;

(12)动植物检疫徇私舞弊罪和动植物检疫失职罪:动植物检疫机关的检疫人员;

(13)放纵制售伪劣商品犯罪行为罪:对生产、销售伪劣商品犯罪行为负有追究责任的国家机关工作人员;

(14)办理偷越国(边)境人员出入境证件罪和放行偷越国(边)境人员罪:负责办理护照、签证以及其他出入境证件的国家机关工作人员;

(15)不解救被拐卖、绑架妇女、儿童罪和阻碍解救被拐卖、绑架妇女、儿童罪:对被拐卖、绑架的妇女、儿童负有解救职责的国家机关工作人员;

(16)帮助犯罪分子逃避处罚罪:有查禁犯罪活动职责的国家机关工作人员。

(四)国有公司、企业、事业单位人员

企业型渎职类犯罪与前面三种渎职类犯罪的主体不同,不是国家机关工作人员,而是国有公司、企业、事业单位的工作人员。这类主体包括两种:一种是在国有公司、企业、事业单位中从事公务的人员,另一种是国有公司、企业、事业单位委派到非国有公司、企业、事业单位中从事公务的人员。这两类主体都属于国家工作人员,但是不属于国家机关工作人员,这类人员实施了渎职行为,构成企业型渎职类犯罪。其中,签订、履行合同失职被骗罪还仅限于国有公司、企业、事业单位直接负责的主管人员,非主管人员不构成该罪。

案例 7-4[①]

2014年6月期间,被告人苗志远在担任兖矿煤化供销公司总经理兼贸易部总经理、合同管理领导小组组长期间,在兖矿煤化供销公司与凯铭公司签订的合同中,不按照规定安排相关部门开展立项调研、资格审查并落实具体谈判人员等相关工作,致使公司在该合同签订过程中被诈骗。2014年11月,被告人发现被骗后,没有及时采取合法手段追缴被骗款项,而是轻信凯铭公司的实际控制人(诈骗犯罪嫌疑人)田某1的承诺,从而失去更多挽回经济损失的机会,最终给公司造成1760万元经济损失。2014年8月期间,被告人苗志远未调查即审批同意兖矿煤化供销公司与隆某盛公司签订了1560万元的甲醇购销合同。2014年10月期间,在上次合同隆某盛公司尚未回款的情况下,违反规定,再次与隆某盛公司签订了价值2460万元的甲醇购销合同,造成兖矿煤化供销公司被诈骗的事实,最终给兖矿煤化供销公司造成3770万余元的直接经济损失。后被告人苗志远被检察机关以涉嫌签订、履行合同失职被骗罪移送起诉。

在庭审过程中,辩护人首先提出了被告人苗志远不是直接负责签订、履行涉案合同的主管人员,不具备签订、履行合同失职被骗罪的主体要件的辩护意见。理由如下:(1)《兖矿集团有限公司合同管理办法》规定合同管理实行总经理领导下的分管领导负责制,涉案煤炭、甲醇业务的分管领导分别是张某1、张某2,二人是直接负责的主管人员。(2)涉案贸易业务按照民主集中制原则,经合同评审、集体研究通过,被告人苗志远没有排他性的优势决策权,其作为总经理签字仅系执行会议决议的程序性行为,且市场部作为合同主管部门,负责合同的签订、履行。另外辩护人还提出了被告人苗志远不存在失职行为等辩护意见。后法院认定被告人苗志远对2014年8月27日与隆某盛公司签订合同造成公司1560万元损失的数额不应承担刑事责任,但认为其身为公司总经理、合同管理领导小组组长、风险防控领导小组组长、贸易部总经理,系公司的主要负责人和直接负责贸易业务的主管人员,其在公司与田某1、隆某盛公司签订、履行合同过程中,没有按照集团公司及本公司制定的关于合同签订、履行及贸易风险防控的规定认真履行职责并对具体业务人员有效实施监管,对具体业务人员的违规行为没有认真监督、没有认真审核相关审批文件,放任其业务人员的违规行为,在具体业务开展过程中明知存在重大贸易风险,且相关业务部门明确

[①] 案例来源:(2018)鲁0883刑初398号刑事判决书。

> 提出具体防范风险措施的情况下,不按照公司风险防控的规定严格执行,盲目自信,不认真审查相关材料,不认真履行管理职责,严重不负责任导致被田某1、隆某盛公司诈骗3790万元,致使国家利益遭受特别重大损失,已构成签订、履行合同失职被骗罪,判处其有期徒刑3年。

辩点7-2:渎职行为

本章渎职类犯罪的客观行为均为渎职行为,但渎职行为的表现各不相同,有的表现为滥用职权,有的表现为玩忽职守,还有的表现为徇私舞弊。有的一个罪名既可以表现为滥用职权,又可以表现为玩忽职守,如食品、药品监管渎职罪;有的一个罪名既有包含徇私舞弊,又包含滥用职权,如滥用管理公司、证券职权罪,非法批准征收、征用、占用土地罪以及非法低价出让国有土地使用权罪。辩护人在代理渎职类犯罪案件时,要注意审查行为人的具体行为,不同的行为表现,会直接影响定罪与量刑。

(一)滥用职权

所谓"滥用职权",是指违法行使职权。所谓违法,包括直接违反国家规定,也包括违反惯例、习惯、原则,为了不正当的目的,采取不正当的方法,不经过正当程序,或者超越其职权,擅自决定或者处理没有决定、处理权限的事项。由于职权不同,滥用职权的具体表现形式也各不相同。一般来说,滥用职权大多表现为作为,但有时也可以表现为不作为,比如负有解救职责的国家机关工作人员,接到被拐卖、绑架的妇女、儿童及其亲属的解救要求却不进行解救的,就属于不作为的滥用职权。

本章犯罪中,滥用职权罪和国有公司、企业、事业单位人员滥用职权罪的行为表现为广义的滥用职权,没有限定具体滥用职权的方式。其他滥用职权型的渎职类犯罪则对滥用职权的具体方式进行了明确,具体情况如下:

(1)故意泄露国家秘密罪的行为表现为:国家机关工作人员违反保守国家秘密法的规定,故意泄露国家秘密。

(2)徇私枉法罪的行为表现为:司法工作人员徇情枉法、徇私枉法,对明知是无罪的人而使他受追诉、对明知是有罪的人而故意包庇不使他受追诉,或者在刑事审判活动中故意违背事实和法律作枉法裁判。

(3)民事、行政枉法裁判罪的行为表现为:在民事、行政审判活动中故意违背实和法律作枉法裁判。

(4)执行判决、裁定滥用职权罪的行为表现为:在执行判决、裁定活动中,滥用职权,违法采取诉讼保全措施、强制执行措施。

(5)枉法仲裁罪的行为表现为:依法承担仲裁职责的人员,在仲裁活动中故意违背事实和法律作枉法裁决。

(6)私放在押人员罪的行为表现为:司法工作人员违法私放在押的犯罪嫌疑人、被告人或者罪犯。

(7)滥用管理公司、证券职权罪的行为表现为:国家有关主管部门的国家机关工作人员,徇私舞弊,滥用职权,对不符合法律规定条件的公司设立、登记申请或者股票、债券发行、上市申请,予以批准或者登记。

(8)违法发放林业采伐许可证罪的行为表现为:林业主管部门的工作人员违反森林法的规定,超过批准的年采伐限额发放林木采伐许可证或者违反规定滥发林木采伐许可证。

(9)非法批准征收、征用、占用土地罪的行为表现为:国家机关工作人员徇私舞弊,违反土地管理法规,滥用职权,非法批准征收、征用、占用土地。

(10)非法低价出让国有土地使用权罪的行为表现为:国家机关工作人员徇私舞弊,违反土地管理法规,滥用职权,非法低价出让国有土地使用权。

(11)办理偷越国(边)境人员出入境证件罪的行为表现为:负责办理护照、签证以及其他出入境证件的国家机关工作人员,对明知是企图偷越国(边)境的人员,予以办理出入境证件。

(12)放行偷越国(边)境人员罪的行为表现为:边防、海关等国家机关工作人员,对明知是企图偷越国(边)境的人员,予以放行。

(13)不解救被拐卖、绑架的妇女、儿童罪的行为表现为:对被拐卖、绑架的妇女负有解救职责的国家机关工作人员,接到被拐卖、绑架的妇女、儿童及其亲属的解救要求或者接到其他人的举报,而对被拐卖、绑架的妇女、儿童不进行解救。

(14)阻碍解救被拐卖、绑架妇女、儿童罪的行为表现为:负有解救职责的国家机关工作人员利用职务阻碍解救。

(15)帮助犯罪分子逃避处罚罪的行为表现为:有查禁犯罪活动职责的国家机关工作人员,向犯罪分子通风报信、提供便利,帮助犯罪分子逃避处罚。

案例 7-5[①]

2016 年 5 月 19 日 9 时许,大同市矿区看守所民警张某以在押人员张某某一审刑期届满为由,擅自将张某某带至看守所收勤室,要求值班民警马某某办理释放手续。马某某明知在押人员档案中没有人民法院出具的释放在押人员张某某的法律文书,在仅凭张某打电话询问而并未收到任何法律文书的情况下开具释放证明,擅自将在押人员张某某释放。2016 年 6 月 3 日,张某某被抓捕收监。后检察机关以私放在押人员罪将张某和马某某移送起诉。但辩护人提出张某、马某某在释放张某某时,主观上出于害怕超期羁押,给看守所造成不利影响而实施,且一审判决书已到期,被告人不是出于私人目的释放,故罪名不妥的辩护的意见。后一审法院采纳了辩护人的意见,改判两被告人玩忽职守罪,免予刑事处罚。后检察机关提出抗诉,马某某提出上诉。

二审法院经审理认为:张某身为大同市矿区看守所看守警察,应当知道在押人员张某某不符合释放条件,仍利用监管职务之便利,擅自将在押人员张某某带出监区,明知在押人员监管档案中没有人民法院出具的任何法律文书,释放在押人员张某某不符合法律规定,仍要求同案被告人马某某给在押人员张某某办理释放手续,致使其监管对象在押人员张某某脱离监管;马某某在人民法院尚未结案且并未收到任何执行法律文书的情况下,明知释放在押人员张某某不符合法律规定,仍擅自开具释放证明,致使在押人员张某某脱离监管,其行为均已构成私放在押人员罪。原判改变指控罪名定性为玩忽职守罪,显系适用法律错误,但原判适用免予刑事处罚并无不当。

(二)玩忽职守

所谓"玩忽职守",是指严重不负责任,工作中草率马虎,不履行或者不正确履行职责。不履行职责是指应当履行,有条件履行,但是违背了职责要求而没有履行;不正确履行是指在履行过程中违反职责要求,马虎草率,粗心大意,不按照法定的条件、程序和方式履行职责。不履行职责表现为不作为,不正确履行职责一般表现为作为,或者作为和不作为相互交织。

本章犯罪中,玩忽职守罪和国有公司、企业、事业单位人员失职罪的行为表现为

[①] 案例来源:(2017)晋 02 刑终 44 号刑事判决书。

广义的玩忽职守,没有限定具体失职的表现。其他玩忽职守型的渎职类犯罪则对玩忽职守的具体方式进行了明确,具体情况如下:

(1)过失泄露国家秘密罪的行为表现为:国家机关工作人员违反保守国家秘密法的规定,过失泄露国家秘密。

(2)执行判决、裁定失职罪的行为表现为:在执行判决、裁定活动中,严重不负责任,不依法采取诉讼保全措施、不履行特定执行职责。

(3)失职致使在押人员脱逃罪的行为表现为:司法工作人员由于严重不负责任,致使在押的犯罪嫌疑人、被告人或者罪犯脱逃。

(4)国家机关工作人员签订、履行合同失职被骗罪的行为表现为:国家机关工作人员在签订、履行合同过程中,因严重不负责任被诈骗。

(5)环境监管失职罪的行为表现为:负有环境保护监督管理职责的国家机关工作人员严重不负责任,导致发生重大环境污染事故。

(6)传染病防治失职罪的行为表现为:从事传染病防治的政府卫生行政部门的工作人员严重不负责任,导致传染病传播或者流行。

(7)商检失职罪的行为表现为:国家商检部门、商检机构的工作人员严重不负责任,对应当检验的物品不检验,或者延误检验出证、错误出证。

(8)动植物检疫失职罪的行为表现为:动植物检疫机关的检疫人员严重不负责任,对应当检疫的检疫物不检疫,或者延误检疫出证、错误出证。

(9)失职造成珍贵文物损毁、流失罪的行为表现为:国家机关工作人员严重不负责任,造成珍贵文物损毁或者流失。

此外,辩护人代理滥用职权罪和玩忽职守罪案件,还要注意相关的司法解释,审查行为人的行为是否符合司法解释规定的行为内容。由于滥用职权罪和玩忽职守罪规定在一个法律条文中,有的司法解释对这两个犯罪的认定一并作出规定,下面简单罗列几个司法解释中的相关规定:

(1)根据最高人民法院、最高人民检察院《关于办理妨害预防、控制突发传染病疫情等灾害的刑事案件具体应用法律若干问题的解释》的规定,在预防、控制突发传染病疫情等灾害的工作中,负有组织、协调、指挥、灾害调查、控制、医疗救治、信息传递、交通运输、物资保障等职责的国家机关工作人员,滥用职权或者玩忽职守,致使公共财产、国家和人民利益遭受重大损失的,依照《刑法》第397条的规定,以滥用职权罪或者玩忽职守罪定罪处罚。

(2)根据最高人民法院、最高人民检察院《关于办理非法制造、买卖、运输、储存毒鼠强等禁用剧毒化学品刑事案件具体应用法律若干问题的解释》的规定,对非法制造、买卖、运输、储存毒鼠强等禁用剧毒化学品行为负有查处职责的国家机关工作人员,滥用职权或者玩忽职守,致使公共财产、国家和人民利益遭受重大损失的,依照《刑法》第397条的规定,以滥用职权罪或者玩忽职守罪追究刑事责任。

(3)根据最高人民法院、最高人民检察院、公安部《关于严格执行刑事诉讼法,切实纠防超期羁押的通知》的规定,凡违反《刑事诉讼法》和本通知的规定,造成犯罪嫌疑人、被告人超期羁押,情节严重的,对于直接负责的主管人员和其他直接责任人员,依照《刑法》第397条的规定,以玩忽职守罪或者滥用职权罪追究刑事责任。

(4)最高人民法院、最高人民检察院《关于办理盗窃油气、破坏油气设备等刑事案件具体应用法律若干问题的解释》第7条规定:"国家机关工作人员滥用职权或者玩忽职守,实施下列行为之一,致使公共财产、国家和人民利益遭受重大损失的,依照刑法第三百九十七条的规定,以滥用职权罪或者玩忽职守罪定罪处罚:(一)超越职权范围,批准发放石油、天然气勘查、开采、加工、经营等许可证的;(二)违反国家规定,给不符合法定条件的单位、个人发放石油、天然气勘查、开采、加工、经营等许可证的;(三)违反《石油天然气管道保护条例》等国家规定,在油气设备安全保护范围内批准建设项目的;(四)对发现或者经举报查实的未经依法批准、许可擅自从事石油、天然气勘查、开采、加工、经营等违法活动不予查封、取缔的。"

(5)最高人民法院、最高人民检察院《关于办理危害生产安全刑事案件适用法律若干问题的解释》第15条规定,国家机关工作人员在履行安全监督管理职责时滥用职权、玩忽职守,致使公共财产、国家和人民利益遭受重大损失的,以滥用职权罪、玩忽职守罪定罪处罚。

(6)最高人民法院、最高人民检察院《关于办理与盗窃、抢劫、诈骗、抢夺机动车相关刑事案件具体应用法律若干问题的解释》第3条第1款规定:"国家机关工作人员滥用职权,有下列情形之一,致使盗窃、抢劫、诈骗、抢夺的机动车被办理登记手续,数量达到三辆以上或者价值总额达到三十万元以上的,依照刑法第三百九十七条第一款的规定,以滥用职权罪定罪,处三年以下有期徒刑或者拘役:(一)明知是登记手续不全或者不符合规定的机动车而办理登记手续的;(二)指使他人为明知是登记手续不全或者不符合规定的机动车办理登记手续的;(三)违规或者指使他人违规更改、调换车辆档案的;(四)其他滥用职权的行为。"

(三)徇私舞弊

徇私舞弊包括两个方面的内容:一是徇私,二是舞弊。一般认为,"徇私"是指为了徇私情、私利,属于主观要素中的犯罪动机。对于徇私的范围,理论界和实践中均存在争议,有人认为这里的徇私只能是徇个人之私,不包括徇单位和集体之私,但也有人认为徇私不但包括徇个人之私,而且包括徇单位和集体之私。作为辩护人,对于这类有争议的问题,要结合案件具体情况,并加强理论学习和论证逻辑,从而提出对当事人最有利的辩护方案。"舞弊"是指弄虚作假,属于客观行为手段,在有的法条中,舞弊是渎职行为的同位语;而在有的法条中,舞弊就是具体的渎职行为。具体涉及徇私舞弊的罪名有:

(1)徇私舞弊减刑、假释、暂予监外执行罪的行为表现为:司法工作人员徇私舞弊,对不符合减刑、假释、暂予监外执行条件的罪犯,予以减刑、假释或者暂予监外执行。

(2)徇私舞弊不移交刑事案件罪的行为表现为:行政执法人员徇私舞弊,对依法应当移交司法机关追究刑事责任的不移交。

(3)徇私舞弊不征、少征税款罪的行为表现为:税务机关的工作人员徇私舞弊,不征或者少征应征税款。

(4)徇私舞弊发售发票、抵扣税款、出口退税罪的行为表现为:税务机关的工作人员违反法律、行政法规的规定,在办理发售发票、抵扣税款、出口退税工作中,徇私舞弊。

(5)违法提供出口退税凭证罪的行为表现为:其他国家机关工作人员违反国家规定,在提供出口货物报关单、出口收汇核销单等出口退税凭证的工作中,徇私舞弊。

(6)放纵走私罪的行为表现为:海关工作人员徇私舞弊,放纵走私。

(7)商检徇私舞弊罪的行为表现为:国家商检部门、商检机构的工作人员徇私舞弊,伪造检验结果。

(8)动植物检疫徇私舞弊罪的行为表现为:动植物检疫机关的检疫人员徇私舞弊,伪造检疫结果。

(9)放纵制售伪劣商品犯罪行为罪的行为表现为:对生产、销售伪劣商品犯罪行为负有追究责任的国家机关工作人员,徇私舞弊,不履行法律规定的追究职责。

(10)招收公务员、学生徇私舞弊罪的行为表现为:国家机关工作人员在招收公务员、学生工作中徇私舞弊。

除以上罪名将徇私舞弊规定为基本罪状的内容外,还有些罪名将徇私舞弊规定为法定刑的升格情节或者从重情节。比如,对于徇私舞弊犯滥用职权罪或玩忽职守罪的,法定刑进行了升格,起刑点和量刑幅度都比普通的滥用职权罪或玩忽职守罪要高、要重;再比如,对于徇私舞弊犯食品、药品监管渎职罪的,刑法明确规定应从重处罚。

辩点 7-3：主观方面

对于渎职类犯罪的主观方面，辩护人应当重点审查行为人的罪过形式和犯罪动机。因为罪过形式是故意还是过失，直接影响是适用滥用职权型罪名还是玩忽职守型罪名。而主观动机是否徇私情、私利，不仅影响是否适用徇私舞弊型罪名，还可能影响是否适用升格条款或者从重处罚条款。

(一) 罪过形式

1. 故意

本章犯罪中，滥用职权型犯罪和徇私舞弊型犯罪的主观罪过形式多为故意，既包括直接故意，也包括间接故意，即行为人对明知自己滥用职权的行为或者舞弊的行为不符合自身职责要求，且会破坏国家机关、国有公司、企业、事业单位的正常活动，损害国家机关、国有公司、企业、事业单位工作人员职务活动的合法性、公正性，影响社会公众对于国家机关、国有公司、企业、事业单位工作人员职务行为的信赖，并且希望或者放任这种结果的发生。因此，通说认为，行为人对于违法行使职权或者弄虚作假的行为在主观上持有的是故意心态。由于渎职类犯罪通常还要求产生"致使公共财产、国家和人民利益遭受重大损失"的结果，对于这样的结果，一般不要求行为人希望或者放任这种结果的发生，可以是过失。

辩护人在代理滥用职权型犯罪和徇私舞弊型犯罪案件的过程中，要审查行为人的主观罪过是故意还是过失，如果不是故意违法行使职权，只是不负责任，可以考虑改变定性的辩护，进而使当事人获得更轻的量刑。

2. 过失

本章犯罪中，玩忽职守型犯罪的主观罪过形式是过失，即行为人应当预见自己的行为可能发生危害社会的结果，因为疏忽大意而没有预见，或者已经预见而轻信能够避免，以致发生这种结果的主观心态。由于这类犯罪的行为人大多具有特定的职务身份，本来可以通过严格遵守职责要求，防止危害后果的发生，但是由于严重不负责任，致使公共财产、国家和人民利益遭受重大损失。"严重不负责任"，实质上是行为人对于注意义务的违反和不履行。

辩护人在代理玩忽职守型犯罪案件的过程中，要根据具体情况认定行为人是否属于"严重不负责任"，要考量行为人本身职权的范围、行使权力是否正当，将其职权因素与职务要求结合起来，不能强人所难将超越行为人能力范围的事项认定为行为人不负责任。此外，如果行为人由于经验不足、能力水平有限，或因无法预见和不可抗拒的客观因素影响,在尽力履行了职责的情况下,仍造成严重的危害后果,也不应认定为"严重不负责任",从而辩护人可以进行无罪辩护。

> **案例 7-6**①
>
> 　　2014 年 11 月 14 日下午,被告人田杰和阳泉市看守所干警胡某某共同看押在押人员李某某去阳泉市第三人民医院做取导管手术。手术完毕,在医院的卫生间内田杰给李某某打开脚镣并脱掉看守所标志服。其间,胡某某有事需要回家,在另一名看守所干警孙某未到岗的情况下,胡某某提前回了家。之后,田杰私自带李某某去饭店吃饭,并让李某某的侄子李某 1 和李某某的女友张某某作陪,四人于当天 17 时 10 分到达第三人民医院附近的饭店,在饭店包间内期间,田杰私自给李某某打开手铐,并让李某某及其女友去了另一个包间,田杰和李某 1 聊天,过了大约 15 至 20 分钟,李某某从包间出来,离开饭店后脱逃。2014 年 11 月 15 日 12 时,李某某在阳泉市百货大楼附近被抓获。后检察机关以被告人田杰涉嫌私放在押人员罪移送起诉。辩护人提出被告人田杰是因严重不负责任,轻信能够避免,不正确履行其职务,造成了在押人员李某某脱逃 18 个小时之久,故检察机关指控的罪名不能成立。一审法院采纳了辩护人的辩护意见,故判决被告人田杰犯失职致使在押人员脱逃罪,判处拘役 6 个月。后检察机关以定性错误为由提出抗诉,被告人田杰以量刑过重为由提出上诉。
>
> 　　二审法院经审理认为:上诉人田杰给在押人员李某某打开脚镣、手铐,在李某某毫无戒具约束的情况下,允许李某某离开田杰监管范围,为李某某的逃脱提供便利条件,主观上具有放任的间接故意,客观上田杰的放任行为与李某某故意逃跑的行为共同作用下,造成了李某某逃脱的严重后果。故改判上诉人田杰犯私放在押人员罪,判处拘役 6 个月。

(二) 犯罪动机

　　一般来说,行为人不论出于何种动机或者目的,实施渎职行为,只要符合犯罪构成要件,都不影响犯罪的构成。比如,不管是为了自己的利益滥用职权,还是为了他人的利益滥用职权,都不影响滥用职权罪的成立。

　　但是,犯罪动机虽然不直接影响定罪,但有时可以直接影响量刑。比如,为了徇

---

① 案例来源:(2016)晋 03 刑终 84 号刑事判决书。

私情、私利而滥用职权或者玩忽职守的,则按升格后的法定刑进行处罚,3年以下有期徒刑或者拘役升格为5年以下有期徒刑或者拘役;3年以上7年以下有期徒刑则升格为5年以上10年以下有期徒刑。此外,负有食品、药品监督管理职责的国家机关工作人员,徇私舞弊滥用职权或者玩忽职守的,也要在原有法定刑上从重处罚。

案例7-7[①]

2007年4月10日,阿拉腾宝力格因犯盗窃罪被判处有期徒刑5年,并羁押于西乌旗看守所。2007年5月13日,西乌旗看守所民警斯琴图、明嘎巴雅尔在没有武警配合的情况下,押解阿拉腾宝力格等六名在押人员到不具备封闭劳动条件的新看守所工地劳动。劳动期间,阿拉腾宝力格趁机脱逃。在脱逃事件发生后,西乌旗看守所所长苏茂华组织看守所内男干警实施抓捕并要求封锁消息,同时授意副所长黄某在当天值班记录上填写了"14日8时,斯琴图和明嘎巴雅尔将阿拉腾宝力格投劳"的内容,还指使斯琴图、赞丹毕力格找人私刻了锡林浩特监狱的公章并加盖在伪造的监狱收押回执上,以掩盖阿拉腾宝力格脱逃的事实。阿拉腾宝力格脱逃后一直未归案,后因犯抢劫罪被抓获并被判刑。后一审法院认定苏茂华、赞丹毕力格、斯琴图、明嘎巴雅尔四人的行为均构成滥用职权罪,且为了逃避责任,采取一系列行为隐瞒阿拉腾宝力格脱逃一事,属徇私舞弊情节。后四人均提出上诉,均辩解不存在徇私舞弊的动机。如苏茂华及其辩护人提出,苏茂华授意作假的行为主观上是为避免给单位造成不良影响,并无徇私舞弊的动机;赞丹毕力格提出其作为看守所副所长并未就阿拉腾宝力格脱逃事件作出过任何指示,其实施的补救行为是接受所长苏茂华的指示而为,不具有徇私舞弊的情节;斯琴图提出其在苏茂华的指示下和赞丹毕力格制作了虚假的监狱收押回执,其不存在徇私舞弊的动机;明嘎巴雅尔及其辩护人提出其没有参与伪造公章等行为,更没有徇私舞弊的情节。

二审法院经审理认为:苏茂华身为看守所所长,不正确履职的行为造成了在押人员脱逃的严重后果,其对此有直接责任,故其指使他人伪造有关送监收押手续的目的名为单位利益,实为个人利益,具有徇私舞弊情节;赞丹毕力格在阿拉腾宝力格脱逃后接到通知即到单位,在苏茂华授意下伪造了监狱公章和送

[①] 案例来源:(2016)内01刑终160号刑事裁定书。

> 监手续,在主观上并无徇私的故意;斯琴图本应承担因未正确履行职责导致在押人员脱逃的责任,但其在苏茂华的授意下掩盖在押人员脱逃的事实以避免给其带来被追责的后果,故意实施伪造送监手续的行为,不仅仅是执行领导的违法命令,还存在徇一己私利的主观故意;在案证据不能证实在阿拉腾宝力格脱逃后明嘎巴雅尔知道或参与伪造送监手续一事,故不具有徇私舞弊的情节。最终认定四人的行为均构成滥用职权罪,其中苏茂华、斯琴图具有徇私舞弊情节。

辩点7-4:因果关系

(一)渎职行为与损害后果之间的因果关系

本章中大部分犯罪都要求存在损害结果,并在罪状中明确进行了规定,如致使公共财产、国家和人民利益遭受重大损失,致使当事人或者其他人的利益遭受重大损失,致使国家税收遭受重大损失,致使公私财产遭受重大损失或者造成人身伤亡的严重后果,致使在押的犯罪嫌疑人、被告人或者罪犯脱逃,致使森林遭受严重破坏,导致发生重大环境污染事故,导致发生重大食品安全事故或者造成其他严重后果,导致传染病传播或者流行,造成珍贵文物损毁或者流失,造成国有公司、企业破产或者严重损失等,这些结果一般都要求是由渎职行为造成的,即渎职行为与损害结果之间具有刑法上的因果关系。因此,辩护人在代理渎职类犯罪案件过程中,应当审查损害结果与渎职行为之间的因果关系,如果不具有因果关系,则可以提出无罪的辩护意见。

(二)"多因一果"下因果关系的认定

司法实践中,因果关系错综复杂,有直接原因,也有间接原因;有主要原因,也有次要原因;有领导者的责任,也有直接责任人员的责任。损害后果有可能是由多种原因共同产生的。因此,辩护人在审查认定时,应以行为时客观存在的事实为基础,依据一般人的经验进行判断,特别是在损害结果的发生是在行为人实施渎职行为后,多个因素介入所产生的情况下,应当考察行为人的渎职行为导致结果发生的可能性大小、介入因素对结果发生的作用大小、介入因素的异常情况等,来判断渎职行为与损害结果之间是否存在刑法上的因果关系。即使有因果关系,无法达到无罪的辩护效果,但在多因一果的情况下,也可以根据罪刑相适应原则,提出从轻处罚的辩护意见。

> **案例 7-8**①
>
> 2011年3月,东乡县河滩镇城镇规划建设指挥部按照东乡县委、县政府的统一部署,在未办理任何审批手续的情况下,开始修建东乡县河滩镇及常至东干公路(以下简称环库路)。时任东乡县国土资源局局长、河滩镇城镇规划建设指挥部征地拆迁组副组长的被告人唐致虎,明知环库路工程没有办理申请用地手续,系非法用地,但未依法进行查处。2011年7月,被告人唐致虎按照东乡县委书记高某(已判刑)的安排,经其批准,违规挪用河滩镇土地开发整理项目资金900万元,用于支付环库路修建工程款。环库路修建过程中,东乡县国土、交通、库区移民等部门共为环库路项目支付资金5358.4761万元。2011年11月,位于刘家峡库区的环库路工程被水冲毁。经甘肃省水利厅调查,认定东乡县环库路工程属未批先建的违规建设项目,责令拆除。经鉴定,环库路项目实际施工工程造价及拆除费用为6857.60108万元。
>
> 在庭审过程中,被告人唐致虎辩解环库路修建、拨款是按照上级的安排和决定执行的,自己没有坚持原则,也没有办法,其行为不构成滥用职权罪。其辩护人认为被告人没有滥用职权的故意,其行为和损失结果之间不存在因果关系。被告人凭一个人的力量不可能阻止工程项目,在上下级权力不对等的情况下,被告人作为下级只能严格执行,应当减轻被告人的责任。但法院经审理认为,被告人唐致虎作为东乡县国土资源局局长,明知自己的权限和职责,作为具体执行人员仍违规执行相关决定、要求,并造成严重损失,其危害行为与危害结果之间具有刑法上的因果关系。但综合考虑被告人在犯罪过程中的作用大小、犯罪动机、主观目的以及造成的经济损失属于多因一果等情节,以犯罪情节轻微认定,故判决被告人唐致虎犯滥用职权罪,免予刑事处罚。

(三)过失犯罪因果关系的认定

玩忽职守或者失职类犯罪都是过失犯罪,它们往往与一些重大责任事故、科学技术水平以及其他人的行为因素交织在一起,对于这些因果关系的判断往往更难。一般来说,玩忽职守或者失职行为与最后的损害结果之间不仅要有"有A才有B"的推导关系,还要有"无A则无B"的排除性关系。

---

① 案例来源:(2018)甘0921刑初25号刑事判决书。

案例 7-9[①]

　　2014年5月16日8时至5月17日8时,根据鲤鱼江派出所的值班安排,谢某胜为值班所长,被告人向某力为值班民警,被告人朱某平和李某、张某德、何某苗、黄某为值班辅警。5月17日凌晨4时左右,正在休息的向某力被巡逻回来的同事的开门声吵醒,遂即起身离开了值班备勤室。几分钟后,在接到曹某丽的报警电话称被罗某江骚扰以及水岸豪庭小区报警称有保安打架后,谢某胜遂安排张某德、李某、向某力去处理曹某丽的报警,自己则带领黄某、朱某平去处理水岸豪庭小区保安打架的警情。李某、张某德没有联系上向某力,由于时间紧迫,二人开着警车到了报警人曹某丽家中,因未发现异常情况就返回了派出所。二人刚到派出所门口还没有下车,曹某丽又报警了,谢某胜叫朱某平也跟着李某他们出警。三人开车来到曹某丽家,见到罗某江站在曹某丽家门口,大声叫骂、踢门,还闻到罗某江一身酒味。李某、张某德做通罗某江的工作将其带回派出所,朱某平随后将罗某江的摩托车骑回了派出所。凌晨4时24分,谢某胜、李某、张某德、何某苗将罗某江带入执法办案区候问室,谢某胜安排从外回所里的朱某平到执法办案区候问室看守留置人员。4时56分朱某平因加入对水岸豪庭小区保安的问话而没有遵照谢某胜的安排去候问室看守留置人员。在无人看守的情况下,凌晨5时12分,罗某江用自己穿的衣服挂在候问室门栏上上吊自杀。直到5时26分,李某来候问室查看才发现罗某江已上吊身亡。谢某胜、何某苗、张某德、李某等人随即开始对罗某江进行抢救。其间,何某苗于5时33分打通向某力的电话,向某力得知情况后才赶到执法办案区参与对罗某江的急救,向某力在报警人曹某丽报警至罗某江在候问室门栏上上吊自杀期间不知去向。后朱某平、向某力被检察机关以涉嫌玩忽职守罪移送起诉。

　　一审法院最终认定朱某平作为派出所辅警,工作严重不负责任,不认真履行职责,值班期间,对执法办案区候问室留置人员看护不力,监管不严,造成一人死亡的严重后果,其行为已构成玩忽职守罪,判决免予刑事处罚;认定向某力身为值班民警,值班期间没有报告去向擅离职守,没有履行好值班民警的职责,确有玩忽职守行为;但导致罗某江自杀成功的直接原因是值班所长安排的

[①] 案例来源:(2015)郴刑二终字第128号刑事判决书。

辅警朱某平未尽看守责任,向某力并不知道罗某江被带至候问室,向某力的这种不作为不是罗某江自杀这种结果产生的原因,两者之间不具有刑法上的因果关系,故判决其无罪。但检察机关提出抗诉,认为一审判决对朱某平的量刑畸轻,认为向某力的玩忽职守行为与罗某江自杀死亡的危害结果之间具有刑法上的因果关系,一审判决定性错误。二审法院经审理认为,向某力的离岗行为与罗某江的死亡结果之间不具有刑法上的因果关系,维持了向某力无罪的判决,朱某平犯玩忽职守罪,从免予刑事处罚改判为有期徒刑 1 年,缓刑 1 年。

辩点 7-5:立案标准

渎职类犯罪中,罪状叙述中大都规定了结果要素或者情节要素,只有给公共财产、国家和人民利益造成重大损失或者情节严重的,才可以构成本章犯罪。这种危害结果或者犯罪情节往往通过司法解释以立案标准的形式进一步固定。辩护人在代理这类案件时,要注意审查行为人实施渎职行为所产生的后果或者情节,看其是否达到了法律或者司法解释规定的立案标准,如果没有达到立案标准,可以提出不构成犯罪的辩护意见;如果达到立案标准,也还要继续审查应当适用哪个量刑幅度,审查司法机关适用法律条款是否正确。

(一)普通型渎职类犯罪的立案标准

罪名	立案标准[最高人民法院、最高人民检察院《关于办理渎职刑事案件适用法律若干问题的解释(一)》]
滥用职权罪	1.造成死亡 1 人以上,或者重伤 3 人以上,或者轻伤 9 人以上,或者重伤 2 人、轻伤 3 人以上,或者重伤 1 人、轻伤 6 人以上的; 2.造成经济损失 30 万元以上的; 3.造成恶劣社会影响的; 4.其他致使公共财产、国家和人民利益遭受重大损失的情形。
玩忽职守罪	1.造成死亡 1 人以上,或者重伤 3 人以上,或者轻伤 9 人以上,或者重伤 2 人、轻伤 3 人以上,或者重伤 1 人、轻伤 6 人以上的; 2.造成经济损失 30 万元以上的; 3.造成恶劣社会影响的; 4.其他致使公共财产、国家和人民利益遭受重大损失的情形。

(续表)

罪名	立案标准(最高人民检察院《关于渎职侵权犯罪案件立案标准的规定》)
故意泄露国家秘密罪	1. 泄露绝密级国家秘密1项(件)以上的； 2. 泄露机密级国家秘密2项(件)以上的； 3. 泄露秘密级国家秘密3项(件)以上的； 4. 向非境外机构、组织、人员泄露国家秘密,造成或者可能造成危害社会稳定、经济发展、国防安全或者其他严重危害后果的； 5. 通过口头、书面或者网络等方式向公众散布、传播国家秘密的； 6. 利用职权指使或者强迫他人违反保守国家秘密法的规定泄露国家秘密的； 7. 以牟取私利为目的泄露国家秘密的； 8. 其他情节严重的情形。
过失泄露国家秘密罪	1. 泄露绝密级国家秘密1项(件)以上的； 2. 泄露机密级国家秘密3项(件)以上的； 3. 泄露秘密级国家秘密4项(件)以上的； 4. 违反保密规定,将涉及国家秘密的计算机或者计算机信息系统与互联网相连接,泄露国家秘密的； 5. 泄露国家秘密或者遗失国家秘密载体,隐瞒不报、不如实提供有关情况或者不采取补救措施的； 6. 其他情节严重的情形。
国家机关工作人员签订、履行合同失职被骗罪	1. 造成直接经济损失30万元以上,或者直接经济损失不满30万元,但间接经济损失150万元以上的； 2. 其他致使国家利益遭受重大损失的情形。
非法批准征收、征用、占用土地罪	1. 非法批准征用、占用基本农田10亩以上的； 2. 非法批准征用、占用基本农田以外的耕地30亩以上的； 3. 非法批准征用、占用其他土地50亩以上的； 4. 虽未达到上述数量标准,但造成有关单位、个人直接经济损失30万元以上,或者造成耕地大量毁坏或者植被遭到严重破坏的； 5. 非法批准征用、占用土地,影响群众生产、生活,引起纠纷,造成恶劣影响或者其他严重后果的； 6. 非法批准征用、占用防护林地、特种用途林地分别或者合计10亩以上的； 7. 非法批准征用、占用其他林地20亩以上的； 8. 非法批准征用、占用林地造成直接经济损失30万元以上,或者造成防护林地、特种用途林地分别或者合计5亩以上或者其他林地10亩以上毁坏的； 9. 其他情节严重的情形。

(续表)

罪名	立案标准(最高人民检察院《关于渎职侵权犯罪案件立案标准的规定》)
非法低价出让国有土地使用权罪	1. 非法低价出让国有土地 30 亩以上,并且出让价额低于国家规定的最低价额标准的 60%的; 2. 造成国有土地资产流失价额 30 万元以上的; 3. 非法低价出让国有土地使用权,影响群众生产、生活,引起纠纷,造成恶劣影响或者其他严重后果的; 4. 非法低价出让林地合计 30 亩以上,并且出让价额低于国家规定的最低价额标准的 60%的; 5. 造成国有资产流失 30 万元以上的; 6. 其他情节严重的情形。
招收公务员、学生徇私舞弊罪	1. 徇私舞弊,利用职务便利,伪造、变造人事、户口档案、考试成绩或者其他影响招收工作的有关资料,或者明知是伪造、变造的上述材料而予以认可的; 2. 徇私舞弊,利用职务便利,帮助 5 名以上考生作弊的; 3. 徇私舞弊招收不合格的公务员、学生 3 人次以上的; 4. 因徇私舞弊招收不合格的公务员、学生,导致被排挤的合格人员或者其近亲属自杀、自残造成重伤、死亡,或者精神失常的; 5. 因徇私舞弊招收公务员、学生,导致该项招收工作重新进行的; 6. 其他情节严重的情形。
失职造成珍贵文物损毁、流失罪	1. 导致国家一、二、三级珍贵文物损毁或者流失的; 2. 导致全国重点文物保护单位或者省、自治区、直辖市级文物保护单位损毁的; 3. 其他后果严重的情形。

(二) 司法型渎职类犯罪的立案标准

罪名	立案标准(最高人民检察院《关于渎职侵权犯罪案件立案标准的规定》)
徇私枉法罪	1. 对明知是没有犯罪事实或者其他依法不应当追究刑事责任的人,采取伪造、隐匿、毁灭证据或者其他隐瞒事实、违反法律的手段,以追究刑事责任为目的立案、侦查、起诉、审判的; 2. 对明知是有犯罪事实需要追究刑事责任的人,采取伪造、隐匿、毁灭证据或者其他隐瞒事实、违反法律的手段,故意包庇使其不受立案、侦查、起诉、审判的; 3. 采取伪造、隐匿、毁灭证据或者其他隐瞒事实、违反法律的手段,故意使罪重的人受较轻的追诉,或者使罪轻的人受较重的追诉的; 4. 在立案后,采取伪造、隐匿、毁灭证据或者其他隐瞒事实、违反法律的手段,应当采取强制措施而不采取强制措施,或者虽然采取强制措施,但中断侦查或者超过法定期限不采取任何措施,实际放任不管,以及违法撤销,

(续表)

罪名	立案标准(最高人民检察院《关于渎职侵权犯罪案件立案标准的规定》)
	变更强制措施,致使犯罪嫌疑人、被告人实际脱离司法机关侦控的; 5. 在刑事审判活动中故意违背事实和法律,作出枉法判决、裁定,即有罪判无罪、无罪判有罪,或者重罪轻判、轻罪重判的; 6. 其他徇私枉法应予追究刑事责任的情形。
民事、行政枉法裁判罪	1. 枉法裁判,致使当事人或者其近亲属自杀、自残造成重伤、死亡,或者精神失常的; 2. 枉法裁判,造成个人财产直接经济损失10万元以上,或者直接经济损失不满10万元,但间接经济损失50万元以上的; 3. 枉法裁判,造成法人或者其他组织财产直接经济损失20万元以上,或者直接经济损失不满20万元,但间接经济损失100万元以上的; 4. 伪造、变造有关材料、证据,制造假案枉法裁判的; 5. 串通当事人制造伪证,毁灭证据或者篡改庭审笔录而枉法裁判的; 6. 徇私情、私利,明知是伪造、变造的证据予以采信,或者故意对应当采信的证据不予采信,或者故意违反法定程序,或者故意错误适用法律而枉法裁判的; 7. 其他情节严重的情形。
执行判决、裁定失职罪	1. 致使当事人或者其近亲属自杀、自残造成重伤、死亡,或者精神失常的; 2. 造成个人财产直接经济损失15万元以上,或者直接经济损失不满15万元,但间接经济损失75万元以上的; 3. 造成法人或者其他组织财产直接经济损失30万元以上,或者直接经济损失不满30万元,但间接经济损失150万元以上的; 4. 造成公司、企业等单位停业、停产1年以上,或者破产的; 5. 其他致使当事人或者其他人的利益遭受重大损失的情形。
执行判决、裁定滥用职权罪	1. 致使当事人或者其近亲属自杀、自残造成重伤、死亡,或者精神失常的; 2. 造成个人财产直接经济损失10万元以上,或者直接经济损失不满10万元,但间接经济损失50万元以上的; 3. 造成法人或者其他组织财产直接经济损失20万元以上,或者直接经济损失不满20万元,但间接经济损失100万元以上的; 4. 造成公司、企业等单位停业、停产6个月以上,或者破产的; 5. 其他致使当事人或者其他人的利益遭受重大损失的情形。
私放在押人员罪	1. 私自将在押的犯罪嫌疑人、被告人、罪犯放走,或者授意、指使、强迫他人将在押的犯罪嫌疑人、被告人、罪犯放走的; 2. 伪造、变造有关法律文书、证明材料,以使在押的犯罪嫌疑人、被告人、罪犯逃跑或者被释放的; 3. 为私放在押的犯罪嫌疑人、被告人、罪犯,故意向其通风报信、提供条件,致使该在押的犯罪嫌疑人、被告人、罪犯脱逃的; 4. 其他私放在押犯罪嫌疑人、被告人、罪犯应予追究刑事责任的情形。

(续表)

罪名	立案标准(最高人民检察院《关于渎职侵权犯罪案件立案标准的规定》)
失职致使在押人员脱逃罪	1. 致使依法可能判处或者已经判处10年以上有期徒刑、无期徒刑、死刑的犯罪嫌疑人、被告人、罪犯脱逃的; 2. 致使犯罪嫌疑人、被告人、罪犯脱逃3人次以上的; 3. 犯罪嫌疑人、被告人、罪犯脱逃以后,打击报复报案人、控告人、举报人、被害人、证人和司法工作人员等,或者继续犯罪的; 4. 其他致使在押的犯罪嫌疑人、被告人、罪犯脱逃,造成严重后果的情形。
徇私舞弊减刑、假释、暂予监外执行罪	1. 刑罚执行机关的工作人员对不符合减刑、假释、暂予监外执行条件的罪犯,捏造事实,伪造材料,违法报请减刑、假释、暂予监外执行的; 2. 审判人员对不符合减刑、假释、暂予监外执行条件的罪犯,徇私舞弊,违法裁定减刑、假释或者违法决定暂予监外执行的; 3. 监狱管理机关、公安机关的工作人员对不符合暂予监外执行条件的罪犯,徇私舞弊,违法批准暂予监外执行的; 4. 不具有报请、裁定、决定或者批准减刑、假释、暂予监外执行权的司法工作人员利用职务上的便利,伪造有关材料,导致不符合减刑、假释、暂予监外执行条件的罪犯被减刑、假释、暂予监外执行的; 5. 其他徇私舞弊减刑、假释、暂予监外执行应予追究刑事责任的情形。

(三) 特定型渎职类犯罪的立案标准

罪名	立案标准(最高人民检察院《关于渎职侵权犯罪案件立案标准的规定》)
枉法仲裁罪	2006年6月29日《刑法修正案(六)》增设的罪名。
徇私舞弊不移交刑事案件罪	1. 对依法可能判处3年以上有期徒刑、无期徒刑、死刑的犯罪案件不移交的; 2. 不移交刑事案件涉及3人次以上的; 3. 司法机关提出意见后,无正当理由仍然不予移交的; 4. 以罚代刑,放纵犯罪嫌疑人,致使犯罪嫌疑人继续进行违法犯罪活动的; 5. 行政执法部门主管领导阻止移交的; 6. 隐瞒、毁灭证据,伪造材料,改变刑事案件性质的; 7. 直接负责的主管人员和其他直接责任人员为牟取本单位私利而不移交刑事案件,情节严重的; 8. 其他情节严重的情形。
滥用管理公司、证券职权罪	1. 造成直接经济损失50万元以上的; 2. 工商管理部门的工作人员对不符合法律规定条件的公司设立、登记申请,违法予以批准、登记,严重扰乱市场秩序的;

(续表)

罪名	立案标准(最高人民检察院《关于渎职侵权犯罪案件立案标准的规定》)
	3. 金融证券管理机构工作人员对不符合法律规定条件的股票、债券发行、上市申请,违法予以批准,严重损害公众利益,或者严重扰乱金融秩序的; 4. 工商管理部门、金融证券管理机构的工作人员对不符合法律规定条件的公司设立、登记申请或者股票、债券发行、上市申请违法予以批准或者登记,致使犯罪行为得逞的; 5. 上级部门、当地政府直接负责的主管人员强令登记机关及其工作人员,对不符合法律规定条件的公司设立、登记申请或者股票、债券发行、上市申请予以批准或者登记,致使公共财产、国家或者人民利益遭受重大损失的; 6. 其他致使公共财产、国家和人民利益遭受重大损失的情形。
徇私舞弊不征、少征税款罪	1. 徇私舞弊不征、少征应征税款,致使国家税收损失累计达10万元以上的; 2. 上级主管部门工作人员指使税务机关工作人员徇私舞弊不征、少征应征税款,致使国家税收损失累计达10万元以上的; 3. 徇私舞弊不征、少征应征税款不满10万元,但具有索取或者收受贿赂或者其他恶劣情节的; 4. 其他致使国家税收遭受重大损失的情形。
徇私舞弊发售发票、抵扣税款、出口退税罪	1. 徇私舞弊,致使国家税收损失累计达10万元以上的; 2. 徇私舞弊,致使国家税收损失累计不满10万元,但发售增值税专用发票25份以上或者其他发票50份以上或者增值税专用发票与其他发票合计50份以上,或者具有索取、收受贿赂或者其他恶劣情节的; 3. 其他致使国家利益遭受重大损失的情形。
违法提供出口退税凭证罪	1. 徇私舞弊,致使国家税收损失累计达10万元以上的; 2. 徇私舞弊,致使国家税收损失累计不满10万元,但具有索取、收受贿赂或者其他恶劣情节的; 3. 其他致使国家利益遭受重大损失的情形。
违法发放林木采伐许可证罪	1. 发放林木采伐许可证允许采伐数量累计超过批准的年采伐限额,导致林木被超限额采伐10立方米以上的; 2. 滥发林木采伐许可证,导致林木被滥伐20立方米以上,或者导致幼树被滥伐1000株以上的; 3. 滥发林木采伐许可证,导致防护林、特种用途林被滥伐5立方米以上,或者幼树被滥伐200株以上的; 4. 滥发林木采伐许可证,导致珍贵树木或者国家重点保护的其他树木被滥伐的; 5. 滥发林木采伐许可证,导致国家禁止采伐的林木被采伐的; 6. 其他情节严重,致使森林遭受严重破坏的情形。

(续表)

罪名	立案标准(最高人民检察院《关于渎职侵权犯罪案件立案标准的规定》)
环境监管失职罪	1.造成死亡 1 人以上,或者重伤 3 人以上,或者重伤 2 人、轻伤 4 人以上,或者重伤 1 人、轻伤 7 人以上,或者轻伤 10 人以上的; 2.导致 30 人以上严重中毒的; 3.造成个人财产直接经济损失 15 万元以上,或者直接经济损失不满 15 万元,但间接经济损失 75 万元以上的; 4.造成公共财产、法人或者其他组织财产直接经济损失 30 万元以上,或者直接经济损失不满 30 万元,但间接经济损失 150 万元以上的; 5.虽未达到 3、4 两项数额标准,但 3、4 两项合计直接经济损失 30 万元以上,或者合计直接经济损失不满 30 万元,但合计间接经济损失 150 万元以上的; 6.造成基本农田或者防护林地、特种用途林地 10 亩以上,或者基本农田以外的耕地 50 亩以上,或者其他土地 70 亩以上被严重毁坏的; 7.造成生活饮用水地表水源和地下水源严重污染的; 8.其他致使公私财产遭受重大损失或者造成人身伤亡严重后果的情形。
食品、药品监管渎职罪	2021 年 3 月 1 日《刑法修正案(十一)》修正。
传染病防治失职罪	1.导致甲类传染病传播的; 2.导致乙类、丙类传染病流行的; 3.因传染病传播或者流行,造成人员重伤或者死亡的; 4.因传染病传播或者流行,严重影响正常的生产、生活秩序的; 5.在国家对突发传染病疫情等灾害采取预防、控制措施后,对发生突发传染病疫情等灾害的地区或者突发传染病病人、病原携带者、疑似突发传染病病人,未按照预防、控制突发传染病疫情等灾害工作规范的要求做好防疫、检疫、隔离、防护、救治等工作,或者采取的预防、控制措施不当,造成传染范围扩大或者疫情、灾情加重的; 6.在国家对突发传染病疫情等灾害采取预防、控制措施后,隐瞒、缓报、谎报或者授意、指使、强令他人隐瞒、缓报、谎报疫情、灾情,造成传染范围扩大或者疫情、灾情加重的; 7.在国家对突发传染病疫情等灾害采取预防、控制措施后,拒不执行突发传染病疫情等灾害应急处理指挥机构的决定、命令,造成传染范围扩大或者疫情、灾情加重的; 8.其他情节严重的情形。
放纵走私罪	1.放纵走私犯罪的; 2.因放纵走私致使国家应收税额损失累计达 10 万元以上的; 3.放纵走私行为 3 起次以上的; 4.放纵走私行为,具有索取或者收受贿赂情节的; 5.其他情节严重的情形。

(续表)

罪名	立案标准(最高人民检察院《关于渎职侵权犯罪案件立案标准的规定》)
商检徇私舞弊罪	1. 采取伪造、变造的手段对报检的商品的单证、印章、标志、封识、质量认证标志等作虚假的证明或者出具不真实的证明结论的; 2. 将送检的合格商品检验为不合格,或者将不合格商品检验为合格的; 3. 对明知是不合格的商品,不检验而出具合格检验结果的; 4. 其他伪造检验结果应予追究刑事责任的情形。
商检失职罪	1. 致使不合格的食品、药品、医疗器械等商品出入境,严重危害生命健康的; 2. 造成个人财产直接经济损失 15 万元以上,或者直接经济损失不满 15 万元,但间接经济损失 75 万元以上的; 3. 造成公共财产、法人或者其他组织财产直接经济损失 30 万元以上,或者直接经济损失不满 30 万元,但间接经济损失 150 万元以上的; 4. 未经检验,出具合格检验结果,致使国家禁止进口的固体废物、液态废物和气态废物等进入境内的; 5. 不检验或者延误检验出证、错误出证,引起国际经济贸易纠纷,严重影响国家对外经贸关系,或者严重损害国家声誉的; 6. 其他致使国家利益遭受重大损失的情形。
动植物检疫徇私舞弊罪	1. 采取伪造、变造的手段对检疫的单证、印章、标志、封识等作虚假的证明或者出具不真实的结论的; 2. 将送检的合格动植物检疫为不合格,或者将不合格动植物检疫为合格的; 3. 对明知是不合格的动植物,不检疫而出具合格检疫结果的; 4. 其他伪造检疫结果应予追究刑事责任的情形。
动植物检疫失职罪	1. 导致疫情发生,造成人员重伤或者死亡的; 2. 导致重大疫情发生、传播或者流行的; 3. 造成个人财产直接经济损失 15 万元以上,或者直接经济损失不满 15 万元,但间接经济损失 75 万元以上的; 4. 造成公共财产或者法人、其他组织财产直接经济损失 30 万元以上,或者直接经济损失不满 30 万元,但间接经济损失 150 万元以上的; 5. 不检疫或者延误检疫出证、错误出证,引起国际经济贸易纠纷,严重影响国家对外经贸关系,或者严重损害国家声誉的; 6. 其他致使国家利益遭受重大损失的情形。
放纵制售伪劣商品犯罪行为罪	1. 放纵生产、销售假药或者有毒、有害食品犯罪行为的; 2. 放纵生产、销售伪劣农药、兽药、化肥、种子犯罪行为的; 3. 放纵依法可能判处 3 年有期徒刑以上刑罚的生产、销售伪劣商品犯罪行为的; 4. 对生产、销售伪劣商品犯罪行为不履行追究职责,致使生产、销售伪劣商品犯罪行为得以继续的;

(续表)

罪名	立案标准(最高人民检察院《关于渎职侵权犯罪案件立案标准的规定》)
	5. 3 次以上不履行追究职责,或者对 3 个以上有生产、销售伪劣商品犯罪行为的单位或者个人不履行追究职责的; 6. 其他情节严重的情形。
办理偷越国(边)境人员出入境证件罪	负责办理护照、签证以及其他出入境证件的国家机关工作人员涉嫌在办理护照、签证以及其他出入境证件的过程中,对明知是企图偷越国(边)境的人员而予以办理出入境证件的,应予立案。
放行偷越国(边)境人员罪	边防、海关等国家机关工作人员涉嫌在履行职务过程中,对明知是偷越国(边)境的人员而予以放行的,应予立案。
不解救被拐卖、绑架妇女、儿童罪	1. 导致被拐卖、绑架的妇女、儿童或者其家属重伤、死亡或者精神失常的; 2. 导致被拐卖、绑架的妇女、儿童被转移、隐匿、转卖,不能及时进行解救的; 3. 对被拐卖、绑架的妇女、儿童不进行解救 3 人次以上的; 4. 对被拐卖、绑架的妇女、儿童不进行解救,造成恶劣社会影响的; 5. 其他造成严重后果的情形。
阻碍解救被拐卖、绑架妇女、儿童罪	1. 利用职权,禁止、阻止或者妨碍有关部门、人员解救被拐卖、绑架的妇女、儿童的; 2. 利用职务上的便利,向拐卖、绑架者或者收买者通风报信,妨碍解救工作正常进行的; 3. 其他利用职务阻碍解救被拐卖、绑架的妇女、儿童应予追究刑事责任的情形。
帮助犯罪分子逃避处罚罪	1. 向犯罪分子泄露有关部门查禁犯罪活动的部署、人员、措施、时间、地点等情况的; 2. 向犯罪分子提供钱物、交通工具、通讯设备、隐藏处所等便利条件的; 3. 向犯罪分子泄露案情的; 4. 帮助、示意犯罪分子隐匿、毁灭、伪造证据,或者串供、翻供的; 5. 其他帮助犯罪分子逃避处罚应予追究刑事责任的情形。

(四)企业型渎职类犯罪的立案标准

罪名	立案标准[最高人民检察院、公安部《关于公安机关管辖的刑事案件立案追诉标准的规定(二)》]
签订、履行合同失职被骗罪	1. 造成国家直接经济损失数额 50 万元以上的; 2. 造成有关单位破产,停业、停产 6 个月以上,或者被吊销许可证和营业执照、责令关闭、撤销、解散的; 3. 其他致使国家利益遭受重大损失的情形。

（续表）

罪名	立案标准[最高人民检察院、公安部《关于公安机关管辖的刑事案件立案追诉标准的规定(二)》]
国有公司、企业、事业单位人员失职罪	1. 造成国家直接经济损失数额50万元以上的； 2. 造成有关单位破产，停业、停产1年以上，或者被吊销许可证和营业执照、责令关闭、撤销、解散的； 3. 其他致使国家利益遭受重大损失的情形。
国有公司、企业、事业单位人员滥用职权罪	1. 造成国家直接经济损失数额30万元以上的； 2. 造成有关单位破产，停业、停产6个月以上，或者被吊销许可证和营业执照、责令关闭、撤销、解散的； 3. 其他致使国家利益遭受重大损失的情形。

辩护人在掌握以上立案标准的前提下，还应当进一步掌握"经济损失"的认定标准，才能审查司法机关认定的经济损失的数额是否准确，如果不准确，辩护人可以提出有利于当事人的辩护意见。

第一，"经济损失"是指渎职犯罪或者与渎职犯罪相关联的犯罪立案时已经实际造成的财产损失，包括为挽回渎职犯罪所造成损失而支付的各种开支、费用等。立案后至提起公诉前持续发生的经济损失，应一并计入渎职犯罪造成的经济损失。

第二，债务人经法定程序被宣告破产，债务人潜逃、去向不明，或者因行为人的责任超过诉讼时效等，致使债权已经无法实现的，无法实现的债权部分应当认定为渎职犯罪的经济损失。

第三，渎职犯罪或者与渎职犯罪相关联的犯罪立案后，犯罪分子及其亲友自行挽回的经济损失，司法机关或者犯罪分子所在单位及其上级主管部门挽回的经济损失，或者因客观原因减少的经济损失，不予扣减，但可以作为酌定从轻处罚的情节。

案例7-10[①]

2010年12月23日，被告人王某某利用其担任阜新市工商局注册分局局长之便，在受委托人不知情的情况下，到阜新市工商局注册分局申请办理德美暖通公司股东变更登记，被告人李某某作为工商局注册分局受理、审查人员，违反规定程序，在受委托人未到场的情况下为王某某办理了企业股东变更登记，工商局注册分局的核准人员王某甲也在核准过程中没有审核出出资方式与原信

---

① 案例来源：(2017)辽09刑终139号刑事判决书。

息不一致,将原来登记的公司股东"姚某、王某乙(王某乙占公司49%的股份)"变更为"姚某、吴某某"。2012年2月10日,王某某再次到阜新市工商局注册分局办理德美暖通公司法人及股东变更登记,李某某、王某甲违反规定程序,在受委托人吴某某和法定代表人姚某未到场的情况下,由王某某代替姚某在"股东会决议"上签字,办理了企业法人及股东变更登记。将公司法人"姚某"变更为"齐哲";将公司股东"姚某、吴某某"变更为"齐哲、宋林倩"。致使德美暖通公司房产被抵押,后经阜新市细河区人民法院判决,撤销此次变更登记,工商局已纠正了违法行为,现德美暖通公司法人为"姚某",股东为"姚某、吴某某",房产抵押已被撤销。后王某某、李某某被检察机关以滥用职权罪移送起诉。一审法院判决两名被告人犯滥用职权罪,免予刑事处罚。

二审法院经审理认为:第二起法人及股东变更登记,已经阜新市细河区人民法院判决,撤销此次变更登记,工商局已纠正了违法行为,房产抵押已被撤销,现没有证据证实造成了损失。第一起股东变更登记,王某某行为时的身份是工商局商标监督管理科的副调研员,其实施的行为与其职务权限没有关系。如果要认定王某某的行为构成滥用职权,只能认定其利用了李某某的职权。经查,李某某当时在注册分局工作,任副主任科员,在企业登记管理受理、审查、核准、发照四个环节中其负责审查环节,其职务行为不能单独决定公司变更登记。现有证据证明在王某某办理申请股东变更之前,王某乙自愿将其在德美暖通公司的股权转让给吴某某,王某乙若想主张其财产权利,完全可以通过法定渠道实现。王某某、李某某二人的行为不能造成王某乙不可挽回的损失。故改判王某某、李某某无罪。

辩点7-6:共同犯罪

根据《刑法》第25条的规定,共同犯罪,是指2人以上共同故意犯罪。2人以上共同过失犯罪,不以共同犯罪论处;应当负刑事责任的,按照他们所犯的罪分别处罚。由于玩忽职守型犯罪为过失犯罪,所以不存在共同犯罪的情形。但是滥用职权型和徇私舞弊型犯罪是故意犯罪,存在共同犯罪的情况。辩护人在代理被认定为共同犯罪的渎职类案件时,要注意审查行为人是否属于共同犯罪,属于共同犯罪的,要注意区分各行为人之间的责任以及责任大小。

(一)无身份者与国家工作人员的共同犯罪

对于渎职类犯罪,只有具备国家机关工作人员或者国有公司、企业、事业单位人员的身份才能构成,属于身份犯。但是不代表不具有这些身份的人员就不能构成本章的犯罪。2003年4月16日最高人民检察院发布的《关于非司法工作人员是否可以构成徇私枉法罪共犯问题的答复》中规定,"非司法工作人员与司法工作人员勾结,共同实施徇私枉法行为,构成犯罪的,应当以徇私枉法罪的共犯追究刑事责任"。可见,无身份者也可以与有身份者构成渎职类犯罪的共犯。

由于渎职类犯罪的特征在于"有职可渎",因此渎职类犯罪中的实行行为具有独立性和不可替代性的特点,不具备特定身份或者职责的人员由于没有实施滥用职权或者徇私舞弊的职务资格,其行为只能是教唆特定主体渎职或者帮助特定主体完成渎职行为,不可能是实施渎职的实行行为。

因此,对于共同犯罪中不具备特定身份的行为人,其只能是帮助犯或者教唆犯,无法成为真正的实行犯。对于教唆或者帮助他人渎职的,应当按照他们在共同犯罪中所起的作用处罚。如果能认定为从犯,辩护人可以提出"从轻、减轻处罚或者免除处罚"的辩护意见。

案例7-11

2009年6月,村民钱某得知本村即将拆迁,于是在拆迁范围内违规建房200余平方米,以谋取拆迁补偿款。房屋建好之后,钱某找到镇政府负责农村居民建房审批工作的戴某,请求办理《村镇工程建设许可证》。戴某认为钱某明显不符合建房条件,发放许可证是违反规定的,一旦被发现风险很大,遂未同意其要求。钱某找到与戴某私交甚好的某民营企业经理田某,多次请客送礼,让田某在戴某面前说说情。于是田某多次找到戴某,让戴某帮帮钱某,戴某碍于情面,表示只给一张盖有公章的空白许可证,其他事项一概不管。钱某拿到空白许可证后填写好,并制好建房许可所需的房屋平面图等其他材料。2010年10月该村拆迁时,国家因此多支付补偿款40余万元。后戴某和田某因涉嫌滥用职权罪被检察机关提起公诉。

本案中,田某虽然是民营企业经理,不具有国家机关工作人员的身份,但是他的教唆行为,对具备特定身份的戴某的滥用职权行为产生了有实质性影响的"作用力"。因此,应当认定为田某共同犯罪,而不仅仅只是戴某滥用职权犯罪徇私情的对象。

此外，在办理无身份者与国家工作人员共同犯罪案件过程中，辩护人应当注意一罪与数罪的问题。根据最高人民法院、最高人民检察院《关于办理渎职刑事案件适用法律若干问题的解释（一）》第4条第2款和第3款的规定，如果国家机关工作人员与他人共谋，利用其职务行为帮助他人实施其他犯罪行为，同时构成渎职犯罪和共谋实施的其他犯罪共犯的，依照处罚较重的规定定罪处罚；如果国家机关工作人员与他人共谋，既利用其职务行为帮助他人实施其他犯罪，又以非职务行为与他人共同实施该其他犯罪行为，同时构成渎职犯罪和其他犯罪的共犯的，依照数罪并罚的规定定罪处罚。

(二)渎职者与其监管、查禁对象的共犯问题

在国家机关工作人员明知他人实施犯罪行为而予以放纵或者向犯罪分子通风报信、提供便利，帮助犯罪分子逃避处罚的情况下，国家机关工作人员可以依法单独构成渎职罪。如明知是走私犯罪行为而予以放任、纵容的，构成放纵走私罪；明知是生产、销售伪劣商品犯罪行为而不履行法律规定的追究责任的，构成放纵制售伪劣商品犯罪行为罪；明知是犯罪分子而向其通风报信、提供便利，帮助犯罪分子逃避处罚的，则构成帮助犯罪分子逃避处罚罪。

但是，如果国家机关工作人员与犯罪分子事先通谋，约定犯罪分子实施犯罪行为后，通过国家机关工作人员的职务便利予以纵容、包庇或者窝藏，使犯罪分子得以逃避处罚的，既构成渎职罪，又与其监管、查禁的犯罪分子构成共犯，属于想象竞合犯，应当择一重罪处罚。

案例 7-12

某税务机关在税收征收管理工作中获得线索，蔡某经营的某私营企业存在偷漏税和虚开增值税专用发票的行为。税务稽查人员黄某与蔡某是同乡，在得知税务机关第二天要去蔡某的企业进行税务稽查之后，马上发短信将该消息告诉了蔡某，蔡某连夜将企业的会计资料全部销毁，使得税务稽查人员无法准确查处其经营企业的偷税漏税和虚开增值税专用发票的行为。

本案中，黄某是税务稽查人员，是具有查禁税务犯罪活动职责的国家机关工作人员，其向涉嫌逃税罪和虚开增值税专用发票罪的蔡某通风报信，泄露查禁犯罪活动的部署、时间、地点等情况，致使蔡某销毁会计资料，帮助蔡某逃避处罚，构成帮助犯罪分子逃避处罚罪。

(三)国家机关工作人员之间的责任区分

两个以上国家机关工作人员互相勾结,共同实施渎职犯罪的,应当按照共同犯罪一并处罚。但是对于多因一果的渎职案件,即使不能认定为共同渎职犯罪,也应当根据渎职行为对危害后果所起的作用大小,正确区分主要责任人与次要责任人、直接责任人与间接责任人,以便确定罪责。

对于决策者滥用职权、玩忽职守、徇私舞弊违法决策,或者强令、胁迫其他国家机关工作人员实施违法决策,或者阻挠监管人员执法,最终导致公共财产、国家和人民利益遭受重大损失的,应当区分决策者和实施人员、监管人员的责任大小,重点查处决策者的渎职犯罪;实施人员、监管人员贪赃枉法、徇私舞弊,隐瞒事实真相,提供虚假信息,影响决策者的正确决策,造成危害后果发生的,应当严肃追究实施人员和监管人员的责任;实施人员、监管人员明知决策者决策错误,而不提出反对意见,或者不进行纠正、制止、查处,造成危害后果的发生,应当视情节追究渎职犯罪的责任;对于决策者与具体实施人员、监管人员相互勾结,共同实施渎职犯罪的,应依法一并查处。

(四)集体行为与个人行为之间的责任区分

根据最高人民法院、最高人民检察院《关于办理渎职刑事案件适用法律若干问题的解释(一)》的规定,以"集体研究"形式实施的渎职犯罪,应当依照《刑法》分则第九章的规定追究国家机关负有责任的人员的刑事责任。对于具体执行人员,应当在综合认定其行为性质、是否提出反对意见、危害结果大小等情节的基础上决定是否追究刑事责任和应当判处的刑罚。这是一个原则性的规定,但具体案件仍要具体分析。如果国家机关内部具有领导职务的工作人员经集体讨论后决定实施渎职犯罪行为,参加集体研究的赞同这一决定的所有人员因主观意思表示一致,构成渎职犯罪共犯,都应当承担责任,但是持明确反对意见者不构成犯罪;如果集体讨论作出的决定是在具有领导职务的工作人员的胁迫、欺骗之下作出的,由此造成危害后果的,只能由该国家机关工作人员单独构成犯罪,其他受胁迫、欺骗的普通工作人员不应被认定为渎职犯罪,主持讨论并最终作出决定的领导人员应当负主要责任。

如果集体讨论的决定是基于信赖原则,被具体承办人员操纵、欺骗或者被具有专业知识背景人员对相关专业知识虚假介绍和欺骗的情况下作出的,即使该决定违反法律法规,参与讨论作出决定的领导也不应当承担滥用职权罪的刑事责任。但是,如果领导负有注意义务,对于相关人员的蒙蔽、欺骗手段应当能够识破或者相关人员的蒙骗并不高明,但因为其疏忽大意而没有发现,则可能构成玩忽职守罪。

辩点7-7:此罪彼罪

本章的渎职类犯罪中,有些罪名容易产生混淆,司法机关在指控犯罪时可能会适用错误的罪名,所以辩护人在代理案件时,要注意区分此罪与彼罪,当司法机关适用了更不利于当事人的罪名时,要进行改变定性的辩护。

(一)滥用职权罪与玩忽职守罪的区别

滥用职权罪与玩忽职守罪虽然规定在同一个条文,适用同一个法定刑,但是从两者的立案标准来看,玩忽职守罪比滥用职权罪的立案标准要高,司法实践中对玩忽职守罪的处罚一般也比滥用职权罪的处罚轻。因此,对于滥用职权罪的指控,辩护人要审查能否改变定性为玩忽职守罪。这就需要掌握这两个罪名之间的区分标准。

1. 两者侵害的客体不完全相同

虽然渎职类犯罪所侵害的客体都是国家机关公务活动的合法、公正、有效执行以及国民对此的信赖,但是滥用职权罪与玩忽职守罪侵害的客体依然存在区别。滥用职权行为是国家机关工作人员超越权限,滥用权力,违反规范的行为,是对公务人员从事公务活动的正当性的侵害;而玩忽职守行为是国家机关工作人员严重不负责任、不正确履行职责的行为,是对公务人员勤政性的侵害。

2. 两者的主观责任形式不同

滥用职权行为主观上是故意,既包括直接故意也包括间接故意;玩忽职守行为主观上是过失,而且主要表现为监督管理过失。

3. 两者的客观行为不同

滥用职权行为包括超越职权和不正确行使职权。例如,行为人擅自决定或处理其没有决定或处理权限的事项,或者行为人违反职责处理公务,或者利用手中的权力随意处理公务,或者利用手中的权力以权谋私,假公济私。玩忽职守行为包括不履行和不正确履行职责。不履行职责是指根据职责的要求应作为而不作为,或者擅离职守;不正确履行职责是指行为人在履行职责过程中,违反职责的要求,马虎大意、敷衍草率,具体表现为工作责任心不强,工作不认真、细致,履行职责时出现错误,发现问题后采取措施不当等。

在现实生活中,滥用职权与玩忽职守经常会发生竞合,不易区分。例如,行为人没有依照其职责的要求处理公务,导致严重损害结果的发生,行为人的主观态度极其不明确,无法确定行为人是故意不履行职责还是严重不负责任而没有履行职责,这就会导致界定其行为性质很困难。在滥用职权与玩忽职守竞合时,最为关键的是行为人的主观态度,需要从行为人对自己的行为、对危害结果的认识程度和意志程度等多个方面进行细致分析。如果行为人认识到自己具有特定职责,但是将其职权明知不该用而用,或该用而不用,则属于滥用职权行为;即便行为人对危害结果持有过失的主观态度,误认为不会产生损害,也不会影响其对于行为的认识和意志要素,依然属于滥用职权行为。如果行为人意识到自己负有特定的职责,但是在履行职责过程中该履行而不履行或不认真履行,行为人对于自己行为的认识和意志要素均是过失,则应当认定为玩忽职守。

(二) 徇私枉法罪与民事、行政枉法裁判罪

徇私枉法罪与民事、行政枉法裁判罪均为司法型渎职类犯罪,但是两者也存在区别。

首先,两者适用的领域不同,前者发生于刑事诉讼过程中,包括刑事审判;后者则发生在民事审判或者行政审判过程中。

其次,两者的客观行为不完全相同。徇私枉法罪的行为既包括使无罪的人受到追诉,使有罪的人不受到追诉,也包括刑事审判中违背事实和法律作枉法裁判的行为;而民事、行政枉法裁判罪只表现为在民事、行政审判活动中故意违背事实和法律作枉法裁判。

最后,前者不要求情节严重;后者要求情节严重。

(三) 普通渎职类犯罪与特殊渎职类犯罪的关系

渎职类犯罪既包括普通的渎职类犯罪,又包括特殊的渎职类犯罪,二者是一般与特殊的关系。

如果国家机关工作人员滥用职权或者玩忽职守,符合特殊渎职类犯罪构成要件的,则按照该特殊规定追究刑事责任;如果主体不符合特殊渎职类犯罪的主体要件,但滥用职权和玩忽职守,符合滥用职权罪和玩忽职守罪的构成要件,则按照普通渎职类犯罪中的滥用职权罪和玩忽职守罪追究刑事责任。在此种情况下,辩护人不仅要从排除特殊渎职类犯罪情况的角度为行为人进行辩护,还要从普通渎职犯罪的角度进行辩护。

辩点 7-8:一罪数罪

司法实践中,行为人可能被指控一个罪名,也可能被指控数个罪名,在行为人被指控数个罪名的情况下,尤其是数个罪名对应的行为具有一定关联性时,辩护人要注意审查是否存在一罪的可能。

(一)一罪

(1)国家机关工作人员滥用职权,同时构成其他犯罪的,属于想象竞合,从一重罪处罚。例如,国家机关工作人员滥用职权,对控告人、举报人进行报复陷害,致使控告人、举报人的利益遭受重大损失的,是滥用职权罪与报复陷害罪的想象竞合,从一重罪处罚;国家机关工作人员滥用职权窝藏犯罪人的,是滥用职权罪与窝藏罪的想象竞合,从一重罪处罚。

(2)国家机关工作人员与他人共谋,利用其职务行为帮助他人实施其他犯罪行为,同时构成渎职犯罪和共谋实施的其他犯罪共犯的,依照处罚较重的规定定罪处罚。

(3)非法披露属于国家秘密的商业秘密,是故意泄露国家秘密罪与侵犯商业秘密罪的想象竞合,从一重罪处罚。

(4)通过伪造证据等方式对无罪的人采取拘留、逮捕等剥夺人身自由的强制措施,是非法拘禁罪与徇私枉法罪的想象竞合,从一重罪处罚。

(5)司法工作人员为了使无罪的人受追诉,或者为了使有罪的人不受追诉,或者为了枉法裁判,阻止证人作证或者指使他人作伪证的,属于徇私枉法罪和妨害作证罪的想象竞合,从一重罪处罚。

(6)具体承办案件的司法工作人员通过毁灭、伪造证据的方式实施枉法行为,属于徇私枉法罪和帮助毁灭、伪造证据罪的想象竞合,从一重罪处罚。

(7)司法工作人员收受贿赂后,有徇私枉法行为,民事、行政枉法裁判行为,执行判决、裁定失职行为,执行判决、裁定滥用职权行为,均构成犯罪的,依照处罚较重的规定定罪处罚。这是《刑法》第399条第4款的特别规定。

(8)在押人员与司法工作人员相勾结,导致在押人员脱离监管,司法工作人员同时构成私放在押人员罪与脱逃罪的共犯,从一重罪处罚。

(9)犯违法提供出口退税凭证罪同时触犯徇私舞弊不征、少征税款罪,以违法提供出口退税凭证罪论处,不实行数罪并罚。

(10)负有食品、药品安全监督管理职责的国家机关工作人员,滥用职权或者玩忽职守,导致发生重大食品安全事故、药品安全事件或者造成其他严重后果,同时构成食品、药品监管渎职罪和徇私舞弊不移交刑事案件罪、商检徇私舞弊罪、动植物检疫徇私舞弊罪、放纵制售伪劣商品犯罪行为罪等其他渎职犯罪的,依照处罚较重的规定定罪处罚。

(11)负有食品、药品安全监督管理职责的国家机关工作人员与他人共谋,利用其职务行为帮助他人实施危害食品、药品安全犯罪行为,同时构成渎职犯罪和危害食品、药品安全犯罪共犯的,依照处罚较重的规定定罪处罚。

收受财物的,以受贿罪和徇私枉法罪数罪并罚。

案例 7-13

2002 年 9 月 1 日,新建县公安局洪门派出所接到群众报案,反映占家村发生聚众哄抢案件,派出所安排警务区负责办理此案,并于 2002 年 9 月 24 日对犯罪嫌疑人蔡某某依法刑事拘留。后派出所所长李某某将此案交由民警郭某某具体办理。9 月 30 日,公安局向检察院提请批准逮捕蔡某某,检察院以证据不足为由作出不批准逮捕决定。在接到不批准逮捕决定后,被告人李某某作为所长,没有责成承办人对蔡某某依法立即释放或变更强制措施,而是先让其给局里汇报。后又同意将蔡某某报劳教,并于 12 月 26 日向劳动教养委员会呈请对蔡某某劳动教养。2003 年 1 月 14 日,蔡某某劳动教养呈报未被批准。被告人李某某于 2 月 8 日再次派承办人将案件送检察院报捕。蔡某某还是未被批准逮捕,案卷被退回。但蔡某某仍被羁押,直至 3 月 6 日李某某被检察机关采取强制措施,才得以被释放。后检察机关以李某某涉嫌非法拘禁罪将其移送起诉。

法院经审理认为:被告人李某某身为基层派出所所长,执行公务时,不能正确履行自己的工作职责,致使他人被超期羁押,非法剥夺了他人的人身自由,其行为既符合非法拘禁罪的构成要件,也符合滥用职权罪的构成要件,根据想象竞合犯择一重罪处罚的原则,以滥用职权罪判处李某某有期徒刑 6 个月。

(二) 数罪

(1)国家机关工作人员因索取或者收受贿赂而滥用职权,致使公共财产、国家和人民利益遭受重大损失的,以受贿罪和滥用职权罪数罪并罚。

(2)司法工作人员犯徇私枉法罪后,明知对方给予的财物是自己违法职务行为的不正当好处而收受该财物的,构成受贿罪与徇私枉法罪,应当数罪并罚。

(3)国家机关工作人员与他人共谋,既利用其职务行为帮助他人实施其他犯罪,又以非职务行为与他人共同实施该其他犯罪行为,同时构成渎职犯罪和其他犯罪的共犯的,依照数罪并罚的规定定罪处罚。

附：本章相关法律规范性文件①

1. 法律

《中华人民共和国刑法》(2020 年修正,法宝引证码:CLI.1.349391)第 397—419 条

2. 司法解释

最高人民法院、最高人民检察院《关于办理危害生产安全刑事案件具体适用法律若干问题的解释》(法释〔2015〕22 号,2015.12.16 实施,法宝引证码:CLI.3.261366)

最高人民法院、最高人民检察院《关于办理环境污染刑事案件适用法律若干问题的解释》(法释〔2016〕29 号,2017.01.01 实施,法宝引证码:CLI.3.287324)

最高人民法院、最高人民检察院《关于办理渎职刑事案件适用法律若干问题的解释(一)》(法释〔2012〕18 号,2013.01.09 实施,法宝引证码:CLI.3.192499)

最高人民检察院《关于对林业主管部门工作人员在发放林木采伐许可证之外滥用职权玩忽职守致使森林遭受严重破坏的行为适用法律问题的批复》(高检发释字〔2007〕1 号,2007.05.16 实施,法宝引证码:CLI.3.91480)

最高人民法院、最高人民检察院《关于办理盗窃油气、破坏油气设备等刑事案件具体应用法律若干问题的解释》(法释〔2007〕3 号,2007.01.19 实施,法宝引证码:CLI.3.83346)

最高人民检察院《关于渎职侵权犯罪案件立案标准的规定》(高检发释字〔2006〕2 号,2006.07.26 实施,法宝引证码:CLI.3.78161)

最高人民法院《关于审理破坏林地资源刑事案件具体应用法律若干问题的解释》(法释〔2005〕15 号,2005.12.30 实施,法宝引证码:CLI.3.66699)

最高人民法院研究室《关于对滥用职权致使公共财产、国家和人民利益遭受重大损失如何认定问题的答复》(法研〔2004〕136 号,2004.11.22 实施,法宝引证码:CLI.3.147141)

最高人民法院、最高人民检察院《关于办理非法制造、买卖、运输、储存毒鼠强等禁用剧毒化学品刑事案件具体应用法律若干问题的解释》(法释〔2003〕14 号,2003.10.01 实施,法宝引证码:CLI.3.49378)

最高人民法院、最高人民检察院《关于办理妨害预防、控制突发传染病疫情等灾

---

① 所列法律规范性文件的详细内容,可登录"北大法宝"引证码查询系统(www.pkulaw.com/fbm),输入所提供的相应的"法宝引证码",免费查询。

害的刑事案件具体应用法律若干问题的解释》(法释〔2003〕8号,2003.05.15实施,法宝引证码:CLI.3.45773)

最高人民检察院法律政策研究室《关于非司法工作人员是否可以构成徇私枉法罪共犯问题的答复》(〔2003〕高检研发第11号,2003.04.16实施,法宝引证码:CLI.3.53043)

最高人民检察院《关于对海事局工作人员如何使用法律问题的答复》(〔2003〕高检研发第1号,2003.01.13实施,法宝引证码:CLI.3.45426)

最高人民检察院《关于企事业单位的公安机构在机构改革过程中其工作人员能否成为渎职侵权犯罪主体问题的批复》(高检发释字〔2002〕3号,2002.05.16实施,法宝引证码:CLI.3.39891)

最高人民检察院《关于人民检察院直接受理立案侦查的渎职侵权重特大案件标准(试行)》(高检发〔2001〕13号,2002.01.01实施,法宝引证码:CLI.3.38476)

最高人民检察院《关于工人等非监管机关在编监管人员私放在押人员行为和失职致使在押人员脱逃行为适用法律问题的解释》(高检发释字〔2001〕2号,2001.03.02实施,法宝引证码:CLI.3.35231)

最高人民法院《关于审理破坏森林资源刑事案件具体应用法律若干问题的解释》(法释〔2000〕36号,2000.12.11实施,法宝引证码:CLI.3.34733)

最高人民检察院《关于属工人编制的乡(镇)工商所所长能否依照刑法第397条的规定追究刑事责任问题的批复》(高检发研字〔2000〕23号,2000.10.31实施,法宝引证码:CLI.3.35230)

最高人民检察院《关于合同制民警能否成为玩忽职守罪主体问题的批复》(高检发研字〔2000〕20号,2000.10.09实施,法宝引证码:CLI.3.31458)

最高人民法院《关于审理破坏土地资源刑事案件具体应用法律若干问题的解释》(法释〔2000〕14号,2000.06.22实施,法宝引证码:CLI.3.29555)

最高人民检察院《关于镇财政所所长是否适用国家机关工作人员的批复》(高检发研字〔2000〕9号,2000.05.04实施,法宝引证码:CLI.3.141908)

3. 其他

最高人民法院《全国法院审理经济犯罪案件工作座谈会纪要》(法发〔2003〕167号,2003.11.13实施,法宝引证码:CLI.3.51080)

全国人民代表大会常务委员会《关于〈中华人民共和国刑法〉第九章渎职罪主体适用问题的解释》(2002.12.28实施,法宝引证码:CLI.1.44363)

第八章

税务类犯罪

第一节 税务类犯罪综述

我国《刑法》分则第三章第六节规定了危害税收征管罪,该节规定的罪名都侵犯了国家税收征管制度,为了叙述方便,本章把这些犯罪简称为"税务类犯罪",辩护人在代理这类案件时,不仅要了解刑法的相关规定,还应当了解国家税收管理方面的法律法规,掌握税收管理方面的专业知识。本章将详细阐述如何找到辩点对这些税务类犯罪进行辩护。

一、税务类犯罪分类索引

根据行为手段的不同,我们将税务类犯罪分为四个类型,即逃抗骗型、虚开型、造买售型和持有型。第一类与缴税有关,后三类则与发票有关。相关罪名与《刑法》法条的对应关系见下表。

类型	罪名	法条
1.逃抗骗型	逃税罪	第201条
	抗税罪	第202条
	逃避追缴欠税罪	第203条
	骗取出口退税罪	第204条第1款
2.虚开型	虚开增值税专用发票、用于骗取出口退税、抵扣税款发票罪	第205条
	虚开发票罪	第205条之一
3.造买售型	伪造、出售伪造的增值税专用发票罪	第206条
	非法出售增值税专用发票罪	第207条
	非法购买增值税专用发票、购买伪造的增值税专用发票罪	第208条第1款
	非法制造、出售非法制造的用于骗取出口退税、抵扣税款发票罪	第209条第1款
	非法制造、出售非法制造的发票罪	第209条第2款
	非法出售用于骗取出口退税、抵扣税款发票罪	第209条第3款
	非法出售发票罪	第209条第4款
4.持有型	持有伪造的发票罪	第210条之一

二、税务类犯罪《刑法》规定对照表

类型	罪名	法条	罪状	主刑	附加刑	辩点速查
逃抗骗型	逃税罪	第201条第1款	纳税人采取欺骗、隐瞒手段进行虚假纳税申报或者不申报,逃避缴纳税款数额较大并且占应纳税额10%以上的	3年以下有期徒刑或者拘役	并处罚金	1. 犯罪主体:自然人和单位,单位犯罪实行双罚制,仅限纳税人和扣缴义务人。 2. 数额计算:(1)逃税行为涉及两个以上税种的,只要其中一个税种的逃税数额、比例达到法定标准的,即构成逃税罪,其他税种的逃税数额累计计算。(2)对多次实施,未经处理的,累计数额。 3. 免责情形:经税务机关依法下达追缴通知后,补缴应纳税款,缴纳滞纳金,已受行政处罚的,不予追究刑事责任。 4. 免责例外:(1)5年内因逃避缴纳税款受过刑事处罚或者被税务机关给予2次以上行政处罚的,即使存在第3点情形,也应追究刑事责任。(2)纳税人在公安机关立案后再补缴应纳税款、缴纳滞纳金或者接受行政处罚的,不影响刑事责任的追究。
			数额巨大并且占应纳税额30%以上的	处3—7年有期徒刑	并处罚金	
		第201条第2款	扣缴义务人采取前款所列手段,不缴或者少缴已扣、已收税款,数额较大的	依照前款的规定处罚		
	抗税罪	第202条	以暴力、威胁方法拒不缴纳税款的	处3年以下有期徒刑或者拘役	并处拒缴税款1—5倍罚金	1. 犯罪主体:仅限自然人,单位不能构成本罪。 2. 共同犯罪:与纳税人或者扣缴义务人共同实施抗税行为的,以抗税罪的共犯依法处罚。 3. 行为转化:实施抗税行为致人重伤、死亡,构成故意伤害罪、故意杀人罪的,分别依照《刑法》第234条第2款、第232条的规定定罪处罚。
			情节严重的	处3—7年有期徒刑	并处拒缴税款1—5倍罚金	
	逃避追缴欠税罪	第203条	纳税人欠缴应纳税款,采取转移或者隐匿财产的手段,致使税务机关无法追缴欠缴的税款数额在1万元以上不满10万元的	处3年以下有期徒刑或者拘役	并处或者单处欠缴税款1—5倍罚金	1. 犯罪主体:自然人和单位,单位犯罪实行双罚制,仅限纳税人。 2. 犯罪结果:必须使税务机关无法追缴已欠缴的税款。 3. 此罪与彼罪:区分本罪与逃税罪和抗税罪的区别。
			数额在10万元以上的	处3—7年有期徒刑	并处欠缴税款1—5倍罚金	

(续表)

类型	罪名	法条	罪状	主刑	附加刑	辩点速查
逃抗骗型	骗取出口退税罪	第204条第1款	以假报出口或者其他欺骗手段,骗取国家出口退税款,数额较大的	处5年以下有期徒刑或者拘役	并处骗取税款1—5倍罚金	1. 犯罪主体:(1)单位可构成本罪,实行双罚制。(2)国家工作人员参与骗取出口退税犯罪活动的,从重处罚。 2. 此罪与彼罪:(1)纳税人缴纳税款后,以假报出口或者其他欺骗手段,骗取所缴纳的税款的,以逃税罪论处;骗取税款超过所缴纳的税款部分,以骗取出口退税罪论处。(2)实施骗取出口退税犯罪,同时构成虚开用于骗取出口退税发票罪等其他犯罪的,择一重罪处罚。 3. 特殊情形:有进出口经营权的公司、企业,明知他人意欲骗取国家出口退税款,仍违反国家有关进出口经营的规定,允许他人自带客户、自带货源、自带汇票并自行报关,骗取国家出口退税款的,以本罪定罪处罚。 4. 犯罪形态:实施骗取国家出口退税行为,没有实际取得出口退税款的,可以比照既遂犯从轻或者减轻处罚。
			数额巨大或者有其他严重情节的	处5—10年有期徒刑	并处骗取税款1—5倍罚金	
			数额特别巨大或者有其他特别严重情节的	处10年以上有期徒刑或者无期徒刑	并处骗取税款1—5倍罚金或者没收财产	
虚开型	虚开增值税专用发票、用于骗取出口退税、抵扣税款发票罪	第205条	虚开增值税专用发票或者虚开用于骗取出口退税、抵扣税款的其他发票的	处3年以下有期徒刑或者拘役	并处2万元—20万元罚金	1. 犯罪主体:(1)自然人和单位,单位犯罪实行双罚制,但对单位直接负责的主管人员和其他直接责任人员与自然人犯罪的处罚不同,不判处财产刑。(2)《刑法修正案(八)》取消了自然人犯本罪的死刑。 2. 虚开行为:包括为他人虚开、为自己虚开、让他人为自己虚开、介绍他人虚开。 3. 犯罪对象:"出口退税、抵扣税款的其他发票",是指除增值税专用发票以外的,具有出口退税、抵扣税款功能的收付款凭证或者完税凭证,
			虚开的税款数额较大或者有其他严重情节的	处3—10年有期徒刑	并处5万元—50万元罚金	
			虚开的税款数额巨大或者有其他特别严重情节的	处10年以上有期徒刑或者无期徒刑	并处5万元—50万元罚金或者没收财产	

(续表)

类型	罪名	法条	罪状	主刑	附加刑	辩点速查
						如运输发票、废旧物品收购发票、农业产品收购发票等。4.犯罪目的:刑法虽然没有规定本罪的目的要件,但相关判例确立了不具有骗取国家税款目的不构成本罪的做法。
虚开型	虚开发票罪	第205条之一	虚开本法第205条规定以外的其他发票,情节严重的	处2年以下有期徒刑、拘役或者管制	并处罚金	1.犯罪主体:自然人和单位,单位犯罪实行双罚制。2.犯罪对象:增值税专用发票、用于骗取出口退税、抵扣税款发票以外的其他发票。
			情节特别严重的	处2—7年有期徒刑	并处罚金	
造买售型	伪造、出售伪造的增值税专用发票罪	第206条	伪造或者出售伪造的增值税专用发票的	处3年以下有期徒刑、拘役或者管制	并处2万元—20万元罚金	1.犯罪主体:(1)自然人和单位,单位犯罪实行双罚制,但对单位直接负责的主管人员和其他直接责任人员不判处财产刑。(2)《刑法修正案(八)》取消了自然人犯本罪的死刑。2.犯罪行为:变造增值税专用发票的,按照伪造增值税专用发票行为处理。3.数量计算:伪造并出售同一宗增值税专用发票的,数量或者票面额不重复计算。
			数量较大或者有其他严重情节的	处3—10年有期徒刑	并处5万元—50万元罚金	
			数量巨大或者有其他特别严重情节的	处10年以上有期徒刑或者无期徒刑	并处5万元—50万元罚金或者没收财产	
	非法出售增值税专用发票罪	第207条	非法出售增值税专用发票的	处3年以下有期徒刑、拘役或者管制	并处2万元—20万元罚金	1.犯罪主体:自然人和单位,单位犯罪实行双罚制。2.犯罪对象:仅限增值税专用发票,且系真实的增值税专用发票,如果是伪造的,则构成出售伪造的增值税专用发票罪。
			数量较大的	处3—10年有期徒刑	并处5万元—50万元罚金	
			数量巨大的	处10年以上有期徒刑或者无期徒刑	并处5万元—50万元罚金或者没收财产	

(续表)

类型	罪名	法条	罪状	主刑	附加刑	辩点速查
造买售型	非法购买增值税专用发票、购买伪造的增值税专用发票罪	第208条第1款	非法购买增值税专用发票或者购买伪造的增值税专用发票的	处5年以下有期徒刑或者拘役	并处或者单处2万元—20万元罚金	1. 犯罪主体：自然人和单位，单位犯罪实行双罚制。2. 犯罪对象：非法购买真、伪两种增值税专用发票的，数量累计计算，不实行数罪并罚。3. 此罪与彼罪：存在本罪行为又虚开或者出售的，分别依照本法第205—207条的规定定罪处罚。
	非法制造、出售非法制造的用于骗取出口退税、抵扣税款发票罪	第209条第1款	伪造、擅自制造或者出售伪造、擅自制造的可以用于骗取出口退税、抵扣税款的其他发票的	处3年以下有期徒刑、拘役或者管制	并处2万元—20万元罚金	1. 犯罪主体：自然人和单位，单位犯罪实行双罚制。2. 此罪与彼罪：从犯罪对象和犯罪行为具体区分定罪量刑，本罪仅限于骗取出口退税、抵扣税款的发票；如果是增值税专用发票，则按伪造、出售伪造的增值税专用发票罪定罪处罚；如果是其他发票，则按非法制造、出售非法制造的发票罪定罪处罚。
			数量巨大的	处3—7年有期徒刑	并处5万元—50万元罚金	
			数量特别巨大的	处7年以上有期徒刑	并处5万元—50万元罚金或者没收财产	
	非法制造、出售非法制造的发票罪	第209条第2款	伪造、擅自制造或者出售伪造、擅自制造的第1款规定以外的其他发票的	处2年以下有期徒刑、拘役或者管制	并处或者单处1万元—5万元罚金	1. 犯罪主体：自然人和单位，单位犯罪实行双罚制。2. 此罪与彼罪：从犯罪对象和犯罪行为具体区分定罪量刑，本罪仅限不具有骗取出口退税、抵扣税款功能的普通发票。
			情节严重	处2—7年有期徒刑	并处5万元—50万元罚金	
	非法出售用于骗取出口退税、抵扣税款发票罪	第209条第3款	非法出售可以用于骗取出口退税、抵扣税款的其他发票的	处3年以下有期徒刑、拘役或者管制	并处2万元—20万元罚金	1. 犯罪主体：自然人和单位，单位犯罪实行双罚制。2. 犯罪对象：仅限可以用于骗取出口退税、抵扣税款的其他发票。
			数量巨大的	处3—7年有期徒刑	并处5万元—50万元罚金	
			数量特别巨大的	处7年以上有期徒刑	并处5万元—50万元罚金或者没收财产	

（续表）

类型	罪名	法条	罪状	主刑	附加刑	辩点速查
造买售型	非法出售发票罪	第209条第4款	非法出售第3款规定以外的其他发票	处2年以下有期徒刑、拘役或者管制	并处或者单处1万元—5万元罚金	1. 犯罪主体：自然人和单位，单位犯罪实行双罚制。 2. 犯罪对象：仅限不具有骗取出口退税、抵扣税款功能的普通发票。
			情节严重的	处2—7年有期徒刑	并处5万元—50万元罚金	
持有型	持有伪造的发票罪	第210条之一	明知是伪造的发票而持有，数量较大的	处2年以下有期徒刑、拘役或者管制	并处罚金	1. 犯罪主体：自然人和单位，单位犯罪实行双罚制。 2. 主观方面：必须明知其持有的是伪造的发票，否则不构成本罪。
			数量巨大的	处2—7年有期徒刑	并处罚金	
备注		第211条	单位犯本节第201条、第203条、第204条、第207条、第208条、第209条规定之罪的，对单位判处罚金，并对其直接负责的主管人员和其他直接责任人员，依照各该条的规定处罚。			
		第212条	犯本节第201条至第205条规定之罪，被判处罚金、没收财产的，在执行前，应当先由税务机关追缴税款和所骗取的出口退税款。			

第二节　辩点整理

辩点8-1：犯罪主体　　　辩点8-2：主观方面　　　辩点8-3：犯罪行为
辩点8-4：犯罪对象　　　辩点8-5：数额情节　　　辩点8-6：犯罪形态
辩点8-7：共同犯罪　　　辩点8-8：一罪数罪

辩点8-1：犯罪主体

本章的犯罪主体，绝大部分是一般主体，只有逃税罪和逃避追缴欠税罪对主体身份有特殊要求，仅限纳税人和扣缴义务人。此外，除抗税罪只能由自然人构成外，其他罪名均既可以由自然人构成，又可以由单位构成。具体情况总结如下：

《刑法》条文序号	罪名	犯罪主体
第201、211条	逃税罪	自然人、单位（仅限纳税人、扣缴义务人）
第202条	抗税罪	仅限自然人
第203、211条	逃避追缴欠税罪	自然人、单位（仅限纳税人）
第204条第1款、第211条	骗取出口退税罪	自然人、单位
第205条	虚开增值税专用发票、用于骗取出口退税、抵扣税款发票罪	
第205条之一	虚开发票罪	
第206条	伪造、出售伪造的增值税专用发票罪	
第207、211条	非法出售增值税专用发票罪	
第208条第1款、第211条	非法购买增值税专用发票、购买伪造的增值税专用发票罪	
第209条第1款、第211条	非法制造、出售非法制造的用于骗取出口退税、抵扣税款发票罪	
第209条第2款、第211条	非法制造、出售非法制造的发票罪	
第209条第3款、第211条	非法出售用于骗取出口退税、抵扣税款发票罪	
第209条第4款、第211条	非法出售发票罪	
第210条之一	持有伪造的发票罪	

(一) 单位犯罪

通过上述表格可以发现，本章绝大多数犯罪都可以由自然人和单位构成。单位犯本章犯罪的，实行的是双罚制，对单位判处罚金，并按照相关规定追究直接负责的主管人员和其他直接责任人员的刑事责任。需要注意的是，一般情况下，单位犯罪中对直接负责的主管人员和其他直接责任人员判处的刑罚与自然人犯罪判处的刑罚一样，但是有些犯罪的处罚还是存在差异的，如单位犯虚开增值税专用发票、用于骗取出口退税、抵扣税款发票罪或者伪造、出售伪造的增值税专用发票罪的，对直接负责的主管人员和其他直接责任人员不再判处财产刑，而自然人犯这两个罪则要并处财产刑。此外，从其他章节有些罪名的立法情况以及实践经验来看，对单位犯罪中的主管人员和其他直接责任人员的量刑会比认定为自然人犯罪要轻。因此,作为自然人的辩护人,区分是单位犯罪还是自然人犯罪是一个非常重要的辩点。另外,单位犯罪的意志是由单位的主管人员和其他责任人员的意志体现的,在为单位辩护时,也要综合案件各方面情况进行。

1. 如何界定单位犯罪

(1) 主体要求:公司、企业、事业单位、机关、团体。这里是否包括一人公司,即仅有一个股东持有公司全部出资的有限公司,在理论界和实践中存在一些争议。由于《公司法》的修改确立了一人公司的法人地位,一人公司原则上可以成为单位犯罪的主体。但前提是要求一人公司是严格依照《公司法》成立的,经过工商登记注册,取得法人资格,且公司财产和股东财产能够分离。换句话说,如果一人公司的公司财产不能独立于股东自己的财产,在实践中仍然可能按照自然人犯罪处理。

> **案例 8-1**[①]
>
> 　　2015 年 6 月,胡锐发起设立了自然人独资有限责任公司长远宏伟公司。2015 年 7 月至 2016 年 5 月,胡锐为非法牟利,在无任何真实业务往来的前提下,通过收取开票费的方式,以其经营的长远宏伟公司名义,向平某某、许某某(均另案处理)实际控制的智陌公司、禀驰公司、仝忾公司虚开增值税专用发票共计 403 份,价税合计 4411 万余元,税款 640 万余元。2016 年 5 月,胡锐假借禀驰公司的名义向谛豪经营部购买手机,并要求对方开具受票方为禀驰公司的增值税专用发票,谛豪经营部当场开具 6 份增值税专用发票交予胡锐,后胡锐将上述发票交予平某某一方并收取开票费,相关发票价税合计 50 万元,税款 7.2 万余元。后一审法院以自然人犯虚开增值税专用发票罪判处胡锐有期徒刑 11 年 6 个月,剥夺政治权利 2 年,并处罚金 20 万元。
>
> 　　后胡锐提起上诉,认为即使存在虚开增值税专用发票事实,本案也应当是单位犯罪。法院经审理认为,长远宏伟公司虽然系胡锐发起设立的自然人独资有限责任公司,由胡锐负责经营,但该公司账户与胡锐控制的个人账户混同情况严重,所以认为一审判决认定本案系胡锐个人犯罪并无不当,遂作出维持原判的裁定。

---

① 案例来源:(2018)沪刑终 27 号刑事裁定书。

（2）行为要求：实施了本章规定的犯罪行为，但抗税行为除外。对于单位决策实施抗税行为的，虽然不能追究单位的刑事责任，仍然要对在单位中组织、策划、实施抗税行为的人追究刑事责任。

（3）特征要点：以单位名义、为了单位利益、违法所得归单位所有。这是构成单位犯罪的三个条件，且必须同时具备。如果缺失其中任何一个条件，辩护人都可以提出不能构成单位犯罪的辩护意见。如虽然以单位名义实施犯罪，但是违法所得归犯罪者个人所有的，不构成单位犯罪。

案例 8-2

被告人林某被 A 公司聘任为下属经营部 B 的经理，聘任时间为 1998 年 1 月 1 日至 2001 年 1 月 1 日。2000 年 5 月，林某向当地工商行政管理局提出将经营部 B 变更为 C 公司的申请，当月获批准。C 公司于 2000 年 12 月底停止营业。2001 年 3 月，陈某找到林某，以支付高额手续费为条件，要求林某为五家公司出具增值税专用发票。林某遂带着已经停业的 C 公司的有关手续到当地工商行政管理局和税务局办理了营业执照年检和税务登记证并领取了增值税专用发票，然后根据陈某的要求，先后为四家公司虚开增值税专用发票 72 份，价款 175456452.92 元，税额 29827597.15 元，致使国家税款被抵扣而损失 21325200 元，林某共收取手续费 129 万余元，只有数千元用于 C 公司开支，绝大部分用于其个人经商和挥霍。后林某被法院以虚开增值税专用发票罪判处死刑，剥夺政治权利终身，并处没收个人财产。

本案发生在《刑法修正案（八）》实施之前，自然人犯虚开增值税专用发票罪可以判处死刑，但如果认定是单位犯罪，对直接负责的主管人员和其他直接责任人员的最高量刑是无期徒刑。因此，本案能否认定为单位犯罪直接关系到林某的生死。在庭审过程中，林某抗辩其虚开的增值税专用发票是由 C 公司向税务部门领购，由 C 公司对外开出的，不是个人犯罪而应认定为单位犯罪。法院经审理认为，被告人林某只是以已经停业的 C 公司的名义实施犯罪，但违法所得并没有归 C 公司所有，而是绝大部分被林某用于个人经商和挥霍，不符合单位犯罪的要件，不构成单位犯罪。

2. 单位犯罪如何辩护

对于被认定为单位犯罪的案件，单位可以聘请辩护人，作为直接负责的主管人员和其他直接责任人员的自然人也可以聘请辩护人。作为自然人的辩护人应当熟练掌握直接负责的主管人员和其他直接责任人员的认定标准,审查其当事人是否属于在单位犯罪中起决定、批准、授意、纵容、指挥等作用的人员或者在单位犯罪中具体实施犯罪并起较大作用的人员,如果不属于这些情形,则可以考虑进行无罪辩护。

对于单位犯罪,还要确定诉讼代表人参与诉讼,一般应当是法定代表人或者主要负责人,如果他们被追究刑事责任或者无法参与的,则确定其他负责人作为诉讼代表人。作为单位的辩护人,在庭前应当对诉讼代表人进行庭前辅导。实践中,由于法定代表人或者主要负责人通常也被追究刑事责任,作为诉讼代表人的人员一般不了解案件情况。因此,辩护人在庭审过程中对诉讼代表人的发问不宜太深入,重点还是应放在了解案件情况的直接负责的主管人员或者其他直接责任人员身上。

3. 法定代表人如何辩护

法定代表人是指依照法律或者法人组织章程规定,代表法人行使职权的负责人。法定代表人代表企业法人的利益,按照法人的意志行使法人权利。一般来说,法定代表人在法人内部负责组织和领导生产经营活动;对外代表法人,全权处理一切民事活动。

但在刑事领域,单位犯罪的,并不必然意味着单位的法定代表人就一定要承担刑事责任。因为单位犯税务类犯罪,虽然实行的是双罚制,不仅要处罚单位,还要处罚自然人,但是这里所处罚的自然人是指对税务类犯罪行为直接负责的主管人员和其他直接责任人员。如果单位的法定代表人只是名义上的,并不实际参与具体的经营管理,也没有组织和领导生产经营活动,其对单位违反税收征管秩序的犯罪行为并不知情,则不能追究法定代表人的刑事责任,而应当由在单位实施的犯罪中起决定、批准、授意、纵容、指挥等作用的"直接负责的主管人员"和具体操作的"其他直接责任人员"承担刑事责任。

辩护人在代理单位法定代表人涉嫌税务类犯罪的案件时,不但要注意主体的身份,而且应当具体分析法定代表人在犯罪中所起的作用,提出无罪或者罪轻的辩护意见。

案例8-3

刘某某是一名专业演员,成立了一家艺术公司,自己担任法定代表人,因平时自己经常外出演出,无暇打理公司,于是聘请张某某担任公司的总经理,由张某某全权打理公司事务。2005年至2009年期间,该艺术公司通过采用伪造、隐匿记账凭证、多列支出、不列收入、进行虚假的纳税申报等手段逃避缴纳国家税款共计300余万元。后检察机关认定该艺术公司为单位犯罪,将公司法定代表人刘某某和总经理张某某作为被告单位直接负责的主管人员提起公诉。

在庭审过程中,刘某某的辩护人提出,刘某某虽然是文化公司的法定代表人,但实际上只是公司的出资人,因其自身演艺工作很繁忙,公司的具体经营包括税务方面的管理均是由公司总经理张某某全面负责,其并未实际参与公司的经营和管理。对于公司的逃税行为,刘某某完全不知情,也没有起到组织、策划、指挥的作用,故其不应作为直接负责的主管人员对单位逃税犯罪承担刑事责任。该辩护意见被法院采纳,刘某某被无罪释放。

4. 仅起诉个人如何辩护

对于应当认定为单位犯罪的案件,检察机关只作为自然人犯罪起诉的,辩护人应当综合全案进行分析并与当事人进行充分沟通,如果认定为单位犯罪有利于当事人的定罪和量刑的,辩护人应当及时提出案件应当属于单位犯罪的辩护意见,甚至可以要求检察机关对犯罪单位补充起诉。如果检察机关不补充起诉,人民法院仍依法审理的,辩护人应当提出对被起诉的自然人根据指控的犯罪事实、证据及庭审查明的事实,依法按单位犯罪中的直接负责的主管人员或者其他直接责任人员追究刑事责任的辩护意见,引用《刑法》分则关于单位犯罪追究直接负责的主管人员和其他直接责任人员刑事责任的有关条款进行量刑辩护。

案例8-4

2010年5月,被告人胡某某作为A公司的法人代表,在A公司经营期间,从B公司购进400吨棉花并予以销售,后又以150吨棉花抵该公司欠款160万元,均未在账簿上反映,未进行纳税申报,少缴增值税共计25万元,占2010年应纳税额的14.93%。2013年12月16日,胡某某被公安局抓获。后检察机关仅以胡某某涉嫌逃税罪移送法院起诉。

辩护人认为本案应认定为单位犯罪,不应只起诉胡某某。检察机关提出胡某某已于2012年12月将A公司转让给了他人,该公司的工商档案已经转至甲市工商局,公安机关已发协查函,但一直未收到回复。因此,检察机关坚持不补充起诉 A 公司。辩护人进而提出,即使不补充起诉 A 公司,对胡某某的量刑也应当按照单位犯罪的主管人员或者其他直接责任人员追究其刑事责任,法院采纳了辩护人的意见,判处胡某某有期徒刑 6 个月。

5. 单位被撤销如何辩护

对于应当认定为单位犯罪的案件,如果在追诉单位刑事责任时单位已被依法撤销、注销、吊销营业执照或者宣告破产的,应当如何处理或者如何辩护呢?

我国《刑事诉讼法》第 15 条第(五)项规定,犯罪嫌疑人、被告人死亡的,不追究刑事责任,已经追究的,应当撤销案件,或者不起诉,或者终止审理,或者宣告无罪。最高人民法院《关于适用〈中华人民共和国刑事诉讼法〉的解释》第 344 条规定:"审判期间……被告单位被撤销、注销的,对单位犯罪直接负责的主管人员和其他直接责任人员应当继续审理。"

因此,作为代理涉嫌税务犯罪的单位的辩护人,首先应当审查单位是否具有诉讼主体资格,如果单位已经被撤销、注销、吊销营业执照或者宣告破产,且无承受原单位权利义务的单位,应当要求侦查机关对单位作出撤销案件的决定,或者要求公诉机关作出不起诉决定,或者要求法院对单位终止审理,或者直接作出无罪判决,提出不能再作为诉讼主体追究其刑事责任的辩护意见。当然,这并不影响司法机关依法追究该单位的主管人员和其他直接责任人员的刑事责任。

案例 8-5

湖南某半导体材料厂的法定代表人宋某,在 1998 年至 2002 年担任该厂厂长期间,明知企业欠国家税款,为逃避税务机关追缴,故意将企业异地动迁所得补偿金 500 万元落在小金库账上,致使负责征税的税务机关无法追缴欠税 17 万元。2005 年 2 月,该厂宣告破产。2005 年 5 月,宋某以逃避追缴欠税罪被移送审查起诉。

宋某辩解,当年将企业动迁补偿金放在小金库账上是单位管理层的集体决定,是为了单位利益,后来这些款项也都用于单位,其个人没有获取任何利益,现在单位已经破产,已经不具有主体资格,不能对其个人追究刑事责任。本案中,虽然湖南某半导体材料厂已经宣告破产,不具有诉讼主体资格,无法再对该厂追究刑事责任,判处罚金。但是,这并不意味着该单位直接负责的主管人员和其他直接责任人员也能因此免责,如果能够查明主管人员和其他直接责任人员应当承担刑事责任的,可以单独追究其刑事责任,如本案中的宋某。

(二) 主体身份

税务类犯罪中,主体身份是辩护人应当审核的另一个辩点,因为主体身份有时既可以直接影响定罪,又可以直接影响量刑。例如,对于逃税罪和逃避缴纳追缴欠税罪而言,是否具备纳税人和扣缴义务人的身份直接影响是否构成犯罪;对于税务类犯罪中的共同犯罪,主体是否具有国家工作人员或者犯罪集团首要分子的身份,直接影响对其是否从重处罚。

1. 纳税人

根据《税收征收管理法》第 4 条的规定,纳税人是指法律、法规规定负有纳税义务的单位和个人。在增值税领域,纳税人又有一般纳税人和小规模纳税人之分,一般纳税人是与小规模纳税人相对应的,指年应征增值税销售额(包括一个公历年度内的全部应税销售额)超过财政部规定的小规模纳税人标准的企业和企业性单位。小规模纳税人,是指年销售额在规定标准以下,并且会计核算不健全,不能按规定报送有关税务资料的增值税纳税人。《增值税暂行条例实施细则》第 28 条对小规模纳税人的界定如下:

(1) 从事货物生产或者提供应税劳务的纳税人,以及以从事货物生产或者提供应税劳务为主,并兼营货物批发或者零售的纳税人,年应征增值税销售额(以下简称应税销售额)在 50 万元以下(2009 年以前为 100 万元,2009 年以后为 50 万元)。

(2) 除上一项规定以外的纳税人,年应税销售额在 80 万元以下的(2009 年以前为 180 万元,2009 年以后为 80 万元)。

纳税人可以成为本章所有税务类犯罪的主体,其中逃避追缴欠税罪只能由纳税人构成,逃税罪只能由纳税人和扣缴义务人构成,但逃税人所占比例更大。虚开增值税专用发票罪中,为他人虚开和为自己虚开增值税专用发票的主体往往是具备增值税一般纳税人资格的。

2. 扣缴义务人

根据我国《税收征收管理法》第 4 条的规定,扣缴义务人是指法律、行政法规规定负有代扣代缴、代收代缴税款义务的单位和个人。逃税罪虽然可以由纳税人构成，也可以由扣缴义务人构成，但在进行刑事辩护时，仍然要注意这两类主体之间存在的区别：纳税人采取欺骗、隐瞒手段进行虚假纳税申报或者不申报，逃避缴纳税款的行为，经税务机关依法下达追缴通知后，补缴应纳税款，缴纳滞纳金，已受行政处罚的，可以不予追究刑事责任，但该条款并不适用于扣缴义务人采取欺骗、隐瞒手段，不缴或者少缴已扣、已收税款的情形。

案例 8-6[①]

被告人陈银春系华达公司法定代表人，占有公司 24% 的股份。2010 年 10 月，被告人陈银春与被告人阮敏协商，由陈银春先收购华达公司其他股东的股份，后转让给阮敏，并约定由阮敏承担税款等。2010 年 12 月 10 日，陈银春和华达公司其他 10 名股东签订股权转让协议，以 2535 万元受让华达公司 76% 的股份，协议约定由被告人陈银春缴纳税款。2011 年 1 月 5 日，阮敏与陈银春签订股权转让协议，阮敏以 2475 万元受让华达公司 75% 的股份，协议约定由阮敏缴纳税款。之后阮敏将交易款转给陈银春，陈银春又转账给原 10 名股东。因股权变更登记前须先缴纳税款，为少缴税款，陈银春未提供真实的股权转让协议，而是提供原用于工商登记的股权转让协议（按照原 10 名股东股权比例作为转让价格）由阮敏用于纳税申报；同时阮敏为申报纳税对华达公司进行资产评估，并最终以资产评估的净资产价值 1942 万元作为依据对陈银春需缴纳税款进行纳税申报，合计应缴纳个人所得税 2653635.7 元，印花税 14795.62 元，并由阮敏安排对税款分期缴纳提供担保。2012 年 7 月 19 日，公司变更为陈银春一人独资公司，法定代表人为阮敏的妻子钱某某。至 2013 年，税务机关从华达公司对公账户扣缴大部分申报的税款，不足部分由陈银春缴纳。因股权无法转移登记到位，阮敏向法院提起确权诉讼，2017 年 7 月 14 日，法院判决确认阮敏系华达公司 75% 股权的股东身份。2016 年 11 月 28 日，地方税务局稽查局对陈银春进行税务稽查，2018 年 1 月 4 日，对陈银春作出处理决定，认定其作为扣缴义务人少缴已扣股权转让个人所得税 3300695.55 元，少缴印花税 5277.2 元，要求其自收到决定书之日起 15 日内补缴税款。同年 1 月 29 日，税务机关将上述决定登报公告。阮敏、陈银春得知上述税务稽查决定后，至今未缴纳税款。阮敏、陈

[①] 案例来源：(2020) 浙 0381 刑初 64 号刑事判决书。

银春偷逃个人所得税占应纳税额的55%。后被告人阮敏和陈银春以涉嫌逃税罪被移送起诉。

在庭审过程中,被告人阮敏辩称其并非扣缴义务人,其仅承担受让陈银春股权的税赋。被告人陈银春辩称其帮阮敏收购股权,税款应该由阮敏承担,阮敏才是扣缴义务人。法院经审理认为,根据《股权转让所得个人所得税管理办法(试行)》第5条的规定,个人股权转让所得个人所得税,以股权转让方为纳税人,以受让方为扣缴义务人。具体到本案,被告人陈银春与阮敏协商后,由陈银春先收购华达公司其他股东的股份,后转让给阮敏。2010年12月10日陈银春收购股权与2011年1月5日阮敏收购陈银春股权是两次交易,属于不同法律关系;2010年12月10日至2011年1月5日期间,阮敏无法以实际受让人身份享有股东权利,双方不属于委托、代理关系,不能认定阮敏是陈银春收购其他股东股权的实际受让人。综上,虽然阮敏口头承诺代缴税款,但其并不是第一次股权转让时的实际受让人,不符合扣缴义务人的法定条件。被告人阮敏虽不是扣缴义务人,但其与被告人陈银春以欺骗、隐瞒手段共同实施逃税行为,应以共犯依法处罚。被告人陈银春作为扣缴义务人,被告人阮敏在已与被告人陈银春口头约定承担税款的情况下,两人为少缴税款,在明知实际交易价格远高于资产评估价值时,以评估价值申报纳税,逃避缴纳税款,且均在明知税务机关下达追缴通知后仍未补缴,应以逃税罪追究刑事责任。后法院以逃税罪判处两被告人有期徒刑3年,缓刑3年,并处罚金15万元。

3. 国家工作人员

税务人员或者其他国家工作人员一般不是本章税务类犯罪的主要主体,但在实践中,这些人员存在与涉税犯罪人员相互勾结或者相互帮助实施犯罪的情形,不但可以与涉税犯罪人员构成共同犯罪,而且还可能被从重处罚。辩护人在辩护时,首先要审查当事人是否属于国家工作人员,其次审查是否具有法律或者司法解释明确规定的从重处罚的情形。如果不是国家工作人员或者不具有法定从重处罚情形的,应提出不得从重处罚的辩护意见,仅应当按照共同犯罪中所起的作用和所处的地位进行惩处。

对于国家工作人员参与税务类犯罪从重处罚的,2002年9月23日实施的最高人民法院《关于审理骗取出口退税刑事案件具体应用法律若干问题的解释》第8条规定,国家工作人员参与实施骗取出口退税犯罪活动的,依照《刑法》第204条第1

款的规定从重处罚。

4. 犯罪集团的首要分子

根据全国人民代表大会常务委员会《关于惩治虚开、伪造和非法出售增值税专用发票犯罪的决定》的规定，虚开增值税专用发票的犯罪集团的首要分子，分别依照刑法的规定从重处罚；伪造、出售伪造的增值税专用发票的犯罪集团的首要分子，分别依照刑法的规定从重处罚。

鉴于以上规定，对于被司法机关认定为犯罪集团的首要分子并要求从重处罚的案件，辩护人要从是否构成"犯罪集团"、是否属于"首要分子"入手，审查其是否知悉集团成员所从事的犯罪活动，对犯罪活动是否有指示、默许等行为，如果没有，则要提出不能认定为犯罪集团的首要分子或者不应对其不知情的个别犯罪行为承担刑事责任的辩护意见。

辩点 8-2：主观方面

(一) 犯罪故意

本章涉及的税务类犯罪全部都是故意犯罪，主观上要求具备犯罪故意，即明知自己的行为会发生危害社会的结果，并且希望或者放任这种结果的发生。犯罪故意既包括直接故意又包括间接故意。本章规定的犯罪多为直接故意。过失不能构成本章规定的犯罪。

例如，由于不了解、不熟悉税法规定和财务制度或者因工作粗心大意，错用税率、漏报应税项目，不计应税数量、销售金额和经营利润等，属于漏税，不具有犯罪故意，不构成逃税罪。

(二) 认定明知

对于故意犯罪，必须具备明知的要件。所谓"明知"，包括知道和应当知道。知道的情况比较好掌握，即根据案件事实、证据材料直接证实当事人是否知道。应当知道，则需根据行为当时的具体情况、客观条件来综合分析判断当事人当时是否知道、能否知道，当时的心理状态究竟怎样。这是法律上的一种推定，而不是一般意义上的明知，是对客观行为的一种法律评价。因此，辩护人在代理这类案件时，要综合全案证据以及相关法律和司法解释的规定来审查当事人主观上是否明知，不能简单地根据当事人否认明知的辩解就进行无罪辩护，否则有可能无法达到预期的辩护效果。

下面针对具有出口经营权的公司、企业以"四自三不见"的方式代理出口涉嫌骗取出口退税案件的主观认定方面进行详细阐述。

代理出口业务总是与出口退税相联系。出口退税是国际贸易中的通行做法,是各国政府提高本国商品国际竞争力的重要手段。根据国家税务总局《出口货物退(免)税管理办法(试行)》第2条的规定,对外贸易经营者、没有出口经营资格委托出口的生产企业、特定退(免)税的企业和人员自营或委托出口的货物,除另有规定者外,可在货物报关出口并在财务上做销售核算后,凭有关凭证报送所在地税务局批准退还或免征其增值税、消费税。

虽然有出口经营权的公司、企业以"四自三不见"的方式代理出口,易导致国家税款被骗,但只要在办理出口退税时提供的凭证真实,就不会发生国家税款被骗的问题,因此,最高人民法院《关于审理骗取出口退税刑事案件具体应用法律若干问题的解释》第6条明确规定,有进出口经营权的公司、企业,在不见进口产品、不见供货货主、不见外商的情况下,允许他人自带客户、自带货源、自带汇票、自行报关,并导致国家税款被骗的,是否构成骗取出口退税罪,应当以"明知他人意欲骗取国家出口退税款"为条件。对于不能证实有进出口经营权的公司、企业"明知他人意欲骗取国家出口退税款"的,即使造成了国家税款被骗的后果,辩护人也可以提出不能以骗取出口退税罪定罪处罚的无罪辩护意见。

可见,对于这类案件,有进出口经营权的公司、企业是否"明知他人意欲骗取国家出口退税款"就成为辩护人能否进行无罪辩护的切入点。辩护人不能简单地听取当事人不知道的辩解,还应当根据当时的具体情况、客观条件来综合分析判断以便制订周全的辩护策略。因为"四自三不见"业务本是国家明令禁止的业务,如果在从事"四自三不见"业务过程中,又出现了其他一些不合常理的情况,有进出口经营权的公司、企业仍继续坚持业务合作,造成国家税款流失,可推定这些公司、企业主观上明知他人意欲骗税的故意,构成骗取出口退税罪。那么对明知的程度又该如何要求呢?是明知他人骗取出口退税的必然性才构成此罪,还是明知他人骗取出口退税的可能性即成立此罪?根据上述司法解释第6条的规定,只要有事实和证据证明有进出口经营权的公司、企业明知他人可能骗取出口退税,仍违反规定从事"四自三不见"业务,造成国家税款流失,即可推定其主观上明知,而不要求有证据证明这些公司、企业明知他人必然要骗取出口退税。

案例 8-7[1]

申泰公司于2008年成立,并取得国家准许的货物与技术进出口业务。被告人屠申波担任申泰公司法定代表人。该公司自成立以来,2008年、2009年外贸出口销售收入均不到百万元人民币。因融资需要,被告人屠申波决定将申泰公司的业务量做大,遂于2009年下半年在宁波设立申泰公司办事处,聘请被告人朱燕芳为业务经理、被告人李妙丽等人为业务员,并由被告人苏美文负责财务工作。申泰公司宁波办事处自成立以来,一直从事代理出口业务。2009年年底至2011年期间,广东籍无业人员即被告人詹佩及"刘某3"(另案处理,在逃)等人以个人不能办理出口退税为由,找到被告人朱燕芳、李妙丽委托代理出口。经被告人屠申波同意后,被告人朱燕芳、李妙丽开始以申泰公司名义为被告人詹佩等人开展代理出口业务。不同于正常的代理出口,该业务由被告人詹佩等人自行准备货物、自行联系外商、自行报关出口,申泰公司则在未实质性参与的情况下提供报关委托书、空白的报关单及外汇核销单等单证,由被告人詹佩等人在深圳完成报关手续后将上述单证退回。申泰公司每代理出口1美元货物收取0.06元至0.08元费用。上述期间,被告人詹佩等人联系了天茂公司等100余家企业向申泰公司开具增值税专用发票5000余份,票面金额共计53000余万元,税额共计9000余万元,价税合计63000余万元。为获取出口退税主体资格,申泰公司将上述代理业务伪造成自营业务,与"供货企业"倒签虚假的采购合同,接受对方出具的增值税专用发票,在未见真实货物的情况下进行了虚假的出入库。被告人朱燕芳、李妙丽在明知被告人詹佩等人意欲骗取国家出口退税款的情况下,在被告人屠申波、苏美文的授意下伪造了外贸合同。申泰公司明知被告人詹佩等人意欲骗取国家出口退税,为获取佣金和做大业务量,仍以上述增值税专用发票和由被告人詹佩等人提供的报关单、虚假提单等单证,随同由被告人苏美文制作的虚假自营业务财务账及由此制作的虚假退税申报表,向市国税部门申请出口退税。至案发,被告单位申泰公司、被告人屠申波、苏美文、朱燕芳以上述方式参与骗得出口退税款533万余元,另有7700余万元退税款因被国税部门发现而未得逞。后相关涉案人员被检察机关以涉嫌骗取出口退税罪被移送起诉。

[1] 案例来源:(2019)浙10刑终1012号刑事裁定书。

> 庭审过程中,被告人屠申波辩称,其不认识詹佩、刘某3等人,没有与他人共谋骗取出口退税,而是被詹佩等人利用,申泰公司实际是詹佩等人犯罪行为的受害者,至今共有9000多万元垫付税款损失。其没有允许虚假业务,也没有让员工伪造合同。骗取的533万余元是错误的,未遂的7700多万元也是没有依据的。其辩护人认为,屠申波在申泰公司与詹佩的业务合作中被骗,主观上不存在骗取出口退税的犯罪故意,客观上没有获利,反而蒙受惨重损失;原判对骗税533万元的既遂认定错误,与在案证据矛盾,且证据不足,请求改判无罪。但法院经审理认定,不管是从被告人屠申波的身份情况、管理职权、成立宁波办事处目的、事后应对国税稽查等情况,还是从申泰公司的出口港口、操作流程、出口方式、部分资金回流以及税款垫付等不正常情况分析,都能够推定申泰公司及屠申波应当明知詹佩等人意欲骗取国家出口退税款的目的,且客观上积极参与其中。遂以骗取出口退税罪判处被告单位申泰公司罚金600万元;判处被告人屠申波有期徒刑10年,并处罚金100万元。

(三) 犯罪目的

本章税务类犯罪中的逃抗骗型和虚开型都在一定程度上危害了国家的税收征管制度,虽然刑法条文中没有把犯罪目的直接作为要素,但一般都具有逃避缴纳税款或者骗取、抵扣国家税款的目的。所以辩护人在代理这类案件时,也要审查行为人的犯罪目的。尤其是虚开型税务类犯罪,理论界和实务界都有认为这类罪名是行为犯的观点,只要实施了虚开行为,即可构成犯罪。2018年12月4日,最高人民法院发布了《人民法院充分发挥审判职能作用保护产权和企业家合法权益典型案例(第二批)》,以指导性案例的形式明确规定该罪的成立必须具有目的要件,不具有骗取国家税款的目的不构成该罪。辩护人应当了解和掌握这些案例判决的思路和精神,对于那些只是为了虚增营业额、扩大销售收入或制造虚假的贸易繁荣状况而虚开类的案件,有理有据地提出不构成虚开类犯罪的辩护意见。

但对于造买售型和持有型税务类犯罪,侵犯的是发票的管理制度,不以逃避缴纳税款或者骗取、抵扣国家税款为目的。

案例 8-8[①]

2010年8月，SDF公司与SDHJ集团签订合作开发协议，由SDF公司负责建设山东黄金时代广场。为解决山东黄金时代广场的建设资金问题，SDF公司的经理赵某与中国CT公司的李某1、刘某商议决定由中国CT公司通过贸易方式为SDF公司融资。方式为：SDF公司向中国CT公司购买钢材并以货款名义开具商业承兑汇票，利用中国CT公司在银行的信用将汇票贴现，再由中国CT公司向赵某实际控制的HHWY公司购买钢材以货款名义将贴现款转给HHWY公司，HHWY公司收到款后再以往来款名义转给SDF公司或直接购买钢材交给SDF公司用于建设。汇票到期后由SDF公司将应到期归还的钱款还给中国CT公司，中国CT公司再归还给银行。在上述贸易融资过程中，HHWY公司给中国CT公司开具了1.2亿余元的增值税专用(进项)发票，因此留下了相应金额的增值税专用(销项)发票，需要缴纳相应的增值税。为此，HHWY公司找到刘某某任法定代表人的TZBL公司和EBZ公司，以销售钢材的名义，由TZBL公司于2012年8月至2013年3月，给HHWY公司开具增值税专用(进项)发票103份，税额合计16150052.28元，价税合计111150360.6元；EBZ公司于2012年11月给HHWY公司开具增值税专用(进项)发票52份，税额合计661797.47元，价税合计4554724.1元。HHWY公司将TZBL公司和EBZ公司开具的进项发票全部认证抵扣。在此过程中，HHWY公司以支付货款名义转给TZBL公司90241794.78元，经EBZ公司后转回HHWY公司85491794.78元；2012年12月25日，HHWY公司支付EBZ公司4554724.1元，当日全部转回HHWY公司。TZBL公司、EBZ公司在给HHWY公司虚开增值税专用(进项)发票交易过程中，获取非法利益共计475万元。赵某作为HHWY公司的实际负责人、被告人刘某某作为TZBL公司、EBZ公司的法定代表人全面负责上述公司的经营，并由其决策、指派公司员工从事相关活动。一审法院判决HHWY公司、TZBL公司、EBZ公司与赵某、刘某某均构成虚开增值税专用发票罪，分别判处相应的刑罚。被告单位及被告人均不服并提起上诉，辩称上述虚开增值税专用发票行为的真实目的是融资而非偷逃税款，主观上没有虚开也没有出售增值税专用发票的故意，故不构成虚开增值税专用发票罪。

[①] 案例来源：(2019)京02刑终113号刑事判决书。

二审法院经审查认为:增值税是以商品或应税劳务在流转过程中产生的增值额为计税依据而征收的一种流转税,增值税的征收以有实际商品流转或应税劳务发生且有增值为事实基础,同样开具增值税专用发票也应以实际发生商品流转或应税劳务为事实基础,在没有真实贸易的情况下开具增值税专用发票,就是一种虚假开具行为,本质上属于虚开增值税专用发票行为,此种行为严重扰乱了增值税专用发票的正常管理秩序,已构成行政违法。但作为刑事犯罪的虚开增值税专用发票罪,不仅要从形式上把握是否存在虚假开具增值税专用发票的行为,还要从实质上把握行为人虚开增值税专用发票的主观心态以及客观后果。本案中,从 HHWY 公司找 TZBL 公司、EBZ 公司虚开增值税专用发票的起因看,HHWY 公司找 TZBL 公司、WBZ 公司虚开增值税专用发票主观上并非出于骗取国家税款的目的。上述虚开的增值税专用(进项)发票虽已全部认证抵扣,但考虑之前 HHWY 公司因给中国 CT 公司开具增值税专用发票而留下的大量销项发票,该部分发票因为没有实际发生商品流转,没有产生真实的商品增值,也就没有缴纳增值税的事实基础,不缴纳该部分税款也不会给国家造成实际的税款损失,现有证据不能排除 HHWY 公司获取的虚开增值税专用(进项)发票就是抵扣了上述虚开的增值税专用(销项)发票的可能,也不足以证实所抵扣的增值税专用(销项)发票中包含有因存在真实交易而应当缴纳增值税的情况,故而,客观上认定 HHWY 公司将虚开的增值税专用(进项)发票进行认证抵扣造成国家税款损失的证据不足。与之对应,负责开具相应增值税专用发票的 TZBL 公司、EBZ 公司基于同样的原因也不构成虚开增值税专用发票罪。

但在整个交易过程中,TZBL 公司、EBZ 公司一不要提供资金,二不用联系客户,三无须进行购货、运输、交货等任何经营行为,其所谓交易成本只有虚开的增值税专用发票,因此,不论以何名义、采取何种形式,TZBL 公司、EBZ 公司在此过程中获取的"利润"本质上就是通过虚开增值税专用发票所得的好处,就是变相出售增值税专用发票的违法所得。而 HHWY 公司在此过程中,除了从 TZBL 公司、EBZ 公司处得到了虚开的增值税专用发票,一无所获,其所支出的费用本质上就是变相购买增值税专用发票所花费的对价。因此,HHWY 公司与赵某的行为构成非法购买增值税专用发票罪,TZBL 公司、EBZ 公司与刘某某的行为构成非法出售增值税专用发票罪。

辩点8-3：犯罪行为

(一)逃税罪

逃税罪是指纳税人采取欺骗、隐瞒手段进行虚假申报或者不申报,逃避缴纳税款的行为或者扣缴义务人采取前述手段,不缴或者少缴已扣、已收税款的行为。

(1)行为手段:采取欺骗、隐瞒的手段,如伪造、变造、隐匿、擅自销毁账簿、记账凭证,在账簿上多列支出、少列收入等。

(2)行为方式:"虚假纳税申报",是指纳税人制造虚假材料进行申报。例如,不如实填写或者提供纳税申报表、财务会计报表及其他的纳税资料等。通常的行为手段包括:设立虚假的账簿、记账凭证或者对账簿、记账凭证进行挖补、涂改、变造甚至隐匿,或者未经税务主管机关批准而擅自将正在使用中或尚未过期的账簿、记账凭证销毁处理;在账簿上大量填写超出实际支出的数额以冲抵或减少实际收入的数额或者不列、少列收入数额。"不申报",是指依法办理纳税申报的纳税人,采取欺骗和隐瞒手段,不履行法律、行政法规规定的义务办理纳税申报的行为。可见,逃税罪既包括作为方式又包括不作为方式。

(3)行为界限:①逃税与欠税:如果按期如实予以申报,只是由于公司经济困难,未按时缴纳税款,并未采取任何逃避缴纳税款的措施,则属于欠税行为,即使未缴纳的税款达到5万元以上并且占应纳税额10%以上,也不应当以逃税罪追究刑事责任。因此,准确界定是逃税行为还是欠税行为至关重要。②逃税与骗取出口退税:纳税人缴纳税款后,采取假报出口或者其他欺骗手段,骗取国家出口退税款的,虽然行为方式与骗取出口退税罪无异,但因为纳税人已经缴纳了税款,其采用的手段是为了骗回已经缴纳的税款,具有的是逃避缴纳税款的目的,所以仍然属于逃税行为,按逃税罪定罪处罚,而不是按骗取出口退税罪定罪处罚。但是如果骗取的税款超过了纳税人所缴纳的税款部分,则按照骗取出口退税罪定罪处罚。

案例8-9[①]

儋州奥丰硅砂公司成立于1993年,法定代表人为周勇。2009年1月1日至2011年12月31日期间,儋州奥丰硅砂公司无正当理由,在法定纳税申报期限内,不向税务机关申报纳税。2013年7月8日,稽查局经检查,作出税务处理决

---

① 案例来源:(2017)琼97刑终194号刑事裁定书。

定,因儋州奥丰硅砂公司财务制度不健全,无法提供完整的纳税资料,难以查账征收,按规定进行核定征收企业所得税,2009年至2011年三年应缴纳企业所得税共计393093.74元,不申报纳税款数额占应纳税额的57.26%;2009年度、2010年度滞纳金(2011年度不计)计为50555.84元,税款和滞纳金合计443649.58元;同年9月16日,稽查局作出不予行政处罚决定。税务处理决定书于2013年10月10日送达,限该公司15日内缴纳,周勇签收后,并未按规定缴纳税款和滞纳金。2015年5月8日,儋州市公安局对本案立案侦查,同年8月13日,周勇到儋州市公安局投案。同年8月14日,儋州奥丰硅砂公司缴纳应缴的税款及滞纳金共计536376.41元。后周勇被法院以犯逃税罪被判处有期徒刑1年6个月,缓刑2年,并处罚金5万元。

在上诉过程中,周勇及其辩护人辩称:(1)本案系单位犯罪案件。(2)涉案公司主观上不存在逃避税款的故意,客观上没有采取任何欺骗、隐瞒的行为,既没有虚假申报,也没有故意不申报。而所谓的涉案税额系税务机关强行改变对纳税人的查账征收方式之后才产生的核定数额,不是正常方式下确定的数额。(3)在税款征稽过程中,涉案公司多次与税务机关沟通意见并提出申诉,而稽查局亦作出《不予税务处罚决定书》,认定涉案公司违法行为轻微而不予行政处罚,涉案公司对此并没有提出行政复议,该决定已经发生法律效力,因此应认为所谓不申报税款一事业已依法处理完毕。(4)涉案公司早于2012年停产,无力缴纳核定税款,且尚在继续进行申诉,故未能按处理决定及时补缴。但周勇本人始终积极配合侦查部门及税务机关协商沟通税款缴纳事宜。(5)本案系一起纳税争议案件,尚且未到行政处罚之程度,却被税务机关当作刑事犯罪案件移送侦查机关查处,实为通过刑事追诉手段实现其追索拖欠税款的目的。

但法院经审理认为:本案系针对不申报缴纳税款行为进行的刑事责任评价,并未涉及虚假申报。所谓不申报是一种纯正的不作为行为,刑法并未规定主观故意与否能够成为此种纯正不作为行为责任的阻却因素,故上诉人以无主观故意为由进行有关纯正不作为犯罪构成要件缺失的抗辩,于法无据,不予采信。涉案企业客观上的确存在不申报缴纳税款的行为,在税务机关通知补缴后仍未缴纳,甚至也未针对补缴通知(税务处理决定)提出书面行政复议,此一系列行为已经导致行为性质发生变化。最终裁定驳回上诉,维持原判。

(二)抗税罪

抗税罪是指以暴力、威胁方法拒不缴纳税款的行为。

(1)行为手段:采取暴力、威胁的方法。所谓"暴力",是指对他人身体实施攻击或者使用其他强暴手段,如殴打、伤害、捆绑、禁闭等行为;所谓"威胁",是指对他人进行胁迫、恫吓,达到精神上的强制、使他人不敢抗拒的手段,如手持凶器威吓,以扬言行凶报复、揭发隐私、毁坏名誉、加害亲属等相威胁。

(2)行为方式:拒不缴纳税款。行为人采取暴力或者威胁的方法,目的是抗拒缴纳税款,如果不是为了抗拒缴纳税款,而以暴力、威胁方法阻碍税务人员依法执行职务的,则依《刑法》第277条规定的妨害公务罪论处。

(3)行为界限:①抗税与妨害公务:不是为了抗拒缴纳税款,而以暴力、威胁方法阻碍税务人员依法执行职务的是妨害公务行为;为了抗拒缴纳税款而采取暴力、威胁手段的是抗税行为。②抗税与故意伤害、故意杀人:实施抗税行为致人重伤、死亡的,构成故意伤害罪、故意杀人罪的,按相关规定定罪处罚,但是因抗税行为过失致人重伤、死亡的,仍按抗税罪定罪处罚。

案例8-10[①]

2010年4月,被告人王某以其姐夫的名义开办淮滨县HZ驾驶员培训学校(以下简称"HZ驾校")。2010年7月至9月期间,淮滨县税务局多次给HZ驾校下发催缴税款通知等相关文书。2010年9月16日,淮滨县税务局向华中驾校送达了《催交税款通知书》,核定2010年4月至8月的税款为5000元,限2010年9月18日前缴纳。2010年10月,淮滨县税务局工作人员杜某某、饶某某带着行政处罚告知书到HZ驾校,见到王某,王某拒不在通知书上签字,并威胁说"你们回去告诉邬某某,等回头我安排手下几个小弟到学校帮他接小孩"。事后,饶某某将王某威胁的话告诉局长邬某某。2010年11月,王某交给饶某某1300元,称是HZ驾校一年的税款。至案发,HZ驾校没有再缴过税。后河南省南阳市人民检察院以抗税罪提起公诉。

被告人王某辩解自己是按照税务部门要求缴税,只是说话难听,并不构成抗税罪。法院经审理认为,王某的辩解理由与查明的事实不符,其辩解不能成立,以抗税罪,判处其有期徒刑6个月,并处罚金1万元。

---

① 案例来源:(2014)南刑二初字第00015号刑事判决书。

(三)逃避追缴欠税罪

逃避追缴欠税罪是指纳税人欠缴应纳税款,采取转移或者隐匿财产的手段,致使税务机关无法追缴欠缴的税款的行为。

(1)行为前提:必须有欠税的事实。欠税事实是该罪赖以成立的前提要件,如果行为人不欠税,就谈不上追缴,无追缴也就谈不上逃避追缴。欠税是指纳税单位或个人超过税务机关核定的纳税期限,没有按时缴纳、拖欠税款的行为。在认定行为是否属于"欠税"时,必须查明欠税行为是否已过法定期限,只有超过了法定的纳税期限,欠税行为才是逃避追缴欠税罪所要求的"欠税"事实。

(2)行为手段:采取转移或者隐匿财产的手段逃避追缴欠税。这是该罪能否成立的关键所在,如果不是将财产转移或隐匿,而是欠税的纳税人本人逃匿起来,则不构成逃避追缴欠税罪。需要特别注意的是,行为人实施的"逃避"行为应当与"欠税"之间存在必然的因果联系。至于是先实施"逃避"行为,而后欠税,还是先具备欠税条件,而后实施"逃避"行为,都不影响逃避追缴欠税罪的成立。

(3)行为目的:致使税务机关无法追缴,这既是逃避行为的目的,也是逃避追缴欠税罪所要求的客观结果。税收实践中,欠税是时常发生的,对于具有纳税能力而故意欠税者,税务机关可采取强制措施,如通过银行从其账户上扣缴税款,或扣押、查封、拍卖其财产抵缴税款。所以,只要欠税人拥有相当数量的资金和财产,所欠税款是可以追缴的;但是如果行为人将资金和财产转移、隐匿,所欠税款就难以追缴,会给国家造成损失。所以逃避追缴欠税罪是结果犯,只有造成"税务机关无法追缴欠税"的后果,才能成立既遂,如果行为人尽管采取了逃避的行为,但其转移或隐匿的财产最终还是被税务机关追回,弥补了税款,则构成未遂。

(4)行为界限:逃避追缴欠税罪是针对纳税人存在欠税事实而言的,如果纳税人采取了欺骗、隐瞒手段进行虚假纳税申报或者不申报,逃避追缴纳税款后又采取转移或者隐匿财产的手段,致使税务机关无法追缴欠缴税款的,仍按逃税罪一罪定罪处罚,而不是逃避追缴欠税罪。

案例 8-11

2009年2月至10月期间,A水泥厂采用伪造、隐匿记账凭证、多列支出、不列收入、进行虚假的纳税申报等手段逃避缴纳增值税款47万元,被告人王某系该厂的法定代表人。2009年11月7日,税务机关向该厂发出行政处罚决定书,限该厂于同年11月10日前缴纳应纳税款及罚款,但该厂并未如期履行义务。同年11月12日,税务机关依法查封了A水泥厂的库存水泥870吨,被告人王某在未经税务机关同意和未办理解除查封手续的情况下,指使A水泥厂负责人擅自将查封的870吨水泥(价值22万余元)拆封,销售给B公司,用于冲抵货款。后A水泥厂和王某被检察机关以逃税罪和逃避追缴欠税罪移送起诉。

本案中,辩护人认为检察机关起诉A公司和王某的两个罪名是错误的,A公司和王某虽然实施了转移财产的行为,客观上也产生了导致税务机关无法追缴税款的结果,但逃避追缴欠税罪应以欠税为前提,A公司先采取欺骗、隐瞒手段逃避缴纳税款,后又采取转移财产的手段,逃避欠缴的税款,只能构成逃税罪,不能进行数罪并罚。该辩护意见最终被法院采纳。

(四)骗取出口退税罪

骗取出口退税罪是指纳税人以假报出口或者其他欺骗手段,骗取出口退税款的行为。

(1)行为手段:"假报出口"和"其他欺骗手段"。如果纳税人没有采取欺骗手段,由于报关人员的过失或者其他不属于纳税人的过错导致取得出口退税,不属于骗取出口退税的情形。

①假报出口:是指以虚构已税货物出口事实为目的,具有下列情形之一的行为:

A.伪造或者签订虚假的买卖合同;

B.以伪造、变造或者其他非法手段取得出口货物报关单、出口收汇核销单、出口货物专用缴款书等有关出口退税单据、凭证;

C.虚开、伪造、非法购买增值税专用发票或者其他可以用于出口退税的发票;

D.其他虚构已税货物出口事实的行为。

②其他欺骗手段,包括:

A.骗取出口货物退税资格的;

B.将未纳税或者免税货物作为已税货物出口的;

C.虽有货物出口,但虚构该出口货物的品名、数量、单价等要素,骗取未实际纳税部分出口退税款的;

D.以其他手段骗取出口退税款的。

(2)行为界限:纳税人缴纳税款后,又以假报出口或者其他欺骗手段骗回所缴纳的税款的,按照逃税罪定罪处罚,骗取的税款超过所缴纳的税款部分,按照骗取出口退税罪定罪处罚。

> **案例 8-12**[①]
>
> 2014年至2016年期间,被告人郑俞通过实际控制的瑞安市伟宏水产冷冻有限公司、温州巨鹏贸易有限公司向 XINXINANMSTORLIMITED、SNELL-HONGKONGLIMITED 等公司购买美元外汇,并以伪造出口买卖合同、货物报关单的方式,虚增货物出口金额,骗取国家出口退税合计约人民币 54321604.94 元。后郑俞被检察机关以涉嫌骗取出口退税罪移送起诉。
>
> 在庭审过程中,被告人郑俞辩称,瑞安市伟宏水产冷冻有限公司和温州巨鹏贸易有限公司均系真实贸易经营,其未实施骗取出口退税的行为,不构成骗取出口退税罪,要求宣告无罪。辩护人提出:(1)郑俞确有货物是通过商检、海关运输出口的,且具备商检、海关的出口凭证,信用证上的黄花鱼单价明显低于当时的市场价,而税收发票金额和单价虽远高于信用证的单价,但却接近实际出口价格,故不能认定郑俞有虚假出口的行为。(2)现有证据不能证实郑俞有伪造出口合同的行为,公诉机关指控骗取出口退税的金额未剔除完税金额,且缺乏证据佐证,要求依法判处。法院经审理认为,现有证据证实了郑俞实际控制的两家公司在没有真实外贸交易的情况下,通过向其他公司购买外币,并通过伪造出口买卖合同、货物报关单的方式,虚增货物出口金额,骗取国家出口退税,且数额特别巨大,其行为已构成骗取出口退税罪。最终判处郑俞无期徒刑,并处没收个人全部财产,剥夺政治权利终身。

(五)虚开型税务类犯罪

1.行为内容

虚开型税务类犯罪主要包括虚开增值税专用发票、用于骗取出口退税、抵扣税款发票罪和虚开发票罪两个罪名,核心行为方式都是虚开。所谓"虚开",是指开票人为了取得非法所得或者牟取其他私利,在没有货物销售或没有提供应税劳务的情况下开具发票,或者虽有货物销售或者提供了应税劳务,但开具内容不实的发票给受票人。

---

① 案例来源:(2018)浙03刑初97号刑事判决书。

根据最高人民法院《关于适用〈全国人民代表大会常务委员会关于惩治虚开、伪造和非法出售增值税专用发票犯罪的决定〉的若干问题的解释》第1条第2款的规定,具有下列行为之一的,属于"虚开增值税专用发票":(1)没有货物购销或者没有提供或接受应税劳务而为他人、为自己、让他人为自己、介绍他人开具增值税专用发票;(2)有货物购销或者提供或接受了应税劳务但为他人、为自己、让他人为自己、介绍他人开具数量或者金额不实的增值税专用发票;(3)进行了实际经营活动,但让他人为自己代开增值税专用发票。司法实践中,第(2)种和第(3)种情形比较常见,因为存在实际的真实经营活动,辩护人进行辩护时,要根据现有证据理清哪些发票属于虚开,哪些发票属于正常开具。

2. 行为方式

需要注意的是,"虚开"行为包括四种方式,行为人只要实施了其中一种,即为"虚开"。(1)为他人虚开,通常称为"代开"。为他人代开通常有两种情况:一是行为人在他人有商品或劳务交易的情况下,用自己领购的增值税专用发票为他人代开,即"有货虚开";二是行为人在他人没有商品或劳务交易的情况下,用自己领购的增值税专用发票为他人代开,即"无货虚开"。(2)为自己虚开。这是指行为人在没有商品交易或只有部分商品交易的情况下,在自行虚开增值税专用发票时,虚构商品交易内容提要或虚增商品交易的数量、价款和销项税款。(3)让他人为自己虚开。这是指行为人在没有商品交易或只有部分商品交易的情况下,让发票领购人为自己虚开增值税专用发票,通常是虚开增值税专用发票的接收方。(4)介绍他人虚开。通常包括两种情况:一是行为人介绍开票人与受票人双方接洽,自己充当中介而获取非法利益;二是行为人指使开票人将发票开给指定的人,自己从中牟利。

3. 特殊情形

司法实践中,司法机关通常会按照以上规定指控虚开型税务类犯罪,作为辩护人,除刑法规定以外,还要了解相关税务领域的政策规定,寻求新的辩护思路。如果案件行为存在以下情形,则可以考虑进行无罪辩护。

(1)挂靠情形。

挂靠经营,是我国目前普遍存在的一种经营方式,其目的是规避无相应资质的限制和无法开具发票的影响。那么,以挂靠方式经营并开具或接受增值税专用发票是否属于虚开?这需要视不同情况分别处理。挂靠分为实质挂靠和形式挂靠两种情况。"实质挂靠"主要指挂靠方以被挂靠方的名义,向受票方纳税人销售货物、提供增值税应税劳务或者应税服务,被挂靠方为纳税人,向受票方开具增值税专用发票,并收取款项、取得索取销售款项的凭据;"形式挂靠"又称"名义挂靠",主要指挂靠方以自己的名义向受票方纳税人销售货物、提供增值税应税劳务或者应税服务,被挂靠方与此项业务无关,则应以挂靠方为纳税人,但却由被挂靠方向受票方纳税人就该项业务开具增值税专用发票。上述两种挂靠形式,只有实质挂靠才符合国家税务总局公告 2014 年第 39 号的规定。此外,根据最高人民法院研究室《〈关于如何认定以"挂靠"有关公司名义实施经营活动并让有关公司为自己虚开增值税专用发票行为的性质〉征求意见的复函》的规定,挂靠方以挂靠形式向受票方实际销售货物,被挂靠方向受票方开具增值税专用发票的,不属于《刑法》第 205 条规定的"虚开增值税专用发票"。

(2)先货后款交易。

经营过程中,企业为保证货物交易的顺利或规避价格风险,经常会使用"先开票、后付款"的交易方式,此种行为与虚开增值税专用发票认定没有直接关系。如果双方发生了真实的交易,开具的发票与实际经营的业务相符合,就不属于虚开增值税专用发票的行为。

(3)善意取得。

实务中,经常出现企业、公司在不知情的情况下取得了虚开的增值税专用发票的情况,根据《国家税务总局关于纳税人善意取得虚开的增值税专用发票处理问题的通知》的规定,购货方与销售方存在真实的交易,销售方使用的是其所在省(自治区、直辖市和计划单列市)的专用发票,专用发票注明的销售方名称、印章、货物数量、金额及税额等全部内容与实际相符,且没有证据表明购货方知道销售方提供的专用发票是以非法手段获得的,对购货方不以偷税或者骗取出口退税论处。取得虚开的增值税专用发票并认证抵扣,购货方对专用发票的虚开情况并不知情不构成虚开。但对于是否善意,则由司法机关综合各方证据和事实进行认定,而非简单根据行为人自己的辩解判断。因此,辩护人应当综合审查全案事实和证据,再确定是否进行无罪辩护。

> **案例 8-13**[①]
>
> 姚某某是 HLY 公司和 YJ 公司的实际经营人。2007 年 10 月至 2010 年 3 月期间,在 HLY 公司和 YJ 公司与 DG 公司、JC 公司没有真实货物交易的情况

---

① 案例来源:(2015)浙温刑终字第 708 号刑事判决书。

下,姚某某共取得 DG 公司、JC 公司开具的增值税专用发票 118 份,价税合计 13092672 元,税额 1902353.99 元,均已抵扣。一审法院以虚开增值税专用发票罪判处被告人姚某某有期徒刑 10 年,剥夺政治权利 1 年,并处罚金 10 万元。

姚某某不服提起上诉,称 HLY 公司、YJ 公司因为部分进货单位不能提供增值税专用发票,所以从 DG 公司、JC 公司开具等额增值税发票,并未骗取国家税款,故不构成虚开增值税专用发票罪,且其事后已经补缴税款,未给国家造成损失,且自己是受两家公司业务员"黄某某"蒙骗,善意取得虚开的增值税专用发票,不应被追究刑事责任。但法院经审理认为,姚某某未能提供"黄某某"的个人身份信息以及其为 DG 公司、JC 公司业务员的证据,亦不能提供自己收到这两家货物等证据。此外,DG 公司、JC 公司除为他人虚开增值税专用发票外,并未经营其他实业,在收到所谓的"货款",扣除手续费后就将余款还回受票公司。所以对于姚某某系善意取得增值税专用发票的辩解不予采纳。但鉴于案件属于单位犯罪,原判认定姚某某系自然人犯罪存在不当。遂改判被告人姚某某犯虚开增值税专用发票罪,判处有期徒刑 7 年。

(4)变名销售。

变名销售是指变更了商品名称的销售行为。在实务中,最常见的变名销售即石油炼化企业联合关联石化贸易企业,通过一系列交易与发票变名等形式,将原油、沥青等非应税消费品的发票变更为汽油、柴油等应税消费品发票,进而达到偷逃或虚假抵扣消费税的目的。石化企业利用"变名销售"的方式开具增值税专用发票的行为是否认定为虚开增值税专用发票罪在理论界存有争议。有观点认为,只要具有造成国家税款损失的目的就可以认定为虚开,而不限于国家增值税税款的损失,司法实践中也不乏有罪判例的出现。但有观点认为,行为人构成虚开增值税专用发票罪应当以行为人在主观上具有骗取国家增值税税款的目的,在客观上造成国家税款损失的后果为条件。但是从主观上看,"变名销售"的买卖双方发生了真实的油品买卖,交易情况在增值税发票上真实记载,并且变名前后的油品增值税率一致,因此不能认定行为人具有骗抵增值税税款的目的;从客观上看,"变名销售"导致的危害后果是偷逃消费税,但不会造成国家增值税税款的流失。因此,以偷逃或虚假抵扣消费税为目的的"变名销售"行为一般不宜认定为虚开行为。由于争议的存在,辩护人在代理此类案件时要综合进行评估,以确定最优的辩护策略。

案例 8-14[①]

  2012年2月,刘某注册成立了六安市××公司(于2013年3月注销),2013年1月注册成立了六安市BJ公司。××公司、BJ公司与第三方JP公司"合作",由JP公司联系销售甲基叔丁基醚、混合芳烃等化工产品的供货企业,供货企业再与××公司、BJ公司签订购货合同,而后JP公司提供购货资金给××公司和BJ公司,通过这两家公司将购货资金支付给供货企业,供货企业收到货款后由JP公司安排运输工具到供货企业提货或由供货企业直接将货物运输到JP公司指定的地点。交易完成后,供货企业为××公司、BJ公司开具货款一致的增值税专用发票,两家公司收到发票后再按每吨50元至70元不等的标准加价后,为JP公司开具货物名称为汽油及柴油的增值税专用发票。此外,2012年12月,YH公司因需要货物名称为汽油的增值税专用发票,通过JP公司总经理徐某与刘某取得联系,刘某的××公司以相同的手段为YH公司开具货物名称为汽油的增值税专用发票。经统计,刘某合计为他人虚开增值税专用发票1764份,价税合计1945054622.55元,税款合计282614773.59元,上述行为造成应税消费品的汽油、柴油未征消费税324052525.29元。另查明,用甲基叔丁基醚、混合芳烃、二甲苯、碳五、碳九等化工产品生产汽油、柴油应缴生产环节消费税。被告人刘某采取将甲基叔丁基醚等化工产品转换成汽油、柴油的方式为他人虚开增值税专用发票,隐瞒了生产环节,致使国家损失消费税324052525.29元。检察机关以被告人刘某涉嫌虚开增值税专用发票罪移送起诉。被告人刘某辩称,其所开具的增值税专用发票都有真实交易,仅仅是将货物名称开错了,其行为没有造成国家税收损失,不构成虚开增值税专用发票罪。其辩护人还提出被告人刘某不是消费税的纳税主体,其开票行为不会造成国家消费税损失,不具有实质上的社会危害性。另外,国家税务总局《关于消费税有关政策问题的公告》规定,对将外购的非应税产品采取变名方式对外销售的行为开征消费税。国家对该行为征税意味着刘某的变票行为不构成刑事犯罪,只属于行政违法行为。

  法院经审理认为:汽油、柴油属应当缴纳消费税的应税产品,实行从量定额计征消费税。刘某虚开汽油、柴油等消费税应税产品增值税专用发票,造成应

[①] 案例来源:(2014)六刑初字第00032号刑事判决书。

税消费品的汽油、柴油未征消费税324052525.29元,其虚开增值税专用发票的行为不仅使国家发票管理体制和税收征管体制遭受侵害,而且造成国家税款的巨额损失,其行为具有社会危害性。另外,《关于消费税有关政策问题的公告》的规定是税收政策方面的规定,不具有限制刑法效力的意义。刘某为其他公司开具的增值税专用发票无真实的货物交易背景,其行为不仅具有行政违法性,且具有刑事违法性,构成虚开增值税专用发票罪。遂判决刘某犯虚开增值税专用发票罪,判处有期徒刑12年,并处罚金30万元,并对违法所得11552036元予以追缴。

(六)造买售型税务类犯罪

1. 非法制造

本章涉及非法制造行为的罪名有:伪造增值税专用发票罪、非法制造用于骗取出口退税、抵扣税款发票罪和非法制造发票罪。非法制造的对象不同,适用的罪名也不同。

罪名	制造对象
伪造增值税专用发票罪	增值税专用发票
非法制造用于骗取出口退税、抵扣税款发票罪	用于骗取出口退税、抵扣税款发票
非法制造发票罪	其他发票

"非法制造"包括"伪造"和"擅自制造"两种方式。

所谓"伪造",是指行为人仿照增值税专用发票的图案、色彩、形状、式样(包括发票所属的种类、各联用途、内容、版面排列、规格、使用范围等事项),使用印刷、复制、复印、描绘、拓印、蜡印、石印等方法,非法制造假增值税专用发票的行为。

所谓"擅自制造",是指印制发票企业或生产发票防伪专用品企业未经有关主管税务机关批准,私自印制发票或私自制造防伪专用品,或虽经批准,但未按发票印制通知书或发票防伪专用品生产通知书所规定的印制数量或生产产量,私自超量加印或制造的行为。

擅自制造与伪造的不同主要在于:第一,行为人不同,前者为印制发票企业或生产防伪专用品企业,后者为任何人;第二,所制成的发票效力不同,前者制成的发票是真实有效的,后者制成的发票是虚假无效的。但无论是伪造还是擅自制造,均是非法制造行为。

特别需要注意的是,制造、销售伪造增值税专用发票和其他发票的印制模板等印制工具的行为,其社会危害性与伪造增值税专用发票、非法制造用于骗取出口退税、抵扣税款发票和其他普通发票的行为是相当的,实践中有的辩护人可能会以罪刑法定原则为根据,提出刑法没有明确规定而认定制造、销售伪造增值税专用发票和其他发票的印制模板等印制工具的行为不能以犯罪论处的辩护意见。但该意见可能不会被采纳。因为制造、销售伪造增值税专用发票和其他发票的印制模板等印制工具的行为,本质上就是为制造发票型犯罪提供条件。最高人民法院《关于审理伪造货币等案件具体应用法律若干问题的解释》第1条第3款规定,行为人制造货币版样或者与他人事前通谋,为他人伪造货币提供版样的,依照伪造货币罪定罪处罚。以及最高人民法院《全国法院审理金融犯罪案件工作座谈会纪要》关于假币犯罪的规定是,伪造货币的,只要实施了伪造行为,不论是否完成全部印制工序,即构成伪造货币罪;对于尚未制造出成品,无法计算伪造、销售假币面额的,或者制造、销售用于伪造货币的版样的,不认定犯罪数额,依据犯罪情节决定刑罚。对于制造、销售伪造增值税专用发票和其他发票的印制模板等印制工具的行为,应以伪造增值税专用发票罪、非法制造用于骗取出口退税、抵扣税款发票罪或者非法制造发票罪定罪处罚。因此,对于这类犯罪,辩护人不宜把重点放在无罪辩护上,基于这类案件不认定犯罪数额,所以应把重点放在情节辩护上。当然,如果能证明制造发票的印制模板等印制工具只是为了个人收藏、欣赏,不是为非法制造发票提供条件,辩护人也可以进行无罪辩护。

> **案例8-15**[①]
>
> 1998年年底至2000年6月间,被告人廖赞升、廖锡湖以营利为目的,以每套100元人民币的价格,为被告人曾珠玉提供伪造增值税专用发票以及普通发票用的印刷模板共33套,收取人民币3300元。2000年8月25日,公安机关在被告人廖赞升、廖锡湖家中将两名被告人抓获,当场查获伪造发票模板用的胶版395套,未形成的印模28枚,伪造的增值税专用发票172份(其中,被告人连焕发寄放在廖赞升、廖锡湖家中准备出售的伪造增值税专用发票75份)。后被告人廖赞升、廖锡湖以涉嫌伪造增值税专用发票罪和非法制造发票罪被公诉机

---

① 案例来源:《刑事审判参考》总第33集[第252号]。

关提起公诉。

在庭审过程中,被告人廖赞升及其辩护人辩称:廖赞升所卖的33套模板中有一些不是增值税专用发票的模板,是普通发票的模板;起诉书指控廖赞升卖给曾珠玉的增值税专用发票和普通发票的模板是"彭乌鬼"制作的,其没有参与"彭乌鬼"的伪造行为;廖赞升的行为不属于"情节特别严重"。被告人廖锡湖及其辩护人辩称:廖锡湖主观上没有为他人伪造增值税专用发票和非法制造发票提供印刷模板的故意,客观上没有为他人伪造增值税专用发票和非法制造发票提供印刷模板的行为,缺乏犯罪构成的客观要件和主观要件,其行为不构成犯罪。但法院经审理认为,被告人廖赞升、廖锡湖为他人伪造增值税专用发票和普通发票提供印刷模板共33套,从中非法牟利人民币3300元,二人分别构成伪造增值税专用发票罪且情节特别严重,以及非法制造发票罪且情节严重。

2. 非法出售

根据出售对象的不同,非法出售分为出售伪造的发票、出售非法制造的发票和出售真实的发票三种情况。

出售伪造发票的罪名为出售伪造的增值税专用发票罪,对象仅限伪造的增值税专用发票。

出售非法制造发票的罪名有出售非法制造的用于骗取出口退税、抵扣税款发票罪和出售非法制造的发票罪,出售的对象为非法制造的用于骗取出口退税、抵扣税款发票和非法制造的用于骗取出口退税、抵扣税款发票以外的其他发票。

出售真实发票的罪名有非法出售增值税专用发票罪,非法出售用于骗取出口退税、抵扣税款发票罪,非法出售发票罪。出售的对象必须是真实有效的发票,因违反国家发票管理法规出售而构成犯罪。

罪名	出售对象	
出售伪造的增值税专用发票罪	伪造的	增值税专用发票
非法出售增值税专用发票罪	真实的	
出售非法制造的用于骗取出口退税、抵扣税款发票罪	非法制造的	用于骗取出口退税、抵扣税款发票
非法出售用于骗取出口退税、抵扣税款发票罪	真实的	
出售非法制造的发票罪	非法制造的	其他发票
非法出售发票罪	真实的	

案例 8-16[①]

2017年10月至2018年1月期间,詹某某先后安排他人利用其从网上购买的身份资料申请注册登记了咸宁市 TL 公司、咸宁市 FFY 公司、咸宁市 MT 公司等6家空壳公司,并以6家公司的名义向税务部门领取增值税普通发票,后将其领取的空白增值税普通发票在互联网上以70元至300元不等的价格进行出售。经税务部门统计,詹某某的上述6家公司出售普通发票共计122份,发票金额共计1005193.31元,价税合计1035349元。

法院经审理后认定,被告人詹某某非法出售发票,构成非法出售发票罪,遂判处有期徒刑9个月,并处罚金2万元。

3.非法购买

购买分为非法购买真实的发票和购买伪造的发票两种行为,本章规定的购买类犯罪仅限非法购买增值税专用发票罪和购买伪造的增值税专用发票罪。非法购买增值税专用发票罪中购买的对象必须是真实有效的增值税专用发票,如果购买的是伪造的增值税专用发票,则按购买伪造的增值税专用发票罪处罚。

罪名	购买对象	
购买伪造的增值税专用发票罪	伪造的	增值税专用发票
非法购买增值税专用发票罪	真实的	

由此可见,对于非法制造和非法出售行为,不论是以增值税专用发票为对象,以用于骗取出口退税、抵扣税款发票为对象,还是以除此之外的任何其他发票为对象,都可以构成犯罪。但对于非法购买行为,仅限以增值税专用发票为对象才能构成犯罪,购买增值税专用发票以外的其他发票均不构成犯罪,不论是伪造的还是真实的发票。

(七)持有型税务类犯罪

持有型税务类犯罪仅限持有伪造的发票罪,该罪名系《刑法修正案(八)》第35条增设的罪名。持有的对象仅限伪造的发票,发票的种类包括增值税专用发票、用于骗取出口退税、抵扣税款发票和其他不具有抵扣税款功能的发票。

---

① 案例来源:(2019)鄂1202刑初25号刑事判决书。

罪名		持有对象
持有伪造的发票罪	伪造的	增值税专用发票
		用于骗取出口退税、抵扣税款发票
		其他发票

持有是指行为人对伪造的发票处于占有、支配、控制的一种状态。随身携带、邮寄、运输伪造的发票是持有，在其住所、驾驶的运输工具上发现的，也同样可以认定为持有。一旦达到本罪的立案标准，达到数量较大的要求，即可构成犯罪，持有时间长短不影响本罪的认定。相对于造买售型税务类犯罪，持有型税务类犯罪的量刑相对较轻，辩护人在代理造买售型税务类犯罪案件过程中，如果案件涉及伪造的发票，要审查证据能否证实造买售行为，如果不能证实的，可以考虑进行改变为持有型税务类犯罪的改变定性的辩护。

案例 8-17[①]

2011年，榆林市TD公司中标修建公路，将其中某段承包给苗某某修建。工程建设期间，苗某某为节省开支而未开具相关发票。此后与TD公司结算工程款时，苗某某因无法提供其修建该公路时购买材料的相关发票，便与办假证人员联系，非法制造发票6份，票面金额累计3548470元，提供给TD公司。一审判决认定被告人苗某某犯非法制造发票罪，判处有期徒刑2年6个月，并处罚金10万元。苗某某不服提出上诉，称涉案虚假发票并非由其本人制造，其购买发票是为了领取应得的工程款项，其行为只是持有伪造的发票。

二审法院经查认为：苗某某通过挂靠榆林市TD公司承揽工程项目后，确有购买原材料及修建公路的事实，但因其为节省开支而未曾开具相关发票，TD公司以此为由不能给其即时支付工程款项。其为顺利领取上述款项，将办假证人员所造的虚假发票提供给该公司，方取得部分剩余工程款项，其主观上显然没有非法制造发票之目的。故涉案虚假发票并非由苗某某本人所造，亦无证据证实其参与了假票的制造过程，其仅属虚假发票的持有人和使用者。客观上，苗某某所持的虚假发票确系用于领取其应得的工程款项，没有用于其他违法犯罪活动，其行为依法应属持有伪造的发票罪。遂改判苗某某犯持有伪造的发票罪，判处有期徒刑1年，并处罚金2万元。

[①] 案例来源：(2018)陕08刑终82号刑事判决书。

辩点 8-4：犯罪对象

税务类犯罪涉及的罪名主要规定在《刑法》分则第三章第六节"危害税收征管罪"中，虽然它们侵犯的客体均为我国的税收征管秩序，但犯罪对象各有不同，尤其是针对发票的犯罪，罪名繁多。犯罪对象不同，涉及的罪名和量刑都会有差异。例如，根据发票的功能，可以分为增值税专用发票、用于骗取出口退税发票、抵扣税款发票和不具有抵扣功能的普通发票，虚开具有抵扣功能的发票和不具有抵扣功能的发票，其行为所触犯的罪名不同，量刑上也有巨大的差异；根据发票的真假，发票又可以分为真实的发票和伪造的发票两种，行为人买卖、出售、制造这些发票的行为所触犯的罪名也是各不相同的。具体情况见下表：

罪名	犯罪对象
虚开增值税专用发票、用于骗取出口退税、抵扣税款发票罪	增值税专用发票：以商品或者劳动增值额为征税对象，并具有直接抵扣税款功能的专门用于增值税的收付款凭证。用于骗取出口退税、抵扣税款发票：是指除增值税专用发票以外的普通发票中，具有与增值税专用发票相同功能的，可以用于骗取出口退税、抵扣税款的其他非增值税专用发票。
虚开发票罪	增值税专用发票或用于骗取出口退税、抵扣税款发票以外的其他发票。
伪造、出售伪造的增值税专用发票罪	伪造的增值税专用发票。
非法出售增值税专用发票罪	真实的增值税专用发票。
非法购买增值税专用发票、购买伪造的增值税专用发票罪	非法购买增值税专用发票罪：真实的增值税专用发票；购买伪造的增值税专用发票罪：伪造的增值税专用发票。
非法制造、出售非法制造的用于骗取出口退税、抵扣税款发票罪	非法制造的用于骗取出口退税、抵扣税款发票。
非法制造、出售非法制造的发票罪	非法制造的用于骗取出口退税、抵扣税款发票以外的其他发票。
非法出售用于骗取出口退税、抵扣税款发票罪	真实的用于骗取出口退税、抵扣税款的发票。
非法出售发票罪	真实的用于骗取出口退税、抵扣税款的发票以外的其他发票。
持有伪造的发票罪	伪造的发票，包括伪造的增值税专用发票，伪造的用于骗取出口退税、抵扣税款发票和伪造的其他发票。

辩护人代理这类案件时,要认真甄别犯罪对象,将其作为辩护要点之一,因为行为相同,对象不同,定罪和量刑是不同的,直接影响行为人的实体性权利。例如:

(1)同为虚开行为,虚开的对象是增值税专用发票、用于骗取出口退税、抵扣税款发票的,最高可以判处无期徒刑,而虚开增值税专用发票、用于骗取出口退税、抵扣税款发票以外的其他发票的,最高只能判处7年有期徒刑。

(2)同为出售行为,出售伪造的增值税专用发票和出售真实的增值税专用发票,出售非法制造的用于骗取出口退税、抵扣税款发票和出售真实的用于骗取出口退税、抵扣税款发票,出售非法制造的其他发票和出售真实的其他发票,虽然在量刑上相当,但涉及的罪名却是不同的。

(3)同为购买行为,只有购买真实的增值税专用发票和伪造的增值税专用发票才能构成犯罪,购买其他不管是伪造的还是真实的用于骗取出口退税、抵扣税款或者其他不具有抵扣功能的普通发票均不构成犯罪。

辩点8-5:数额情节

税务类犯罪中,犯罪数额和犯罪情节是能否追诉和具体量刑应当考虑的重要因素,也是辩护人在进行辩护时的一个重要切入点。现将本章涉及的各犯罪的立案标准和量刑标准归纳如下:

类型	罪名		"数额"及"情节"
逃抗骗型	逃税罪	立案标准(数额较大)	逃避缴纳税款5万元以上并且占应纳税额10%以上的。
		数额巨大	逃避缴纳税款数额巨大并且占应纳税额30%以上的。
	抗税罪	立案标准	(1)造成税务工作人员轻微伤以上的; (2)以给税务工作人员及其亲友的生命、健康、财产等造成损害为威胁,抗拒缴纳税款的; (3)聚众抗拒缴纳税款的; (4)以其他暴力、威胁方法拒不缴纳税款的。
		情节严重	(1)聚众抗税的首要分子; (2)抗税数额在10万元以上的; (3)多次抗税的; (4)故意伤害致人轻伤的; (5)具有其他严重情节。

(续表)

类型	罪名	"数额"及"情节"	
逃抗骗型	逃避追缴欠税罪	立案标准	致使税务机关无法追缴欠缴的税款数额在1万元以上不满10万元的。
		数额巨大	致使税务机关无法追缴欠缴的税款数额在10万元以上的。
	骗取出口退税罪	立案标准（数额较大）	骗取国家出口退税款5万元以上的。
		数额巨大或者有其他严重情节	(1)骗取国家出口退税款50万元以上； (2)造成国家税款损失30万元以上并且在第一审判决宣告前无法追回的； (3)因骗取国家出口退税行为受过行政处罚,2年内又骗取国家出口退税款数额在30万元以上的； (4)情节严重的其他情形。
		数额特别巨大或者有其他特别严重情节	(1)骗取国家出口退税款250万元以上； (2)造成国家税款损失150万元以上并且在第一审判决宣告前无法追回的； (3)因骗取国家出口退税行为受过行政处罚,2年内又骗取国家出口退税款数额在150万元以上的； (4)情节特别严重的其他情形。
虚开型	虚开增值税专用发票、用于骗取出口退税、抵扣税款发票罪	立案标准	虚开的税款数额在5万元
		数额较大或者有其他严重情节	(1)虚开的税款数额在50万元以上； (2)因虚开增值税专用发票造成国家税款损失30万元以上并且在第一审判决宣告前无法追回的； (3)因虚开增值税专用发票受过行政处罚,2年内又虚开增值税专用发票造成国家税款损失30万元以上的； (4)具有其他严重情节的。
		数额巨大或者有其他特别严重情节	(1)虚开的税款数额在250万元以上； (2)因虚开增值税专用发票造成国家税款损失150万元以上并且在第一审判决宣告前无法追回的； (3)因虚开增值税专用发票受过行政处罚,2年内又虚开增值税专用发票造成国家税款损失150万元以上的； (4)具有其他特别严重情节的。
	虚开发票罪	立案标准（情节严重）	(1)虚开发票100份以上或者虚开金额累计在40万元以上的； (2)虽未达到上述数额标准,但5年内因虚开发票行为受过行政处罚2次以上,又虚开发票的； (3)其他情节严重的情形。
		情节特别严重	（暂无明文标准）

(续表)

类型	罪名	"数额"及"情节"	
造买售型	伪造、出售伪造的增值税专用发票罪	立案标准	发票数量25份以上或者票面额累计在10万元以上的。
		数量较大或者有其他严重情节	(1)发票数量100份以上或者票面额累计50万元以上的; (2)违法所得数额在1万元以上的; (3)伪造并出售伪造的增值税专用发票60份以上或者票面额累计30万元以上的; (4)造成严重后果或者具有其他严重情节的。
		数量巨大或者有其他特别严重情节	(1)发票数量500份以上或者票面额累计250万元以上的; (2)违法所得数额在5万元以上的; (3)伪造并出售伪造的增值税专用发票300份以上或者票面额累计200万元以上的; (4)接近"数量巨大"并有其他严重情节的。
	非法出售增值税专用发票罪	立案标准	发票数量25份以上或者票面额累计在10万元以上的。
		数量较大	发票数量100份以上或者票面额累计50万元以上的。
		数量巨大	发票数量500份以上或者票面额累计250万元以上的。
	非法购买增值税专用发票、购买伪造的增值税专用发票罪	立案标准	发票数量25份以上或者票面额累计在10万元以上的。
	非法制造、出售非法制造的用于骗取出口退税、抵扣税款发票罪;非法出售用于骗取出口退税、抵扣税款发票罪	立案标准	发票数量50份以上或者票面额累计在20万元以上的。
		数量巨大	发票数量200份以上的。
		数量特别巨大	发票数量1000份以上的。
	非法制造、出售非法制造的发票罪;非法出售发票罪	立案标准	发票数量100份以上或者票面额累计在40万元以上的。
		情节严重	(暂无明文标准)

(续表)

类型	罪名	"数额"及"情节"	
持有型	持有伪造的发票罪	立案标准（数量较大）	(1)增值税专用发票:50份以上或者票面额累计在20万元以上；(2)用于骗取出口退税、抵扣税款的其他发票:100份以上或者票面额累计在40万元以上；(3)其他发票:200份以上或者票面额累计在80万元以上。
		数量巨大	(暂无明文标准)

辩护人在把握以上这些标准后，还要掌握具体的认定标准，即如何认定数额，如何认定情节。

(一)数额认定

1. 如何认定逃税罪中的逃税数额及占应纳税额的百分比

虽然最高人民法院、最高人民检察院《关于执行〈中华人民共和国刑法〉确定罪名的补充规定(四)》根据《刑法修正案(七)》第3条的规定，将《刑法》第201条的罪名由"偷税罪"改为"逃税罪"，但在未出台新的司法解释之前，有关偷税罪的司法解释仍然有效，可以参照。

因此，最高人民法院《关于审理偷税抗税刑事案件具体应用法律若干问题的解释》第3条规定:"偷税数额，是指在确定的纳税期间，不缴或者少缴各税种税款的总额。偷税数额占应纳税额的百分比，是指一个纳税年度中的各税种偷税总额与该纳税年度应纳税总额的比例。不按纳税年度确定纳税期的其他纳税人，偷税数额占应纳税额的百分比，按照行为人最后一次偷税行为发生之日前一年中各税种偷税总额与该年纳税总额的比例确定。纳税义务存续期间不足一个纳税年度的，偷税数额占应纳税额的百分比，按照各税种偷税总额与实际发生纳税义务期间应当缴纳税款总额的比例确定。偷税行为跨越若干个纳税年度，只要其中一个纳税年度的偷税数额及百分比达到刑法第二百零一条第一款规定的标准，即构成偷税罪。各纳税年度的偷税数额应当累计计算，偷税百分比应当按照最高的百分比确定。"

根据公安部《关于如何理解〈刑法〉第二百零一条规定的"应纳税额"问题的批复》的规定，《刑法》第201条规定的"应纳税额"是指某一法定纳税期限或者税务机关依法核定的纳税期间内应纳税额的总和。逃税行为涉及两个以上税种的，只要其中一个税种的逃税数额、比例达到法定标准的，即构成逃税罪，其他税种的逃税数额累计计算。对多次实施,未经处理的,数额累计。

2. 发票的份额和票面额分别达到不同的量刑档次如何处理

由于发票的份数和票面额均能在一定程度上反映发票犯罪行为的社会危害性,因此有的发票犯罪的立案标准和量刑标准均采用了两种计算依据,如非法出售增值税专用发票数量达到 25 份以上或者票面额累计达到 10 万元以上的即可构成犯罪,如果发票数量 100 份以上或者票面额累计 50 万元以上的则属于更高的量刑档次。司法实践中,如果行为人非法出售了 80 份增值税专用发票,且这些增值税专用发票的票面额累计达到 55 万元时,按照发票份额,应在 3 年以下有期徒刑的档次量刑,而按照票面额,则应在 3 年以上 10 年以下有期徒刑的档次量刑。为了准确评价这种非法行为的社会危害性程度,一般适用处罚较重的量刑档次进行量刑。

3. 伪造并出售同一宗增值税专用发票的如何计算

在我国刑法中,伪造增值税专用发票可以单独构成伪造增值税专用发票罪,如果出售伪造的增值税专用发票又可以单独构成出售伪造的增值税专用发票罪。如果伪造并出售同一宗增值税专用发票的,只按伪造、出售伪造的增值税专用发票罪一个罪名定罪处刑,其数量或者票面额不重复计算。

4. 购买真、伪两种增值税专用发票的犯罪数额如何计算

如果既购买了真的增值税专用发票,又购买了伪造的增值税专用发票,仍然按照非法购买增值税专用发票、购买伪造的增值税专用发票罪一个罪名定罪处刑,但是数量或者票面额应当将真、伪两种增值税专用发票进行累计计算。

5. 购买大量伪造的增值税专用发票只出售其中少部分的犯罪数额如何计算

根据《刑法》第 208 条第 2 款的规定,这种情形仍应按照出售伪造的增值税专用发票罪定罪处罚,但犯罪数额不是只计算已经出售的伪造的增值税专用发票数额,已经购买但尚未出售的伪造的增值税专用发票数额也应计入其出售的犯罪数额,但可将其视为犯罪未遂的数额,作为量刑情节予以考虑。

6. 制造、销售伪造发票的印制模板的印制工具的犯罪数额如何计算

由于制造、销售伪造发票的印制模板的印制工具本质上是为非法制造发票提供条件,其社会危害性与非法制造发票类犯罪相当,所以按照非法制造发票类犯罪定罪处罚,但由于行为人制造、销售的只是印制工具,尚未使用这些印制工具非法制造发票,故这类案件不认定犯罪数额,只根据犯罪情节决定刑罚。

(二)情节认定

税务类犯罪中,除犯罪数额外,还要考量其他情节,主要有:

1. 是否受过行政处罚

税务类犯罪一般都是行政犯,即违反行政法规范而构成的犯罪,达到了构成犯罪的程度肯定也达到了给予行政处罚的程度,但给予行政处罚,并不必然构成犯罪。在税务类犯罪的辩护中,当事人是否受过行政处罚是辩护人进行罪轻辩护甚至无罪辩护的一个重要辩点。

(1)逃税罪。

行为人有逃税行为,达到了追诉的标准,但如果该行为经税务机关依法下达追缴通知后,行为人补缴了应纳税款,缴纳了滞纳金,已经受到行政处罚的,就应当不予追究刑事责任。在这里,行为人受到行政处罚,成为不追究其刑事责任的一个挡箭牌。但这又不是一概而论的,有除外情形。第一种除外情形是:行为人在5年以内因为逃避缴纳税款受过刑事处罚或者被税务机关给予2次以上行政处罚的,即使补缴了应纳税款,缴纳了滞纳金,仍应当追究其刑事责任。在这里,此前的2次行政处罚又成为追究其刑事责任的入罪情形。第二种除外情形是:行为人在公安机关立案后再补缴应纳税款、缴纳滞纳金或者接受行政处罚的,则不影响刑事责任的追究。由此可见,补缴应纳税款、缴纳滞纳金或者接受行政处罚并不必然成为不追究刑事责任的理由,要看补缴的时间是否在公安机关立案前,还要看行为人此前有无受过刑事处罚或者2次行政处罚。

(2)虚开发票罪。

虚开发票罪中,2次以上的行政处罚也可能会直接影响是否追诉,一般来说,虚开发票必须达到100份以上或者虚开金额累计达到40万元以上的才能构成犯罪,没有达到上述数额标准的就不应追究刑事责任。但是,如果5年内因虚开发票行为受过行政处罚2次以上又虚开发票的,可以不受数额标准的限制,也可以予以追诉。

(3)骗取出口退税罪。

行为人是否受过行政处罚,可能直接影响刑事责任追究与否,例如逃税罪和虚开发票罪,同时,它还可以直接影响量刑,例如骗取出口退税罪。一般来说,骗取国家出口退税50万元以上的,属于数额巨大,但如果因骗取出口退税行为已经受过行政处罚的,2年内又骗取出口退税数额只要达到30万元的,就可以认定为"有其他严重情节",可以按照"数额巨大"的量刑档次予以处罚;同样,骗取国家出口退税250万元以上的,属于数额特别巨大,但如果因骗取出口退税行为已经受过行政处罚的,2年内又骗取出口退税数额只要达到150万元的,就可以认定为"有其他特别严重情节",可以按照"数额特别巨大"的量刑档次予以处罚。

由此可见,行为人是否受过行政处罚,不但可以直接影响定罪,也可以直接影响量刑,辩护人在进行辩护时,要特别予以注意,确定行为人所受处罚是否属于行政处罚,行政处罚在程序上和实体上是否合法等问题。

案例 8-18

梁某系上海某光伏公司的法定代表人,该公司在 2007 年期间,从其他公司分别购进电池片共计 10 吨予以销售,但并未进行纳税申报,少缴税款共计 20 万元,占 2007 年应纳税额的 18%。后税务机关稽查时发现该公司少缴税款,对其作出了行政处罚决定,该公司收到行政处罚决定后既没有提出行政复议,也没有接受处罚。后税务机关将案件移送公安机关,2009 年 3 月 18 日,梁某被抓获,同年 4 月 1 日被逮捕。后梁某被公诉机关以涉嫌逃税罪被移送起诉。

在庭审过程中,辩护人提出,对在 2007 年少缴税款的情形,公司已经受到了行政处罚,根据《刑法修正案(七)》和一事不再罚原则,不应再对梁某及其公司追究刑事责任。但该辩护意见未被法院采纳,因为修正后的《刑法》将偷税罪改为逃税罪后,逃税行为已受行政处罚,不予追究刑事责任的条件是,行为人在经税务机关依法下达追缴通知后,应当补缴应纳税款,缴纳滞纳金,才属于"已受行政处罚"。而本案中,上海某光伏公司虽然接受了行政处罚决定书,但并未实际履行,不符合"不予追究刑事责任"的上述条件,所以不影响对其逃税行为继续追究刑事责任。

2. 是否造成税款损失

税务类犯罪侵犯的客体是国家税收征管秩序,有些犯罪虽然没有直接将给国家造成税款损失作为犯罪情节,但犯罪的后果在一定程度上都或多或少地影响国家税收,因此,是否给国家税款造成损失是考量税务类犯罪的定罪以及量刑的一个重要指标,辩护人应当予以充分重视。

(1)逃税罪中,逃避缴纳税款 5 万元以上且占应纳税额 10%以上的,达到追诉标准,虽然没有直接要求造成 5 万元以上税款损失,但实践中,构成逃税罪的往往造成了至少 5 万元的税款损失;数额如果达到巨大标准的,量刑则更重。

(2)逃避追缴欠税罪中,致使税务机关无法追缴欠缴的税款数额在 1 万元以上不满 10 万元的,达到追诉标准,同样,虽然没有直接使用造成国家税款损失的表述,但国家税款损失也就不言自明了;如果致使无法追缴欠税的数额达到 10 万元以上的,量刑则更重。

(3)骗取出口退税罪中,一般是以骗取国家出口退税款的数额作为定罪和量刑的标准,是否给国家税款造成损失以及损失的数额是明确作为犯罪情节予以考虑的,如果骗取国家出口退税款的数额没有达到"巨大"的标准,但造成国家税款损失30万元以上并且在第一审判决宣告前无法追回的,亦可以按照"5—10年"的量刑档次予以处罚。同理,如果骗取国家出口退税款的数额没有达到"特别巨大"的标准,但造成国家税款损失150万元以上并且在第一审判决宣告前无法追回的,亦可以按照"10年以上有期徒刑或者无期徒刑"的量刑档次予以处罚。

(4)虚开增值税专用发票、用于骗取出口退税、抵扣税款发票罪中,虚开发票的税款数额与因虚开发票致使国家税款被骗取的数额是选择性标准,只要达到其中一个标准即可构成犯罪或者按照相应的量刑档次处以刑罚。

3. 是否有违法所得

伪造、出售伪造的增值税专用发票罪将违法所得数额作为犯罪情节予以考量,伪造增值税专用发票或者出售伪造的增值税专用发票违法所得在1万元以上的,按照"3—10年有期徒刑"的量刑档次予以处罚,违法所得数额在5万元以上的,按照"10年以上有期徒刑或者无期徒刑"的量刑档次予以处罚。

4. 是否造成人员伤亡

所有税务类犯罪中,可能直接造成人员伤亡的只有抗税罪,该罪的行为方式是使用暴力、威胁方法拒不缴纳税款,只要造成税务工作人员轻微伤以上的,就可以予以追诉;如果故意伤害致人轻伤的,则属于"情节严重",应按照"3—7年有期徒刑"的量刑档次予以处罚;如果实施抗税行为致人重伤、死亡,构成故意伤害罪、故意杀人罪,则分别依照《刑法》第234条第2款、第232条的规定定罪处罚。

由此可见,在抗税过程中,可能造成不同程度的损害结果,从轻微伤、轻伤、重伤到死亡,不同的损害结果,所适用的法条及刑事责任也是有所不同的,辩护人在进行辩护时,要特别注意伤情鉴定、损害结果与抗税行为之间的因果联系等切入点。

辩点8-6:犯罪形态

税务类犯罪中,同样存在犯罪预备、犯罪未遂、犯罪中止和犯罪既遂四种犯罪形态。相对于犯罪既遂,犯罪预备、犯罪未遂和犯罪中止都属于犯罪的未完成形态,可以比照既遂犯从轻、减轻处罚甚至免除处罚。因此,审查税务类犯罪的犯罪形态也是辩护人进行量刑辩护的一个非常重要的切入点。

(一)逃税罪

纳税人在公安机关对其逃税行为予以立案后再补缴应纳税款、缴纳滞纳金或者接受行政处罚的,属于犯罪既遂,不影响刑事责任的追究。但是,由于补缴应纳税款、缴纳滞纳金或者接受行政处罚,能够及时挽回国家税款损失,仍可以作为一个酌定从轻处罚的情节。

(二)抗税罪

行为人只要实施了暴力、威胁方法抗拒缴纳税款的行为,即构成犯罪既遂,而不论抗税是否成功。

(三)逃避追缴欠税罪

逃避追缴欠税罪属于结果犯,逃避追缴税款的行为必须造成税务机关无法追缴欠税的结果才构成犯罪既遂,如果行为人尽管采取了逃避的行为,但其转移或隐匿的财产最终还是被税务机关追回,弥补了税款,则构成犯罪未遂。

(四)骗取出口退税罪

行为人实施了骗取国家出口退税的行为并骗取了国家出口退税款的,构成犯罪既遂;没有实际取得国家出口退税款的,属于犯罪未遂。

(五)虚开型犯罪

通说观点认为该类犯罪属于行为犯,只要行为人实施了虚开的行为,就认定构成既遂。发票是否实际用于骗取出口退税或者抵扣税款不影响犯罪既遂。比如行为人虚开发票后主动放弃抵扣的,主张犯罪中止一般很难被采纳,但可以作为悔罪表现。

> **案例 8-19**[①]
>
> 2011 年 7 月至 2012 年 1 月期间,TK 药业公司业务人员李某、袁某某在无实际货物购销的情况下,以按票面金额不等的比例支付开票费的方式,采用虚假资金流的走向,以 TK 药业公司为受票单位,从马某等人手中购买 ZJ 药材公司虚开的进项增值税专用发票 72 份,价税合计 45635715 元,税额 7194619.66 元,用于抵扣其所办理业务开具的销项增值税税款,由 TK 药业公司向国税部门

[①] 案例来源:(2020)皖 12 刑终 277 号刑事裁定书。

申报认证。案发前,经TK药业公司申请,主管税务机关将上述增值税税额从当期进项税额中转出。后李某和袁某某被检察机关以涉嫌虚开增值税专用发票罪移送起诉。

在庭审过程中,袁某某及其辩护人辩称,本案案发前,TK药业公司已经将增值税发票做进项税转出,应认定为犯罪中止。但法院经审理认为,袁某某虚开的增值税专用发票,用于抵扣税款,其行为已经破坏国家税务管理秩序,损害国家税收法益,犯罪形态已经达到既遂,其实施犯罪行为后的放弃抵扣行为系悔罪表现,但不构成犯罪中止。

(六)出售型犯罪

以出售发票为目的,但因没有联系到买主而没有将发票售出即案发的,属于犯罪未遂。

案例 8-20

自2008年7月开始,被告人詹某某为牟取非法利益,出售非法制造的各类发票,自同年10月起,詹某某租用地处某街某楼的102房作为工作场所,由刘某某利用手机短信群发系统向不特定人群发送出售发票信息,詹某某使用电脑和伪造的印章,根据客户的要求打印假发票进行销售,林某某则负责送交发票。2009年12月2日16时许,公安人员在上述地点将詹某某抓获,并现场缴获用于销售的非法制造的国税类普通发票3万余份,地税类普通发票4万余份,增值税专用发票800份,并缴获电脑及打印机等作案工具一批。

一审法院作出以下判决:被告人詹某某犯出售伪造的增值税专用发票罪,判处有期徒刑10年6个月,并处罚金15万元;犯出售非法制造的发票罪,判处有期徒刑5年,并处罚金10万元。决定执行有期徒刑13年,并处罚金25万元。宣判后,詹某某提出上诉。辩护人提出一审判决将公安机关缴获的存放在房间内的各类发票的数量认定为出售伪造的发票罪的既遂不当,那些发票由于一直没有联系到买主,还未出售,属于法律规定的已经着手实施犯罪,由于意志以外的原因而未得逞,是犯罪未遂,依法应当比照既遂犯减轻处罚。二审法院采纳了辩护人的意见并依法予以改判。

辩点8-7:共同犯罪

(一) 单位犯罪

本章犯罪中,除了抗税罪不能由单位构成,其他犯罪均可以由单位构成。根据《刑法》第31条的规定,单位犯罪的,对单位判处罚金,并对其直接负责的主管人员和其他直接责任人员判处刑罚。

1. 如何认定直接负责的主管人员和其他直接责任人员

直接负责的主管人员,是在单位实施的犯罪中起决定、批准、授意、纵容、指挥等作用的人员,一般是单位的主管负责人,包括法定代表人,税务类犯罪中,通常还包括财务负责人等。应当注意的是,单位犯罪中,对于受单位领导指派或者奉命而参与实施了一定犯罪行为的人员,一般不宜作为直接责任人员追究刑事责任。换句话说,在单位犯罪中参与实施了一定犯罪行为的人员,并不必然作为直接责任人员而受到刑事处罚,要具体情况具体分析,如果只是受领导指派或者奉命参与,主观上并无犯罪的明知和故意,则不应对其追究刑事责任。

案例8-21[①]

某县国家税务局税务分局局长吴某,副局长纪某,两人为了给本单位谋取不正当利益,于2008年2月与该县竹木综合厂厂长宋某开始合谋,将不符合申报条件的竹木综合厂虚报为一般纳税人。嗣后,该税务分局利用竹木综合厂代管监开的增值税专用发票为辖区内其他小规模纳税人虚开增值税专用发票,按销售金额收取3%~6%的税款。宋某在增值税专用发票上加盖本厂财务章,并协助支取税款。至2010年11月,该税务分局以竹木综合厂名义,共为阎某等60余人虚开增值税专用发票302份,虚开税款数额135万余元,已抵扣130万余元,完税入库29万余元。在所虚开的增值税专用发票中,经吴某、纪某等审批后,安排票管员汪某填开6份,虚开税款数额6万余元。后汪某也以涉嫌虚开增值税专用发票罪被移送起诉。

在庭审过程中,被告人汪某的辩护人提出,汪某作为票管员,未参与虚开增值税专用发票的预谋,是根据领导安排帮助他人代填申请表和增值税专用发票,这种代填行为不是代开行为,不具有虚开增值税专用发票的主观故意和客

---

① 案例来源:《刑事审判参考》总第31辑[第231号]。

观行为,且情节显著轻微,应宣告无罪。法院经审理认为,汪某作为票管员,盲目服从单位领导的决定,为他人代填增值税专用发票参与犯罪,但其是根据吴某、纪某等单位领导的审批手续,并受吴某指派代为他人填开,犯罪情节显著轻微,对其行为不宜以犯罪论,故宣告其无罪。

2. 单位犯罪中如何分清主从犯

对单位犯罪中的直接负责的主管人员和其他直接责任人员,应根据其在单位犯罪中的地位、作用和犯罪情节,分别处以相应的刑罚。单位犯罪中,不一定非要分清主、从犯。如果主管人员与直接责任人员在实施犯罪行为时的主从关系不明显的,可不分主、从犯。但如果可以分清主、从犯,且不分清主、从犯,在同一法定刑档次、幅度内量刑无法做到罪刑相适应的,则应当分清主、从犯,依法处罚。因此,作为单位犯罪中自然人的辩护人,应当根据当事人在单位犯罪中的地位、作用和犯罪情节,提出不构成主犯,属于从犯甚至胁从犯的辩护意见。

3. 单位共同犯罪的处理

两个以上单位共同故意实施的犯罪,应当根据各单位在共同犯罪中的地位、作用大小,确定犯罪单位的主、从犯。对于从犯,应当从轻、减轻处罚或者免除处罚。

> **案例 8—22**①
>
> 唐山市 FY 公司是一家房地产开发公司,陈某系法定代表人,王某某系总经理,2011 年以前,公司会计为刘某,2011 年至 2014 年初由钱某担任会计,2014 年至 2015 年会计是亢某,2011 年至 2015 年的出纳一直是张某某,并负责主管部分财务工作。经税务机关认定,唐山市 FY 公司自 2011 年至 2015 年应缴税款 6898529.17 元,逃避缴纳税款 3688003.09 元,2011 年度至 2015 年度每年度的逃避缴纳税款比例均超过 30%,后经唐山市地方税务局送达税务处理决定书及税务行政处罚书且多次催收后,该公司在规定时间内仍未足额缴纳税款及罚款,截至 2018 年 12 月 3 日,该公司未缴税款、滞纳金、罚款、罚金共计 6461380.06 元。案发后,该公司补缴税款 2878533.06 元,滞纳金 2136818.17

---

① 案例来源:(2019)冀 02 刑终 708 号刑事判决书。

元。后陈某和张某某被移送起诉，一审判决认定唐山市 FY 公司构成逃税罪，被告人陈某和张某某作为该公司直接责任人员和主管人员，其行为构成逃税罪，认定张某某虽然受法定代表人陈某的管理和支配，但不能认定为从犯，判处张某某有期徒刑 3 年，并处罚金 5 万元。

张某某不服一审判决提出上诉，其认为 FY 公司记账、报税、缴纳税款的实际操作人均为会计，具体如何申报缴纳由法定代表人陈某决定，其担任出纳工作，没有和主管人员合谋筹划逃税一事，不应当对其追究刑事责任。二审法院经查认为，张某某在 FY 公司的职务虽然只是出纳，但公司的其他会计在处理税款申报等工作时，均会向其汇报请示，实质上主管了 FY 公司部分财务工作，属于逃税罪犯罪主体的其他直接责任人员，张某某签字的财务部意见均为用款申请及报销清单，与本案逃缴税款并无关联性，对法定代表人陈某决定采取欺骗、隐瞒手段进行虚假纳税申报或者不申报逃避缴纳税款虽然提供了帮助，但在整个案件中只是起次要作用，系从犯，依法应当减轻处罚。遂改判被告人张某某犯逃税罪，判处有期徒刑 2 年，并处罚金 3 万元。

(二) 犯罪集团

犯罪集团是指 3 人以上为共同实施犯罪而组成的较为固定的犯罪组织。对组织、领导犯罪集团的首要分子，按照集团所犯的全部罪行处罚；对于首要分子以外的主犯，应当按照其所参与或者组织、指挥的全部犯罪处罚。根据全国人民代表大会常务委员会《关于惩治虚开、伪造和非法出售增值税专用发票犯罪的决定》的规定，对于虚开增值税专用发票的犯罪集团和伪造、出售伪造的增值税专用发票的犯罪集团的首要分子，应当依法从重处罚。可见，虚开增值税专用发票的犯罪集团和伪造、出售伪造的增值税专用发票的犯罪集团的首要分子不但要对犯罪集团所犯的全部罪行负责，而且还要从重处罚。

因此，辩护人在对这类案件进行辩护时，要审查以下四个方面的内容：

(1) 属于一般的共同犯罪还是犯罪集团，是否具备犯罪集团的特点；

(2) 是否属于虚开增值税专用发票的犯罪集团或者伪造、出售伪造的增值税专用发票的犯罪集团，因为这两类犯罪集团的首要分子还要从重处罚；

(3) 当事人是否属于集团的首要分子，即在犯罪集团中是否属于起到组织、策划、指挥作用的犯罪分子；

(4)不属于首要分子的,是属于主犯、从犯还是胁从犯,量刑各不相同。

(三)以共犯论

(1)一般来说,抗税罪的主体多为纳税人或者扣缴义务人,但又不限于这两类主体,最高人民法院《关于审理偷税抗税刑事案件具体应用法律若干问题的解释》第6条第2款规定:"与纳税人或者扣缴义务人共同实施抗税行为的,以抗税罪的共犯依法处罚。"

(2)根据最高人民法院《关于审理骗取出口退税刑事案件具体应用法律若干问题的解释》第6条的规定,有进出口经营权的公司、企业,明知他人意欲骗取国家出口退税款,仍违反国家有关进出口经营的规定,允许他人自带客户、自带货源、自带汇票并自行报关,骗取国家出口退税款的,依照骗取出口退税罪的规定定罪处罚。该条规定虽然没有明确属于共同犯罪,但司法实践中,一般按照共同犯罪处理。

需要注意的是,要构成共同犯罪,各行为人之间必须具有共同犯罪的故意和共同犯罪行为,缺少其一,辩护人都可以提出不构成共同犯罪的辩护意见。司法实践中,是否具有共同犯罪故意具有很大的辩护空间。所谓共同犯罪故意,是指各共同行为人通过犯意联络,明知自己与他人配合共同实施犯罪行为会造成某种危害结果,并且希望或者放任这种危害结果发生的心理态度。这里各共同行为人之间的犯意联络及对危害结果的预见是构成共同犯罪的实质性内容,而对危害结果的态度却可以有希望或放任两种不同的形式。司法实践中,各个共同行为人由于所处地位及角色的不同,对危害结果所持的心理态度也会有所不同,可能并不希望危害社会结果的发生,但只要意识到自己的行为与他人行为结合可能会发生危害社会的结果并持放任态度,就具备了共同犯罪的故意。

辩点8-8:一罪数罪

(一)一罪

1.择一重罪

(1)实施骗取出口退税犯罪,同时构成虚开增值税专用发票罪等其他犯罪的,择一重罪处罚,不实行数罪并罚。

(2)盗窃增值税专用发票或者其他发票后,又实施虚开、出售等犯罪的,择一重罪处罚,不实行数罪并罚。

(3)诈骗增值税专用发票或者其他发票后,又实施虚开、出售等犯罪的,择一重罪处罚,不实行数罪并罚。

2. 法定一罪

(1)抗税罪:实施抗税行为致人重伤、死亡,构成故意伤害罪、故意杀人罪的,分别依照故意伤害罪、故意杀人罪定罪处罚。

(2)逃税罪:纳税人缴纳税款后,以假报出口或者其他欺骗手段,骗取国家出口退税款的,以逃税罪处理。

(3)骗取出口退税罪:纳税人缴纳税款后,以假报出口或者其他欺骗手段,骗取国家出口退税款超过已缴纳税款部分的,以骗取出口退税罪处理。

(4)非法购买增值税专用发票、购买伪造的增值税专用发票罪:

①非法购买增值税专用发票或者购买伪造的增值税专用发票又虚开的,按照虚开增值税专用发票罪定罪处罚。

②非法购买真实的增值税专用发票又出售的,按照非法出售增值税专用发票罪定罪处罚。

③购买伪造的增值税专用发票又出售的,按照出售伪造的增值税专用发票罪定罪处罚。

④购买了真实的增值税专用发票又购买了伪造的增值税专用发票,按照非法购买增值税专用发票、购买伪造的增值税专用发票罪定罪处罚。

对于前三种情形,即非法购买增值税专用发票或者购买伪造的增值税专用发票又虚开或者出售的,分别按照《刑法》第205—207条的规定定罪处罚,这是《刑法》第208条第2款的明文规定。该条规定的是非法购买增值税专用发票罪或者购买伪造的增值税专用发票罪与虚开增值税专用发票罪、非法出售增值税专用发票罪或者出售伪造的增值税专用发票罪的牵连犯的定罪处罚原则。其基本含义是,在行为人购买的手段行为与虚开、出售的目的行为均单独成立犯罪从而形成牵连犯罪的情况下,应以目的行为的罪名定罪处罚。因为相对于手段行为构成的犯罪来说,目的行为构成的犯罪处罚更重,这也是牵连犯从一重罪定罪处罚一般原则的要求。因此,对于行为人购买伪造的增值税专用发票又出售的行为,如果购买与出售伪造的增值税专用发票行为均成立犯罪,则应以出售伪造的增值税专用发票罪定罪处罚。只有购买伪造的增值税专用发票尚未出售或者出售行为尚未达到追究刑事责任的数额标准的情况下,才以购买伪造的增值税专用发票罪定罪处罚。

(5)伪造增值税专用发票罪:伪造增值税专用发票后予以出售的,出售行为被伪造行为所吸收,只构成伪造增值税专用发票罪。

案例 8-23[①]

1998年年底,被告人曾珠玉以营利为目的,购买印刷设备,雇用印刷工人,在其家中印刷伪造的增值税专用发票和普通发票,并将其伪造的增值税专用发票,以每本(每本共25份,下同)100元的价格,出售给他人,其中出售给被告人林楚秋95本、共计2375份(尚未收到付款)。被告人林楚秋将购得的伪造增值税专用发票,以每本1200元的价格贩卖给"周亚二"10本、共计250份,收取1200元;以每本150元的价格先后由其本人和指使被告人陈昌杰帮其卖给普宁人"姐夫"共25本、共计625份,收取3750元。后被告人林楚秋被公诉机关以涉嫌购买伪造的增值税专用发票罪、出售伪造的增值税专用发票罪两个罪名移送起诉。

在庭审过程中,被告人林楚秋及其辩护人辩称其购买伪造的增值税专用发票又出售的行为,只构成出售伪造的增值税专用发票罪,不能认定构成购买伪造的增值税专用发票罪和出售伪造的增值税专用发票罪两罪。法院经审理认为,被告人林楚秋为牟取非法利益,向他人购买、出售伪造的增值税专用发票共2375份,从中非法牟利4950元,其行为均已构成出售伪造的增值税专用发票罪,且数量巨大,判处有期徒刑15年,并处罚金20万元。公诉机关指控被告人林楚秋的行为构成购买伪造的增值税专用发票罪,根据《刑法》第208条第2款之规定,指控不能成立。

本案中,像被告人林楚秋购买大量伪造的增值税专用发票只出售其中少部分的情形,是否仍应适用《刑法》第208条第2款的规定,司法实践中存在不同认识。一种观点认为,《刑法》第208条第2款规定的是购买伪造的增值税专用发票又全部出售行为的定罪处罚原则,对于大量购买少量出售的行为应以购买伪造的增值税专用发票罪定罪处罚。否则,以出售伪造的增值税专用发票罪定罪处罚,有可能带来因出售的数额少而轻纵被告人的结果。其实这样的担忧是不必要的,因为在出售行为成立犯罪的情况下,已经购买但尚未出售的伪造的增值税专用发票数额应计入其出售的数额,但可将其视为犯罪未遂的数额,作为量刑情节予以考虑。法院对于被告人林楚秋犯出售伪造的增值税专用发票罪的犯罪数额是以其购买的发票的数额作为定罪量刑的依据,并酌情考虑了被告人有部分伪造的增值税专用发票尚未出售的情节。

[①] 案例来源:《刑事审判参考》总第33集[第252号]。

(二) 数罪

(1) 行为人既虚开增值税专用发票、用于骗取出口退税、抵扣税款发票，又虚开普通发票情节严重的，应当数罪并罚。

(2) 行为人构成本章规定的犯罪的同时，又构成其他犯罪，根据刑法的规定，应当数罪并罚的，予以数罪并罚。

当被告人被指控涉嫌两项以上罪名时，辩护人应当首先分析具体犯罪行为，然后再看法律对于这些行为是否有明确的规定，分别构成什么罪名，应以一罪处理还是数罪并罚。如果有明确的法律规定，应当依照某一个罪名处罚的，找出相应的法律依据进行辩护；如果刑法或者司法解释明确规定应当数罪并罚，那么结合案件的具体情形，从指控的罪名是否成立、是否具有从轻或减轻处罚的情节进行辩护，从而达到无罪或者罪轻的辩护效果。

附：本章相关法律规范性文件①

1. 法律

《中华人民共和国刑法》(2020年修正，法宝引证码：CLI.1.349391) 第201—210条之一

《中华人民共和国税收征收管理法》(主席令第23号，2015.04.24实施，法宝引证码：CLI.1.252598)

2. 司法解释

最高人民法院研究室《关于如何适用法发〔1996〕30号司法解释数额标准问题的电话答复》(法研〔2014〕179号，2014.11.27实施，法宝引证码：CLI.3.276302)

最高人民检察院、公安部《关于公安机关管辖的刑事案件立案追诉标准的规定(二)的补充规定》(公通字〔2011〕47号，2011.11.14实施，法宝引证码：CLI.4.162601)

最高人民检察院、公安部《关于公安机关管辖的刑事案件立案追诉标准的规定(二)》(公通字〔2010〕23号，2010.05.07实施，法宝引证码：CLI.4.131249)

最高人民法院《关于审理偷税抗税刑事案件具体应用法律若干问题的解释》

---

① 所列法律规范性文件的详细内容，可登录"北大法宝"引证码查询系统(www.pkulaw.com/fbm)，输入所提供的相应的"法宝引证码"，免费查询。

(法释〔2002〕33号,2002.11.07实施,法宝引证码:CLI.3.43218)

最高人民法院《关于审理骗取出口退税刑事案件具体应用法律若干问题的解释》(法释〔2002〕30号,2002.09.23实施,法宝引证码:CLI.3.42555)

最高人民法院《关于审理骗购外汇、非法买卖外汇刑事案件具体应用法律若干问题的解释》(法释〔1998〕20号,1998.09.01实施,法宝引证码:CLI.3.20797)

最高人民法院《关于适用〈全国人民代表大会常务委员会关于惩治虚开、伪造和非法出售增值税专用发票犯罪的决定〉的若干问题的解释》(法发〔1996〕30号,1996.10.17实施,法宝引证码:CLI.3.50129)

3. 其他

《中华人民共和国发票管理办法》(国务院令第709号,2019.03.02实施,法宝引证码:CLI.2.330966)

国家税务总局《关于修订〈增值税专用发票使用规定〉的通知》(国税发〔2006〕156号,2007.01.01实施,法宝引证码:CLI.4.81296)

全国人民代表大会常务委员会《关于〈中华人民共和国刑法〉有关出口退税、抵扣税款的其他发票规定的解释》(2005.12.29实施,法宝引证码:CLI.1.66670)

最高人民法院《全国法院审理金融犯罪案件工作座谈会纪要》(法〔2001〕8号,2001.01.21实施,法宝引证码:CLI.3.73063)

公安部《关于如何理解〈刑法〉第二百零一条规定的"应纳税额"问题的批复》(公复字〔1999〕4号,1999.11.23实施,法宝引证码:CLI.4.84386)

全国人民代表大会常务委员会《关于惩治虚开、伪造和非法出售增值税专用发票犯罪的决定》(主席令第57号,1995.10.30实施,法宝引证码:CLI.1.13134)

第九章 走私类犯罪

第一节　走私类犯罪综述

所谓走私,是指逃避海关监管违法携带物品进出境。我国《刑法》分则第三章和第六章都规定了走私类犯罪。第三章第二节走私罪中规定了武器、弹药、核材料、假币、文物、贵重金属、珍贵动物、珍贵动物制品、国家禁止进出口的货物、物品、淫秽物品、废物、普通货物、物品的走私犯罪,而第六章第七节则规定了针对毒品、制毒物品的走私犯罪。这些犯罪,除走私对象不同外,走私行为具有相同之处,辩护人进行辩护时具有共同的辩护点,所以本章把这些犯罪概括为走私类犯罪,并详细阐述如何找到辩点对走私类犯罪进行辩护。

一、走私类犯罪分类索引

根据走私对象的不同,我们将走私类犯罪分为普通型和特殊型两个类型。如果行为人走私的物品在我国刑法中有特殊规定的,按照特殊型走私类犯罪处理;如果没有特殊规定的,则按照普通型走私类犯罪处理。相关罪名与《刑法》法条的对应关系见下表。

类型	罪名	法条
1. 普通型	走私普通货物、物品罪	第153、154条
2. 特殊型	走私武器、弹药罪,走私核材料罪,走私假币罪	第151条第1款
	走私文物罪,走私贵重金属罪,走私珍贵动物、珍贵动物制品罪	第151条第2款
	走私国家禁止进出口的货物、物品罪	第151条第3款
	走私淫秽物品罪	第152条第1款
	走私废物罪	第152条第2款
	走私毒品罪	第347条
	走私制毒物品罪	第350条

二、走私类犯罪《刑法》规定对照表

鉴于走私毒品罪和走私制毒物品罪将在本书第十章"毒品类犯罪"进行详细介绍,本章只对其他走私类犯罪等案件的辩点进行阐述。

类型	罪名	法条	罪状	主刑	附加刑	辩点速查
普通型	走私普通货物、物品罪	第153条第1款	走私本法第151条、第152条、第347条规定以外的货物、物品			1. 犯罪主体：自然人和单位，但单位犯罪的起刑点高于个人犯罪，虽然与其他走私类犯罪实行的都是双罚制，但对单位直接负责的主管人员和其他直接责任人员与自然人犯罪的处罚不同，不判处财产刑。 2. 犯罪对象：第151、152、347条规定以外的货物、物品，但要特别注意一些特殊物品的认定，如仿真枪、报废的弹头、弹壳等。 3. 量刑因素：（1）偷逃税数额；（2）是否受过行政处罚及次数；（3）其他情节。 4. 数额计算：对多次走私未经处理的，按照累计走私货物、物品的偷逃应缴税额处罚。 5. 犯罪行为：未经海关许可并且未补缴应缴税额，擅自将下列两类货物、物品在境内销售牟利的，以本罪论：（1）来料加工、来件装配、补偿贸易的原材料、零件、制成品、设备等保税货物；（2）特定减税、免税进口的货物、物品。
			偷逃应缴税额较大或者1年内曾因走私被给予2次行政处罚后又走私的	处3年以下有期徒刑或者拘役	并处偷逃应缴税额1—5倍罚金	
			偷逃应缴税额巨大或者有其他严重情节的	处3—10年有期徒刑	并处偷逃应缴税额1—5倍罚金	
			偷逃应缴税额特别巨大或者有其他特别严重情节的	处10年以上有期徒刑或者无期徒刑	并处偷逃应缴税额1—5倍罚金或者没收财产	
	走私武器、弹药罪，走私核材料罪，走私假币罪	第151条第1款	走私武器、弹药、核材料或者伪造的货币	处7年以上有期徒刑	并处罚金或者没收财产	1. 犯罪主体：自然人和单位，单位犯罪实行双罚制，对单位直接负责的主管人员和其他直接责任人员按照自然人犯罪的条款处罚。 2. 犯罪对象：武器、弹药、核材料、伪造的货币，不包括管制刀具、仿真枪、报废或者无法组装并使用的各种弹药的弹头、弹壳。 3. 量刑标准：《刑法修正案（九）》废除了本款3个罪名的死刑。
			情节特别严重的	处无期徒刑	并处没收财产	
			情节较轻的	处3—7年有期徒刑	并处罚金	

(续表)

类型	罪名	法条	罪状		主刑	附加刑	辩点速查
特殊型	走私文物罪，走私贵重金属罪，走私珍贵动物、珍贵动物制品罪	第151条第2款	走私国家禁止出口的文物、黄金、白银和其他贵重金属或者国家禁止进出口的珍贵动物及其制品		处5—10年有期徒刑	并处罚金	1. 犯罪主体：自然人和单位，单位实行双罚制，对单位直接负责的主管人员和其他直接责任人员按照自然人犯罪的条款处罚。 2. 犯罪对象：国家禁止出口的文物、黄金、白银和其他贵重金属或者国家禁止进出口的珍贵动物及其制品，这里的文物包括有科学价值的古脊椎动物化石、古人类化石，但不包括古生物化石。 3. 量刑标准：《刑法修正案（八）》废除了本款3个罪名的死刑。
			情节特别严重的		处10年以上有期徒刑或者无期徒刑	并处没收财产	
			情节较轻的		处5年以下有期徒刑	并处罚金	
	走私国家禁止进出口的货物、物品罪	第151条第3款	走私珍稀植物及其制品等国家禁止进出口的其他货物、物品		处5年以下有期徒刑或者拘役	并处或者单处罚金	1. 犯罪主体：自然人和单位，单位犯罪实行双罚制，对单位直接负责的主管人员和其他直接责任人员按照自然人犯罪的条款处罚。 2. 犯罪对象：不限于珍稀植物及其制品，还包括国家禁止进出口的其他货物、物品，这是《刑法修正案（七）》修正的。
			情节严重的		处5年以上有期徒刑	并处罚金	
	走私淫秽物品罪	第152条第1款	以牟利或者传播为目的，走私淫秽的影片、录像带、录音带、图片、书刊或者其他淫秽物品		处3—10年有期徒刑	并处罚金	1. 犯罪主体：自然人和单位，单位犯罪实行双罚制，对单位直接负责的主管人员和其他直接责任人员按照自然人犯罪的条款处罚。 2. 主观方面：系故意犯罪，且需要以牟利或者传播为目的。 3. 犯罪对象：通过文字、声音、形象等形式表现淫秽内容的影碟、音碟、电子出版物等物品。
			情节严重的		处10年以上有期徒刑或者无期徒刑	并处罚金或者没收财产	
			情节较轻的		处3年以下有期徒刑、拘役或者管制	并处罚金	

(续表)

类型	罪名	法条	罪状		主刑	附加刑	辩点速查
特殊型	走私废物罪	第152条第2款	逃避海关监管将境外固体废物、液态废物和气态废物运输进境	情节严重的	处5年以下有期徒刑	并处或者单处罚金	1. 犯罪主体：自然人和单位，单位犯罪实行双罚制，对单位直接负责的主管人员和其他直接责任人员按照自然人犯罪的条款处罚。 2. 犯罪对象：既包括国家禁止进口的废物，也包括国家限制进口的可用作原料的废物。 3. 客观行为：是指将境外废物运输进境，将境内废物运输出境的不构成本罪。
				情节特别严重的	处5年以上有期徒刑	并处罚金	
	走私毒品罪	第347条	参见毒品类犯罪章节相应内容，此不赘述。《刑法修正案（九）》对走私制毒物品罪的量刑作了修订，将最高刑期从原来的10年提高到了15年，对此要特别注意。				
	走私制毒物品罪	第350条					
备注		第155条	下列行为，以走私罪论处，依照本节的有关规定处罚	直接向走私人非法收购国家禁止进口物品的，或者直接向走私人非法收购走私进口的其他货物、物品，数额较大的。			
				在内海、领海、界河、界湖运输、收购、贩卖国家禁止进出口物品的，或者运输、收购、贩卖国家限制进出口货物、物品，数额较大，没有合法证明的。			
		2011年《刑法修正案（八）》废除了走私文物罪，走私贵重金属罪，走私珍贵动物、珍贵动物制品罪的死刑，2015年《刑法修正案（九）》又废除了走私武器、弹药罪，走私核材料罪，走私假币罪的死刑，截至目前，走私类犯罪仅走私毒品罪还存在死刑的规定。与此同时，《刑法修正案（九）》还提高了走私制毒物品罪的量刑标准，加大了对毒品犯罪的打击。					

第二节 辩点整理

辩点9-1：走私主体	辩点9-2：主观方面	辩点9-3：走私行为
辩点9-4：走私对象	辩点9-5：量刑标准	辩点9-6：犯罪形态
辩点9-7：共同犯罪	辩点9-8：单位自首	辩点9-9：一罪数罪

辩点9-1：走私主体

(一) 单位犯罪主体

根据我国刑法的规定，单位和个人均可以构成本章所规定的犯罪。单位犯本章之罪的，对单位判处罚金，并按照相关规定追究直接负责的主管人员和其他直接责任人员的刑事责任，实行双罚制。

从辩护的角度而言，认定为单位犯罪还是自然人犯罪，可能会直接影响对行为人的量刑，尤其是走私普通货物、物品罪，单位成为本罪主体的情形较多，一旦认定为单位犯罪，对单位判处了罚金，对直接负责的主管人员和其他直接责任人员就不再判处财产刑。而且除法条规定的差异外，从经验的角度而言，单位构成走私犯罪和自然人构成走私犯罪，对前者单位中的自然人的处罚往往轻于后者自然人的处罚，所以实践中辩护人经常会将是否构成单位犯罪作为这类犯罪的辩护要点之一。对于本章规定的走私类犯罪，最高人民法院、最高人民检察院、海关总署于2002年7月8日发布的《关于办理走私刑事案件适用法律若干问题的意见》还针对单位走私犯罪的相关问题作了比较详细的规定，辩护人在运用这些辩护点时要重视其中的内容。

1. 关于单位走私犯罪的认定

司法实践中，有的当事人希望案件认定为单位犯罪从而减轻个人的刑事责任，有的当事人希望案件认定为个人犯罪从而不影响单位的正常运行，委托目标不同，辩护策略自然也不同。但作为辩护人，应当熟练掌握单位犯罪认定的标准，才能制订可行的辩护策略，做到心中有数。

一般来说，具备下列特征的，可以认定为单位犯罪：(1) 以单位的名义实施走私犯罪，即由单位集体研究决定，或者由单位的负责人或者被授权的其他人员决定、同意；(2) 为单位谋取不正当利益或者违法所得大部分归单位所有。

但如果具有下列情形之一的，则不能认定为单位犯罪：(1) 个人就是为了进行走私活动而设立公司、企业或者事业单位，并以单位名义实施走私犯罪，且违法所得全部或者大部分归单位所有的；(2) 个人设立公司、企业、事业单位后，以实施走私犯罪为主要活动的，单位是否以实施走私犯罪为主要活动，应根据单位实施走私行为的次数、频度、持续时间，单位进行合法经营的状况等因素综合考虑认定；(3) 利用单位名义进行走私活动，违法所得归个人所有的。

案例 9-1

2007年1月至2008年7月间,被告人林某纠集江某、陈某等人,以 A 公司名义,先后委托进出口公司从境外进口柴油、汽油等成品油。其为了使进口成品油能偷逃税款且不被查扣,支付报酬给李某等人用于疏通海关工作人员。成品油从境外运抵天津港口后,林某指使江某串通进出口商品检验局工作人员出具虚假商检单,然后由陈某用 B 公司、C 公司和 D 公司等单位的名义,委托天津港将油卸入天津港油库。之后,林某指使江某、陈某在海关未批准放行前,使用虚假的海关放行出库单、提货单将油提走,在国内销售,指使李某按照代理合同书等审核、支付购油款,并购买进项增值税发票以抵扣在国内销售油的税款。采用上述方法,共涉及10船成品油,共计20万余吨,价额3亿元,从中偷逃应缴税额9000万元。经查,工商登记显示 A 公司于2005年由林某与其妻兄共同注册,系有限责任公司,但实际上是由林某个人出资、控制,2005年设立时不是为走私而设,但在2005年到2007年期间公司没有开展任何业务,从2007年开始,公司的主要业务是从境外进口涉案的22船成品油。B 公司和 C 公司是以虚假资料骗取的工商登记,D 公司是未经工商登记的虚构公司。

在庭审过程中,被告人林某辩解其是公司的董事长,公司经营的利润用于员工福利和公司的扩大发展,其行为是公司行为。辩护人辩称该案是单位走私,犯罪主体是 A、B、C、D 等公司,但该意见未被采纳。法院经审理认为,A 公司虽然是合法注册登记的公司,但成立之后以实施走私犯罪为主要活动,不能以单位论处。B 公司和 C 公司是骗取的工商登记,不属于合法成立的公司,而 D 公司则是未经工商登记的虚构公司,这三家公司都不属于《刑法》第30条所指的公司,不构成单位犯罪,即使这三家公司属于《刑法》第30条所指的公司,也是林某为进行走私而专门设立的公司,也不能以单位犯罪论。此外,本案涉及的走私决定都是由林某基于个人意志作出的,违法所得也全部归林某个人所有,他只是利用了这四家公司的名义,也不能以单位犯罪论处。

2.关于直接负责的主管人员和其他直接责任人员的认定

单位进行走私类犯罪的,除对单位判处罚金外,还要对单位直接负责的主管人员和其他直接责任人员判处刑罚,但除此之外的其他单位人员则不应受到刑事处罚。因此,作为单位中个人的辩护人,还要熟练掌握刑法规定的直接负责的主管人员和其他直接责任人员的认定标准。如果当事人不属于直接负责的主管人员或者其他直接责任人员的范畴,则可以进行无罪辩护;如果当事人属于直接负责的主管人员或者其他直接责任人员的范畴,则应当分清其在单位犯罪中所起的作用和应当承担的责任,进行相应的罪轻辩护。

在单位走私犯罪活动中,根据单位人员所发挥的不同作用,直接负责的主管人员和其他直接责任人员,可以确定为一人,也可以确定为数人。所谓的"直接负责的主管人员",是指在企业事业单位、机关、团体中,对本单位实施走私犯罪起决定作用的、负有组织、决策、指挥责任的领导人员。单位的领导人如果没有参与单位走私的组织、决策、指挥,或者仅是一般参与,并不起决定作用的,则不应对单位的走私罪负刑事责任。所谓的直接责任人员,是指直接实施本单位走私犯罪行为或者虽对单位走私犯罪负有部分组织责任,但对本单位走私犯罪行为不起决定作用,只是具体执行、积极参与的该单位的部门负责人或者一般工作人员。对于受单位领导指派或者奉命而参与实施了一定走私犯罪行为的人员,一般不宜作为直接责任人员追究刑事责任。但对于受单位领导指派而积极参与实施走私犯罪行为的人员,如果其行为在走私犯罪的主要环节起重要作用,则可以认定为直接责任人员。

案例 9-2[①]

2014 年 3 月,肖黎勇与周伟田出资注册成立新星公司,二人分别占股 80%、20%,公司经营范围为加工、销售、维修、出租复印机、打印机等设备。其中,肖黎勇任法定代表人,主要负责招揽客户、机器维修;吴林丽(周伟田妻子)任公司业务主管,主管报关工作;周伟田负责报关报检业务。2014 年 6 月,谢月春在香港特区注册成立诚信公司,经营进口复印机、打印机销售等业务。

自 2015 年 7 月起,新星公司以包税方式并通过低报价格等手段为佛山市康某办公设备有限公司、曾某 3(均另案处理)及诚信公司等单位或个人走私进口旧复印机等货物;谢月春在明知新星公司实施上述走私行为的情况下仍出借公章给新星公司,配合该公司以诚信公司作为销售方制作虚假报关资料。在走私过程中,肖黎勇、吴林丽负责招揽客户,商谈包税进口旧复印机事宜;后由吴林丽根据客户提供的货物清单制作虚假购销合同及报关单证,该虚假资料均以新星公司作为购买方,以诚信公司作为销售商;后由周伟田等人凭此虚假资料向

---

① 案例来源:(2019)粤刑终 1632 号刑事判决书。

海关递单申报进口并负责货物商检。其间,海关对申报价格质疑时,由吴林丽负责与海关进行价格磋商。货物进口后,客户将包税费转账至肖黎勇、陈某平、周伟田等人银行账户,然后将货物拉走在国内销售。新星公司则将收取的部分货款汇至诚信公司,再由诚信公司转账至客户指定的国外供应商账户;差额部分由客户以其他方式付给供应商。

2015年7月至2017年5月,新星公司与诚信公司通过上述方式共为佛山市康某办公设备有限公司等16个单位和个人走私进口旧复印机164柜14323台,经核定偷逃应缴税款计8768051.65元。此外,诚信公司还通过南京田某机电再制造有限公司(另案处理)以低报价格方式走私进口旧复印机4柜,经核定偷逃应缴税款计95501.34元。后一审法院认定新星公司构成走私普通货物罪,三被告人作为单位走私犯罪的主管人员被分别判处12年、11年6个月和10年有期徒刑。

在庭审过程中,肖黎勇及其辩护人认为:肖黎勇只是新星公司名义法人而非实际控制人,新星公司实际在吴林丽和周伟田的控制之下,应认定其为从犯。吴林丽及其辩护人认为:吴林丽仅在公司中从事协助肖黎勇办理报关等日常工作,应认定其为从犯。周伟田及其辩护人认为:其不参与新星公司实际经营管理,仅在肖黎勇授意下偶尔从事报检工作,日常参与事务性工作,不是新星公司单位犯罪的其他直接责任人员,应认定为无罪。

法院经审理认为,现有证据足以证实肖黎勇在新星公司中负责对外招揽客户、与货主商谈包税业务、收取包税款等,一审判决认定其在新星公司单位犯罪中系直接负责的主管人员并无不当;吴林丽系新星公司业务主管,协助肖黎勇招揽客户,与肖黎勇、谢月春共同商定报关价格,负责自行或指挥叶某庭制作虚假报关单证、与海关进行价格磋商以掩护走私行为、支付货款,其在共同犯罪中的地位作用虽不及肖黎勇,但并非次要、辅助,一审判决认定其在单位犯罪中是直接负责的主管人员且系主犯并无不当;周伟田在新星公司占股较少,其根据吴林丽安排负责将虚假资料向海关申报,并负责货物商检,在共同犯罪中具有从属性,地位作用明显小于吴林丽,应认定其系单位犯罪的其他直接责任人员,一审判决认定周伟田是新星公司单位犯罪直接负责的主管人员不当,应予纠正。故二审判决周伟田犯走私普通货物罪,从有期徒刑10年改判为有期徒刑8年。

3. 关于诉讼代表人的确定

在单位走私犯罪案件中,司法机关应当将单位列为犯罪嫌疑单位或者被告单位,并同时确定诉讼代表人参与刑事诉讼。在审判阶段,接到出庭通知的被告单位的诉讼代表人应当出庭应诉。拒不出庭的,人民法院在必要的时候,可以拘传到庭。作为被告单位的辩护人,为了更好地为单位进行辩护,既要了解诉讼代表人确定的原则,也要在庭前与诉讼代表人进行适当的沟通。

(1)单位的法定代表人或者主要负责人能够参加诉讼的,应当以法定代表人或者主要负责人作为单位走私犯罪案件的诉讼代表人参与刑事诉讼。

(2)单位的法定代表人或者主要负责人被依法追究刑事责任或者因其他原因无法参与刑事诉讼的,司法机关应当另行确定单位的其他负责人作为诉讼代表人参与刑事诉讼。

(3)单位走私犯罪后发生分立、合并或者其他资产重组等情况的,应当以承受原单位权利义务的单位法定代表人或者负责人作为诉讼代表人参与刑事诉讼。

(4)直接负责的主管人员和其他直接责任人员均无法归案的,只要单位走私犯罪的事实清楚、证据确实充分,且能够确定诉讼代表人代表单位参与刑事诉讼的,可以先行追究该单位的刑事责任。

(5)单位没有合适人选作为诉讼代表人出庭的,因不具备追究该单位刑事责任的诉讼条件,可按照单位犯罪的条款先行追究单位犯罪中直接负责的主管人员或者其他直接责任人员的刑事责任。人民法院在对单位犯罪中直接负责的主管人员或者直接责任人员进行判决时,对于扣押、冻结的走私货物、物品、违法所得以及属于犯罪单位所有的走私犯罪工具,应当一并判决予以追缴、没收。

对于单位犯罪,直接负责的主管人员或者其他直接责任人员一般也会作为被告人被追究刑事责任,所以实践中确定的诉讼代表人一般并不十分了解单位犯罪的相关细节和情况,所以要了解案件事实方面的问题,辩护人还是要通过会见或者法庭发问,从直接负责的主管人员或者其他直接责任人员切入,但如果被告单位进行的是自然人不能代表单位意志因而不能构成单位犯罪的无罪辩护,辩护人则需要重视对诉讼代表人的会见和辅导,从单位的决策机制、规章制度、章程等角度入手,审查涉案自然人的行为能否代表单位意志。此外,还要审查涉案犯罪所得是否归属于单位,涉案犯罪事实是否以单位名义进行的,等等,这些内容可以由诉讼代表人进行陈述。

4. 关于单位变更后的责任认定

单位实施走私犯罪后,可能发生分立、合并或者其他资产重组的情形,以及被依法注销、宣告破产等情况，辩护人要审查是否存在承受原单位权利义务的单位，并根据司法机关指控的情况制订相应的辩护策略。

(1) 存在承受原单位权利义务的单位的，可以追究单位走私犯罪的刑事责任，但如果原单位名称发生更改的，应以原单位(名称)作为被告单位，如果以名称发生变更后的新单位(名称)作为被告单位，辩护人应当提出异议，必要时也可以进行无罪辩护。需要注意的是，如果构成犯罪，人民法院虽然是对原走私单位判处罚金，但还是以承受原单位权利义务的单位作为被执行人。如果罚金超出新单位所承受的财产，可以在执行中予以减除。

(2) 不存在承受原单位权利义务的单位的，司法机关不管是以哪个单位作为被追诉的对象，辩护人对被追诉的单位都可以进行无罪辩护。

(3) 无论承受该单位权利义务的单位是否存在，均可以追究原单位直接负责的主管人员和其他直接责任人员的刑事责任，辩护人不能以没有追究单位的刑事责任，就不能追究直接负责的主管人员和其他直接责任人员的刑事责任作为无罪辩护的理由。

5. 关于不具有法人地位的机构或部门的认定

单位犯罪的主体并不要求必须具有法人地位，根据最高人民法院有关司法解释的规定，不具有法人地位的单位的分支机构或者内设职能部门也可以成为单位犯罪的主体。因此，不具有法人资格的分支机构或内设职能部门，以本机构或者本部门名义实施走私犯罪，违法所得亦归部门所有的，应当以该机构或部门作为单位走私犯罪的主体。

对于分公司、分支机构、内设职能部门或个人以集团(总)公司名义实施走私犯罪，违法所得全部或大部分归集团(总)公司所有的，应当区别如下情形，分别认定：

(1) 分公司、分支机构、内设职能部门或个人以集团(总)公司名义实施的走私犯罪行为，事前经集团(总)公司负责人或被授权的其他人员决定、同意的，违法所得全部或大部分归集团(总)公司所有的，应当认定为集团(总)公司实施的单位犯罪，而非分公司、分支机构、内设职能部门或个人犯罪。

(2) 分公司、分支机构、内设职能部门或者个人擅自以集团(总)公司名义实施走私犯罪行为，集团(总)公司事前不知情，事后亦未予追认甚至明确表示反对的，因部门或个人的行为不能体现集团(总)公司的意志，依照主客观相一致的定罪原则，即使违法所得全部或大部分归集团(总)公司所有，也不应认定集团(总)公司为走私犯罪的主体，而应当认定具体实施走私犯罪行为的相关分公司、分支机构、内设职能部门或者个人为犯罪主体，违法所得归单位所有视为该内设职能部门或个人对违法所得的处置。在量刑时，可以考虑酌情从轻处罚。

(二) 国家工作人员

我国现行《刑法》虽然没有国家工作人员实施本章犯罪的特殊规定，但最高人民检察院《关于认真贯彻全国打击走私工作会议精神依法严厉打击走私犯罪活动的通知》规定了坚决依法查办与走私犯罪活动相关联的职务犯罪案件，要求在打击走私工作中，各级检察机关要坚持把打击走私与反腐败结合起来，对于办理走私案件揭露出来的国家工作人员贪赃枉法、徇私舞弊、玩忽职守等职务犯罪案件线索，不论涉及什么单位、什么人，都要依法一查到底。特别是对于少数国家工作人员利用职权参与走私的犯罪案件，要从严查处。对行政执法人员依法应移交走私犯罪案件而不移交，情节严重的，也要依照刑法的有关规定立案查处。而且根据全国人民代表大会常务委员会《关于惩治走私、制作、贩卖、传播淫秽物品的犯罪分子的决定》和最高人民检察院《关于严格执行全国人大常务委员会〈关于禁毒的决定〉〈关于惩治走私、制作、贩卖、传播淫秽物品的犯罪分子的决定〉的通知》的规定，国家工作人员利用工作职务便利，走私、制作、复制、出版、贩卖、传播淫秽物品的，还要从重处罚。

因此，在司法机关提出因犯罪主体系国家工作人员应从重处罚的走私类犯罪案件中，辩护人应当审查行为人的身份，看其是否具有国家工作人员的身份，审查涉案走私行为是否利用了国家工作人员职务上的便利，审查是否属于法律和司法解释明文规定从重处罚的情形。

(三) 海上运输人

根据《刑法》第155条第(二)项的规定，在内海、领海、界河、界湖运输、收购、贩卖国家禁止进出口物品的，或者运输、收购、贩卖国家限制进出口货物、物品，数额较大，没有合法证明的，以走私罪论处，对实施这些海上走私犯罪行为的运输人、收购人或者贩卖人追究刑事责任。但对运输人，一般追究运输工具的负责人或者主要责任人的刑事责任，对于事先通谋的、集资走私的或者使用特殊的走私运输工具从事走私犯罪活动的，才可以追究其他参与人员的刑事责任。

因此，辩护人在为海上运输人进行辩护时，首先要审查当事人是否运输工具的负责人或者主要责任人，如果不是，继续审查其是否参与事先通谋、集资走私或者使用特殊的走私运输工具从事走私犯罪活动，如果都不是，则可以综合全案情况进行无罪辩护。

(四) 华侨、港澳同胞

国务院、中央军委批转工商行政管理总局等部门《关于加强对华侨、港澳、台湾同胞进口物品管理和打击走私、投机倒把活动的报告》针对华侨、港澳同胞涉嫌走私类犯罪作了特殊规定,辩护人在为这类主体辩护时应当把握好特殊政策的精神并进行综合运用:

(1)华侨、港澳同胞按海关规定带进的各种物品,应作为特殊物品对待,只限于自用或馈赠亲友,不准私自买卖,从中牟利。未经工商行政管理机关发给"经营许可证"的任何单位,都不得擅自经营华侨、港澳同胞携带进口的物品。

(2)对台湾渔民向大陆出售物品要区别对待,区分是否属于正当的民间贸易,对台湾渔民要从宽处理并以教育为主,但对于串通走私倒卖的,要给予打击。

(3)坚决取缔外货黑市交易,严禁金银、外币和"外汇兑换券"私自买卖。对走私、投机倒卖外货案件,海关和工商行政管理部门要认真查处,追根挖窝。非法收入必须追回。对惯犯、要犯和集团首犯,要狠狠打击。

辩点9-2:主观方面

走私类犯罪要求行为人主观上具有逃避海关监管、逃避应缴税款或者逃避国家有关进出境的禁止性管理的故意,个别犯罪还要求行为人主观上具有牟利或者传播的目的。如果不具有犯罪故意或者犯罪目的,则可能无法构成本章规定的犯罪。有些犯罪中,虽然定罪方面不要求具有犯罪目的,但是否具有犯罪目的会直接影响量刑。此外,犯罪动机虽然不影响定罪,但却可以影响量刑。因此,辩护人在代理走私类犯罪案件时,应当重视审查行为人的主观方面,审查是否有犯罪故意,犯罪目的和犯罪动机是什么,然后根据审查的情况确定进行无罪辩护或者罪轻辩护。

(一)犯罪故意

1.走私故意的认定

走私类犯罪是故意犯罪,要求必须具有故意的罪过,即行为人主观上必须知道或者应当知道自己的行为违反国家法律法规,逃避海关监管,偷逃进出境货物、物品的应缴税额,或者逃避国家有关进出境的禁止性管理,并且希望或者放任危害结果发生。但走私的故意又分为概括的故意和非概括的故意,不同的故意,会影响罪名的适用。概括的故意走私犯罪中,行为人虽然不确定具体的走私对象,但是对所走私的整体对象有一个概括性的认识,即都属于逃避海关监管的对象范围,不管实际走私的对象是什么,都没有违背其意志,所以法律规定应当根据实际的走私对象定罪处罚。例如,走私普通货物、物品中还有刑法规定的其他特殊货物、物品,则以实际走私的货物、物品定罪处罚,构成数罪的,则数罪并罚。

但非概括的故意走私犯罪中,行为人主观上知道或者应当知道其跨境运输或者携带的具体的物品是逃避海关监管的行为,即其对走私对象的性质是明知的,比如受他人雇用实施某种对象的走私犯罪,但被他人蒙骗而不知道实际走私的对象,则应当根据其主观上认识的走私对象的性质来定罪处罚。这时辩护人可以提出行为人属于抽象的事实认识错误,如果司法机关按照实际查获的对象定罪处罚,则背离了主客观相统一的原则,属于客观归罪。

案例 9-3

2010 年间,被告人张某为谋取非法利益,勾结境外人员"阿三",预谋将产于我国宁夏、甘肃的国家二级重点保护动物猎隼走私出境。经他人介绍,张某结识了机场从事安检工作的吴某,经商定,由吴某负责为走私猎隼联系订舱、保管以及机场安检时给予放行,并许诺每只 5000 元作为回报。接着,吴某联系上了从事货运代理的李某及在机场当班安检的同事钱某,商定由李某办理订舱、报关事宜,由钱某负责放行,随后将 12 只猎隼走私出境。之后由于钱某不再负责航线的安检工作,吴某、钱某又指使同事祝某利用当班安检之机,先后两次将 20 只猎隼予以放行出境。案发后,张某、吴某、李某、钱某、祝某均被以走私珍贵动物罪提起诉讼。

在庭审过程中,吴某、李某、钱某、祝某均辩称认为放行出境的只是一种鸟,他们不认识猎隼,更不知道这种鸟是珍贵动物,没有走私珍贵动物的故意。法院认为,本案相关证据足以认定被告人吴某、李某、钱某主观上具有走私的故意,又有鉴定报告证实他们走私的确系国家二级保护动物猎隼,就能够认定各被告人的行为构成走私珍贵动物罪,即使他们确实不明知走私的这种鸟是国家明令禁止出口的二级重点保护动物猎隼,但他们已经认识到走私的对象是鸟、鹰等一类的动物,对走私对象有一个模糊的认识范围,而实际走私的对象猎隼也没有超出各被告人对鸟、鹰等动物的认识范围,不管实际走私的是猎隼还是其他珍贵动物,都不会影响各被告人实施走私行为的意志,他们对走私猎隼在主观上是持放任或者容忍的态度,故对走私的具体对象不明确,不影响对他们以走私珍贵动物罪的定罪处罚。对于祝某,事先未参与预谋,是在受同事吴某和钱某的蒙骗和指使下参与的,对走私对象确实存在错误认识,深信放行的只是普通的鸟,对其从轻处罚。

2. 主观明知的认定

(1) 一般走私案件的主观认定。

根据2002年最高人民法院、最高人民检察院、海关总署发布的《关于办理走私刑事案件适用法律若干问题的意见》第5条的规定，走私主观故意中的"明知"是指行为人知道或者应当知道所从事的行为是走私行为。

具有下列情形之一的，可以认定为"明知"，但有证据证明确属被蒙骗的除外：

①逃避海关监管，运输、携带、邮寄国家禁止进出境的货物、物品的；

②用特制的设备或者运输工具走私货物、物品的；

③未经海关同意，在非设关的码头、海（河）岸、陆路边境等地点，运输（驳载）、收购或者贩卖非法进出境货物、物品的；

④提供虚假的合同、发票、证明等商业单证委托他人办理通关手续的；

⑤以明显低于货物正常进（出）口的应缴税额委托他人代理进（出）口业务的；

⑥曾因同一种走私行为受过刑事处罚或者行政处罚的；

⑦其他有证据证明的情形。

换句话说，如果行为人具备以上情形之一，即可认定或者推定其主观上知道或者应当知道其所从事的行为是走私行为。如果行为人认为自己没有走私的故意，是被他人蒙骗导致出现上述情形的，则需要提供证据予以证明。因此，对于具有以上情形，但行为人辩解其对走私行为不具有主观明知的案件，辩护人要审查行为人是否存在被蒙骗的情形，要审查有无证据能够证明行为人确属被蒙骗，如果确实存在被蒙骗的情形，则可以提出不构成犯罪的辩护意见，如果没有证据证明行为人被蒙骗，则应当与行为人进行沟通，分析进行无罪辩护的利与弊，不能单凭行为人自己的辩解就简单地进行无罪辩护。当然，对于相关证据的审查，辩护人可以对侦控方提供的证据进行分析，找寻能够证明行为人系被蒙骗的证据，如共犯的供述或者其他证人证言等，也可以根据行为人提供的线索自行进行调查取证或者申请有关司法机关进行调查取证。

(2) 走私毒品案件的主观认定。

由于毒品走私案件呈现多渠道、国际化、隐蔽化的特点，认定行为人具备走私主观故意中的"明知"，除遵循以上认定原则之外，对具有以下情形之一，且行为人不能作出合理解释的，也可认定或者推定其主观上"应当知道"，但有证据证明其确属被蒙骗的除外：

①执法人员在口岸、机场、车站、港口、邮局和其他检查站点检查时，要求行为人

申报携带、运输、寄递的物品和其他疑似毒品物,并告知其法律责任,而行为人未如实申报,在其携带、运输、寄递的物品中查获毒品的;

②以伪报、藏匿、伪装等蒙蔽手段逃避海关、边防等检查,在其携带、运输、寄递的物品中查获毒品的;

③执法人员检查时,有逃跑、丢弃携带物品或者逃避、抗拒检查等行为,在其携带、藏匿或者丢弃的物品中查获毒品的;

④体内或者贴身隐秘处藏匿毒品的;

⑤为获取不同寻常的高额或者不等值的报酬为他人携带、运输、寄递、收取物品,从中查获毒品的;

⑥采用高度隐蔽的方式携带、运输物品,从中查获毒品的;

⑦采用高度隐蔽的方式交接物品,明显违背合法物品惯常交接方式,从中查获毒品的;

⑧行程路线故意绕开检查站点,在其携带、运输的物品中查获毒品的;

⑨以虚假身份、地址或者其他虚假方式办理托运、寄递手续,在托运、寄递的物品中查获毒品的;

⑩有其他证据足以证明行为人应当知道的。

(3) 走私制毒物品案件的主观认定。

实施走私制毒物品行为,有下列情形之一,且查获了易制毒化学品,结合行为人的供述和其他证据综合审查判断,可以认定其"明知"是制毒物品而走私或者非法买卖,但有证据证明确属被蒙骗的除外:

①改变产品形状、包装或者使用虚假标签、商标等产品标志的;

②以藏匿、夹带、伪装或者其他隐蔽方式运输、携带易制毒化学品逃避检查的;

③抗拒检查或者在检查时丢弃货物逃跑的;

④以伪报、藏匿、伪装等蒙蔽手段逃避海关、边防等检查的;

⑤选择不设海关或者边防检查站的路段绕行出入境的;

⑥以虚假身份、地址或者其他虚假方式办理托运、寄递手续的;

⑦以其他方法隐瞒真相,逃避对易制毒化学品依法监管的。

(4) 团伙走私案件的主观认定。

走私类犯罪涉及环节众多,通常需要多人分工配合协作才能完成,所以团伙犯罪较为常见。但在团伙走私案件中,不同的人员所起的作用和所处的地位是不同的,通过走私主要的受益方一般是老板,他们往往很难独立完成走私,需要借助其他人员提供帮助或者便利,比如与海关人员内外勾结。而例如实际携带货物通关的人,这些人员经常以"老板没有告诉是走私"或"只是打工,不知道老板是否走私"为由进行辩解,否认其明知走私。对于这些辩解,司法机关工作人员通常会综合行为人的职业经历、参与走私活动的次数、在走私活动中的地位和作用、获取的报酬、抓获时的表现及是否曾因走私活动受过行政处罚等情形予以认定。辩护人如果要否认行为人主观上明知,也要通过以上各个方面进行分析,以说服裁判者不认定行为人主观上具有明知。

(5)加工贸易案件的主观认定。

在加工贸易中,回购是加工贸易企业将进口指标提供给他人,在对方用其指标进口料件后,加工贸易企业向其回购(部分或全部进口货物)的情况。对于存在回购情形的加工贸易企业提供指标的行为是否有走私的主观故意,应综合考虑以下情形予以认定:

①提供指标者是否收取指标费;

②提供指标者是否有假出口情形;

③是否有在生产中用国内料件顶替生产情形;

④是否有报高单耗情形;

⑤提供指标的数量和回购数量的比例;

⑥使用指标是否有内销情形;

⑦言词证据反映提供指标时的动机、目的。

案例9-4

被告人Jack是泰国人,将14根象牙放在行李箱内选择无申报通道通关进入中国境内,未向我国海关申报任何物品。被中国海关抓捕后,被告人Jack辩称不知道自身携带象牙进入中国国境的行为违反了中国的法律规定,其主观上并没有走私的犯罪故意。法院经审理查明,被告人Jack在本案被查获象牙之前曾先后四次从我国广州入境,"入境旅客行李申报表"明确将动植物及其产品列入申报范围,填表须知中亦载明"禁止进境物品"中包括"动物产品",被告人Jack曾先后多次入境我国,其对上述行李申报规定应当是清楚的,但其却将14根象牙放在行李箱内选择无申报通道通关进入中国境内,未向海关申报任何物品,故认定其具有逃避海关监管的主观故意。

(二)犯罪目的

本章规定的走私类犯罪均要求行为人在主观上具有犯罪的故意,过失不能构成本章规定的犯罪。除此之外,本章还有一些犯罪要求行为人必须同时具有牟利或者传播的目的,如走私淫秽物品罪,行为人虽然有走私的故意,但如果不是以牟利或者传播为目的,例如以人体研究为目的而走私淫秽物品的,则不构成走私淫秽物品罪。因此,对于特定案件的辩护,辩护人除要审查行为人的犯罪故意外,还要审查其犯罪的主观目的,将其作为辩护的一个切入点,因为是否具备某些犯罪目的,也会影响案件的定罪或者量刑。

1. 牟利目的

牟利是指行为人主观上是为了谋取非法利益。辩护人在代理某些特殊的案件时,要审查行为人是否以牟利为目的,因为这不仅影响量刑,还可能影响犯罪是否成立。所以,辩护人要熟练掌握相关的法律规定或者司法解释的规定,以便制订合理的辩护方案。

(1)对于走私淫秽物品罪而言,要求行为人走私淫秽物品必须以牟利或者传播为目的,这两种目的只要具备其中一个即可,如果行为人走私淫秽物品既无牟利目的也无传播目的,那么辩护人可以考虑进行不构成走私淫秽物品罪的无罪辩护或者改变定性的罪轻辩护。

(2)对于走私普通货物、物品罪,行为方式包括未经海关许可并且未补缴应缴税额,擅自将保税货物或者特定减税、免税进口的货物、物品在境内销售,但这种行为要构成走私普通货物、物品罪,必须以牟利为目的,如果不以牟利为目的,辩护人可以考虑进行不构成走私普通货物、物品罪的无罪辩护。

(3)对于走私珍贵动物制品罪,虽然没有将牟利目的作为构罪要件,但行为人如果不是以牟利为目的,只是为留作纪念而走私珍贵动物制品进境,数额不满10万元的,辩护人可以提出免予刑事处罚的辩护意见;如果情节显著轻微的,还可以提出不作为犯罪处理的辩护意见,这些都是有法律依据的。

(4)对于走私经鉴定为枪支的仿真枪而被指控构成走私武器罪的案件,辩护人很难进行定罪上的辩护,但可以审查行为人的主观目的,如果行为人不以牟利为目的或者不以从事违法犯罪活动为目的,例如是为了个人珍藏,且无其他严重情节的,辩护人可以提出依法从轻处罚的辩护意见;如果情节轻微不需要判处刑罚的,还可以提出免予刑事处罚的辩护意见,这些也都是有法律依据的。

需要注意的是,以牟利目的为构成要件的走私类犯罪中,行为人实际获利与否或者获利多少并不影响对其的定罪,只要其主观上为了谋取非法利益即可,辩护人不能以行为人没有谋取到利益或者谋取到的利益很少作为无罪抗辩的理由。

> **案例9-5**①
>
> 　　2010年7月,被告人周某某先后从上海制造有限公司购进500箱壮阳皂;2012年2月至3月,周某某从广东省广州市李含旭(已判刑)处购进价值180余万元的性药共计300余件。2012年3月29日,被告人周某某将从其他公司和个人购进的性药、18箱壮阳皂,以玻璃杯、塑料针织袋等货物名义,委托倪某向浙江省义乌市海关办理出口至非洲多哥共和国洛美市的报关手续。同月31日,上述货物被义乌海关现场查获。经鉴定,该批性药、壮阳皂的外包装及说明书上印制的共计60.6352万张图片均属淫秽图片。后法院以被告人周某某犯走私淫秽物品罪,判处有期徒刑12年6个月,并处罚金20万元。
> 　　在二审过程中,辩护人提出周某某主观上不具有走私淫秽图片牟利的目的,在案证据不足以证实货物包装物属于淫秽物品,认为其行为构成生产销售假药罪,在销售之前即被查扣,系犯罪未遂,且未造成损害后果,原判定有误,要求二审撤销原判。后浙江省公安厅对涉案的部分壮阳茶外包装盒上印制的图片进行了重新鉴定,认为外包装及说明书上印制的图片中虽然有暴露女性乳房、反映性交姿势、性爱抚摸等情形的图片,但系壮阳茶这一特殊物品的外包装,所起作用可视为对产品功能的辅助介绍,不应认定为淫秽物品。法院认为被告人周某某明知其上家生产、销售的性药没有国家批文、许可证,系假药,仍大量低价购进,并将假性药假冒玻璃杯、塑料针织袋等货物向海关申报出境销售,鉴于在案证据尚不能证实其走私壮阳皂、壮阳茶的实际数量、价值以及偷逃应缴税额等情况,故对其走私行为不作刑法上的评价,但其非法销售假药的行为已构成犯罪,依法应以销售假药罪定罪处罚。故改判周某某犯销售假药罪,判处有期徒刑7年,并处罚金20万元。

2. 传播目的

　　不以牟利为目的,而是以传播为目的走私淫秽物品的,也可以构成走私淫秽物品罪。所谓以传播为目的,是指行为人走私淫秽物品是为了在社会上进行扩散。行

---

① 案例来源:(2014)浙刑二终字第17号刑事判决书。

为人传播的目的是否最终实现,不影响本罪的成立,但如果行为人确实没有牟利或者传播的目的,只是为了个人使用,夹带少量淫秽物品出入境,即使其走私淫秽物品出于故意,也不构成走私淫秽物品罪。

(三) 犯罪动机

一般来说,基于什么动机实施犯罪,一般都不影响定罪,也不是法定的量刑情节,但司法实践中,好的动机或者善的动机,还是可能会影响量刑的,所以辩护人也不能放弃这个辩点,审查行为人的动机,可以说服裁判者在量刑上酌定予以从轻。比如出于个人爱好或者治病救人等动机而走私相关物品的,辩护人可以提出社会危害性小,可以从轻处罚的辩护意见。

辩点 9-3:走私行为

本章规定的走私类犯罪中,虽然罗列了 12 个罪名,各个罪名对应的行为对象各不相同,但它们在客观方面都体现为走私行为,这是走私类犯罪区别于其他类犯罪的一个显著特征。因此,辩护人在代理这类案件时,首先需要了解什么是"走私行为",走私行为包括哪些情形,行为人是否实施了走私行为。如果当事人没有实施走私行为,就不可能构成本章规定的任何走私类犯罪,辩护人可以考虑进行无罪辩护。

一般来说,所谓"走私",是指违反海关法规,逃避海关监管,偷逃进出境货物、物品的应缴税额,或者逃避国家有关进出境的禁止性管理的行为。实施前一种行为,一般构成普通型走私类犯罪;实施后一种行为,一般构成特殊型走私类犯罪。如果实施后一种行为,同时又偷逃应缴税额的,则依照处罚较重的规定定罪处罚。此外,司法实践中的走私行为表现出来的形式多种多样,纷繁复杂,辩护人既要掌握理论上的概念,还要掌握实践中的状况,尤其是那些法律拟制的行为,这样辩护人才能综合各方面的情况提出较优的辩护方案。

(一) 通关走私行为

通关走私行为是最常见的一种走私行为,即通过设立海关的进出口口岸,以隐蔽的方式逃避海关监管。根据海关法律法规的规定,进出境的货物、物品和运输工具必须接受海关监管,因此,要想在通关环节逃避海关监管,达到走私的目的,一般会采用伪报、藏匿、蒙混和闯关等隐蔽而不被海关察觉的方法进行。

(1) 伪报:是指表面上接受海关监管,但隐瞒真实情况向海关进行申报。伪报的内容通常有货物和物品的名称、数量、规格、原产地、贸易性质等。

(2)藏匿:是将携运的进出境货物或物品隐藏在一个允许进出境物件的某一个部位,随该物件一同进出境,逃避海关监管。由于藏匿的部位和特点不同,又分为四种形式:一是挖空藏匿,利用物件某个部位的一定的厚度,经过加工挖出一个适当的空位,藏入私货并弥合切口;二是夹藏,利用物件结构的自然空隙藏入物品的方法;三是人体藏匿,利用人体外部和服饰隐藏或绑扎物品的方法;四是特制工具藏匿,利用专门为走私需要并经过专用设备加工而制成的特别物件隐藏走私物品的方法。

(3)蒙混:包括变形蒙混和伪装蒙混两种方式。前者是指利用走私物品的可塑性和延展性,改变物品的原来形象,如把黄金加工变形镀色制成日用器皿。后者是指运用同走私物品体形、色泽相似的物品包装、形状或颜色掩护走私物品进行蒙混。

(4)闯关:是指行为人既不向海关申报,又未藏匿应申报货物或物品,而是利用海关监管某些制度或漏洞,乘机携运进出境的一种方法。闯关走私主要发生在旅客进出境过程中,行为人利用海关红绿色通道制度允许旅客选择绿色无申报通道进出境的便利,将国家应税、禁止或限制的货物、物品携带进出境。

(二)绕关走私行为

绕关走私行为,是指不经过国家开放的进出口口岸和准许进出境的国境、孔道而非法携运应税、禁止和限制货物或物品进出境的行为。采用绕关走私方式的行为人一般都具有一定的客观条件,他们在目的地或沿海设有走私基地,熟悉边境双方的情况,并有一定的社会关系和方便的运输工具。绕关走私在我国常见于陆地边境和海上。从事陆地边境进行绕关走私的人,主要是走私集团、少数边民和合伙结帮者。从事海上绕关走私者,一般都拥有海上运输工具。

(三)后续走私行为

后续走私行为,是指未经海关许可,擅自销售保税货物或特定减免税货物进行牟利的行为。后续走私是海关为适应新的贸易方式,监管由口岸向内陆延伸,在其后续监管中出现的逃避海关监管的行为。后续走私的对象主要是保税货物和特定减免税货物,其共同特征是在未办结海关进出境手续前,不得擅自销售或转让。

根据我国《刑法》第154条的规定,后续走私行为主要是指:(1)未经海关许可并且未补缴应缴税额,擅自将批准进口的来料加工、来件装配、补偿贸易的原材料、零件、制成品、设备等保税货物,在境内销售牟利的;(2)未经海关许可并且未补缴应缴税额,擅自将特定减税、免税进口的货物、物品,在境内销售牟利的。

司法实践中,这类行为的表现方式纷繁复杂,由于加工贸易登记手册、特定减免税批文等涉税单证是海关根据国家法律法规以及有关政策性规定,给予特定企业用于保税货物经营管理和减免税优惠待遇的凭证,所以后续走私行为通常会涉及这些凭证,辩护人应当熟练掌握以下规定:

(1)利用购买的加工贸易登记手册、特定减免税批文等涉税单证进口货物,实质是将一般贸易货物伪报为加工贸易保税货物或者特定减免税货物进口,以达到偷逃应缴税款的目的,应以走私普通货物、物品罪定罪处罚。

(2)与走私分子通谋出售加工贸易登记手册、特定减免税批文等涉税单证,或者在出卖批文后又以提供印章、向海关伪报保税货物、特定减免税货物等方式帮助买方办理进口通关手续的,对卖方以走私罪共犯定罪处罚。

(3)买卖加工贸易登记手册、特定减免税批文等涉税单证情节严重尚未进口货物的,以买卖国家机关公文、证件、印章罪定罪处罚。

(4)在加工贸易经营活动中,以假出口、假结转或者利用虚假单证等方式骗取海关核销,致使保税货物、物品脱离海关监管,造成国家税款流失,情节严重的,以走私普通货物、物品罪定罪处罚。但有证据证明因不可抗力原因导致保税货物脱离海关监管,经营人无法办理正常手续而骗取海关核销的,不认定为走私犯罪。

案例9-6

2011年年底到2012年年初,被告人刘某担任上海A公司法定代表人兼总经理期间,通过他人认识了香港B公司上海办事处的负责人蔡某。双方经洽谈,均有进口涤纶短纤加工复出口的合作意向,决定签订《进出口代理协议》,香港B公司委托上海A公司代理涤纶短纤"进料加工复出口"业务,该协议约定,上海A公司负责代理香港B公司对外商签订进口合同和出口信用证的审证及交单,但不承担任何责任,并按照比例收取代理费,其他事项则均由香港B公司负责。嗣后,上海A公司向上海浦东海关申领了《进料加工登记手册》,经海关审查批准,免税进口涤纶短纤2000吨。2012年1月,上海A公司为摆脱库存量高,来不及加工的困境,在未经海关许可,也未补缴应缴税额的情况下,经总经理刘某同意,以每吨1万元至1.5万元不等的价格将免税进口的2000吨涤纶短纤中的800吨销售给境内三家企业,偷逃应缴税额300万余元。后上海A公司和刘某被公诉机关以走私普通货物罪提起公诉。

> 在庭审过程中,被告人刘某的辩护人辩称,涉案的涤纶短纤属于进料加工,不是来料加工,《刑法》第 154 条第(一)项没有明确规定保税货物包括进料加工的保税货物,按照罪刑法定原则,不应当按照犯罪处理。该辩护意见未被采纳。法院认为,虽然进料加工与来料加工有所区别,不能简单地进行等同,其中,进料的所有权属于境内单位,而来料的所有权则属于境(国)外单位。但它们都是加工贸易的具体形式,在实质上有共同之处,"两头在外",实行保税,未经许可并不缴税额,都不得在境内进行销售。擅自在境内销售进料加工的保税货物,不仅侵害了国家的海关监管制度,给国家税款造成损失,还会造成不公平竞争,扰乱国家社会经济秩序,其危害与擅自在境内销售来料加工的保税货物的行为是完全相同的。何况司法解释也明确规定了经海关批准进口的进料加工的货物属于保税货物。因此,被告单位上海 A 公司及其总经理刘某构成走私普通货物罪。

(四) 变相走私行为

根据我国《刑法》第 155 条的规定,变相走私行为主要包括:(1)直接向走私人非法收购国家禁止进口物品的,或者直接向走私人非法收购走私进口的其他货物、物品,数额较大的;(2)在内海(包括内河的入海口水域)、领海、界河、界湖运输、收购、贩卖国家禁止进出口物品的,或者运输、收购、贩卖国家限制进出口货物、物品,数额较大,没有合法证明的。这两种行为或是在已逃避海关监管、私货已进境销售处理阶段或是在进出关境、逃避海关监管的预备阶段,所以称为变相走私。

辩点 9-4:走私对象

本章共涉及 12 个罪名,客观方面都表现为走私行为,但因为走私对象不同而适用不同的罪名,可见,走私对象是区别此罪与彼罪的关键。因此,在行为人确实存在走私行为的情况下,辩护人要进一步审查走私的对象,进行改变定性的辩护,改变为量刑较轻的罪名。

(一) 走私武器、弹药罪

本罪的行为对象为"武器、弹药"。

(1)种类:根据 2014 年最高人民法院、最高人民检察院《关于办理走私刑事案件适用法律若干问题的解释》第 2 条的规定,"武器、弹药"的种类,参照《中华人民共和国进口税则》及《中华人民共和国禁止进出境物品表》的有关规定确定。

(2)范围:这里的"武器、弹药"包括军用枪支也包括非军用枪支,包括以火药为动力发射枪弹的枪支也包括以压缩气体等非火药为动力发射枪弹的枪支,包括成套枪支散件也包括非成套枪支散件,包括军用子弹也包括非军用子弹,包括气枪铅弹也包括其他子弹,包括各类弹药的弹头也包括各类弹药的弹壳。

需要注意的是,在2014年最高人民法院、最高人民检察院《关于办理走私刑事案件适用法律若干问题的解释》实施之前,军用枪支和非军用枪支、军用子弹和非军用子弹的区分直接影响量刑,甚至罪与非罪。例如:走私1支非军用枪支的,不够立案标准,但走私1支军用枪支的,则可以判处7年以上有期徒刑;走私军用子弹达到10发以上的即可构成犯罪,而走私非军用子弹需要达到100发以上才构成犯罪,如果走私的子弹是军用的且达到100发以上的,则可能被判处无期徒刑。但最高人民法院、最高人民检察院《关于办理走私刑事案件适用法律若干问题的解释》在量刑标准上取消了军用和非军用的区分,而是以火药为动力还是以非火药为动力发射枪弹作为划分。因此,辩护人在代理走私武器、弹药类案件时,应当将区分军用与非军用的辩点转为关注枪支是否以火药为动力发射枪弹。

(3)除外:这里的"武器、弹药"不包括仿真枪、管制刀具和报废或者无法组装并使用的各种弹药的弹头、弹壳。走私以上这些物品,根据不同的情况,适用的罪名也各不相同,辩护人要掌握相关规定,根据司法机关指控的情况,制订合理的辩护方案。

①走私国家禁止或者限制进出口的仿真枪、管制刀具构成犯罪的,以走私国家禁止进出口的货物、物品罪定罪处罚,而不是按照走私普通货物、物品罪定罪处罚。2000年最高人民法院《关于审理走私刑事案件具体应用法律若干问题的解释》已经被2014年最高人民法院、最高人民检察院《关于办理走私刑事案件适用法律若干问题的解释》所废止,辩护人在进行这类案件的辩护时应当注意相关司法解释的变更。当然,如果走私的仿真枪经鉴定为枪支的,仍然可以按走私武器罪定罪处罚。

②走私报废或者无法组装并使用的各种弹药的弹头、弹壳,构成犯罪的,以走私普通货物、物品罪定罪处罚。是否属于"报废或者无法组装并使用"的弹头、弹壳,由国家有关技术部门进行鉴定。

③走私报废或者无法组装并使用的各种弹药的弹头、弹壳,经国家有关技术部门鉴定为废物的,以走私废物罪定罪处罚。

案例 9-7[①]

出于个人兴趣爱好,被告人戴某某于 2012 年 5 月在淘宝网上找到海外代购商程某,指使程某通过提供虚假的收货人身份信息并伪报商品信息,逃避海关监管,以 710 元的价格从国外非法购入气枪铅弹 10 盒 1625 发。后戴某某被法院以走私弹药罪判处有期徒刑 4 年,并处罚金 2 万元。此外,戴某某还犯有非法持有枪支罪。

戴某某上诉辩称,其从境外代购的气枪铅弹并非走私弹药罪中规定的弹药,而且其购买铅弹系出于个人爱好,社会危害性小,没有造成危害后果,原判量刑过重。但法院裁定驳回上诉,维持原判。虽然现有法律规定不能直接判断气枪铅弹是否属于弹药,但根据文义解释,将气枪铅弹解释为弹药没有超出国民预测的可能。而且将气枪铅弹认定为走私弹药罪的犯罪对象,与最高人民法院出台的相关司法解释规定的含义相符。但对其量刑,不能仅根据铅弹数量进行,因为其毕竟有别于一般的非军用子弹,应当结合行为社会危害性和行为人人身危险性进行认定。

(二)走私核材料罪

本罪的行为对象为"核材料"。

所谓核材料,是指可以用来制造核武器的各种材料。核武器是利用原子核反应所放出的能量起杀伤破坏作用的武器,有原子弹、氢弹等,其杀伤破坏力量是毁灭性的,制造也极为复杂和特殊,需要专门的设备和材料。为了维护国家安全和社会公共利益,促进和平利用核能的国际合作,我国制定了《核出口管制条例》,对核出口实行严格的管制,核材料、核设备和反应堆用非核材料都在管制的范围内。但只有核材料才是本罪的行为对象,走私核设备和反应堆用非核材料都不能构成本罪。

根据《核出口管制条例》和《核出口管制清单》,核材料系指源材料和特种可裂变材料。其中:

(1)源材料系指天然铀、贫化铀和钍,呈金属、合金、化合物或浓缩物形态的上述各种材料。但不包括:

①政府确信仅用于非核活动的源材料;

---

① 案例来源:《刑事审判参考》总第 96 集[第 940 号]。

②在 12 个月期间内向某一接受国出口：

A. 少于 500kg 的天然铀；

B. 少于 1000kg 的贫化铀；

C. 少于 1000kg 的钍。

（2）特种可裂变材料系指钚-239、铀-233、含同位素铀-235 或铀-233 或兼含铀-233 和铀-235 其同位素总丰度与铀-238 的丰度比大于自然界中铀-235 与铀-238 的丰度比的铀，以及含有上述物质的任何材料，包括核燃料组件。但不包括：

①钚-238 同位素浓度超过 80%的钚；

②克量或克量以下用作仪器传感元件的特种可裂变材料；

③在一个自然年（1 月 1 日至 12 月 31 日）内向某一接受国出口少于 50 有效克的特种可裂变材料。

（三）走私假币罪

本罪的行为对象为"伪造的货币"。

所谓"伪造"，是指仿照真货币的图案、形状、色彩等特征非法制造假币，冒充真币的行为。所谓"货币"，是指正流通的人民币和境外货币。两者必须同时具备，才属于走私假币罪中的行为对象。如果走私的是变造的货币或者伪造的货币已经不再流通，均不构成走私假币罪。例如，走私民国时期的货币就不能按照走私假币罪定罪处罚。

案例 9-8[①]

2018 年 3 月 27 日，邱某持中国护照从深圳市罗湖口岸出境，经过海关申报台时，未向海关申报，被海关抽查。海关人员在邱某随身携带挎包的钱包内发现有面额为 100 元的疑似美元纸币 41 张，在挎包内一个由黄绸布包裹的牛皮纸信封内发现有面额为 100 元的疑似美元纸币 47 张，共计疑似美元纸币 88 张，总面额 8800 美元，折合人民币 55278.08 元。经中国银行深圳市分行鉴定，该批涉案货币全部为 1934 年版面额 100 美元的假币。一审法院以走私假币罪，判处邱某有期徒刑 7 年，并处罚金 6 万元。

在二审过程中，邱某辩称其携带的 88 张 100 元面值美元券是 1934 年制作的身份纪念币，与美元真钞有明显区别，不可能在市场上作为货币使用，应对其

---

① 案例来源：(2019)粤刑终 614 号刑事裁定书。

宣告无罪。辩护人提出：邱某认为其携带出境的是一种历史凭证，犯意不明显，与其他走私假币犯罪在主观恶性程度上有本质区别，一审量刑过重。法院经审查认为，邱某曾多次出入境，对我国海关关于涉案境外货币的出入境管理法规有明确认知，而以藏匿夹带的方式逃避海关监管，主观上希望将涉案物品走私出境，具有走私的犯罪故意。行为人主观上具有走私犯罪故意，即使对走私的具体对象不明确，也不影响走私犯罪的构成，而应当根据实际的走私对象定罪处罚。故虽邱某对涉案物品来源及用途的供述反复，并声称涉案物品并非伪造货币，均不影响对其行为以走私假币罪定罪处罚，遂驳回上诉，维持原判。

(四) 走私文物罪

本罪的行为对象为"国家禁止出口的文物"。

这里的"国家禁止出口的文物"，是指国家馆藏的一、二、三级珍贵文物和其他国家禁止出口的文物。其他国家禁止出口的文物一般是指因出口会有损国家荣誉，有碍民族团结，或者在政治上有不良影响的文物。对于除珍贵文物和其他国家规定禁止出口的文物以外的一般文物(指公元 1795 年以后的文物)，可以在文物商店出售的文物以及民间个人收藏的文物，则不属于走私文物罪的对象。

对于古生物化石能否成为走私文物的对象，关键要看古生物化石的种类。古生物化石包括植物化石、非脊椎动物化石、脊椎动物化石和古人类化石以及生物活动所形成的遗迹化石。根据《文物保护法》的规定，只有走私具有科学价值的古脊椎动物化石、古人类化石才能以走私文物罪定罪处罚，而走私其他古生物化石，即便这些古生物化石更珍贵，科学研究价值更高，也不能按照走私文物罪定罪处罚。

案例 9-9

被告人山口君，日本人，个体美容师，喜欢收集古玩，经常出入中国。2005年 7 月，被告人在北京市潘家园旧货市场购买了 10 件古生物化石，回日本时将这些化石分装在两个行李箱中，没有申报，在携带两个行李箱从无申报通道出境时被当场查获。经鉴定，被告人携带的古生物化石中有 1 件古脊椎动物化石视同国家三级文物，有 1 件古脊椎动物化石视同国家二级文物，其他 8 件属于一般保护的古生物化石,但科学研究价值很高。后公诉机关指控被告人走私文物共计10件。

在庭审过程中,被告人辩解其并不知道中国有关化石分级的情况,选择无申报通道出境不是出于逃避海关监管的目的,没有走私文物的故意。法院经审理认为,被告人多次出入中国边境,中国法律明确规定,所有出境文物在出境时须向海关申报,中国海关亦在出境通道处明示文物出境须申报,并在须申报物品展示柜中陈列了化石样品,被告人对上述规定和要求应当了解,其携带大量古生物化石选择无申报通道出境,系逃避海关监管,具有走私古生物化石的故意。至于被告人通过何种途径取得化石,其是否明知中国化石分级的情况,均不影响对其走私古生物化石的故意和行为的认定。

辩护人提出古生物化石不是文物,携带古生物化石出境不等于走私文物。法院经审理认为,《文物保护法》第2条第3款明确规定,具有科学价值的古脊椎动物化石和古人类化石同文物一样受国家保护,故走私上述两种化石即属于走私文物。古脊椎动物化石和古人类化石以外的其他古生物化石,即使科学研究价值再高,也不属于文物,走私这些古生物化石不能构成走私文物罪。但这些古生物化石也是国家禁止进出口的,走私这些古生物化石可以按照走私国家禁止进出口的货物、物品罪定罪处罚,但对于一般保护的古生物化石,需要达到10件以上才能达到立案标准。因此,对被告人走私的另外8件古生物化石不应按照犯罪处理。最终,法院采纳了辩护人的部分辩护意见,以走私文物罪,判处被告人有期徒刑5年,并处罚金7万元,附加驱逐出境。

(五) 走私贵重金属罪

本罪的行为对象为"国家禁止出口的黄金、白银和其他贵重金属"。

这里的"其他贵重金属",是指除黄金、白银之外的诸如铂、铱、锇、钌、铑、钛、钯等国家禁止出口的贵重金属。一般的非贵重金属或者虽为贵重金属但尚未为国家禁止出口的,不能构成本罪对象。当然,本罪所指的贵重金属,不仅指其自然本身,还包括含有贵重金属成分的各种制品、工艺品等。

案例 9-10[①]

黄海铭系瑞丽市云恩贵金属投资有限公司法定代表人,黄海锋、俞志高系该公司员工,黄海铭明知他人向境外走私黄金而将黄金售卖给走私者,黄海锋、俞志高明知黄海铭行为的性质而予以协助。2018年3月10日上午,黄海铭从深圳订购的76块金条经航空货运到达芒市机场,黄海锋、俞志高驾驶奥迪轿车提货后返回瑞丽市,黄海铭将其中21块金条交给一个缅甸人。当日中午,黄海铭、黄海锋驾乘藏有黄金的奥迪轿车从瑞丽城区运送黄金前往瑞丽市姐告(关境内海关监管的特定区域)售卖,俞志高受黄海铭安排驾驶电动车在前探路。当日13时许,黄海铭、黄海锋驾车途经瑞丽市姐告大桥东侧时被瑞丽海关公安民警抓获,公安民警当场从二人驾乘的车内查获足金金条55块,净重55千克。当日14时许,余志高到公安机关投案。后一审法院综合黄海锋、俞志高系从犯,俞志高具有自首情节等因素,以走私贵重金属罪,判处被告人黄海铭有期徒刑11年,并处没收个人财产20万元;判处被告人黄海锋有期徒刑5年,并处罚金5万元;判处被告人俞志高有期徒刑1年6个月,并处罚金2万元。

黄海铭上诉称,其主观上不明知姐告是"境内关外",且黄金在国境内交易是合法的,其没有走私黄金的主观故意,其辩护人认为姐告边境贸易区不属于海关特殊监管的区域,黄海铭系在境内交易黄金,不知其行为属于走私行为,黄海铭未申报有合理理由,安排俞志高探路是为了节约时间,不是为了走私。黄海锋上诉提出,其是为了每个月5000元的工资为黄海铭开车的司机,只是听从老板的安排做事,对黄海铭走私黄金卖给缅甸人的行为不知情。其辩护人提出黄金系国家限制出口的货物而非禁止出口的货物,不属于刑法规定的"国家禁止出口"的贵重金属,最高人民法院、最高人民检察院《关于办理走私刑事案件适用法律若干问题的解释》第21条脱离立法原意对此作出扩张解释,应慎重适用;国家已明文取消个人携带黄金及其制品进出境审批,个人携带黄金进出境的行为不属于"进出口货物"的行为,无须人民银行审批;黄海锋的行为不构成走私贵重金属罪。法院经审理认为,黄海铭、黄海锋及俞志高明知他人向境外走私黄金,在关境内海关监管的特定区域逃避监管,将大量黄金从云南姐告边境非贸易区偷运至贸易区售卖给他人向境外走私的行为,已构成走私贵重金属罪,故驳回上诉,维持原判。

---

① 案例来源:(2019)云刑终409号刑事裁定书。

(六) 走私珍贵动物、珍贵动物制品罪

本罪的行为对象为"国家禁止进出口的珍贵动物及其制品"。

这里的"珍贵动物",包括列入《国家重点保护野生动物名录》中的国家一、二级保护野生动物,《濒危野生动植物种国际贸易公约》附录Ⅰ、附录Ⅱ中的野生动物,以及驯养繁殖的上述动物。"珍贵动物制品",是指珍贵野生动物的皮、毛、骨等制成品。虽属于珍贵动物及其制品,但不为国家禁止进出口,即使有走私行为,亦不能构成本罪。

> **案例 9-11**①
>
> 被告人陈泽斌分别于 2019 年 2 月、2019 年 3 月 6 日、2019 年 3 月 9 日通过微信向他人订购了三批从越南走私入境的象牙制品,发货人采用快递包裹的方式送货给被告人陈泽斌,随后被海关缉私分局民警查获,经清点称量,三批疑似象牙制品共重 14.7741 千克。经云南濒科委司法鉴定中心鉴定,送检的 14.7741 千克疑似象牙制品中,有 11.775 千克属于亚洲象或非洲象的象牙制品,亚洲象及非洲象均为《濒危野生动植物国际贸易公约》附录中的物种,涉案象牙制品价值人民币 490628.93 元。
>
> 被告人陈泽斌提出其没有从境外走私任何物品,其购买的是工艺品,不知道是象牙。辩护人也提出非洲象中的很大一部分是限制进出口的物种,不是禁止进出口物种,博茨瓦纳、纳米比亚、南非和津巴布韦象种允许交易,本案没有分清是亚洲象牙制品还是非洲象牙制品。法院经审理认为,根据《濒危野生动植物国际贸易公约》,亚洲象及非洲象均为附录Ⅰ中的物种,其中非洲象博茨瓦纳、纳米比亚、南非和津巴布韦种群被列在附录Ⅱ中,均为保护物种,禁止进出口。而博茨瓦纳、纳米比亚、南非和津巴布韦种群象牙贸易必须是已注册的,并有严格的规定。辩护人提出非洲象大部分是限制进出口的物种,不是禁止进出口的物种的意见不成立。被告人陈泽斌虽然没有直接参与从境外走私,明知所购买的物品是来自越南的走私象牙制品,根据《刑法》第 155 条第(一)项的规定,以走私论处。故以走私珍贵动物制品罪判处被告人陈泽斌有期徒刑 5 年,并处罚金 8 万元。

---

① 案例来源:(2019)桂 06 刑初 102 号刑事判决书。

(七) 走私国家禁止进出口的货物、物品罪

本罪的行为对象为"珍稀植物及其制品等国家禁止进出口的其他货物、物品"。

所谓珍稀植物，是指国家重点保护的原生地天然生长的珍贵植物和原生地天然生长并具有重要经济、科学研究、文化价值的濒危稀有植物。根据《野生植物保护条例》的规定，珍稀植物，分为国家一级保护野生植物和国家二级保护野生植物。所谓珍稀植物制品，是指来源于珍稀植物，经加工出来的制成品，如药材、木材、标本、器具等。除了珍稀植物及其制品，本罪的行为对象还包括国家禁止进出口的其他货物、物品。其与走私普通货物、物品罪的普通货物、物品的区别就在于是否被国家禁止进出口。

需要特别注意的是，本罪为《刑法修正案（七）》所修订，走私的对象增加了国家禁止进出口的其他货物、物品，并将罪名"走私珍稀植物、珍稀植物制品罪"变更为"走私国家禁止进出口的货物、物品罪"。这样的法律变化，可能会直接影响对行为人的定罪和量刑，辩护人在代理这类案件时应当加以重视。

例如，2002年《关于办理走私刑事案件适用法律若干问题的意见》虽然没有被废止，但其第8条关于"走私刑法第一百五十一条、第一百五十二条、第三百四十七条、第三百五十条规定的货物、物品以外的，已被国家明令禁止进出口的货物、物品，例如旧汽车、切割车、侵犯知识产权的货物、来自疫区的动植物及其产品等，应当依照刑法第一百五十三条的规定，以走私普通货物、物品罪追究刑事责任"的规定也应当随着《刑法修正案（七）》的实施而废止。对于走私旧汽车、切割车、侵犯知识产权的货物、来自疫区的动植物及其产品等已被国家明令禁止进出口的货物、物品，应当按照"走私国家禁止进出口的货物、物品罪"定罪处罚，而不应再按照"走私普通货物、物品罪"定罪处罚。最高人民法院、最高人民检察院《关于办理走私刑事案件适用法律若干问题的解释》也已经对其相关的量刑标准作出了明确规定。

(八) 走私淫秽物品罪

本罪的行为对象为"淫秽的影片、录像带、录音带、图片、书刊或者其他淫秽物品"。

所谓的"淫秽物品"，是指具体描绘性行为或者露骨宣传色情的诲淫性的影片、录像带、录音带、图片、书刊或者其他淫秽物品。这里的"其他淫秽物品"，是指除淫秽的影片、录像带、录音带、图片、书刊以外的，通过文字、声音、形象等形式表现淫秽内容的影碟、音碟、电子出版物等物品，也包括视频文件、音频文件、短信息等互联网、移动通讯终端电子信息和声讯台语音信息。

有关人体生理、医学知识的科学著作、电子信息和声讯语音信息不是淫秽物品。

含有色情内容的有艺术价值的文学、艺术作品及电子文学、艺术作品不视为淫秽物品。在案例9-5中，涉案壮阳茶外包装盒上印制的图片虽然有暴露女性乳房、反映性交姿势、性爱抚摸等情形的图片，但系壮阳茶这一特殊物品的外包装，所起作用可视为对产品功能的辅助介绍，最终没有被认定为淫秽物品。

(九) 走私废物罪

本罪的行为对象为"境外固体废物、液态废物和气态废物"。

这里的"废物"包括国家禁止进口的废物以及国家限制进口的可用作原料的废物。从废物的形态上可以将废物分为固体废物、液态废物和气态废物；从国家对废物进口的限制程度上可以将废物分为国家禁止进口的废物和国家限制进口的可用作原料的废物；从废物的危险程度上可以将废物分为危险性废物和非危险性废物。

这里的废物一般需经国家有关技术部门鉴定，如果报废或者无法组装并使用的各种弹药的弹头、弹壳被鉴定为废物的，也属于本罪的行为对象。

(十) 走私毒品罪

本罪的行为对象是"毒品"。

所谓毒品，是指鸦片、海洛因、甲基苯丙胺(冰毒)、吗啡、大麻、可卡因以及国家规定管制的其他能够使人形成瘾癖的麻醉药品和精神药品。详见本书第十章"毒品类犯罪"的相关内容。

(十一) 走私制毒物品罪

本罪的行为对象是"醋酸酐、乙醚、三氯甲烷或者其他用于制造毒品的原料或者配剂"，具体品种范围按照国家关于易制毒化学品管理的规定确定。详见本书第十章"毒品类犯罪"的相关内容。

(十二) 走私普通货物、物品罪

本罪的行为对象是以上11个罪名规定以外的货物、物品。

1. 关于"货物"与"物品"

本罪属于选择性罪名，由于海关核税部门对入境"货物"和"物品"采用不同的计税方法征收税款(物品的税率一般低于货物的税率)，故同一走私对象因定性不同必然导致核定的偷逃税额不一致，从而影响定罪和量刑。因此，辩护人在代理走私类犯罪案件时，即使已经确定了行为人走私的对象不是前面11个犯罪的行为对象，还应当进一步区分是"货物"还是"物品"。

依照《海关行政处罚实施条例》第64条的规定，区分货物和物品应当以是否"自用"为标准,即"物品"是指个人运输、携带进出境的行李、邮寄进出境的财物,包括货币、金银等。对于超出自用的合理数量的财物,应当视为"货物"。"自用",指供旅客或者收件人本人使用或用于馈赠亲友。"合理数量",指海关依照旅客或者收件人的情况、旅行目的和居留时间所确定的正常数量。相应的,"货物"系指上述"物品"以外的,行为人用于生产、经营或出租、出售的财物。

2.关于"保税货物"及"减税、免税进口的货物、物品"

根据《刑法》第154条的规定,未经海关许可并且未补缴应缴税额,擅自将批准进口的来料加工、来件装配、补偿贸易的原材料、零件、制成品、设备等保税货物或者擅自将特定减税、免税进口的货物、物品,在境内销售牟利的,以走私普通货物、物品罪定罪处罚。根据最高人民法院、最高人民检察院《关于办理走私刑事案件适用法律若干问题的解释》第19条的规定,这里的"保税货物",是指经海关批准,未办理纳税手续进境,在境内储存、加工、装配后应予复运出境的货物,包括通过加工贸易、补偿贸易等方式进口的货物,以及在保税仓库、保税工厂、保税区或者免税商店内等储存、加工、寄售的货物。

辩点9-5:量刑标准

对于走私类犯罪的量刑标准,我国出台了相关的司法解释,辩护人应当综合全案证据确定走私事实,审查对行为人应当适用的量刑档次。现行有效的量刑标准集中在2014年9月10日实施的最高人民法院、最高人民检察院《关于办理走私刑事案件适用法律若干问题的解释》中,之前最高人民法院发布的《关于审理走私刑事案件具体应用法律若干问题的解释》和《关于审理走私刑事案件具体应用法律若干问题的解释(二)》均已废止,辩护人在进行量刑辩护时应当掌握最新的司法解释的规定。

(一)走私武器、弹药罪

罪名	量刑档次	量刑标准
走私武器、弹药罪	情节较轻,处3—7年有期徒刑,并处罚金	(1)走私以压缩气体等非火药为动力发射枪弹的枪支2支以上不满5支的; (2)走私气枪铅弹500发以上不满2500发,或者其他子弹10发以上不满50发的; (3)未达到上述数量标准,但属于犯罪集团的首要分子,使用特种车辆从事走私活动,或者走私的武器、弹药被用于实施犯罪等情形的; (4)走私各种口径在60毫米以下常规炮弹、手榴弹或者枪榴弹等分别或者合计不满5枚的。

(续表)

罪名	量刑档次	量刑标准
走私武器、弹药罪	处7年以上有期徒刑,并处罚金或者没收财产	(1)走私以火药为动力发射枪弹的枪支1支,或者以压缩气体等非火药为动力发射枪弹的枪支5支以上不满10支的; (2)走私气枪铅弹2500发以上不满12500发,或者其他子弹50发以上不满250发的; (3)走私各种口径在60毫米以下常规炮弹、手榴弹或者枪榴弹等分别或者合计达到5枚以上不满10枚,或者各种口径超过60毫米以上常规炮弹合计不满5枚的; (4)走私武器、弹药达到"情节较轻"的数量标准,且属于犯罪集团的首要分子,使用特种车辆从事走私活动,或者走私的武器、弹药被用于实施犯罪等情形的。
	情节特别严重,处无期徒刑,并处没收财产	(1)走私以火药为动力发射枪弹的枪支超过1支,或者以压缩气体等非火药为动力发射枪弹的枪支超过10支的; (2)走私气枪铅弹超过12500发,或者其他子弹超过250发的; (3)走私各种口径在60毫米以下常规炮弹、手榴弹或者枪榴弹等分别或者合计超过10枚,或者走私各种口径超过60毫米以上常规炮弹合计超过5枚的,或者走私具有巨大杀伤力的非常规炮弹1枚以上的; (4)走私武器、弹药达到判处7年以上有期徒刑规定的数量标准,且属于犯罪集团的首要分子,使用特种车辆从事走私活动,或者走私的武器、弹药被用于实施犯罪等情形的。

走私武器、弹药罪的量刑标准见上表,辩护人在进行量刑辩护时还要注意以下八个方面:

(1)枪支和子弹是军用还是非军用,不再直接影响定罪和量刑,但要重点审查枪支是以火药为动力发射枪弹还是以压缩气体等非火药为动力发射枪弹,子弹是气枪铅弹还是其他子弹,这些区分会直接影响定罪和量刑。

(2)走私上述表格以外的其他武器、弹药的,参照各款规定的量刑标准处罚。

(3)走私成套枪支散件的,以走私相应数量的枪支计;走私非成套枪支散件的,以每30件为1套枪支散件计。

(4)走私各种弹药的弹头、弹壳的具体的定罪量刑标准,按照各种弹药的定罪量刑数量标准的5倍执行。

(5)走私国家禁止或者限制进出口的仿真枪、管制刀具,按照走私国家禁止进出口的货物、物品罪的定罪量刑标准执行,若走私的仿真枪经鉴定为枪支的,仍以走私武器罪定罪处罚。但不以牟利或者从事违法犯罪活动为目的,且无其他严重情节的,可以依法从轻处罚;情节轻微不需要判处刑罚的,可以免予刑事处罚。

(6)属于犯罪集团的首要分子,使用特种车辆从事走私活动,或者走私的武器、弹药被用于实施犯罪属于加重处罚的情节。

(7)《刑法修正案(九)》已经废除了本罪的死刑。

(8)单位犯本罪的,依照表格中的标准定罪处罚。

(二)走私核材料罪

《刑法修正案(九)》已经废除了本罪的死刑,但目前尚未有司法解释对走私核材料罪的量刑标准作出明确规定,辩护人可以查找相关判例并根据案件的具体情节予以把握并进行辩护。

(三)走私假币罪

罪名	量刑档次	量刑标准
走私假币罪	情节较轻,处3—7年有期徒刑,并处罚金	走私数额在2000元以上不满2万元,或者数量在200张(枚)以上不满2000张(枚)的。
	处7年以上有期徒刑,并处罚金或者没收财产	(1)走私数额在2万元以上不满20万元,或者数量在2000张(枚)以上不满2万张(枚)的; (2)走私数额或者数量达到"情节较轻"规定的标准,且具有走私的伪造货币流入市场等情节的。
	情节特别严重处无期徒刑,并处没收财产	(1)走私数额在20万元以上,或者数量在2万张(枚)以上的; (2)走私数额或者数量达到判处7年以上有期徒刑规定的标准,且属于犯罪集团的首要分子,使用特种车辆从事走私活动,或者走私的伪造货币流入市场等情形的。

走私假币罪的量刑标准见上表,辩护人在进行量刑辩护时还要注意以下四个方面:

(1)"货币"包括正在流通的人民币和境外货币。

(2)伪造的境外货币数额,折合成人民币计算。

(3)《刑法修正案(九)》已经废除了本罪的死刑。

(4)单位犯本罪的,依照表格中的标准定罪处罚。

(四)走私文物罪

罪名	量刑档次	量刑标准
走私文物罪	情节较轻,处5年以下有期徒刑,并处罚金	走私国家禁止出口的三级文物2件以下的。
	处5—10年有期徒刑,并处罚金	(1)走私国家禁止出口的二级文物不满3件,或者三级文物3件以上不满9件的; (2)走私国家禁止出口的三级文物不满3件,且具有造成文物严重毁损或者无法追回等情节的。
	情节特别严重,处10年以上有期徒刑或者无期徒刑,并处没收财产	(1)走私国家禁止出口的一级文物1件以上,或者二级文物3件以上,或者三级文物9件以上的; (2)走私国家禁止出口的二级文物不满3件,或者三级文物3件以上不满9件,且属于犯罪集团的首要分子,使用特种车辆从事走私活动,或者造成文物严重毁损、无法追回等情形的。

走私文物罪的量刑标准见上表,辩护人在进行量刑辩护时还要注意以下三个方面:

(1)属于犯罪集团的首要分子,使用特种车辆从事走私活动,或者造成文物严重毁损、无法追回系加重情节。

(2)《刑法修正案(八)》废除了本罪的死刑。

(3)单位犯本罪的,依照表格中的标准定罪处罚。

(五)走私贵重金属罪

《刑法修正案(八)》已经废除了本罪的死刑,2014年最高人民法院、最高人民检察院《关于办理走私刑事案件适用法律若干问题的解释》未对走私贵重金属罪的量刑标准作出明确规定。1987年6月28日最高人民法院、最高人民检察院、公安部、司法部发布的《关于严厉打击倒卖走私黄金犯罪活动的通知》曾经规定:非法收购、倒买倒卖、走私黄金数额较大,可视为情节严重的一个重要内容。非法收购、倒买倒卖、走私黄金累计50克以上的,一般可视为数额较大。非法收购、倒买倒卖、走私黄金累计500克以上的,一般可视为数额巨大。非法收购、倒买倒卖、走私黄金累计2000克以上的,一般可视为数额特别巨大。"数额特别巨大"是认定投机倒把、走私黄金罪"情节特别严重"的一个重要内容。在量刑时,要把数额和其他严重情节结合起来认定。对从外地流入产金区进行非法收购、倒买倒卖、走私黄金的犯罪分子更要依法从重惩处。该通知已经失效,辩护人可以查找相关判例并根据案件的具体情节予以把握并进行辩护。

(六)走私珍贵动物、珍贵动物制品罪

罪名	量刑档次	量刑标准
走私珍贵动物、珍贵动物制品罪	情节较轻,处5年以下有期徒刑,并处罚金	(1)走私国家一、二级保护动物未达到2014年最高人民法院、最高人民检察院《关于办理走私刑事案件适用法律若干问题的解释》附表中(一)规定的数量标准; (2)走私珍贵动物制品数额不满20万元的。
	处5—10年有期徒刑,并处罚金	(1)走私国家一、二级保护动物达到2014年最高人民法院、最高人民检察院《关于办理走私刑事案件适用法律若干问题的解释》附表中(一)规定的数量标准的; (2)走私国家一、二级保护动物未达到2014年最高人民法院、最高人民检察院《关于办理走私刑事案件适用法律若干问题的解释》附表中(一)规定的数量标准,但具有造成该珍贵动物死亡或者无法追回等情节的; (3)走私珍贵动物制品数额在20万元以上不满100万元的。
	情节特别严重,处10年以上有期徒刑或者无期徒刑,并处没收财产	(1)走私国家一、二级保护动物达到2014年最高人民法院、最高人民检察院《关于办理走私刑事案件适用法律若干问题的解释》附表中(二)规定的数量标准的; (2)走私国家一、二级保护动物达到2014年最高人民法院、最高人民检察院《关于办理走私刑事案件适用法律若干问题的解释》附表中(一)规定的数量标准,且属于犯罪集团的首要分子,使用特种车辆从事走私活动,或者造成该珍贵动物死亡、无法追回等情形的; (3)走私珍贵动物制品数额在100万元以上的。

走私珍贵动物、珍贵动物制品罪的量刑标准见上表,辩护人在进行量刑辩护时还要注意以下六个方面:

(1)《刑法修正案(八)》废除了本罪的死刑。

(2)单位犯本罪的,依照表格中的标准定罪处罚。

(3)"珍贵动物",包括列入《国家重点保护野生动物名录》中的国家一、二级保护野生动物,《濒危野生动植物种国际贸易公约》附录Ⅰ、附录Ⅱ中的野生动物,以及驯养繁殖的上述动物。

(4)走私2014年最高人民法院、最高人民检察院《关于办理走私刑事案件适用法律若干问题的解释》附表中未规定的珍贵动物的,参照附表中规定的同属或者同科动物的数量标准执行。

(5)走私2014年最高人民法院、最高人民检察院《关于办理走私刑事案件适用法律若干问题的解释》附表中未规定珍贵动物的制品的,按照最高人民法院、最高人民检察院、国家林业局、公安部、海关总署《关于破坏野生动物资源刑事案件中涉及的CITES附录I和附录II所列陆生野生动物制品价值核定问题的通知》的有关规定核定价值。

(6)2014年最高人民法院、最高人民检察院《关于办理走私刑事案件适用法律若干问题的解释》附表如下(删减了对应的拉丁文名):

中文名	级别	(一)	(二)	中文名	级别	(一)	(二)
蜂猴	I	3	4	黑鹿	I	1	2
熊猴	I	2	3	白唇鹿	I	1	2
台湾猴	I	1	2	坡鹿	I	1	2
豚尾猴	I	2	3	梅花鹿	I	2	3
叶猴(所有种)	I	1	2	豚鹿	I	2	3
金丝猴(所有种)	I		1	麋鹿	I	1	2
长臂猿(所有种)	I	1	2	野牛	I	1	2
马来熊	I	2	3	野牦牛	I	2	3
大熊猫	I		1	普氏原羚	I	1	2
紫貂	I	3	4	藏羚	I	2	3
貂熊	I	2	3	高鼻羚羊	I		1
熊狸	I	1	2	扭角羚	I	1	2
云豹	I		1	台湾鬣羚	I	2	3
豹	I		1	赤斑羚	I	2	4
雪豹	I		1	塔尔羊	I	2	4
虎	I		1	北山羊	I	2	4
亚洲象	I		1	河狸	I	1	2
蒙古野驴	I	2	3	短尾信天翁	I	2	4
西藏野驴	I	3	5	白腹军舰鸟	I	2	4
野马	I		1	白鹳	I	2	4
野骆驼	I	1	2	黑鹳	I	2	4
麝鹿	I	2	3	朱鹮	I		1

(续表)

中文名	级别	(一)	(二)	中文名	级别	(一)	(二)
中华沙秋鸭	I	2	3	鸨(所有种)	I	4	6
金雕	I	2	4	遗鸥	I	2	4
白肩雕	I	2	4	四爪陆龟	I	4	8
玉带海雕	I	2	4	蜥鳄	I	2	4
白尾海雕	I	2	3	巨蜥	I	2	4
虎头海雕	I	2	4	蟒	I	2	4
拟兀鹫	I	2	4	扬子鳄	I	1	2
胡兀鹫	I	2	4	中华蚤蠊	I	3	6
细嘴松鸡	I	3	5	金斑喙凤蝶	I	3	6
斑尾榛鸡	I	3	5	短尾猴	II	6	10
雉鹑	I	3	5	猕猴	II	6	10
四川山鹧鸪	I	3	5	藏酋猴	II	6	10
海南山鹧鸪	I	3	5	穿山甲	II	8	16
黑头角雉	I	2	3	豺	II	4	6
红胸角雉	I	2	4	黑熊	II	3	5
灰腹角雉	I	2	3	棕熊(包括马熊)	II	3	5
黄腹角雉	I	2	3	小熊猫	II	3	5
虹雉(所有种)	I	2	4	石貂	II	4	10
褐马鸡	I	2	3	黄喉貂	II	4	10
蓝鹇	I	2	3	斑林狸	II	4	8
黑颈长尾雉	I	2	4	大灵猫	II	3	5
白颈长尾雉	I	2	4	小灵猫	II	4	8
黑长尾雉	I	2	4	草原斑猫	II	4	8
孔雀雉	I	2	3	荒漠猫	II	4	10
绿孔雀	I	2	3	丛林猫	II	4	8
黑颈鹤	I	2	3	猞猁	II	2	3
白头鹤	I	2	3	兔狲	II	3	5
丹顶鹤	I	2	3	金猫	II	4	8
白鹤	I	2	3	渔猫	II	4	8
赤颈鹤	I	1	2	麝(所有种)	II	3	5

(续表)

中文名	级别	(一)	(二)	中文名	级别	(一)	(二)
河麂	II	4	8	黑脸琵鹭	II	4	8
马鹿(含白臀鹿)	II	4	6	红胸黑雁	II	4	8
水鹿	II	3	5	白额雁	II	6	10
驼鹿	II	3	5	天鹅(所有种)	II	6	10
黄羊	II	8	15	鸳鸯	II	6	10
藏原羚	II	4	8	其他鹰类	II	4	8
鹅喉羚	II	4	8	隼科(所有种)	II	6	10
鬣羚	II	3	4	黑琴鸡	II	4	8
斑羚	II	4	8	柳雷鸟	II	4	8
岩羊	II	4	8	岩雷鸟	II	6	10
盘羊	II	3	5	镰翅鸡	II	3	4
海南兔	II	6	10	花尾榛鸡	II	10	20
雪兔	II	6	10	雪鸡(所有种)	II	10	20
塔里木兔	II	20	40	血雉	II	4	6
巨松鼠	II	6	10	红腹角雉	II	4	6
角䴙䴘	II	6	10	藏马鸡	II	4	6
赤颈䴙䴘	II	6	8	蓝马鸡	II	4	10
鹈鹕(所有种)	II	4	8	黑鹇	II	6	8
鲣鸟(所有种)	II	6	10	白鹇	II	6	10
海鸬鹚	II	4	8	原鸡	II	6	8
黑颈鸬鹚	II	4	8	勺鸡	II	6	8
黄嘴白鹭	II	6	10	白冠长尾雉	II	4	6
岩鹭	II	6	20	锦鸡(所有种)	II	4	8
海南虎斑	II	6	10	灰鹤	II	4	8
小苇	II	6	10	沙丘鹤	II	4	8
彩鹳	II	3	4	白枕鹤	II	4	8
白环	II	4	8	蓑羽鹤	II	6	10
黑环	II	4	8	长脚秧鸡	II	6	10
彩环	II	4	8	姬田鸡	II	6	10
白琵鹭	II	4	8	棕背田鸡	II	6	10

(续表)

中文名	级别	(一)	(二)	中文名	级别	(一)	(二)
花田鸡	II	6	10	黑胸蜂虎	II	6	10
铜翅水雉	II	6	10	绿喉蜂虎	II	6	10
小杓鹬	II	8	15	犀鸟科(所有种)	II	4	8
小青脚鹬	II	6	10	白腹黑啄木鸟	II	6	10
灰燕行	II	6	10	阔嘴鸟科(所有种)	II	6	10
小鸥	II	6	10	八色鸫科(所有种)	II	6	10
黑浮鸥	II	6	10	凹甲陆龟	II	6	10
黄嘴河燕鸥	II	6	10	大壁虎	II	10	20
黑嘴端凤头燕鸥	II	4	8	虎纹蛙	II	100	200
黑腹沙鸡	II	4	8	伟铗	II	6	10
绿鸠(所有种)	II	6	8	尖板曦箭蜓	II	6	10
黑颏果鸠	II	6	10	宽纹北箭蜓	II	6	10
皇鸠(所有种)	II	6	10	中华缺翅虫	II	6	10
斑尾林鸽	II	6	10	墨脱缺翅虫	II	6	10
鹃鸠(所有种)	II	6	10	拉步甲	II	6	10
鹦鹉科(所有种)	II	6	10	硕步甲	II	6	10
鸦鹃(所有种)	II	6	10	彩臂金龟(所有种)	II	6	10
号形目(所有种)	II	6	10	叉犀金龟	II	6	10
灰喉针尾雨燕	II	6	10	双尾褐凤蝶	II	6	10
凤头雨燕	II	6	10	三尾褐凤蝶	II	6	10
橙胸咬鹃	II	6	10	中华虎凤蝶	II	6	10
蓝耳翠鸟	II	6	10	阿波罗绢蝶	II	6	10
鹳嘴翠鸟	II	6	10				

(七) 走私国家禁止进出口的货物、物品罪

罪名	量刑档次	量刑标准
走私国家禁止进出口的货物、物品罪	处5年以下有期徒刑或者拘役,并处或者单处罚金	(1)走私国家一级保护野生植物5株以上不满25株,国家二级保护野生植物10株以上不满50株,或者珍稀植物、珍稀植物制品数额在20万元以上不满100万元的; (2)走私重点保护古生物化石或者未命名的古生物化石不满10件,或者一般保护古生物化石10件以上不满50件的;

(续表)

罪名	量刑档次	量刑标准
走私国家禁止进出口的货物、物品罪	处 5 年以下有期徒刑或者拘役，并处或者单处罚金	(3) 走私禁止进出口的有毒物质 1 吨以上不满 5 吨，或者数额在 2 万元以上不满 10 万元的； (4) 走私来自境外疫区的动植物及其产品 5 吨以上不满 25 吨，或者数额在 5 万元以上不满 25 万元的； (5) 走私木炭、硅砂等妨害环境、资源保护的货物、物品 10 吨以上不满 50 吨，或者数额在 10 万元以上不满 50 万元的； (6) 走私旧机动车、切割车、旧机电产品或者其他禁止进出口的货物、物品 20 吨以上不满 100 吨，或者数额在 20 万元以上不满 100 万元的； (7) 数量或者数额未达到上述规定的标准，但属于犯罪集团的首要分子，使用特种车辆从事走私活动，造成环境严重污染，或者引起甲类传染病传播、重大动植物疫情等情形。
	情节严重的，处 5 年以上有期徒刑，并处罚金	(1) 走私国家一级保护野生植物 25 株以上，国家二级保护野生植物 50 株以上，或者珍稀植物、珍稀植物制品数额在 100 万元以上的； (2) 走私重点保护古生物化石或者未命名的古生物化石 10 件以上，或者一般保护古生物化石 50 件以上的； (3) 走私禁止进出口的有毒物质 5 吨以上，或者数额在 10 万元以上的； (4) 走私来自境外疫区的动植物及其产品 25 吨以上，或者数额在 25 万元以上的； (5) 走私木炭、硅砂等妨害环境、资源保护的货物、物品 50 吨以上，或者数额在 50 万元以上的； (6) 走私旧机动车、切割车、旧机电产品或者其他禁止进出口的货物、物品 100 吨以上，或者数额在 100 万元以上的； (7) 达到处 5 年以下有期徒刑的标准，且属于犯罪集团的首要分子，使用特种车辆从事走私活动，造成环境严重污染，或者引起甲类传染病传播、重大动植物疫情等情形。

走私国家禁止进出口的货物、物品罪的量刑标准见上表，辩护人在进行量刑辩护时还要注意以下三个方面：

(1) "珍稀植物"，包括列入《国家重点保护野生植物名录》《国家重点保护野生药材物种名录》《国家珍贵树种名录》中的国家一、二级保护野生植物、国家重点保护的野生药材、珍贵树木，《濒危野生动植物种国际贸易公约》附录Ⅰ、附录Ⅱ中的野生植物，以及人工培育的上述植物。

(2) "古生物化石"，按照《古生物化石保护条例》的规定予以认定。如果走私具有科学价值的古脊椎动物化石、古人类化石的,以走私文物罪定罪处罚。

(3)单位犯本罪的,依照表格中的标准定罪处罚。

(八)走私淫秽物品罪

罪名	量刑档次	量刑标准
走私淫秽物品罪	情节较轻的,处3年以下有期徒刑、拘役或者管制,并处罚金	(1)走私淫秽录像带、影碟50盘(张)以上不满100盘(张)的; (2)走私淫秽录音带、音碟100盘(张)以上不满200盘(张)的; (3)走私淫秽扑克、书刊、画册100副(册)以上不满200副(册)的; (4)走私淫秽照片、画片500张以上不满1000张的; (5)走私其他淫秽物品相当于上述数量的。
	处3—10年有期徒刑,并处罚金	(1)走私淫秽录像带、影碟100盘(张)以上不满500盘(张)的; (2)走私淫秽录音带、音碟200盘(张)以上不满1000盘(张)的; (3)走私淫秽扑克、书刊、画册200副(册)以上不满1000副(册)的; (4)走私淫秽照片、画片1000张以上不满5000张的; (5)走私其他淫秽物品相当于上述数量的。
	情节严重的,处10年以上有期徒刑或者无期徒刑,并处罚金或者没收财产	(1)走私淫秽录像带、影碟500盘(张)以上的; (2)走私淫秽录音带、音碟1000盘(张)以上的; (3)走私淫秽扑克、书刊、画册1000副(册)以上的; (4)走私淫秽照片、画片5000张以上的; (5)走私淫秽物品达到处3年以上10年以下有期徒刑的标准,但属于犯罪集团的首要分子,使用特种车辆从事走私活动等情形的。

走私淫秽物品罪的量刑标准见上表,辩护人在进行量刑辩护时还要注意以下三个方面:

(1)"淫秽物品",是指具体描绘性行为或者露骨宣传色情的诲淫性的影片、录像带、录音带、图片、书刊或者其他淫秽物品。

(2)"其他淫秽物品",是指除淫秽的影片、录像带、录音带、图片、书刊以外的,通过文字、声音、形象等形式表现淫秽内容的影碟、音碟、电子出版物等物品,也包括视频文件、音频文件、短信息等互联网、移动通讯终端电子信息和声讯台语音信息。

(3)单位犯本罪的,依照表格中的标准定罪处罚。

(九) 走私废物罪

罪名	量刑档次	量刑标准
走私废物罪	情节严重的,处5年以下有期徒刑,并处或者单处罚金	(1)走私国家禁止进口的危险性固体废物、液态废物分别或者合计达到1吨以上不满5吨的; (2)走私国家禁止进口的非危险性固体废物、液态废物分别或者合计达到5吨以上不满25吨的; (3)走私国家限制进口的可用作原料的固体废物、液态废物分别或者合计达到20吨以上不满100吨的; (4)未达到上述数量标准,但属于犯罪集团的首要分子,使用特种车辆从事走私活动,或者造成环境严重污染等情形的。
	情节特别严重的,处5年以上有期徒刑,并处罚金	(1)走私国家禁止进口的危险性固体废物、液态废物分别或者合计达到5吨以上的; (2)走私国家禁止进口的非危险性固体废物、液态废物分别或者合计达到25吨以上的; (3)走私国家限制进口的可用作原料的固体废物、液态废物分别或者合计达到100吨以上的; (4)走私废物的数量达到了处5年以下有期徒刑的标准,且属于犯罪集团的首要分子,使用特种车辆从事走私活动,或者造成环境严重污染等情形的; (5)走私废物的数量虽未达到处5年以下有期徒刑的标准,但造成环境严重污染且后果特别严重的。

走私废物罪的量刑标准见上表,辩护人在进行量刑辩护时还要注意以下三个方面:

(1)走私置于容器中的气态废物的,参照以上"情节严重"和"情节特别严重"项下的标准处罚。

(2)国家限制进口的可用作原料的废物的具体种类,按照国家有关部门规定执行。

(3)单位犯本罪的,依照表格中的标准定罪处罚。

(十) 走私毒品罪

详见本书第十章"毒品类犯罪"的相关内容。

(十一) 走私制毒物品罪

详见本书第十章"毒品类犯罪"的相关内容。

(十二) 走私普通货物、物品罪

犯罪主体	量刑档次	量刑标准
个人犯走私普通货物、物品罪	偷逃应缴税额较大或者有其他情节,处3年以下有期徒刑或者拘役,并处罚金	(1)偷逃应缴税额在10万元以上不满50万元的; (2)1年内曾因走私被给予2次行政处罚后又走私的。
个人犯走私普通货物、物品罪	偷逃应缴税额巨大或者有其他严重情节,处3—10年有期徒刑,并处罚金	(1)偷逃应缴税额在50万元以上不满250万元的。 (2)偷逃应缴税额在30万元以上不满50万元,但具有下列情节之一的: ①犯罪集团的首要分子; ②使用特种车辆从事走私活动的; ③为实施走私犯罪,向国家机关工作人员行贿的; ④教唆、利用未成年人、孕妇等特殊人群走私的; ⑤聚众阻挠缉私的。
个人犯走私普通货物、物品罪	偷逃应缴税额特别巨大或者有其他特别严重情节,处10年以上有期徒刑或者无期徒刑,并处罚金或者没收财产	(1)偷逃应缴税额在250万元以上的。 (2)偷逃应缴税额在150万元以上不满250万元,但具有下列情节之一的: ①犯罪集团的首要分子; ②使用特种车辆从事走私活动的; ③为实施走私犯罪,向国家机关工作人员行贿的; ④教唆、利用未成年人、孕妇等特殊人群走私的; ⑤聚众阻挠缉私的。
单位犯走私普通货物、物品罪	对单位判处罚金,并对其直接负责的主管人员和其他直接责任人员,处3年以下有期徒刑或者拘役	偷逃应缴税额在20万元以上不满100万元的。
单位犯走私普通货物、物品罪	情节严重的,处3—10年有期徒刑	偷逃应缴税额在100万元以上不满500万元的。
单位犯走私普通货物、物品罪	情节特别严重的,处10年以上有期徒刑	偷逃应缴税额在500万元以上的。

走私普通货物、物品罪的量刑标准见上表,辩护人在进行量刑辩护时还要注意以下六个方面:

(1)关于"应缴税额"。应缴税额,包括进出口货物、物品应当缴纳的进出口关税和进口环节海关代征税的税额。应缴税额以走私行为实施时的税则、税率、汇率和完税价格计算;多次走私的,以每次走私行为实施时的税则、税率、汇率和完税价格逐票计算;走私行为实施时间不能确定的,以案发时的税则、税率、汇率和完税价格计算。

(2)关于"一年内曾因走私被给予二次行政处罚后又走私"。"一年内曾因走私被给予二次行政处罚后又走私"中的"一年内",以因走私第一次受到行政处罚的生效之日与"又走私"行为实施之日的时间间隔计算确定;"被给予二次行政处罚"的走私行为,包括走私普通货物、物品以及其他货物、物品;"又走私"行为仅指走私普通货物、物品。

(3)关于"对多次走私未经处理的"。《刑法》第153条第3款规定的"多次走私未经处理",包括未经行政处理和刑事处理,不仅限于行政处罚。

(4)关于偷逃应缴税额的核定问题。在办理走私普通货物、物品刑事案件中,对走私行为人涉嫌偷逃应缴税额的核定,应当由走私犯罪案件管辖地的海关出具《涉嫌走私的货物、物品偷逃税款海关核定证明书》(以下简称《核定证明书》)。海关出具的《核定证明书》,经走私犯罪侦查机关、人民检察院、人民法院审查确认,可以作为办案的依据和定罪量刑的证据。

走私犯罪侦查机关、人民检察院和人民法院对《核定证明书》提出异议或者因核定偷逃税额的事实发生变化,认为需要补充核定或者重新核定的,可以要求原出具《核定证明书》的海关补充核定或者重新核定。

走私犯罪嫌疑人、被告人或者辩护人对《核定证明书》有异议,向走私犯罪侦查机关、人民检察院或者人民法院提出重新核定申请的,经走私犯罪侦查机关、人民检察院或者人民法院同意,可以重新核定。重新核定应当另行指派专人进行。

(5)关于伪报价格走私犯罪案件中实际成交价格的认定问题。走私犯罪案件中的伪报价格行为,是指犯罪嫌疑人、被告人在进出口货物、物品时,向海关申报进口或者出口的货物、物品的价格低于或者高于进出口货物的实际成交价格。对实际成交价格的认定,在无法提取真、伪两套合同、发票等单证的情况下,可以根据犯罪嫌疑人、被告人的付汇渠道、资金流向、会计账册、境内外收发货人的真实交易方式,以及其他能够证明进出口货物实际成交价格的证据材料综合认定。

(6)关于出售走私货物已缴纳的增值税应否从走私偷逃应缴税额中扣除的问题。走私犯罪嫌疑人为出售走私货物而开具增值税专用发票并缴纳增值税,是其走私行为既遂后在流通领域获违法所得的一种手段,属于非法开具增值税专用发票。对走私犯罪嫌疑人因出售走私货物而实际缴纳走私货物增值税的,在核定走私货物偷逃应缴税额时,不应当将其已缴纳的增值税额从其走私偷逃应缴税额中扣除。

辩点9-6：犯罪形态

犯罪形态的辩护是所有案件的辩护要点，走私类犯罪案件也不例外。因为犯罪完成形态的犯罪既遂与犯罪未完成形态的犯罪未遂、犯罪预备和犯罪中止在量刑上有很大差异。对于预备犯，可以比照既遂犯从轻、减轻处罚或者免除处罚；对于未遂犯，可以比照既遂犯从轻或者减轻处罚；对于中止犯，没有造成损害的，应当免除处罚，造成损害的，应当减轻处罚。辩护人在代理这类案件时，当然不能忽视这些法定的从轻、减轻甚至免除处罚的情节。

1. 犯罪既遂

最高人民法院、最高人民检察院《关于办理走私刑事案件适用法律若干问题的解释》第23条对走私犯罪的既遂标准作了明确的认定，辩护人应当熟练掌握，并在这个基础上，审查案件是否存在认定为犯罪预备、犯罪未遂或者犯罪中止的辩护空间。

根据上述司法解释的规定，实施走私犯罪，具有下列情形之一的，应当认定为犯罪既遂：

(1) 在海关监管现场被查获的；

(2) 以虚假申报方式走私，申报行为实施完毕的；

(3) 以保税货物或者特定减税、免税进口的货物、物品为对象走私，在境内销售的，或者申请核销行为实施完毕的。

案例9-12

2008年4月，被告人陈某某通过"QQ"网络聊天，决定向在美国的"CuTeBaBe"（QQ名）购买美国"秃鹰"气枪。双方商定以伪报品名、填写假收件人、假收件地址的方式逃避海关监管，将该枪支邮寄入境。同时，陈某某还购买了一个手机卡专门用于收件联络。2008年4月25日，"CuTeBaBe"收到被告人陈某某付给的货款后，从美国将一支口径为4.5毫米的"秃鹰"气枪以玩具的名义邮寄到中国某市给陈某某。陈某某于同年5月3日收到该枪支，并将枪支存放在其办公场所内。之后，被告人陈某某又通过"QQ"网络聊天向"CuTeBaBe"订购口径为5.5毫米的美国"秃鹰"气枪一支及"秃鹰"气枪配件一批，并约定采用相同的方法走私入境。在收到陈某某付给的货款后，"CuTeBaBe"分别于2008

年5月21日、27日，分两次以相同方式从美国将一支口径为5.5毫米的"秃鹰"气枪及气枪配件，以玩具及其配件的名义邮寄给陈某某。同月28日，海关驻邮局办事处关员在快件进出境监管过程中将该口径为5.5毫米的"秃鹰"气枪查获后，即将案件移送海关缉私局侦办。次日，海关缉私局侦查员在快递公司配合下，采取控制下交付的手段在某市抓获前来取货的陈某某。根据陈某某的主动交代，海关缉私局于同日在陈某某的办公场所查获其先前走私入境的口径为4.5毫米的"秃鹰"气枪一支及用于犯罪的电脑主机、手机卡，并于同年6月1日，在海关驻邮局办事处查获该批邮寄入境的气枪配件。经某市公安局鉴定，上述两支枪支均是以气体为动力发射弹丸的制式气枪。后陈某某被人民检察院提起公诉。

本案中，陈某某的辩护人提出陈某某走私本案第二支枪支的行为应属犯罪未遂的辩护意见，法院经审理后认为，走私武器罪系行为犯，应以行为完成与否作为区分犯罪既、未遂的标准。采取邮寄方式实施的走私武器犯罪中，是否犯罪既遂应视武器是否投递完成并报关入境。本案中第二支枪支系由美国邮寄入境后，在通关过程中被查获，故被告人陈某某通过邮寄手段将该枪支由美国走私入境的行为已经实施并完成，应认定为犯罪既遂。但被告人陈某某在实施走私武器犯罪行为的过程中被当场抓获后，能够如实交代司法机关尚未掌握的同种罪行，有较好的认罪悔罪表现，依法应从轻处罚。被告人陈某某归案后能如实供述，且当庭自愿认罪，依法亦可酌情从轻处罚。最终法院认定被告人陈某某犯走私武器罪，判处有期徒刑3年，缓刑3年，并处罚金10万元。

2. 犯罪未遂与犯罪中止

在走私类犯罪案件中，实践中经常出现行为人知道同案犯被抓后而放弃继续走私的情况，行为人和辩护人经常辩解为系犯罪中止，但这样的意见一般不会被法院采纳，主要是混淆了犯罪未遂和犯罪中止。犯罪未遂是已经着手实施犯罪，因行为人意志以外的原因未得逞，而犯罪中止是在犯罪过程中自动放弃犯罪或者自动有效地防止犯罪结果的发生，前者是欲达目的而不能，后者是能达目的而不欲。如果因行为人意志以外的原因导致继续走私难以成功而放弃走私，不能认定为犯罪中止，只能认定为犯罪未遂。

案例 9-13

2017 年上半年,刘某某与郑某(另案处理)商定,由刘某某从日本邮寄烟弹到国内,郑某团伙负责在国内收货,二人共同走私烟弹进境。至 2018 年 4 月,刘某某走私电子烟弹 15991 条,其中已进境的 14311 条烟弹偷逃应缴税额人民币 8245224.78 元,被退运的 1680 条烟弹偷逃应缴税额人民币 917596.66 元。刘某某在 2018 年 4 月因得知郑某被逮捕后召回了很多烟弹,其认为召回烟弹的行为应当认定为犯罪中止。但法院认为走私货物在交付邮政物流公司后,走私行为就已进入实施阶段。刘某某在得知郑某被逮捕后召回了很多烟弹,证明该召回是由于知道同案犯被逮捕后继续走私必难成功,事出于不得已,并非能达目的而不欲,而是欲达目的而不能,即因为不能实现犯罪目的而被迫不继续实施犯罪,故不是犯罪中止,应定性为犯罪未遂。

辩点 9-7:共同犯罪

司法实践中,由于走私通常需要各个环节互相分工和配合,所以共同走私犯罪的现象普遍存在。我国《刑法》对共同犯罪进行了专节规定,规定了共同犯罪的含义以及对组织、领导犯罪集团的首要分子和首要分子以外的主犯还有从犯、胁从犯和教唆犯的处罚原则。但对于共同走私犯罪,《刑法》分则及相关司法解释还专门作出了规定。

(一)共同走私犯罪认定的规定

(1)与走私罪犯通谋,为其提供贷款、资金、账号、发票、证明,或者为其提供运输、保管、邮寄或者其他方便的,以走私罪的共犯论处。(《刑法》第 156 条)

这里的"通谋"是指犯罪行为人之间事先或者事中形成的共同的走私故意。下列情形可以认定为通谋:

①对明知他人从事走私活动而同意为其提供贷款、资金、账号、发票、证明、海关单证,提供运输、保管、邮寄或者其他方便的;

②多次为同一走私犯罪分子的走私行为提供前项帮助的。

(2)明知他人实施走私制毒物品犯罪,而为其运输、储存、代理进出口或者以其他方式提供便利的,以走私制毒物品罪的共犯立案追诉。[最高人民检察院、公安部《关于公安机关管辖的刑事案件立案追诉标准的规定(三)》]

(3)负有特定监管义务的海关工作人员与走私分子通谋,在放纵走私过程中以积极的行为配合走私分子逃避海关监管或者在放纵走私之后分得赃款的,应以共同走私犯罪追究刑事责任。

如果海关工作人员徇私舞弊,利用职权,放任、纵容走私犯罪行为,实施的只是消极的不作为,情节严重的,则可以单独构成放纵走私罪。(最高人民法院、最高人民检察院、海关总署《关于办理走私刑事案件适用法律若干问题的意见》)

(4)对《刑法》第155条第(二)项规定的实施海上走私犯罪行为的运输人、收购人或者贩卖人应当追究刑事责任。对运输人,一般追究运输工具的负责人或者主要责任人的刑事责任,但对于事先通谋的、集资走私的或者使用特殊的走私运输工具从事走私犯罪活动的,可以追究其他参与人员的刑事责任。(最高人民法院、最高人民检察院、海关总署《关于办理走私刑事案件适用法律若干问题的意见》)

(二)单位和个人共同走私的处理

单位和个人共同走私的,单位和个人均应对共同走私所偷逃应缴税额承担刑事责任。一般而言,单位犯罪的起刑点较高,法定刑相对较轻。例如,个人犯走私普通货物、物品罪的,偷逃应缴税额达到10万元以上就可以构成犯罪,而单位则需要达到20万元以上才可以构成犯罪,此外,个人犯罪最高刑是无期徒刑,且要并处财产刑,而单位犯罪中对单位直接负责的主管人员和其他直接责任人员的最高刑为15年有期徒刑,且无须承担财产刑。由于单位犯罪和个人犯罪存在定罪和量刑上的差异,所以在单位和个人共同走私的情况下,应当根据各自在案件中所起的作用,区分不同情况进行处理。2002年最高人民法院、最高人民检察院、海关总署《关于办理走私刑事案件适用法律若干问题的意见》和2011年上海市高级人民法院《刑事法律适用问题解答(二)》对"单位与个人共同走私的处理"有过明确的规定和指导,但由于2014年最高人民法院、最高人民检察院《关于办理走私刑事案件适用法律若干问题的解释》对走私类犯罪的量刑标准作了重大调整,所以上述意见和解答中涉及的"共同走私偷逃应缴税额"应当不再适用,但根据所起的作用并区分不同的情况进行处理的精神仍值得参考。

(1)2011年上海市高级人民法院《刑事法律适用问题解答(二)》关于单位与个人共同走私的处理。

①单位和个人共同走私偷逃应缴税额为5万元以上不满25万元的,如果单位起主要作用,对单位和个人均不追究刑事责任,由海关予以行政处罚;如果个人起主要作用或者个人与单位作用相当,对个人依照刑法有关规定追究刑事责任,对单位

由海关予以行政处罚。

②单位和个人共同走私偷逃应缴税额超过25万元的,以主要实行犯的定罪处罚标准为基点,区分下列三种情况分别处理:

A.单位为主实行走私犯罪,个人起次要或帮助作用的,定罪量刑均应适用单位犯罪的相关规定,以保证主从犯在处刑上的协调性。

B.个人为主实行走私犯罪,单位起次要或帮助作用的,由于犯罪单位无法适用个人犯罪所对应的自由刑或生命刑,且适用单位犯罪的法定刑一般不会加重犯罪单位中承担刑事责任的自然人的刑罚,故应当对犯罪单位和个人分别适用各自对应的法定刑。

C.单位与个人共同出资、共同实施走私行为并按比例分成,难以区分主次作用的,应对犯罪单位和个人分别适用各自相应的法定刑。由于走私罪中单位与自然人各自对应的法定刑相差悬殊,有必要注意犯罪单位中承担刑事责任的自然人与作为共犯的个人在量刑上的平衡,对作为共犯的个人适度从轻处罚。

(2)2002年最高人民法院、最高人民检察院、海关总署《关于办理走私刑事案件适用法律若干问题的意见》关于单位与个人共同走私普通货物、物品案件的处理。

对单位和个人共同走私偷逃应缴税额为5万元以上不满25万元的,应当根据其在案件中所起的作用,区分不同情况做出处理。单位起主要作用的,对单位和个人均不追究刑事责任,由海关予以行政处理;个人起主要作用的,对个人依照刑法有关规定追究刑事责任,对单位由海关予以行政处罚。无法认定单位或个人起主要作用的,对个人和单位分别按个人犯罪和单位犯罪的标准处理。

单位和个人共同走私偷逃应缴税额超过25万元且能区分主、从犯的,应当按照刑法关于主、从犯的有关规定,对从犯从轻、减轻处罚或者免除处罚。

(三)共同走私案件罚金刑的判处

根据2002年《关于办理走私刑事案件适用法律若干问题的意见》第22条的规定,审理共同走私犯罪案件时,对各共同犯罪人判处罚金的总额应掌握在共同走私行为偷逃应缴税额的1倍以上5倍以下。

(四)共同走私犯罪分子的处罚

1.首要分子

根据《刑法》总则的规定,对组织、领导犯罪集团的首要分子,按照集团所犯的全部罪行处罚。走私类犯罪中,犯罪集团的首要分子不但要按照集团所犯的全部罪行处罚,而且还可能成为加重一个量刑幅度处罚的情节,直接影响定罪和量刑。例如,有的走私犯罪,即使数额或者数量没有达到立案标准,但仍然可以追究犯罪集团首要分子的刑事责任;有的走私犯罪,对应走私的数额或者数量,可以追究犯罪集团首要分子上一个量刑档次的刑事责任。因此,辩护人在代理这类案件时,对行为人属于犯罪集团的首要分子还是首要分子以外的主犯,要进行准确界定。此外,还要掌握各类走私犯罪的具体规定。

(1)走私武器、弹药罪:走私武器、弹药没有达到追诉所要求的数量标准,对犯罪集团的首要分子可以判处"三年以上七年以下有期徒刑";走私武器、弹药达到"判处三年以上七年以下有期徒刑"规定的数量标准,对犯罪集团的首要分子可以判处"七年以上有期徒刑";走私武器、弹药没有达到"判处七年以上有期徒刑"规定的数量标准,对犯罪集团的首要分子可以判处"无期徒刑"。

(2)走私假币罪:走私假币的数额或者数量达到"判处七年以上有期徒刑"规定的标准,对犯罪集团的首要分子可以判处"无期徒刑"。

(3)走私文物罪:走私文物的数量达到"判处五年以上十年以下有期徒刑"规定的标准,对犯罪集团的首要分子可以判处"十年以上有期徒刑或者无期徒刑"。

(4)走私珍贵动物、珍贵动物制品罪:走私珍贵动物、珍贵动物制品的数量达到"判处五年以上十年以下有期徒刑"规定的标准,对犯罪集团的首要分子可以判处"十年以上有期徒刑或者无期徒刑"。

(5)走私国家禁止出口的货物、物品罪:走私国家禁止出口的货物、物品的数量或者数额没有达到追诉所要求的标准,对犯罪集团的首要分子可以判处"五年以下有期徒刑";走私国家禁止出口的货物、物品的数量或者数额没有达到"判处五年以下有期徒刑"规定的标准,对犯罪集团的首要分子可以判处"五年以上有期徒刑"。

(6)走私淫秽物品罪:走私淫秽物品达到"处三年以上十年以下有期徒刑"的标准,对犯罪集团的首要分子可以判处"十年以上有期徒刑或者无期徒刑"。

(7)走私废物罪:走私废物没有达到追诉所要求的数量标准,对犯罪集团的首要分子可以判处"五年以下有期徒刑";走私废物达到判处"五年以下有期徒刑"的数量标准,对犯罪集团的首要分子可以判处"五年以上有期徒刑"。

(8)走私普通货物、物品罪:个人走私普通货物、物品,要判处"三年以上十年以下有期徒刑",偷逃应缴税额应在50万元以上不满250万元,但如果是犯罪集团的首要分子,偷逃应缴税额达到30万元以上即可;要判处"十年以上有期徒刑或者无期徒刑",偷逃应缴税额应达到250万元以上,但如果是犯罪集团的首要分子,偷逃应缴税额达到150万元以上即可。

2. 首要分子以外的主犯

根据《刑法》总则的规定，组织、领导犯罪集团进行犯罪活动或者在共同犯罪中起主要作用的，是主犯。对于犯罪集团首要分子以外的主犯，应当按照其参与的或者组织、指挥的全部犯罪处罚。组织、领导犯罪集团的首要分子肯定是主犯，但主犯并不一定都是犯罪集团的首要分子。集团犯罪中，准确界定是组织、领导犯罪集团的首要分子还是首要分子以外的主犯非常重要，直接影响定罪和量刑，详见前面"首要分子"部分的内容。

3. 从犯和胁从犯

根据《刑法》总则的规定，在共同犯罪中起次要或者辅助作用的，是从犯。对于从犯，应当从轻、减轻处罚或者免除处罚。对于被胁迫参加犯罪的，应当按照他的犯罪情节减轻处罚或者免除处罚。共同走私犯罪中，如果能够从当事人所起的作用认定为从犯或者胁从犯，属于法定的从轻、减轻以及免除处罚的情节，可以大幅度减轻对当事人的量刑，是辩护人应当审查的一个重要内容。

4. 教唆犯

根据《刑法》总则的规定，教唆他人犯罪的，应当按照他在共同犯罪中所起的作用处罚。教唆不满18周岁的人犯罪的，应当从重处罚。如果被教唆的人没有犯被教唆的罪，对于教唆犯，可以从轻或者减轻处罚。

除《刑法》总则的规定外，司法解释对走私类犯罪也有更为具体的规定，如最高人民法院、最高人民检察院《关于办理走私刑事案件适用法律若干问题的解释》中规定，个人走私普通货物、物品偷逃应缴税额达到250万元以上的，才可以判处"十年以上有期徒刑或者无期徒刑"，但如果教唆、利用未成年人、孕妇等特殊人群走私的，即使偷逃应缴税额不满250万元，只要达到150万元的，即可判处"十年以上有期徒刑或者无期徒刑"。由此可见，对于走私普通货物、物品罪，不但教唆未成年人走私会被从重处罚，教唆孕妇等其他特殊人群走私，也可能被从重处罚，辩护人在辩护时要特别留意这些特殊规定。

案例 9-14

2007年3月上旬，被告人罗某某受陈某某之托，欲寻找渔船将一箱牌九（即骨牌）从金门运送到厦门，为此找到被告人苏某某帮忙。苏某某将此事告诉严某某后，严某某表示可以找人将货物从金门专船运到厦门，并与罗某某商定运费为人民币 3600 元;罗某某则向陈某某报价为人民币 7200 元。同时,苏某某还让其金门朋友杨某某在金门接转货物。此后,陈某某告诉罗某某牌九中夹藏假人民币,不能让人拆开,并承诺如再将假币从厦门安全运到珠海,即可获得酬劳人民币 2 万元。在货物运抵厦门之前,罗某某也将牌九内夹带假币的事实告诉了苏某某,并答应从报酬中分给苏某某 1 万元。同月 12 日,陈某某将人民币 7500 元汇入罗某某的银行卡内,次日,罗某某将其中 4000 元转入严某某的银行卡内作为运货费用。同月 15 日凌晨,根据严某某的安排,杨某某在金门提货后将货物从金门运到厦门。严某某在交接货物时,发现货物内有假人民币,于是将牌九 13 副及假百元面值人民币 9525 张上交厦门市公安边防支队。后被告人罗某某和苏某某被抓获并以共同犯罪被移送起诉。经中国人民银行厦门市中心支行鉴定,上述 9525 张百元面值 2005 年版人民币均为假币。

本案中,被告人苏某某辩解称其未参与走私共谋,事先也不知道牌九中夹带假币,与罗某某不存在共同走私的故意。法院经查认为,虽然被告人罗某某、苏某某在起初联系船只从金门走私牌九到厦门时,均不知道牌九中夹带假人民币,但在货物尚未从金门运往厦门之前,货主陈某某已将夹带假币的事实告知罗某某,罗某某也将实情告诉了苏某某。故苏某某关于其事先主观上不明知夹带假币,是在事后才知情的辩解,既与罗某某的供述不符,也与其在侦查阶段的供述不符。罗某某、苏某某在货物尚在金门期间均知道其中夹带假币,此时走私假币入境的行为尚未具体实施,但二被告人均未采取积极手段予以阻止,为非法获利 2 万元而放任走私假币行为的发生,并在货物到厦门后共同去取货。综上,苏某某在明知牌九中夹带假币后的行为,可以证实其与罗某某二人在主观上均有走私假币的故意。其辩解意见与事实不符,不予采信。

在庭审过程中,被告人罗某某的辩护人提出罗某某在共同犯罪中起次要作用,应认定为从犯的辩护意见。法院经审理认为,首先,罗某某、苏某某的供述、严某某等人的证言及相关银行转款凭证均能从不同角度证实,涉案假币的货主并非罗某某、苏某某,而是陈某某。其次,罗某某、苏某某并未参与走私假币的前期策划,起初其主观上只是认为在代为联系走私牌九入境的人员、船只;在知道牌九中夹带假币后,始终不清楚假币的数量。最后,罗某某系根据陈某某的委托,再转托苏某某联系、介绍运输人员,其二人均未具体实施运送货物入境的行为,所要牟取的也仅是陈某某许诺的 2 万元报酬。综上,应认定二被告人在共同犯罪中起次要作用,是从犯;罗某某辩护人的辩护意见可以采纳。最终法院认定被告人罗某某犯走私假币罪,判处有期徒刑 11 年,并处没收个人财产人民币 12 万元;被告人苏某某犯走私假币罪,判处有期徒刑 10 年,并处没收个人财产人民币 10 万元。

辩点 9-8:单位自首

自首是规定在我国《刑法》总则中法定的从轻处罚情节,对于自首的犯罪分子,可以从轻或者减轻处罚。其中,犯罪较轻的,可以免除处罚。辩护人在代理走私类犯罪案件时,也要充分考虑行为人是否具有自首情节,进而提出从轻处罚的意见。

本章的所有犯罪,既可以由个人构成,也可以由单位构成。那么对于单位犯罪,是否也可以认定为自首呢?根据最高人民法院、最高人民检察院、海关总署《关于办理走私刑事案件适用法律若干问题的意见》第 21 条"关于单位走私犯罪案件自首的认定问题"的规定,单位走私也可认定自首。

在办理单位走私犯罪案件中,对单位集体决定自首的,或者单位直接负责的主管人员自首的,应当认定为单位自首。认定单位自首后,如实交代主要犯罪事实的单位直接负责的主管人员和其他直接责任人员,可视为自首,但对拒不交代主要犯罪事实或逃避法律追究的人员,不以自首论。

由此可见,单位自首的认定,不但可以对单位从轻、减轻或者免除处罚罚金,还可以对如实交代主要犯罪事实的单位直接负责的主管人员和其他直接责任人员从轻、减轻处罚或者免除处罚。

司法实践中,如何认定走私犯罪单位的自首,关键在于把握自首行为是否出于单位的意志以及自首者能否代表单位意志。一般可按以下三种情况进行认定:

(1)单位走私犯罪中直接负责的主管人员或者经授权的其他直接责任人员自动投案、如实交代单位走私犯罪事实的,应当认定单位自首,并依法对犯罪单位和其中的自然人给予从宽处罚;如果犯罪单位中有的自然人拒不到案或到案后不如实交代罪行的,对该自然人不能认定为自首。

(2)单位走私犯罪中的其他直接责任人员先行投案并如实交代罪行,直接负责的主管人员到案后亦能供述主要犯罪事实的,可以单位自首论;如果直接负责的主管人员拒不到案或到案后不如实交代罪行的,只能认定自动投案的其他直接责任人员成立自首。

(3)没有参与单位犯罪的单位负责人主动投案,参与单位犯罪的有关人员到案后能如实交代单位犯罪事实的,可以单位自首论,并依法对犯罪单位及单位中的自然人给予从宽处罚;如果有的自然人拒不到案或到案后不如实交代罪行的,对其不予认定为自首。

由此可见,在办理单位走私犯罪案件中,单位被认定为具有自首情节,其直接负责的主管人员或者经授权的其他直接责任人员并不必然也被认定为自首,辩护人应当认真审查证据和细节,不要错失这个重要的辩点。

案例 9-15

被告单位某货运代理公司(以下简称"A 公司")是于 2010 年 1 月 20 日成立的有限责任公司,其经营范围是陆路、航空国际货运代理等,丁某担任该公司法定代表人和总经理,负责该公司的经营。为牟取非法利益,被告单位 A 公司在代理上海某有限公司进口机械及配件的过程中,总经理丁某指使公司财务经理张某制作虚假的报关单证,以低报价格的方式,申报进口货物。后海关在稽查时发现报关单证与进口货物不符,电话通知被告单位 A 公司前往说明情况。公司总经理丁某接到电话后,授权公司财务经理张某前往海关如实说明情况。张某抵达海关后如实交代了 A 公司偷逃应缴税款的情况,并明确表示 A 公司愿意补缴所有偷逃税款。在张某的交代下,海关关税部门最终核定被告单位 A 公司共计偷逃应缴税额人民币 20 余万元。丁某被海关抓捕归案后,也如实交代了 A 公司走私普通货物、物品的犯罪事实。

本案中,A 公司财务经理张某在总经理丁某的授权下自动投案,如实交代了 A 公司走私普通货物、物品的犯罪事实,应当认定 A 公司构成自首。财务经理张某作为其他直接责任人员也应视为自首。A 公司总经理丁某虽然未自动投案,系被抓捕归案,但其之前授权张某前往海关说明情况,没有拒不到案的表现,而且其在到案后也如实供述了 A 公司走私的事实,其作为直接负责的主管人员也应认定为自首。

辩点 9-9:一罪数罪

(一)一罪

(1)武装掩护走私的,依照《刑法》第 157 条第 1 款的规定从重处罚。(《刑法》

第 157 条第 1 款)

(2) 对在走私的货物、物品中藏匿《刑法》第 151 条、第 152 条、第 347 条、第 350 条规定的货物、物品,构成犯罪的,以实际走私的货物、物品定罪处罚。(最高人民法院、最高人民检察院《关于办理走私刑事案件适用法律若干问题的解释》)

(3) 未经许可或者租用、借用或者使用购买的他人许可证,出口国家限制进出口的货物、物品,构成犯罪的,以走私国家禁止进出口的货物、物品罪等罪名定罪处罚;偷逃应缴税额,同时又构成走私普通货物、物品罪的,依照处罚较重的规定定罪处罚。

(4) 取得许可,但超过许可数量进出口国家限制进出口的货物、物品,构成犯罪的,以走私普通货物、物品罪定罪处罚。

(二) 数罪

(1) 以暴力、威胁方法抗拒缉私的,以走私罪和《刑法》第 277 条规定的阻碍国家机关工作人员依法执行职务罪,依照数罪并罚的规定处罚。(《刑法》第 157 条第 2 款)

(2) 海关工作人员收受贿赂又放纵走私的,应以受贿罪和放纵走私罪数罪并罚。(最高人民法院、最高人民检察院、海关总署《关于办理走私刑事案件适用法律若干问题的意见》)

(3) 对在走私的货物、物品中藏匿《刑法》第 151 条、第 152 条、第 347 条、第 350 条规定的货物、物品,构成数罪的,实行数罪并罚。(最高人民法院、最高人民检察院《关于办理走私刑事案件适用法律若干问题的解释》)

(4) 单位工作人员在以单位名义实施犯罪的同时又以个人名义实施相同罪名的犯罪,数罪并罚。

针对当事人实施的数个行为,辩护人首先要审查数个行为是否已经被法律或者司法解释规定为一罪或者数罪,如果没有相关的规定,再运用刑法理论中的吸收犯、牵连犯、结果加重犯等规定确定是一罪还是数罪,以制订相应的辩护策略。

案例 9-16

2019 年 7 月,被告人张某找到大连某国际货运公司的业务经理李某,商定由张某在国内收集木炭,然后通过李某出口到韩国。李某与公司总经理刘某商议,以公司名义出口木炭,利润七成归公司,三成归李某。之后李某又联系了负责报关的蔡某进行出口木炭申报通关工作,联系了秦某提供存储、倒箱的场地。此后,张某在国内购买木炭后,运送到大连交给李某,李某即联系蔡某报关并将装有木炭的集装箱运到场站。蔡某利用购买的核销单,将85个集装箱以大连某国际货运公司的名义,伪报品名"泡花碱"等进行报关出口。此外,李某还自己雇用他人接运木炭、装箱及租船订舱,将108个集装箱的木炭运到韩国。但对于109个集装箱木炭出口所获得的利润,李某按照三七的约定与单位进行结算,但单位不从另外108个集装箱木炭出口所得的利润中分得利益。

本案中,被告人李某不但实施了单位犯罪,还实施了个人走私国家禁止进出口的货物犯罪,虽然这两种犯罪罪名相同,但二者的犯罪构成有本质的不同,属于两种犯罪。比如在实施单位犯罪时,李某是以单位的名义租船订舱,体现的是单位的意志,执行的是单位赋予的职责,犯罪所得七成归属于单位;而实施个人犯罪时,是以个人名义租船订舱,体现的是李某个人的意志,而且犯罪所得与单位无关。最终,法院以走私国家禁止进出口的货物罪,分别判处李某有期徒刑10年,并处罚金5万元(单位);有期徒刑10年,并处罚金60万元(个人),决定执行有期徒刑13年,并处罚金65万元。

附:本章相关法律规范性文件①

1. 法律

《中华人民共和国刑法》(2020年修正,法宝引证码:CLI.1.349391)第151—157条、第347、349、350条、第355条第2款、第411条

全国人民代表大会常务委员会《关于惩治走私、制作、贩卖、传播淫秽物品的犯罪分子的决定》(主席令第18号,2009.08.27实施,法宝引证码:CLI.1.167170)

2. 司法解释

最高人民法院、最高人民检察院《关于办理走私刑事案件适用法律若干问题的解释》(法释〔2014〕10号,2014.9.10实施,法宝引证码:CLI.3.233487)

最高人民检察院、公安部《关于公安机关管辖的刑事案件立案追诉标准的规定(三)》(公通字〔2012〕26号,2012.05.16实施,法宝引证码:CLI.4.174728)

最高人民检察院、公安部《关于公安机关管辖的刑事案件立案追诉标准的规定(二)的补充规定》(公通字〔2011〕47号,2011.11.14实施,法宝引证码:CLI.4.

---

① 所列法律规范性文件的详细内容,可登录"北大法宝"引证码查询系统(www.pkulaw.com/fbm),输入所提供的相应的"法宝引证码",免费查询。

162601)

最高人民法院《关于审理走私犯罪案件适用法律有关问题的通知》(法〔2011〕163号,2011.05.01实施,法宝引证码:CLI.3.157655)

最高人民检察院、公安部《关于公安机关管辖的刑事案件立案追诉标准的规定(二)》(公通字〔2010〕23号,2010.05.07实施,法宝引证码:CLI.4.131249)

最高人民检察院、公安部《关于公安机关管辖的刑事案件立案追诉标准的规定(一)》(公通字〔2008〕36号,2008.06.25实施,法宝引证码:CLI.4.109511)

最高人民检察院《关于渎职侵权犯罪案件立案标准的规定》(高检发释字〔2006〕2号,2006.07.26实施,法宝引证码:CLI.3.78161)

最高人民检察院《关于认真贯彻全国打击走私工作会议精神依法严厉打击走私犯罪活动的通知》(2003.08.14实施,法宝引证码:CLI.3.55087)

最高人民法院、最高人民检察院、海关总署《关于办理走私刑事案件适用法律若干问题的意见》(法〔2002〕139号,2002.07.08实施,法宝引证码:CLI.3.44905)

最高人民检察院《关于擅自销售进料加工保税货物的行为法律适用问题的解释》(高检发释字〔2000〕3号,2000.10.16实施,法宝引证码:CLI.3.31460)

最高人民检察院《关于严厉打击走私、骗汇等犯罪活动的通知》(〔1998〕高检办发第90号,1998.10.08实施,法宝引证码:CLI.3.22662)

最高人民检察院《关于严厉打击走私犯罪活动的通知》(高检发〔1996〕12号,1996.04.25实施,法宝引证码:CLI.3.15031)

3. 其他

广东省高级人民法院、广东省人民检察院、海关总署广东分署《加强查办走私犯罪案件工作第八次联席会议纪要》(粤检会字〔2009〕12号,2009.12.08实施,法宝引证码:CLI.13.428838)

广东省高级人民法院、广东省人民检察院、海关总署广东分署《加强查办走私犯罪案件工作第七次联席会议纪要》(粤署缉发〔2008〕46号,2008.02.20实施,法宝引证码:CLI.13.239385)

《中华人民共和国海关计核涉嫌走私的货物、物品偷逃税款暂行办法》(海关总署令第238号,2018.05.01实施,法宝引证码:CLI.4.325156)

国务院、中央军委批转工商行政管理总局等部门《关于加强对华侨、港澳、台湾同胞进口物品管理和打击走私、投机倒把活动的报告》(国发〔1980〕184号,1980.07.17实施,法宝引证码:CLI.7.30940)

第十章 毒品类犯罪

第一节 毒品类犯罪综述

本章将涉及毒品的犯罪概括称为毒品类犯罪,我国《刑法》将其集中规定在分则第六章第七节,共涉及10个罪名。

一、毒品类犯罪分类索引

根据涉及毒品行为方式的不同,我们将毒品类犯罪又分为四个类型,即经营型、消费型、包藏型和持有型。经营型毒品类犯罪包括生产、买卖、运输、种植、携带、走私等行为方式;消费型毒品类犯罪主要涉及的是有关吸毒方面的犯罪;包藏型毒品类犯罪主要涉及的是包庇和藏毒;持有型毒品类犯罪主要涉及的是持有的行为方式。需要注意的是,非法买卖、运输、携带、持有毒品原植物种子、幼苗罪是一个罪名,虽然携带和持有毒品原植物种子、幼苗也是一种持有型毒品类犯罪,但为了不破坏罪名的完整性,便将该罪名放在了经营型毒品类犯罪中。

类型	罪名	法条
1. 经营型	走私、贩卖、运输、制造毒品罪	第347条
	非法生产、买卖、运输制毒物品、走私制毒物品罪	第350条
	非法种植毒品原植物罪	第351条
	非法买卖、运输、携带、持有毒品原植物种子、幼苗罪	第352条
2. 消费型	引诱、教唆、欺骗他人吸毒罪	第353条第1款
	强迫他人吸毒罪	第353条第2款
	容留他人吸毒罪	第354条
	非法提供麻醉药品、精神药品罪	第355条
3. 包藏型	包庇毒品犯罪分子罪,窝藏、转移、隐瞒毒品、毒赃罪	第349条
4. 持有型	非法持有毒品罪	第348条

二、毒品类犯罪《刑法》规定对照表

本书第九章"走私类犯罪"也涉及本章中的走私毒品罪和走私制毒物品罪,但在第九章没有展开,所以在本章对这两个罪名予以阐述。

类型	罪名	法条	罪状	主刑	附加刑	辩点速查
经营型	走私、贩卖、运输、制造毒品罪	第347条	1. 走私、贩卖、运输、制造鸦片1千克以上、海洛因或者甲基苯丙胺50克以上或者其他毒品数量大的； 2. 走私、贩卖、运输、制造毒品集团的首要分子； 3. 武装掩护走私、贩卖、运输、制造毒品的； 4. 以暴力抗拒检查、拘留、逮捕，情节严重的； 5. 参与有组织的国际贩毒活动的。	15年有期徒刑、无期徒刑或者死刑	并处没收财产	1. 犯罪主体：自然人和单位，单位犯罪实行双罚制。 2. 犯罪对象：毒品。不以纯度折算；多次未经处理数量累计计算；同时实施走私、贩卖、运输、制造，不数罪并罚，毒品数量不累计计算。 3. 主观方面：明知。 4. 从轻情节：特情引诱。"犯意引诱"和"数量引诱"应从轻处罚，"双套引诱"应更大幅度地从宽或者免予刑事处罚。 5. 从重情节：利用、教唆未成年人，或向未成年人出售毒品的，从重处罚。 6. 此罪与彼罪：向走私、贩卖毒品的犯罪分子提供成瘾麻醉药品、精神药品的以本罪论处；以牟利为目的，向吸食、注射毒品者提供成瘾麻醉、精神药品的以本罪论处。 7. 量刑标准：参见最高人民法院《关于审理毒品犯罪案件适用法律若干问题的解释》第1—4条。
			走私、贩卖、运输、制造鸦片200克以上不满1千克、海洛因或者甲基苯丙胺10克以上不满50克或者其他毒品数量较大的	7年以上有期徒刑	并处罚金	
			走私、贩卖、运输、制造鸦片不满200克、海洛因或者甲基苯丙胺不满10克或者其他少量毒品的	3年以下有期徒刑、拘役或者管制	并处罚金	
				情节严重，3—7年有期徒刑	并处罚金	

(续表)

类型	罪名	法条	罪状	主刑	附加刑	辩点速查
经营型	非法生产、买卖、运输制毒物品、走私制毒物品罪	第350条	违反国家规定,非法生产、买卖、运输醋酸酐、乙醚、三氯甲烷或者其他用于制造毒品的原料、配剂,或者携带上述物品进出境,情节较重的	3年以下有期徒刑、拘役或者管制	并处罚金	1. 犯罪主体:自然人和单位,单位犯罪实行双罚制。2. 主观方面:详见最高人民法院、最高人民检察院、公安部《关于办理制毒物品犯罪案件适用法律若干问题的意见》第2条。3. 犯罪对象:仅限制造毒品的原料或者配剂,详见《关于办理制毒物品犯罪案件适用法律若干问题的意见》第3条。4. 犯罪行为:《刑法修正案(九)》将非法生产和运输制毒物品的行为也规定为犯罪,不再仅限非法买卖和走私制毒物品的行为。5. 此罪与彼罪:明知他人制造毒品而为其生产、买卖、运输醋酸酐、乙醚、三氯甲烷或者其他用于制造毒品的原料或者配剂,以制造毒品罪的共犯论处。6. 量刑标准:《刑法修正案(九)》对这两个罪名的量刑作了很大的修改,将量刑档次从原来的两档调整为三档,将最高刑期从原来的10年有期徒刑提高到了15年有期徒刑,将原来的数量犯调整为情节犯。具体参考最高人民法院《关于审理毒品犯罪案件适用法律若干问题的解释》第7—8条。
			情节严重的	3—7年有期徒刑	并处罚金	
			情节特别严重的	7年以上有期徒刑	并处罚金或者没收财产	
	非法种植毒品原植物罪	第351条	1. 种植罂粟500株以上不满3000株或者其他毒品原植物数量较大的;2. 经公安机关处理后又种植的;3. 抗拒铲除的。	5年以下有期徒刑、拘役或者管制	并处罚金	1. 犯罪主体:仅限自然人,本罪没有规定单位犯罪。2. 主观方面:故意犯罪,过失不构成,但也不要求以营利为目的。3. 客观方面:非法种植毒品原植物的行为,以下三种情

（续表）

类型	罪名	法条	罪状	主刑	附加刑	辩点速查
经营型	非法种植毒品原植物罪	第351条	非法种植罂粟3000株以上或者其他毒品原植物数量大的	5年以上有期徒刑	并处罚金或者没收财产	况要特别注意： (1)收获前自动铲除的，可以免除处罚； (2)处理后又种植，2次间隔过长，不应当认定为是经处理后又种植； (3)用毒品原植物直接提炼和用化学方法加工、配制毒品的，按照制造毒品罪处理。 4.量刑标准：参见最高人民法院《关于审理毒品犯罪案件适用法律若干问题的解释》第9条。
经营型	非法买卖、运输、携带、持有毒品原植物种子、幼苗罪	第352条	非法买卖、运输、携带、持有未经灭活的罂粟等毒品原植物种子或者幼苗，数量较大的	3年以下有期徒刑、拘役或者管制	并处或者单处罚金	1.犯罪主体：仅限自然人，本罪没有规定单位犯罪。 2.犯罪对象：未经灭活的毒品原植物的种子或者幼苗，已经灭活的不是本罪的行为对象。 3.犯罪行为：非法买卖、运输、携带或者持有，实施其中一种行为即可构成本罪。 4.量刑标准：参见最高人民法院《关于审理毒品犯罪案件适用法律若干问题的解释》第10条。
消费型	引诱、教唆、欺骗他人吸毒罪	第353条第1款	引诱、教唆、欺骗他人吸食、注射毒品	3年以下有期徒刑、拘役或者管制	并处罚金	1.犯罪主体：仅限自然人，本罪没有规定单位犯罪。 2.行为对象：任何其他自然人均可，但如果引诱、教唆、欺骗或者强迫吸食、注射毒品的是未成年人，则从重处罚。 3.量刑标准：参见最高人民检察院、公安部《关于公安机关管辖的刑事案件立案追诉标准的规定（三）》第9条和最高人民法院《关于审理毒品犯罪案件适用法律若干问题的解释》第11条。
			情节严重的	3—7年有期徒刑	并处罚金	

(续表)

类型	罪名	法条	罪状	主刑	附加刑	辩点速查
消费型	强迫他人吸毒罪	第353条第2款	强迫他人吸食、注射毒品	3—10年有期徒刑	并处罚金	1. 犯罪主体：仅限自然人，本罪没有规定单位犯罪。 2. 行为结果：如果强迫他人吸食、注射小剂量的毒品但发生死亡结果的，应以本罪从重处罚；如果强迫他人吸食、注射大剂量毒品发生死亡结果的，可能构成故意杀人罪。 3. 立案标准：参见最高人民检察院、公安部《关于公安机关管辖的刑事案件立案追诉标准的规定(三)》第10条。
	容留他人吸毒罪	第354条	容留他人吸食、注射毒品	3年以下有期徒刑、拘役或者管制	并处罚金	1. 犯罪主体：仅限自然人，本罪没有规定单位犯罪。 2. 主观方面：主动容留还是被动容留，均不影响本罪的成立。 3. 客观方面：不论容留是收费还是免费，均不影响本罪的成立。 4. 量刑标准：参见最高人民法院《关于审理毒品犯罪案件适用法律若干问题的解释》第12条。
	非法提供麻醉药品、精神药品罪	第355条	违反国家规定，向吸食、注射毒品的人提供国家规定管制的能够使人形成瘾癖的麻醉药品、精神药品	3年以下有期徒刑、拘役或者管制	并处罚金	1. 犯罪主体：包括自然人和单位，但要求是依法从事生产、运输、管理、使用国家管制的麻醉药品和精神药品的自然人和单位，属于特殊主体。单位实施本罪的，实行双罚制。 2. 主观方面：不能以牟利为目的，如果以牟利为目的，即使只是向吸食、注射毒品的人提供，也可能构成走私、贩卖、运输、制造毒品罪。 3. 提供人群：仅限吸食、注射毒品的人，如果是向走私、贩卖毒品的人提供的，则可能构成走私、贩卖、运输、制造毒品罪。 4. 提供对象：仅限国家规定管制的能够使人形成瘾癖的麻醉药品、精神药品。 5. 量刑标准：参见最高人民法院《关于审理毒品犯罪案件适用法律若干问题的解释》第13条。
			情节严重的	3—7年有期徒刑	并处罚金	

(续表)

类型	罪名	法条	罪状	主刑	附加刑	辩点速查
包藏型	包庇毒品犯罪分子罪	第349条	包庇走私、贩卖、运输、制造毒品的犯罪分子	3年以下有期徒刑、拘役或者管制		1. 犯罪主体：仅限自然人，本罪没有规定单位犯罪。缉毒人员或者其他国家工作人员犯本罪的，从重处罚。 2. 包庇对象：仅限走私、贩卖、运输、制造毒品的犯罪分子，包庇其他犯罪的犯罪分子不能构成本罪，只能构成一般的包庇罪。 3. 从重情节：为包庇毒品犯罪分子而窝藏毒品、毒赃的，应以包庇毒品犯罪分子罪从重处罚。 4. 量刑标准：参见最高人民检察院、公安部《关于公安机关管辖的刑事案件立案追诉标准的规定(三)》第3条和最高人民法院《关于审理毒品犯罪案件适用法律若干问题的解释》第6条。
			情节严重的	3—10年有期徒刑		
	窝藏、转移、隐瞒毒品、毒赃罪	第349条	为犯罪分子窝藏、转移、隐瞒毒品或者犯罪所得的财物	3年以下有期徒刑、拘役或者管制		1. 犯罪主体：仅限自然人，本罪没有规定单位犯罪。 2. 犯罪行为：包括窝藏、转移和隐瞒行为。 3. 犯罪对象：仅限毒品和毒赃，这是本罪与掩饰、隐瞒犯罪所得、犯罪所得收益罪的重要区别。 4. 量刑标准：参见最高人民检察院、公安部《关于公安机关管辖的刑事案件立案追诉标准的规定(三)》第4条和最高人民法院《关于审理毒品犯罪案件适用法律若干问题的解释》第6条。
			情节严重的	3—10年有期徒刑		

(续表)

类型	罪名	法条	罪状	主刑	附加刑	辩点速查
持有型	非法持有毒品罪	第348条	非法持有鸦片1千克以上、海洛因或者甲基苯丙胺50克以上或者其他毒品数量大的	7年以上有期徒刑或者无期徒刑	并处罚金	1. 犯罪主体：仅限自然人，本罪没有规定单位犯罪。 2. 主观方面：明知是毒品而非法持有，如果能查明具有其他毒品犯罪的动机、目的和故意，则按照其他毒品犯罪处理。 3. 犯罪行为：违反国家法律和国家主管部门的规定，占有、携带、藏有或者以其他方式持有毒品。 4. 量刑标准：参见最高人民法院《关于审理毒品犯罪案件适用法律若干问题的解释》第1、2、5条。
			非法持有鸦片200克以上不满1千克、海洛因或者甲基苯丙胺10克以上不满50克的或者其他毒品数量较大的	3年以下有期徒刑、拘役或者管制	并处罚金	
				情节严重，3—7年有期徒刑	并处罚金	

第二节　辩点整理

辩点10-1：犯罪主体	辩点10-2：主观方面	辩点10-3：涉毒行为
辩点10-4：界定毒品	辩点10-5：罪名认定	辩点10-6：犯罪情节
辩点10-7：特情因素	辩点10-8：犯罪形态	辩点10-9：共同犯罪
辩点10-10：立功表现	辩点10-11：量刑指导	辩点10-12：死刑辩护
辩点10-13：程序审查		

辩点10-1：犯罪主体

(一) 主体年龄

根据我国刑法的规定，行为人达到刑事责任年龄的，才能承担刑事责任。一般情况下，已满16周岁属于完全刑事责任年龄，已满14周岁不满16周岁属于限制刑事责任年龄，只有实施了刑法特别规定的部分犯罪，才能承担刑事责任，如毒品犯罪中的贩卖毒品罪就是其中的一种,《刑法》第17条有明确规定,已满14周岁不满16周岁的人,犯贩卖毒品罪的,应当负刑事责任。除贩卖毒品罪以外的其他毒品类犯罪,行为人都需要达到16周岁才能承担刑事责任。由此可见,主体年龄的审查直接影响到行为人是否应当承担刑事责任,因此是辩护中的一个切入点。

此外,刑法还规定,已满14周岁不满18周岁的人犯罪,应当从轻或者减轻处罚;已满75周岁故意犯罪的,可以从轻或减轻处罚,如果是过失犯罪的,还应当从轻或者减轻处罚。另外,刑法关于年龄对于死刑适用的限制也有明确规定,如对犯罪的时候不满18周岁的人不适用死刑;对审判的时候已满75周岁的人也不适用死刑,但以特别残忍手段致人死亡的除外。可见,主体年龄的审查还直接影响能否对行为人从轻或者减轻处罚,能否对行为人适用死刑。

综上,主体年龄的审查是毒品类犯罪乃至其他犯罪的辩点之一,辩护人在代理这类案件时要审查行为人的年龄,运用好主体年龄这个辩点以为当事人进行辩护。

1. 年龄的界定

(1) 未成年人犯罪以犯罪时的年龄为准,老年人犯罪以审判时的年龄为准。举两个例子来说,犯罪嫌疑人李某因涉嫌贩卖毒品罪被公安机关抓获,当时已满14周岁,但如果查明李某参与贩卖毒品时不满14周岁,那么李某就不应承担刑事责任;另外一个犯罪嫌疑人张某因容留他人吸毒被刑事拘留,被拘留时年满74周岁,待案件历经侦查阶段、审查起诉阶段最后到审判阶段时,张某已年满75周岁,那么可以对张某从轻或者减轻处罚。因此,以年龄为切入点进行辩护首先要明确以什么时间为标准。

(2) 年龄的界定以"周岁"为标准。刑法对于年龄都是以"周岁"为标准的,"周岁"是按照公历的年、月、日,从周岁生日第二天起算。在我国有很多地方,尤其是农村,通常以"虚岁"表述年龄,所以按照阴历的年、月、日登记户口簿或者身份证,这样就可能出现根据出生证明、户口簿、身份证上所记载的出生日期计算出来的年龄与刑法规定的年龄不一致的情况。因此,作为辩护人,对于那些可能直接影响定罪量刑的处于年龄界点左右的行为人,要特别注意审查司法机关认定年龄的证据,不能仅凭出生证明、身份证或者户口簿登记的时间认定,而是要考察行为人实际出生的公历的年、月、日。

> **案例 10-1**
>
> 犯罪嫌疑人王某于2012年5月15日参与了一次贩卖毒品行动,其身份证登记的出生日期为1998年5月6日,公诉机关指控王某已满14周岁,构成贩卖毒品罪并移送审判。后辩护人通过调查取证发现,王某所在的出生地习惯使用阴历,其身份证上记载的出生时间是阴历的时间,转换为当年的公历实际上是1998年6月29日,按照公历计算,王某参与贩卖毒品时并不满14周岁,应当不负刑事责任。法院最终采纳了辩护人的意见,宣告王某无罪。

2. 年龄的鉴定

司法实践中,存在行为人不讲真实姓名、地址,无法查实年龄的情况。对于这类案件,辩护人要特别注意司法机关认定其年龄的依据,并根据司法机关指控的情况进行应对和辩护。

(1)如果案件缺失判断年龄的证据或者相关证据存疑时,辩护人可以申请司法机关对行为人进行骨龄鉴定,以确定行为人实施犯罪的年龄。

(2)如果司法机关已经进行了骨龄鉴定或者其他科学鉴定,并将其作为判断年龄的证据使用时,辩护人还可以对鉴定意见进行质证,如果鉴定意见不被采纳,辩护人可以提出有利于行为人的年龄认定的辩护意见。例如,鉴定意见被推翻后,公诉机关证明行为人实施被指控的犯罪时已经达到刑法规定的应负刑事责任年龄的证据就有可能达不到确实充分的程度,辩护人就可以作出"推定其没有达到应负刑事责任年龄"的辩护意见。

3. 跨年龄段犯罪

对于跨年龄段犯罪的案件,辩护人要准确把握犯罪行为发生时的时间,因为未成年时期和成年时期犯罪在定罪和量刑上会有所区别。

(1)行为人在达到刑法规定的应负刑事责任年龄前后均实施了犯罪行为,只能依法追究其达到法定应负刑事责任年龄后实施的犯罪行为的刑事责任。例如,行为人从12周岁开始贩卖毒品,15周岁时被抓获,只能追究行为人已满14周岁后到被抓获这期间贩卖毒品行为的刑事责任。

(2)行为人在年满18周岁前后实施了不同种犯罪行为,对其年满18周岁以前实施的犯罪应当依法从轻或者减轻处罚。例如,行为人在17周岁时容留他人吸毒,19周岁又强迫他人吸毒,对其容留他人吸毒的行为就应当依法从轻或者减轻处罚。

(3) 行为人在年满 18 周岁前后实施了同种犯罪行为，在量刑时应当考虑对年满 18 周岁以前实施的犯罪，适当给予从轻或者减轻处罚。例如，行为人从 17 周岁开始一直非法持有毒品，到 20 周岁被抓获，对其年满 18 周岁以前的非法持有毒品的行为，可以酌情予以从轻或者减轻处罚。

> **案例 10-2**
>
> 　　犯罪嫌疑人田某在 15 周岁时非法持有毒品，17 周岁时又为犯罪分子甲窝藏毒品，19 周岁违反国家规定在境内非法购买制毒物品，20 周岁时为犯罪分子乙窝藏毒品，21 周岁时被公安机关抓获，公诉机关以非法持有毒品罪、窝藏毒品罪、非法买卖制毒物品罪移送审判。
>
> 　　本案中，辩护人应当根据犯罪嫌疑人田某在犯罪时的年龄进行严格区分，对犯罪时不满 16 周岁实施的非法持有毒品的行为提出未达到法定应负刑事责任年龄，不构成犯罪的辩护意见；对田某年满 18 周岁前后实施了窝藏毒品的同种犯罪行为，虽然构成窝藏毒品罪，但对其在 17 周岁时窝藏毒品的行为，可以提出给予从轻或者减轻处罚的量刑意见。

(二) 弱势群体

一些毒品犯罪分子为了逃避打击，组织、利用、教唆、雇用孕妇、哺乳期妇女、急性传染病人、残疾人或者未成年人等弱势群体的人员进行毒品犯罪活动。作为这种被利用、被诱骗甚至被胁迫参与毒品犯罪的特定人员的辩护人，可以依据《刑法》《刑事诉讼法》，最高人民法院、最高人民检察院、公安部《办理毒品犯罪案件适用法律若干问题的意见》，最高人民法院《关于审理毒品犯罪案件适用法律若干问题的解释》和最高人民法院《全国部分法院审理毒品犯罪案件工作座谈会纪要》等法律、司法解释和刑事政策提出对特定人员从宽处理的意见，并根据实际情况申请变更强制措施或者解除强制措施。

1. 在定罪量刑方面

(1) 在定罪上，主要考虑被组织、利用、教唆、雇用的人员是否达到刑事责任年龄或者是否具备刑事责任能力，没有达到刑事责任年龄或者不具备刑事责任能力的，应当提出行为人不应当承担刑事责任的无罪辩护意见。例如，利用不满 14 周岁的未成年人运输毒品的，被利用的未成年人不应对运输毒品的行为承担刑事责任。

（2）在量刑上，一方面，要考虑这些被组织、利用、教唆、雇用的人员是否具备法律规定可以从宽处罚的身份，例如：如果被组织、利用、教唆、雇用的残疾人属于又聋又哑的人或者盲人，则可以从轻、减轻或者免除处罚；如果被组织、利用、教唆、雇用的是孕妇，则不应当适用死刑。另一方面，还要考虑这些特定人员是否具有自首、立功、坦白、从犯、胁从犯、犯罪预备、犯罪未遂、犯罪中止等依法可以从轻、减轻甚至免除处罚的情节，以便为其争取最好的量刑结果。

2. 在强制措施方面

这些被组织、利用、教唆、雇用的孕妇、哺乳期妇女、急性传染病人、残疾人或者未成年人等特定人员容易出现不适宜羁押的法定情形，作为他们的辩护人，应当根据实际的具体情况及时申请变更强制措施，要求从逮捕变更为取保候审或者监视居住，使其合法权益得到最大限度的保护。

> **案例 10-3**
>
> 　　崔某是一名怀孕5个月的准妈妈，但同时也是一名吸毒人员，为了赚取毒资，崔某按照毒贩郑某的指示在2个月的时间里，先后3次将毒品甲基苯丙胺（俗称冰毒）共3.69克卖给王某，然后用分得的毒资购买毒品供自己吸食。
>
> 　　本案中，崔某的行为虽然已构成贩卖毒品罪，但辩护人从崔某是孕妇的主体身份出发，结合其在犯罪中所起的作用、具有坦白情节、认罪态度较好、确有悔罪表现，请求法院对其从轻处罚，最终得到法院的支持。

（三）吸毒人员

在我国刑法中，吸食毒品的行为本身并不构成犯罪，但吸毒人员在接触毒品的过程中容易触及其他毒品类犯罪。所以，在有的毒品类犯罪案件中，行为人本身也吸食毒品，辩护人在代理这类案件时，要注意审查行为人的吸毒史，考察其行为时的主观动机和目的，为进行罪轻辩护甚至无罪辩护做好准备。

一般来说，如果有证据证明吸毒人员实施了本章规定的毒品类犯罪行为，且达到追诉标准，则按相应的犯罪定罪处罚。但由于吸毒人员必然会接触到毒品，也可能为了吸食而购买、运输、存储毒品，不能因此就认定其构成贩卖、运输毒品罪或者非法持有毒品罪。因此，当吸毒人员存在以贩养吸、代购、托购、代收等情况或者在购买、运输、存储毒品的过程中被抓获时，辩护人就存在进行无罪辩护

或者罪轻辩护的空间,为了更好地维护当事人的合法权益,辩护人应当熟练掌握以下规则:

(1)吸毒人员在购买、存储毒品过程中被查获,没有证据证明其是为了实施贩卖毒品等其他犯罪,毒品数量达到《刑法》第 348 条规定的最低数量标准的,以非法持有毒品罪定罪处罚。

(2)吸毒人员在运输毒品过程中被查获,没有证据证明其是为了实施贩卖毒品等其他犯罪,毒品数量达到较大以上的,以运输毒品罪定罪处罚。

(3)行为人为吸毒人员代购毒品,在购买、存储毒品过程中被查获,没有证据证明其是为了实施贩卖毒品等其他犯罪,毒品数量达到《刑法》第 348 条规定的最低数量标准的,以非法持有毒品罪定罪处罚。

(4)行为人为吸毒人员代购毒品,在运输过程中被查获,没有证据证明托购者、代购者是为了实施贩卖毒品等其他犯罪,毒品数量达到较大以上的,对托购者、代购者以运输毒品罪的共犯论处。

(5)行为人为他人代购仅用于吸食的毒品,在交通、食宿等必要开销之外收取"介绍费""劳务费",或者以贩卖为目的收取部分毒品作为酬劳的,应视为从中牟利,属于变相加价贩卖毒品,以贩卖毒品罪定罪处罚。

(6)购毒者接收贩毒者通过物流寄递方式交付的毒品,没有证据证明其是为了实施贩卖毒品等其他犯罪,毒品数量达到《刑法》第 348 条规定的最低数量标准的,一般以非法持有毒品罪定罪处罚。

(7)代收者明知是物流寄递的毒品而代购毒者接收,没有证据证明其与购毒者有实施贩卖、运输毒品等犯罪的共同故意,毒品数量达到《刑法》第 348 条规定的最低数量标准的,对代收者以非法持有毒品罪定罪处罚。

(8)吸毒人员为了自己吸食,而逃避海关监管,非法携带数量较大毒品出入境的,以走私毒品罪论处,但在量刑上应当与以贩卖牟利为目的的走私毒品罪的量刑有所区别。

如果以上情形都不具备,毒品数量也没有达到《刑法》第 348 条规定的最低数量标准的,辩护人便可以考虑进行无罪辩护。

案例 10-4

张某是吸毒人员,自 1996 年就开始吸食海洛因,1998 年曾因吸毒被劳动教养 1 年。后张某购买海洛因 300 多克被当场抓获。在庭审过程中,张某坚称此次购买是用于自己吸食。公诉机关认为,从数量上看,300多克海洛因不可能全部用于个人吸食。张某辩称还有一部分是为他人代买的,也只是用于吸食的。辩护人取证证明张某具有很长的吸毒史,并强调公诉机关没有举证证明张某有贩卖、运输毒品的目的,法院最终认定张某构成非法持有毒品罪。

(四)特殊主体

本章的毒品类犯罪中,犯罪主体绝大部分为一般主体,即行为人只要达到刑事责任年龄和具备刑事责任能力即可构成犯罪,但部分犯罪还要求行为人必须具有特定的身份才能构成,属于特殊主体。例如,非法提供麻醉药品、精神药品罪,必须要求"依法从事生产、运输、管理、使用国家管制的麻醉药品、精神药品的人员"才能构成。行为人不具备这个特定身份的,肯定不构成非法提供麻醉药品、精神药品罪,但具备这个特定身份,也不必然就构成非法提供麻醉药品、精神药品罪,辩护人需要结合案件具体情况进行分析,利用特定的主体身份进行辩护:

(1)行为人不符合上述主体要求,不属于"依法从事生产、运输、管理、使用国家管制的麻醉药品、精神药品的人员",向吸食、注射毒品的人提供国家管制的能够使人形成瘾癖的麻醉药品、精神药品的,不能构成非法提供麻醉药品、精神药品罪,但有可能构成重罪即贩卖毒品罪,所以辩护时要尽量避免轻罪向重罪的转化。

(2)行为人即使符合上述主体要求,向走私、贩卖毒品的犯罪分子提供或者以牟利为目的,向吸食、注射毒品的人提供国家管制的能够使人形成瘾癖的麻醉药品、精神药品,也不构成非法提供麻醉药品、精神药品罪,以贩卖毒品罪定罪处罚。所以,辩护人除了审查犯罪主体,还要审查提供麻醉药品、精神药品的对象以及提供的目的,尽可能认定为轻罪而非重罪。例如,行为人仅是出于医疗目的,违反有关药品管理的国家规定,非法贩卖上述麻醉药品或者精神药品,扰乱市场秩序,情节严重的,辩护人可以提出构成非法经营罪的辩护意见。

那么,如何认定行为人属于"依法从事生产、运输、管理、使用国家管制的麻醉药品、精神药品的人员"呢?辩护人一般应当结合案中相关证据进行具体判断,看是否存在能够证明该特殊主体资质的证据,实践中主要有以下六种:

①国家主管部门颁发的生产、运输、管理、使用国家管制的精神药品、麻醉药品的"许可证";

②有关单位对国家管制的精神药品和麻醉药品的来源、批号的证明及管理

规定；

③特殊行业专营证；

④有关批文；

⑤有关个人的工作证、职称证明、授权书、职务任命书；

⑥其他文件。

(五) 国家工作人员

根据最高人民法院《关于审理毒品犯罪案件适用法律若干问题的解释》的规定，国家工作人员实施走私、贩卖、运输、制造毒品罪，非法持有毒品罪，非法生产、买卖、运输、制造制毒物品、走私制毒物品罪，引诱、教唆、欺骗他人吸食毒品罪，可以按照更高的量刑幅度进行量刑。例如，普通的人贩卖少量毒品，处3年以下有期徒刑、拘役或者管制，而国家工作人员贩卖少量毒品，则处3年以上7年以下有期徒刑。因此，辩护人在代理以上毒品类犯罪案件时，要注意审查行为人是否具有国家工作人员身份，以排除适用更重的量刑。

(六) 近亲属

根据最高人民法院《关于审理毒品犯罪案件适用法律若干问题的解释》的规定，容留近亲属吸食、注射毒品，情节显著轻微危害不大的，不作为犯罪处理；需要追究刑事责任的，可以酌情从宽处罚；包庇走私、贩卖、运输、制造毒品的近亲属，或者为其窝藏、转移、隐瞒毒品或者毒品犯罪所得的财物，不具有"情节严重"情形，归案后认罪、悔罪、积极退赃，且系初犯、偶犯，犯罪情节轻微不需要判处刑罚的，可以免予刑事处罚。这是司法解释新增的内容，也为辩护人对容留他人吸毒案和包庇毒品犯罪分子案以及窝藏、转移、隐瞒毒品、毒赃案提供了可以不作为犯罪处理或者免予刑事处罚的辩护空间。

在代理这两类案件时，要注意审查案件当事人与容留吸毒的对象，审查案件当事人与包庇的对象，审查案件当事人与窝藏、转移、隐瞒毒品、毒赃的对象之间是否具有近亲属的关系，如果具有近亲属关系，再结合案件其他情节，如归案后认罪、悔罪、积极退赃、初犯、偶犯等，可以提出不作为犯罪处理、免予刑事处罚或者从宽处罚的辩护意见。

辩点 10-2：主观方面

本章的毒品类犯罪均为故意犯罪，要求行为人具有主观明知。如果行为人主观上不明知，比如被人蒙骗的情况下，则可能不构成犯罪，辩护人可以以此进行无罪辩护。但主观上是否明知毕竟是主观方面的要件,很多行为人认为只要自己拒不承认明知就可以逃避责任,辩护人也根据行为人自己单方的辩解进行主观不明知的无罪辩护,但在实践中未必能达到良好的辩护效果,反而可能会丧失罪轻辩护的机会。

对于主观明知,除了行为人的供述和辩解,司法机关还可以根据案件的具体情况进行推断或者认定,司法机关根据经验也出台了一系列文件,明确只要具有规定情形之一的,就可以推断或者认定行为人属于"应当知道"或者具有"主观明知",例如:最高人民法院、最高人民检察院、公安部分别于2007年12月18日发布的《办理毒品犯罪案件适用法律若干问题的意见》,于2009年6月23日发布的《办理制毒物品犯罪案件适用法律若干问题的意见》以及于2012年6月18日发布的《关于办理走私、非法买卖麻黄碱类复方制剂等刑事案件适用法律若干问题的意见》。此外,有些地方司法机关也会出台一些工作指引,用以推断或者认定行为人属于"应当知道"或者具有"主观明知",例如,浙江省高级人民法院、浙江省人民检察院、浙江省公安厅于2015年1月5日联合发布的《重大毒品犯罪案件证据收集审查判断工作指引》。对于这些司法解释和司法文件,辩护人都应当予以注意并熟练掌握,用以审查行为人是否具备这些可以被推断或者认定属于"应当知道"或者具有"主观明知"的情形,以便制订可行的辩护策略和方案。

1. "走私、贩卖、运输、非法持有毒品"的情形

(1)执法人员在口岸、机场、车站、港口和其他检查站点检查时,要求行为人申报为他人携带的物品和其他疑似毒品物,并告知其法律责任,而行为人未如实申报,在其携带的物品中查获毒品的;

(2)以伪报、藏匿、伪装等蒙蔽手段,逃避海关、边防等检查,在其携带、运输、邮寄的物品中查获毒品的;

(3)执法人员检查时,有逃跑、丢弃携带物品或者逃避、抗拒检查等行为,在其携带或者丢弃的物品中查获毒品的;

(4)体内或者贴身隐秘处藏匿毒品的;

(5)为获取不同寻常的高额、不等值报酬为他人携带、运输物品,从中查获毒品的;

(6)采用高度隐蔽的方式携带、运输物品,从中查获毒品的;

(7)采用高度隐蔽的方式交接物品,明显违背合法物品惯常交接方式,从中查获毒品的;

(8)行程路线故意绕开检查站点,在其携带、运输的物品中查获毒品的;

(9) 以虚假身份或者地址办理托运手续,在其托运的物品中查获毒品的;

(10) 在实际控制的车辆、住所所查获毒品的;

(11) 专程驾车前往毒品源头地区,返程时在车上查获毒品的。

(12) 有其他证据足以认定行为人应当知道的。

2."走私、非法买卖制毒物品"的情形

(1) 改变产品形状、包装或者使用虚假标签、商标等产品标志的;

(2) 以藏匿、夹带或者其他隐蔽方式运输、携带易制毒化学品逃避检查的;

(3) 抗拒检查或者在检查时丢弃货物逃跑的;

(4) 以伪报、藏匿、伪装等蒙蔽手段逃避海关、边防等检查的;

(5) 选择不设海关或者边防检查站的路段绕行出入境的;

(6) 以虚假身份、地址办理托运、邮寄手续的;

(7) 以其他方法隐瞒真相,逃避对易制毒化学品依法监管的。

3."走私、非法买卖麻黄碱类复方制剂"的情形

(1) 购买、销售麻黄碱类复方制剂的价格是否明显高于市场交易价格;

(2) 是否采用虚假信息、隐蔽手段运输、寄递、存储麻黄碱类复方制剂;

(3) 是否采用伪报、伪装、藏匿或者绕行进出境等手段逃避海关、边防等检查;

(4) 提供相关帮助行为获得的报酬是否合理;

(5) 此前是否实施过同类违法犯罪行为;

(6) 其他相关因素。

在毒品类犯罪案件中,如果行为人具有上述情形之一,司法机关就可以认定其具有主观明知而进行追诉,作为辩护人要注意审查行为人或者相关证人是否对发生的情形作出过"解释",如果作出过解释的,还要审查这样的解释是否"合理",并同时审查行为人是否确属被他人蒙骗,且有无证据予以支持。如果行为人能够作出合理解释,也有证据证明其确属被蒙骗,辩护人应当及时提出行为人主观上不具有明知的故意,不构成犯罪的辩护意见。

案例 10-5

傅某持港澳居民来往内地通行证,从皇岗海关旅检大厅走无申报通道入境。经海关关员查验,在傅某随身携带的挎包内查获美沙酮药片2400片、在其上衣左边口袋里发现美沙酮药片140片,总共2540片。傅某被皇岗海关关员当

场查获。经鉴定,上述2540片药片为美沙酮片剂,共重383.5克。傅某称涉案毒品是在香港旺角一茶餐厅受朋友"阿东"的委托代运的"戒毒药",约定将这些"戒毒药"带往深圳其住处,并事后可得酬劳港币300元。傅某坚称自己确实不知道其所携带的是毒品,不应受到刑事追究。后法院审理认定傅某的行为属于主观上明知是毒品而携带,理由如下:首先,傅某是一个心智正常的成年人,而且是阅历较为丰富的中年人,应当具有正常的辨认能力。其次,傅某供称"阿东"告诉其要带的物品是戒毒药,而且"阿东"将挎包交给他时,其看到了包内是一排排的药丸。再次,"阿东"叫傅某帮他带一些戒毒药入境,并承诺酬劳为港币300元。但"阿东"并非自己不到深圳,而是让傅某帮其把戒毒药带到深圳后"阿东"再打电话取货,意即"阿东"自己也由香港到深圳,但是这批物品他自己不带,却花钱"雇用"傅某来携带。傅某应当意识到"阿东"是在利用其持港澳居民来往内地通行证,从皇岗海关旅检大厅走无申报通道入境的便利条件,"阿东"托其带此药片的目的就是逃避海关检查,该药片必定是违禁品。最后,海关检查傅某时,不仅从其挎包内查获了美沙酮药片,而且还在其上衣口袋发现藏有美沙酮药片。综上,虽然傅某辩称自己不知道携带的物品系毒品,但是根据一般的常识、常理和逻辑及本案的诸多细节进行分析判断,可以认定被告人傅某明知走私的物品美沙酮药片系毒品。

本案中,被告人傅某对其为什么携带作出了解释,但解释不具有合理性,也没有其他证据证明其是被"阿东"蒙骗的,其携带物品进出海关也未进行申报,如果他人只是让其携带"戒毒药"并承诺给予300港元的报酬也明显不等值。综上,法院认定其主观上应当知道其所携带的是毒品。

辩点10-3:涉毒行为

在本章的毒品类犯罪中,存在行为对象相同,行为方式不同,导致适用罪名不同的情形,例如,针对毒品,实施走私、贩卖、运输、制造、非法持有等不同行为的,适用的罪名不同;针对他人吸毒,实施引诱教唆、欺骗、强迫、容留等不同行为的,适用的罪名也不同。因此,辩护人掌握好本章毒品类犯罪涉及的行为方式,有利于厘清此罪与彼罪的界限,从而进行改变定性的罪轻辩护。

与此同时,行为方式相同,行为对象不同,也会导致适用罪名不同,辩护人在掌握行为方式的情况下,还要继续审查行为的对象,例如,都是实施了走私行为,但走私物品不同的话,适用的罪名也各不相同,走私毒品构成走私毒品罪,走私制毒物品构成走私制毒物品罪,走私毒品原植物种子、幼苗可能构成走私普通货物罪,这些差异直接决定了此罪与彼罪的界限,也是辩护人进行罪名辩护的一个切入点。

(一)走私

本章涉及"走私"行为的有两个罪名:一个是走私毒品罪,一个是走私制毒物品罪。两者的行为方式是一样的,主要区别在于走私的对象不同,前者走私的是毒品,后者走私的是制毒物品。

这里所说的"走私",是指明知是毒品或者制毒物品而非法将其运输、携带、寄递进出国(边)境的行为。直接向走私人非法收购走私进口的毒品、制毒物品,或者在内海、领海、界河、界湖运输、收购、贩卖毒品、制毒物品的,也以走私论。至于走私的具体行为方式,可以参见第九章"走私类犯罪"第二节辩点9-3中的"走私行为"中的内容。

(二)贩卖

本章涉及"贩卖"行为的是贩卖毒品罪。这里的"贩卖",是指明知是毒品而非法销售或者以贩卖为目的非法收购的行为,既包括"卖"也包括"买"。但是对于这里的"买",辩护人要特别注意,应当强调的是以贩卖为目的的非法收购行为,如果不以牟利为目的,为了自己吸食、注射而购买毒品,不能认定为"贩卖"。

(三)运输

本章涉及"运输"行为的有三个罪名:一个是运输毒品罪,一个是非法运输制毒物品罪,还有一个是非法运输毒品原植物种子、幼苗罪。三者的行为方式都是运输,因运输对象不同而适用不同的罪名。这里所说的"运输",是指明知是毒品,制毒物品,毒品原植物种子、幼苗而采用携带、寄递、托运、利用他人或者使用交通工具等方法非法运送的行为。对于制毒物品中的易制毒化学品,运输单位或者个人未办理许可证明或者备案证明,运输易制毒化学品虽然也属于非法运输行为,但如果有证据证明,确定用于合法生产、生活需要的,不以制毒物品犯罪论处。

司法实践中,行为人通常不是为了运输而运输,可能是为了走私,也可能是为了贩卖,还有可能是为了生产或者制造,如果能够查明行为人是为了其他目的而运输的,则应对不同行为并列确定罪名,不实行数罪并罚。例如,为了贩卖毒品而运输毒品,则以贩卖、运输毒品罪定罪处罚;为了走私和制造毒品而运输毒品,则以走私、运输、制造毒品罪定罪处罚;为了走私、贩卖、制造毒品而运输毒品,则以走私、贩卖、运输、制造毒品罪定罪处罚。需要注意的是,罪名不以行为实施的先后、毒品数量或者危害大小排列,而是一律以《刑法》条文规定的顺序表述。如果涉嫌走私、贩卖或者制造毒品而运输毒品,但认定走私、贩卖、制造的证据不够确实充分的,则只定走私毒品罪。对于非法生产、买卖、运输制毒物品罪以及非法买卖、运输、携带、持有毒品原植物种子、幼苗罪的适用也参照以上原则确定罪名。

(四) 制造

本章涉及"制造"行为的是制造毒品罪,这里的"制造",是指非法利用毒品原植物直接提炼或者用化学方法加工、配制毒品,或者以改变毒品成分和效用为目的,用混合等物理方法加工、配制毒品的行为。为了便于隐蔽运输、销售、使用、欺骗购买者,或者为了增重,对毒品掺杂使假,添加或者去除其他非毒品物质,不属于制造毒品的行为。

(五) 非法生产

本章涉及"非法生产"行为的是 2015 年《刑法修正案(九)》增设的非法生产制毒物品罪,这里的"非法生产"也有"制造"的含义,但因为有的制毒物品同时也是医用或者药用物品,有资格的生产者经过许可是可以进行合法生产的,刑法所规制的只是那些无资格的生产者未经许可的非法生产行为,所以使用了非法一词对生产进行限定。辩护人在代理非法生产制毒物品案件时,除了关注是否存在生产行为,更要关注生产行为是否非法,有生产行为,但生产者是有生产资格的,生产行为是被许可的,都不是非法生产制毒物品罪规制的对象,辩护人可以从行为入手进行无罪辩护。此外,易制毒化学品生产单位或者个人未办理许可证明或者备案证明,生产易制毒化学品,虽然也属于非法生产行为,但如果有证据证明确实用于合法生产、生活需要的,不以制毒物品犯罪论处。

(六) 非法买卖

本章涉及"非法买卖"行为的有两个罪名:一个是非法买卖制毒物品罪,还有一个是非法买卖毒品原植物种子、幼苗罪。这里的"非法买卖"与贩卖毒品罪中的"贩卖"的含义大体是相同的,既包括买,也包括卖,只是在"买卖"前用"非法"进行了限定,因为经过许可或者备案,制毒物品和毒品原植物种子、幼苗是被允许合法买卖的,这种合法买卖的行为不是刑法所规制的。当然,这里的"买"同样需要强调是以贩卖为目的的非法收买行为,如果为了做科学实验而购买制毒物品,或者为了自己种植观赏而购买毒品原植物种子、幼苗,都不能界定为本章规定的"买"的犯罪行为,不能以非法买卖制毒物品罪,非法买卖毒品原植物种子、幼苗罪定罪处罚,辩护人可以以此作为切入点进行辩护。

对于易制毒化学品,如果违反国家规定,实施下列行为之一的,可以认定为非法买卖制毒物品行为:

(1)未经许可或者备案,擅自购买、销售易制毒化学品的;

(2)超出许可证明或者备案证明的品种、数量范围购买、销售易制毒化学品的;

(3)使用他人的或者伪造、变造、失效的许可证明或者备案证明购买、销售易制毒化学品的;

(4)经营单位违反规定,向无购买许可证明、备案证明的单位、个人销售易制毒化学品的,或者明知购买者使用他人的或者伪造、变造、失效的许可证明或者备案证明,向其销售易制毒化学品的;

(5)以其他方式非法买卖易制毒化学品的。

需要注意的是,易制毒化学品经营、购买单位或者个人,未办理许可证明或者备案证明,销售、购买易制毒化学品,虽然也属于非法买卖行为,但是如果有证据证明确实用于合法生产、生活需要的,不以制毒物品犯罪论处。

(七)非法种植

本章涉及"非法种植"行为的是非法种植毒品原植物罪,这里的"非法种植",是指违反国家法律和国家主管部门的规定,播种、育苗、移栽、插苗、施肥、灌溉、割取津液或者收取种子等行为。辩护人在代理非法种植毒品原植物案件时,除了关注是否存在种植行为,还要关注种植行为是否非法,是否违反了国家法律或者国家主管部门的规定,如果种植者是有种植资格的,种植行为是被许可的,都不是非法种植毒品原植物罪规制的对象,辩护人可以从行为入手进行无罪辩护。

(八)非法持有

本章涉及"非法持有"行为的有两个罪名:一个是非法持有毒品罪,一个是非法持有毒品原植物种子、幼苗罪。这里的"非法持有",是指违反国家法律和国家主管部门的规定,占有、携带、藏有或者以其他方式进行持有或者支配。持有不限于直接持有,还包括间接持有,既包括本人亲自控制、占有自己所有或者他人所有的毒品或者毒品原植物种子、幼苗,也包括本人拥有而实际上由他人直接保管、占有的毒品或者毒品原植物种子、幼苗。

持有是一种持续行为,作为辩护人,应当注意考察持有时间的长短。一方面,持有时间的长短可以影响量刑,为量刑辩护做好准备;另一方面,如果持有时间过短,辩护人也可以提出不足以证明行为人对毒品或者毒品原植物种子、幼苗形成了事实上的支配,不能认定为持有的辩护意见。

(九) **非法提供**

本章涉及"非法提供"行为的是非法提供麻醉药品、精神药品罪,这里的"非法提供",是指违反国家规定,向吸食、注射毒品的人提供国家规定管制的能够使人形成瘾癖的麻醉药品、精神药品的行为。在代理这类案件的过程中,辩护人首先要考察行为人的提供行为是否违反国家规定,如果是基于符合国家规定的治疗行为所产生的提供不属于"非法提供";其次要考察行为人的提供行为是否以牟利为目的,如果以牟利目的,打着治疗的旗号进行提供,则不再属于本罪规制的"非法提供"行为,而属于"贩卖"行为;最后还要考察提供的对象是不是吸食、注射毒品的人,如果是向走私、贩卖毒品的犯罪分子提供,也不属于本罪规制的"非法提供"行为,而属于"走私"或者"贩卖"行为。

(十) **其他行为**

以上所提行为主要是经营型和持有型毒品类犯罪所涉及的行为,而消费型毒品类犯罪主要涉及引诱、教唆、欺骗、强迫、容留等行为,包藏型毒品类犯罪主要涉及包庇、窝藏、转移、隐瞒等行为,这些行为从字面上比较容易理解,也比较容易区分,下面仅作一些简单的介绍。

(1) 引诱、教唆:是指通过宣传、传授、示范等手段诱使、唆使他人吸食、注射毒品的行为。

(2) 欺骗:是指使用隐瞒事实真相或者制造假象等方法使他人吸食、注射毒品的行为。

(3) 强迫:是指违背他人意志,使用暴力、胁迫或者其他方法,迫使他人吸食、注射毒品的行为。

(4) 容留:是指为他人吸食、注射毒品提供场所或者允许他人在自己管理的场所吸食、注射毒品的行为。

(5) 包庇:是指明知是走私、贩卖、运输、制造毒品的犯罪分子,而向司法机关作虚假证明掩盖其罪行,使其逃避法律制裁的行为。

(6)窝藏、转移、隐瞒：是指明知是毒品或者毒品犯罪所得的财物而为犯罪分子窝藏、转移、隐瞒的行为。

案例 10-6

2016年4月至6月，吸毒人员宋某、张某（未成年人）、池某、姜某、刘某先后入住被告人陈某某经营的"平安旅馆"吸食毒品，陈某某在送毛巾等物品到上述人员入住的房间时，看见他们在吸食毒品而未予制止。后被告人陈某某被检察机关以容留他人吸毒罪被移送起诉。

在庭审过程中，陈某某及其辩护人辩称陈某某事先并不明知该5名客人入住旅馆的目的是吸食毒品，其没有为他们吸食毒品提供场所的犯罪故意，依法不构成容留他人吸食毒品罪。但法院经审理认为，容留他人吸食毒品罪的主观方面既包括直接故意也包括间接故意，陈某某尽管事先不知道5名客人入住的真实目的是吸食毒品，但其在到房间送毛巾等物品时，发现客人吸食毒品的行为后，既未作制止，也未向公安机关报告，放任吸毒行为继续发生，客观上为他人吸食毒品提供了场所，符合容留他人吸食毒品罪的构成要件。故判处其拘役5个月，并处罚金1000元。

辩点 10-4：界定毒品

毒品类犯罪中，行为指向的对象有毒品，有制毒物品，有毒品原植物，有毒品原植物种子、幼苗，还有麻醉药品、精神药品，广义地讲，这些都与毒品有关。因此，辩护人代理毒品犯罪案件，必须要搞清楚哪些属于毒品，毒品有多少种类，有哪些名称，如何认定毒品的数量和含量，这些都直接影响案件的定性和量刑，属于毒品类犯罪的重要辩点。

(一) 毒品的种类和名称

一般来说，毒品可以分为麻醉类毒品和精神类毒品两种，麻醉类毒品指的是连续使用后易产生身体依赖性，能够形成瘾癖的毒品，又可细分为鸦片类、大麻类、可卡类和合成类。精神类毒品指的是直接作用于中枢神经系统，使之兴奋或抑制，连续使用会产生依赖性的毒品，具体分类可详见下图。

毒品 {
　麻醉类 {
　　1. 鸦片类:鸦片、吗啡、海洛因等;
　　2. 大麻类:大麻叶、大麻树脂、大麻油等;
　　3. 可卡类:可卡叶、可卡糊等;
　　4. 合成类:杜冷丁、美沙酮、安侬痛等。
　}
　精神类 {
　　1. 抑制剂:安眠酮、安尔通、利眠宁较常见;
　　2. 兴奋剂:苯丙胺类制剂,如"冰毒""摇头丸"等;
　　3. 致幻剂:麦角酰二乙胺(L.S.D)、甲基色胺(D.M.T)、西洛西宾等比较常见。
　}
}

除了了解毒品的种类,辩护人还应当掌握毒品名称的表述。一般来说,毒品名称的表述应当以毒品的化学名称为依据,并与刑法、司法解释及相关规范性文件中的毒品名称保持一致。刑法、司法解释等没有规定的,可以参照《麻醉药品品种目录》《精神药品品种目录》中的毒品名称进行表述。对于含有两种以上毒品成分的混合型毒品,应当根据其主要毒品成分和具体形态认定毒品种类、确定名称。混合型毒品中含有海洛因、甲基苯丙胺的,一般应当以海洛因、甲基苯丙胺确定其毒品种类;不含海洛因、甲基苯丙胺,或者海洛因、甲基苯丙胺的含量极低的,可以根据其中定罪量刑数量标准较低且所占比例较大的毒品成分确定其毒品种类。混合型毒品成分复杂的,可以用括号注明其中所含的一至两种其他毒品成分。在实践中,有些毒品还有一些俗称,犯罪嫌疑人或者被告人在供述时也可能使用这些俗称,辩护人应当掌握这些俗称对应的毒品,这样才能做好辩护工作。

2014年8月20日,最高人民法院、最高人民检察院、公安部发布的《关于规范毒品名称表述若干问题的意见》对毒品类犯罪案件起诉意见书、起诉书、刑事判决书、刑事裁定书中的毒品名称表述作了以下规范,辩护人应当有所了解。

1. 含甲基苯丙胺成分的毒品

(1)对于含甲基苯丙胺成分的晶体状毒品,应当统一表述为甲基苯丙胺(冰毒),在下文中再次出现时可以直接表述为甲基苯丙胺。

(2)对于以甲基苯丙胺为主要毒品成分的片剂状毒品,应当统一表述为甲基苯丙胺片剂。如果犯罪嫌疑人、被告人供述为"麻古""麻果"或者其他俗称的,可以在文书中第一次表述该类毒品时用括号注明,如表述为甲基苯丙胺片剂(俗称"麻古")等。

(3)对于含甲基苯丙胺成分的液体、固液混合物、粉末等,应当根据其毒品成分和具体形态进行表述,如表述为含甲基苯丙胺成分的液体、含甲基苯丙胺成分的粉末等。

2. 含氯胺酮成分的毒品

(1)对于含氯胺酮成分的粉末状毒品,应当统一表述为氯胺酮。如果犯罪嫌疑人、被告人供述为"K粉"等俗称的,可以在文书中第一次表述该类毒品时用括号注明,如表述为"氯胺酮(俗称'K粉')"等。

(2)对于以氯胺酮为主要毒品成分的片剂状毒品,应当统一表述为氯胺酮片剂。

(3)对于含氯胺酮成分的液体、固液混合物等,应当根据其毒品成分和具体形态进行表述,如表述为含氯胺酮成分的液体、含氯胺酮成分的固液混合物等。

3. 含MDMA等成分的毒品

对于以MDMA、MDA、MDEA等致幻性苯丙胺类兴奋剂为主要毒品成分的丸状、片剂状毒品,应当根据其主要毒品成分的中文化学名称和具体形态进行表述,并在文书中第一次表述该类毒品时用括号注明下文中使用的英文缩写简称,如表述为"3,4-亚甲二氧基甲基苯丙胺片剂(以下简称'MDMA片剂')""3,4-亚甲二氧基苯丙胺片剂(以下简称'MDA片剂')""3,4-亚甲二氧基乙基苯丙胺片剂(以下简称'MDEA片剂')"等。如果犯罪嫌疑人、被告人供述为"摇头丸"等俗称的,可以在文书中第一次表述该类毒品时用括号注明,如表述为"3,4-亚甲二氧基甲基苯丙胺片剂(以下简称'MDMA片剂',俗称'摇头丸')"等。

4. "神仙水"类毒品

对于俗称"神仙水"的液体状毒品,应当根据其主要毒品成分和具体形态进行表述。毒品成分复杂的,可以用括号注明其中所含的一至两种其他毒品成分,如表述为"含氯胺酮(咖啡因、地西泮等)成分的液体"等。如果犯罪嫌疑人、被告人供述为"神仙水"等俗称的,可以在文书中第一次表述该类毒品时用括号注明,如表述为"含氯胺酮(咖啡因、地西泮等)成分的液体(俗称'神仙水')"等。

5. 大麻类毒品

对于含四氢大麻酚、大麻二酚、大麻酚等天然大麻素类成分的毒品,应当根据其外形特征分别表述为大麻叶、大麻脂、大麻油或者大麻烟等。

(二)毒品的数量

毒品类犯罪中,毒品的数量不但直接影响量刑,也直接影响是否构成犯罪的认定。所以,辩护人在确定了毒品的种类和名称之后,应当继续审查毒品的数量,并把它作为毒品犯罪的一个重要辩点。

1. 数量的标准

我国刑法和司法解释对部分毒品类犯罪中的部分毒品的定罪和量刑数量标准作了明确规定,根据毒品,制毒物品,毒品原植物,毒品原植物种子、幼苗,麻醉药品,精神药品的不同种类,根据不同的犯罪行为,规定了对应的数量标准,辩护人在代理这类案件时,应当熟练掌握这些数量标准,数量未达到追诉标准的,可以进行无罪辩护;数量达到追诉标准的,可以确定在哪一个量刑档次进行辩护。需要注意的是,最高人民法院《关于审理毒品犯罪案件适用法律若干问题的解释》已于2016年4月11日开始施行,最高人民法院《关于审理毒品案件定罪量刑标准有关问题的解释》已经被同时废止,此前发布的司法解释和规范性文件与最高人民法院《关于审理毒品犯罪案件适用法律若干问题的解释》不一致的,以该解释为准。所以,辩护人在代理毒品类犯罪案件时,也要注意法律法规及司法解释的变更。下面,笔者根据《刑法》法条及最新的司法解释,将有关毒品类犯罪涉及的数量标准进行归纳总结,以供辩护人在办理案件时予以参考。

(1)走私、贩卖、运输、制造毒品罪的数量标准。

罪名	毒品种类	"少量毒品"的标准	"数量较大"的标准	"数量大"的标准
走私、贩卖、运输、制造毒品罪	鸦片	<200克	200克≤数量<1000克	≥1000克
	海洛因、甲基苯丙胺	<10克	10克≤数量<50克	≥50克
	可卡因	<10克	10克≤数量<50克	≥50克
	3,4-亚甲二氧基甲基苯丙胺(MDMA)等苯丙胺类毒品(甲基苯丙胺除外)、吗啡	<20克	20克≤数量<100克	≥100克
	芬太尼	<25克	25克≤数量<125克	≥125克
	甲卡西酮	<40克	40克≤数量<200克	≥200克
	二氢埃托啡	<2毫克	2毫克≤数量<10毫克	≥10毫克
	哌替啶(度冷丁)	<50克	50克≤数量<250克	≥250克
	氯胺酮	<100克	100克≤数量<500克	≥500克
	美沙酮	<200克	200克≤数量<1000克	≥1000克
	曲马多、γ-羟丁酸	<400克	400克≤数量<2000克	≥2000克

(续表)

罪名	毒品种类	"少量毒品"的标准	"数量较大"的标准	"数量大"的标准
走私、贩卖、运输、制造毒品罪	大麻油	<1000 克	1000 克≤数量<5000 克	≥5000 克
	大麻脂	<2000 克	2000 克≤数量<10 千克	≥10 千克
	大麻叶、大麻烟	<30 千克	30 千克≤数量<150 千克	≥150 千克
	可待因、丁丙诺啡	<1 千克	1 千克≤数量<5 千克	≥5 千克
	三唑仑、安眠酮	<10 千克	10 千克≤数量<50 千克	≥50 千克
	阿普唑仑、恰特草	<20 千克	20 千克≤数量<100 千克	≥100 千克
	咖啡因、罂粟壳	<40 千克	40 千克≤数量<200 千克	≥200 千克
	巴比妥、苯巴比妥、安钠咖、尼美西泮	<50 千克	50 千克≤数量<250 千克	≥250 千克
	氯氮卓、艾司唑仑、地西泮、溴西泮	<100 千克	100 千克≤数量<500 千克	≥500 千克

(2)非法持有毒品罪的数量标准。

罪名	毒品种类	"数量较大"的标准	"数量大"的标准
非法持有毒品罪	鸦片	200 克≤数量<1000 克	≥1000 克
	海洛因、甲基苯丙胺	10 克≤数量<50 克	≥50 克
	可卡因	10 克≤数量<50 克	≥50 克
	3,4-亚甲二氧基甲基苯丙胺(MDMA)等苯丙胺类毒品(甲基苯丙胺除外)、吗啡	20 克≤数量<100 克	≥100 克
	芬太尼	25 克≤数量<125 克	≥125 克
	甲卡西酮	40 克≤数量<200 克	≥200 克
	二氢埃托啡	2 毫克≤数量<10 毫克	≥10 毫克
	哌替啶(度冷丁)	50 克≤数量<250 克	≥250 克
	氯胺酮	100 克≤数量<500 克	≥500 克
	美沙酮	200 克≤数量<1000 克	≥1000 克
	曲马多、γ-羟丁酸	400 克≤数量<2000 克	≥2000 克
	大麻油	1000 克≤数量<5000 克	≥5000 克

（续表）

罪名	毒品种类	"数量较大"的标准	"数量大"的标准
非法持有毒品罪	大麻脂	2000克≤数量<10千克	≥10千克
	大麻叶、大麻烟	30千克≤数量<150千克	≥150千克
	可待因、丁丙诺啡	1千克≤数量<5千克	≥5千克
	三唑仑、安眠酮	10千克≤数量<50千克	≥50千克
	阿普唑仑、恰特草	20千克≤数量<100千克	≥100千克
	咖啡因、罂粟壳	40千克≤数量<200千克	≥200千克
	巴比妥、苯巴比妥、安钠咖、尼美西泮	50千克≤数量<250千克	≥250千克
	氯氮卓、艾司唑仑、地西泮、溴西泮	100千克≤数量<500千克	≥500千克

（3）非法生产、买卖、运输制毒物品、走私制毒物品罪的数量标准。

罪名	原料或配剂	"情节较重"的数量标准	"情节严重"的数量标准	"情节特别严重"的数量标准
非法生产、买卖、运输制毒物品、走私制毒物品罪	麻黄碱（麻黄素）、伪麻黄碱（伪麻黄素）、消旋麻黄碱（消旋麻黄素）	1千克≤数量<5千克	5千克≤数量<25千克	≥25千克
	1-苯基-2-丙酮、1-苯基-2-溴-1-丙酮、3,4-亚甲基二氧苯基-2-丙酮、羟亚胺	2千克≤数量<10千克	10千克≤数量<50千克	≥50千克
	3-氧-2-苯基丁腈、邻氯苯基环戊酮、去甲麻黄碱（去甲麻黄素）、甲基麻黄碱（甲基麻黄素）	4千克≤数量<20千克	20千克≤数量<100千克	≥100千克
	醋酸酐	10千克≤数量<50千克	50千克≤数量<250千克	≥250千克
	麻黄浸膏、麻黄浸膏粉、胡椒醛、黄樟素、黄樟油、异黄樟素、麦角酸、麦角胺、麦角新碱、苯乙酸	20千克≤数量<100千克	100千克≤数量<500千克	≥500千克

(续表)

罪名	原料或配剂	"情节较重"的数量标准	"情节严重"的数量标准	"情节特别严重"的数量标准
非法生产、买卖、运输制毒物品、走私制毒物品罪	N-乙酰邻氨基苯酸、邻氨基苯甲酸、三氯甲烷、乙醚、哌啶	50 千克≤数量<250 千克	250 千克≤数量<1250 千克	≥1250 千克
	甲苯、丙酮、甲基乙基酮、高锰酸钾、硫酸、盐酸	100 千克≤数量<500 千克	500 千克≤数量<2500 千克	≥2500 千克

(4)非法种植毒品原植物罪的数量标准。

罪名	毒品原植物	"数量较大"的标准	"数量大"的标准
非法种植毒品原植物罪	大麻	5000 株≤数量<3 万株	≥3 万株
		2000 平方米≤面积<12000 平方米,尚未出苗	≥12000 平方米
	罂粟	500 株≤数量<3000 株	≥3000 株
		200 平方米≤面积<1200 平方米,尚未出苗	≥1200 平方米

(5)非法买卖、运输、携带、持有毒品原植物种子、幼苗罪的数量标准。

罪名	毒品原植物种子、幼苗	"数量较大"的标准
非法买卖、运输、携带、持有毒品原植物种子、幼苗罪	罂粟种子	≥50 克
	罂粟幼苗	≥5000 株
	大麻种子	≥50 千克
	大麻幼苗	≥5 万株

(6)非法提供麻醉药品、精神药品罪的数量标准。

罪名	麻醉药品、精神药品种类	立案的数量标准	"情节严重"的数量标准
非法提供麻醉药品、精神药品罪	鸦片	100 克≤数量<200 克	≥200 克
	海洛因、甲基苯丙胺	5 克≤数量<10 克	≥10 克
	可卡因	5 克≤数量<10 克	≥10 克
	3,4-亚甲二氧基甲基苯丙胺(MDMA)等苯丙胺类毒品(甲基苯丙胺除外)、吗啡	10 克≤数量<20 克	≥20 克

(续表)

罪名	麻醉药品、精神药品种类	立案的数量标准	"情节严重"的数量标准
非法提供麻醉药品、精神药品罪	芬太尼	12.5 克≤数量<25 克	≥25 克
	甲卡西酮	20 克≤数量<40 克	≥40 克
	二氢埃托啡	1 毫克≤数量<2 毫克	≥20 毫克
	哌替啶(度冷丁)	25 克≤数量<50 克	≥50 克
	氯胺酮	50 克≤数量<100 克	≥100 克
	美沙酮	100 克≤数量<200 克	≥200 克
	曲马多、γ-羟丁酸	20 克≤数量<400 克	≥400 克
	大麻油	500 克≤数量<1000 克	≥1000 克
	大麻脂	1000 克≤数量<2000 克	≥2000 克
	大麻叶、大麻烟	15 千克≤数量<30 千克	≥30 千克
	可待因、丁丙诺啡	500 克≤数量<1000 克	≥1000 克
	三唑仑、安眠酮	5 千克≤数量<10 千克	≥10 千克
	阿普唑仑、恰特草	10 千克≤数量<20 千克	≥20 千克
	咖啡因、罂粟壳	20 千克≤数量<40 千克	≥40 千克
	巴比妥、苯巴比妥、安钠咖、尼美西泮	25 千克≤数量<50 千克	≥50 千克
	氯氮卓、艾司唑仑、地西泮、溴西泮	50 千克≤数量<100 千克	≥100 千克

2. 数量的认定

司法实践中,行为人涉及的毒品既可能不是单一的,也可能不存在于列表当中,所以辩护人仅掌握以上表格中的数量标准远远不够,还应当根据案件的具体情况,熟练掌握毒品数量的认定方法。

(1)实施两种以上行为情形下的数量认定。

这主要是针对走私、贩卖、运输、制造毒品罪和非法生产、买卖、运输制毒物品、走私制毒物品罪这两个选择性罪名而言的,前者以毒品为对象,后者以制毒物品为对象,如果实施了罪名中所要求的两种以上的犯罪行为,如何认定数量呢?一般应掌握以下规则:

①对同一宗毒品或者制毒物品实施了两种以上犯罪行为并有相应确凿证据的:应当按照所实施的犯罪行为的性质并列确定罪名,毒品和制毒物品的数量不重复计

算,不实行数罪并罚。例如,行为人走私了 8 克海洛因并将这 8 克海洛因贩卖给了吸毒人员,以走私、贩卖毒品罪定罪,不按照走私毒品罪和贩卖毒品罪实行数罪并罚;毒品数量认定为海洛因 8 克,不能累加为海洛因 16 克,不能在 7 年以上有期徒刑的幅度内进行量刑。

②对同一宗毒品或者制毒物品可能实施了两种以上犯罪行为,但相应证据只能认定其中一种或者几种行为,认定其他行为的证据不够确实充分的,只按照依法能够认定的行为的性质定罪。例如,行为人涉嫌为贩卖而运输 8 克海洛因,但认定其贩卖的证据不足,则只能以运输毒品罪定罪处罚,不能认定为贩卖、运输毒品罪。

③对不同宗但同一种类的毒品分别实施了不同种犯罪行为的:应对不同行为并列确定罪名,累计毒品数量,不实行数罪并罚。例如,行为人从泰国走私了 8 克海洛因,又在中国境内从他人处购买了 8 克海洛因,则以走私、贩卖毒品罪定罪处罚,毒品数量累加计算认定为海洛因 16 克,应当在 7 年以上有期徒刑的幅度内进行量刑。

(2)涉及两种以上毒品情形下的数量认定。

这主要是针对走私、贩卖、运输、制造、非法持有两种以上毒品的情形,一般的原则是将不同种类的毒品分别折算为海洛因的数量,以折算后累加的毒品总量作为量刑的根据,这样的做法与最高人民法院研究室《关于被告人对不同种毒品实施同一犯罪行为是否按比例折算成一种毒品予以累加后量刑的答复》的规定相吻合。司法实践中,具体操作如下:

①对于《刑法》、司法解释或者其他规范性文件明确规定了定罪量刑数量标准的毒品,应当按照该毒品与海洛因定罪量刑数量标准的比例进行折算后累加。例如,行为人走私了 400 克鸦片和 60 克吗啡,那么根据鸦片和吗啡与海洛因定罪量刑数量标准的比例,可以将 400 克鸦片折算成 20 克海洛因,将 60 克吗啡折算成 30 克海洛因,累加后按照走私 50 克海洛因进行定罪量刑。海洛因与其他毒品的折算比例如下:

1 克海洛因等于	20 克鸦片	5 克哌替啶(度冷丁)
	1 克甲基苯丙胺(俗称:冰毒)	0.0002 克盐酸二氢埃托啡
	1 克可卡因	10 克氯胺酮
	2 克吗啡	20 克美沙酮
	2 克苯丙胺类毒品	1000 克三唑仑(俗称:蓝精灵、海乐神)
	100 克大麻油	1000 克安眠酮(又称:甲喹酮)
	200 克大麻脂	10000 克氯氮卓(俗称:利眠宁、绿豆仔)

(续表)

1克海洛因等于	3000克大麻叶	10000克艾西唑仑(俗称:舒乐安定)
	3000克大麻烟	10000克地西泮(俗称:安定)
	4000克咖啡因	10000克溴西泮(俗称:宁神定)
	4000克罂粟壳	

②对于刑法、司法解释及其他规范性文件没有规定定罪量刑数量标准,但《非法药物折算表》规定了与海洛因的折算比例的毒品,可以按照《非法药物折算表》折算为海洛因后进行累加。例如,行为人贩卖500千克咖啡因和1千克麻黄碱,按照《非法药物折算表》分别可以折算为5克海洛因和10克海洛因,累加后按照贩卖15克海洛因进行定罪量刑。《非法药物折算表》的内容摘录如下:

一、阿片类					
(一)药物依赖性(身体依赖性和精神依赖性)很强且医疗上不准许使用的品种					
序号	药物名称	相当于海洛因	序号	药物名称	相当于海洛因
1	1克醋托啡	1克	9	1克海洛因	1克
2	1克乙酰阿法甲基芬太尼	10克	10	1克凯托米酮	1克
3	1克阿法甲基芬太尼	10克	11	1克3-甲基芬太尼	10克
4	1克阿法甲基硫代芬太尼	10克	12	1克3-甲基硫代芬太尼	10克
5	1克倍它羟基芬太尼	10克	13	1克1-甲基-4-苯基-4-哌啶丙盐酸	1克
6	1克倍它羟基-3-甲基芬太尼	10克	14	1克仲氟代芬太尼	10克
7	1克地索吗啡	1克	15	1克1-苯乙基-4-苯基-4-哌啶丙盐酸,PEPAP	1克
8	1克埃托啡	100克	16	1克硫代芬太尼	10克
(二)药物依赖性强,但医疗上广泛使用的品种					
序号	药物名称	相当于海洛因	序号	药物名称	相当于海洛因
1	1克阿芬太尼	15克	4	1克芬太尼	40克
2	1克安那度尔	0.05克	5	1克氢可酮	0.5克
3	1克二氢埃托啡	50克	6	1克氢吗啡酮	0.02克

(续表)

一、阿片类					
(二)药物依赖性强,但医疗上广泛使用的品种					
序号	药物名称	相当于海洛因	序号	药物名称	相当于海洛因
7	1克氢吗啡醇	0.02克	13	1克羟考酮	0.5克
8	1克左啡诺	0.2克	14	1克羟吗啡酮	0.5克
9	1克美沙酮	0.5克	15	1克哌替啶(度冷丁)	0.05克
10	1克吗啡	0.5克	16	1克瑞芬太尼	40克
11	1克去甲吗啡	0.02克	17	1克舒芬太尼	40克
12	1克阿片	0.05克	18	1克替利定	0.5克
(三)药物依赖性相对较弱,且医疗上广泛使用的品种					
序号	药物名称	相当于海洛因	序号	药物名称	相当于海洛因
1	1克醋氢可待因	0.02克	9	1克地芬诺脂(苯乙哌啶)	0.05克
2	1克布桂嗪(强痛定)	0.005克	10	1克乙基吗啡	0.05克
3	1克丁丙诺啡	0.01克	11	1克尼可待因	0.02克
4	1克布托啡诺	0.005克	12	1克尼二可待因	0.02克
5	1克可待因	0.02克	13	1克去甲可待因	0.02克
6	1克右丙氧芬	0.02克	14	1克喷他佐辛(镇痛新)	0.005克
7	1克地唑辛	0.01克	15	1克吗啉乙基吗啡(福尔可定)	0.02克
8	1克双氢可待因	0.02克	16	1克丙吡胺	0.02克
二、苯丙胺类(含致幻剂)					
(一)致幻型苯丙胺类、致幻剂及甲喹酮:精神依赖性很强且医疗上不准使用的品种					
序号	药物名称	相当于海洛因	序号	药物名称	相当于海洛因
1	1克布苯丙胺(DOB)	1克	5	1克羟基四氢甲基二苯吡喃(DMHP)	1克
2	1克卡西酮	1克	6	1克二甲基色胺(DMT)	1克
3	1克二乙基色胺(DET)	1克	7	1克二甲氧基乙基安非他明(DOET)	1克
4	1克二甲氧基安非他明(DMA)	1克	8	1克乙环利定(PCE)	1克

(续表)

二、苯丙胺类(含致幻剂)

(一)致幻型苯丙胺类、致幻剂及甲喹酮:精神依赖性很强且医疗上不准使用的品种

序号	药物名称	相当于海洛因	序号	药物名称	相当于海洛因
9	1克乙色胺	1克	20	1克塞洛新	1克
10	1克麦角乙二胺	1克	21	1克塞洛西宾	1克
11	1克麦司卡林	1克	22	1克咯环利定	1克
12	1克二亚甲基双氧安非他明(MDMA)	1克	23	1克二甲氧基甲苯异丙胺	1克
13	1克甲卡西酮	1克	24	1克替苯丙胺(MDA)	1克
14	1克甲米雷司	1克	25	1克替诺环定(TCP)	1克
15	1克甲羟芬胺(MMDA)	1克	26	1克四氢大麻酚	1克
16	1克乙芬胺(MDA)	1克	27	1克三甲氧基安非他明(TMA)	1克
17	1克羟芬胺(MDA)	1克	28	1克δ-9-四氢大麻酚	1克
18	1克六氢大麻酚	1克	29	1克4-甲基硫基安非他明	1克
19	1克副甲氧基安非他明(PMA)	1克	30	1克甲喹酮(安眠酮)	0.007克

(二)苯丙胺类兴奋剂及致幻型麻醉剂:精神依赖性强尚有医疗用途的品种

序号	药物名称	相当于海洛因	序号	药物名称	相当于海洛因
1	1克苯丙胺(安非他明)	0.2克	11	1克美索卡	0.025克
2	1克苄非他明	0.025克	12	1克去氧麻黄碱(冰毒)	1克
3	1克右苯丙胺	0.2克	13	1克去氧麻黄碱外消旋体	1克
4	1克芬乙茶碱	0.04克	14	1克哌醋甲酯(利他林)	0.1克
5	1克芬普雷司	0.025克	15	1克苯环利定(PCP)	0.1克
6	1克氯胺酮	0.1克	16	1克苯甲曲秦	0.025克
7	1克左苯丙胺	0.04克	17	1克芬美曲秦	0.025克
8	1克左甲苯丙胺	0.04克	18	1克吡咯戊酮	0.025克
9	1克甲氯喹酮	0.1克	19	1克γ-羟丁酸(GHB)	0.1克
10	1克美芬雷司	0.025克			

(续表)

二、苯丙胺类(含致幻剂)					
(三)弱苯丙胺类:精神依赖性相对较弱有医疗用途的品种					
序号	药物名称	相当于海洛因	序号	药物名称	相当于海洛因
1	1克安非拉酮	0.05克	5	1克氟苯丙胺(芬氟拉明)	0.05克
2	1克去甲麻黄碱(苯丙醇胺)	0.025克	6	1克马吲哚	0.025克
3	1克右旋氟苯丙胺	0.05克	7	1克匹莫林	0.05克
4	1克乙非他明	0.025克	8	1克芬特明	0.025克
三、可卡因类					
序号	药物名称	相当于海洛因	序号	药物名称	相当于海洛因
1	1克可卡因	0.5克	2	1克可卡因碱	20克
四、大麻类					
序号	药物名称	相当于海洛因	序号	药物名称	相当于海洛因
1	1克大麻	0.001克	2	1克大麻脂	0.005克
五、其他兴奋剂					
序号	药物名称	相当于海洛因	序号	药物名称	相当于海洛因
1	1克咖啡因	0.00001克	3	1克莫达芬尼	0.01克
2	1克麻黄碱(左旋右旋)	0.01克			
六、苯二氮卓类镇静安眠药					
序号	药物名称	相当于海洛因	序号	药物名称	相当于海洛因
1	1克溴西泮	0.0001克	7	1克地西泮(安定)	0.0001克
2	1克溴替唑仑	0.0001克	8	1克艾司唑仑(舒乐安定)	0.0001克
3	1克卡马西泮	0.0001克	9	1克氟地西泮	0.001克
4	1克氯硝西泮	0.0001克	10	1克氟硝西泮	0.0001克
5	1克氯氮卓(利眠宁)	0.0001克	11	1克氟西泮	0.0001克
6	1克地洛西泮	0.0001克	12	1克哈拉西泮	0.0001克

(续表)

六、苯二氮䓬类镇静安眠药					
序号	药物名称	相当于海洛因	序号	药物名称	相当于海洛因
13	1克卤恶唑仑	0.0001克	22	1克去甲西泮	0.0001克
14	1克凯他唑仑	0.0001克	23	1克奥沙西泮	0.0001克
15	1克氯普唑仑	0.0001克	24	1克恶唑仑	0.0001克
16	1克劳拉西泮	0.0001克	25	1克匹那西泮	0.0001克
17	1克氯甲西泮	0.0001克	26	1克普拉西泮	0.0001克
18	1克美达西泮	0.0001克	27	1克替马西泮	0.0001克
19	1克咪达唑仑	0.0001克	28	1克四氢西泮	0.0001克
20	1克硝甲西泮	0.0001克	29	1克三唑仑(海乐神)	0.001克
21	1克硝西泮(硝基安定)	0.0001克	30	1克唑吡坦	0.0001克
七、巴比妥类					
序号	药物名称	相当于海洛因	序号	药物名称	相当于海洛因
1	1克阿洛巴比妥	0.0002克	6	1克环己巴比妥	0.0002克
2	1克异戊巴比妥	0.0002克	7	1克甲苯巴比妥	0.0002克
3	1克巴比妥	0.0002克	8	1克戊巴比妥	0.0002克
4	1克布他比妥	0.0002克	9	1克苯巴比妥	0.0002克
5	1克丁巴比妥	0.0002克	10	1克司可巴比妥	0.002克
八、其他类镇静安眠药					
序号	药物名称	相当于海洛因	序号	药物名称	相当于海洛因
1	1克甲丙氨酯(眠尔通)	0.0002克	2	1克扎来普隆	0.0002克

③对于既未规定定罪量刑数量标准,又不具备折算条件的毒品,综合考虑其致瘾癖性、社会危害性、数量、纯度等因素依法量刑。司法机关在裁判文书中,应当客观表述涉案毒品的种类和数量,并综合认定为数量大、数量较大或者少量毒品等,不明确表述将不同种类毒品进行折算后累加的毒品总量。辩护人在代理这类案件

时,应当考察司法机关考虑的因素是否合理,必要时也可以申请司法机关聘请专业的机构或者人员对毒品的毒效大小、有毒成分的多少、吸毒者的依赖程度进行鉴定或者申请相关人员出庭作证。

④对于未查获实物的甲基苯丙胺片剂(俗称"麻古"等)、MDMA 片剂(俗称"摇头丸")等混合型毒品,可以根据在案证据证明的毒品粒数,参考本案或者本地区查获的同类毒品的平均重量计算出毒品数量。司法机关在裁判文书中,应当客观表述根据在案证据认定的毒品粒数。

此外,辩护人还要关注国家禁毒委员会办公室发布的《100 种麻醉药品和精神药品管制品种依赖性折算表》《3 种合成大麻素依赖性折算表》《170 种新精神活性物质依赖性折算表》,审查涉案毒品是否在上述折算表中,然后根据折算表中的折算标准进行折算。

(3)制造毒品案件中的数量认定

制造毒品案件中,毒品成品、半成品的数量应当全部认定为制造毒品的数量,对于无法再加工出成品、半成品的废液、废料则不应计入制造毒品的数量。对于废液、废料的认定,可以根据其毒品成分的含量、外观形态,结合行为人对制毒过程的供述等证据进行分析判断,必要时可以听取鉴定机构的意见。

(4)吸毒者购买毒品的数量认定

吸毒者购买毒品,一般应当按照其购买的毒品数量认定其贩卖毒品的数量,量刑时酌情考虑其吸食毒品的情节;购买的毒品数量无法查明的,按照能够证明的贩卖数量及查获的毒品数量认定其贩毒数量;确有证据证明其购买的部分毒品并非用于贩卖的,不应计入其贩毒数量。

(5)以贩养吸情况下的数量认定

对于以贩养吸的行为人,被查获的毒品数量应认定为其贩卖毒品的数量,但量刑时应考虑行为人吸食毒品的情节,酌情处理;行为人购买了一定数量的毒品后,部分已被其吸食的,应当按能够证明的贩卖数量及查获的毒品数量认定其贩卖毒品的数量,已被吸食部分不计入在内。

(6)未查获毒品情况下的数量认定

在实践中,有些毒品被交易后可能被转卖、被吸食,原有状态已经不复存在或者无法查清,司法机关未能查获毒品实物的情况也大量存在。对于这类未查获到毒品实物的案件,毒品数量的认定会存在一定的难度,辩护人一方面要了解侦查机关和检察机关的指控思路,一方面要全面审查案件的证据材料,审查认定毒品数量的证据是否确实充分,如果证据不足,可以提出无罪或者以数量较小的、有利于被告人的部分作出认定的罪轻辩护意见。

在这类案件中,由于缺乏毒品这一实物证据,言词证据就显得尤为重要,控方试图通过言词证据认定毒品数量,辩方也必须从言词证据入手,重点审查被告人本人的前后供述是否一致,审查被告人与同案被告人之间的供述是否一致,审查被告人的供述与购毒人等证人的证言是否一致,还要审查这些言词证据是否存在诱供、逼供、串供等情形,只有在这些言词证据是合法取得,且供述吻合或者供证一致的情况下,才能作为定案的依据。

(三) 毒品的含量

办理毒品犯罪案件,一般来说,无论毒品纯度高低,含量多少,均应将查证属实的毒品数量认定为毒品犯罪的数量,并据此确定适用的法定刑幅度。但也存在例外的情形,如司法解释另有规定或者为了隐蔽运输而临时改变毒品常规形态的,毒品的含量则会直接影响毒品数量的认定。此外,涉案毒品纯度明显低于同类毒品的正常纯度的,量刑时也可以酌情考虑。由此可见,毒品的含量也是辩护人对毒品类犯罪进行辩护的一个重要切入点。

1. 毒品含量的鉴定

毒品类犯罪虽然不以纯度折算,但对于特殊案件或者在特殊情况下,辩护人还是应当考虑毒品的含量,审查证据中是否存在毒品含量或者毒品纯度的鉴定意见。

(1) 可能判处死刑的毒品案件。

根据2007年最高人民法院、最高人民检察院、公安部发布的《办理毒品犯罪案件适用法律若干问题的意见》的规定,"可能判处死刑的毒品犯罪案件,毒品鉴定结论中应有含量鉴定的结论"。2008年12月,最高人民法院发布的《全国部分法院审理毒品犯罪案件工作座谈会纪要》进一步重申,鉴于大量掺假毒品和成分复杂的新类型毒品不断出现,为做到罪刑相当、罚当其罪,保证毒品案件的审判质量,并考虑目前毒品鉴定的条件和现状,对可能判处被告人死刑的毒品犯罪案件,应当作出毒品含量鉴定。由此可见,辩护人在代理可能判处死刑的毒品类犯罪案件,应当特别注意审查毒品含量的鉴定意见。对于行为人在毒品中掺假之后,毒品数量才达到死刑标准的,对其一般不判处死刑立即执行。

(2) 涉案毒品大量掺假或者成分复杂。

根据最高人民法院《全国部分法院审理毒品犯罪案件工作座谈会纪要》的规定,对涉案毒品可能大量掺假或者系成分复杂的新类型毒品的,亦应当作出毒品含量鉴定。对于含有两种以上毒品成分的毒品混合物,应进一步作成分鉴定,确定所含的不同毒品成分及比例。对于毒品中含有海洛因、甲基苯丙胺的,应以海洛因、甲基苯丙胺分别确定其毒品种类;不含海洛因、甲基苯丙胺的,应以其中毒性较大的毒品成分确定其毒品种类;如果毒性相当或者难以确定毒性大小的,以其中比例较大的毒品成分确定其毒品种类,并在量刑时综合考虑其他毒品成分、含量和全案所涉毒品数量。

案例 10-7

刘某将购得的 130 克海洛因掺入 50 克配料后压成三个圆块后,携带两小包海洛因样品到约定好的交易地点让买家验货,达成交易意向后,刘某取出加工好的海洛因圆块交给买家,被公安机关当场抓获,缴获海洛因圆块和样品共计 180.5 克。案件审理过程中,辩护人提出毒品的数量虽然应当以查证属实的毒品数量计算,不以纯度折算,但本案中,有证据证明行为人在海洛因中掺入了至少 50 克的非毒品物质,涉案毒品的含量明显偏低,遂提出了毒品含量鉴定的申请,最终得到了法院的支持。

(3)为隐蔽运输而改变毒品常规形态。

对于为隐蔽运输而临时改变毒品常规形态,例如,为了逃避海关监管,行为人将海洛因混入面粉中进行报关的,公安机关连同面粉一同查获,辩护人可以主张不应将非毒品的其他物品如面粉计入毒品海洛因的数量。

2. "假毒品"的处理

在实践中,还存在将没有毒品含量的假毒品进行贩卖的案件,最高人民检察院于 1991 年 4 月 2 日作出《关于贩卖假毒品案件如何定性问题的批复》,最高人民法院于 1994 年 12 月 20 日作出《关于适用〈全国人民代表大会常务委员会关于禁毒的决定〉的若干问题的解释》,曾经明确了对这类案件的处理办法,即根据不同情况区别处理:(1)明知是假毒品而以毒品进行贩卖的,应当以诈骗罪追究被告人的刑事责任;(2)不知道是假毒品而当毒品贩卖的,最高人民检察院主张以贩卖毒品罪追究被告人的刑事责任,对其所贩卖的是假毒品的事实,可以作为从轻或者减轻处罚的情节,在处理时予以考虑,最高人民法院主张以贩卖毒品罪(未遂)定罪处罚。

虽然以上两个司法解释现已失效,但其对司法实践的处理仍具有一定的影响。对于不知道是假毒品而当毒品贩卖的案件,辩护人应当从贩卖假毒品的行为是否具有现实的法益侵害性,客观上是否存在贩卖毒品罪的实行行为等方面并结合司法解释现已失效的情况进行辩护。

案例 10-8

被告人周某某误将假毒品当成真毒品进行出售,案发后,其辩护人提出了周某某客观上不存在贩卖毒品罪的实行行为、周某某的"贩卖行为"并不具有现实的法益侵害性,司法机关不得首先考虑主观要件,以主观上具有贩卖毒品的故意为由,追究周某某贩卖毒品罪的刑事责任,故应宣告其无罪的辩护意见。

法院经审理认为:被告人周某某为了贩卖毒品的犯罪目的,实施了侵犯毒品管理制度中关于毒品购销、供应的法律制度的行为。虽然被告人误将假毒品当作真毒品来出售,但其并不是故意用假毒品来代替真毒品出售,而是由于被告人对犯罪对象认识上的错误。这种对犯罪对象的错误认识,导致犯罪结果没有发生,但并不影响被告人主观上贩毒故意的成立,同样也不能否定其实施了贩毒行为。虽被告人对犯罪对象存在认识错误,其贩卖假毒品的行为对社会造成的危害后果远不及贩卖真毒品对社会所造成的危害结果,即危及他人的健康,但产生了抽象危险,具有抽象的法益侵害性。因此,被告人周某某构成贩卖毒品罪,考虑其虽已经着手实施犯罪,但由于意志以外的原因未得逞,是犯罪未遂,且贩卖假毒品的社会危害性轻于贩卖真毒品,故比照既遂犯减轻处罚。

辩点 10-5:罪名认定

本章涉及的毒品类犯罪中,不但行为方式存在竞合,行为对象也存在竞合,加上司法实践的错综复杂,辩护人对于罪名的认定和适用就有了更大的辩护空间。由于不同罪名之间的量刑存在很大差异,辩护人除了进行罪与非罪的辩护、量刑轻重的辩护,还可以进行罪名变更的辩护。为了做好这方面的辩护,辩护人应当熟练掌握以下规则:

(一) 看主观明知

(1)明知他人制造毒品而为其提供制毒物品的,以制造毒品罪的共犯论处,而不能以非法生产、买卖、运输制毒物品、走私制毒物品罪论处。

(2)明知他人实施走私制毒物品犯罪,而为其运输、储存、代理进出口或者以其他方式提供便利的,以走私制毒物品罪的共犯论处。

(二) 看动机目的

(1)以牟利为目的,向吸食、注射毒品的人提供国家规定管制的麻醉药品、精神药品的,以贩卖毒品罪论处。

(2)出于医疗目的,违反有关药品管理的国家规定,非法贩卖上述麻醉药品或者精神药品,扰乱市场秩序,情节严重的,以非法经营罪论处。

(3)以剥夺他人生命或者损害他人健康为目的,引诱、教唆、欺骗、强迫他人吸食、注射毒品的,以故意杀人罪或者故意伤害罪论处。

案例 10-9

乐山制药厂是有权经营咖啡因的企业,其违反国家精神药品及咖啡因生产经营管理的有关规定,向同济药业非法出售大量咖啡因,同济药业购买后改变包装,直接出售给贩毒人员,使咖啡因流入社会,造成严重后果。一审判决乐山制药副总经理王某犯贩卖毒品罪,判处无期徒刑,剥夺政治权利终身,并处没收个人全部财产。

二审法院经审理认为:乐山制药厂在不明知同济药业购买咖啡因是用于贩卖给吸毒人员的情况下,违反国家对精神药品及咖啡因生产经营的管理规定,非法大量出售咖啡因的行为不构成贩卖毒品罪,而应定性为非法经营罪,因此改判王某犯非法经营罪,判处 5 年有期徒刑,并处罚金 5000 元。

(三)看是否同谋

事先与走私、贩卖、运输、制造毒品的犯罪分子同谋,事后实施包庇毒品犯罪分子或者窝藏、转移、隐瞒毒品、毒赃行为的,以走私、贩卖、运输、制造毒品罪的共犯论处,而不是以包庇毒品犯罪分子罪或者窝藏、转移、隐瞒毒品、毒赃罪论处。

(四)看特殊人员

(1)缉毒人员或者其他国家机关工作人员掩护、包庇走私、贩卖、运输、制造毒品的犯罪分子,以包庇毒品犯罪分子罪从重处罚。

(2)引诱、教唆、欺骗或者强迫未成年人吸食、注射毒品的,从重处罚。

(3)向走私、贩卖毒品的犯罪分子提供国家规定管制的麻醉药品、精神药品的,以贩卖毒品罪论处。

(五)看犯罪行为

(1)因走私、贩卖、运输、制造、非法持有毒品罪被判过刑,又犯本章之罪的,从重处罚。

(2)非法种植毒品原植物,又以其为原料进行加工、提炼制造毒品的,以制造毒品罪从重处罚。

(3)通过中介机构将毒品犯罪所得及其产生的收益的来源和性质加以隐瞒和掩饰,以洗钱罪论处。

辩点10-6:犯罪情节

对于毒品类犯罪的辩护,辩护人除了考察犯罪主体、主观方面、行为方式、行为对象以及罪名的认定,还需要考察犯罪情节。有些情节,可以加重对行为人的处罚,而有些情节,则可以减轻对行为人的处罚,甚至可以免除处罚。因此,辩护人在代理案件时,要审查行为人是否具有可以从轻、减轻甚至免除处罚的情节,是否能够排除可能加重行为人处罚的情节。

最高人民法院《关于审理毒品犯罪案件适用法律若干问题的解释》对毒品犯罪中的"情节较重""情节严重""情节特别严重"作了更加明确的规定,也对可以按照更高量刑幅度进行处罚的情节以及可以不按犯罪处理或者可以从宽处罚的情节作了规定,笔者对此进行了归纳和总结,以供辩护人在进行情节辩护时予以参考。

(一)走私、贩卖、运输、制造毒品罪的情节辩护

(1)一般来说,走私、贩卖、运输、制造毒品,无论数量多少,都应予立案追诉。但如果数量非常微小,辩护人可以使用《刑法》第13条,提出情节显著轻微危害不大,不认为是犯罪的辩护意见。

(2)走私、贩卖、运输、制造少量毒品,处3年以下有期徒刑、拘役或者管制,但如果具有以下严重情节之一的,则处3年以上7年以下有期徒刑:

①向多人贩卖毒品或者多次走私、贩卖、运输、制造毒品的;

②在戒毒场所、监管场所贩卖毒品的;

③向在校学生贩卖毒品的;

④组织、利用残疾人、严重疾病患者、怀孕或者正在哺乳自己婴儿的妇女走私、贩卖、运输、制造毒品的;

⑤国家工作人员走私、贩卖、运输、制造毒品的;

⑥其他情节严重的情形。

(3)走私、贩卖、运输、制造毒品数量大的,可以判处15年有期徒刑、无期徒刑或者死刑,但即使没有达到数量大的标准,但具有以下情节之一的,也可以判处15年有期徒刑、无期徒刑或者死刑。

①走私、贩卖、运输、制造毒品集团的首要分子；

②武装掩护走私、贩卖、运输、制造毒品的；

③以暴力抗拒检查、拘留、逮捕，情节严重的；

④参与有组织的国际贩毒活动的。

根据最高人民法院《关于审理毒品犯罪案件适用法律若干问题的解释》第3条的规定，在实施走私、贩卖、运输、制造毒品犯罪的过程中，携带枪支、弹药或者爆炸物用于掩护的，应当认定为上述第②项中的"武装掩护走私、贩卖、运输、制造毒品"。枪支、弹药、爆炸物种类的认定，依照相关司法解释的规定执行；在实施走私、贩卖、运输、制造毒品犯罪的过程中，以暴力抗拒检查、拘留、逮捕，造成执法人员死亡、重伤、多人轻伤或者具有其他严重情节的，应当认定为上述第③项中的"以暴力抗拒检查、拘留、逮捕，情节严重"。

(二)非法持有毒品罪的情节辩护

(1)一般来说，非法持有毒品必须达到数量较大的标准才能立案追诉。但持有时间的长短是可以直接影响量刑的情节，如果时间过短，辩护人可以提出持有过短的时间不足以证明行为人对毒品形成了事实上的支配，不能认定为持有的辩护意见。

(2)非法持有毒品达到刑法要求的"数量较大"标准，处3年以下有期徒刑、拘役或者管制，但如果具有以下严重情节之一的，则处3年以上7年以下有期徒刑：

①在戒毒场所、监管场所非法持有毒品的；

②利用、教唆未成年人非法持有毒品的；

③国家工作人员非法持有毒品的；

④其他情节严重的情形。

(三)非法生产、买卖、运输制毒物品、走私制毒物品罪的情节辩护

(1)违反国家规定，非法生产、买卖、运输制毒物品、走私制毒物品，情节较重的，才能予以追诉。最高人民法院《关于审理毒品犯罪案件适用法律若干问题的解释》对本罪"情节较重"的数量标准作出了明确规定。一般情况下，如果没有达到司法解释所规定的数量标准，不能予以追诉。

(2)违反国家规定，非法生产、买卖、运输制毒物品、走私制毒物品，虽然没有达到"情节较重"的数量标准，但达到该标准最低值的50%，如麻黄碱、伪麻黄碱、消旋麻黄碱达到500克以上，1-苯基-2-丙酮、1-苯基-2-溴-1-丙酮、3,4-亚甲基二氧苯基-2-丙酮、羟亚胺达到1千克以上，3-氧-2-苯基丁腈、邻氯苯基环戊酮、去甲麻黄碱、甲基麻黄碱达到2千克以上，醋酸酐达到5千克以上，麻黄浸膏、麻黄浸膏粉、

胡椒醛、黄樟素、黄樟油、异黄樟素、麦角酸、麦角胺、麦角新碱、苯乙酸达到 10 千克以上，N-乙酰邻氨基苯酸、邻氨基苯甲酸、三氯甲烷、乙醚、哌啶达到 25 千克以上，甲苯、丙酮、甲基乙基酮、高锰酸钾、硫酸、盐酸达到 500 千克以上，且具有下列情形之一的，仍然可以予以追诉：

①曾因非法生产、买卖、运输制毒物品、走私制毒物品受过刑事处罚的；

②2 年内曾因非法生产、买卖、运输制毒物品、走私制毒物品受过行政处罚的；

③一次组织 5 人以上或者多次非法生产、买卖、运输制毒物品、走私制毒物品，或者在多个地点非法生产制毒物品的；

④利用、教唆未成年人非法生产、买卖、运输制毒物品、走私制毒物品的；

⑤国家工作人员非法生产、买卖、运输制毒物品、走私制毒物品的；

⑥严重影响群众正常生产、生活秩序的；

⑦其他情节较重的情形。

(3) 违反国家规定，非法生产、买卖、运输制毒物品、走私制毒物品，具有以下情形之一的，达到"情节较重"的数量标准，按照"情节严重"的量刑幅度处罚；达到"情节严重"的数量标准，按照"情节特别严重"的量刑幅度处罚。

①一次组织 5 人以上或者多次非法生产、买卖、运输制毒物品、走私制毒物品，或者在多个地点非法生产制毒物品的；

②利用、教唆未成年人非法生产、买卖、运输制毒物品、走私制毒物品的；

③国家工作人员非法生产、买卖、运输制毒物品、走私制毒物品的；

④严重影响群众正常生产、生活秩序的。

(四) 非法种植毒品原植物罪的情节辩护

(1) 一般来说，非法种植毒品原植物，数量较大的，才能予以追诉，如果种植的毒品原植物的数量没有达到追诉的标准，但具有以下情节之一的，也可以立案追诉：

①经公安机关处理后又种植的；

②抗拒铲除的。

(2) 非法种植罂粟或者其他毒品原植物，在收获前自动铲除的，可以免除处罚。

(五) 引诱、教唆、欺骗他人吸毒罪的情节辩护

一般来说，引诱、教唆、欺骗他人吸食、注射毒品，处 3 年以下有期徒刑、拘役或者管制，但如果具有以下严重情节之一的，则处 3 年以上 7 年以下有期徒刑：

(1) 引诱、教唆、欺骗多人或者多次引诱、教唆、欺骗他人吸食、注射毒品的；

(2) 对他人身体健康造成严重危害的；

(3)导致他人实施故意杀人、故意伤害、交通肇事等犯罪行为的;
(4)国家工作人员引诱、教唆、欺骗他人吸食、注射毒品的;
(5)其他情节严重的情形。

(六)容留他人吸毒罪的情节辩护

(1)只要实施了引诱、教唆、欺骗、强迫他人吸毒的行为即可立案追诉,但是容留他人吸毒的行为必须具备以下情节之一,才能予以立案追诉:

①一次容留多人吸食、注射毒品的;
②2年内多次容留他人吸食、注射毒品的;
③2年内曾因容留他人吸食、注射毒品受过行政处罚的;
④容留未成年人吸食、注射毒品的;
⑤以牟利为目的容留他人吸食、注射毒品的;
⑥容留他人吸食、注射毒品造成严重后果的;
⑦其他应当追究刑事责任的情形。

(2)容留近亲属吸食、注射毒品,情节显著轻微危害不大的,不作为犯罪处理;需要追究刑事责任的,可以酌情从宽处罚。

(七)非法提供麻醉药品、精神药品罪的情节辩护

(1)对于非法提供麻醉药品、精神药品罪,如果提供的药品数量没有达到立案的标准,但具有以下情节之一的,也可以立案追诉,处3年以下有期徒刑、拘役或者管制:

①2年内曾因非法提供麻醉药品、精神药品受过行政处罚的;
②向多人或者多次非法提供麻醉药品、精神药品的;
③向吸食、注射毒品的未成年人非法提供麻醉药品、精神药品的;
④非法提供麻醉药品、精神药品造成严重后果的;
⑤其他应当追究刑事责任的情形。

(2)非法提供麻醉药品、精神药品,数量没有达到"情节严重"的标准,但具有下列情形之一的,也应当认定为"情节严重",处3年以上7年以下有期徒刑:

①向多人或者多次非法提供麻醉药品、精神药品的;
②向吸食、注射毒品的未成年人非法提供麻醉药品、精神药品的;
③非法提供麻醉药品、精神药品造成严重后果的;
④其他情节严重的情形。

(八)包庇毒品犯罪分子罪的情节辩护

(1)包庇走私、贩卖、运输、制造毒品的犯罪分子,具有下列情形之一的,应予立

案追诉,处 3 年以下有期徒刑、拘役或者管制:

①作虚假证明,帮助掩盖罪行的;

②帮助隐藏、转移或者毁灭证据的;

③帮助取得虚假身份或者身份证件的;

④以其他方式包庇犯罪分子的。

(2)包庇走私、贩卖、运输、制造毒品的犯罪分子,具有以下情节之一的,属于"情节严重",处 3 年以上 10 年以下有期徒刑:

①被包庇的犯罪分子依法应当判处 15 年有期徒刑以上刑罚的;

②包庇多名或者多次包庇走私、贩卖、运输、制造毒品的犯罪分子的;

③严重妨害司法机关对被包庇的犯罪分子实施的毒品犯罪进行追究的;

④其他情节严重的情形。

(3)包庇走私、贩卖、运输、制造毒品的近亲属,如果不具有以上"情节严重"的情形,归案后认罪、悔罪、积极退赃,且系初犯、偶犯,犯罪情节轻微不需要判处刑罚的,可以免予刑事处罚。

(九) 窝藏、转移、隐瞒毒品、毒赃罪的情节辩护

(1)一般来说,为走私、贩卖、运输、制造毒品的犯罪分子窝藏、转移、隐瞒毒品或者毒品犯罪所得的财物,处 3 年以下有期徒刑、拘役或者管制,但如果具有以下严重情节之一的,则处 3 年以上 10 年以下有期徒刑:

①为犯罪分子窝藏、转移、隐瞒毒品达到走私、贩卖、运输、制造毒品罪中所规定的"数量大"标准的;

②为犯罪分子窝藏、转移、隐瞒毒品犯罪所得的财物价值达到 5 万元以上的;

③为多人或者多次为他人窝藏、转移、隐瞒毒品或者毒品犯罪所得的财物的;

④严重妨害司法机关对该犯罪分子实施的毒品犯罪进行追究的;

⑤其他情节严重的情形。

(2)为近亲属窝藏、转移、隐瞒毒品或者毒品犯罪所得的财物,不具有以上"情节严重"情形,归案后认罪、悔罪、积极退赃,且系初犯、偶犯,犯罪情节轻微不需要判处刑罚的,可以免予刑事处罚。

(十) 毒品再犯的情节辩护

我国《刑法》第 65 条第 1 款是关于累犯的规定,即被判处有期徒刑以上刑罚的犯罪分子,刑罚执行完毕或者赦免以后,在 5 年内再犯应当判处有期徒刑以上刑罚之罪的,是累犯,应当从重处罚,但是过失犯罪和不满 18 周岁的人犯罪的除外。这

个规定适用于所有的犯罪,毒品类犯罪也不例外。但我国《刑法》第356条对毒品类犯罪还有一个特殊的毒品再犯的规定,即因走私、贩卖、运输、制造、非法持有毒品罪被判过刑,又犯《刑法》分则第六章第七节规定的犯罪的,是毒品再犯,应当从重处罚。对于这里的"被判过刑",该法条并未明确说明是刑罚执行完毕或者赦免以后又重新犯毒品犯罪,也没有说明在刑罚执行过程中又犯毒品犯罪的情形是否属于被判过刑的范畴。所以司法实践中,有的司法机关认为,因走私、贩卖、运输、制造、非法持有毒品罪被判刑的犯罪分子,不论是在刑罚执行完毕后,还是刑罚执行过程中,只要又犯《刑法》分则第六章第七节规定的犯罪的,应当在对其所犯新的毒品犯罪适用刑法第356条从重处罚的规定确定刑罚后,再依法数罪并罚。

但也有人认为,刑法关于毒品再犯的规定,属于累犯的特殊情形,除其自身的特别规定外,其他要件必须受刑法关于累犯规定的制约。毒品再犯可以不受累犯关于5年以内这一普遍规定的制约,但应当受刑罚执行完毕或者赦免以后规定的制约。如果行为人在原判刑罚尚未执行完毕以前重新犯罪的,因其不属于刑罚执行完毕或者赦免以后的情形,不能认定为毒品再犯,而只能实行数罪并罚。

案例 10-10

被告人李某,1998年12月27日因犯盗窃罪被判处有期徒刑14年,1989年因病监外执行;1991年11月9日因犯贩卖毒品罪被判有期徒刑15年,与前罪尚未执行完毕的刑罚实行并罚,决定执行有期徒刑20年,1995年6月因病监外执行。2004年6月以来,李某多次从贵阳市购买海洛因,运输回西安市进行贩卖,后被抓获。一审法院认为,被告人李某因贩卖毒品罪被判过刑,在前罪刑罚监外执行期间贩卖、运输毒品175.5克,系毒品犯罪的再犯,应依法从重处罚;李某又系前罪刑罚执行完毕以前重新犯罪,应当数罪并罚。后以贩卖、运输毒品罪判处李某死刑,剥夺政治权利终身,并处没收个人全部财产。后二审法院维持了原判。但最高人民法院复核时认为,根据本案的具体情节,对其判处死刑,可不立即执行。

此外,对同时构成累犯和毒品再犯的被告人,司法机关会同时引用《刑法》关于累犯和毒品再犯的条款。但如果是因为同一毒品犯罪前科同时构成累犯和毒品再犯的被告人,在量刑时不得重复予以从重处罚。但对于因不同犯罪前科同时构成累犯和毒品再犯的被告人,量刑时的从重处罚幅度一般应大于前述情形。辩护人对此一定要特别注意,这是进行量刑辩护的一个重要规则,下面举两个案例来说明。

例如,冯某在2001年因贩卖毒品罪被判处有期徒刑10年,2011年刑罚执行完毕被释放,到2013年又犯走私毒品罪,那么冯某在刑罚执行完毕后又犯走私毒品罪,且是在刑罚执行完毕5年内又犯的,所以既构成累犯,又同时构成毒品类犯罪的再犯,但都是基于贩卖毒品罪这同一毒品犯罪前科,司法机关在裁判文书上虽然应当同时引用刑法关于累犯和毒品再犯的条款,但在量刑时就不得重复予以从重处罚。

再如,李某在2001年因故意伤害罪被判处有期徒刑10年,2011年刑罚执行完毕被释放,2012年又因犯非法持有毒品罪被判处一年有期徒刑,缓期一年执行,在缓刑执行期间,2013年李某又犯贩卖毒品罪,那么,李某因犯非法持有毒品罪又贩卖毒品,构成毒品类犯罪的再犯,同时,李某在故意伤害罪的刑罚执行完毕后5年内又犯,同时又构成累犯,虽然李某也同时构成毒品类犯罪的再犯和累犯,但是基于不同的犯罪前科,所以从重处罚的幅度应当大于冯某。

辩点10-7:特情因素

运用特情侦破毒品类犯罪案件,是依法打击毒品犯罪的有效手段,这种手段可以为侦查人员及时反映侦查工作所需要的信息,以及违法犯罪人员的内部信息,方便侦查人员侦查破案。辩护人对于代理的毒品类犯罪案件,要注意考察是否属于特情介入侦破的案件,我国刑法虽然没有明确规定特情因素对定罪量刑的影响,但最高人民法院《全国部分法院审理毒品犯罪案件工作座谈会纪要》针对特情因素还是区别了不同情形并作出了不同的处理规定,提出"对已持有毒品待售或者有证据证明已准备实施大宗毒品犯罪者,采取特情贴靠、接洽而破获的案件,不存在犯罪引诱,应当依法处理"。对于影响量刑的特情引诱,又细分为"犯意引诱"和"数量引诱"。对不能排除"犯意引诱"和"数量引诱"的案件,在考虑是否对被告人判处死刑立即执行时,也要留有余地。对被告人受特情间接引诱实施毒品犯罪的,参照上述原则依法处理。辩护人代理具有特情介入的毒品犯罪案件时,要根据案卷材料分析属于哪一种特情引诱,并根据上述会议纪要规定的原则提出从宽处罚或者免于处罚的辩护意见。

(一)犯意引诱

行为人本没有实施毒品犯罪的主观意图,而是在特情诱惑和促成下形成犯意,进而实施毒品犯罪的,属于"犯意引诱"。但如果行为人已有犯意,特情只是提供了完成毒品犯罪的机会,则不属于"犯意引诱"。对因"犯意引诱"实施毒品犯罪的被告人,根据罪刑相适应原则,应当依法从轻处罚,无论涉案毒品数量多大,都不应判处死刑立即执行。

> **案例 10-11**
>
> 2019 年 6 月 2 日凌晨，被告人张某某在其住处以人民币 3700 元的价格向举报人林某贩卖毒品 2 包时被公安人员当场人赃并获，公安人员在林某身上缴获用以交易的白色晶体 2 包（经检验，净重 78.68 克，检出甲基苯丙胺成分），并在张某某住处内查获白色固体 5 包（经检验，净重 348.4 克，检出海洛因成分，含量为 75.5%）、白色固体 3 包（经检验，净重 174.66 克，检出海洛因成分，含量为 49.4%）、白色晶体 1 包（经检验，净重 987.97 克，检出甲基苯丙胺成分，含量为 72.4%）、白色固体 85 包（经检验，净重 45.57 克，检出海洛因成分）等物品。后一审法院认定案件存在特情引诱，对被告人张某某酌情从轻处罚。但检察机关抗诉认为，本案属于对已持有毒品待售犯罪者采取特情贴靠、接洽而破获的案件，公安机关是提供机会型的特情介入，不属于犯意引诱型，应当依法处理，不具有酌情从轻的事由。后该抗诉意见得到了二审法院的支持，二审法院认为虽公安机关系由举报人配合侦破案件，但张某某在案发前已有贩卖毒品行为，属持毒待售，且持有的毒品数量远超与举报人所交易的数量，故本案不应认定存在特情引诱。

此外，如果行为人没有犯意，而是在特情既为其安排上线，又提供下线的双重引诱下才实施毒品犯罪的，处刑时可予以大幅度从宽处罚或者依法免予刑事处罚。因此，辩护人在代理这类案件时，要注意审查上线与下线是否特情安排的情况。

(二) 数量引诱

行为人本来只有实施数量较小的毒品犯罪的故意，在特情引诱下实施了数量较大甚至达到实际掌握的死刑数量标准的毒品犯罪的，属于"数量引诱"。对因"数量引诱"实施毒品犯罪的行为人，应当依法从轻处罚，即使毒品数量超过实际掌握的死刑数量标准，一般也不判处死刑立即执行。

> **案例 10-12**
>
> 群众魏某向公安机关举报被告人于某贩卖毒品，后魏某在民警的安排下与于某打电话约购毒品，并由办案民警在北京市海淀区筹集了毒资人民币 2000 元。次日 1 时许，被告人于某伙同被告人赵某，在北京市海淀区四季青某场馆

门口,以人民币 2000 元的价格向举报人魏某贩卖毒品时,被公安机关当场抓获。民警当场从被告人于某身上起获毒资 2000 元,从举报人魏某身上起获白色晶体一包,经鉴定系毒品甲基苯丙胺,净重 0.59 克。

辩护人认为本案系有特情介入侦破的毒品案件,且被告人系初犯,在庭审过程中认罪态度较好,并表示真诚悔罪;同时,于某协助公安机关抓获同案犯,有立功表现,故依法可以对于某从轻处罚。法院采纳了辩护人的意见,以贩卖毒品罪,判处于某有期徒刑 1 年 2 个月,并处罚金 4000 元。

辩点 10-8:犯罪形态

与其他犯罪一样,毒品类犯罪既存在完成形态,也存在未完成形态。犯罪未完成形态的犯罪未遂、犯罪预备和犯罪中止与犯罪完成形态的犯罪既遂相比,在量刑上有着重大区别。所以辩护人在代理这类案件时,要审查行为人犯罪所处的形态,这是这类犯罪辩护比较重要的辩点。因为对于预备犯,可以比照既遂犯从轻、减轻处罚或者免除处罚;对于未遂犯,可以比照既遂犯从轻或者减轻处罚;对于中止犯,没有造成损害的,应当免除处罚,造成损害的,应当减轻处罚。如果犯罪处于未完成形态,行为人便具有了法定的从轻、减轻甚至免除处罚的情节。在未完成犯罪形态中,相比于犯罪预备和犯罪中止,犯罪未遂的标准更难掌握,现列举本章几个罪名的未遂判断标准加以说明。

(一)走私毒品罪的未遂

走私毒品主要分为输入毒品与输出毒品,输入毒品分为陆路输入与海路、空路输入。陆路输入应当以越过国境线,使毒品进入国内领域内的时刻为既遂标准。海路、空路输入毒品,装载毒品的船舶到达本国港口或航空器到达本国领土内时为既遂,否则为未遂。

(二)贩卖毒品罪的未遂

贩卖毒品以毒品实际上转移给买方为既遂。转移毒品后行为人是否已经获取了利益,并不影响既遂的成立。毒品实际上没有转移,即使已经达成转移的协议,或者行为人已经获得了利益,也不能认为是既遂。在贩卖毒品的案件中,由于毒品交易的隐蔽性高,侦查机关的惯常做法是使用特情引诱假装买家购买毒品。在这种情况下,辩护人可以提出贩卖毒品罪未遂的辩护意见。

案例 10-13

苏某为转手出卖毒品牟利,主动找到公安机关的特情人员许某,要求许某代其联系购买甲基苯丙胺,并提出要向许某等人购买甲基苯丙胺35公斤。后苏某派人携带足额购毒款前往"交易"时被抓获。本案中,犯意的产生及交易细节均由苏某提出,故不属于"犯意引诱"或"数量引诱",但辩护人提出,由于苏某的交易方系公安机关的特情人员,即涉案"交易"自始便是不可能完成的,属于因犯罪分子意志以外的因素而不可能实现其贩毒目的的情形,应当认定为犯罪未遂,比照既遂犯予以从轻或者减轻处罚。法院最终采纳了辩护人的意见。

(三) 运输毒品罪的未遂

运输毒品的既遂与未遂,应当以毒品是否起运为准,而不是以毒品是否到达目的地来认定,只要行为人已经将毒品起运,就应当认定为运输毒品犯罪的既遂,至于行为人运输毒品有多长的距离,是否到达特定的目的地,在所不问。①

案例 10-14②

被告人塔某某为谋取非法利益,欲乘飞机为他人运输毒品海洛因1500克,在登机前被抓获,一审判决认定其构成运输毒品罪(未遂)。检察机关抗诉认为,被告人塔某某在宾馆内将1500克毒品海洛因分12袋分别放在腰间、内裤和鞋子里、行李包里的鞋子里,然后搭乘出租车前往机场,从其搭乘出租车的那一刻起,即是运输毒品的着手,其着手后并没有意志以外的因素使运输毒品行为中断,其到机场乘飞机只是运输方式的转换,是否到达目的地,并不影响既遂的构成,一审判决适用法律错误。二审法院经审理认为,被告人塔某某明知是毒品海洛因,仍受他人指使运输,购买往返机票,将毒品带离藏匿地点,尽管其在通过机场安检时被查获,但其行为已使毒品发生了位移并且已经起运,进入了运输环节,符合运输毒品罪(既遂)构成的要件。

---

① 参见陈兴良、张军、胡云腾主编:《人民法院刑事指导案例裁判要旨通纂(下卷·第二版)》,北京大学出版社2018年版,第1510页。

② 案例来源:《人民法院案例选》2008年第1辑。

(四) 制造毒品罪的未遂

制造毒品罪应以实际上制造出毒品为既遂标准,至于制造出来的毒品数量多少、纯度高低等,都不影响既遂的成立。着手制造毒品后,没有实际上制造出毒品的,是制造毒品未遂。对于已经制造出粗制毒品或者半成品的,应以制造毒品罪的既遂论处。

(五) 引诱、教唆、欺骗、强迫他人吸毒罪的未遂

引诱、教唆、欺骗、强迫他人吸食毒品的案件中,如果被引诱、教唆、欺骗、强迫的一方最终并未吸食或者注射毒品的,行为人构成本罪的未遂。

(六) 持有型毒品类犯罪的未完成形态

持有型毒品类犯罪在犯罪形态方面的特点是一经持有即达成既遂,即行为人实施持有行为、犯罪进入实行阶段后,持有状态即形成,持有犯罪便已达成既遂形态,其持有行为是否发生实际的危害后果,不影响持有犯罪既遂的成立。持有行为实施后,不太可能再出现未遂等未完成形态,因不存在行为终了与犯罪既遂之间的时间间隔,也不具备形成犯罪中止的时间条件。

案例 10-15

2017年12月9日,被告人周某主动到公安机关投案,将其藏匿于家中的3包白色晶体上交。经鉴定,3包白色晶体共重113.63克,从中检出甲基苯丙胺成分。一审法院认为其构成自首,以非法持有毒品罪判处其有期徒刑6年,剥夺政治权利1年,并处罚金12000元。周某不服提出上诉,辩护人认为其主动上交毒品,应当构成犯罪中止。但二审法院经审理认为,周某主动上交所藏毒品时,其非法持有毒品已有一定的时间,非法持有毒品犯罪已经构成既遂,不宜认定为犯罪中止,应当以自首论处。但一审判决未考虑案件的特殊性,没有体现刑法罪刑相适应原则,改判周某免除刑事处罚。

辩点 10-9:共同犯罪

(一) 共同犯罪的认定与处罚

(1) 毒品买卖的双方在客观行为上必然相互连接,但其分别实行的是买和卖两个不同的行为,其主观故意的内容也有区别,故毒品买卖双方的行为一般不能以共同犯罪论处。对于不能查明买方购买毒品的真实用途的案件,不能以系贩卖毒品者

的帮助犯为由,认定为贩卖毒品罪的共犯;也不能单纯以所购买的毒品数量巨大一个事实为据,推定为贩卖毒品罪,该种情形一般应当以非法持有毒品罪定罪处刑。

(2)多人分别对同一宗毒品实施了购买、运输、窝藏、转移、出售等行为之一的,如果有证据证实其事前进行了共同贩卖毒品的合谋、商议,然后分工协作、分担实行不同行为的,应当以其共同预谋实施的目的行为确定罪名,即应当认定为贩卖毒品罪的共同犯罪。如果没有证据证实其中的行为人参与了事前的共同谋议,现有证据只能证明其系临时受人雇佣或指使,单纯实施了运输、窝藏或转移毒品的行为,其主观上对雇佣者的贩毒行为也只是凭推测或估计而有所知悉的,则应当以其具体实施的行为确定罪名,即分别认定运输、窝藏或转移毒品罪。

(3)对于在毒品买卖双方之间倾力介绍、撮合,促成毒品交易的行为,无论是否从中牟利,均应以贩卖毒品罪的共犯论处。

(二) 正确区分主犯和从犯

区分主犯和从犯,应当以各共同犯罪人在毒品共同犯罪中的地位和作用为根据。要从犯意提起、具体行为分工、出资和实际分得毒赃多少以及共犯之间相互关系等方面,比较各个共同犯罪人在共同犯罪中的地位和作用。

毒品共同犯罪中,主出资者、毒品所有者或者起意、策划、纠集、组织、雇用、指使他人参与犯罪以及其他起主要作用的是主犯;起次要或者辅助作用的是从犯。受雇用、受指使实施毒品犯罪的,应根据其在犯罪中实际发挥的作用具体认定为主犯或者从犯。对于确有证据证实只是受人雇佣或控制,单纯实施了接送毒品或收取毒赃等行为,从中获取少量非法利润的人,可以认定为从犯,依法给予从宽处罚。对于有充分证据证实在共同犯罪中所起作用不大的人,不能因为其他共同犯罪人逃逸而将其事实上按主犯判处刑罚。

(三) 认定共犯的犯罪数量

毒品共同犯罪中,要正确认定共同犯罪案件中主犯和从犯的毒品犯罪数量。对于毒品犯罪集团的首要分子,应按集团毒品犯罪的总数量处罚;对一般共同犯罪的主犯,应按其所参与的或者组织、指挥的毒品犯罪数量处罚;对于从犯,应当按照其所参与的毒品犯罪的数量处罚。

2人以上共同受人雇佣或指使,同时实施了购买、运输或出售毒品行为之一的,原则上各行为人只对自己实施的行为及其毒品数量承担刑事责任。如果2人以上事前共同策划、商议,各人分别携带一部分毒品以便化整为零,在具体贩运毒品过程中又相互照应、彼此配合的,则各行为人均应对本次共同贩运毒品的总数量承担刑事责任。

(四) 确定共同犯罪人的刑罚

毒品共同犯罪案件中,要根据行为人在共同犯罪中的作用和罪责大小确定刑罚。不同案件不能简单类比,一个案件的从犯参与犯罪的毒品数量可能比另一案件的主犯参与犯罪的毒品数量大,但对这一案件从犯的处罚不是必然重于另一案件的主犯。共同犯罪中能分清主从犯的,不能因为涉案的毒品数量特别巨大,就不分主从犯而一律将被告人认定为主犯或者实际上都按主犯处罚,一律判处重刑甚至死刑。对于共同犯罪中有多个主犯或者共同犯罪人的,处罚上也应做到区别对待。应当全面考察各主犯或者共同犯罪人在共同犯罪中实际发挥作用的差别,主观恶性和人身危险性方面的差异,对罪责或者人身危险性更大的主犯或者共同犯罪人依法判处更重的刑罚。

(五) 其他特殊情况下的处理

1. 主犯在逃

对于确有证据证明在共同犯罪中起次要或者辅助作用的,不能因为其他共同犯罪人未到案而不认定其为从犯,甚至将其认定为主犯或者按主犯处罚。只要认定为从犯,无论主犯是否到案,均应依照刑法关于从犯的规定从轻、减轻或者免除处罚。

辩护人在办理主犯在逃的案件中,更应当结合证据证明行为人在共同犯罪中所处的地位和所起的作用,及时提出被告人属于从犯甚至胁从犯的辩护意见,争取从轻量刑。

2. 毒品犯罪上、下家

没有实施毒品犯罪的共同故意,仅在客观上为相互关联的毒品犯罪上、下家,不构成共同犯罪,但为了诉讼便利可并案审理。

3. 居间介绍人

毒品买卖活动并非都是由贩毒者与购毒者直接达成并完成交易,有的交易还需要通过居间介绍人完成。居间介绍人在毒品买卖活动中的作用,大体可分为三种基本形式:为购毒者介绍毒贩,为毒贩介绍买主,兼具两种介绍行为。

司法实践中,辩护人对于存在居间介绍人的案件,要特别注意以下三个问题:

(1) 准确认定居间介绍买卖毒品行为。

尤其注意与居中倒卖毒品行为相区别。居间介绍人在毒品交易中处于中间人地位,发挥介绍联络作用,通常与交易一方构成共同犯罪,但不以牟利为要件;居中倒卖者属于毒品交易主体,与前后环节的交易对象是上下家关系,直接参与毒品交易并从中获利。

(2)准确认定居间介绍人的适用罪名。

①居间介绍人受贩毒者委托,为其介绍联络购毒者的,与贩毒者构成贩卖毒品罪的共同犯罪;

②明知购毒者以贩卖为目的购买毒品,受委托为其介绍联络贩毒者的,与购毒者构成贩卖毒品罪的共同犯罪;

③受以吸食为目的的购毒者委托,为其介绍联络贩毒者,毒品数量达到《刑法》第348条规定的最低数量标准的,一般与购毒者构成非法持有毒品罪的共同犯罪;

④同时与贩毒者、购毒者共谋,联络促成双方交易的,通常认定与贩毒者构成贩卖毒品罪的共同犯罪。

(3)准确认定居间介绍人的主从犯地位。

居间介绍人实施为毒品交易主体提供交易信息、介绍交易对象等帮助行为,对促成交易起次要、辅助作用的,应当认定为从犯;对于以居间介绍人的身份介入毒品交易,但在交易中超出居间介绍者的地位,对交易的发起和达成起重要作用的行为人,可以认定为主犯。

案例 10-16

王某是毒贩,委托马某为其寻找买家,马某将王某有毒品卖的情况又告诉了胡某,胡某之前受吸毒人员张某和另一个贩毒的人员亚某的委托联系卖家,最后马某和胡某促成张某、亚某与王某见面,并协商落实交易细节。后马某和胡某帮助张某和亚某携带购毒款去王某处进行毒品交易时被公安机关抓获。后马某和胡某被公诉机关以与王某共同贩卖毒品提起诉讼。

本案中,辩护人提出,马某受毒贩王某的委托寻找买家,并最终为王某介绍联络到了购毒者,司法机关认定其与王某构成贩卖毒品罪的共同犯罪是正确的,但胡某是受吸毒的张某和贩毒的亚某委托寻找卖家的,并未与王某形成贩卖毒品的犯意联络,其明知张某是以吸食为目的的购毒者,明知亚某是以贩卖为目的的购毒者,而居间介绍最终促成了张某、亚某与王某之间的毒品交易,与张某和亚某存在犯意上的联络,应当与张某构成非法持有毒品罪的共同犯罪,与亚某构成贩卖毒品罪的共同犯罪,由于张某购买的毒品数量没有达到《刑法》第 348 条规定的最低数量标准,所以胡某不构成非法持有毒品罪,仅与亚某构成贩卖毒品罪的共同犯罪。此外,辩护人还提出,由于胡某不是毒品的实际所有者,也没有贩卖毒品获利的目的,仅仅是居间介绍,起到的是帮助作用,应当认定为从犯,依法从轻或者减轻处罚。

4. 受雇运输人

两人以上同行运输毒品的,应当从是否明知他人带有毒品,有无共同运输毒品的意思联络,有无实施配合、掩护他人运输毒品的行为等方面综合审查认定是否构成共同犯罪。

(1)受雇于同一雇主同行运输毒品,但受雇者之间没有共同犯罪故意,不应认定为共同犯罪;

(2)虽然明知他人受雇运输毒品,但各自的运输行为相对独立,既没有实施配合、掩护他人运输毒品的行为,又分别按照各自运输的毒品数量领取报酬的,不应认定为共同犯罪;

(3)受雇于同一雇主分段运输同一宗毒品,但受雇者之间没有犯罪共谋的,不应认定为共同犯罪。

雇用他人运输毒品的雇主,及其他对受雇者起到一定组织、指挥作用的人员,与各受雇者分别构成运输毒品罪的共同犯罪,对运输的全部毒品数量承担刑事责任。

5. 家族犯罪

对于家庭成员集体参与毒品犯罪的案件,涉案毒品的数量不作为量刑考察的唯一依据,要根据案件的特点分析共同犯罪中各行为人的地位、作用,并从人道的角度出发,对涉案不深、主观恶性不大的家庭成员主张酌情从轻判处刑罚。

案例 10-17

阿明和阿伟是亲兄弟,阿明纠集多人组织贩卖海洛因,数量特别巨大,阿伟在阿明的指使和安排下,参与毒品的运输和贩卖共计 11 次,海洛因数量达 20784.01 克。一、二审法院均认定阿明、阿伟兄弟二人均为案中主犯,依法应适用死刑立即执行。在死刑复核阶段,辩护人提出,阿伟虽然和阿明属于贩卖、运输毒品罪的共同犯罪,但其作用明显低于阿明,涉案行为具有一定的被动性;而且考虑我国传统的人情伦理观念,基于人道主义精神,一般情况下对家庭成员应根据各自的地位、作用和社会危害程度区别量刑,不宜全部适用死刑立即执行。最后,最高人民法院复核后改判阿伟死刑,缓期 2 年执行。

案例 10-18

阿齐与儿子阿山、妹妹阿珍越境购买毒品,阿山负责驾车将毒品运输回国,阿齐与阿珍负责将毒品售出牟利,案发后,公诉机关指控,阿山从境外携带毒品入境并驾车运输至贩卖地点,涉及毒品数量巨大,在其家族共同犯罪中起主要作用,系主犯。但辩护人提出,阿山毕竟不是家族共同犯罪的组织、领导者,而是在其父亲阿齐的带领下参与犯罪的,与阿齐相比,阿山所起作用相对较小、地位相对较低、主观恶性相对较小,虽同为主犯,但仍应区别对待,何况是这种家族式毒品共同犯罪,应从人道主义出发,不能将家族成员都同时处以极刑。法院最终采纳了辩护人的意见,对阿山酌情予以从轻处罚。

辩点 10-10:立功表现

根据我国刑法的规定,犯罪分子有揭发他人犯罪行为,查证属实的,或者提供重要线索,从而得以侦破其他案件等立功表现的,可以从轻或者减轻处罚;有重大立功表现的,可以减轻或者免除处罚。行为人是否具有立功表现是毒品犯罪案件中辩护人进行量刑辩护的一个重要切入点。

(一)共同犯罪中的立功认定

(1)不应认定为立功的情况:共同犯罪中同案犯的基本情况,包括同案犯姓名、住址、体貌特征、联络方式等信息,属于被告人应当供述的范围。公安机关根据被告人供述抓获同案犯的,不应认定其有立功表现。

(2)应当认定为立功的情况:被告人在公安机关抓获同案犯过程中确实起到协助作用的,例如,经被告人现场指认、辨认抓获了同案犯;被告人带领公安人员抓获了同案犯;被告人提供了不为有关机关掌握或者有关机关按照正常工作程序无法掌握的同案犯藏匿的线索,有关机关据此抓获了同案犯;被告人交代了与同案犯的联系方式,又按要求与对方联络,积极协助公安机关抓获了同案犯等,属于协助司法机关抓获同案犯,应认定为立功。

(二) 立功从宽处罚把握的标准

1. 一般原则

关于立功从宽处罚的把握,应以功是否足以抵罪为标准。

2. 区分"马仔"与"毒枭"

在毒品共同犯罪案件中,毒枭、毒品犯罪集团首要分子、共同犯罪的主犯、职业毒犯、毒品惯犯等,由于掌握同案犯、从犯、马仔的犯罪情况和个人信息,被抓获后往往能协助抓捕同案犯,构成立功或者重大立功。对其是否从宽处罚以及从宽幅度的大小,应当主要看功是否足以抵罪,即应结合被告人罪行的严重程度、立功大小综合考虑。要充分注意毒品共同犯罪人以及上、下家之间的量刑平衡。

对于毒枭等严重毒品犯罪分子立功的,从轻或者减轻处罚应当从严掌握。如果其罪行极其严重,只有一般立功表现,功不足以抵罪的,可不予从轻处罚;如果其检举、揭发的是其他犯罪案件中罪行同样严重的犯罪分子,或者协助抓获的是同案中的其他首要分子、主犯,功足以抵罪的,原则上可以从轻或者减轻处罚;如果协助抓获的只是同案中的从犯或者马仔,功不足以抵罪,或者从轻处罚后全案处刑明显失衡的,不予从轻处罚。相反,对于从犯、马仔立功,特别是协助抓获毒枭、首要分子、主犯的,应当从轻处罚,甚至依法减轻或者免除处罚。

3. 家属"代为立功"

被告人亲属为了使被告人得到从轻处罚,检举、揭发他人犯罪或者协助司法机关抓捕其他犯罪人的,不能视为被告人立功。

被告人提供的在逃犯罪嫌疑人的藏匿地点与公安机关在被告人亲属协助下实际抓获地点不一致的,不能认定被告人立功。但家属"代为立功"的行为可根据案件的具体情节,从政策上权衡,可结合案情分析,符合条件的,酌情予以从轻处罚。

4. 同监犯"帮助立功"

同监犯将本人或者他人尚未被司法机关掌握的犯罪事实告知被告人,由被告人检举、揭发的,如经查证属实,虽可认定被告人立功,但是否从宽处罚、从宽幅度大小,应与通常的立功有所区别。

5. 其他情形

通过非法手段或者非法途径获取他人犯罪信息,如从国家工作人员处贿买他人犯罪信息,通过律师、看守人员等途径非法获取他人犯罪信息,由被告人检举、揭发的,不能认定为立功,也不能作为酌情从轻处罚的情节。

案例 10-19

毒贩刘某归案后向公安人员提供了毒品买家黄某的住处和活动情况,公安机关据此从买主的住处查缴海洛因 2710 克、咖啡因 4900 克。之后,刘某又带领公安人员前往黄某的藏匿地抓捕黄某,黄某拒捕并最终逃脱公安人员的抓捕,刘某在公安人员丧失对其控制的情况下,自己带着从黄某藏匿地取回的重达 540 克海洛因回到公安机关。

在案件审理过程中,辩护人提出,刘某既有自首情节,也有立功情节,应依法对其减轻处罚。由于刘某及时提供了黄某的信息,使已经卖给黄某的 2710 克海洛因和 4900 克咖啡因全部被追回,防止了该部分毒品流入社会,其行为符合司法解释关于重大立功表现的规定。此外,刘某携带 540 克海洛因投案的行为属于自首。最后,法院在考察案件事实和听取辩护人意见的基础上,对于刘某判处有期徒刑 10 年。

辩点 10-11:量刑指导

2017 年 5 月 1 日开始实施的最高人民法院《关于常见犯罪的量刑指导意见(二)(试行)》和 2021 年 7 月 1 日开始实施的最高人民法院、最高人民检察院《关于常见犯罪的量刑指导意见(试行)》中,毒品类犯罪就涉及 3 个,辩护人掌握如何根据不同的情形在相应的幅度内确定量刑起点,有利于制订合理的辩护策略以及做好庭前辅导工作。

(一)走私、贩卖、运输、制造毒品罪

(1)构成走私、贩卖、运输、制造毒品罪的,根据下列情形在相应的幅度内确定量刑起点:

①走私、贩卖、运输、制造鸦片 1 千克,海洛因、甲基苯丙胺 50 克或者其他毒品数量达到数量大起点的,量刑起点为 15 年有期徒刑。依法应当判处无期徒刑以上刑罚的除外。

②走私、贩卖、运输、制造鸦片 200 克,海洛因、甲基苯丙胺 10 克或者其他毒品数量达到数量较大起点的,在 7 年至 8 年有期徒刑幅度内确定量刑起点。

③走私、贩卖、运输、制造鸦片不满 200 克,海洛因、甲基苯丙胺不满 10 克或者其他少量毒品的,可以在 3 年以下有期徒刑、拘役幅度内确定量刑起点;情节严重

的,在 3 年至 4 年有期徒刑幅度内确定量刑起点。

(2)在量刑起点的基础上,根据毒品犯罪次数、人次、毒品数量等其他影响犯罪构成的犯罪事实增加刑罚量,确定基准刑。

(3)有下列情节之一的,增加基准刑的 10%~30%:

①利用、教唆未成年人走私、贩卖、运输、制造毒品的;

②向未成年人出售毒品的;

③毒品再犯。

(4)有下列情节之一的,可以减少基准刑的 30%以下:

①受雇运输毒品的;

②毒品含量明显偏低的;

③存在数量引诱情形的。

(5)构成走私、贩卖、运输、制造毒品罪的,根据走私、贩卖、运输、制造毒品的种类、数量、危害后果等犯罪情节,综合考虑被告人缴纳罚金的能力,决定罚金数额。

(6)构成走私、贩卖、运输、制造毒品罪的,综合考虑走私、贩卖、运输、制造毒品的种类、数量、危害后果等犯罪事实、量刑情节,以及被告人的主观恶性、人身危险性、认罪悔罪表现等因素,从严把握缓刑的适用。

(二)非法持有毒品罪

(1)构成非法持有毒品罪的,根据下列情形在相应的幅度内确定量刑起点:

①非法持有鸦片 1 千克以上、海洛因或者甲基苯丙胺 50 克以上或者其他毒品数量大的,在 7 年至 9 年有期徒刑幅度内确定量刑起点。依法应当判处无期徒刑的除外。

②非法持有毒品情节严重的,在 3 年至 4 年有期徒刑幅度内确定量刑起点。

③非法持有鸦片 200 克、海洛因或者甲基苯丙胺 10 克或者其他毒品数量较大的,在 1 年以下有期徒刑、拘役幅度内确定量刑起点。

(2)在量刑起点的基础上,根据毒品数量等其他影响犯罪构成的犯罪事实增加刑罚量,确定基准刑。

(3)构成非法持有毒品罪的,根据非法持有毒品的种类、数量等犯罪情节,综合考虑被告人缴纳罚金的能力,决定罚金数额。

(4)构成非法持有毒品罪的,综合考虑非法持有毒品的种类、数量等犯罪事实、量刑情节,以及被告人主观恶性、人身危险性、认罪悔罪表现等因素,从严把握缓刑的适用。

(三) 容留他人吸毒罪

(1) 构成容留他人吸毒罪的,在 1 年以下有期徒刑、拘役幅度内确定量刑起点。

(2) 在量刑起点的基础上,可以根据容留他人吸毒的人数、次数等其他影响犯罪构成的犯罪事实增加刑罚量,确定基准刑。

(3) 构成容留他人吸毒罪的,根据容留他人吸毒的人数、次数、违法所得数额、危害后果等犯罪情节,综合考虑被告人缴纳罚金的能力,决定罚金数额。

(4) 构成容留他人吸毒罪的,综合考虑容留他人吸毒的人数、次数、危害后果等犯罪事实、量刑情节,以及被告人主观恶性、人身危险性、认罪悔罪表现等因素,决定缓刑的适用。

辩点 10-12:死刑辩护

毒品类犯罪中涉及死刑的罪名只有走私、贩卖、运输、制造毒品罪。根据我国《刑法》第 347 条第 2 款的规定,走私、贩卖、运输、制造毒品,有下列情形之一的,处 15 年有期徒刑、无期徒刑或者死刑,并处没收财产:

(1) 走私、贩卖、运输、制造鸦片 1 千克以上、海洛因或者甲基苯丙胺 50 克以上或者其他毒品数量大的;

(2) 走私、贩卖、运输、制造毒品集团的首要分子;

(3) 武装掩护走私、贩卖、运输、制造毒品的;

(4) 以暴力抗拒检查、拘留、逮捕,情节严重的;

(5) 参与有组织的国际贩毒活动的。

因此,辩护人在对走私、贩卖、运输、制造毒品罪进行死刑辩护时,要审查走私、贩卖、运输、制造的毒品数量是否达到死刑数量标准、被告人是否属于集团的首要分子、是否存在武装掩护的情形、是否存在以暴力拒查拒捕的情形以及是否参与有组织的国际贩毒活动等,以确定所代理的当事人是否可能适用死刑,如果可能适用死刑的,还要继续判断是否属于不宜判处死刑立即执行的案件。

(一) 毒品犯罪死刑适用的原则

当前,我国毒品犯罪形势严峻,所以审判工作还会继续坚持依法从严惩处毒品犯罪的指导思想,充分发挥死刑对于预防和惩治毒品犯罪的重要作用。但为了突出毒品犯罪的打击重点,宽严相济一直是司法机关贯彻的刑事政策。毒枭、职业毒犯、再犯、累犯、惯犯、主犯等主观恶性深、人身危险性大、危害严重的毒品犯罪分子,以及具有将毒品走私入境,多次、大量或者向多人贩卖,诱使多人吸毒,武装掩护、暴力抗拒检查、拘留或者逮捕,或者参与有组织的国际贩毒活动等情节的毒品犯罪分子,都属于依法严惩的对象。其中罪行极其严重的,则属于死刑适用的对象,辩护人应当审查自己的当事人是否具有以上情节,罪行是否极其严重。

毒品数量是毒品犯罪案件量刑的重要情节,但不是唯一情节。司法机关在量刑时,还要综合考虑毒品数量、犯罪情节、危害后果,被告人的主观恶性、人身危险性以及当地禁毒形势等因素,体现区别对待,做到罚当其罪。对于死刑适用的标准,应当结合本地毒品犯罪的实际情况和依法惩治、预防毒品犯罪的需要,并参照最高人民法院复核的毒品死刑案件的典型案例,恰当把握。量刑既不能只片面考虑毒品数量,不考虑犯罪的其他情节,也不能只片面考虑其他情节,而忽视毒品数量。对虽然已达到实际掌握的判处死刑的毒品数量标准,但是具有法定、酌定从宽处罚情节的被告人,可以不判处死刑;反之,对毒品数量接近实际掌握的判处死刑的数量标准,但具有从重处罚情节的被告人,也可以判处死刑。毒品数量达到实际掌握的死刑数量标准,既有从重处罚情节,又有从宽处罚情节的,应当综合考虑各方面因素决定刑罚,判处死刑立即执行应当慎重。

因此,作为辩护人,不但要熟练掌握死刑适用的法律、法规和司法解释,还要准确理解宽严相济的刑事政策,从毒品数量、犯罪情节、危害后果、被告人的主观恶性、人身危险性以及当地禁毒形势等因素入手,引导审判机关严格审慎地决定死刑适用,确保死刑只适用于极少数罪行极其严重的犯罪分子。

(二)不宜判处死刑立即执行的

对于可不适用死刑立即执行的案件,最高人民法院《全国部分法院审理毒品犯罪案件工作座谈会纪要》规定,毒品数量达到实际掌握的死刑数量标准,具有下列情形之一的,可以不判处被告人死刑立即执行:

(1)具有自首、立功等法定从宽处罚情节的;

(2)已查获的毒品数量未达到实际掌握的死刑数量标准,到案后坦白尚未被司法机关掌握的其他毒品犯罪,累计数量超过实际掌握的死刑数量标准的;

(3)经鉴定毒品含量极低,掺假之后的数量才达到实际掌握的死刑数量标准的,或者有证据表明可能大量掺假但因故不能鉴定的;

(4)因特情引诱毒品数量才达到实际掌握的死刑数量标准的;

(5)以贩养吸的被告人,被查获的毒品数量刚达到实际掌握的死刑数量标准的;

(6)毒品数量刚达到实际掌握的死刑数量标准,确属初次犯罪即被查获,未造成严重危害后果的;

(7) 共同犯罪毒品数量刚达到实际掌握的死刑数量标准,但各共同犯罪人作用相当,或者责任大小难以区分的;

(8) 家庭成员共同实施毒品犯罪,其中起主要作用的被告人已被判处死刑立即执行,其他被告人罪行相对较轻的;

(9) 其他不是必须判处死刑立即执行的。

作为毒品数量达到实际掌握的死刑数量标准案件的辩护人,除了降低认定毒品的数量这一方案,还要认真审查案件是否具有以上情形,具有以上情形的,即使最终没有能将毒品数量降低,也可以要求审判机关不判处被告人死刑立即执行。

有些地方司法机关也会对毒品犯罪出台一些量刑指南,规定一些一般不判处死刑立即执行的情形,作为辩护人也应当予以把握,虽然这些指南不属于可以直接适用的司法解释,但可以作为量刑方面重要的参考。例如,上海市高级人民法院于2005年出台了《上海法院量刑指南——毒品犯罪之一(试行)》,里面就规定了一般不判处死刑立即执行的十一种情形:

(1) 受人指使、雇佣且非毒品所有人,但涉及的毒品数量超过可以判处死刑立即执行数量3倍的除外;

(2) 因特情介入,犯罪行为在公安机关的控制下,没有造成毒品流向社会等严重危害后果的,但涉及的毒品数量超过可以判处死刑立即执行数量3倍的除外;

(3) 单犯运输毒品罪或兼犯走私、贩卖、制造毒品罪,但系根据运输毒品的数量量刑的,但涉及的毒品数量超过可以判处死刑立即执行数量3倍的除外;

(4) 被告人被查证属实的毒品数量未达到可判处死刑立即执行的数量标准,但加上坦白交代的毒品数量后,才达到或超过可判处死刑立即执行的数量标准的;

(5) 因特情引诱毒品数量才达到或超过可判处死刑立即执行最低数量标准的;或者有证据证明有前述引诱犯罪的可能,尚不能排除的;

(6) 认定被告人毒品犯罪的数量主要根据被告人的口供与同案犯(包括上、下家)的供述互相印证,尚无其他证据佐证的;

(7) 认定主要犯罪事实的证据有瑕疵,量刑上需要留有余地的;

(8) 有证据证明涉案的海洛因含量低于25%的,但折合成含量为25%后,其数量仍达到或超过可以判处死刑立即执行数量标准的除外;

(9) 涉及的毒品系法律或司法解释没有规定量刑数量标准的;

(10) 共同犯罪不能区分主、从犯,但根据案件具体情况,可以不全部判处死刑立即执行的;

(11) 其他不宜判处死刑立即执行的。

案例 10-20

赵某向毒贩购买了 50 包缅甸产"麻果"(甲基苯丙胺成分,并含其他杂质),公安机关查获后计算"麻果"的重量共计 925.7649 克。一审法院认为赵某贩卖毒品数量巨大,判处赵某死刑立即执行、剥夺政治权利终身,并处没收个人全部财产。二审审理中,辩护人提出"麻果"是一种新型软性毒品,成瘾性不明显,在实践中,也已经发现在"麻果"中掺有大量淀粉、香料等成分而甲基苯丙胺含量极低的案例,本案中查获的"麻果"不仅外观与甲基苯丙胺差异明显,而且成分复杂,很难确定其中甲基苯丙胺的确切含量,又没有相应的司法鉴定意见,仅以查获"麻果"的重量作为认定甲基苯丙胺的数量对被告人量刑并判处死刑立即执行显然不公,最终二审法院采纳了辩护人的意见并改判赵某死刑缓期 2 年执行。

(三) 可能判处死刑立即执行的

除了规定不宜判处被告人死刑立即执行的情形,最高人民法院《全国部分法院审理毒品犯罪案件工作座谈会纪要》还规定了可以判处被告人死刑的情形,辩护人应当比照自己代理的案件,尽量排除以下情形:

(1)具有毒品犯罪集团首要分子、武装掩护毒品犯罪、暴力抗拒检查、拘留或者逮捕、参与有组织的国际贩毒活动等严重情节的;

(2)毒品数量达到实际掌握的死刑数量标准,并具有毒品再犯、累犯,利用、教唆未成年人走私、贩卖、运输、制造毒品,或者向未成年人出售毒品等法定从重处罚情节的;

(3)毒品数量达到实际掌握的死刑数量标准,并具有多次走私、贩卖、运输、制造毒品,向多人贩毒,在毒品犯罪中诱使、容留多人吸毒,在戒毒监管场所贩毒,国家工作人员利用职务便利实施毒品犯罪,或者职业犯、惯犯、主犯等情节的;

(4)毒品数量达到实际掌握的死刑数量标准,并具有其他从重处罚情节的;

(5)毒品数量超过实际掌握的死刑数量标准,且没有法定、酌定从轻处罚情节的。

(四) 具体罪名中的死刑适用问题

1. 制造毒品罪

对于制造毒品犯罪,鉴于毒品犯罪分子制造毒品的手段复杂多样、不断翻新,采用物理方法加工、配制毒品的情况大量出现,有必要进一步准确界定制造毒品的行为、方法。如果已经制成毒品,达到实际掌握的死刑数量标准的,可以判处死刑;数量特别巨大的,应当判处死刑。

2. 运输毒品罪

对于运输毒品犯罪,要注意重点打击指使、雇用他人运输毒品的犯罪分子和接应、接货的毒品所有者、买家或者卖家。对于运输毒品犯罪集团首要分子,组织、指使、雇用他人运输毒品的主犯或者毒枭、职业毒犯、毒品再犯,以及具有武装掩护、暴力抗拒检查、拘留或者逮捕,参与有组织的国际毒品犯罪,以运输毒品为业、多次运输毒品或者其他严重情节的,应当按照刑法、有关司法解释和司法实践实际掌握的数量标准,从严惩处,依法应judge判处死刑的必须坚决判处死刑。

毒品类犯罪中,单纯的运输毒品行为具有从属性、辅助性特点,且情况复杂多样。2015年最高人民法院《全国法院毒品犯罪审判工作座谈会纪要》在2008年最高人民法院《全国部分法院审理毒品犯罪案件工作座谈会纪要》的基础上对运输毒品犯罪的死刑适用问题进行了调整和补充,要求对于受人指使、雇用参与运输毒品的被告人,应当综合考虑毒品数量、犯罪次数、犯罪的主动性和独立性、在共同犯罪中的地位作用、获利程度和方式及其主观恶性、人身危险性等因素,予以区别对待,慎重适用死刑。

(1)对于有证据证明确属受人指使、雇用运输毒品,又系初犯、偶犯的被告人,即使毒品数量超过实际掌握的死刑数量标准,也可以不判处死刑。

(2)对于其中被动参与犯罪,从属性、辅助性较强,获利程度较低的被告人,一般不应当判处死刑。

(3)对于不能排除受人指使、雇用初次运输毒品的被告人,毒品数量超过实际掌握的死刑数量标准,但尚不属数量巨大的,一般也可以不判处死刑。

(4)一案中有多人受雇运输毒品的,在决定死刑适用时,除各被告人运输毒品的数量外,还应结合其具体犯罪情节、参与犯罪程度、与雇用者关系的紧密性及其主观恶性、人身危险性等因素综合考虑,同时判处二人以上死刑要特别慎重。

需要注意的是,对于毒品数量超过实际掌握的死刑数量标准,不能证明或者不能排除受人指使、雇用参与运输毒品的被告人,2008年最高人民法院《全国部分法院审理毒品犯罪案件工作座谈会纪要》规定可以依法判处重刑直至死刑,而2015年最高人民法院《全国法院毒品犯罪审判工作座谈会纪要》则规定如果被告人是初次参与的,一般也可以不判处死刑。辩护人对这些规定的变化一定要熟练掌握,政策导向的不同,会直接影响当事人的生与死。

> **案例 10-21**
>
> 毒枭阿支找到妇人阿吉,让阿吉从昆明运输毒品回四川并许诺报酬,阿吉遂携带幼子二人,一起坐火车到昆明,后运输海洛因被公安民警查获。经查,运输的海洛因共 3 包,重 1002 克,经鉴定,海洛因含量为 77.68%。法院依法判处阿吉死刑立即执行。
>
> 辩护人在死刑复核阶段提出辩护意见,认为对于阿吉不应当适用死刑立即执行,因为阿吉是为了赚取少量运费而受雇运输毒品,归案后认罪态度较好,且系初犯,故其运输毒品尚不属于罪行极其严重,在刑罚适用上应与走私、贩卖、制造毒品的犯罪分子及其他具有严重情节的运输毒品犯罪分子有所区别,不应适用死刑立即执行。最高人民法院经复核认为对阿吉不宜适用死刑立即执行,改为死刑缓期 2 年执行。

(五)特殊情节中的死刑适用问题

1. 毒品共同犯罪的死刑适用

毒品共同犯罪案件的死刑适用应当与该案的毒品数量、社会危害及被告人的犯罪情节、主观恶性、人身危险性相适应。涉案毒品数量刚超过实际掌握的死刑数量标准,依法应当适用死刑的,要尽量区分主犯间的罪责大小,一般只对其中罪责最大的一名主犯判处死刑;各共同犯罪人地位作用相当,或者罪责大小难以区分的,可以不判处被告人死刑;两名主犯的罪责均很突出,且均具有法定从重处罚情节的,也要尽可能比较其主观恶性、人身危险性方面的差异,判处二人死刑要特别慎重。涉案毒品数量达到巨大以上,两名以上主犯的罪责均很突出,或者罪责稍次的主犯具有法定、重大酌定从重处罚情节,判处二人以上死刑符合罪刑相适应原则,并有利于全案量刑平衡的,可以依法判处。

对于部分共同犯罪人未到案的案件,在案被告人与未到案共同犯罪人均属罪行极其严重,即使共同犯罪人到案也不影响对在案被告人适用死刑的,可以依法判处在案被告人死刑;在案被告人的罪行不足以判处死刑,或者共同犯罪人归案后全案只宜判处其一人死刑的,不能因为共同犯罪人未到案而对在案被告人适用死刑;在案被告人与未到案共同犯罪人的罪责大小难以准确认定,进而影响准确适用死刑的,不应对在案被告人判处死刑。

2. 上、下家犯罪的死刑适用

对于贩卖毒品案件中的上、下家,要结合其贩毒数量、次数及对象范围,犯罪的主动性,对促成交易所发挥的作用,犯罪行为的危害后果等因素,综合考虑其主观恶性和人身危险性,慎重、稳妥地决定死刑适用。对于买卖同宗毒品的上、下家,涉案毒品数量刚超过实际掌握的死刑数量标准的,一般不能同时判处死刑;上家主动联络销售毒品,积极促成毒品交易的,通常可以判处上家死刑;下家积极筹资,主动向上家约购毒品,对促成毒品交易起更大作用的,可以考虑判处下家死刑。涉案毒品数量达到巨大以上的,也要综合上述因素决定死刑适用,同时判处上、下家死刑符合罪刑相适应原则,并有利于全案量刑平衡的,可以依法判处。

3. 新类型、混合型毒品犯罪的死刑适用

(1)甲基苯丙胺片剂:俗称"麻古"等,是以甲基苯丙胺为主要毒品成分的混合型毒品,其甲基苯丙胺含量相对较低,危害性亦有所不同。为体现罚当其罪,甲基苯丙胺片剂的死刑数量标准一般可以按照甲基苯丙胺(冰毒)的2倍左右掌握,具体可以根据当地的毒品犯罪形势和涉案毒品含量等因素确定。

(2)氯胺酮:俗称"K粉"的,结合毒品数量、犯罪性质、情节及危害后果等因素,对符合死刑适用条件的被告人可以依法判处死刑。综合考虑氯胺酮的致瘾癖性、滥用范围和危害性等因素,其死刑数量标准一般可以按照海洛因的10倍掌握。

(3)其他:其他滥用范围和危害性相对较小的新类型、混合型毒品的,一般不宜判处被告人死刑。但对于司法解释、规范性文件明确规定了定罪量刑数量标准,且涉案毒品数量特别巨大,社会危害大,不判处死刑难以体现罚当其罪的,必要时可以判处被告人死刑。

辩点10-13:程序审查

在毒品类犯罪案件中,除了言词证据,实物证据也是非常重要的,它直接决定了毒品的种类、名称、数量、含量等状况,影响定罪和量刑。所以辩护人对于毒品类案件中的实物证据应当重点进行审查,主要从毒品的提取、扣押、称量、取样、送检等程序切入。如果这些程序存在瑕疵,可能严重影响司法公正的,人民检察院、人民法院应当要求公安机关予以补正或者作出合理解释。经公安机关补正或者作出合理解释的,人民检察院、人民法院才可以采用相关证据;不能补正或者无法作出合理解释的,则对相关证据应当依法予以排除,不得作为批准逮捕、提起公诉或者判决的依据。辩护人一定要把握住这个辩护的空间和机会，若能成功排除掉一些非法证据，可能会达到很好的辩护效果。那么，辩护人应当怎么做呢？其实，为规范毒品的提取、扣押、称量、取样和送检程序，提高办理毒品犯罪案件的质量和效率，最高人民法院、最高人民检察院、公安部于2016年5月24日共同发布了《办理毒品犯罪案件毒品提取、扣押、称量、取样和送检程序若干问题的规定》，以确保毒品实物证据的收集、固定和保管工作严格依法进行，辩护人若能熟练掌握这些规定，是非常有利于法庭质证和法庭辩论工作的。

（一）毒品提取和扣押

在毒品类犯罪案件中，毒品是非常重要的物证之一，对毒品的提取和扣押则是认定毒品种类、名称、数量、含量的首要环节和基础，因此，辩护人在代理此类案件时，首先应当重点审查毒品的固定、提取、采集、扣押、封装、保管等程序是否符合法律规定，对于非法证据或者无法补正的瑕疵证据，辩护人应当提出排除的辩护意见。司法实践中，可以重点审查以下内容：

（1）审查是否固定、提取、采集了毒品及内外包装物上的附着痕迹、生物样本等物证，审查是否对查获毒品的原始状态进行了拍照或者录像，审查是否有其他无关人员接触过毒品或者包装物，审查不同包装物内的毒品是否被混合。

（2）审查扣押毒品的时候，犯罪嫌疑人是否在场，是否有见证人，是否由两名以上侦查人员执行，审查毒品的提取、扣押是否制作了笔录，是否当场开具了扣押清单，笔录和扣押清单是否有侦查人员、犯罪嫌疑人和见证人的签名。如果犯罪嫌疑人拒绝签名的，是否在笔录和扣押清单中注明。

（3）对同一案件在不同位置查获的2个以上包装的毒品，审查是否根据不同的查获位置进行了分组，审查分组是否按照以下方法进行：

①毒品或者包装物的外观特征不一致的，根据毒品及包装物的外观特征进行分组；

②毒品及包装物的外观特征一致，但犯罪嫌疑人供述非同一批次毒品的，根据犯罪嫌疑人供述的不同批次进行分组；

③毒品及包装物的外观特征一致，但犯罪嫌疑人辩称其中部分不是毒品或者不知是否为毒品的，对犯罪嫌疑人辩解的部分疑似毒品单独分组。

（4）对于查获的毒品，审查是否按照其独立最小包装逐一编号或者命名，审查是否将毒品的编号、名称、数量、查获位置以及包装、颜色、形态等外观特征记录在笔录或者扣押清单中，审查是否分别独立封装，审查不同包装内的毒品是否存在混合的可能。

（5）对体内藏毒的案件，审查是否对提取、扣押犯罪嫌疑人排出体内的毒品的情况制作笔录，审查是否对排毒的主要过程进行拍照或者录像，审查拍照或者录像的时候是否保障了犯罪嫌疑人的隐私权和人格尊严。如果体内藏毒的犯罪嫌疑人是女性，还要审查是否由女性工作人员或者医师检查其身体，是否由女性工作人员监控其排毒。

（6）审查现场提取、扣押等工作完成后是否由两名以上的侦查人员对提取、扣押的毒品及包装物进行封装，审查是否现场封装，是否在犯罪嫌疑人在场并有见证人的情况下进行封装，是否使用封装袋封装毒品并加密封口，或者使用封条贴封包装，作好标记和编号，由侦查人员、犯罪嫌疑人和见证人在封口处、贴封处或者指定位置签名并签署封装日期。

（7）对于确因情况紧急、现场环境复杂等客观原因无法在现场实施封装的而需要将毒品带至公安机关办案场所或者其他适当的场所进行封装的，审查是否经公安机关办案部门负责人批准，审查是否对毒品移动前后的状态进行了拍照固定，审查是否对这些情况作出书面说明。

（8）审查是否对提取、扣押和封装的主要过程进行了拍照或者录像，审查照片和录像资料是否反映提取、扣押和封装活动的主要过程以及毒品的原始位置、存放状态和变动情况，审查照片是否附有相应的文字说明，文字说明是否与照片反映的情况相对应。

（9）审查提取、扣押后的毒品是否由专门的场所保管，是否指定专人保管封装后的毒品及包装物，是否采取措施防止毒品发生变质、泄漏、遗失、损毁或者受到污染。对易燃、易爆、具有毒害性以及对保管条件、保管场所有特殊要求的毒品，审查存放的场所是否符合条件。

（二）毒品称量

提取和扣押毒品之后，就是对毒品进行称量了，因为毒品的重量直接决定了毒品犯罪应当适用的量刑幅度，甚至直接决定了当事人的生与死，所以辩护人对这个环节也要特别予以重视，审查毒品的称量程序是否符合法律规定，适时提出排除证据的辩护意见。司法实践中，可以重点审查以下内容：

（1）审查毒品的称量是否由两名以上侦查人员进行，是否在查获毒品的现场完成，如果是带至公安机关办案场所或者其他适当的场所进行称量的，审查是否不具备现场称量条件，审查是否按照法律规定对毒品及包装物进行的封装。

(2)审查称量是否在有犯罪嫌疑人在场并有见证人的情况下进行,审查对已经封装的毒品进行称量前,是否在有犯罪嫌疑人在场并有见证人的情况下拆封,审查是否制作有称量笔录,并将上述情况记录在称量笔录中,审查称量笔录中是否有称量人、犯罪嫌疑人和见证人的签名,如果犯罪嫌疑人拒绝签名的,是否在称量笔录中注明。

(3)审查称量是否使用适当精度和称量范围的衡器,审查使用的衡器分度值是否符合以下条件:

①称量的毒品质量不足 100 克的,衡器的分度值应当达到 0.01 克;

②100 克以上且不足 1 千克的,衡器的分度值应当达到 0.1 克;

③1 千克以上且不足 10 千克的,衡器的分度值应当达到 1 克;

④10 千克以上且不足 100 千克的,分度值应当达到 10 克;

⑤100 千克以上且不足 1 吨的,分度值应当达到 100 克;

⑥1 吨以上的,分度值应当达到 1 千克。

(4)审查称量前衡器示数是否归零,是否处于正常的工作状态,审查称量所使用的衡器是否经过法定计量检定机构检定并在有效期内,审查法定计量检定机构出具的计量检定证书复印件是否归入证据材料卷,并随案移送。

(5)针对不同的案件情况,审查的内容也各不相同:

①对 2 个以上包装的毒品,审查是否分别称量。

②对同一组内的多个包装的毒品,审查是否采取全部毒品及包装物总质量减去包装物质量的方式确定毒品的净质量,审查称量时是否将不同包装物内的毒品混合。

③对多个包装的毒品系包装完好、标识清晰完整的麻醉药品、精神药品制剂的,审查是否按照其包装、标识或者说明书上标注的麻醉药品、精神药品成分的含量计算全部毒品的质量,或者审查是否从相同批号的药品制剂中随机抽取 3 个包装进行称量后,根据麻醉药品、精神药品成分的含量计算全部毒品的质量。

④对体内藏毒的案件,审查是否将犯罪嫌疑人排出体外的毒品逐一称量,犯罪嫌疑人供述所排出的毒品系同一批次或者毒品及包装物的外观特征相似的,审查是否采取全部毒品及包装物总质量减去包装物质量的方式确定毒品的净质量的方法。

⑤对同一容器内的液态毒品或者固液混合状态毒品,审查是否采用拍照或者录像等方式对其原始状态进行固定后再统一称量,审查是否进行固液分离后分别称量。

(6)审查是否对称量的主要过程进行拍照或者录像,审查照片和录像资料是否清晰显示毒品的外观特征、衡器示数和犯罪嫌疑人对称量结果的指认情况,审查称量的毒品的编号、名称以及对毒品外观特征的描述是否与提取笔录和扣押清单保持一致,如果不一致的,是否有作出书面说明。

(三) 毒品取样

对毒品的称量工作完成之后,还要对毒品进行取样,一方面用作检材送至鉴定机构并委托鉴定机构进行鉴定,以确定毒品的种类、名称、含量、纯度等,另一方面还可能用作证据连同案卷材料移送相关司法机关。不管作为何种用途的取样,都应当严格按照法律程序进行,否则,辩护人可以提出鉴定意见不能被采信或者作为证据使用的毒品不具有合法性的辩护意见。司法实践中,可以重点审查以下内容:

(1)审查毒品的取样是否在称量工作完成之后进行,审查是否由两名以上侦查人员在查获毒品的现场或者公安机关办案场所完成,在查获毒品的现场或者公安机关办案场所取样的,审查是否在有犯罪嫌疑人在场并有见证人的情况下进行的,对已经封装的毒品进行取样前,审查是否有犯罪嫌疑人在场并有见证人的情况下拆封,审查是否制作有取样笔录,取样笔录是否有取样人、犯罪嫌疑人和见证人的签名。如果犯罪嫌疑人拒绝签名的,是否在取样笔录中注明。

(2)审查取样人是否由指派或者聘请的具有专门知识的人,如果是送至鉴定机构并委托鉴定机构进行取样的,审查查获毒品的现场或者公安机关办案场所是否不具备取样条件。如果是委托鉴定机构进行取样的,审查是否对毒品的取样方法、过程、结果等情况制作了取样笔录,审查鉴定意见是否包含了取样方法。

(3)对单个包装的毒品,审查是否按照下列方法选取或者随机抽取检材:

①粉状。将毒品混合均匀,并随机抽取约 1 克作为检材;不足 1 克的全部取作检材。

②颗粒状、块状。随机选择 3 个以上不同的部位,各抽取一部分混合作为检材,混合后的检材质量不少于 1 克;不足 1 克的全部取作检材。

③膏状、胶状。随机选择 3 个以上不同的部位,各抽取一部分混合作为检材,混合后的检材质量不少于 3 克;不足 3 克的全部取作检材。

④胶囊状、片剂状。先根据形状、颜色、大小、标识等外观特征进行分组;对于外观特征相似的一组,从中随机抽取 3 粒作为检材,不足 3 粒的全部取作检材。

⑤液态。将毒品混合均匀,并随机抽取约 20 毫升作为检材;不足 20 毫升的全部取作检材。

⑥固液混合状态。按照本款以上各项规定的方法,分别对固态毒品和液态毒品

取样;能够混合均匀成溶液的,可以将其混合均匀后随机抽取约 20 毫升作为检材,不足 20 毫升的全部取作检材。

⑦对其他形态毒品的取样,参照上述规定的取样方法进行。

(4)对同一组内 2 个以上包装的毒品,审查是否按照下列标准确定选取或者随机抽取独立最小包装的数量,再根据本法定的取样方法从单个包装中选取或者随机抽取检材:

①少于 10 个包装的,应当选取所有的包装;

②10 个以上包装且少于 100 个包装的,应当随机抽取其中的 10 个包装;

③100 个以上包装的,应当随机抽取与包装总数的平方根数值最接近的整数个包装。

对选取或者随机抽取的多份检材,审查是否逐一编号或者命名,审查检材的编号、名称是否与其他笔录和扣押清单保持一致。

(5)对多个包装的毒品系包装完好、标识清晰完整的麻醉药品、精神药品制剂的,审查是否从相同批号的药品制剂中随机抽取 3 个包装,再根据本法定的取样方法从单个包装中选取或者随机抽取检材。

(6)在查获毒品的现场或者公安机关办案场所取样的,审查是否使用封装袋封装检材并加密封口,是否作好标记和编号,是否由取样人、犯罪嫌疑人和见证人在封口处或者指定位置签名并签署封装日期。如果犯罪嫌疑人拒绝签名的,侦查人员是否予以注明。

(7)委托鉴定机构进行取样的,审查是否使用封装袋封装取样后剩余的毒品及包装物并加密封口,是否作好标记和编号,是否由侦查人员和取样人在封口处签名并签署封装日期。

(8)审查选取或者随机抽取的检材是否及时送至公安机关毒品保管场所或者涉案财物管理场所进行妥善保管,是否由专人负责保管,审查在检材保管和送检过程中,是否采取妥善措施防止其发生变质、泄漏、遗失、损毁或者受到污染。

(四)毒品送检

对查获的毒品取样后,应在法定期限内依照法定程序将检材送至鉴定机构进行鉴定,如果违反程序,辩护人可以提出鉴定意见不能被采信的辩护意见。司法实践中,可以重点审查以下内容:

(1)审查送检的侦查人员是否两名以上,审查送至鉴定机构的时间是否自毒品被查获之日起 3 日以内,如果具有案情复杂、查获毒品数量较多、异地办案、在交通不便地区办案等情形的,审查送检的时限是否超过7日,审查公安机关向鉴定机构提供的鉴定材料是否真实、完整、充分,是否与鉴定事项相关。

(2)审查委托的鉴定机构是否具备相应的资质,例如,对毒品原植物及其种子、幼苗的鉴定,是否委托具备相应资质的鉴定机构,当地如果没有具备相应资质的鉴定机构的,是否委托侦办案件的公安机关所在地的县级以上农牧、林业行政主管部门,或者设立农林相关专业的普通高等学校、科研院所。

(3)对于具有下列情形之一的案件,审查公安机关是否委托鉴定机构对查获的毒品进行含量鉴定:

①犯罪嫌疑人、被告人可能被判处死刑的;

②查获的毒品系液态、固液混合物或者系毒品半成品的;

③查获的毒品可能大量掺假的;

④查获的毒品系成分复杂的新类型毒品,且犯罪嫌疑人、被告人可能被判处7年以上有期徒刑的;

⑤人民检察院、人民法院认为含量鉴定对定罪量刑有重大影响而书面要求进行含量鉴定的。

附:本章相关法律规范性文件①

1. 法律

《中华人民共和国刑法》(2020年修正,法宝引证码:CLI.1.349391)第347—355条

《中华人民共和国禁毒法》(主席令第79号,2008.06.01实施,法宝引证码:CLI.1.100676)

2. 司法解释

最高人民法院《关于常见犯罪的量刑指导意见(二)(试行)》(2017.05.01实施,法宝引证吗:CLI.3.300153)

最高人民法院、最高人民检察院《关于常见犯罪的量刑指导意见(试行)》(法发〔2021〕21号,2021.07.01实施,法宝引证码:CLI.3.5016504)

最高人民法院《关于审理毒品犯罪案件适用法律若干问题的解释》(法释

---

① 所列法律规范性文件的详细内容,可登录"北大法宝"引证码查询系统(www.pkulaw.com/fbm),输入所提供的相应的"法宝引证码",免费查询。

〔2016〕8号,2016.04.11实施,法宝引证码:CLI.3.267769)

最高人民法院、最高人民检察院、公安部《关于办理邻氯苯基环戊酮等三种制毒物品犯罪案件定罪量刑数量标准的通知》(公通字〔2014〕32号,2014.09.05实施,法宝引证码:CLI.4.234251)

最高人民法院、最高人民检察院、公安部《关于规范毒品名称表述若干问题的意见》(法〔2014〕224号,2014.08.20实施,法宝引证码:CLI.3.233967)

最高人民检察院、公安部《关于公安机关管辖的刑事案件立案追诉标准的规定(三)》(公通字〔2012〕26号,2012.05.16实施,法宝引证码:CLI.4.174728)

最高人民法院、最高人民检察院、公安部《关于办理走私、非法买卖麻黄碱类复方制剂等刑事案件适用法律若干问题的意见》(法发〔2012〕12号,2012.06.18实施,法宝引证码:CLI.3.177689)

最高人民法院、最高人民检察院、公安部《关于办理制毒物品犯罪案件适用法律若干问题的意见》(公通字〔2009〕33号,2009.06.23实施,法宝引证码:CLI.4.118464)

公安部《关于在成品药中非法添加阿普唑仑和曲马多进行销售能否认定为制造贩卖毒品有关问题的批复》(公复字〔2009〕1号,2009.03.19实施,法宝引证码:CLI.4.119131)

最高人民法院、最高人民检察院、公安部《办理毒品犯罪案件适用法律若干问题的意见》(公通字〔2007〕84号,2007.12.18实施,法宝引证码:CLI.4.101353)

最高人民检察院公诉厅《毒品犯罪案件公诉证据标准指导意见(试行)》(〔2005〕高检诉发第32号,2005.04.25实施,法宝引证码:CLI.3.230101)

最高人民检察院法律政策研究室《关于安定注射液是否属于刑法第三百五十五条规定的精神药品问题的答复》(〔2002〕高检研发第23号,2002.10.24实施,法宝引证码:CLI.3.44250)

3.其他

最高人民法院《全国法院毒品犯罪审判工作座谈会纪要》(法〔2015〕129号,2015.05.18实施,法宝引证码:CLI.3.249246)

最高人民法院《全国部分法院审理毒品犯罪案件工作座谈会纪要》(法〔2008〕324号,2008.12.01实施,法宝引证码:CLI.3.111630)

第十一章 黄赌类犯罪

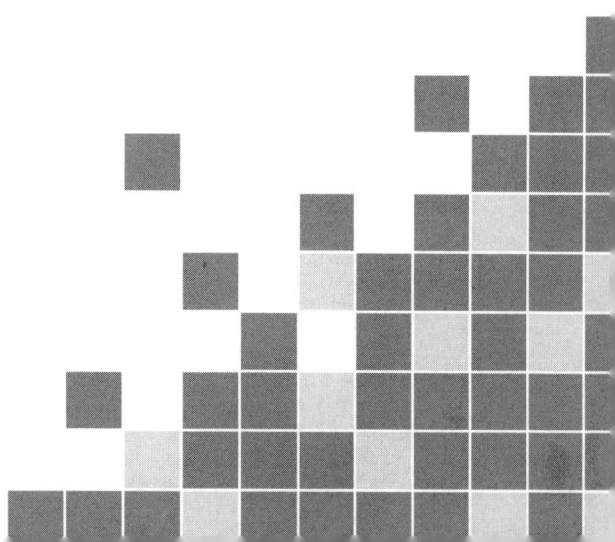

第一节 黄赌类犯罪综述

本章将与色情、性侵和赌博相关的犯罪概称为黄赌类犯罪,这类犯罪集中规定在《刑法》分则第六章"妨害社会管理秩序罪"第一节和第八节以及第四章"侵犯公民人身权利、民主权利罪"中。本章将详细阐述如何找到辩点对这些黄赌类犯罪进行辩护。

一、黄赌类犯罪分类索引

笔者将黄赌类犯罪分为四个类型,即淫乱型、淫秽物品型、性侵型和赌博型。淫乱型黄赌类犯罪主要涉及的是与卖淫和淫乱相关的犯罪;淫秽物品型黄赌类犯罪主要涉及的是与淫秽物品或淫秽表演相关的犯罪;性侵型黄赌类犯罪主要涉及的是与强奸、性侵、猥亵等相关的犯罪;赌博型黄赌类犯罪主要是与赌博相关的犯罪。相关罪名与《刑法》法条的对应关系见下表。

类型	罪名	法条
1.淫乱型	组织卖淫罪、强迫卖淫罪	第358条第1款、第2款、第3款
	协助组织卖淫罪	第358条第4款
	引诱、容留、介绍卖淫罪	第359条第1款
	引诱幼女卖淫罪	第359条第2款
	传播性病罪	第360条
	聚众淫乱罪	第301条第1款
	引诱未成年人聚众淫乱罪	第301条第2款
2.淫秽物品型	制作、复制、出版、贩卖、传播淫秽物品牟利罪	第363条第1款
	为他人提供书号出版淫秽书刊罪	第363条第2款
	传播淫秽物品罪	第364条第1款、第4款
	组织播放淫秽音像制品罪	第364条第2款、第3款
	组织淫秽表演罪	第365条
3.性侵型	强奸罪	第236条
	负有照护职责人员性侵罪	第236条之一
	强制猥亵、侮辱罪	第237条第1款、第2款
	猥亵儿童罪	第237条第3款

(续表)

类型	罪名	法条
4.赌博型	赌博罪	第303条第1款
	开设赌场罪	第303条第2款
	组织参与国(境)外赌博罪	第303条第3款

二、黄赌类犯罪《刑法》规定对照表

类型	罪名	法条	罪状	主刑	附加刑	辩点速查
淫乱型	组织卖淫罪、强迫卖淫罪	第358条第1款	组织、强迫他人卖淫的	5—10年有期徒刑	并处罚金	1.犯罪行为:组织过程中的引诱、容留、介绍行为,都是组织卖淫罪中的实行行为,不再单独定引诱、容留、介绍卖淫罪。 2.组织对象:被组织的他人,应是3人以上。 3.从重情节:组织、强迫未成年人卖淫的,从重处罚。 4.死刑辩护:《刑法修正案(九)》取消了这两个罪的死刑,但如果在组织、强迫卖淫的过程中,并有杀害、伤害、强奸、绑架等犯罪行为的,应数罪并罚。
			情节严重的	10年以上有期徒刑或者无期徒刑	并处罚金或者没收财产	
	协助组织卖淫罪	第358条第4款	为组织卖淫的人招募、运送人员或者有其他协助组织他人卖淫行为的	5年以下有期徒刑	并处罚金	1.本罪特点:属于拟制的正犯,不适用总则关于从犯的处罚原则。 2.协助范围:仅限协助组织他人卖淫,不包括协助强迫他人卖淫,强迫卖淫中的协助犯不构成本罪,可按照强迫卖淫罪的从犯处罚。 3.犯罪行为:仅限协助组织他人卖淫的行为,如果协助组织后实际发挥了组织者的作用,应以组织卖淫罪论处。
			情节严重的	5—10年有期徒刑	并处罚金	

(续表)

类型	罪名	法条	罪状	主刑	附加刑	辩点速查
淫乱型	引诱、容留、介绍卖淫罪	第359条第1款	引诱、容留、介绍他人卖淫的	5年以下有期徒刑、拘役或者管制	并处罚金	1. 犯罪行为:包括引诱、容留、介绍的行为,有两种行为以上的,不实行数罪并罚。 2. 引诱对象:不包括不满14周岁的幼女。 3. 主观目的:是否以营利为目的,不影响本罪的成立。
			情节严重的	5年以上有期徒刑	并处罚金	
	引诱幼女卖淫罪	第359条第2款	引诱不满14周岁的幼女卖淫的	5年以上有期徒刑	并处罚金	1. 引诱对象:仅限不满14周岁的幼女。 2. 一罪数罪:引诱幼女卖淫,与幼女发生性关系的,以引诱幼女卖淫罪与强奸罪并罚。 3. 此罪与彼罪:为容留、介绍幼女卖淫而以带有诱惑性的语言挽留、劝说的,以容留、介绍卖淫罪处理。
	传播性病罪	第360条	明知自己患有梅毒、淋病等严重性病卖淫、嫖娼的	5年以下有期徒刑、拘役或者管制	并处罚金	1. 主观明知:不知道自己患有严重性病而卖淫、嫖娼的不能构成本罪。 2. 行为方式:必须是通过卖淫或者嫖娼的方式,通过其他方式,如通奸传播性病的,不构成本罪。 3. 犯罪既遂:抽象危险犯,不要求目的。有足以造成性病传播的严重危险时即构成本罪既遂。明知自己有严重性病而采取了防止传播措施的,仍可以构成本罪。 4. 从重情节:明知自己患有艾滋病或者感染艾滋病毒而卖淫、嫖娼的,从重处罚。 5. 此罪与彼罪:明知自己感染艾滋病病毒而卖淫、嫖娼的或者故意不采取防范措施而与他人发生性关系,致使他人感染艾滋病病毒的,以故意伤害罪论处。

(续表)

类型	罪名	法条	罪状	主刑	附加刑	辩点速查
淫乱型	聚众淫乱罪	第301条第1款	聚众进行淫乱活动的	5年以下有期徒刑、拘役或者管制		1.犯罪主体:只处罚首要分子或多次参加者。2.犯罪行为:纠集3人以上(不论男女)群奸群宿或者进行其他淫乱活动,这种淫乱活动是自愿参加的,且不具有金钱交易。
淫乱型	引诱未成年人聚众淫乱罪	第301条第2款	引诱未成年人参加聚众淫乱活动的	处5年以下有期徒刑、拘役或者管制,从重处罚		1.想象竞合:以组织淫秽表演的方式引诱未成年人的,构成本罪和组织淫秽表演罪想象竞合,择一重处罚。2.数罪并罚:引诱未成年人聚众淫乱,又以营利为目的指使其卖淫的,构成本罪和组织卖淫罪,数罪并罚。
淫秽物品型	制作、复制、出版、贩卖、传播淫秽物品牟利罪	第363条第1款	以牟利为目的,制作、复制、出版、贩卖、传播淫秽物品的	3年以下有期徒刑、拘役或者管制	并处罚金	1.主观方面:必须以牟利为目的,不以牟利为目的的传播,构成传播淫秽物品罪。2.犯罪行为:包括制作、复制、出版、贩卖、传播,实施两种行为以上的不数罪并罚。3.此罪与彼罪:直接向走私人非法收购走私进口的淫秽物品或者内海、领海贩卖国家禁止进口的淫秽物品的,构成走私淫秽物品罪。
淫秽物品型	制作、复制、出版、贩卖、传播淫秽物品牟利罪	第363条第1款	情节严重的	3—10年有期徒刑	并处罚金	
淫秽物品型	制作、复制、出版、贩卖、传播淫秽物品牟利罪	第363条第1款	情节特别严重的	10年以上有期徒刑或者无期徒刑	并处罚金或者没收财产	
淫秽物品型	为他人提供书号出版淫秽书刊罪	第363条第2款	为他人提供书号,出版淫秽书刊的	3年以下有期徒刑、拘役或者管制	并处或者单处罚金	1.主观方面:过失。2.共同犯罪:明知他人用于出版淫秽书刊而提供书号的,按照出版淫秽物品牟利罪的共犯处罚。

(续表)

类型	罪名	法条	罪状	主刑	附加刑	辩点速查
淫秽物品型	传播淫秽物品罪	第364条第1款	传播淫秽的书刊、影片、音像、图片或者其他淫秽物品,情节严重的	2年以下有期徒刑、拘役或者管制		1. 主观方面:不能以牟利为目的,否则构成传播淫秽物品牟利罪。 2. 追诉标准:情节犯,必须达到情节严重的程度。网络传播的,要注意相关司法解释的规定。 3. 从重情节:向不满18周岁的未成年人传播淫秽物品的,从重处罚。
淫秽物品型	组织播放淫秽音像制品罪	第364条第2款	组织播放淫秽的电影、录像等音像制品的	3年以下有期徒刑、拘役或者管制	并处罚金	1. 犯罪行为:组织和播放行为必须同时具备才能构成本罪,仅有播放行为而无组织行为不构成本罪,可以传播淫秽物品罪论处。 2. 主观方面:不以牟利为目的,否则可能构成传播淫秽物品牟利罪。 3. 从重情节:制作、复制淫秽的电影、录像等音像制品组织播放的,从重处罚。
淫秽物品型	组织播放淫秽音像制品罪	第364条第2款	情节严重的	3—10年有期徒刑	并处罚金	
淫秽物品型	组织淫秽表演罪	第365条	组织淫秽表演的	3年以下有期徒刑、拘役或者管制	并处罚金	1. 本罪主体:只处罚组织者,一般的参与表演人员、观看淫秽表演者,不构成本罪。 2. 此罪与彼罪:组织卖淫中为吸引嫖客进行表演只构成组织卖淫罪;聚众淫乱中组织参与者进行表演的只构成聚众淫乱罪;组织播放中又组织表演的可能构成数罪并罚,但是对仅为提高表演者技巧而播放的,只构成本罪。
淫秽物品型	组织淫秽表演罪	第365条	情节严重的	3—10年有期徒刑	并处罚金	
性侵型	强奸罪	第236条	以暴力、胁迫或者其他手段强奸妇女	3—10年有期徒刑		1. 犯罪对象:仅限妇女,包括不满14周岁的幼女。 2. 犯罪手段:以暴力、胁迫或

(续表)

类型	罪名	法条	罪状	主刑	附加刑	辩点速查
性侵型	强奸罪	第236条	有下列情形之一的:(1)强奸妇女、奸淫幼女情节恶劣的;(2)强奸妇女、奸淫幼女多人的;(3)在公共场合当众强奸妇女、奸淫幼女的;(4)二人以上轮奸的;(5)奸淫不满10周岁的幼女或者造成幼女伤害的;(6)致使被害人重伤、死亡或者造成其他严重后果的。	10年以上有期徒刑、无期徒刑或者死刑		者其他手段。3.从重情节:(1)奸淫不满14周岁的幼女,从重处罚。(2)行为人既实施了强奸妇女行为又实施了强奸幼女行为的,以强奸罪从重处罚。
	负有照护职责人员性侵罪	第236条之一	对已满14周岁不满16周岁的未成年女性负有监护、收养、看护、教育、医疗等特殊职责的人员,与该未成年女性发生性关系的	3年以下有期徒刑		1.本罪主体:特殊主体,仅限对已满14周岁不满16周岁的未成年女性负有监护、收养、看护、教育、医疗等特殊职责的人员。2.犯罪对象:仅限已满14周岁不满16周岁的未成年女性。3.犯罪行为:与该未成年女性发生性关系即可,不管其是否自愿。4.法条变化:《刑法修正案(十一)》新增罪名。
				3—10年有期徒刑		
	强制猥亵、侮辱罪	第237条第1款、第2款	以暴力、胁迫或者其他方法强制猥亵他人或者侮辱妇女	5年以下有期徒刑或者拘役		1.犯罪对象:强制侮辱的对象仅限妇女,强制猥亵的对象既包括妇女也包括男子,这是《刑法修正案(九)》增加的对象,但不包括儿童。2.犯罪手段:仅限暴力、胁迫或者其他强制方法,非强制的手段不能构成。3.从重情节:见相关司法解释。
			聚众或者在公共场所当众犯前款罪的,或者有其他恶劣情节的	5年以上有期徒刑		

(续表)

类型	罪名	法条	罪状	主刑	附加刑	辩点速查
性侵型	猥亵儿童罪	第237条第3款	猥亵儿童的	5年以下有期徒刑		1. 犯罪对象:仅限儿童。 2. 犯罪手段:猥亵,不要求使用强制手段。
			有下列情形之一的:(1)猥亵儿童多人或者多次的;(2)聚众猥亵儿童的,或者在公共场所当众猥亵儿童,情节恶劣的;(3)造成儿童伤害或者其他严重后果的;(4)猥亵手段恶劣或者有其他恶劣情节的。	5年以上有期徒刑		
赌博型	赌博罪	第303条第1款	以营利为目的,聚众赌博或者以赌博为业的	3年以下有期徒刑、拘役或者管制	并处罚金	1. 主观方面:必须以营利为目的,不以营利为目的的自娱自乐不构成本罪。 2. 网络犯罪:注意定罪量刑标准的确定;参赌人数、赌资数额、网站代理的认定;案件管辖的确定;电子数据的收集。 3. 从重情节:(1)具有国家工作人员身份;(2)组织国家工作人员赴境外赌博;(3)组织未成年人参与赌博或者开设赌场吸引未成年人参与赌博的;(4)参赌者识破骗局要求退还所输钱财,设赌者又使用暴力或者以暴力相威胁,拒绝退还的。
	开设赌场罪	第303条第2款	开设赌场的	5年以下有期徒刑、拘役或者管制	并处罚金	1. 主观方面:一般也要以营利为目的。 2. 客观方面:网上开设赌场和利用赌博开设赌场以及对应的追诉标准。 3. 共同犯罪:为网上开设赌场提供帮助和服务。 4. 量刑辩护:情节严重的认定标准。
			情节严重的	5—10年有期徒刑	并处罚金	

(续表)

类型	罪名	法条	罪状	主刑	附加刑	辩点速查
赌博型	组织参与国（境）外赌博罪	第303条第3款	组织中华人民共和国公民参与国（境）外赌博，数额巨大或者有其他严重情节的	依照前款的规定处罚		1. 组织对象：中华人民共和国公民。 2. 定罪要求：数额巨大或者有其他严重情节。 3. 法条变化：《刑法修正案（十一）》新增罪名。

第二节　辩点整理

辩点 11-1：犯罪主体　　辩点 11-2：主观方面　　辩点 11-3：客观方面
辩点 11-4：追诉标准　　辩点 11-5：从重情节　　辩点 11-6：共同犯罪
辩点 11-7：罪与非罪　　辩点 11-8：此罪彼罪

辩点 11-1：犯罪主体

（一）主体年龄

本章黄赌类犯罪中，除了强奸罪，其他犯罪的主体年龄都必须达到 16 周岁才能承担刑事责任，而强奸罪的主体年龄达到 14 周岁即可。辩护人在代理这类案件时，要注意考察主体的年龄，行为人没有达到应负刑事责任的年龄，即使实施了本章中的犯罪，也不应承担刑事责任。可见，主体的年龄直接影响行为人是否承担刑事责任，这是一个重要辩点。

对于主体年龄的辩护，可以从年龄的界定、年龄的鉴定以及跨年龄段犯罪的认定等方面介入，具体规则可以参见第十章中的辩点 10-1，在此不再赘述。

本章还需要注意一个问题，对于已满 14 周岁不满 16 周岁的人，与不满 14 周岁的幼女发生性关系构成犯罪的，以强奸罪论。但如果是偶尔与幼女发生性关系，情节轻微、未造成严重后果的，可以不认为是犯罪。这是最高人民法院于 2006 年 1 月 11 日发布的《关于审理未成年人刑事案件具体应用法律若干问题的解释》中的明确规定，所以辩护人可以从主体年龄以及犯罪情节等角度出发进行辩护，提出"不认为是犯罪"的无罪辩护意见。

(二) 主体性别

本章黄赌类犯罪中,主体多为一般主体,对主体性别没有特别要求。但因为有的犯罪侵犯的对象系妇女,所以犯罪主体多为男性,但并不表示只有男性才可以构成这些犯罪。

对于强奸罪,实行犯必须是男性,但也不排除女性单独构成强奸罪或者与男性共同构成强奸罪的情形。例如,妇女利用、唆使、帮助患有精神病等无刑事责任能力的男性强奸其他妇女的,患有精神病的男子由于不具有刑事责任能力,不承担刑事责任,但利用、唆使、帮助该男子的女性属于间接正犯,可以单独构成强奸罪。如果利用、唆使、帮助的男性具有刑事责任能力,则妇女与该男性共同构成强奸罪,可以认定为教唆犯或者帮助犯。

对于强制猥亵、侮辱罪,《刑法修正案(九)》将猥亵的对象扩大为"他人",不再仅限于妇女,其犯罪的主体仍为一般主体,包括男性和女性,只是在实践中,男性猥亵妇女的情形居多,但不排除具有同性恋倾向的妇女强行猥亵其他妇女,妇女出于变态心理猥亵其他妇女的情形,在以上情况下,妇女也可以构成强制猥亵罪。此外,如果以男性为猥亵对象,不管是女性强制猥亵男性,还是男性强制猥亵男性,也均可以构成本罪。但对于强制侮辱罪,犯罪对象还是仅限于妇女,强制侮辱男性的仍然不构成犯罪,但犯罪主体还是一般主体,包括男性和女性。

> **案例 11-1**
>
> 被告人谭某,因为自己怀孕无法与丈夫白某同房,在街上偶遇少女胡某,便以身体不适为由,骗取胡某的信任,让胡某送其回家。回到家中,谭某陪胡某聊天,谭某的丈夫白某将事先准备好的迷药放入饮料中让胡某喝下,胡某昏迷后,白某欲对胡某实施奸淫,见胡某正值生理期,白某对胡某实施了猥亵。事后,白某和谭某怕被人发现便心生杀念,将胡某杀害并用皮箱将胡某的尸体带出后掩埋。后白某数罪并罚后被决定执行死刑,谭某数罪并罚后决定执行无期徒刑。
>
> 本案中,谭某引诱少女胡某回到家中供丈夫强奸,虽然其不能构成强奸罪的正犯,但可以与其丈夫构成共同犯罪。共同犯罪中,谭某积极物色强奸对象,将被害人诱骗至家中,分散被害人注意力并使其喝下放有迷药的饮料,与丈夫白某积极实施犯罪行为,均起主要作用,系强奸罪的主犯。

(三) 主体身份

本章犯罪对主体身份一般没有进行限制性要求,但有些犯罪对主体是有特殊要求的,比如《刑法修正案(十一)》新增的负有照护职责人员性侵罪,就要求必须是对已满14周岁不满16周岁的未成年女性负有监护、收养、看护、教育、医疗等特殊职责的人员,不属于这类人员的,不能构成此罪。再如,聚众类或者组织类犯罪,犯罪主体仅限首要分子、多次参加者或者组织者,辩护人对这类犯罪进行辩护时要注意审查行为人的主体身份,如果行为人仅是一般的参加者,可以进行无罪辩护。此外,对于其他性侵类犯罪,还可以进一步审查行为人与被害人之间是否具有夫妻关系,然后根据具体的犯罪事实和情节提出无罪或者罪轻的意见。对于赌博类犯罪,则可以进一步考察参与人员的身份以及参与的程度。

1. 聚众类犯罪

本章有一个聚众类犯罪,就是聚众淫乱罪,刑法只惩罚聚众淫乱活动的首要分子和多次参加聚众淫乱活动的人。所谓"首要分子",是指在聚众淫乱犯罪中起组织、策划、指挥作用的人。所谓"多次参加",是指参加3次以上的聚众淫乱活动。对一般参加聚众淫乱活动的人或者偶尔参加聚众淫乱活动的人,不应以犯罪论处。因此,辩护人在代理这类案件时,要审查当事人的主体身份情况,如果不属于首要分子或者多次参加者的,可以进行无罪辩护。

2. 组织类犯罪

本章涉及三个组织类犯罪:一个是组织卖淫罪,一个是组织播放淫秽音像制品罪,还有一个是组织淫秽表演罪。对于这几个犯罪,正犯的主体要求一般都是组织者,协助组织者可以构成其他罪名(如协助组织卖淫罪)或者组织类犯罪的共犯。对于组织卖淫罪的主体,2017年7月25日开始实施的最高人民法院、最高人民检察院《关于办理组织、强迫、引诱、容留、介绍卖淫刑事案件适用法律若干问题的解释》有两条规定需要注意。一是明知他人实施组织卖淫犯罪活动而为其招募、运送人员或者充当保镖、打手、管账人等的,以协助组织卖淫罪定罪处罚,不以组织卖淫罪的从犯论处。这一条是区别此罪与彼罪。二是在具有营业执照的会所、洗浴中心等经营场所担任保洁员、收银员、保安员等,从事一般服务性、劳务性工作,仅领取正常薪酬,且无前面一条所列协助组织卖淫行为的,不认定为协助组织卖淫罪。这一条则是区别有罪与无罪,是进行无罪辩护的法律依据,主要审查经营场所是否具有营业执照,审查人员所从事的工作是否属于一般服务性或者劳务性工作,审查有无实施招募、运送人员或者充当保镖、打手、管账人等协助组织卖淫的行为,辩护人要充分利用好这个条款。至于被组织者，由于现有法律尚未规定构成犯罪，所以还不能将被组织的卖淫人员或者被组织的淫秽表演人员作为单独的犯罪处理或者作为组织类犯罪的共犯处理，即使被组织的卖淫行为和淫秽表演行为也不为法律所允许。

3. 性侵类犯罪

（1）关于负有照护职责人员的性侵。

负有照护职责人员性侵罪是《刑法修正案（十一）》新增的罪名，该罪的主体属于特殊主体，要求必须是对已满14周岁不满16周岁的未成年女性负有监护、收养、看护、教育、医疗等特殊职责的人员，如果行为人对已满14周岁不满16周岁的未成年女性不负有特殊照护的职责，即使与该未成年女性发生性关系，亦不能构成本罪。

（2）关于婚内强奸。

对于"婚内强奸"问题，理论上有诸多争议，相关法律及司法解释也未对此问题进行明确规定。但是理论和实践中通常认为，一般情况下丈夫奸淫妻子不构成强奸罪，但有以下情形之一者除外：①男女双方虽已登记结婚，但并无感情且尚未同居，也未曾发生性关系，女方坚持要求离婚，男方进行强奸的；②夫妻感情确已破裂，并且长期分居，丈夫进行强奸的；③离婚诉讼过程中，丈夫奸淫妻子的。

但是，即使在上述情况下，婚内强奸构成强奸罪，但是由于行为人与被害人之间夫妻关系尚未终结，婚内强奸与普通强奸在认定及处罚上还是会存在区别对待。首先，为保证家庭关系的平稳，婚内强奸原则上应当由妻子告诉才处理；其次，丈夫在对妻子实施奸淫行为时采取的手段，应排除平缓、非暴力的胁迫手段等；最后，婚内强奸的量刑，一般应轻于普通强奸。

因此，辩护人在代理婚内强奸案件时，首先应查明夫妻双方感情是否已经破裂，以及行为人在进行性行为时所采取的手段，如果并未采用暴力手段，且夫妻之间尚存感情，则进行不宜认定为强奸罪的无罪辩护；如果确实构成强奸罪，也可以进行量刑区别于普通强奸的罪轻辩护。

案例 11-2

被告人白某（男）与被害人姚某（女）于2004年10月1日结婚，婚后夫妻感情尚好。2005年2月27日，姚某与白某因家庭琐事发生口角，姚某一气之下搬回娘家居住，并向白某提出离婚要求。2005年4月2日晚白某到姚家找姚某时强行与其发生性关系。姚某认为白某对其实施了强奸，遂报警。本案中，辩护

> 人提出白某与姚某之间夫妻关系尚未解除,且夫妻感情还未破裂,不应认定为强奸罪的辩护意见。姚某也出具了谅解书。公诉机关最终对白某作出了不起诉决定。

(3)关于丈夫强制猥亵、侮辱妻子。

对于丈夫强制猥亵、侮辱妻子的情况,也应当区别对待。如果丈夫公然强制猥亵、侮辱妻子,可以构成强制猥亵、侮辱罪,因为这种可以使不特定人或者多数人目睹的行为,严重伤害了妻子关于性的羞耻心。但是,对于非公然强制猥亵、侮辱妻子的行为,因具有夫妻这种特殊关系,则不宜认定为犯罪。因此,辩护人代理这类案件时,除了需要考察夫妻之间的关系,还要考察猥亵、侮辱行为发生的场合,以便确定进行无罪辩护还是罪轻辩护。

4.赌博类犯罪

对于利用赌博机开设赌场的案件,国家一般重点打击的是赌场的出资者和经营者。对受雇用为赌场从事接送参赌人员、望风看场、发牌坐庄、兑换筹码等活动的人员,除参与赌场利润分成或者领取高额固定工资的以外,一般不追究刑事责任,可由公安机关依法给予治安管理处罚。对设置游戏机,单次换取少量奖品的娱乐活动,不以违法犯罪论处。因此,辩护人应当注意考察这些人员的身份情况和参与程度。

辩点11-2:主观方面

(一)罪过形式

1.犯罪故意

黄赌类犯罪中,绝大多数是故意犯罪,即明知自己的行为会发生危害社会的结果,并且希望或者放任这种结果的发生。犯罪故意既包括直接故意,又包括间接故意。虽然黄赌类犯罪多为直接故意,但也存在间接故意的情形。

例如传播性病罪,行为人明知自己患有严重性病,为防止性病传播而采取避免传播的措施,然后卖淫、嫖娼的,虽然其主观上不希望也不积极追求性病传播危害后果的发生,不属于直接故意,但仍具有放任危害后果发生的心态,属于间接故意,可以构成传播性病罪。需要特别注意的是,艾滋病也属于严重性病之一,相比其他性病,对人体危害特别大,有可能产生死亡的后果。如果行为人明知自己感染艾滋病病毒而卖淫、嫖娼或者故意不采取防范措施而与他人发生性关系,最终导致他人感染艾滋病病毒的,不管其是否有传播性病的故意,都认定为《刑法》第 95 条第(三)项"其他对于人身健康有重大伤害"所指的"重伤",依照《刑法》第 234 条第 2 款的规定,以故意伤害罪定罪处罚。这是 2017 年 7 月 25 日开始实施的最高人民法院、最高人民检察院《关于办理组织、强迫、引诱、容留、介绍卖淫刑事案件适用法律若干问题的解释》新增的内容,辩护人要特别注意。当然,如果行为人确实不知道自己患有严重性病而卖淫、嫖娼,即使造成他人染上严重性病,甚至染上艾滋病病毒的,虽然产生了严重后果,但因其不具有犯罪的故意,也不能构成传播性病罪。

此外,间接故意还体现在性侵类犯罪中,例如强奸罪,行为人明知是不满 14 周岁的幼女或者明知妇女是精神病患者或者程度严重的痴呆者,而与其发生性关系的,不论对象是否自愿,也不论行为人采取什么手段,都应以强奸罪论处。在这种情形下,行为人的主观心态也是一种放任危害后果发生的间接故意。又如猥亵儿童罪,行为人明知是不满 14 周岁的儿童仍进行猥亵的,不论对象是否自愿,也不论行为人是否采取强制手段,主观上属于间接故意,可以构成猥亵儿童罪。

综上所述,作为辩护人,不但要审查行为人的主观方面,审查是直接故意还是间接故意,还要审查故意的内容,这不仅可以作为主观恶性深浅的量刑情节以此进行辩护,还可以作为此罪与彼罪、重罪与轻罪、有罪与无罪的辩护方向。

案例 11-3

2019 年 3 月某天,王某(男)与张某(女,未满 14 周岁)于夜总会认识,该夜总会管理严格,18 岁以上成年人才能进入,且进入时需查验身份证件。张某通过假的身份证进入夜总会,且打扮极为成熟,后自愿与王某发生性关系,但后两人因琐事发生口角,张某便告诉王某自己还没满 14 周岁,以王某对其强奸为由报案。侦查机关证实了张某系自愿与王某发生性关系,但发生性关系时张某尚未满 14 周岁,故仍以强奸罪对王某移送审查起诉。

本案中,辩护人认为,在当时情况下,由于夜总会管理严格,只有成年人才能入内,且张某打扮与其实际年龄不符,且实际年龄也已接近 14 周岁,王某确实不知道也无法知道张某不满 14 周岁,且双方又是自愿发生性关系,没有造成严重后果,情节显著轻微,不应认定为犯罪。后公诉机关对王某作出了不起诉决定。

2. 犯罪过失

黄赌类犯罪中,虽然绝大多数是故意犯罪,但也存在过失犯罪。所谓过失犯罪,是指应当预见自己的行为可能发生危害社会的结果,因为疏忽大意而没有预见,或者已经预见而轻信能够避免,以致发生了危害结果。

例如,为他人提供书号出版淫秽书刊罪就是过失犯罪。虽然行为人为他人提供书号是故意,但对于他人使用该书号出版淫秽书刊的结果并未预见或者虽然预见但轻信能够避免,属于一种过失心态,按照为他人提供书号出版淫秽书刊罪定罪处罚。如果行为人明知他人用于出版淫秽书刊而提供书号的,其对于书号用于出版淫秽书刊的结果持积极追求或者放任态度,则属于故意犯罪,应认定为出版淫秽物品牟利罪。因此,辩护人在办理此类犯罪时,应当查明行为人对出版淫秽书刊是否明知,对淫秽书刊出版的后果是否存在过失,以便正确适用法条。

(二) 认定明知

本章犯罪大多属于故意犯罪,要求具有明知的要件。如果行为人对应当"明知"的内容确实不知道,则会因缺失主观要件而不认定为犯罪。因此,辩护人在代理黄赌类犯罪案件时,可以从行为人是否具备"明知"的要件作为切入点进行辩护。由于"明知"是一种主观心态,行为人基于趋利避害的心理,司法实践中经常会否认自己主观上明知的内容,为了正确认定行为人的主观心态,司法解释对有些犯罪中的"明知"作出了认定标准,辩护人应当予以掌握,如果行为人不具备这些情形的,可以考虑以行为人不明知作为无罪的辩护理由。

1. 关于传播性病中的"明知"

具有以下情形之一的,可以认定为"明知":

(1) 有证据证明曾到医院就医或者其他医疗机构就医或者检查,被诊断为患有严重性病的;

(2) 根据本人的知识和经验,能够知道自己患有严重性病的;

(3) 通过其他方法能够证明行为人是"明知"的。

这里的"严重性病",包括梅毒、淋病等。其他性病是否认定为"严重性病",应当根据《传染病防治法》《性病防治管理办法》的规定,在实行性病监测的性病范围内,依照其危害、特点与梅毒、淋病相当的原则,从严掌握。根据这个标准,艾滋病当然属于严重性病的范围。前面已经分析了,行为人如果明知自己患有艾滋病或者感染艾滋病病毒,不但可能影响量刑,而且可能影响定罪。所以,对于传播性病罪,辩护人不但要掌握"明知"的标准,还要掌握"明知"的内容。

2.关于利用互联网、移动通讯终端、声讯台制作、复制、出版、贩卖、传播淫秽电子信息中的"明知"

以牟利为目的,网站建立者、直接负责的管理者明知他人制作、复制、出版、贩卖、传播的是淫秽电子信息,允许或者放任他人在自己所有、管理的网站或者网页上发布的,以传播淫秽物品牟利罪定罪处罚;网站建立者、直接负责的管理者明知他人制作、复制、出版、贩卖、传播的是淫秽电子信息,允许或者放任他人在自己所有、管理的网站或者网页上发布的,以传播淫秽物品罪定罪处罚;电信业务经营者、互联网信息服务提供者明知是淫秽网站,为其提供互联网接入、服务器托管、网络存储空间、通讯传输通道、代收费等服务,并收取服务费的,以传播淫秽物品牟利罪定罪处罚;明知是淫秽网站,以牟利为目的,通过投放广告等方式向其直接或者间接提供资金,或者提供费用结算服务的,以制作、复制、出版、贩卖、传播淫秽物品牟利罪定罪处罚。

行为人实施以上行为,具有下列情形之一的,应当认定行为人"明知",但是有证据证明确实不知道的除外:

(1)行政主管机关书面告知后仍然实施上述行为的;

(2)接到举报后不履行法定管理职责的;

(3)为淫秽网站提供互联网接入、服务器托管、网络存储空间、通讯传输通道、代收费、费用结算等服务,收取服务费明显高于市场价格的;

(4)向淫秽网站投放广告,广告点击率明显异常的;

(5)其他能够认定行为人明知的情形。

3.关于网上开设赌场中的"明知"

明知是赌博网站,而为其提供下列服务或者帮助的,属于开设赌场罪的共同犯罪。具有下列情形之一的,应当认定行为人"明知",但是有证据证明确实不知道的除外:

(1)收到行政主管机关书面等方式的告知后,仍然实施上述行为的;

(2)为赌博网站提供互联网接入、服务器托管、网络存储空间、通讯传输通道、投放广告、软件开发、技术支持、资金支付结算等服务,收取服务费明显异常的;

(3)在执法人员调查时,通过销毁、修改数据、账本等方式故意规避调查或者向犯罪嫌疑人通风报信的;

(4)其他有证据证明行为人明知的。

需要注意的是,行为人具备以上情形之一,并不必然证明其一定就是明知的,行为人或者辩护人如果能提供证据证明其确实不知道也可以认定为"不明知",这个举证责任在于辩方,所以辩护人从行为人获知线索后可以进行调查取证,看能否取得行为人确实不知道的证据。

> **案例 11-4**
>
> 　　被告人张某、杜某系夫妻,二人长期将自己院内的五余间住房对外出租。2019年4月和6月,公安机关将在出租房内从事卖淫活动的承租人孙某、刘某等人抓获,并同时告知张某和杜某承租户中存在卖淫嫖娼的嫌疑。后张某和杜某在明知皮某和王某是卖淫女的情况下,仍将该院内的房屋出租给她们。同年10月,民警将从事卖淫活动的皮某和王某抓获,当日亦将二被告人抓获。
>
> 　　本案中,被告人张某和杜某均辩称他们并不知道承租人从事卖淫活动,只是出租房屋,并没有任何容留他人卖淫的故意。公诉机关认为二被告人对于承租人在出租房内从事卖淫活动是明知的,理由如下:(1)二被告人与承租人共同居住在同一个院内,多名承租人长期从事卖淫活动,二被告人对此已耳闻目睹,能够经常看到陌生男子进出卖淫女的房屋;(2)出租房屋的租金明显高于其他承租人;(3)民警两次告知被告人出租房内有卖淫嫖娼的嫌疑,但被告人仍然将房屋出租给卖淫女。

(三)犯罪目的

　　犯罪目的,就是指行为人通过实施犯罪行为达到某种危害社会结果的希望或者追求。本章犯罪中,有的犯罪要求必须同时具备某种犯罪目的才能构成,属于目的犯。辩护人代理这类案件,应当查明行为人是否具备构成要件所要求的犯罪目的,进而展开无罪辩护或者罪轻辩护。

1. 淫乱类犯罪——营利目的

　　淫乱类犯罪中,组织、强迫、引诱、容留、介绍卖淫,通常是以营利为目的,但这些罪名并没有将"以营利为目的"作为构成要件之一,换句话说,行为人是否以营利为目的,并不影响犯罪的成立。尤其是对引诱、容留、介绍卖淫,最高人民法院、最高人民检察院《关于办理组织、强迫、引诱、容留、介绍卖淫刑事案件适用法律若干问题的解释》第8条还进行了"引诱、容留、介绍他人卖淫是否以营利为目的,不影响犯罪的成立"的明确规定。

2. 淫秽物品类犯罪——牟利目的

淫秽物品类犯罪中,制作、复制、出版、贩卖、传播淫秽物品牟利罪是目的犯,要求行为人必须具有牟利的目的才能构成此罪。

如果行为人不具有牟利目的,传播淫秽的书刊、影片、音像、图片或者其他淫秽物品的,或者组织播放淫秽的电影、录像等音像制品的,则按照传播淫秽物品罪和组织播放淫秽音像制品罪定罪处罚。

制作、复制、出版、贩卖、传播淫秽物品牟利罪虽以具有牟利目的为要件,但是否实际获利以及牟利多少,并不影响该罪名的认定。如果确实没有获利或者获利很少,辩护人也可以将其作为量刑情节提出。

3. 性侵类犯罪——奸淫目的和性满足目的

性侵类犯罪中,如果行为人具有奸淫目的,可定性为强奸罪;但如果行为人不具有奸淫目的,而是以性交以外的行为满足性欲,寻求性刺激、性满足的,则不构成强奸罪,如实施抠摸、搂抱的猥亵行为,可以构成强制猥亵罪或者猥亵儿童罪。强制侮辱罪与强制猥亵罪在犯罪目的上具有相似之处,即以寻求性刺激、性兴奋和性满足为目的,这也是强制侮辱罪与侮辱罪之间的主要区别,侮辱罪通常是基于私仇、泄愤、报复等动机,以贬低他人人格与名誉为目的,与性满足无关。

案例 11-5

江某(女)为了报复以前与其有意见分歧的任某,经与蔡某(女)商量,由蔡某纠集何某(男)、陈某(男)将任某带到野外,并要求蔡某等三人扒光任某衣服进行殴打侮辱。后蔡某等三人按照江某的要求对任某进行了扒光衣服、殴打、剪头发、裸体抛在野外等行为。当晚蔡某等三人将实施的上述行为告知了江某。最后公诉机关以江某构成强制侮辱罪移送起诉。

本案中,辩护人认为江某的行为不构成强制侮辱罪。作为指使者,江某主观上是出于个人恩怨,基于报复和泄私愤的目的,希望通过暴力侮辱行为贬低任某人格,破坏任某名誉,而非出于追求性满足或性刺激的目的,不符合强制侮辱罪的犯罪目的。从犯罪所针对的对象、侵犯的客体以及犯罪场合等角度分析,辩护人认为江某等人的行为更符合侮辱罪的构成要件。

4. 赌博类犯罪——营利目的

以营利为目的,聚众赌博的或者以赌博为业的,构成赌博罪。开设赌场罪虽然在法条中没有明确以营利为目的,但开设赌场一般都具有营利目的。以营利为目的,在计算机网络上建立赌博网站,或者为赌博网站担任代理,接受投注的,都属于开设赌场。如果不以营利为目的,只是进行带有少量财物输赢的娱乐活动,或者提供棋牌室等娱乐场所并只收取固定的场所和服务费用的经营行为等,不得以赌博或者开设赌场论处。在代理赌博类案件中,辩护人也应当从犯罪目的入手,严格区分赌博违法犯罪活动与群众正常文娱活动的界限。一般来说,以营利为目的主要表现为:(1)通过在赌博活动中赢取财物的目的;(2)通过抽头渔利或者收取各种名义的手续费、入场费等获取财物的目的。

辩点 11-3:客观方面

(一)淫乱类犯罪

1.组织、协助组织、强迫、引诱、容留、介绍他人卖淫

(1)犯罪对象。

这里的犯罪对象是"他人卖淫"。所谓"他人",主要是指女人,但也包括男人。如果是未成年人甚至是幼女的话,则不仅影响量刑,还可能影响定罪。例如,司法解释明确规定,组织、强迫未成年人卖淫,从重处罚,容留、介绍未成年人卖淫没有人数上的限制即可构成犯罪,引诱未满14周岁的幼女卖淫,按照引诱幼女卖淫罪定罪处罚,量刑比引诱卖淫罪要重。因此,辩护人在进行辩护时应当要审核卖淫的主体情况。所谓"卖淫",是指以营利为目的,与不特定的人发生性交行为。这里的性交,不但包括男女两性性交,也包括肛交、口交等进入式的性行为,但不包括手淫、乳推等相对开放式的性行为。

> **案例 11-6**
>
> 被告人李某系某公关礼仪服务中心负责人,为了营利,采取张贴广告、登报的方式招聘男青年做公关人员,并制定了《公关人员管理制度》。李某指使刘某、冷某对"公关先生"进行管理,并在其经营的酒吧内将多名"公关先生"多次介绍给男性顾客,由男性顾客将"公关先生"带至其他酒店从事同性卖淫活动。案发后,李某辩称自己的行为不构成犯罪,辩护人提出,《刑法》及相关司法解释对同性之间的性交易是否构成卖淫未作明文规定,而根据有关辞典的解释,卖淫是指"妇女出卖肉体"的行为。因此,组织男性从事同性卖淫活动的,不属于组织卖淫,不危害社会公共秩序和良好风尚,依照罪刑法定原则,李某的行为不构成犯罪。

> 法院经审理认为:组织他人卖淫中的"他人",主要是指女性,也包括男性。李某以营利为目的,组织"公关先生"从事金钱与性的交易活动,虽然该交易在同性之间进行,但该行为亦为卖淫行为,构成组织卖淫罪,判处李某有期徒刑8年,并处罚金6万元。

(2)犯罪手段。

①组织卖淫,是指以招募、雇佣、纠集等手段,管理或者控制他人卖淫的行为,只要管理或者控制卖淫人员在3人以上即可,至于组织卖淫者是否设置固定的卖淫场所、组织卖淫者人数多少、规模大小,均不影响组织卖淫行为的认定。在组织卖淫犯罪活动中,对被组织卖淫的人有引诱、容留、介绍卖淫行为的,依照处罚较重的规定定罪处罚。但是,对被组织卖淫的人以外的其他人有引诱、容留、介绍卖淫行为的,应当分别定罪,实行数罪并罚。

②协助组织卖淫,是指为组织卖淫的人招募、运送人员或者有其他协助组织他人卖淫行为的行为,与组织卖淫是一种共犯关系,在组织他人卖淫的共同犯罪中起帮助作用,如充当保镖、打手、管账人等。因为协助组织他人卖淫的行为,有具体的罪状和单独的法定刑,应当确定为独立的罪名,适用单独的法定刑处罚,所以不适用刑法总则关于从犯的处罚原则。

案例 11-7

2014年9月下旬,被告人王某某和文某某共谋从事组织卖淫活动,王某某提供卖淫地点和场所,支付卖淫场地费,支付招嫖人员伙食费、支付招嫖人员及失足妇女租房费,文某某则总负责整个组织卖淫团伙的事宜。同年10月7日至11月6日期间,文某某先后雇请罗某某、毛某某等人从事微信招嫖,先后招募王某某、吴某某等失足妇女,同时为招嫖人员、失足妇女租房提供日常居住。毛某某负责对失足妇女进行出勤考核,采购和发放卖淫所需的用品和道具,记录失足妇女支付卖淫道具的费用等。罗某某负责记录每天卖淫收支情况,并收取嫖资。后王某某和文某某被法院认定为组织卖淫罪,罗某某和毛某某被认定为协助组织卖淫罪。一般来说,判断行为人是否组织卖淫者,不能只看其是否直接管理、控制卖淫者,而要看其是否在卖淫组织中发挥核心作用,是否处于或者接近组织的核心层。

③强迫卖淫,是指采用暴力等手段,违背他人意志,迫使他人卖淫。以强奸作为强迫卖淫的手段或者强奸后迫使他人卖淫的,在《刑法修正案(九)》实施之前是强迫他人卖淫的法定从重情节,只需以强迫卖淫罪一罪处罚。但《刑法修正案(九)》实施之后,取消了强迫卖淫罪的死刑,并同时规定,犯强迫卖淫罪并有强奸等犯罪行为的,依照数罪并罚的规定处罚。

④引诱、容留、介绍卖淫罪是一个选择性罪名,引诱、容留、介绍他人卖淫这三种行为,不论是同时实施还是只实施其中一种行为,均构成本罪。引诱是指利用金钱、物质等手段诱使他人卖淫;容留是指提供场所给他人卖淫使用,包括在自己所有、管理、使用、经营的规定场所,也包括在流动场所;介绍是指使卖淫人员与嫖客发生联系,得以实现卖淫嫖娼。

案例 11-8

被告人林某在 2018 年 12 月至 2019 年 5 月期间,通过家中电脑,在互联网上多次为卖淫女石某和郭某发布卖淫信息,介绍石某和郭某从事卖淫活动,致使多人到石某和郭某处进行嫖娼活动,并从石某和郭某处获得好处费共计 4000 元。

本案的行为与传统的介绍卖淫行为有所区别,被告人林某没有直接与特定的嫖客进行接触,而是利用计算机,通过互联网为不特定的嫖客提供卖淫信息,但其行为实际上起到介绍卖淫的作用,也属于介绍卖淫的行为。

案例 11-9

被告人杨某和米某是夫妻,住在大院里,长期将院里其他自有的十余间住房对外出租。2016 年 4 月 5 日,公安机关将在其住房从事卖淫活动的承租人杜某某等人抓获,民警两次告知杨某和米某承租户中有人存在卖淫嫖娼的嫌疑。后杨某和米某以比市场价高的租金将住房出租给秦某某等人,秦某某等人在住房内从事卖淫活动。杨某和米某被检察机关以涉嫌容留卖淫罪移送起诉。

在庭审过程中,杨某和米某辩称他们只是将自有住房出租给他人,并不知道他人在房屋内从事卖淫活动,不构成犯罪。但法院经审理查明,杨某和米某与承租人共同居住在同一个大院,经常看到陌生男子进出卖淫女房屋,民警也

> 两次告知承租户里有人存在卖淫嫖娼的嫌疑,以及结合其他证据,可以认定他们系明知他人在出租房内从事卖淫活动而出租房屋,符合容留卖淫罪的构成要件。辩护人在代理出租房屋者容留卖淫的案件时,要注意审查行为人的主观心态,审查其是否明知承租人从事卖淫活动而为其提供场所,如果确实不知道,或者虽然知道承租人从事卖淫活动但卖淫场所不在出租房内的,不能认定构成容留卖淫罪。

⑤引诱幼女卖淫是一种特殊的引诱卖淫,可以单独构成引诱幼女卖淫罪,量刑比引诱卖淫罪更重。

2. 传播性病

必须实施了卖淫、嫖娼的行为,至于实际是否已造成他人染上性病的结果,不影响本罪的成立。行为人通过其他方式(如通奸)等将性病传播给他人的,不构成传播性病罪。

对于明知自己感染艾滋病病毒而卖淫或者嫖娼的行为,要根据行为人具体的情况进行定性。从法律和医学角度分析,艾滋病属于与梅毒、淋病相当的严重性病。行为人明知自己感染艾滋病病毒仍进行卖淫嫖娼,如果其是出于希望或者放任他人感染艾滋病病毒的心理,并使对方感染艾滋病病毒或发病死亡,可以认定为故意伤害罪;如果其明知自己感染艾滋病病毒仍长期进行卖淫嫖娼,与众多不特定的人员发生性交易,甚至导致艾滋病病毒进一步扩散,则可以认定为构成以危险方法危害公共安全罪;如果其从事卖淫嫖娼,对对方可能感染上艾滋病病毒的结果只持放任态度,则可以认定为传播性病罪。

3. 聚众淫乱和引诱未成年人聚众淫乱

所谓聚众,是指纠集特定或不特定多数人于一定时间聚集于同一地点。这里的"众"应至少是3人,如果仅有2人,不能构成犯罪。所谓淫乱,是指违反道德规范的性交行为,还包括其他刺激、兴奋、满足性欲的行为,如聚众从事手淫、口淫、鸡奸等行为。

引诱未成年人参加聚众淫乱活动的,单独构成引诱未成年人聚众淫乱罪,依照聚众淫乱罪的规定从重处罚。

(二) 淫秽物品类犯罪

1. 制作、复制、出版、贩卖、传播淫秽物品牟利

(1) 行为对象:这里的"淫秽物品",是指具体描绘性行为或者露骨宣扬色情的诲淫性的书刊、影片、录像带、录音带、图片及视频文件、音频文件、电子刊物、图片、文章、短消息等互联网、移动通讯终端电子信息和声讯台语音信息等。可见,淫秽物品的载体多种多样,核心在于具体描绘性行为或者露骨宣扬色情。对于行为人自己与他人发生性关系的视频,如果个人私藏不会涉及淫秽物品问题,但如果进入公共视野,也可以被认定为淫秽物品。我国刑法明确将两种情形排除在外:一是有关人体生理、医学知识的科学著作不是淫秽物品;二是包含有色情内容的有艺术价值的文学、艺术作品不视为淫秽物品。制作、复制、出版、贩卖、传播这两类物品的,不构成本罪。

(2) 行为方式:包括制作、复制、出版、贩卖、传播等方式。所谓制作淫秽物品,是指生产、录制、摄制、编写、绘画、印刷等产生淫秽物品的行为;所谓复制淫秽物品,是指以印制、复印、拓印、录音、录像、翻录、翻拍等方式将淫秽物品制作一份或者多份的行为。所谓出版淫秽物品,是指将淫秽物品编辑、印刷后,公开发行的行为。所谓贩卖淫秽物品,是指批发、零售、倒卖、销售淫秽物品的行为。所谓传播淫秽物品,是指通过播放、出租、出借、承运、邮寄、携带等方式致使淫秽物品流传的行为。司法实践中,制作、复制、出版、贩卖、传播淫秽物品的手段很多,包括利用互联网、移动通讯终端、声讯台,还包括利用聊天室、论坛、即时通讯软件、电子邮件等方式。

案例 11-10

被告人方某在 2018 下半年在网上注册了三个 QQ 号,并将三个 QQ 号挂于 QQ 聊天大厅的"激情岁月"的聊天室内,聊天中以发信息的形式告知好友进行色情聊天,招揽网友进行裸聊。在裸聊时,方某根据对方的付费情况,通过视频提供不同的裸聊内容。在 1 年的时间内,方某裸聊的范围达 20 余个省市,裸聊对象 400 余人,获得裸聊资金 2 万余元。

本案中,方某实施的是网络裸聊行为,该行为所传递的信息与其他淫秽物品一样,具有强烈的淫秽性,虽然不具有直观的形,但同样具备了淫秽物品的本质属性。此外,方某的裸聊行为不是点对点式的,而是点对面式的,不具有私密性,使得人类的各种性行为公开化,违背了人类的性羞耻感,严重侵害了社会风尚,构成传播行为。加上方某是以牟利为目的,因此构成传播淫秽物品牟利罪。辩护人可以从传播的人次以及违法所得等情节入手,提出尚未达到情节严重的标准,并从方某认罪态度较好并且退还违法所得的角度出发,提出从轻处罚的辩护意见。

2. 为他人提供书号出版淫秽书刊

(1)行为对象:不仅限于书号,还包括刊号、版号。

(2)行为方式:违反国家关于书号、刊号、版号管理的规定,向其他单位或者个人提供书号、刊号、版号,致使淫秽书刊、淫秽音像制品得以出版。包括为他人提供书号、刊号,出版淫秽书刊,也包括为他人提供版号,出版淫秽音像制品。

3. 传播淫秽物品

这里的行为对象"淫秽物品"和行为方式"传播"与传播淫秽物品牟利罪是完全一致的,两个罪名之间的区别仅在于是否以牟利为目的。不以牟利为目的传播淫秽物品的,构成传播淫秽物品罪。

案例 11-11

2017年3月被告人高某通过QQ聊天与杨某认识,后两人约在宾馆见面并发生了性关系。同年12月,高某再次到宾馆与杨某发生性关系,高某用手机拍摄了两人性行为的视频片段。次年,高某欲保持与杨某的交往,被杨某拒绝。后高某将自己拍摄的与杨某发生性关系的视频上传到QQ个人博客上,并将视频网址告诉了自己的朋友。随后该视频被他人大量点击,点击率达到3万余人次。后高某在杨某的要求下删除了该视频。案发后,高某被公诉机关以传播淫秽物品罪提起公诉。

在庭审过程中,高某认为拍摄的视频是自己的个人视频,不属于淫秽物品,而且其只是将视频上传到自己的个人博客,也不属于传播,其行为不应当构成犯罪。这样的辩解是无法成立的。高某用手机拍摄自己与杨某的性行为片段,是对性行为的直接描述。如果这一视频只是个人私藏,不进入公共视野,不会涉及淫秽物品的问题。但本案中,高某将该视频置于网络,任何访问该网址的人皆可看到,是对社会公序良俗的违背,当然属于淫秽物品。此外,个人博客虽是由个人管理,但可以被不特定人随意浏览或者转载,具有传播的可能性,所以高某将视频上传到博客的行为本身就是一种传播行为。由于高某是为泄私愤而非以牟利为目的,所以仅构成传播淫秽物品罪,而不是传播淫秽物品牟利罪。

4. 组织播放淫秽音像制品

(1) 行为对象:仅限淫秽的电影、录像等音像制品。

(2) 行为方式:组织播放行为。如果制作、复制淫秽音像制品再组织播放的,只要不是以牟利为目的,仍按组织播放淫秽音像制品罪定罪,但需要从重处罚。如果是以牟利为目的,制作、复制淫秽音像制品再组织播放的,则仅按制作、复制、传播淫秽物品牟利罪一个罪定罪处罚。

5. 组织淫秽表演

(1) 行为对象:淫秽表演,包括但不限于性交、手淫、口淫、诲淫性的裸体和脱衣舞表演等关于性行为或者裸露宣扬色情的淫秽性的表演。这种淫秽表演可以是现场面对面式的,也可以是借助网络媒体进行视频面对面式的。

(2) 行为方式:组织行为,包括但不限于策划表演过程,招募、管理表演者,提供表演场地和设备等行为。

案例 11-12

2015 年 5 月至 2016 年 2 月,被告人刘某某伙同他人,由刘某某寻找模特或由他人招募模特提供给董某某,再由刘某某通过互联网发布人体模特私拍摄影信息,并招募参与私拍活动的摄影者,租借公寓或预订宾馆客房作为拍摄场地,安排模特分场次供摄影者拍摄,在拍摄过程中要求模特按照摄影者的需求,全裸、暴露生殖器以及摆出各种淫秽姿势。刘某某组织的私拍活动中有 30 余场系淫秽表演。后刘某某被检察机关以涉嫌组织淫秽表演罪移送起诉。

在庭审过程中,刘某某辩称他只是组织艺术摄影,并没有组织淫秽表演,而且每次拍摄都是一对一的,并不具有公开性,其不构成组织淫秽表演罪。但法院认为,本案中模特在摄影过程中暴露性器官,且作出淫秽姿势,客观上能引起他人的性刺激、性兴奋,属于以体态动作露骨宣传色情,而摄影者是被告人从互联网上公开招募来的,只要缴纳拍摄费用,携带相机就能参与拍摄活动,成为淫秽表演的受众,虽然每场拍摄的受众只有一人,但表演次数多,受众人数达到多数,属于在不特定多数受众面前露骨宣扬色情,符合组织淫秽表演罪的构成要件。

(三)性侵类犯罪

1.强奸

(1)行为对象:仅限女性,包括妇女和幼女。对于既实施了强奸妇女行为又实施了奸淫幼女行为的,以强奸罪从重处罚。与男性强制发生性关系,不构成强奸罪。但是,在性行为过程中对男性造成伤害后果的,可能构成故意伤害罪。

(2)行为方式:以暴力、胁迫或者其他手段强行与妇女发生性关系。

①违背妇女意志。如果妇女是自愿与行为人发生性关系,或者虽非自愿,但因有其他目的而与行为人相互利用的情况下,则不能认定为违背妇女意志。但是,如果行为对象为幼女或者精神病人、痴呆病人,由于其不具备相应的责任能力,不能自主决定其性行为,不管行为人采取什么手段,也不管行为对象是否自愿,都应认定为违背妇女意志。在认定是否违背妇女意志时,不能以被害妇女作风好坏来划分。强行与作风不好的妇女发生性关系的,也应定强奸罪。

辩护人在代理行为人与精神病患者、痴呆病人等特殊病人发生性关系的案件时,要注意掌握以下处理原则:A.行为人明知是精神病患者或者痴呆病人,不论其采取什么手段,也不论行为人出于什么动机,只要与这些妇女发生了性关系的,一律以强奸罪论处。B.行为人与间歇性精神病人在未发病期间或与精神病基本痊愈的妇女发生性关系的,妇女本人同意或者主动追求要求发生性关系的,不以强奸罪处理。C.行为人确实不知道妇女是精神病患者或者程度严重的痴呆症患者,女方自愿或者主动追求发生性关系的,不以强奸罪论处。

对于具有夫妻关系的案件,婚姻状况是确定是否构成强奸罪中违背妇女意志的法律依据。根据婚姻法的规定,合法的婚姻形成夫妻之间特定的人身和财产关系。双方自愿登记结婚,就是对同居和性生活的法律承诺。因此,从法律上讲,合法的夫妻之间不存在丈夫对妻子性权利自由的侵犯。在合法婚姻存续期间,丈夫不顾妻子反对,甚至采用暴力与妻子强行发生性关系的行为,不属于刑法意义上的"违背妇女意志",不能构成强奸罪。相反,如果是非法婚姻关系或者已经进入离婚诉讼程序,婚姻关系实际已处于不确定中,丈夫违背妻子的意志,采用暴力手段,强行与其发生性关系,可以构成强奸罪。但处理时与普通强奸案件有很大不同,应当特别慎重。

案例 11-13

　　2012 年 6 月,被告人王某经人介绍与钱某相识,2013 年 1 月登记结婚,2014 年生育一女。2016 年 10 月,钱某与王某分居,同时向法院起诉离婚。同年 12 月,法院认为双方感情尚未破裂,判决不准离婚,此后双方未曾同居。2017 年 8 月,钱某再次提起离婚诉讼。同年 11 月 10 日,法院判决准予离婚,并将判决书送达双方当事人。王某对判决离婚有意见,但迟迟也未上诉。同年 11 月 19 日晚 8 时许,王某到原居住地见钱某在房内整理衣服,即从背后抱住钱某欲与之发生性关系遭钱某拒绝,但王某不顾钱某的反抗,采用抓、咬等暴力手段,强行与钱某发生了性关系。后钱某报案,王某被公诉机关以强奸罪提起公诉。

　　在庭审过程中,辩护人提出,虽然法院判决准许王某与钱某离婚,但王某不服判决,虽然未提出上诉,但上诉期尚未届满,而且案发当天该离婚判决也尚未发生法律效力,王某与钱某仍属于夫妻关系,发生性关系是夫妻之间的权利和义务,不应当构成强奸罪。法院认为,在法院判决离婚后,王某与钱某已属非正常的婚姻关系,双方已不再承诺履行夫妻间同居的义务,王某在此期间违背钱某的意志,强行与钱某发生性关系,侵犯了钱某的人身权利和性权利,其行为符合强奸罪的构成要件,但考虑本案的具体情况,对王某定罪但免除刑事处罚。

②强行发生性关系。是指行为人采取暴力、胁迫或者其他手段,使被害妇女不能反抗、不敢抗拒、不知抗拒,强行与妇女发生性关系的。

A. 所谓暴力手段,是指采用殴打、捆绑、卡脖子、按倒等危害人身安全或者人身自由,使妇女不能抗拒的方式。

B. 所谓胁迫手段,是指采取威胁、恫吓,达到精神上的强制的手段。如以扬言行凶报复、揭发隐私、加害亲属等相威胁,利用迷信进行恐吓、欺骗,利用教养关系、从属关系、职权以及孤立无援的环境条件,进行挟制、迫害等,迫使妇女忍辱屈从,不敢抗拒。

C. 所谓其他手段,是指采取暴力、胁迫以外的手段,使妇女不知抗拒或者无法抗拒,具体手段有:采用药物麻醉、醉酒等类似手段奸淫妇女;利用妇女自身处于醉酒、昏迷、熟睡、患重病等不知抗拒或无法抗拒状态奸淫妇女;利用妇女愚昧无知,采用假冒治病或者以邪教组织、迷信等方法骗奸妇女;采用其他类似手段。

由此可见,认定是否强行发生性关系,不能以妇女是否有反抗表示为要件,妇女未反抗或者反抗不明显的,要具体分析原因。

案例 11-14

白某是某公司总经理,公司人力资源部招聘了一个女职员李某,人长得很漂亮,又识大体。一天夜里,李某加班很晚,公司里其他职员都下班了。于是白某把李某叫到自己办公室,表达了自己对李某的爱慕之心,并表示如果李某愿意与其发生性关系,他将提拔李某做人力资源部经理。李某考虑公司没有其他人,反抗也没有用,加上人力资源部经理职位的诱惑,于是在半推半就的情况下与白某发生了性关系。后因白某未实现自己的承诺,李某将白某告发,公诉机关将白某提起公诉,认为白某利用其职权关系及当时孤立无援的环境对李某实施了强奸。

本案中,辩护人认为白某虽然是李某的上司,两人之间具有职权关系,但案发当晚,白某只是利用自己的职权以提拔李某为人力资源部经理进行引诱,李某基于互相利用与白某发生了性关系,并不是处于不能反抗、不敢反抗、不知反抗的状况,遂不应认定为强奸罪。

2. 负有照护职责人员的性侵

(1)行为对象:仅限已满14周岁不满16周岁的未成年女性。负有特殊照护职责的人员与未满14周岁的幼女发生性关系,以强奸罪论处;与已满16周岁的成年女性发生性关系,不构成犯罪。

(2)行为方式:发生性关系,不包括强行发生性关系,如果是强行发生性关系的,则以强奸罪论处,包括利用负有照护职责人员优势地位或者被害人孤立无援的境地,迫使未成年女性就范而与其发生性关系的,也以强奸罪论处。

3. 强制猥亵

(1)行为对象:不限于妇女。《刑法修正案(九)》将强制猥亵罪的对象扩大为"他人",不再仅限于妇女,强制猥亵成年男性的,也构成犯罪。

(2)行为方式:以暴力、胁迫或者其他方法强制猥亵他人,这里的猥亵,是指除性交以外的,以满足性欲为目的的淫秽行为。

4. 强制侮辱

(1) 行为对象:仅限14周岁以上的少女和成年妇女,强制侮辱男性的,不构成犯罪。

(2) 行为方式:以暴力、胁迫或者其他方法强制侮辱妇女。这里的侮辱,是指为获得性刺激,以淫秽举止或者言语调戏妇女的行为,而不是基于泄愤、报复等动机,以侵害贬损妇女的名誉、人格为目的。如果仅以侵害贬损妇女的名誉、人格为目的进行侮辱,则应构成侮辱罪,而非本罪。需要注意的是,强制侮辱罪中的侮辱不要求以公然的方式进行,但必须当场对被侮辱的妇女实施,而侮辱罪中的侮辱则必须公然实施,但既可以当场进行,也可以非当场进行。

案例 11-15

被告人金某某利用帮助被害人张某某安装撰写毕业论文有关软件之机,在其电脑上私自安装了远程控制软件,并利用该软件在张某某不知情的情况下,偷窥张某某私生活,并在其换衣服上身裸露时进行截图。后金某某以将张某某不雅的图形视频资料上传网络为威胁,要求张某某与自己微信聊天谈论女性隐私话题及性方面话题,并要求张某某按其规定动作自拍侮辱性的更裸露的照片传给自己。后张某某报案,金某某被检察机关以涉嫌强制侮辱妇女罪移送起诉。

在庭审过程中,金某某辩称其并未对张某某使用强迫的手段,而且交流是一对一的,没有社会危害性,不构成犯罪。法院经审理认为,强制侮辱妇女罪的成立并不要求行为人实施侮辱行为具有公然性和公开性。且金某某虽然没有采用暴力手段,但以将不雅照上传网络相威胁,使张某某产生恐惧心理,不敢拒绝被告人聊侮辱性话题的要求,使其人格受到较大的侮辱和损害,构成强制侮辱妇女罪。

5. 猥亵儿童

(1) 行为对象:仅限不满14周岁的儿童。

(2) 行为方式:是指猥亵行为,这里的猥亵包括强制性的猥亵,也包括非强制性的猥亵。非强制性猥亵儿童的,构成猥亵儿童罪;非强制性与幼女发生性交行为的,构成强奸罪;非强制性猥亵他人的,则不构成犯罪。

案例 11-16

2015年4月5日至6日，某中学组织学生在医院体检。被告人王某某利用自己作为尿检项目检验医生的便利，超出尿检医生的职责范围，以"体检复查"为名，对10名不满14周岁的女学生抚摸胸腋部和下腹部、腹股沟区，将裤子脱至大腿根部查看生殖器，用手在阴部进行按压抚摸，对个别女学生以棉签插入阴部擦拭的方式提取所谓"分泌物"，进行猥亵。后王某某被检察机关以涉嫌猥亵儿童罪被移送起诉。

在庭审过程中，王某某辩称其没有猥亵的动机和目的，是对涉案人员进行医学检查，只是违反了医疗规程，不是猥亵，且其也没有使用强制的手段，不构成猥亵儿童罪。但法院经审理认为，被告人王某某的行为已经超越了尿检医生的职责范围，不属于正常的医学检查手段，且利用女学生对医生的信任，对体检流程不了解等认识能力的限制，在诊室特定的封闭场所，使女学生在精神上受到强制进行猥亵，构成猥亵儿童罪。

(四) 赌博类犯罪

1. 赌博

客观方面体现为聚众赌博或者以赌博为业的行为。所谓聚众赌博，是指组织、招引多人进行赌博，本人从中抽头渔利。这种人俗称"赌头"，赌头本人不一定直接参加赌博。所谓以赌博为业，是指嗜赌成性，一贯赌博，以赌博所得为其生活来源，这种人俗称"赌棍"，只要具备聚众赌博或以赌博为业的其中一种行为，即符合赌博罪的客观要件。

赌博罪中存在暴力手段是从重处罚情节。行为人设置圈套诱骗他人参赌获取钱财，属赌博行为，构成犯罪的，应当以赌博定罪处罚。这里的"诱骗"是指以诱惑、欺骗等手段使他人愿意参与赌博，其实质是一种促使他人参加赌博的手段行为，而不是在赌博过程中的诱骗行为。当参赌者识破骗局要求退还基于射幸规则而输掉的赌资时，设赌者又使用暴力或者以暴力相威胁，拒绝退还的，应以赌博罪从重处罚。如果设赌者完全没有遵守射幸规则，只是以赌博之名行诈骗之实，输掉赌资的参赌人及时识破骗局，要求索还所输财物，而设置圈套的设赌人以暴力或者暴力相威胁，那么便发生诈骗罪的转化，以抢劫罪定罪处罚。

2. 开设赌场

客观方面体现为开设赌场，行为方式主要有：

(1) 以营利为目的，设立、承包、租赁专门用于赌博的场所、用具提供赌博，让人赌博，场所的公开与否不影响犯罪的成立；

(2) 设置具有退币、退分、退钢珠等赌博功能的电子游戏设施设备，并以现金、有价证券等贵重款物作为奖品，或者以回购奖品方式给予他人现金、有价证券等贵重款物(简称为"设置赌博机")组织赌博活动的，应当认定为开设赌场；

(3) 以营利为目的，在计算机网络上建立赌博网站，或者为赌博网站担任代理，接受投注的，也属于开设赌场。

3. 组织国(境)外赌博

客观方面体现为组织中华人民共和国公民参与国(境)外赌博，具体表现为：

(1) 组织对象：仅限中华人民共和国公民，组织外国人的不属于本罪规制的对象。

(2) 具体行为：参与国(境)外赌博。

(3) 其他要求：数额巨大或者有其他严重情节。

辩点 11-4：追诉标准

(一) 淫乱类犯罪

2008年6月25日开始实施的最高人民检察院、公安部《关于公安机关管辖的刑事案件立案追诉标准的规定(一)》对淫秽类犯罪的立案追诉标准作了规定，但有的规定比较笼统；2017年7月25日开始实施的最高人民法院、最高人民检察院《关于办理组织、强迫、引诱、容留、介绍卖淫刑事案件适用法律若干问题的解释》不但对有的追诉标准进行了细化，而且对各犯罪中"情节严重"的标准加以明确，便于实践中的掌握和适用。作为辩护人，应当进行熟练掌握。

1. 组织卖淫罪

(1) 追诉标准：以招募、雇佣、纠集等手段，管理或者控制3人以上卖淫的，应予立案追诉。

(2) "情节严重"标准：

①卖淫人员累计达10人以上的；

②卖淫人员中未成年人、孕妇、智障人员、患有严重性病的人累计达5人以上的；

③组织境外人员在境内卖淫或者组织境内人员出境卖淫的；

④非法获利人民币 100 万元以上的;
⑤造成被组织卖淫的人自残、自杀或者其他严重后果的;
⑥其他情节严重的情形。

2. 协助组织卖淫罪

(1)追诉标准:明知他人实施组织卖淫犯罪活动而为其招募、运送人员或者充当保镖、打手、管账人等,应予立案追诉。

(2)"情节严重"标准:

①招募、运送卖淫人员累计达 10 人以上的;
②招募、运送的卖淫人员中未成年人、孕妇、智障人员、患有严重性病的人累计达 5 人以上的;
③协助组织境外人员在境内卖淫或者协助组织境内人员出境卖淫的;
④非法获利人民币 50 万元以上的;
⑤造成被招募、运送或者被组织卖淫的人自残、自杀或者其他严重后果的;
⑥其他情节严重的情形。

3. 强迫卖淫罪

(1)追诉标准:以暴力、胁迫等手段强迫他人卖淫的,应予立案追诉。

(2)"情节严重"标准:

①卖淫人员累计达 5 人以上的;
②卖淫人员中未成年人、孕妇、智障人员、患有严重性病的人累计达 3 人以上的;
③强迫不满 14 周岁的幼女卖淫的;
④造成被强迫卖淫的人自残、自杀或者其他严重后果的;
⑤其他情节严重的情形。

4. 引诱、容留、介绍卖淫罪

(1)追诉标准:具有下列情形之一的,应予立案追诉:

①引诱他人卖淫的;
②容留、介绍 2 人以上卖淫的;
③容留、介绍未成年人、孕妇、智障人员、患有严重性病的人卖淫的;
④1 年内曾因引诱、容留、介绍卖淫行为被行政处罚,又实施容留、介绍卖淫行为的;
⑤非法获利人民币 1 万元以上的。

(2)"情节严重"标准:

①引诱 5 人以上或者引诱、容留、介绍 10 人以上卖淫的;

②引诱3人以上的未成年人、孕妇、智障人员、患有严重性病的人卖淫,或者引诱、容留、介绍5人以上该类人员卖淫的;

③非法获利人民币5万元以上的;

④其他情节严重的情形。

5. 引诱幼女卖淫罪

引诱不满14周岁的幼女卖淫的,应予立案追诉。

6. 传播性病罪

明知自己患有梅毒、淋病等严重性病卖淫、嫖娼的,应予立案追诉。

7. 聚众淫乱罪

组织、策划、指挥3人以上进行淫乱活动或者参加聚众淫乱活动3次以上的,应予立案追诉。

8. 引诱未成年人聚众淫乱罪

引诱未成年人参加聚众淫乱活动的,应予立案追诉。

(二)淫秽物品类犯罪

1. 制作、复制、出版、贩卖、传播淫秽物品牟利罪

(1)关于以牟利为目的,实施制作、复制、出版、贩卖淫秽影碟、软件、录像带、音碟、录音带、扑克、书刊、画册、照片、画片或者向他人传播淫秽物品、组织播放淫秽影像等行为,其追诉标准见下表:

		数量标准				人次标准(向他人传播)	场次标准(组织播放淫秽影像)	获利标准
		影碟、软件、录像带	音碟、录音带	扑克、书刊、画册	照片、画片			
立案标准	制作复制出版	50—100张(盒)以上	100—200张(盒)以上	100—200副(册)以上	500—1000张以上			5000元—1万元以上
	贩卖	100—200张(盒)以上	200—400张(盒)以上	200—400副(册)以上	1000—2000张以上			
	传播					200—500人次以上	10—20场次以上	

(续表)

		数量标准				人次标准（向他人传播）	场次标准（组织播放淫秽影像）	获利标准
		影碟、软件、录像带	音碟、录音带	扑克、书刊、画册	照片、画片			
情节严重	制作复制出版	250—500张(盒)以上	500—1000张(盒)以上	500—1000副(册)以上	2500—5000张以上			3万—5万元以上
	贩卖	500—1000张(盒)以上	1000—2000张(盒)以上	1000—2000副(册)以上	5000张—1万张以上			
	传播					1000—2000人次以上	50—100场次以上	
情节特别严重	上述行为	数量(数额)达到"情节严重"规定的数量(数额)5倍以上的						

依据：最高人民法院《关于审理非法出版物刑事案件具体应用法律若干问题的解释》第8条。

(2)关于以牟利为目的，利用互联网、移动通讯终端、聊天室、论坛、即时通讯软件、电子邮件实施制作、复制、出版、贩卖、传播淫秽电子信息等行为，其追诉标准见下表：

	制作、复制、出版、贩卖、传播淫秽电子信息的数量标准			制作、复制、出版、贩卖、传播的淫秽电子信息实际被点击数标准	以会员制方式出版、贩卖、传播淫秽电子信息的注册会员数标准	利用淫秽电子信息收取广告费、注册费或者其他费用的违法所得标准	其他标准	后果标准
	视频文件（电影、表演、动画）	音频文件	电子刊物、图片、文章、短信息					
立案标准	20个以上	100个以上	200件以上	1万次以上	200人以上	1万元以上	分别达到前两项以上标准50%以上	后果严重

（续表）

	制作、复制、出版、贩卖、传播淫秽电子信息的数量标准			制作、复制、出版、贩卖、传播的淫秽电子信息实际被点击数标准	以会员制方式出版、贩卖、传播淫秽电子信息的注册会员数标准	利用淫秽电子信息收取广告费、注册费或者其他费用的违法所得标准	其他标准	后果标准
	视频文件（电影、表演、动画）	音频文件	电子刊物、图片、文章、短信息					
情节严重	100个以上	500个以上	1000件以上	5万次以上	1000人以上	5万元以上		
情节特别严重	500个以上	2500个以上	5000件以上	25万次以上	5000人以上	25万元以上		

依据：最高人民法院、最高人民检察院《关于办理利用互联网、移动通讯终端、声讯台制作、复制、出版、贩卖、传播淫秽电子信息刑事案件具体应用法律若干问题的解释（一）》第1条。

（3）关于以牟利为目的，利用互联网、移动通讯终端制作、复制、出版、贩卖、传播内容含有不满14周岁未成年人的淫秽电子信息等行为，其追诉标准见下表：

	制作、复制、出版、贩卖、传播淫秽电子信息的数量标准			制作、复制、出版、贩卖、传播的淫秽电子信息实际被点击数标准	以会员制方式出版、贩卖、传播淫秽电子信息的注册会员数标准	利用淫秽电子信息收取广告费、注册费或者其他费用的违法所得标准	其他标准	后果标准
	视频文件（电影、表演、动画）	音频文件	电子刊物、图片、文章、短信息					
立案标准	10个以上	50个以上	100件以上	5000次以上	100人以上	5000元以上	分别达到前两项以上标准一半以上	后果严重
情节严重	50个以上	250个以上	500件以上	2.5万次以上	500人以上	2.5万元以上	分别达到前两项以上标准一半以上	

(续表)

制作、复制、出版、贩卖、传播淫秽电子信息的数量标准			制作、复制、出版、贩卖、传播的淫秽电子信息实际被点击数标准	以会员制方式出版、贩卖、传播淫秽电子信息的注册会员数标准	利用淫秽电子信息收取广告费、注册费或者其他费用的违法所得标准	其他标准	后果标准
视频文件（电影、表演、动画）	音频文件	电子刊物、图片、文章、短信息					
情节特别严重							
250个以上	1250个以上	2500件以上	12.5万次以上	2500人以上	12.5万元以上	分别达到前两项以上标准一半以上	

依据：最高人民法院、最高人民检察院《关于办理利用互联网、移动通讯终端、声讯台制作、复制、出版、贩卖、传播淫秽电子信息刑事案件具体应用法律若干问题的解释（二）》第1条。

(4)关于明知是淫秽网站,以牟利为目的,通过投放广告等方式向其直接或者间接提供资金,或者提供费用结算服务等共同犯罪的行为,其追诉标准见下表：

	投放广告或提供资金的网站数量标准	提供费用结算服务的网站数量标准	投放广告的条数标准	提供资金的数额标准	收取服务费的数额标准	后果标准
立案标准	向10个以上淫秽网站	向10个以上淫秽网站	20条以上	5万元以上	2万元以上	造成严重后果
情节严重	向50个以上淫秽网站	向50个以上淫秽网站	100条以上	25万元以上	10万元以上	
情节特别严重	向250个以上淫秽网站	向250个以上淫秽网站	500条以上	125万元以上	50万元以上	

依据：最高人民法院、最高人民检察院《关于办理利用互联网、移动通讯终端、声讯台制作、复制、出版、贩卖、传播淫秽电子信息刑事案件具体应用法律若干问题的解释（二）》第7条。

2.传播淫秽物品牟利罪

(1)关于以牟利为目的,通过声讯台传播淫秽语音信息的行为,其追诉标准见下表：

	人次标准	违法所得标准	后果标准
立案标准	向 100 人次以上传播	1 万元以上	造成严重后果
情节严重	向 500 人次以上传播	5 万元以上	
情节特别严重	向 2500 人次以上传播	25 万元以上	

依据：最高人民法院、最高人民检察院《关于办理利用互联网、移动通讯终端、声讯台制作、复制、出版、贩卖、传播淫秽电子信息刑事案件具体应用法律若干问题的解释（一）》第 5 条。

（2）关于以牟利为目的，网站建立者、直接负责的管理者明知他人制作、复制、出版、贩卖、传播的是淫秽电子信息，允许或者放任他人在自己所有、管理的网站或者网页上发布的行为，其追诉标准见下表：

	允许或者放任发布的淫秽电子信息数量标准			允许或者放任发布的淫秽电子信息被点击数标准	以会员制方式出版、贩卖、传播淫秽电子信息的注册会员数标准	利用淫秽电子信息收取广告费、注册费或者其他费用的违法所得标准	其他标准	后果标准
	视频文件（电影、表演、动画）	音频文件	电子刊物、图片、文章、短信息					
立案标准	50 个以上	250 个以上	500 件以上	2.5 万次以上	500 人以上	2.5 万元以上	分别达到前两项以上标准40%以上	后果严重
情节严重	250 个以上	1250 个以上	2500 件以上	12.5 万次以上	2500 人以上	12.5 万元以上	分别达到前两项以上标准40%以上	
情节特别严重	1000 个以上	5000 个以上	1 万件以上	50 万次以上	1 万人以上	50 万元以上	分别达到前两项以上标准40%以上	

依据：最高人民法院、最高人民检察院《关于办理利用互联网、移动通讯终端、声讯台制作、复制、出版、贩卖、传播淫秽电子信息刑事案件具体应用法律若干问题的解释（二）》第 4 条。

（3）关于电信业务经营者、互联网信息服务提供者明知是淫秽网站，为其提供互联网接入、服务器托管、网络存储空间、通讯传输通道、代收费等服务，并收取服务费的行为，其追诉标准见下表：

服务的网站数量标准	收取服务费数额标准		后果标准
	提供互联网接入、服务器托管、网络存储空间、通讯传输通道服务	提供代收费服务	
立案标准	为5个以上淫秽网站提供服务	2万元以上	5万元以上	造成严重后果
情节严重	为25个以上淫秽网站提供服务	10万元以上	25万元以上	
情节特别严重	为125个以上淫秽网站提供服务	50万元以上	125万元以上	

依据：最高人民法院、最高人民检察院《关于办理利用互联网、移动通讯终端、声讯台制作、复制、出版、贩卖、传播淫秽电子信息刑事案件具体应用法律若干问题的解释(二)》第6条。

案例 11-17

陈某开设黄色网站，发布大量淫秽色情图片、视频，其对会员注册后点击淫秽电子信息不收取任何费用，但陈某利用互联网传播淫秽电子信息时加入广告联盟，将广告信息链接到自己所建的淫秽网站，获取广告点击的经济收入。截至案发时，陈某广告收入共计15000余元，注册的会员达280余名，淫秽电子信息实际被点击的次数达7000次。公诉机关以陈某构成传播淫秽物品牟利罪移送起诉。

本案中，陈某辩解自己所建网站虽然设有会员注册，但并未收取注册费，会员点击淫秽电子信息也是免费的，不具有牟利的目的，而且广告费、点击数和注册会员数三项均未达到传播淫秽物品牟利罪的立案标准。但是公诉机关认为，陈某虽然未收取注册费和点击淫秽信息的费用，但却利用电子淫秽信息收取广告费，具有牟利目的。且广告费和注册会员数这两项均超过立案标准的50%，所以仍然应当予以立案追诉。

3. 为他人提供书号出版淫秽书刊罪

根据最高人民检察院、公安部《关于公安机关管辖的刑事案件立案追诉标准的规定(一)》第83条的规定,为他人提供书号、刊号出版淫秽书刊,或者为他人提供版号出版淫秽音像制品的,应予立案追诉。

4. 传播淫秽物品罪

(1)关于向他人传播淫秽的书刊、影片、音像、图片等出版物的行为,其追诉标准见下表:

	人次标准	其他标准
立案标准	达300—600人次以上	造成恶劣社会影响
依据:最高人民法院《关于审理非法出版物刑事案件具体应用法律若干问题的解释》第10条。		

(2)关于不以牟利为目的,利用互联网或者移动通讯终端传播淫秽电子信息的行为,其追诉标准见下表:

	制作、复制、出版、贩卖、传播淫秽电子信息的数量标准			制作、复制、出版、贩卖、传播的淫秽电子信息实际被点击数标准	以会员制方式出版、贩卖、传播淫秽电子信息的注册会员数标准	其他标准	后果标准
	视频文件(电影、表演、动画)	音频文件	电子刊物、图片、文章、短信息				
立案标准	40个以上	200个以上	400件以上	2万次以上	400人以上	分别达到前两项以上标准	后果严重
依据:最高人民法院、最高人民检察院《关于办理利用互联网、移动通讯终端、声讯台制作、复制、出版、贩卖、传播淫秽电子信息刑事案件具体应用法律若干问题的解释(一)》第3条。							

(3)关于利用互联网、移动通讯终端传播内容含有不满14周岁未成年人的淫秽电子信息的行为,其追诉标准见下表:

制作、复制、出版、贩卖、传播淫秽电子信息的数量标准			制作、复制、出版、贩卖、传播的淫秽电子信息实际被点击数标准	以会员制方式出版、贩卖、传播淫秽电子信息的注册会员数标准	其他标准	后果标准
视频文件（电影、表演、动画）	音频文件	电子刊物、图片、文章、短信息				
立案标准 20个以上	100个以上	200件以上	1万次以上	200人以上	分别达到前两项以上标准50%以上	后果严重

依据：最高人民法院、最高人民检察院《关于办理利用互联网、移动通讯终端、声讯台制作、复制、出版、贩卖、传播淫秽电子信息刑事案件具体应用法律若干问题的解释（二）》第2条。

（4）关于建立者、管理者和主要传播者利用互联网建立主要用于传播淫秽电子信息的群组的行为，其追诉标准见下表：

	成员人数标准	后果标准
立案标准	成员达30人以上	造成严重后果

依据：最高人民法院、最高人民检察院《关于办理利用互联网、移动通讯终端、声讯台制作、复制、出版、贩卖、传播淫秽电子信息刑事案件具体应用法律若干问题的解释（二）》第3条。

（5）关于网站建立者、直接负责的管理者明知他人制作、复制、出版、贩卖、传播的是淫秽电子信息，允许或者放任他人在自己所有、管理的网站或者网页上发布的行为，其追诉标准见下表：

允许或者放任发布的淫秽电子信息数量标准			制作、复制、出版、贩卖、传播的淫秽电子信息实际被点击数标准	以会员制方式出版、贩卖、传播淫秽电子信息的注册会员数标准	其他标准	后果标准
视频文件（电影、表演、动画）	音频文件	电子刊物、图片、文章、短信息				
立案标准 100个以上	500个以上	1000件以上	5万次以上	1000人以上	分别达到前两项以上标准50%以上	后果严重

(续表)

允许或者放任发布的淫秽电子信息数量标准			制作、复制、出版、贩卖、传播的淫秽电子信息实际被点击数标准	以会员制方式出版、贩卖、传播淫秽电子信息的注册会员数标准	其他标准	后果标准
视频文件（电影、表演、动画）	音频文件	电子刊物、图片、文章、短信息				

依据：最高人民法院、最高人民检察院《关于办理利用互联网、移动通讯终端、声讯台制作、复制、出版、贩卖、传播淫秽电子信息刑事案件具体应用法律若干问题的解释（二）》第5条。

5. 组织播放淫秽音像制品罪

组织播放淫秽音像制品行为的追诉标准见下表：

	场次标准	其他标准
立案标准	15—30场次以上	造成恶劣社会影响

依据：最高人民检察院、公安部《关于公安机关管辖的刑事案件立案追诉标准的规定（一）》第85条。

6. 组织淫秽表演罪

组织淫秽表演行为的追诉标准见下表：

立案标准	(1)组织表演者进行裸体表演； (2)组织表演者利用性器官进行淫秽性表演； (3)组织表演者半裸体或者变相裸体表演并通过语言、动作具体描绘性行为； (4)其他组织进行淫秽表演应予追究刑事责任的情形。

依据：最高人民检察院、公安部《关于公安机关管辖的刑事案件立案追诉标准的规定（一）》第86条。

（三）性侵类犯罪

1. 强奸罪

强奸行为的追诉标准见下表：

立案标准（3—10年有期徒刑）	以暴力、胁迫或者其他手段强奸妇女	注：(1)强奸妇女1人的，在3年至6年有期徒刑幅度内确定量刑起点； (2)奸淫幼女1人的，在4年至7年有期徒刑幅度内确定量刑起点。

(续表)

10年以上有期徒刑、无期徒刑或者死刑	(1)强奸妇女、奸淫幼女情节恶劣的； (2)强奸妇女、奸淫幼女多人的； (3)在公共场所当众强奸妇女、奸淫幼女的； (4)2人以上轮奸的； (5)奸淫不满10周岁的幼女或者造成幼女伤害的； (6)致使被害人重伤、死亡或者造成其他严重后果。	注：有以下情形之一的，在10年至13年有期徒刑幅度内确定量刑起点： (1)强奸妇女、奸淫幼女情节恶劣的； (2)强奸妇女、奸淫幼女3人的； (3)在公共场所当众强奸、奸淫幼女的； (4)2人以上轮奸妇女的； (5)奸淫不满10周岁的幼女或者造成幼女伤害的； (6)致使被害人重伤或者造成其他严重后果。 依法应当判处无期徒刑以上刑罚的除外。
从重情节	奸淫不满14周岁的幼女	
依据：《刑法》第236条，最高人民法院、最高人民检察院《关于常见犯罪的量刑指导意见(试行)》。		

2.负有照护职责人员性侵罪

负有照护职责人员性侵罪是《刑法修正案(十一)》新增的罪名，属于行为犯，只要负有特殊照护职责的人员与被照护的已满14周岁不满16周岁的未成年女性发生了性关系，即可构成犯罪。

3.强制猥亵、侮辱罪

立案标准(5年以下有期徒刑或者拘役)	以暴力、胁迫或者其他方法强制猥亵他人或者侮辱妇女
5年以上有期徒刑	聚众或者在公共场所强制猥亵他人或者侮辱妇女，或者有其他恶劣情节的
依据：《刑法》第237条第1款、第2款。	

4.猥亵儿童罪

立案标准(5年以下有期徒刑或者拘役)	猥亵儿童
5年以上有期徒刑	(1)猥亵儿童多人或者多次的； (2)聚众猥亵儿童的，或者在公共场所当众猥亵儿童，情节恶劣的； (3)造成儿童伤害或者其他严重后果的； (4)猥亵手段恶劣或者有其他恶劣情节的。
依据：《刑法》第237条第3款。	

(四)赌博类犯罪

1. 赌博罪

(1)关于以营利为目的,聚众赌博的行为,其追诉标准见下表:

立案标准	(1)组织3人以上赌博,抽头渔利数额累计5000元以上的; (2)组织3人以上赌博,赌资数额累计5万元以上的; (3)组织3人以上赌博,参赌人数累计20人以上的; (4)组织中华人民共和国公民10人以上赴境外赌博,从中收取回扣、介绍费的; (5)其他聚众赌博应予追究刑事责任的情形。
依据:最高人民检察院、公安部《关于公安机关管辖的刑事案件立案追诉标准的规定(一)》第43条。	

(2)关于以营利为目的,以赌博为业的行为。

只要实施了以营利为目的,以赌博为业的行为,即应予立案追诉。

2. 开设赌场罪

(1)关于单独开设赌场的行为,其追诉标准见下表:

立案标准	开设赌场的,应予以立案追诉
依据:最高人民检察院、公安部《关于公安机关管辖的刑事案件立案追诉标准的规定(一)》第44条。	

(2)关于网上开设赌场的行为,其追诉标准见下表:

立案标准	利用互联网、移动通讯终端等传播赌博视频、数据,组织赌博活动的,具有下列情形之一的: (1)建立赌博网站并接受投注的; (2)建立赌博网站并提供给他人组织赌博的; (3)为赌博网站担任代理并接受投注的; (4)参与赌博网站利润分成的。
情节严重	(1)抽头渔利数额累计达到3万元以上的; (2)赌资数额累计达到30万元以上的; (3)参赌人数累计达到120人以上的; (4)建立赌博网站后通过提供给他人组织赌博,违法所得数额在3万元以上的; (5)参与赌博网站利润分成,违法所得数额在3万元以上的; (6)为赌博网站招募下级代理,由下级代理接受投注的; (7)招揽未成年人参与网络赌博的; (8)其他情节严重的情形。
依据:《刑法》第303条第2款,最高人民法院、最高人民检察院、公安部《关于办理网络赌博犯罪案件适用法律若干问题的意见》第1条。	

(3) 关于利用赌博机开设赌场的行为,其追诉标准见下表:

立案标准	(1) 设置赌博机 10 台以上的; (2) 设置赌博机 2 台以上,容留未成年人赌博的; (3) 在中小学校附近设置赌博机 2 台以上的; (4) 违法所得累计达到 5000 元以上的; (5) 赌资数额累计达到 5 万元以上的; (6) 参赌人数累计达到 20 人以上的; (7) 因设置赌博机被行政处罚后,2 年内再设置赌博机 5 台以上的; (8) 因赌博、开设赌场犯罪被刑事处罚后,5 年内再设置赌博机 5 台以上的; (9) 其他应当追究刑事责任的情形。
情节严重	(1) 设置赌博机 60 台以上的; (2) 设置赌博机 12 台以上,容留未成年人赌博的; (3) 在中小学校附近设置赌博机 12 台以上的; (4) 违法所得累计达到 3 万元以上的; (5) 赌资数额累计达到 30 万元以上的; (6) 参赌人数累计达到 120 人以上的; (7) 因设置赌博机被行政处罚后,2 年内再设置赌博机 30 台以上的; (8) 因赌博、开设赌场犯罪被刑事处罚后,5 年内再设置赌博机 30 台以上的; (9) 其他情节严重的情形。
依据:最高人民法院、最高人民检察院、公安部《关于办理利用赌博机开设赌场案件适用法律若干问题的意见》第 2 条。	

(4) 关于明知是赌博网站,而为其提供服务或者帮助等网上开设赌场共同犯罪的行为,其追诉标准见下表:

立案标准	(1) 为赌博网站提供互联网接入、服务器托管、网络存储空间、通讯传输通道、投放广告、发展会员、软件开发、技术支持等服务,收取服务费数额在 2 万元以上的; (2) 为赌博网站提供资金支付结算服务,收取服务费数额在 1 万元以上或者帮助收取赌资 20 万元以上的; (3) 为 10 个以上赌博网站投放与网址、赔率等信息有关的广告或者为赌博网站投放广告累计 100 条以上的。
情节严重	(1) 为赌博网站提供互联网接入、服务器托管、网络存储空间、通讯传输通道、投放广告、发展会员、软件开发、技术支持等服务,收取服务费数额在 10 万元以上的; (2) 为赌博网站提供资金支付结算服务,收取服务费数额在 5 万元以上或者帮助收取赌资 100 万元以上的; (3) 为 50 个以上赌博网站投放与网址、赔率等信息有关的广告或者为赌博网站投放广告累计 500 条以上的。
依据:最高人民法院、最高人民检察院、公安部《关于办理网络赌博犯罪案件适用法律若干问题的意见》第 2 条。	

3. 组织国(境)外赌博罪

组织国(境)外赌博罪是《刑法修正案(十一)》新增的罪名,从法条规定来看,要求数额巨大或者有其他严重情节才能构成犯罪。目前尚未出台相应的司法解释对"数额巨大"或者"严重情节"进行界定。

4. 认定标准

辩护人在了解赌博类犯罪的追诉标准的同时,还应当准确掌握相关数额的认定标准,如赌资数额、参赌人数、赌博机的认定等。

(1)关于赌资。

①概念和范围:赌资是指赌博犯罪中用作赌注的款物、换取筹码的款物和通过赌博赢取的款物。例如在利用赌博机开设赌场案件中,赌资主要包括:当场查获的用于赌博的款物;代币、有价证券、赌博积分等实际代表的金额;在赌博机上投注或赢取的点数实际代表的金额;等等。

②认定标准:A.通过计算机网络实施赌博犯罪的,赌资数额可以按照在计算机网络上投注或者赢取的点数乘以每一点实际代表的金额认定。B.对于将资金直接或者间接兑换为虚拟货币、游戏道具等虚拟物品,并用其作为筹码投注的,赌资数额按照购买该虚拟物品所需资金数额或者实际支付资金数额认定。C.对于开设赌场犯罪中用于接收、流转赌资的银行账户内的资金,犯罪嫌疑人、被告人不能说明合法来源的,可以认定为赌资。

(2)关于参赌人数。

①概念:指参加赌博的人数。

②认定标准:A.在网络赌博犯罪中,赌博网站的会员账号数可以认定为参赌人数,如果查实一个账号多人使用或者多个账号一人使用的,应当按照实际使用的人数计算参赌人数。B.向接收、流转赌资的银行转入、转出的银行账户数量可以认定为参赌人数。如果查实一个账户多人使用或者多个账户一人使用的,应当按照实际使用的人数计算参赌人数。

> **案例 11-18**
>
> 犯罪嫌疑人刘某聚众赌博的行为,经公安机关侦查,其抽头渔利的数额尚未达到 5000 元以上,赌资数额累计也未达到 5 万元以上,但公安机关查到累计有 20 人参与过刘某组织的赌博,公安机关以此移送审查起诉。

> 在审查起诉阶段,辩护人通过查阅案卷材料和会见犯罪嫌疑人发现,公安机关将参赌人员佟某认定为在不同时间段参赌5次,但相应的证人有的证明佟某参赌3次,有的证人证明佟某参赌5次。对此,辩护人在与犯罪嫌疑人刘某充分沟通后,向公诉机关提供了佟某有一次不在赌博现场的证据线索。后公诉机关调查核实佟某当时在单位上班确实不在赌博现场,参赌人数累计额由20次降为19次。后案件退回公安机关,公安机关作出撤销案件的处理。

(3)关于赌博机。

利用赌博机开设赌场的案件中,对于涉案的赌博机,公安机关应当采取拍照、摄像等方式及时固定证据,并予以认定。对于是否属于赌博机难以确定的,司法机关可以委托地市级以上公安机关出具检验报告。司法机关根据检验报告,并结合案件具体情况作出认定。必要时,人民法院可以依法通知检验人员出庭作出说明。

①对于可同时供多人使用的赌博机,台数按照能够独立供一人进行赌博活动的操作基本单元的数量认定。

②在两个以上地点设置赌博机,赌博机的数量、违法所得、赌资数额、参赌人数等均合并计算。

辩点11-5:从重情节

辩点11-4详细列明了黄赌类犯罪各个罪名的立案标准以及其他量刑标准,辩护人熟练掌握这些标准有利于准确评估自己当事人的量刑幅度。对于本章黄赌类犯罪,辩护人还要特别注意一个特点,就是刑法和司法解释对有些黄赌类犯罪还规定了从重处罚的条款。有些虽然没有专门规定从重处罚的条款,但单独成立量刑更重的独立的罪名。行为人一旦具备这些规定的情节,就可能被判处更重的刑罚。因此,辩护人在代理这类案件时要努力排除这些情节,避免当事人被从重处罚,尤其要排查犯罪对象是否涉及未成年人,如果涉及未成年人,还要进一步排查未成年人是否已满14周岁,如果不满14周岁的,还要区别是儿童还是幼女,因为这些情节不但会直接影响量刑,甚至可能会影响定罪,具体情况简单介绍如下:

(一)不满14周岁的儿童

猥亵不满14周岁的儿童,按照强制猥亵罪的规定从重处罚。

(二) 不满14周岁的幼女

(1) 奸淫不满14周岁的幼女,按照强奸罪从重处罚。

(2) 引诱幼女卖淫的,单独定引诱幼女卖淫罪,处5年以上有期徒刑并处罚金,而引诱已满14周岁的人卖淫,只有情节严重时,才处5年以上有期徒刑并处罚金。

(3) 引诱幼女聚众淫乱的,单独构成引诱幼女聚众淫乱罪,只是引诱已满14周岁的人参加聚众淫乱但自己未参与聚众淫乱的,不构成犯罪。

(三) 不满18周岁的未成年人

(1) 组织、强迫不满18周岁的未成年人卖淫的,按照组织卖淫罪、强迫卖淫罪从重处罚。

(2) 向不满18周岁的未成年人传播淫秽物品的,按照传播淫秽物品牟利罪或者传播淫秽物品罪从重处罚。

(3) 组织不满18周岁的未成年人参与赌博或者开设赌场吸引不满18周岁的未成年人参与赌博的,按照赌博罪或者开设赌场罪从重处罚。

(四) 从重、从严处罚的情形

从前面的阐述可以看出,针对未成年人实施强奸、猥亵犯罪的,应当从重处罚,如果存在以下法定情形之一的,更要依法从严惩处:

(1) 对未成年人负有特殊职责的人员、与未成年人有共同家庭生活关系的人员、国家工作人员或者冒充国家工作人员,实施强奸、猥亵犯罪的;

(2) 进入未成年人住所、学生集体宿舍实施强奸、猥亵犯罪的;

(3) 采取暴力、胁迫、麻醉等强制手段实施奸淫幼女、猥亵儿童犯罪的;

(4) 对不满12周岁的儿童、农村留守儿童、严重残疾或者精神智力发育迟滞的未成年人,实施强奸、猥亵犯罪的;

(5) 猥亵多名未成年人,或者多次实施强奸、猥亵犯罪的;

(6) 造成未成年被害人轻伤、怀孕、感染性病等后果的;

(7) 有强奸、猥亵犯罪前科劣迹的。

辩点11-6:共同犯罪

黄赌类犯罪中,由于犯罪行为的特殊性和参与主体的繁杂性,实践中共同犯罪的情形居多。辩护人在代理共同犯罪案件的过程中,首先应当明确自己的当事人是否与其他人构成共同犯罪,如果当事人对他人的犯罪行为起到次要或者帮助作用但缺乏共同犯罪故意,或者行为人具有共同犯罪故意但没有实施共同犯罪行为,则不构成共同犯罪。对于构成共同犯罪的案件而言,辩护人应当分清自己的当事人在共同犯罪中所起的作用,正确确定主犯、从犯或者胁从犯,以达到良好的辩护效果。

对于本章犯罪,除了掌握处理共同犯罪的一般原则,还要注意本章犯罪存在的特殊问题。例如,对于淫秽物品类和赌博类犯罪,应当重点把握网络共同犯罪的认定标准,如网络传播淫秽电子信息、网络赌博或者网上开设赌场等;对于淫乱类和性侵类犯罪,应当重点把握共同犯罪主体处罚的特殊规定,如聚众淫乱、协助组织卖淫或者女性强奸等。

(一) 网络共同犯罪的认定

(1) 主观要求:明知是淫秽网站或者明知是赌博网站。

(2) 客观行为:①为网站提供网络接入、服务器托管、网络存储空间、通讯传输通道、发展会员、软件开发、技术支持等服务;②为网站提供资金支付结算、费用结算等服务;③为网站投放广告;④为网站直接或者间接提供资金。

(3) 处罚原则:以制作、复制、出版、贩卖、传播淫秽物品牟利罪、传播淫秽物品罪、赌博罪、开设赌场罪的共同犯罪论处,是否构成犯罪,还要看是否达到司法解释关于网络共同犯罪每一种情形的立案标准。如果达到了立案标准,再看行为人在共同犯罪中所起的作用,来区分是主犯、从犯还是胁从犯。需要注意的是,不是提供服务或者帮助的行为人就都是从犯,如明知是赌博网站而提供资金的,对于开设赌场起到决定性作用,则应将资金提供者认定为主犯。

(二) 利用赌博机开设赌场共犯的认定

(1) 主观要求:明知他人利用赌博机开设赌场。

(2) 客观行为:①提供赌博机、资金、场地、技术支持、资金结算服务的;②受雇参与赌场经营管理并分成的;③为开设赌场者组织客源、收取回扣、手续费的;④参与赌场管理并领取高额固定工资的;⑤提供其他直接帮助的。

(三) 犯罪主体的特殊处罚

(1) 组织者:组织卖淫罪和组织淫秽表演罪的犯罪主体一般为卖淫的组织者和淫秽表演的组织者。卖淫和淫秽表演虽然也被我国法律所禁止,但卖淫者、淫秽表演者与组织者并不构成共同犯罪,也不单独构成犯罪。

(2) 协助组织者:协助组织卖淫与组织卖淫是一种共犯关系,但是由于协助组织卖淫行为的常态化,刑法对该帮助犯予以特别规定,将协助组织卖淫规定为一个独立的罪名。因此,对于协助组织卖淫中的帮助犯不再按照组织卖淫罪的共同犯罪处理,而以单独的协助组织卖淫罪定罪处罚。

(3)首要分子和多次参加者:聚众淫乱罪的犯罪主体虽然是一般主体,构成本罪的仅限于聚众淫乱的首要分子和多次参加者,所谓首要分子,是指召集、唆使、首倡聚众淫乱活动的人;所谓多次参加者,指首要分子以外的参加聚众淫乱活动至少达3次的人。其他偶尔参加聚众淫乱活动的人员不能构成本罪,可依《治安管理处罚法》的规定追究责任。

(4)妇女:强奸罪的实行犯只能是男性,但是妇女教唆、帮助有责任能力的男性采取暴力、胁迫或其他手段强行奸淫其他妇女的行为也可构成强奸罪,为强奸罪共同犯罪的教唆犯或者帮助犯。如果妇女利用无责任能力的男性与其他妇女发生性关系,则构成强奸罪的间接正犯。

(四)共同强奸中的轮奸

按照刑法的规定,轮奸是2人以上轮流强奸被害人的一种行为,因此,轮奸必定属于共同强奸犯罪的一种形式。但是构成共同强奸却并不一定构成轮奸。在一起共同强奸犯罪中,虽然有2人以上的行为人参与,但可能最终实施奸淫行为的只有一人,其他人可能是仅仅提供了犯罪的预备或者辅助工作。进行预备或者辅助工作的人虽然也要认定为强奸犯罪既遂,但却并不能因此将其认定为奸淫行为的实施者,进而认定其与完成奸淫的行为人构成轮奸。轮奸是2个以上男子基于同一故意轮流奸淫同一妇女的行为,如果一人强奸既遂,其他人强奸未遂,或者共同强奸均未遂的,前者可以认定为共同强奸既遂,后者可以认定为共同强奸未遂,但都不能认定为轮奸。

由此可见,轮奸和其他共同强奸犯罪的重要区别就在于:轮奸共同犯罪应当具有2个或者2个以上亲自实施完成了奸淫的行为人,而一般共同强奸犯罪则无须这种要求。

案例 11-19

2005年6月19日,被告人林某伙同吕某、张某乘坐一辆摩托车遇见被害人蔡某,被告人林某将蔡某硬拉上车,然后载到偏僻的小树林,要求与蔡某发生性关系,遭到拒绝后,三人强行脱掉蔡某内外裤,欲行强奸。因蔡某激烈反抗而未能得逞。后林某将蔡某载到自己家,采用口咬脸部和肩部的暴力手段,强行对蔡某实施了奸淫行为。一审法院认定林某系轮奸未遂,判处有期徒刑10年。宣判后,林某不服提起上诉。

在二审过程中,辩护人提出林某与吕某、张某三人虽欲轮奸同一妇女,但因

> 意志以外的因素均未得逞,没有完成奸淫行为,不能认定为轮奸,一审判决认定错误,导致量刑偏重。二审法院采纳了辩护人的意见,改判林某有期徒刑7年。

辩点11-7:罪与非罪

司法实践中,有些行为的具体状况非常复杂,介于罪与非罪之间,辩护人在代理这类案件时要特别加以注意,认真分析案件具体情况,看是否符合本章犯罪的构成要件。不符合的,进行无罪辩护;符合的,也可以结合案件具体情况进行区别于一般犯罪的罪轻辩护。

(一)通奸行为

所谓通奸,是指双方或一方有配偶的男女,自愿发生的不正当性关系的行为。通奸是破坏他人家庭的不道德的行为,但不构成犯罪,其与强奸虽然都存在性行为,但区别也是非常明显的:首先,在客观方面,强奸行为是男方违背妇女意志而强行奸淫妇女的行为,通奸行为则是男女双方自愿发生的性关系,不存在男方违背妇女意志的问题;其次,在主观方面,强奸行为人具有强行奸淫妇女的目的,而通奸的男方并没有这样的目的,仅仅具有发生性关系的目的。辩护人应当运用以上标准,对将通奸行为指控为强奸罪的案件进行无罪辩护。但由于社会生活的复杂性,实践中仍然存在很多容易混淆的情形,如实为通奸的"强奸"、先强奸后通奸或者先通奸后强奸的,辩护人应当进行无罪辩护还是罪轻辩护,就需要具体情况具体分析,把握好相关的切入点和司法操作规则。

1. 实为通奸的"强奸"

有的妇女与他人通奸,由于某种情况导致该妇女翻脸,例如通奸的事情已经暴露后怕给家人丢面子,为洗刷自己,或者两人的关系恶化,或者为推卸责任,嫁祸于人,于是向司法机关告发他人,将通奸说成是强奸,这种情况一般不能认定为强奸罪。

2. 先强奸后通奸

对于第一次性交违背妇女意志,但事后并未告发,后来女方又多次自愿与该男子发生性交的,对于这种情况,按照1984年4月26日最高人民法院、最高人民检察院、公安部发布的《关于当前办理强奸案件中具体应用法律的若干问题的解答》,一般不宜以强奸罪论处。

3. 先通奸后强奸

男女双方先是通奸,后来女方不愿意继续通奸,而男方纠缠不休,并以暴力或者以败坏名誉、当场实施暴力或者对其亲属实施暴力等手段相威胁,强行与女方发生性关系的,应当以强奸罪论处。

此外,对于通奸者,如果明知自己患有梅毒、淋病等严重性病而通奸的,即使造成他人染上性病的后果,也不构成传播性病罪。

> **案例 11-20**
>
> 张某(女,30岁)与王某(男,27岁)系同村邻居,王某依仗家中有钱,成天游手好闲。某日,王某趁张某一人在家偷偷溜到张某家中,并强行与张某发生了性关系。事后,张某碍于情面没有将此事说出,也没有报案。于是王某事后又多次对张某实施强暴,每次走时都会给张某留200元钱,张某从未报案,也不再反抗。渐渐地村民们都知道了他们的关系。后张某丈夫发现此事,便要求张某与王某断绝关系,否则便离婚。为了家庭关系,张某向王某表明从此不再与其来往,王某不依并强行与张某又发生了性关系,事后张某报警。公诉机关以强奸罪对王某提起公诉。
>
> 本案中,王某第一次强行与张某发生性关系,系违背张某意志,属于强奸;但事后张某碍于情面没有将此事说出,此后还多次与王某发生性关系,应当属于通奸行为。因此,对于王某先强奸后通奸的行为,不宜以强奸罪论处。但后来张某不愿意继续通奸,王某继续纠缠并再强行与张某发生性关系的,应以强奸罪论处。

(二)半推半就的性行为

所谓"半推半就",是指强制手段不明显,妇女没有明显表示同意,但也没有明显表示反对的情况下发生的性关系。司法实践中,"半推半就"案件的情况比较复杂,辩护人在代理这类案件时,要对双方平时的关系如何,性行为是在什么环境和情况下发生的,性行为发生后女方的态度怎样,又是在什么情况下告发的等事实和情节,认真审查核实,比照法律规定,进行全面具体的分析。一般来说,只要不是违背妇女意志的,一般不宜按强奸罪论处。例如:

(1)对于行为人利用职权引诱妇女,女方基于互相利用在半推半就的状态下进行性行为或者猥亵行为的,不能认定为强奸罪。

(2)对于未婚男女在恋爱过程中发生性关系,如果男方采取强制手段与女方发生性关系,或者在"半推半就"的状态下发生性关系,女方当时并未告发,但后来男女双方感情破裂,女方告发男方的,也不宜认定为强奸罪。

(三)对男性的性侵行为

(1)强行与妇女发生性关系或者奸淫幼女的,构成强奸罪。强行与男性(包括成年男性和未成年男性)发生性关系,不构成强奸罪,在发生性关系的过程中给男性造成伤害的,可能构成故意伤害罪。

(2)强行侮辱妇女的,构成强制侮辱罪。非公然强行侮辱成年男子的,不构成犯罪。

(3)强行猥亵妇女的,构成强制猥亵罪。强行猥亵成年男性的,也可以构成强制猥亵罪,这是《刑法修正案(九)》修订扩大的对象,《刑法修正案(九)》实施之前并未将强制猥亵成年男性的行为规定为犯罪。如果猥亵的是男性儿童,不论是否采用强制手段,均可以构成猥亵儿童罪。

(4)组织、协助组织、强迫、引诱、容留、介绍男性卖淫的,可以构成相应的罪名,与组织、协助组织、强迫、引诱、容留、介绍女性卖淫在定罪上没有任何区别。参见案例11-6。

(5)组织男性进行淫秽表演的,同样构成组织淫秽表演罪。

(四)集体卖淫行为

所谓"集体卖淫",是指多名妇女或者多名男性同时向一个人卖淫的行为。司法实践中,对这类行为如何处理存在一定的争议。由于这类行为在表面上看似具有聚众淫乱的特点,所以有人认为构成聚众淫乱罪。

辩护人在代理这类案件时,应当结合犯罪的主客观特征来分析,提出不构成聚众淫乱罪的辩护意见。从主观方面看,嫖娼者虽然具有寻求下流无耻精神刺激的主观动机,但卖淫者只具有牟利的目的,与嫖娼者的主观动机不同,没有聚众淫乱的目的。从客观方面看,聚众淫乱罪多表现为多人聚集在一起进行乱交、滥交的淫乱行为,具有行为对象的非专一性特征。而多名卖淫者同时向嫖娼者卖淫,并非聚在一起进行乱交、滥交的淫乱行为,因而不具有聚众淫乱罪"淫乱"的特征。综上分析,对于这类集体卖淫的行为或者接受集体卖淫的嫖娼行为,不宜作为聚众淫乱罪处理,可依照《治安管理处罚法》予以行政处罚。

辩点11-8:此罪彼罪

黄赌类犯罪中,罪与罪之间具有不同的构成要件,寻找构成要件上的区别是确定此罪与彼罪界限的关键。但由于有些犯罪的构成要件存在部分竞合,加上社会生活复杂多样,司法机关在适用法条或者罪名时可能会出现混淆和偏差,辩护人在进行辩护时要加以注意,如果司法机关将轻罪认定为重罪,将一罪认定为数罪,可以进行较轻罪名的辩护和只能认定为一个罪名的辩护。

(一)存在暴力手段的案件

黄赌类犯罪中,有的需要采用暴力手段强制被害人,以达到其犯罪目的。基于这种手段与目的的关系,刑法对暴力手段一般不单独进行评价。但是,如果其采用的暴力手段已经超过犯罪所需的必要限度,或者在前类犯罪成立之后另起犯意实施暴力行为,则需要对此暴力行为进行一定的评价。根据不同情况,可能成立想象竞合犯从一重罪处罚或者数罪并罚。

1. 强奸案件中的暴力

暴力是实施强奸行为的重要手段,所以强奸案件经常伴随伤害、死亡结果的发生。一般来说,由于强奸罪本身包含了暴力手段,所以对产生的伤亡结果通常不再单独评价为故意伤害罪或者故意杀人罪,但如果暴力手段已经超出了强奸罪的限度,则需要具体情况具体分析。

(1)因强奸行为造成被害人重伤或者死亡结果的,如强奸妇女导致被害人性器官严重损伤,或者其他严重伤害,甚至当场死亡或者经抢救无效死亡,或者造成被害妇女自杀身亡的情形,属于强奸罪的结果加重犯,只按照强奸罪一个犯罪论处,在量刑上可以判处10年以上有期徒刑、无期徒刑甚至死刑。

(2)采用伤害或者杀人的暴力手段实施强奸行为造成被害人受伤、死亡的结果,属于想象竞合犯,即一行为触犯数罪名的情况,应当按照择一重罪处罚的原则处理,不实行数罪并罚。

(3)出于灭口或者掩盖罪行等动机,实施强奸行为后杀人、伤人的,符合两个犯罪的构成要件,应当按照强奸罪和故意杀人罪或者故意伤害罪实行数罪并罚。

(4)在婚内强奸案件中,如果丈夫强行进行性行为无法构成强奸罪,但对妇女造成轻伤以上后果的,可以以故意伤害罪定罪处罚。

2. 强迫卖淫案件中的暴力

暴力也是实施强迫卖淫行为的重要手段之一,强迫的手段可以通过杀害、伤害、强奸、绑架等方式体现出来,在《刑法修正案(九)》实施以前,强奸他人后迫使其卖淫或者造成被强迫卖淫的人重伤、死亡或者其他严重后果的,都只按照强迫卖淫罪一罪处罚,属于强迫卖淫罪的结果加重犯,处 10 年以上有期徒刑或者无期徒刑,情节特别严重的,还可以判处死刑。

但《刑法修正案(九)》取消了强迫卖淫罪的死刑,如果在强迫卖淫的过程中有杀害、伤害、强奸、绑架等行为的,则应当按照强迫卖淫罪和故意杀人罪、故意伤害罪、强奸罪或者绑架罪数罪并罚,只按强迫卖淫罪定罪无法做到罪刑相适应。

3. 组织卖淫案件中的暴力

组织卖淫是指以招募、雇佣、纠集等手段,管理或者控制 3 人以上的人员卖淫。如果既有组织卖淫行为,又有使用暴力或者以暴力相威胁的方法强迫卖淫的行为,则以组织、强迫卖淫罪论处,不实行数罪并罚。如果犯组织、强迫卖淫罪,并有杀害、伤害、强奸、绑架等犯罪行为的,则依照数罪并罚的规定处罚。协助组织卖淫行为人参与实施上述行为的,以共同犯罪论处。

4. 强制猥亵、侮辱案件中的暴力

对于采用暴力手段强制猥亵他人或者强制侮辱妇女的案件,通常也会伴随伤害、死亡结果的发生。

(1)基于猥亵他人、侮辱妇女的目的,其暴力手段造成被害人重伤、死亡的,则按照想象竞合犯的原则处理,择一重罪处罚。

(2)另起犯意而故意实施伤害、杀人行为的,则应以强制猥亵、侮辱罪和故意伤害罪或者故意杀人罪数罪并罚。

5. 赌博案件中的暴力

暴力手段不是赌博罪所要求的犯罪手段,赌博案件中一般也不会出现暴力行为,但对于设置圈套诱骗他人参赌的情况要加以注意:

(1)设置圈套诱骗他人参赌获取钱财,属赌博行为,构成犯罪的,应当以赌博定罪处罚。基于射幸规则,参赌者输掉钱财,识破骗局后要求退还所输钱财,设赌者又使用暴力或者以暴力相威胁,拒绝退还的,应以赌博罪从重处罚。如果致参赌者受伤或者死亡的,应以赌博罪和故意伤害罪或者故意杀人罪,实行数罪并罚。

(2)如果设置圈套发生在参赌行为过程中,设赌者完全没有遵守射幸规则,是以赌博之名行诈骗之实,不应认定为赌博罪,而应认定为诈骗罪。如果输掉赌资的参赌者及时识破骗局,索要所输钱财,设赌者以暴力或者暴力相威胁,那么便发生诈骗罪的转化,应按抢劫罪定罪处罚。

(二)赌博案件的特殊情形

1. 赌博中的圈套

赌博案件中,存在设置圈套或者欺骗的方式,具体的定罪要看设置的圈套是为了诱骗他人参赌获取钱财还是为了控制赌博的输赢结果。如果只是为了诱骗他人参赌,但在赌博过程中完全遵守射幸规则,没有使用欺骗手段控制输赢结果,只能构成赌博罪;如果是在赌博的过程中设置圈套,完全不遵守射幸规则,而是使用欺骗的手段(如专门的工具)控制赌博输赢结果的,则构成诈骗罪。

2. 赌博中的彩票

彩票是指事先记入了号码的一种票证,发行后采用抽签、摇奖等方法,在购买者之间进行不平等的分配,持有中奖彩票的人将获得一定利益。

(1)购买经过国家批准发行和销售的彩票遵守的是射幸规则,能否中奖有"赌"的成分,但属于合法行为,不构成任何犯罪。这种通过正规渠道发行彩票筹集的资金有利于社会财富的再分配。

(2)我国将发行、销售彩票纳入了专营范围,进行规范管理,未经审批擅自发行、销售彩票的,必然扰乱了国家对彩票发行、销售的正常管理秩序,按照非法经营罪定罪处罚。

(3)利用彩票的中奖号码或者中奖信息进行竞猜或者作为评判输赢的标准,为个人赌博提供获得非法所得的平台,与彩票经营机构之间不存在任何关联,不属于非法经营行为,应当按照赌博罪定罪处罚。

案例 11—21

2010年9月,被告人周某和吴某共谋组织他人对"六合彩"摇出的特别号码进行竞猜。之后,二人各自联系或者雇人联系购买"六合彩"的人员,按1:40的比例对投注人员进行赔付。在半年的时间内,周某和吴某组织"六合彩"竞猜共37期,投注金额共计70万元,获利7万元。

本案中,被告人周某和吴某与六合彩经营机构之间不存在任何关联,其只是借助六合彩信息这一形式,为庄家与赌博者之间的赌博提供一个判断输赢的衡量标准,不属于在境内兜售六合彩的经营行为,也不是通过非法经营行为获利,不符合非法经营罪的构成要件,应当按照赌博罪定罪处罚。

3. 赌博中的贿赂

由于赌博具有很大的不确定性和偶然性,司法实践中,通过赌博的方式进行受贿或者行贿就显得更加隐蔽,如打牌时故意输牌,或者与行贿方心照不宣赢得赌资。为了正确适用法律,应当从以下因素综合判断或者认定贿赂与赌博之间的界限:

(1)赌博的背景、场合、时间、次数;

(2)赌资的来源;

(3)其他赌博参与者有无事先预谋;

(4)输赢钱物的具体情况和金额大小。

(三)淫秽物品的出版传播

1. 淫秽物品的传播

传播淫秽物品涉及两个罪名:一个是传播淫秽物品牟利罪,一个是传播淫秽物品罪。这两个罪名最大的区别就在于行为人主观上是否具有牟利目的,具有牟利目的的,构成传播淫秽物品牟利罪;不具有牟利目的的,构成传播淫秽物品罪。最高人民法院《关于审理非法出版物刑事案件具体应用法律若干问题的解释》第8条第3款,对以牟利为目的传播淫秽物品构成犯罪的标准进行了明确的规定,只要以牟利为目的,实施了传播淫秽物品的行为,达到了传播数量标准,无论牟利多少,是否实际获利,都以传播淫秽物品牟利罪认定;而不以牟利目的为构成要件的传播淫秽物品罪,则以"情节严重"为构罪标准,具体参照最高人民法院《关于审理非法出版物刑事案件具体应用法律若干问题的解释》第10条的规定。

2. 淫秽物品的出版

出版淫秽物品也涉及两个罪名:一个是出版淫秽物品牟利罪,一个是为他人提供书号出版淫秽书刊罪。淫秽书刊属于淫秽物品的一种,不论是出版淫秽物品牟利的行为,还是为他人提供书号出版淫秽书刊的行为,都有可能造成淫秽书刊出版的结果,但两者的主观心态是完全不同的。出版淫秽物品牟利罪是故意犯罪,而且具有牟利的目的;但为他人提供书号出版淫秽书刊罪是过失犯罪,即应当预见为他人提供书号,可能用于淫秽书刊的出版,因为疏忽大意而没有预见,或者已经预见而轻信能够避免,以致淫秽书刊出版。

附:本章相关法律规范性文件①

1. 法律

《中华人民共和国刑法》(2020年修正,法宝引证码:CLI.1.349391)

2. 司法解释

最高人民法院、最高人民检察院《关于办理组织、强迫、引诱、容留、介绍卖淫刑事案件适用法律若干问题的解释》(法释〔2017〕13号,2017.07.25实施,法宝引证码:CLI.3.298564)

最高人民法院《关于常见犯罪的量刑指导意见(二)(试行)》(2017.05.01实施,法宝引证吗:CLI.3.300153)

最高人民法院、最高人民检察院《关于常见犯罪的量刑指导意见(试行)》(法发〔2021〕21号,2021.07.01实施,法宝引证码:CLI.3.5016504)

最高人民法院、最高人民检察院、公安部《关于办理利用赌博机开设赌场案件适用法律若干问题的意见》(公通字〔2014〕17号,2014.03.26实施,法宝引证码:CLI.3.223810)

最高人民法院、最高人民检察院、公安部、司法部《关于依法惩治性侵害未成年人犯罪的意见》(法发〔2013〕12号,2013.10.23实施,法宝引证码:CLI.3.211735)

最高人民法院、最高人民检察院、公安部《关于办理网络赌博犯罪案件适用法律若干问题的意见》(公通字〔2010〕40号,2010.08.31实施,法宝引证码:CLI.4.137968)

最高人民法院、最高人民检察院《关于办理利用互联网、移动通讯终端、声讯台制作、复制、出版、贩卖、传播淫秽电子信息刑事案件具体应用法律若干问题的解释(二)》(法释〔2010〕3号,2010.02.04实施,法宝引证码:CLI.3.126782)

最高人民检察院、公安部《关于公安机关管辖的刑事案件立案追诉标准的规定(一)》(公通字〔2008〕36号,2008.06.25实施,法宝引证码:CLI.4.109511)

最高人民法院《关于审理未成年人刑事案件具体应用法律若干问题的解释》(法释〔2006〕1号,2006.01.23实施,法宝引证码:CLI.3.73233)

最高人民法院、最高人民检察院《关于办理赌博刑事案件具体应用法律若干问题的解释》(法释〔2005〕3号,2005.05.13实施,法宝引证码:CLI.3.58262)

最高人民法院、最高人民检察院、公安部《关于开展集中打击赌博违法犯罪活动

---

① 所列法律规范性文件的详细内容,可登录"北大法宝"引证码查询系统(www.pkulaw.com/fbm),输入所提供的相应的"法宝引证码",免费查询。

专项行动有关工作的通知》(公通字〔2005〕2 号,2005.01.10 实施,法宝引证码:CLI. 4.57704)

最高人民法院、最高人民检察院《关于办理利用互联网、移动通讯终端、声讯台制作、复制、出版、贩卖、传播淫秽电子信息刑事案件具体应用法律若干问题的解释(一)》(法释〔2004〕11 号,2004.09.06 实施,法宝引证码:CLI.3.55146)

最高人民法院《关于审理非法出版物刑事案件具体应用法律若干问题的解释》(法释〔1998〕30 号,1998.12.23 实施,法宝引证码:CLI.3.21066)

最高人民法院《关于对设置圈套诱骗他人参赌又向索还钱财的受骗者施以暴力或暴力威胁的行为应如何定罪问题的批复》(法复〔1995〕8 号,1995.11.06 实施,法宝引证码:CLI.3.13468)

第十二章

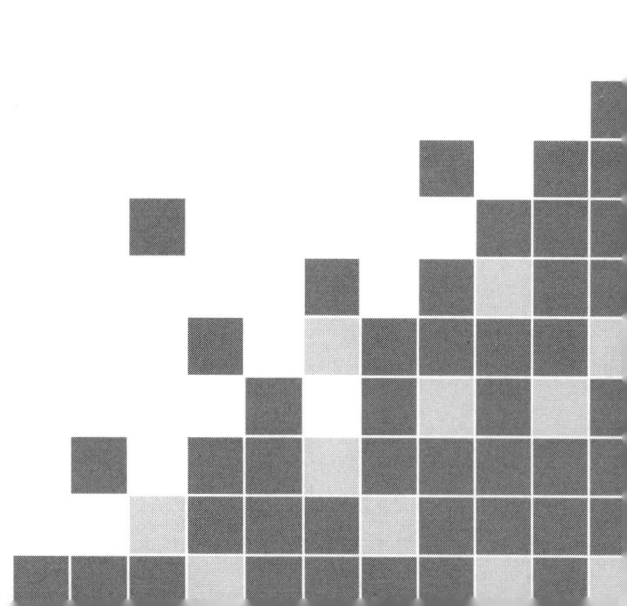

融资类犯罪

第一节 融资类犯罪综述

融资类犯罪不是刑法上的一个罪种,为了叙述方便,笔者在本章中将融资过程中常见的犯罪行为概括为融资类犯罪。这类犯罪大部分规定在《刑法》分则第三章"破坏社会主义市场经济秩序罪"中的第三节"妨害对公司、企业的管理秩序罪"、第四节"破坏金融管理秩序罪"和第五节"金融诈骗罪",因非法催收高利贷引发的犯罪则规定在《刑法》分则第六章"妨害社会管理秩序罪"。本章将详细阐述如何找到辩点对这些融资类犯罪进行辩护。

一、融资类犯罪分类索引

根据融资的手段和方式,笔者将融资类犯罪又分为证券融资型、银行贷款型和民间借贷型。证券融资型融资类犯罪是指通过发行股票、债券进行融资触犯的罪名,包括擅自发行股票、公司、企业债券罪和欺诈发行证券罪;银行贷款型融资类犯罪是指在银行等金融机构贷款过程中触犯的罪名,包括贷款诈骗罪,骗取贷款、票据承兑、金融票证罪和高利转贷罪;民间借贷型融资类犯罪则是指在民间借贷或集资过程中触犯的罪名,包括集资诈骗罪、非法吸收公众存款罪、非法经营罪和催收非法债务罪。将非法放贷行为按照非法经营罪论处是2019年最高人民法院、最高人民检察院、公安部、司法部《关于办理非法放贷刑事案件若干问题的意见》新规定的内容,催收非法债务罪是2020年《刑法修正案(十一)》新增的罪名。相关罪名与《刑法》法条的对应关系见下表。

类型	罪名	法条
1. 证券融资型	擅自发行股票、公司、企业债券罪	第179条
	欺诈发行证券罪	第160条
2. 银行贷款型	贷款诈骗罪	第193条
	骗取贷款、票据承兑、金融票证罪	第175条之一
	高利转贷罪	第175条
3. 民间借贷型	集资诈骗罪	第192条
	非法吸收公众存款罪	第176条
	非法经营罪	第225条
	催收非法债务罪	第293条之一

二、融资类犯罪《刑法》规定对照表

鉴于银行贷款型融资类犯罪的贷款诈骗罪和民间借贷型融资类犯罪的集资诈骗罪已经在本书第三章"诈骗类犯罪"中进行了详细介绍，本章就不再赘述，只对其他融资类案件的辩点进行阐述。

类型	罪名	法条	罪状	主刑	附加刑	辩点速查
证券融资型	擅自发行股票、公司、企业债券罪	第179条	未经国家有关主管部门批准，擅自发行股票或者公司、企业债券，数额巨大、后果严重或者有其他严重情节的	处5年以下有期徒刑或者拘役	并处或者单处非法募集资金金额1%~5%罚金	1.犯罪主体：一般主体，多为发行股票、债券的单位。 2.发行行为：未经国家有关主管部门批准的认定。 3.追诉标准：数额、后果和情节的认定。 4.此罪与彼罪：与欺诈发行证券罪和非法吸收公众存款罪之间的界限。
	欺诈发行证券罪	第160条第1款	在招股说明书、认股书、公司、企业债券募集办法等发行文件中隐瞒重要事实或者编造重大虚假内容，发行股票或者公司、企业债券、存托凭证或者国务院依法认定的其他证券，数额巨大、后果严重或者有其他严重情节的	处5年以下有期徒刑或者拘役	并处或者单处罚金	1.犯罪主体：一般主体，多为发行股票、债券的单位和控股股东、实际控制人。 2.发行行为：介质和欺诈内容的限定以及发行对象的范围。 3.追诉标准：数额、后果和情节的认定。 4.此罪与彼罪：与擅自发行股票、公司、企业债券罪。
			数额特别巨大、后果特别严重或者有其他特别严重情节的	处5年以上有期徒刑	并处罚金	
		第160条第2款	控股股东、实际控制人组织、指使实施前款行为，数额巨大、后果严重或者有其他严重情节的	处5年以下有期徒刑或者拘役	并处或者单处非法募集资金金额20%以上1倍以下罚金	
			数额特别巨大、后果特别严重或者有其他特别严重情节的	处5年以上有期徒刑	并处非法募集资金金额20%以上1倍以下罚金	

(续表)

类型	罪名	法条	罪状	主刑	附加刑	辩点速查
银行贷款型	贷款诈骗罪	第193条	有下列情形之一,以非法占有为目的,诈骗银行或者其他金融机构的贷款,数额较大的:(1)编造引进资金、项目等虚假理由的;(2)使用虚假的经济合同的;(3)使用虚假的证明文件的;(4)使用虚假的产权证明作担保或者超出抵押物价值重复担保的;(5)以其他方法诈骗贷款的。	处5年以下有期徒刑或者拘役	并处2万元—20万元罚金	1. 犯罪主体:自然人,无单位犯罪。 2. 主观方面:以非法占有为目的。 3. 罪与非罪:区分本罪与贷款纠纷的界限。 4. 此罪与彼罪:区分本罪与骗取贷款、票据承兑、金融票证罪的界限。 5. 立案标准:最高人民检察院、公安部《关于公安机关管辖的刑事案件立案追诉标准的规定(二)》第50条。
银行贷款型	贷款诈骗罪	第193条	数额巨大或者有其他严重情节的	处5—10年有期徒刑	并处5万元—50万元罚金	
银行贷款型	贷款诈骗罪	第193条	数额特别巨大或者有其他特别严重情节的	处10年以上有期徒刑或者无期徒刑	并处5万元—50万元罚金或者没收财产	
银行贷款型	骗取贷款、票据承兑、金融票证罪	第175条之一	以欺骗手段取得银行或者其他金融机构贷款、票据承兑、信用证、保函等,给银行或者其他金融机构造成重大损失的	处3年以下有期徒刑或者拘役	并处或者单处罚金	1. 犯罪主体:自然人和单位均可构成。 2. 主观方面:不以非法占有为目的。 3. 犯罪结果:以给银行或者其他金融机构造成重大损失为要件。 4. 此罪与彼罪:与贷款诈骗罪的界限。
银行贷款型	骗取贷款、票据承兑、金融票证罪	第175条之一	给银行或者其他金融机构造成特别重大损失或者有其他特别严重情节的	处3—7年有期徒刑	并处罚金	

(续表)

类型	罪名	法条	罪状	主刑	附加刑	辩点速查
银行贷款型	高利转贷罪	第175条	以转贷牟利为目的,套取金融机构信贷资金高利转贷他人,违法所得数额较大的	处3年以下有期徒刑或者拘役	并处违法所得1—5倍罚金	1. 犯罪主体:自然人和单位均可构成。 2. 主观方面:以转贷牟利为目的。 3. 犯罪行为:套取和转贷必须同时具备。
银行贷款型	高利转贷罪	第175条	数额巨大的	处3—7年有期徒刑	并处违法所得1—5倍罚金	
民间借贷型	集资诈骗罪	第192条	以非法占有为目的,使用诈骗方法非法集资,数额较大的	处3—7年有期徒刑	并处罚金	1. 犯罪主体:自然人和单位。 2. 主观方面:以非法占有为目的。 3. 此罪与彼罪:本罪与非法吸收公众存款罪的界限。 4. 立案标准:最高人民检察院、公安部《关于公安机关管辖的刑事案件立案追诉标准的规定(二)》第49条。 5. 量刑标准:《刑法修正案(九)》废除了本罪的死刑。
民间借贷型	集资诈骗罪	第192条	数额巨大或者有其他严重情节的	处7年以上有期徒刑或者无期徒刑	并处罚金或者没收财产	
民间借贷型	非法吸收公众存款罪	第176条	非法吸收公众存款或者变相吸收公众存款,扰乱金融秩序的	处3年以下有期徒刑或者拘役	并处或者单处罚金	1. 犯罪主体:自然人和单位。 2. 主观方面:不以非法占有为目的。 3. 犯罪行为:变相吸收公众存款的形式。 4. 量刑标准:《刑法修正案(十一)》将本罪的最高刑期从10年有期徒刑提高到了15年有期徒刑。
民间借贷型	非法吸收公众存款罪	第176条	数额巨大或者有其他严重情节的	处3—10年有期徒刑	并处罚金	
民间借贷型	非法吸收公众存款罪	第176条	数额特别巨大或者有其他特别严重情节的	处10年以上有期徒刑	并处罚金	
民间借贷型	非法经营罪	第225条	违反国家规定,有下列非法经营行为之一,扰乱市场秩序,情节严重的:(1)未经许可经营法律、行政法规规定的专营、专卖物品或者其他限制买卖的物品的;(2)买卖进	处5年以下有期徒刑或者拘役	并处或者单处违法所得1—5倍罚金	1. 犯罪主体:自然人和单位。 2. 犯罪行为:本章只分析非法放贷按非法经营罪处理的行为。掌握最高人民法院、最高人民检察院、公安部、司法部《关于办理非法放贷刑事案件若干问题的意见》规定的内容。 3. 立案标准:最高人民法院、

(续表)

类型	罪名	法条	罪状	主刑	附加刑	辩点速查
民间借贷型	非法经营罪	第225条	出口许可证、进出口原产地证明以及其他法律、行政法规规定的经营许可证或者批准文件的；(3)未经国家有关主管部门批准非法经营证券、期货、保险业务的，或者非法从事资金支付结算业务的；(4)其他严重扰乱市场秩序的非法经营行为。			最高人民检察院、公安部、司法部《关于办理非法放贷刑事案件若干问题的意见》关于情节严重的界定。
			情节特别严重的	处5年以上有期徒刑	并处违法所得1—5倍罚金或者没收财产	
	催收非法债务罪	第293条之一	有下列情形之一，催收高利放贷等产生的非法债务，情节严重的：(1)使用暴力、胁迫方法的；(2)限制他人人身自由或者侵入他人住宅的；(3)恐吓、跟踪、骚扰他人的。	处3年以下有期徒刑、拘役或者管制	并处或者单处罚金	1. 犯罪单位：仅限自然人。 2. 犯罪行为：催收非法债务的具体情形。 3. 立案标准：情节严重的把握。 4. 此罪与彼罪：与寻衅滋事罪的界限。

第二节 辩点整理

辩点12-1：犯罪主体	辩点12-2：主观方面	辩点12-3：犯罪行为
辩点12-4：数额情节	辩点12-5：其他辩点	

辩点 12-1：犯罪主体

（一）单位主体

本章犯罪的主体都是一般主体，且除了贷款诈骗罪和催收非法债务罪没有规定单位犯罪，其他犯罪都既可以由自然人构成也可以由单位构成。一般情况下，相比于自然人犯罪，单位犯罪的立案门槛更高，且对单位犯罪中的直接负责的主管人员和其他直接责任人员的量刑更轻。例如，个人集资诈骗数额在 10 万元以上的，就可以予以立案追诉，而单位集资诈骗数额必须达到 50 万元以上的，才可以予以立案追诉。再如个人非法吸收公众存款数额 20 万元以上的，就可以予以立案，而单位非法吸收公众存款数额必须达到 100 万元以上的，才可以予以立案追诉。因此，在代理指控自然人犯罪的案件中，辩护人要审查涉案事实是单位犯罪还是自然人犯罪，如果是单位犯罪，应当提出按照单位犯罪的定罪量刑标准进行论处的辩护意见。

1. 不能再以没有规定单位犯罪对自然人进行无罪辩护

根据《刑法》第 30 条的规定，法律规定为单位犯罪的，单位才负刑事责任。换言之，如果法律没有规定为单位犯罪的，单位则不承担刑事责任。例如，我国刑法没有规定单位可以构成贷款诈骗罪，所以 2001 年最高人民法院《全国法院审理金融犯罪案件工作座谈会纪要》曾规定，对于单位实施的贷款诈骗行为，不能以贷款诈骗罪定罪处罚，也不能以贷款诈骗罪追究直接负责的主管人员和其他直接责任人员的刑事责任。因此，实践中辩护人通常会以此为由对单位中的有关人员进行无罪辩护。但这样的辩护方案在 2014 年 4 月 24 日全国人民代表大会常务委员会颁布《关于〈中华人民共和国刑法〉第三十条的解释》之后就不再有效了，因为即使法律未规定追究单位的刑事责任，也仍然要对组织、策划、实施该危害社会行为的人依法追究刑事责任。因此，辩护人在代理这类案件时，不能再简单地关注法律是否规定了单位犯罪，还要审查自然人是否组织、策划、实施了危害社会的行为。

2. 准确认定是否构成单位犯罪

对于法律规定存在单位犯罪的犯罪，辩护人在为自然人进行辩护时，首先要考虑案件是否属于单位犯罪，其次要评估认定单位犯罪后是否更有利于自然人。如单位犯罪的立案标准更高，或者对单位犯罪的主管人员和其他直接责任人员的量刑更低，经评估更有利于自然人，对于只指控自然人犯罪的案件，辩护人要提出案件属于单位犯罪的辩护意见，这有可能直接影响定罪和量刑。例如，对于单位非法吸收公众存款 80 万元的案件，如果司法机关以个人犯罪指控单位的实际控制人构成非法吸收公众存款罪,那么辩护人就应当提出案件属于单位犯罪,且没有达到单位犯罪100万元的立案标准,单位实际控制人依法也不构成犯罪的辩护意见。

那么,应当如何认定单位犯罪呢？一般来说,单位犯罪要求以单位名义实施犯罪且违法所得归单位所有。即使是以单位的分支机构或者内设机构、部门的名义实施犯罪,违法所得亦归这些机构或者部门所有的,也应当认定为单位犯罪。这里的分支机构或者内设机构、部门不以具有独立的法人资格为要件,即使是没有独立法人资格的分公司或者办事处,也可以构成单位犯罪。但如果盗用了单位名义实施犯罪,违法所得由实施犯罪的个人私分的,则不能认定为单位犯罪,而应当依照刑法有关自然人犯罪的规定定罪处罚。此外,还要注意一点,不是所有的公司、企业、事业单位实施犯罪的都可以认定为单位犯罪,还要考察公司、企业、事业单位是否是个人为进行违法犯罪活动而设立的,或者公司、企业、事业单位设立后,是以实施犯罪为主要活动的,如果存在这两种情况,即使以单位名义实施犯罪且违法所得归单位所有的,也不能以单位犯罪论处。

非法集资案件中,判断单位是否以实施非法集资犯罪活动为主要活动,应当根据单位实施非法集资的次数、频度、持续时间、资金规模、资金流向、投入人力物力情况、单位进行正当经营的状况以及犯罪活动的影响、后果等因素综合考虑认定。

3. 上级单位和下属单位犯罪的认定

根据最高人民法院、最高人民检察院、公安部《关于办理非法集资刑事案件若干问题的意见》,办理非法集资刑事案件中,人民法院、人民检察院、公安机关应当全面查清涉案单位,包括上级单位(总公司、母公司)和下属单位(分公司、子公司)的主体资格、层级、关系、地位、作用、资金流向等,区分情况依法作出处理,辩护人应当掌握以下规定:

(1)上级单位已被认定为单位犯罪,下属单位实施非法集资犯罪活动,且全部或者大部分违法所得归下属单位所有的,对该下属单位也应当认定为单位犯罪。上级单位和下属单位构成共同犯罪的,应当根据犯罪单位的地位、作用,确定犯罪单位的刑事责任。

(2)上级单位已被认定为单位犯罪,下属单位实施非法集资犯罪活动,但全部或者大部分违法所得归上级单位所有的,对下属单位不单独认定为单位犯罪。下属单位中涉嫌犯罪的人员,可以作为上级单位的其他直接责任人员依法追究刑事责任。

(3)上级单位未被认定为单位犯罪,下属单位被认定为单位犯罪的,对上级单位中组织、策划、实施非法集资犯罪的人员,一般可以与下属单位按照自然人与单位共同犯罪处理。

(4) 上级单位与下属单位均未被认定为单位犯罪的,一般以上级单位与下属单位中承担组织、领导、管理、协调职责的主管人员和发挥主要作用的人员作为主犯,以其他积极参加非法集资犯罪的人员作为从犯,按照自然人共同犯罪处理。

(二) 控股股东、实际控制人

由于单位犯罪的违法所得归单位所有,控股股东和实际控制人自然也是利益的最大收获者,因为控股股东是指其持有的股份占股份有限公司股本总额 50% 以上的股东或者持有股份的比例虽然不足 50%,但依其持有的股份所享有的表决权已足以对股东大会的决议产生重大影响的股东,实际控制人虽然不是公司的股东,但是能够通过投资关系、协议或者其他安排,实际支配公司行为的人。由于融资活动直接影响单位的资金甚至经营活动,而通过违法犯罪行为更容易获得更大的融资;在单位不具备发行条件的情况下欺诈发行股票、债券而获得资金;在单位不符合银行贷款条件的情况下通过采取欺诈的手段获得银行贷款;在单位未经国家有关主管部门批准的情况下擅自发行股票、债券或者向不特定公众进行非法集资,控股股东和实际控制人作为单位最大的利益获得者或者实际支配者,具有更大的利益驱动力和条件控制单位去实施融资类犯罪。因此,司法实践中,控股股东通常也是在单位犯罪中起决定、批准、授意、纵容、指挥的主管人员或者在单位犯罪中起较大作用的直接责任人员。在单位被起诉融资类犯罪时,控股股东和实际控制人也容易被一并起诉。但刑法中追究刑事责任的标准还是以其在单位犯罪中所起的作用进行认定的。所以,如果控股股东和实际控制人被认定为犯罪嫌疑人或者被告人,辩护人应当重点审查其在单位犯罪中的行为以及其是否具有融资类犯罪的主观故意,而不能简单看其股东身份和实际支配地位。有一些人虽然是实际控制人或控股股东,但在单位没有任何的职务和任职,也不参与单位的实际经营,或者即使参与单位的实际经营,也对单位的融资类犯罪并不知情,不具有犯罪的主观故意。如果是这种情况,辩护人应当提出无罪的辩护意见。即使控股股东和实际控制人有参与,也要根据他们在单位犯罪中所起的作用进行量刑辩护。

另外,对于公司、企业欺诈发行证券,由于大多情况下是由公司、企业的控股股东或者实际控制人组织、指使实施的,为了打击这种行为,2020 年颁布的《刑法修正案(十一)》专门针对控股股东和实际控制人增设了一个条款,除了自由刑的判处,还针对财产刑设定了非法募集资金金额 20% 以上 1 倍以下的范围,处罚力度较大。所以对于欺诈发行证券罪的指控,要特别注意主体情况,不仅要审查是自然人犯罪还是单位犯罪,还要审查是否是控股股东或实际控制人,因为适用的刑法条款是不同的。

(三) 融资方和投资方

融资活动中,必然存在融资方和投资方,以借贷方式进行融资的,则存在借款方和放贷方,这些主体如果不严格按照法律进行融资和投资、借款和贷款,就都有可能成为本章的犯罪主体。如放贷型的非法经营罪和催收非法债务罪就是针对放贷方而言的,除了这两个罪名的其他犯罪,则是针对融资方或借款方的。所以,辩护人在代理案件时,要审查行为人属于融资方还是投资方,以便确定适用哪个罪名。

(四) 中介机构及其人员

融资活动中,很多行为是通过第三方等中介机构共同完成的。如发行证券需要保荐机构出具保荐书,财务数据需要会计师事务所出具审计报告,相关法律问题需要律师事务所出具法律意见书;再如申请银行贷款,有时也需要评估机构对资产进行评估,对于民间借贷的方式,也会有律师事务所出具法律意见书;等等。这些第三方等中介机构的行为或者出具的文件,有可能在客观上对最终获得融资起到帮助作用。如果这些中介机构明知他人具有本章融资类犯罪的故意,仍然出具虚假的或者隐瞒真相的证明文件,帮助他人实施融资类犯罪,则构成融资类犯罪的共同犯罪。所以,辩护人在代理这类案件时,要重点考察中介机构及相关人员与融资类犯罪的主体之间是否具有共同犯罪的故意,然后根据其在共同犯罪中所起的作用进行量刑上的辩护。但即使其没有共同犯罪的主观故意,也不代表就一定不构成犯罪,如果其故意提供虚假的证明文件或者因为严重不负责任而出具有重大失实的证明文件,也可以单独构成提供虚假证明文件罪或者出具证明文件重大失实罪。

(五) 金融机构及其人员

通过银行等金融机构进行融资是融资的重要渠道之一,本章贷款诈骗罪,骗取贷款、票据承兑、金融票证罪,高利转贷罪等案件中被骗的对象通常是金融机构及其工作人员,但也不排除其作为犯罪主体的情况。比如在贷款融资的过程中,银行等金融机构的人员与贷款人进行勾结,共同骗取银行贷款,导致银行等金融机构遭受损失,这时如果为金融机构的工作人员进行辩护,要审查其与贷款人之间是否具有共同犯罪的故意。如果其利用了职务上的便利,与贷款人共同骗取银行贷款,则有可能构成贪污罪或者职务侵占罪。如果其主观上没有共同犯罪的故意,但明知贷款材料不符合规定而仍然发放贷款或者违反国家规定向关系人发放贷款,则可以构成违法发放贷款罪。如果超过中国人民银行规定的利率,高利向他人发放贷款,还可能构成非法经营罪。

辩点 12-2:主观方面

(一)犯罪故意

本章的犯罪都是故意犯罪,既包括直接故意也包括间接故意。但是,过失不能构成本章的犯罪。例如,行为人在发行证券时,在招股说明书、认股书、募集办法中不是故意隐瞒重要事实或者编造重大虚假内容,而是因为疏忽大意导致招股说明书、认股书、募集办法存在失实的内容,即使客观上存在欺诈发行的行为,也不能认定为欺诈发行证券罪;同样的,对于申请银行贷款的文件和材料如果因为疏忽大意而存在失实内容的,也不构成贷款诈骗罪或者骗取贷款、票据承兑、金融票证罪。因此,考察行为人主观上是否存在故意,是为这类案件辩护的切入点。

非法集资案件中,审查行为人是否具有非法吸收公众存款的犯罪故意,应当依据行为人的任职情况、职业经历、专业背景、培训经历、本人因同类行为受到行政处罚或者刑事追究情况以及吸收资金方式、宣传推广、合同资料、业务流程等证据,结合其供述,进行综合分析判断。

(二)犯罪目的

除了主观上要求必须具有犯罪故意,本章有些罪名还要求必须同时具备犯罪目的,比如贷款诈骗罪和集资诈骗罪,都要求主观上要"以非法占有为目的"。但犯罪目的毕竟是主观上的要件,实践中可以通过行为人的供述进行确认,但并不意味着行为人拒不承认就无法认定,司法机关通常会以司法解释的方式通过行为人的行为表现来确定其主观目的。因此,辩护人要注意审查行为人是否具有司法解释规定的情形。

例如,对于使用诈骗方法进行贷款的行为,如果行为人具有下列情形之一,就可以推定其具有非法占有的目的:(1)携带贷款逃跑的;(2)假冒他人名义贷款的;(3)为谋取不正当利益,擅自改变贷款用途,造成重大经济损失致使贷款无法偿还的;(4)将贷款用于高风险经济活动或投机行为造成重大损失致使贷款无法偿还的;(5)隐匿贷款去向,转移资金,贷款到期后拒不偿还的;(6)将贷款用于个人挥霍或使用贷款进行违法犯罪活动的;(7)提供虚假的担保申请贷款,期满后拒不偿还或无法偿还的。

再如,对于使用诈骗方法非法集资的行为,如果行为人具有以下情形之一的,就可以推定其具有非法占有的目的:(1)集资后不用于生产经营活动或者用于生产经营活动与筹集资金规模明显不成比例,致使集资款不能返还的;(2)肆意挥霍集资款,致使集资款不能返还的;(3)携带集资款逃匿的;(4)将集资款用于违法犯罪活动的;(5)抽逃、转移资金、隐匿财产,逃避返还资金的;(6)隐匿、销毁账目,或者搞假破产、假倒闭,逃避返还资金的;(7)拒不交代资金去向,逃避返还资金的;(8)其他可以认定非法占有目的的情形。

考察行为人是否以非法占有为目的,可以直接影响罪名的适用,如果不以非法占有为目的,仅是以非法占用为目的,使用欺诈的方法进行贷款,可以构成骗取贷款罪,而非贷款诈骗罪;如果不以非法占有为目的,向不特定公众进行非法集资的,构成非法吸收公众存款罪,而非集资诈骗罪。如果行为人部分非法集资行为具有非法占有目的,对该部分非法集资行为所涉集资款以集资诈骗罪定罪处罚,对没有非法占有目的的其他部分的非法集资行为则按照非法吸收公众存款罪定罪处罚;非法集资共同犯罪中部分行为人具有非法占有目的,其他行为人没有非法占有集资款的共同故意和行为的,对具有非法占有目的的行为人以集资诈骗罪定罪处罚,对没有非法占有目的的行为人则按非法吸收公众存款罪定罪处罚。

案例 12-1

A 公司为了经营通过 B 公司进行担保对外借款 3000 万元,到期无法归还本金和利息,B 公司也不具备代偿能力。因此,A 公司的法定代表人张某某与 B 公司的实际控制人林某某共同商议找一家企业来"借壳融资",林某某答应以其名下的另一家 C 公司进行集资,但提出要使用 10% 的集资款。后 A 公司通过 LED 广告显示屏向社会公开发布了 C 公司的"融资信息",以需要研发经费和采购原材料为名借款 1000 万元。1 个月内,231 名集资群众作为出借方、A 公司为居间方、B 公司为担保方、C 公司为借款方,签订四方合同,在该期间内,C 公司账户共收到集资款 2800 万元,向林某某账户支付 280 万元,其余款项根据 A 公司及张某某的指令用于支付 A 公司之前借款的到期本金和利息。另查明,林某某在同意以 C 公司名义对外集资前,其个人及名下企业均无实际生产经营能力和偿还债务能力。后林某某被检察机关以涉嫌集资诈骗罪移送起诉。

在庭审过程中,林某某提出其并未使用集资款,不具有非法占有的目的;没有任何证据证实其明知融资款是用于借新还旧而仍为他人提供帮助,因此不构成集资诈骗罪。但法院经审理认为,A 公司和 B 公司在无实际还款能力的情况下,未经批准,违反法律、法规,借用 C 公司名义,非法向社会公众募集资金,集资后不用于生产经营活动,而是归还其他债务致使集资款不能返还,该行为已构成集资诈骗罪的单位犯罪;林某某作为 C 公司的实际控制人,为 A 公司及 B 公司实施集资诈骗犯罪提供 C 公司公章、法定代表人私章及公司银行账户 U 盾,帮助实施集资诈骗犯罪,且还从集资款中分得 10% 的赃款,其行为已构成集资诈骗罪的共同犯罪。

此外,非法放贷案件中,行为人违反国家规定,未经监管部门批准,或者超越经营范围,经常性地向社会不特定对象发放贷款,要认定为构成非法经营罪,行为人主观上还必须"以营利为目的"。

(三) 犯罪动机

犯罪动机不影响犯罪的构成,比如有些行为人非法吸收公众存款,是为了解决企业资金困难,募集来的资金也完全用于生产经营,为了企业员工不失业,属于不得已而为之,动机是好的,但由于该罪违反的是金融管理秩序,好的动机并不影响定罪。但是,作为辩护人,仍然可以审查犯罪的动机,然后结合案件具体情节,进行酌情从轻处罚的量刑辩护。

案例 12-2

A 公司成立于 2015 年 4 月 19 日,是当地政府招商引资回来的重点帮扶企业,解决了地方很大的就业问题,但由于银行贷款迟迟不到位,A 公司董事长袁某某只能对外高利借贷,为了继续生产经营及偿还高利借款本息,袁某某召集管理层开会,决定以资金周转、兴建职工宿舍、办理证照、企业经营等理由,以支付高额利息、津贴、分红等为条件,以出具借条、公司财产抵押等形式,向亲朋好友、公司职工、帮扶单位领导和工作人员借款,并通过以上人员宣传、介绍,向 111 名社会公众借款 3500 万元,并将所有款项用于企业经营。至案发时,未归还本金 1200 万元。后 A 公司和袁某某被检察机关以涉嫌非法吸收公众存款罪移送起诉。

在庭审过程中,袁某某的辩护人提出,A 公司作为当地重点帮扶企业,为当地就业作出了重大贡献,且对外融资是因为银行贷款迟迟不到位,是为了企业生产经营所需而为之,所有融资款项均用于企业经营,结合本案其他情节,恳请判处袁某某缓刑。后法院采纳了辩护人的意见。

辩点12-3：犯罪行为

(一)非法发行证券行为

1. 审查发行的对象

《刑法修正案(十一)》发布之后，欺诈发行证券罪的对象不再限于股票、债券，而包括存托凭证和国务院依法认定的其他证券，所以罪名也由原来的欺诈发行股票、债券罪修改为欺诈发行证券罪。但擅自发行股票、公司、企业债券罪的对象仍然仅限于股票、债券，《刑法》尚未对该罪对象进行修订。作为辩护人，首先要注意审查行为人发行的对象。这里的股票，并不限于上市公司的股票，也包括非上市公司的股票，如果非法转让非上市公司的股份也可以构成这两个犯罪。这里的债券包括公司债券和企业债券，虽然两者都是约定在一定期限还本付息的有价证券，但发行主体、发行条件、发行程序以及发行所依据的法律根据各不相同，不管是哪一种债券，擅自发行或者欺诈发行都可能构成犯罪。对于上市公司发行可转换为股票的公司债券，除了要符合公司债券一般的发行条件，还要符合经国务院批准的国务院证券监督管理机构规定的条件。这里的存托凭证，是指由存托人签发、以境外证券为基础在中国境内发行、代表境外基础证券权益的证券，它是欺诈发行证券罪的行为对象，但目前还不是擅自发行股票、公司、企业债券罪的行为对象，辩护人要注意。

案例12-3

A公司于2017年2月成立，注册资金为人民币3400万元，股东包括2家单位和16名自然人，成立后主要从事艾滋病药物的研发。药物一直处于研发阶段，没有任何生产和销售行为。A公司董事长郑某某持股44%。2018年12月，A公司为筹集研发资金，郑某某提议经股东会集体同意后，委托中介公司及个人向社会不特定公众转让自然人股东的股权。后A公司向社会公众260余人发行股票计322万股，筹集资金人民币1109万余元，其中有157人在股权托管中心托管，被列入公司股东名册，并在工商行政管理部门备案。上述募集资金全部用于A公司的经营活动和支付中介代理费。案发后，A公司不能回购股票，不能退还钱款，仅有土地及房产被查封。后检察机关以A公司和郑某某涉嫌擅自发行股票罪提起公诉。

> 在审理过程中，A公司和郑某某的辩护人提出，行为人从事的是正常的股权转让业务，且本案发行的对象是非上市股份公司股票，不是擅自发行股票罪的对象，不应构成犯罪。法院经审理后认为，擅自发行股票罪不仅包括上市公司的股票，还包括非上市公司的股票，A公司未经证券监管部门批准而擅自发行股票，该行为已构成擅自发行股票罪。

2. 审查发行的表现

本章犯罪中，擅自发行股票、公司、企业债券罪与欺诈发行证券罪的行为表现都是非法发行证券，一个是擅自发行，一个是欺诈发行。前者是指未经国家有关主管部门批准，擅自发行股票或者公司、企业债券的行为；后者是指在招股说明书、认股书、公司、企业募集办法等发行文件中隐瞒重要事实或者编造重大虚假内容，发行股票或者公司、企业债券、存托凭证或者国务院依法认定的其他证券的行为。

(1) 擅自发行。

擅自发行股票、公司、企业债券罪的行为方式体现为擅自发行，根据相关法律的规定，发行股票和债券，应当符合发行条件和发行程序，如果未经国家有关主管部门批准进行发行的，就属于擅自发行。需要注意的是，2020年3月1日起施行的《证券法》，已经将我国证券发行制度从核准制修改为注册制，相比于核准制，注册制是仅对证券发行人提交的申报材料进行形式审查，而不对证券本身的价值和证券发行人的盈利等情况进行实质审查，将发行时间和发行价格交由企业和市场自主决定，这样的发行程序，显然有利于公司、企业利用证券发行进行融资。但我国目前还没有全面实施注册制，而只是在部分板块推行，如科创板、创业板等，在其他板块发行证券，仍然需要经过有关部门核准，未经依法核准就发行的，仍然属于擅自发行；对于推行注册制的板块，不是简单地取消核准制，仍然要经过审核程序，例如在创业板发行证券，需要经过深交所审核和证监会注册两个环节，在科创板发行证券，需要经过上交所审核和证监会注册两个环节，审核的程序仍然存在，只是从原来的证监会放到了交易所，审核的性质从原来的行政审批转为对事实上的问询、判断和把关，如果未经这些审核和注册而发行证券，也仍然属于擅自发行。

根据2010年12月13日开始实施的最高人民法院《关于审理非法集资刑事案件具体应用法律若干问题的解释》的规定，未经国家有关主管部门批准，向社会不特定对象发行、以转让股权等方式变相发行股票或者公司、企业债券，或者向特定对象发行、变相发行股票或者公司、企业债券累计超过 200 人的,以擅自发行股票、公司、企业债券罪定罪处罚。

(2) 欺诈发行。

欺诈发行证券罪的行为方式表现为欺诈发行,即在招股说明书,认股书,公司、企业募集办法等发行文件中隐瞒重要事实或者编造重大虚假内容而发行证券。作为辩护人,要注意审查介质范围和行为内容。刑法规定只有在招股说明书,认股书,公司、企业募集办法等发行文件中隐瞒重要事实或者编造重大虚假内容,才能构成本罪。这里所谓的招股说明书,是公开发行股票的最基本的法律文件,是指申请公开发行股票的申请人向有关主管机关提交的,并于获准公开发行股票后依法在法定的日期和证券主管机关指定的报刊上刊载的全面、真实、详尽、准确地披露发行人的信息,供投资者参考的法律文件。这里的所谓认股书,是指由股份公司制作的用以供认股人认股的书面性文件,由认股人填写所认的股数、金额、住所,并签名、盖章。这里的所谓公司、企业债券募集办法,是指公司、企业向社会公众发出的,希望社会公众购买其发行的债券的意思表示,其性质和作用与招股说明书类似,是发行债券的公司、企业就债券发行的有关事项按照规定的格式和内容进行说明的法定文件。作为辩护人,要注意审查以上发行文件是否实施了欺诈,如果是在这些发行文件以外隐瞒重要事实或者编造重大虚假内容,则可以考虑进行无罪辩护。但需要注意的是,对于欺诈发行证券罪的介质范围,不能简单地从字面进行理解,重点还是要审查其实质的功能和内容与法律规定的法律文件是否相同,如果功能和内容相同,即使名称不同,也不影响定罪。

除了审查介质范围,还要注意审查行为内容,看是否隐瞒了"重要事实"或者编造了"重大虚假内容",如果发行文件上记载的内容与事实虽然有一些偏差,但偏差不大,没有达到"重要"或者"重大"的标准,辩护人也可以进行无罪辩护。对于"重要"和"重大"的认定,应从监管机构和投资人两个角度进行分析,要求隐瞒的事实和编造的虚假内容会对监管机构的批准和对投资人的投资决策产生重大影响,即如果发行人没有隐瞒特定事实或者没有编造特定虚假内容,监管机构不会批准发行或者投资人不会作出投资决定,这样的事实或者虚假内容就属于本罪规定的"重要事实"和"重大虚假内容"。

案例 12-4

2018年下半年,为解决建设 DM 纺机产业园的资金问题,DM 纺机公司的法定代表人朱某某决定通过某证券有限责任公司申请发行私募债券筹集资金。根据该证券公司发行私募债券的要求,需要由政府融资平台出具"不可撤销连带责任保证"担保材料。为了能顺利发行私募债券,周某某安排他人对政府融资平台出具的担保材料进行变造,将其出具的"信用评级"担保材料变造为"不可撤销连带责任保证"的担保材料,提供给证券公司的调查人员,报深圳证券交易所审核通过。2019年1月25日、3月25日,DM 纺机公司在证券交易所发行了2期期限均为2年的中小企业私募债券,额度分别为人民币1.1亿元、1.5亿元,所得资金均被用于公司经营。后 DM 纺机公司只偿还了710万元本金及一年的利息,其余部分未能再按期还本付息。后 DM 纺机公司和朱某某被检察机关移送起诉。

在庭审过程中,朱某某的辩护人提出,1997年《刑法》中欺诈发行证券罪设立时还没有中小企业私募债券的品种,涉案的募集说明书与《刑法》第160条规定的募集办法是两个概念,且编造担保文件也不属于《刑法》第160条规定的编造重大虚假内容。但该意见均未被法院采纳,法院认为募集说明书与募集办法仅是名称不同,实质二者的功能以及内容是相同的,在债券发行过程中二者都是为了向投资者说明债券发行的具体情况。根据我国《公司法》第154条的规定,公司债券募集办法应当载明的主要事项包括公司名称、债券募集资金的用途、债券总额和债券的票面金额、债券利率的确定方式、还本付息的期限和方式、债券担保情况、债券的发行价格、发行的起止日期、公司净资产额、已发行的尚未到期的公司债券总额、公司债券的承销机构。对照《深圳证券交易所中小企业私募债券业务试点办法》第12条中对私募债券募集说明书应当载明内容的规定,其中列举的15项内容基本涵盖了上述公司债券募集办法中的主要事项。所以最终认定辩护人提出募集说明书和募集办法不是一回事的辩护意见不成立。

对于辩护人提出变造担保材料不属于刑法所规定的编造重大虚假内容的意见,法院经查认为,根据《深圳证券交易所中小企业私募债券业务试点办法》第4条的规定,发行人应当保证发行文件及信息披露内容真实、准确、完整,不

> 得有虚假记载、误导性陈述或重大遗漏。而被告单位根据承销商证券公司的要求准备材料,其中即包括政府平台提供不可撤销连带责任担保材料,并在其备案材料及募集说明书中均作为一个重要内容向投资者披露。如果没有政府融资平台作出不可撤销连带责任担保,发行可能不会被审核通过,认购私募债券的单位如果不是因为有政府平台担保,也可能不购买涉案的私募债券。因此,变造担保材料属于欺诈发行证券罪中的"编造重大虚假内容"。

此外,辩护人还要审查是否存在"隐瞒"和"虚构"这两种欺诈行为方式。这里所谓的"隐瞒",是指隐讳其事,相对于后面要提到的"虚构"来说,属于一种消极的不作为方式,是对公司、企业的缺陷、不利情况进行掩盖、不报告或者在报告、公开信息时故意遗漏,如隐瞒公司、企业的巨额债务、涉及的重大诉讼,隐瞒公司、企业的财务状况、高级管理人员的变更等。这里所谓的"虚构",是指凭想象编造出来,捏造,伪造。它相对于前面所提到的"隐瞒"来说,是一种积极主动的作为方式,是对公司、企业的重要情况以及对与所要发行的股票、债券有关的重要情况进行故意的谎报、虚报,或者故意做出明显不切实际、毫无根据的预测的行为。虚构和隐瞒的不同点在于,隐瞒是应该公开的情况发行人不予公开,而虚构是公开虚假、伪造的信息。

(二) 骗贷行为

1. 审查行为的对象

贷款诈骗罪的行为对象仅限银行或者其他金融机构的贷款,而骗取贷款、银行承兑、商业票据罪的行为对象除了银行或者其他金融机构的贷款,还包括银行或者其他金融机构的信用。贷款是融资的重要工具,融资活动很容易涉及贷款。这里的信用包括票据承兑、信用证、保函等。所谓"票据承兑",是指银行作为付款人,根据承兑申请人(出票人)的申请,承诺对有效的商业汇票按约定的日期向收款人或被背书人无条件支付汇票款的行为。所谓"信用证",是指银行用以保证买方或进口方有支付能力的凭证。所谓"保函",是指银行应商业合约或经济关系中的一方(即申请人)的要求,以自身的信誉向商业合约或经济关系中的另一方(即受益人)出具的,担保申请人或被担保人履行某种责任或义务的一种具有一定金额、一定期限、承担某种支付责任或经济赔偿责任的书面付款保证承诺。可见,这些信用虽然不能直接为公司、企业直接达到融资的目的,但是最终可以达到融资的效果。

2. 审查行为的方式

贷款诈骗的行为主要表现为以下具体方式:(1)编造引进资金、项目等虚假理由。所谓"编造",即捏造,无中生有。这里的虚假理由,除了假引资、假项目,还有其他类似于引资、立项之类的如假冒某集团扩大经营需要资金等虚假理由。(2)使用虚假的经济合同的。这里的经济合同涵盖了我国《民法典》所规定的全部合同种类。所谓"虚假的经济合同"主要是指伪造、变造、过期、作废、无效的合同。由于银行等金融机构不可能对借款人出示的所有经济合同进行核实,往往给不法行为人使用虚假合同诈骗贷款以可乘之机。经济合同不仅是合同当事人之间权利义务关系的凭证,也是银行等金融机构发放贷款的依据,使用虚假经济合同骗取金融机构的贷款已成为贷款诈骗的一个常见手段。(3)使用虚假的证明文件。这里的"证明文件",范围较大,一般包括营业执照、身份证明、存款证明、担保函、划款证明、产品质量证书、验资证明、存单、信用证、委托书等各种证明借款人信誉、偿还能力的文件或者申请贷款时所需的证明材料等。"使用虚假的证明文件"就是指使用伪造、变造、过期、作废或无效的上述证明文件,骗取银行或者其他金融机构的贷款。(4)使用虚假的产权证明作担保或者超出抵押物价值重复担保。这里的"虚假的产权证明"是指伪造、变造、过期、作废或无效的由产权部门作出的能够证明行为人对房屋、地产等不动产或汽车、货币、可即时兑付的票据等动产而享有所有权的书面文件。(5)以其他方式诈骗贷款。这条是兜底性条款,主要指上述四种情形以外的方式方法,通常包括:伪造或私盖单位公章、印鉴骗贷;以存贷、虚构贷款理由骗贷;以多头贷款、以贷还贷骗贷;以虚报注册资本成立公司骗贷;利用已注销公司骗贷;以私自转移、变卖、藏匿抵押动产骗贷;借款后故意转移财产或拒不归还贷款;以假货币作抵押骗贷;取得贷款后随即以破产诈骗、保险诈骗、兼并等方式转移债务,逃避还款义务等方法。

对于骗取贷款、票据承兑、金融票证罪,刑法只规定了以欺骗手段取得银行或者其他金融机构贷款、票据承兑、信用证、保函等的行为。这里的"欺骗手段",是指提供或者使用虚假交易项目、证明文件、物权证明等市场交易事实,或者虽然不是虚假事实,但对金融机构隐瞒贷款等使用真相的行为。比如使用伪造银行保函购买大宗商品,把支农贷款项目转变为房地产开发,地产商或者购房个人通过"假按揭"骗取银行贷款从而套回资金,等等。对于欺骗手段,我国刑法虽然没有罗列具体的方式,但不能认为任何欺骗手段都可以构成本罪,辩护人要审查行为人是否在对金融机构发放贷款、票据承兑、出具信用证、保函等起重要作用的方面具有欺骗行为。

贷款诈骗罪和骗取贷款、票据承兑、金融票证罪都存在欺骗手段，一般来说，银行或者其他金融机构对行为人的欺骗手段应当是不知情的，如果银行或者其他金融机构知情，则可以阻断犯罪的成立。因此，作为辩护人，要注意审查银行或者其他金融机构及其工作人员是否知情，如果知情，辩护人可以综合案件情况进行无罪辩护。

案例 12-5

2016年至2018年间，秦某某以其注册的某家电商行的名义，以价值约800万元的土地使用权作抵押，分别以其本人、家人、朋友为保证人，向某商业银行申请贷款2000万元。因其注册的家电商行并未实际开展经营活动，不符合银行放贷条件，该银行客户经理邹某帮助秦某某联系某五金交电批发部，促使该批发部与秦某某的家电商行签订虚假购销合同，然后通过了银行的审核，秦某某借此获取贷款2000万元。上述贷款部分被秦某某用于炒房，部分用于其兄温某的生意周转。案发时有300万元本息尚未还清。后秦某某被检察机关以涉嫌骗取贷款罪移送起诉。

在庭审过程中，秦某某的辩护人提出，在申贷过程中，银行客户经理邹某为了完成放贷任务，明知其家电商行没有实际经营活动，却帮助秦某某联系某五金交电批发部，促使该批发部与家电商行签订虚假购销合同，使得秦某某借此获取贷款2000万元。邹某的身份可能使秦某某误认为其代表了银行、银行对此次贷款知情同意，故不宜认定秦某某有骗贷故意，不应认定构成骗取贷款罪。后法院采纳了辩护人的意见，宣判秦某某无罪。

（三）高利转贷行为

根据刑法的规定，高利转贷罪表现为套取金融机构信贷资金高利转贷给他人的行为。既包括套取金融机构信贷资金的行为，也包括高利转贷给他人的行为，只实施其中一个行为，不构成本罪。所谓"套取"，就是行为人虚构事实，伪造理由，如谎报借款用途，采取担保贷款或者信用贷款的方式，向金融机构贷出人民币或外汇。所谓"信贷资金"，是指金融机构根据中央银行的有关贷款方针、政策，发放给农村和城市的用于发展经济和人民生活开支的贷款资金。所谓"高利"，是指利率高于中国人民银行规定的贷款利率的上限。所谓"高利转贷他人"，既包括高利转贷给自然人，也包括高利转贷给单位，对该处的"他人"，应作广义的理解。无论是转贷给自然人还是单位，都同样违反了有关贷款规定，干扰了贷款的合理使用。

(四) 非法集资行为

1. 审查行为对象

不管是非法吸收公众存款罪还是集资诈骗罪，行为对象都是公众存款，即不特定多数人的资金。如果是在单位职工或者亲友内部针对特定对象筹集的资金，不能认定为"公众存款"。但如果在向亲友或者单位内部人员吸收资金的过程中，明知亲友或者单位内部人员向不特定对象吸收资金而予以放任吸收的资金或以吸收资金为目的，将社会人员吸收为单位内部人员并向其吸收的资金，也应当认定为"公众存款"，仍然可以构成这两个罪名。如果行为人向社会公开宣传，同时向不特定对象、亲友或者单位内部人员吸收资金的，向亲友或者单位内部人员吸收的资金也应当与向不特定对象吸收的资金一并计入犯罪数额。

> **案例 12-6**
>
> 张某某为了经营公司，以加盟同城一贷业务投资可获取高额利息为诱饵，安排公司业务员刘某1、陈某、刘某2、李某、马某、税某等人通过发放宣传单、转发微信朋友圈或者向亲戚朋友介绍等方式对外借款，共取得900万元借款。张某某将上述资金用于支付投资人员利息及个人承包的酒店和影院的经营活动，截至案发，尚有600万元未能归还。后张某某因涉嫌非法吸收公众存款罪被检察机关移送起诉。
>
> 在庭审过程中，张某某辩称，在900万元借款中有400万元是公司业务员向亲戚朋友或通过亲戚朋友介绍借款借来的，不能认定为向不特定人员非法宣传。但法院经审查认为，张某某安排公司多名业务员通过发放宣传单、转发微信朋友圈等方式向社会公众传播投资可获取高额利息的信息，且明知该信息向公众扩散而予以放任，张某某上述发动和宣传的客观行为已经产生了不特定的人了解和知道其公司吸收借款并支付高额利息的事实，并造成一定的社会影响，故其向亲戚朋友所借或通过他们介绍所借的借款数额不能从总额中予以扣减。

2. 审查行为手段

非法吸收公众存款罪和集资诈骗罪的行为均表现为非法集资行为，所谓"非法集资"，是指未经有权机关批准，公开向社会不特定公众募集资金的行为。辩护人在代理这类案件时，要注意审查行为人的行为是否具有以下特征：(1)未经有关部门依法批准或者借用合法经营的形式吸收资金,即非法性,即使是以合法经营的形式,但如果未经有关部门依法批准吸收资金,也具有非法性;(2)通过媒体、推介会、传单、手机短信等途径向社会公开宣传,即公开性;(3)承诺在一定期限内以货币、实物、股权等方式还本付息或者给付回报,即利诱性,如果没有利诱性,就很难吸收到公众的资金;(4)向社会公众即社会不特定对象吸收资金,即社会性,如果只是向亲友或者单位内部等特定对象吸收资金,不能构成集资类的犯罪。其中的"非法性",应当以国家金融管理法律法规作为依据。对于国家金融管理法律法规仅作原则性规定的,司法解释规定可以根据法律规定的精神并参考中国人民银行、中国银行保险监督管理委员会、中国证券监督管理委员会等行政主管部门,依照国家金融管理法律法规制定的部门规章或者国家有关金融管理的规定、办法、实施细则等规范性文件的规定予以认定。

对于集资诈骗罪而言,除了有非法集资的行为,还要求使用诈骗的方法。所谓"诈骗方法",是指行为人采取虚构事实或隐瞒真相的手段骗取集资,比如虚构集资用途,以虚假的证明文件和高回报率为诱饵。对于集资诈骗案件,如果行为人只有非法集资的行为,没有使用诈骗方法,辩护人可以提出构成非法吸收公众存款罪的改变定性的辩护意见。

3. 审查行为方式

对于非法集资的具体行为方式,司法解释根据实践经验进行了一些列举,可以体现在以下方面:(1)不具有房产销售的真实内容或者不以房产销售为主要目的,以返本销售、售后包租、约定回购、销售房产份额等方式非法吸收资金的;(2)以转让林权并代为管护等方式非法吸收资金的;(3)以代种植(养殖)、租种植(养殖)、联合种植(养殖)等方式非法吸收资金的;(4)不具有销售商品、提供服务的真实内容或者不以销售商品、提供服务为主要目的,以商品回购、寄存代售等方式非法吸收资金的;(5)不具有发行股票、债券的真实内容,以虚假转让股权、发售虚构债券等方式非法吸收资金的;(6)不具有募集基金的真实内容,以假借境外基金、发售虚构基金等方式非法吸收资金的;(7)不具有销售保险的真实内容,以假冒保险公司、伪造保险单据等方式非法吸收资金的;(8)以投资入股的方式非法吸收资金的;(9)以委托理财的方式非法吸收资金的;(10)利用民间"会""社"等组织非法吸收资金的。除了以上十种方式,还存在其他非法集资的方式。辩护人在代理这类案件时,要审查案件是否具备以上情形,即使具备以上情形,辩护人还要通过非法性、公开性、利诱性和社会性这四个条件进行进一步的审查,看能否认定为非法集资。

(五) 非法放贷行为

根据 2019 年 10 月 21 日施行的最高人民法院、最高人民检察院、公安部、司法部《关于办理非法放贷刑事案件若干问题的意见》的规定,违反国家规定,未经监管部门批准,或者超越经营范围,以营利为目的,经常性地向社会不特定对象发放贷款,扰乱金融市场秩序,情节严重的,依照《刑法》第 225 条第(四)项的规定,以非法经营罪定罪处罚。这里的"经常性地向社会不特定对象发放贷款",是指 2 年内向不特定多人(包括单位和个人)以借款或其他名义出借资金 10 次以上。贷款到期后延长还款期限的,发放贷款次数按照 1 次计算。对于非法放贷被指控为非法经营罪的案件,辩护人首先要审查放贷行为是否违反国家规定,是否未经监管部门批准,或者是否超越经营范围,然后审查发放贷款的对象、次数和频率。如果在 2 年内向外出借资金没有达到 10 次以上,辩护人可以进行无罪辩护;如果不是向不特定对象发放贷款,而仅是向亲友、单位内部人员等特定对象出借资金,辩护人可以进行无罪辩护。但是,在向亲友、单位内部人员等特定对象出借资金的案件中,辩护人还要进一步审查具体情况,如果具有下列情形之一,也应当与向不特定对象非法放贷的行为一并处理:(1)通过亲友、单位内部人员等特定对象向不特定对象发放贷款的;(2)以发放贷款为目的,将社会人员吸收为单位内部人员,并向其发放贷款的;(3)向社会公开宣传,同时向不特定多人和亲友、单位内部人员等特定对象发放贷款的。

还需要注意的是,将非法放贷行为按照非法经营罪定罪处罚是在 2019 年 10 月 21 日最高人民法院、最高人民检察院、公安部、司法部《关于办理非法放贷刑事案件若干问题的意见》施行后才开始的,对于该意见施行前发生的非法放贷行为是否需要按照非法经营罪定罪处罚,需要作为法律适用问题,逐级向最高人民法院请示,这是最高人民法院《关于准确理解和适用刑法中"国家规定"的有关问题的通知》所规定的。

(六) 催收非法债务行为

催收非法债务罪是《刑法修正案(十一)》新增的罪名,对于催收高利贷等产生的非法债务能否按照这个罪名定罪处罚,还要审查行为人具体的行为表现,看其是否具有以下情形:(1)使用暴力、威胁方法;(2)限制他人人身自由或者侵入他人住宅;(3)恐吓、跟踪、骚扰他人。如果行为人没有采用以上手段,即使催收的是高利贷等产生的非法债务,也不能按照催收非法债务罪定罪处罚。

辩点12-4:数额情节

融资类犯罪中,犯罪数额和犯罪情节是能否追诉和具体量刑应当考虑的重要因素,也是辩护人在进行辩护时的一个重要切入点。现将本章涉及的各犯罪的立案标准和量刑标准归纳如下。

(一)证券融资型融资类犯罪

不管是擅自发行股票、公司、企业债券罪还是欺诈发行证券罪,要构成犯罪,都必须达到"数额巨大""后果严重"或者"有其他严重情节",最高人民检察院、公安部《关于公安机关管辖的刑事案件立案追诉标准的规定(二)》对这两个犯罪具体的立案标准规定如下:

类型	罪名	"数额巨大""后果严重"或者"有其他严重情节"
证券融资型	擅自发行股票、公司、企业债券罪	(1)发行数额在50万元以上的; (2)虽未达到上述数额标准,但擅自发行致使30人以上的投资者购买了股票或公司、企业债券的; (3)不能及时清偿或清退的; (4)其他后果严重或有其他严重情形的。
	欺诈发行证券罪	(1)发行数额在500万元以上的; (2)伪造、变造国家机关公文、有效证明文件或者相关凭证、单据的; (3)利用募集的资金进行违法活动的; (4)转移或者隐瞒所募集资金的; (5)其他后果严重或者有其他严重情节的情形。

(二)银行贷款型融资类犯罪

最高人民检察院、公安部《关于公安机关管辖的刑事案件立案追诉标准的规定(二)》原本对银行贷款型融资类犯罪中的贷款诈骗罪,骗取贷款、票据承兑、金融票证罪和高利转贷罪都规定了具体的立案标准,有数额的标准,也有情节的标准。比如,贷款诈骗罪只有数额的标准,要求诈骗贷款的数额在2万元以上才能予以立案追诉;再如,高利转贷罪既有数额的标准,也有情节的标准。高利转贷违法所得数额在10万元以上的,可以予以立案追诉;如果高利转贷违法所得数额没有达到10万元,但具有2年内因高利转贷受过行政处罚2次以上,又高利转贷的情节,也可以予以立案追诉。需要注意的是,这里的违法所得既包括现实的违法所得,也包括期待的违法所得。所谓"期待的违法所得",是指根据行为人与借款人的协议所计算的违法所得。如果由于各种原因,行为人未能全部获得这些预期的违法所得,甚至血本无归,也不影响违法所得的计算。

对于骗取贷款、票据承兑、金融票证罪,最高人民检察院、公安部《关于公安机关管辖的刑事案件立案追诉标准的规定(二)》也规定了立案标准,既包括了数额标准,也包括了情节标准。但因为《刑法修正案(十一)》对该罪进行了修订,删除了"有其他严重情节"可以构成犯罪的要件,这意味着,对于骗取贷款、票据承兑、金融票证的行为,只有给银行或者其他金融机构造成重大损失的才能构成犯罪,结合最高人民检察院、公安部《关于公安机关管辖的刑事案件立案追诉标准的规定(二)》的规定,造成直接经济损失数额在20万元以上的,属于重大损失。如果没有造成重大损失,即使骗取贷款、票据承兑、金融票证的数额再大,骗取的次数再多,也不能构成该罪。作为辩护人,应当注意法条的变化。

(三) 民间借贷型融资类犯罪

对于民间借贷型融资类犯罪中的非法吸收公众存款罪、集资诈骗罪和放贷型的非法经营罪,个人和单位均可构成,《刑法》及其司法解释对个人犯罪和单位犯罪规定了不同的追诉标准,具体总结如下:

1. 非法吸收公众存款罪

非法吸收公众存款或者变相吸收公众存款,只有造成扰乱金融秩序的后果才能构成犯罪。《刑法修正案(十一)》将非法吸收公众存款罪的量刑从两个幅度,提到了三个幅度,从最高10年有期徒刑提高到了15年有期徒刑,对于具体的量刑标准虽然还未出台最新的司法解释,但2010年12月13日最高人民法院《关于审理非法集资刑事案件具体应用法律若干问题的解释》规定的标准仍然可以作为参考。

		3年以下有期徒刑或拘役,并处或单处罚金	3年以上10年以下有期徒刑,并处罚金	10年以上有期徒刑,并处罚金
吸收存款的数额	个人	≥20万元	≥100万元	
	单位	≥100万元	≥500万元	
吸收存款的对象	个人	≥30人	≥100人	
	单位	≥150人	≥500人	
造成直接经济损失	个人	≥10万元	≥50万元	
	单位	≥50万元	≥250万元	

非法吸收或者变相吸收公众存款的数额,以行为人所吸收的资金全额计算。集

资参与人收回本金或者获得回报后又重复投资的数额不予扣除,但可以作为量刑情节酌情考虑。案发前后已归还的数额,可以作为量刑情节酌情考虑。非法吸收或者变相吸收公众存款,主要用于正常的生产经营活动,能够及时清退所吸收资金,可以免予刑事处罚;情节显著轻微的,不作为犯罪处理。

2. 集资诈骗罪

《刑法修正案(十一)》实施之前,集资诈骗罪以数额较大、数额巨大(严重情节)和数额特别巨大(特别严重情节)为标准划分了三个量刑档次,《刑法修正案(十一)》实施之后,仅以数额较大和数额巨大(严重情节)为标准划分为了两个量刑档次,原来数额较大的可以判处5年以下有期徒刑或拘役,而现在数额较大的需要判处3年以上7年以下有期徒刑,意味着集资诈骗罪最低的刑期是3年有期徒刑,而不再是拘役,加大了对集资诈骗罪的刑事处罚。《刑法修正案(十一)》实施之后尚未对数额较大和数额巨大的标准出台新的司法解释,2010年12月13日最高人民法院《关于审理非法集资刑事案件具体应用法律若干问题的解释》中的数额标准仍可以作为参考。

	个人集资诈骗	单位集资诈骗
数额较大	10万元以上	50万元以上
数额巨大	30万元以上	150万元以上

集资诈骗的数额以行为人实际骗取的数额计算,案发前已归还的数额应予扣除。行为人为实施集资诈骗活动而支付的广告费、中介费、手续费、回扣,或者用于行贿、赠与等费用,不予扣除。行为人为实施集资诈骗活动而支付的利息,除本金未归还可予折抵本金以外,应当计入诈骗数额。

需要注意的是,2014年3月25日最高人民法院、最高人民检察院、公安部《关于办理非法集资刑事案件适用法律若干问题的意见》虽然规定了,办理非法集资刑事案件,确因客观条件的限制无法逐一收集集资参与人的言词证据的,可结合已收集的集资参与人的言词证据和依法收集并查证属实的书面合同、银行账户交易记录、会计凭证及会计账簿、资金收付凭证、审计报告、互联网电子数据等证据,综合认定非法集资对象人数和吸收资金数额等犯罪事实。但作为辩护人,还是要认真审查涉案证据是否能形成闭合的证据链条,能否排除其他合理怀疑,如果不能,仍然应当提出证据不足的辩护意见,降低司法机关对非法集资对象人数和吸收资金数额的认定。

3. 非法经营罪

对于放贷型的非法经营罪的立案标准,2019年10月21日开始实施的最高人民法院、最高人民检察院、公安部、司法部《关于办理非法放贷刑事案件若干问题的意见》作了详尽的规定。

		情节严重(处5年以下有期徒刑或者拘役,并处或者单处违法所得1—5倍罚金)	情节特别严重(处5年以上有期徒刑,并处违法所得1—5倍罚金或者没收财产)
非法放贷数额	个人	≥200万元	≥1000万元
	单位	≥1000万元	≥5000万元
违法所得数额	个人	≥80万元	≥400万元
	单位	≥400万元	≥2000万元
非法放贷对象	个人	≥50人	≥250人
	单位	≥150人	≥750人
其他情节	不分个人和单位	造成借款人或者其近亲属自杀、死亡或者精神失常等严重后果的	造成多名借款人或者其近亲属自杀、死亡或者精神失常等特别严重后果的

在审查非法放贷行为是否达到以上追诉标准时,辩护人要特别注意以下问题:

(1)审查非法放贷行为是否超过36%的实际年利率,如果没有超过36%的实际年利率标准,非法放贷行为即使达到以上标准,辩护人也可以进行无罪辩护。对于存在多次非法放贷行为的,单次非法放贷行为实际年利率未超过36%的,定罪量刑时就不得计入。

(2)审查行为人非法放贷数额、违法所得数额、非法放贷对象数量,如果这些数额、数量虽然没有达到上述"情节严重""情节特别严重"的数额、数量起点标准,但已经接近,还要继续审查行为人的其他情节,如果其具有下列情形之一,则同样应当被认定为"情节严重""情节特别严重",如果没有下列情形之一,辩护人则可以提出不属于"情节严重""情节特别严重"。

①2年内因实施非法放贷行为受过行政处罚2次以上的;

②以超过72%的实际年利率实施非法放贷行为10次以上的。

前面所讲的"接近",一般应当掌握在相应数额、数量标准的80%以上,具体标准如下:

		情节严重（处5年以下有期徒刑或者拘役，并处或者单处违法所得1—5倍罚金）	情节特别严重（处5年以上有期徒刑，并处违法所得1—5倍罚金或者没收财产）	同时具有以下情节之一
非法放贷数额	个人	≥160万元	≥800万元	（1）2年内因实施非法放贷行为受过行政处罚2次以上的； （2）以超过72%的实际年利率实施非法放贷行为10次以上的。
	单位	≥800万元	≥4000万元	
违法所得数额	个人	≥64万元	≥320万元	
	单位	≥320万元	≥1600万元	
非法放贷对象	个人	≥40人	≥200人	
	单位	≥120人	≥600人	

（3）审查相应数额和数量的计算和认定标准。①非法放贷数额应当以实际出借给借款人的本金金额认定。②非法放贷行为人以介绍费、咨询费、管理费、逾期利息、违约金等名义和以从本金中预先扣除等方式收取利息的，相关数额在计算实际年利率时均应计入。③非法放贷行为人实际收取的除本金之外的全部财物，均应计入违法所得。④非法放贷行为未经处理的，非法放贷次数和数额、违法所得数额、非法放贷对象数量等应当累计计算。

（4）审查是否属于黑恶势力非法放贷。如果属于，据以认定"情节严重""情节特别严重"的非法放贷数额、违法所得数额、非法放贷对象数量起点标准可以降低，可以分别按照最高人民法院、最高人民检察院、公安部、司法部《关于办理非法放贷刑事案件若干问题的意见》第2条规定中相应数额、数量标准的50%确定；同时具有最高人民法院、最高人民检察院、公安部、司法部《关于办理非法放贷刑事案件若干问题的意见》第3条第1款规定情形的，可以分别按照相应数额、数量标准的40%确定。

4. 催收非法债务罪

对于《刑法修正案（十一）》新增的催收非法债务罪，属于情节犯，要求催收高利放贷等产生的非法债务，必须达到情节严重的程度才能构成犯罪。但对于"情节严重"的标准，目前尚未出台相应的司法解释，辩护人需要综合案件具体情况进行有针对性的辩护。

辩点 12-5：其他辩点

（一）非法证券活动中的此罪与彼罪

（1）未经依法核准，擅自发行证券，以擅自发行股票、公司、企业债券罪追究刑事责任;未经依法核准,以发行证券为幌子,实施非法证券活动,以非法吸收公众存款罪、集资诈骗罪追究刑事责任。

(2)中介机构非法代理买卖非上市公司股票,以非法经营罪追究刑事责任;所代理的非上市公司涉嫌擅自发行股票的,以擅自发行股票罪追究刑事责任;非上市公司和中介机构共谋擅自发行股票,以擅自发行股票罪的共犯论处。

(二)贷款中的罪与非罪

在代理贷款诈骗罪的案件时,辩护人要审查涉案事实有无可能只是一般的贷款纠纷,这就需要辩护人掌握贷款诈骗罪与一般贷款纠纷之间的区别和界限,才能制订恰当的无罪辩护方案。一般来说,两者的区别主要看行为人是否具有非法占有贷款的目的,这可以从以下方面进行考察:

(1)看贷款前行为人对其履约能力的认识。这是判断行为人是否具有非法占有贷款目的的重要依据之一。如果行为人由于生产经营的需要,融资心切,对自身的履约能力没有进行周密全面的考察,对履约能力没有明确的认知,在这种情况下,没有偿还贷款的能力,未能及时还贷,属于一般的贷款纠纷,不应认定为贷款诈骗罪。

(2)看贷款后贷款的用途。这可以从侧面间接反映行为人的贷款目的。如果行为人取得贷款后积极地将贷款用到指定用途的项目上,但是因为经营管理不善而导致项目失败,未能获取预期效益,最终无法偿还贷款的,由于其主观上缺乏非法占有的目的,一般也不应认定为贷款诈骗罪。

(3)看行为人贷款到期后的表现。这也是判断行为人是否具有非法占有贷款目的的重要依据。实践中,行为人在贷款到期后虽然没有能力偿还贷款,但积极采取措施筹措资金准备偿还,在这种情形下,一般也不能认定为贷款诈骗罪。

(三)放贷中的一罪与数罪

(1)为从事非法放贷活动,实施擅自设立金融机构、套取金融机构资金高利转贷、骗取贷款、非法吸收公众存款等行为,构成犯罪的,应当择一重罪处罚。

(2)为强行索要因非法放贷而产生的债务,实施故意杀人、故意伤害、非法拘禁、故意毁坏财物、寻衅滋事等行为,构成犯罪的,应当数罪并罚。

(3)纠集、指使、雇佣他人采用滋扰、纠缠、哄闹、聚众造势等手段强行索要债务,尚不单独构成犯罪,但实施非法放贷行为已构成非法经营罪的,应当按照非法经营罪的规定酌情从重处罚。

(四)集资中的共同犯罪问题

(1)明知他人从事非法吸收公众存款、集资诈骗,为其提供广告等宣传的,以相关犯罪的共犯论处。

（2）为他人向社会公众非法吸收资金提供帮助,从中收取代理费、好处费、返点费、佣金、提成等费用,构成非法集资共同犯罪的,应当依法追究刑事责任。能够及时退缴上述费用的,可依法从轻处罚;其中情节轻微的,可以免除处罚;情节显著轻微、危害不大的,不作为犯罪处理。

附:本章相关法律规范性文件①

1. 法律

《中华人民共和国刑法》(2020 年修正,法宝引证码:CLI.1.349391)第 160、175 条,第 175 条之一,第 176、179、192、193 条

《中华人民共和国公司法》(2018 年修正,法宝引证码:CLI.1.324551)

《中华人民共和国证券法》(2019 年修订,法宝引证码:CLI.1.338305)

《中华人民共和国商业银行法》(2015 年修正,法宝引证码:CLI.1.256594)

2. 司法解释

最高人民法院、最高人民检察院、公安部、司法部《关于办理非法放贷刑事案件若干问题的意见》(法发〔2019〕24 号,2019.10.21 实施,CLI.3.336727)

最高人民法院、最高人民检察院、公安部《关于办理非法集资刑事案件若干问题的意见》(高检会〔2019〕2 号,2019.01.30 实施,法宝引证码:CLI.3.329174)

最高人民法院、最高人民检察院、公安部《关于办理非法集资刑事案件适用法律若干问题的意见》(公通字〔2014〕16 号,2014.03.25 实施,法宝引证码:CLI.3.22216)

最高人民法院《关于非法集资刑事案件性质认定问题的通知》(法〔2011〕262 号,2011.08.18 实施,法宝引证码:CLI.3.160663)

最高人民检察院、公安部《关于公安机关管辖的刑事案件立案追诉标准的规定(二)》(公通字〔2010〕23 号,2010.05.07 实施,法宝引证码:CLI.4.131294)

最高人民法院《关于审理非法集资刑事案件具体应用法律若干问题的解释》(法释〔2010〕18 号,2011.01.04 实施,CLI.3.143591)

3. 其他

《股票发行与交易管理暂行条例》(国务院令第 112 号,1993.04.22 实施,法宝

---

① 所列法律规范性文件的详细内容,可登录"北大法宝"引证码查询系统(www.pkulaw.com/fbm),输入所提供的相应的"法宝引证码",免费查询。

引证码:CLI.2.6224)

中国人民银行《贷款通则》(中国人民银行令〔1996年2号〕,1996.08.01实施,法宝引证码:CLI.4.18161)

《金融违法行为处罚办法》(国务院令〔第260号〕,1999.02.22实施,法宝引证码:CLI.2.21641)

最高人民法院《全国法院审理金融犯罪案件工作座谈会纪要》(法〔2001〕8号,2001.01.21实施,法宝引证码:CLI.3.73063)

最高人民法院、最高人民检察院、公安部、中国证券监督管理委员会《关于整治非法证券活动有关问题的通知》(证监发〔2008〕1号,2008.01.02实施,法宝引证码:CLI.4.100816)

《企业债券管理条例》(国务院令第588号,2011.01.08实施,法宝引证码:CLI.2.174387)

《储蓄管理条例》(国务院令第588号,2011.01.08实施,法宝引证码:CLI.2.174600)

《公司债券发行与交易管理办法》(中国证券监督管理委员会第180号,2021.02.26实施,法宝引证码:CLI.4.353233)

中国人民银行、工业和信息化部、公安部等《关于促进互联网金融健康发展的指导意见》(银发〔2015〕221号,2015.07.14实施,法宝引证码:CLI.4.251703)

附录

娄秋琴专访文章

娄秋琴：在阅读中领悟舍与得[①]

文字是信息传递和精神交流的载体，人们从书中汲取知识，或塑造自我。在娄秋琴看来，阅读是一个蓄能的过程，通过写作，她得以释放能量，进而影响和帮助更多的人。

40岁，对于北京大成律师事务所高级合伙人娄秋琴来说，不但是职业生涯的分水岭，也是阅读生涯的分水岭。在此之前，为了成为一名专业律师，娄秋琴阅读了大量教材和法律读物，不断探索知识深度。40岁以后，她开始跨界金融领域，对自己所涉猎的书籍也不再设限。闲时还会选择一些自己感兴趣的书籍，与作者进行一场灵魂深处的对话，阅读于她而言便成了一种享受。

对于阅读，娄秋琴把这个过程比作建造房屋。她认为教材是地基，法律读物是砖块，其他学科的书籍是瓦片，而闲书就是外漆。一幢房子首先要保证有牢固的地基，打好基础，才能开始砌墙。砖块越多，房子就能盖得越高。此外，房子不能没有屋顶，作为法律人，横向的积累是十分必要的，所以还需要广泛涉猎其他学科读物，如金融学、心理学和管理学等。房屋搭建好了，再给墙面刷刷漆，读点诗词散文，陶冶性情，丰富内心。

这种严谨中又带着随性的阅读习惯，让娄秋琴一直保持着轻松的阅读状态。她说："我们家的书除了放在书房里，还会散落在各个房间的书架和床头上。我觉得读书是随时随地都可以去做的事情，哪怕是睡觉前，或者是在出差途中，在哪里都可以寻找得到阅读的乐趣。"

与好书"来电"

在娄秋琴看来，阅读是一个贯穿终生的事情。"高效一直是我的行动准则，哪怕是阅读，也要结合自己的兴趣和时间精力高效进行。在时间有限的情况下，专业书籍不能少，而且要有目的地选读。"娄秋琴喜欢这样的挑战。

对于如何高效阅读，娄秋琴早已形成自己的一套方法，她认为首先是挑书，其次

[①] 参见房佳佳：《娄秋琴：在阅读中领悟舍与得》，载《方圆》2021年第16期。

才是读书。"海量阅读、广泛涉猎对于法律人来说虽然是必要的,但这并不意味着每一本每一页都要仔细看完,平均分配精力往往是最低效的。"娄秋琴把书籍分为了两类,一类是为了提高学识素养用作"砌墙"的"砖块"书,另一类是为了拓宽视野用来"盖顶"的"瓦片"书。"明确了阅读的目的,挑书就变得十分简单了。"她说道。

阅读时,娄秋琴喜欢先读前言和目录,了解书的架构,再把握整本书的内容。她认为书和人一样,都是有骨架,有血肉的。骨架是书的纲要,血肉则是对纲要的详尽阐述。一本好书,得有清晰可见的骨架,尤其是法律类书籍,更要注重其框架和逻辑。她说:"像《刑法学》《刑事诉讼法》等法学教材往往具有快充功能,当遇到疑难复杂的刑事案件时,我们可以快速从书中检索出对应的内容。对于有争议的话题讨论,教材中通常会罗列不同观点,如肯定说、否定说和折中说。因此,这类书籍不仅是查阅和汲取知识的工具,同时也是锻炼辩证性思维的好帮手。另外,书中呈现的不同观点可以给我们更多的思考空间。比如有的书中提到了支持控方的观点,通过阅读可以了解控方的思维逻辑和论证方法,然后通过思考找出破绽,再一一驳斥。对于书中提及支持辩方的观点,我也会去尝试着找论证的漏洞,然后再跟自己进行辩论。这对我来说是一个很好的庭前演练。"

每次谈到读书时,娄秋琴的这些心得总会吸引身边的朋友,可是她却很少给别人推荐书目。"读书就和交友一样,先凭眼缘,再看三观是否契合,别人推荐的不一定就适合自己,不适合自己的就没必要花自己的时间和精力去阅读。一般情况下,通过前言和目录,你就大概知道和作者是否来电。一本适合自己的书,读起来也一定会是轻松愉快,甚至是意犹未尽的。"

阅读可以使见识延伸

作为一名执业近16年的专业刑辩律师,娄秋琴对刑辩领域的专业书籍有自己独到的看法。

在她心里,刑法可以被看作包容万千、维护社会方方面面的后盾法,它与很多学科都有交织。因此,要想提升自己在专业领域的能力和素养,除了阅读专业书籍,还要有针对性地去涉猎其他学科的书籍,这样才能丰富辩论内容,增强辩论的说服力,延伸阅读见识。

"比如涉嫌暴力犯罪的刑事案件,通常会涉及伤情鉴定,那么就可以去读一些法医学方面的书籍;对于知识产权方面的刑事案件,可以延伸阅读关于知识产权方面的书籍;还有某些特定行业发生的案件,也要去阅读有关行业的书籍。总之,要想成为真正的行业大家,就需要法律人掌握其他领域的行业行规和专业术语,用法律思维和智慧去观察社会。"娄秋琴说道。

近几年金融犯罪频发,娄秋琴在接手金融犯罪类案件的时候发现金融行业的情况比她预想的要复杂许多。比如很多法律人一提私募就想起非法集资,但这只是冰山一角,对于私募基金而言,募、投、管、退四个环节都存在不同的法律风险。为了能和金融从业人员以及企业家顺畅交流,她开始阅读金融各领域的书籍,研究金融专业知识、思维方式、行业情况、内部运作习惯。

对娄秋琴影响比较大的金融类书籍是陈玮的《我的 PE 观》和阚治东的《创投家笔记》,这两本实务类书籍集聚了作者在金融领域多年的实践经历和对行业的洞察,不仅让娄秋琴对该领域有了一个相对理性的认识,其中涉及的案例也为她在该领域法律方面的研究提供了很好的素材,激发了她进一步研究金融领域的兴趣。

这便是广泛阅读的价值体现,短时间内以他人经验,助自己成长。娄秋琴说:"不同学科的知识和理论结构虽然不同,但是底层的思维逻辑是会有联系的。比如《冯唐成事心法》的作者冯唐就是很好的例子。身为医学博士、商人和作家,他横跨各界,样样精通,还能很好地把经验和方法论浓缩成一本书,这就说明了不同行业是存在一定联系的。因此在进行跨领域阅读的时候,我更倾向于抽丝剥茧,去找到底层的思维模型,丰富自己的知识体系。"

娄秋琴记得著名投资人查理·芒格提倡要不断学习众多学科的知识来形成一个思维模型的复式框架,并称之为"多元思维模型"。查理·芒格说:"生活无非就是一个接一个的联系。所以你必须拥有各种模型,你必须弄清楚各种模型的相互关系以及它们的效应。"娄秋琴发现,这在法律行业也是值得借鉴的:"当然跨领域阅读也要注意书籍的选择,挑到适合的书,可以让我们在新领域快乐遨游,拥有更多的思维模型,并逐渐提高对事物的认识。"

在读书中获取思想碰撞

"书也是一种对话的介质,尤其是经典书籍,它可以带我们穿越时空,与古人和智者进行灵魂深处的对话,进行思想上的交流碰撞,这是我最享受的阅读。"

在娄秋琴看来,经典书籍值得不断反复阅读,因为随着年龄的增长和阅历的增加,她从中的感悟也会有所不同,时而豁然开朗,时而感人肺腑。她坦言:"有时当我读一本书读得晦涩痛苦,这说明我的人生阅历还不足以让我领悟到这些大家的思想,那就放弃,过一段时间再去读,不用强迫自己。"

《老子·有无相生》中有句话叫"为无为",道家讲的无为,就是按照道的方式来作为,想要有为,先要懂得无为的道理,有所舍才能有所得,所以为无为。"第一次读的时候,我并没有什么体会。后来在完成各种各样的人生选择中,我渐渐明白了这句话的意义:人生最难的不是得到,而是放弃,这是需要勇气的。当时为了早日完成博士学业,我放弃了与家人相聚的时间和职场上的晋升机会,躲在校园里孤灯黄卷。知道自己想要什么,就会知道自己该舍弃什么,这是前提。但真正难的是,我们很多人并不清楚自己想要什么。所以我们要做的,就是找到自己在这个世界上的独有坐标。认准目标之后,学会舍弃,剩下的便是义无反顾。"

在娄秋琴的家中,有一本《曾国藩箴言录》,她觉得有时在工作和生活中困扰她的问题在这本书中能得到解答。"比如,当我出现了焦虑情绪无法自我化解的时候,透过曾国藩的文字,'成事之道,刚柔并济',我便领悟到,成事者做事时必须要有进取心,才能百分百投入,把事情做到极致,但也要用平常心处世,豁达恬淡。"还有《冯唐成事心法》一书中,冯唐提到要控制情绪,要懂得规划,还要在现实中自我修行,认清形势,懂战略,知道哪些可为哪些不可为……这些与娄秋琴的处世之道是不谋而合的。因此当她读到这些文字的时候,会产生很大的共鸣,读来也会酣畅淋漓。

对于专业以外的书籍阅读,娄秋琴秉承的原则是在于精而不在于多,除了阅读大家的经典之作,还有就是家人和朋友的推荐,对于别人推荐的书,她都会先试读,再决定要不要与它继续"深交",她说别人推荐的未必就是好的,不要为了阅读而阅读,遇上不适合自己的书籍,也应当痛快地舍弃。

以写作传递文字的力量

通过阅读,娄秋琴汲取了丰富的知识,因此,她希望将文字的力量传递给更多有需要的人。

这不是一件容易的事情。因为工作的缘故,娄秋琴需要经常出差,她把高铁、飞机变成了"移动书房",利用路途时间进行写作。她戏说写书甚至成了她消遣时光最好的方式。

迄今为止,娄秋琴已出版了9本著作。她坦言,写书的初衷其实是为了督促自己有效学习,后来她发现,从单方面输入转变成既输入也输出,这能有效提高阅读质量,让思路和逻辑更加清晰,尤其是原来很多碎片化的知识,通过写作能得到重构和整合,变得更加系统化。

能够如此高产,娄秋琴的秘诀是及时总结。将自己办过的案子和心得进行整理和记录,这些都成了她写作的素材库,为她源源不断地输送内容。还有就是换位思考,要从读者的角度出发去搭建书的框架。"如何让读者一目了然地了解自己的思想,清晰的结构是非常重要的。只要把体例和结构搭建好,填补内容就变得相对容易了。"而如何做到用精简的语言推出有见地的干货,影响和帮助有需要的人,娄秋琴仍在不断探索。

2021年6月,娄秋琴的新书《守住底线——娄秋琴企业合规必修课》出版后,在业界产生不小反响。之所以写这本书,是因为她在办案中发现,许多企业家缺乏合规意识,因不懂刑事法律而身陷囹圄,由此她开始反思:"律师的刑事法律服务不应当仅局限于立案之后的刑事辩护,还应当提前到立案之前的风险防控。"为了让企业能够意识到刑事合规在经营中的重要性,自查经营过程中的法律风险,进而主动进行刑事合规管理和自我监管,娄秋琴在以往研究成果的基础上对企业各流程和业务环节可能涉及的刑事法律风险,以及如何进行合规管理进行了归纳总结,并整理成书。娄秋琴认为,合规管理不仅利于企业实现可持续发展,更能推动我们国家和社会的法治进步。她希望以这本书为起点,让企业合规成为一种习惯。

娄秋琴已经出版的著作中,不乏历经多次修订再版的《常见刑事案件辩护要点》。"这本书主要涉及的是实体辩护,对自己刑法学硕士研究的学习算是一个交代和总结。在条件成熟的时候,我会将我的博士学位毕业论文进行整理改编,出版一本以程序辩护为主题的专著,算是对自己诉讼法学博士研究的总结。"

文字是信息传递和精神交流的载体,人们从书中汲取知识,或塑造自我。在娄秋琴看来,阅读是一个蓄能的过程,通过写作,她得以释放能量,进而影响和帮助更多的人,"正因如此,我希望自己能够用文字在世界上留下一点属于自己的印记"。

娄秋琴:走心是办案模式 情怀是行业坚守[①]

涉嫌贪污3000余万元和挪用公款1200余万元的一个大案,历经6年时间,终于在2018年年底一审宣告无罪。这个案件的辩护律师,就是娄秋琴。

在水果界,榴莲是一个比较特殊的存在,爱之者赞其香,厌之者怨其味。而娄秋琴曾说,她想做刑事辩护领域的"榴莲",让不喜欢她的人避而远之,让喜欢她的人爱不释手。

如果你和朋友谈起娄秋琴,会收到诸如可爱、率真、简单、温柔、随和、傻白甜、正

---

① 参见宋韬:《娄秋琴:走心是办案模式　情怀是行业坚守》,载《民主与法制》2019年第23期。

能量等评价;如果你和律师同行、企业客户聊起娄秋琴,会收到诸如沉着、干练、强势、精力充沛、魅力四射等评价。不要怀疑,这些看似相互矛盾的评价,都指向同一个人——娄秋琴。

生活中,她简单、率真,但只要进入专业领域,她就会原地变身。总的来说,她有着一张足以"蒙骗"大多数人的面孔。从外表看,你会误以为她是一个90后,时光流逝,岁月并没有在她脸上留下多少痕迹;一番交流之后,你又开始怀疑自己刚才的判断,随着经验的累积,作为一个70后的她有着超越这个年龄的睿智与豁达。这一点,让无数成功的企业家、律师为之折服。

她有着江西人特有的勤奋,也有着江西人的才情;她有着处女座强烈的求知欲,也有着处女座近乎偏执的完美主义。

底色:走心用情办案

律师圈内,娄秋琴被称为是"女律师中的小太阳",她总能给周围人带来快乐、欢笑与正能量,标志性的酒窝像是嵌在了那张充满活力的脸颊上,让人怀疑在她的世界里,烦恼无处可匿。而她却说,"我的底色是悲凉的"。这种悲凉的底色赋予了她强烈的悲悯心与同情心,让她得以与当事人共情,感知当事人的主观心理,从而洞悉案件的症结所在,以最有利于当事人、最适宜司法人员接受的方式说服检察官、法官。

真正的乐观主义,是在看见了人性的丑恶、看透了世态的炎凉之后,能够从另一个角度寻求解决问题的方法,从而笑看花开花落、笑对人生风雨。而这,正是一位律师、一位刑辩律师、一位女刑辩律师的基本素养。在这一点上,娄秋琴无疑是一个"女汉子"。

传统观念中,社会大众普遍认为,刑辩律师就是为"坏人"辩护的,他们日常面对的是暴力、是危险,是人性的恶。而凡此种种,都与我们观念中温婉可人的女性形象格格不入。那么,娄秋琴是怎么一步步走上刑事辩护这条"不归路"的呢?

从事刑事辩护,相比其他人来说,她有着天然的优势。1997年,娄秋琴以优异的成绩考入中南财经政法大学,攻读刑事侦查学,这为她日后从事刑事辩护业务打下了深厚的基础。宝贵之处在于,四年的刑事侦查专业训练让她得以在从事刑事辩护业务时换位思考,以侦查人员的思维方式思考问题,进而选择适宜对方接受的方式予以辩护。这简直相当于"以彼之道,还施彼身"。

"除了提高办案技能需要换位思考,办案过程的沟通更需要换位思考。因为只有换位于委托人、当事人、侦查人员、检察人员、审判人员,我们才能知道对方最需要什么,最喜欢什么,最能听进去什么,然后运用执业技能'投其所好',达到最佳的沟通效果。"娄秋琴这样认为。

这种善于换位思考的思维模式,也赋予了她与当事人共情的能力。面对一个案件,与其说是在代理一个案子,娄秋琴更愿意说,她是在陪伴当事人走过一段人生,走过他们人生的低谷期。因此,她主张,要走心、用情来办案。

开篇提到的这个案件,经过长达 6 年的漫长等待,2018 年年底,终于等来了一审的无罪判决。与此同时,娄秋琴律师还收获了另外一个对非国家工作人员行贿 1000 余万元的二审改判无罪的判决。这两个案件的代理过程中,她运用了很多律师并不看好的程序性辩护,通过提起管辖权异议、申请回避、启动非法证据排除程序等方法,动摇了公诉方的证据体系,排除了所有不利的非法证据,最终收获了无罪的判决。"中国历来有重实体轻程序的司法传统,律师有时自己也不重视程序性辩护,认为既耽误了时间又得罪司法机关,更不利于当事人。但司法在进步,理念在进步,律师应当不断提升辩护的技能和方法,才能跟得上历史的潮流,为当事人提供更好的法律服务。"

娄秋琴认为,刑事辩护不但是一门对抗的艺术,也是一门协商的艺术。"我们不能也不应期待所办的每一起案件都可以作无罪辩护,都要进行激烈的对抗,毕竟目前我国的刑事案件中有 80% 左右的案件是认罪认罚的案件,这些案件中,律师的参与,要在程序上帮当事人做好选择,在实体上为当事人最大限度地争取从宽处罚。"但不管是进行无罪辩护的案件还是认罪认罚的案件,娄秋琴认为,都应当走"心"。只有走了心,你才能拥有对抗的勇气;只有走了心,你才能拥有协商的智慧;只有走了心,你才能达到最终说服的目的。此外,除了走"心",还要用"情"。娄秋琴认为,代理案件的过程中,律师最有条件和渠道了解和接触案件以外的"情"与"理",所以律师应当努力让司法人员感知当事人的"情非得已",感知当事人的"情有可原"。所以,只有用了情,才能感同身受,抓住细微;只有用了情,才能激活法律的温度,将人性融入法律的适用当中。

一个案子历经 6 年,案情之复杂、形势之艰难可想而知。"6 年的时间对我而言没有春夏只有寒冬,在绝望和无尽的寒夜中是娄律师给了我温暖和信心,是娄律师的坚持和坚守才有了今天完美的结局。"正如当事人在感谢信中所言,自己是不幸的,不幸的是摊上了官司,但又是幸运的,幸运的是遇上了娄秋琴这样的好律师。"娄律师对我的帮助不仅仅局限于案件本身,还有精神上的引领和人生的指引,是她鼓励我从梦魇中走出来,积极乐观地面对人生,在她身上看到和感受到的是永远的激情和正能量。"

历来,无罪判决被称为是刑辩领域的皇冠,而娄秋琴却在执业期间 10 次捧起桂冠,其中不乏将死刑改判为无罪的案例。但是,她却说,拿到一个无罪判决,虽然属于一次成功的辩护,但这绝对不是评判律师辩护是否成功的唯一标准,辩护律师运用自己的专业技能,进行罪轻辩护,维护了当事人的诉讼权利和合法权益,让当事人切实感受到法律服务带来的成效,也是成功辩护的一种。辩护律师应当积极追求良好的辩护结果,但更应当注重辩护的过程。律师无法把控结果,但可以把控过程,过程把控好了,有时便水到渠成了。

刑事辩护是一项充满挑战但彰显人格魅力的职业,走了心、用了情,可以让律师将专业和智慧发挥到极致。人生与时间同行,不可逆转。娄秋琴表示,如果我们选择介入别人的人生,至少应当在自己的能力范围内让这样的介入不留遗憾!刑辩律师最大的幸福,在于当事人的认可,更在于当事人通过认可你而认可了整个律师行业!

暖色:用心为行业鼓与呼

整个交流过程中,娄秋琴表述问题的出发点,都是立足于整个行业,而不是聚焦于个体。这种境界,从去年的看守所周末会见问卷调查事件中也可窥一斑。

我们知道,马拉松跑友通过跑步来丈量一个城市,而律师,则是通过看守所来窥探一座城市的法治建设。俗话说:刑辩律师不是在看守所,就是在去看守所的路上。对很多刑辩律师来说,下了高铁不进城直奔看守所,已是多年执业的常态。"记不清楚自己已经走过多少看守所,但对看守所地标的熟悉程度远超过对看守所所在城市的了解。"这些看守所,有的地处荒漠、有的背靠青山;有的偏于郊区、有的居于城中闹市一隅;有的设有层层关卡、有的简陋易行。透过一个看守所的硬件和软件设施,大体可以判断出所在城市的经济状况、法治理念以及当地的风土人情。

众所周知,律师会见权是律师在刑事诉讼活动中的一项极为重要的权利,是律师实现其他诉讼权利的前提,也是犯罪嫌疑人、被告人实现辩护权的一项最基础的权利。但会见难一直是一个老生常谈的问题,在 2012 年《刑事诉讼法》修正之前,侦查阶段的律师会见一直受办案机关批准的限制,即使《刑事诉讼法》修正后规定了除三类案件需要批准之外,其他案件均可持"三证"进行会见,但有些案件的会见仍然受到变相或者不当的限制。司法实践中,除了办案人员主观上造成律师会见难的问题,也存在因硬件设施等客观因素造成律师会见难的问题。现实的情况是,有的地方律师会见排队时间长达 4 个小时甚至更长,有的地方甚至无法给律师提供一个等待的场所,律师只能在烈日或者暴雨中等待。

鉴于此,2018年8月开始,娄秋琴针对会见难的问题在全国范围内进行了两次问卷调研,一次是针对看守所设施的硬件调研,一次是针对限制会见的"软件"调研,她利用自己的人脉、资源和影响力,总共收回了1400余份问卷,涵盖31个省、区、市。经过对问卷调查数据的深入分析,娄秋琴随后提出了诸如增加看守所会见室数量、提高看守所会见室使用效率、增加视频会见方式、激活和完善通信权、降低羁押率、惩戒违法人员、排除限制律师会见期间取得的口供等建议。"没有调查就没有发言权,我希望我提出的建议和意见都是现实基础之上能实实在在落地的,希望通过构建完善的法律体系和改善硬件设施缓解会见难问题,维护和保障律师执业权利,真正推动法治进程。"娄秋琴表示。

"虽然现在自己每年办的案件量没有年轻时候那么多,不需要天天跑看守所了,但每次看到律师同行起早排队、冒雨赶路、涉水会见的消息,就特别痛心。当你在暴晒之下因为排队先后而争执时,这个行业还有什么尊严可言?更别提职业尊荣感了。当一名律师对自己的职业都没尊严可言的时候,还谈何去维护当事人的权益?!"诚然,这一次,她是站在整个行业的立场上在发声。

有人问,什么样的人值得尊重?哲人说,一个吃饱了还知道饿是什么滋味的人,就是值得尊重的。而娄秋琴,多年来,一直坚持站在行业的立场上,不断为同行的利益鼓与呼,为推动行业的发展而四处奔走,无疑是值得尊重的。这种格局让她成为大成律师事务所北京刑事部唯一的女性高级合伙人、中南财经政法大学刑事辩护研究院副院长。

出色:专心展现法律智慧

娄秋琴似乎天然就有一种能力,能够在短时间内适应新的身份,并且能够在多重身份间随时转换,平衡好多种角色。她坦言,自己的秘诀就是:懂得分享和放弃。

生活中,她是两个孩子的妈妈,在与两个孩子相处过程中,她希望孩子们从小学会分享。"有些家长为了避免孩子之间产生纷争,买礼物买吃的通常会买双份一样的,但我经常给她们买不同的,比如给她们买不同口味的冰激凌,然后告诉她们如果分享了,她们就能得到双份的收获,既能尝到香草味的也能尝到巧克力味的,当她们发现了分享的甜头,分享就从被动转为了主动。"她说,这样,孩子们在分享的过程中,学会了包容、学会了理解、学会了换位思考。

同样,她也将这种分享的智慧运用在了工作中。我们在很多场合,从北京大学、清华大学、中国人民大学、中国政法大学、中南财经政法大学等高校的课堂到全国各省、区、市律师协会和各地律师事务所举办的讲堂和论坛,从中央党校国资委分校、航天科工集团、赛迪集团、云南建工集团、国投电力等机构和企业到各地公安局等司法行政机关,都能看到娄秋琴演讲的身影,她侃侃而谈,意气风发,在各个场合总能圈粉无数。"学术与实践之乐趣从来不在于独自欣赏,而在于与人分享。"娄秋琴坦言。

"其实分享的过程也是学习的过程,可以不断系统梳理自己的知识体系,我从来不单纯为了讲课而讲课,必须做到每一次的分享都有新的思考和内容。另外,我也只接受面对面的分享,因为我需要从听众的眼神得到反馈,及时调整我的状况和方式,这对自己是一种锻炼。如果只是一味地输出,这种分享是不可持续的。"

这种同行间不间断、无保留的分享、切磋,让她的功力在短时间内得到了快速提升。从业十几年,她先后代理了大量具有社会影响力的案件,诸如原铁道部部长刘志军受贿、滥用职权案以及其他部级、局级及企业高管的案件。与此同时,她还利用休息时间总结、沉淀,先后出版了八本著作、发表了十余篇论文。

随着案件影响力、授课影响力的不断扩大,娄秋琴的专业能力得到了业内的认可,各种各样的学术会议邀请、授课邀请接踵而来。但是,身处镁光灯之下,她依然坚守着放弃的智慧,而且在处于巅峰之时,选择"隐退"来暂时"充电"。

2017年,娄秋琴选择前往中国政法大学继续深造,攻读诉讼法学博士学位。"本科学了刑事侦查,硕士研究生读了刑法学,做了十几年的刑事辩护,仍觉得自己在程序法的知识和理论体系上有所欠缺,为了遇到更好的自己,就得学会放弃一部分东西,有舍才能有得。"

人生的每一个选择、每一次放弃,不断重构着娄秋琴。在专业知识结构上,从刑事侦查学到刑法学、刑事诉讼法学,从实体法到程序法;在执业方向上,从传统犯罪辩护到职务犯罪辩护、经济犯罪辩护、金融犯罪辩护,从刑事辩护业务到企业刑事合规非诉业务,娄秋琴的每一步都走得坚定而踏实。

近年来,刑事合规业务兴起,很多律师认为这是一项业务拓展机会。其实娄秋琴早在2008年就开始研究企业刑事法律风险防控,并先后在法律出版社出版了《公司企业管理人员刑事法律风险与防范》和《商界警示:企业管理人员不可不知的88种刑事法律风险》两本专著。对于刑事合规,娄秋琴有自己独特的看法。

娄秋琴认为,企业刑事风险防控业务,不能仅仅依赖某个或几个律师的单打独斗,一定要有一支强大团队的支持。"刑法是后盾法,涉及社会的方方面面,不仅需要其他部门法的支持,还需要其他社会学科的支持。而企业刑事风险防控,不但要懂法律,而且还要懂企业的业务。"

然而,娄秋琴并没有把刑事合规作为一项业务来源。近年来,有不少的官员、高管由于涉嫌犯罪而身陷囹圄,不少企业面临着刑事法律风险。"其实这些人不少都是企业的高级管理人,是企业的业务骨干,在自己的业务领域都是非常能干优秀的,有的确实是因为法律意识淡薄而葬送了自己的大好前程,最后搞得家庭破碎,这让我非常痛心。""经历了那么多血淋淋的案件,我只希望把刑事辩护前置进行风险防控,让企业高管看清红线并止于那条红线,这是我认为做刑事合规最大的价值。"娄秋琴说。

执业方向的不断调整,是个人的兴趣使然,也是自己对于未来行业趋势的判断。对于行业趋势的把握,也是娄秋琴最想和青年律师分享的一点感悟。"作为律师,你只有对行业趋势有一个整体的判断之后,才能做好这方面的准备,才能应对未来社会所产生的变化。如果我们永远都只是被社会潮流推着走,那么,相当多的时候,都是非常被动的。"

刑辩律师天生就具有对抗性,而女人的逻辑思维严谨细腻,所以当女人选择了刑事辩护这个职业,容易锋芒毕露,咄咄逼人。但是,娄秋琴认为,不管女人选什么职业,她首先是女人,这是自然属性,然后才是工作,那是社会属性,应当努力将工作和生活平衡好。终究,女人的幸福是来源于家庭,女律师的幸福还是来源于家庭。

正是这种"陪伴式"的办案风格、走心用情的做事原则、勇于放弃的人生智慧、无私分享的开源理念、超脱的思想境界、为同行竭力鼓与呼的行业情怀、积极乐观向上的性格构成了娄秋琴,培育了这个刑事辩护领域个性鲜明的"榴莲"。

律师眼中的司法之变:
一年办结四起无罪辩护案非巧合[①]

过去的一年,律师娄秋琴办结了 4 起无罪辩护案件,全部都是涉及民营企业家的无罪案件。这是她深耕官员和企业家刑事辩护 12 年以来,办结无罪案件数量最多的一年。

"单单 2018 年就有 4 件,这不是巧合。"娄秋琴近日接受《法制日报》记者采访时说,这与国家司法保护民营经济发展的大环境密切相关,也是以审判为中心的刑事诉讼制度改革等司法体制改革的结果。

---

① 参见周斌:《一年办结四起无罪辩护案不是巧合:律师娄秋琴讲述中国司法环境之变》,载《法制日报》2019 年 1 月 28 日。

今天，让我们来听听娄秋琴的故事。

办理一起案件恰如一叶知秋，这是一起涉嫌行贿近1000万元的案件。

检察机关指控广东一家大型建筑工程企业单位犯罪，公司总裁作为主管负责人一起被移送起诉。娄秋琴正是这位总裁的辩护人。

介入案件后，娄秋琴通过认真阅卷、会见、调查了解到，对于指控的所谓行贿事实，是由独立核算的分公司负责人具体操办的，公司总裁根本就不知情。

但有多份口供指认公司总裁是知情的。"两名被告人共有15份供述是非法取得的，他们在侦查阶段后期以及审查起诉阶段均做过无罪的辩解。"娄秋琴回忆说。

她将辩护重点锁定于非法证据排除。

"2012年，刑事诉讼法确立了非法证据排除规则，2017年，最高人民法院、最高人民检察院、公安部、国家安全部、司法部出台实施《关于办理刑事案件严格排除非法证据若干问题的规定》，细化了这一规则。"娄秋琴说，她通过申请召开庭前会议、申请侦查人员出庭、调取同步录音录像等，推动开启"排非"程序。

"经对出庭侦查人员发问，我发现侦查人员存在以非法限制人身自由的方法收集供述的情况。经仔细审查同步录音录像，发现笔录起始时间与提审时间、录像时间不吻合，且笔录内容与录像内容不一致等问题。"娄秋琴说。

从细节入手，循序渐进，抽丝剥茧。在辩护人的共同努力下，一审法院排除了两份有罪供述，但仍然认定企业构成犯罪，并对企业总裁判处有期徒刑4年6个月。二审法院排除了其余13份有罪供述，于2018年12月宣告建筑工程企业及其总裁均无罪。

这样的判决结果，不仅使企业总裁免遭囹圄，也挽救了整个企业，因为一旦因行贿被定罪，企业被列入"黑名单"，将失去一系列招投标资格，严重影响和制约其今后的发展。

"实际上，我的辩护意见在一审时已基本阐述清楚，所不同的是，二审时法官的司法理念发生了变化。一审判决以不能证明存在刑讯逼供为由而未敢排除所有的非法证据，但事实上，只要不能排除有刑讯逼供的可能就应当排除该非法证据，二审判决符合法律规定和司法精神。"娄秋琴补充道，二审时保护民营企业家这一司法环境也是个有利因素。

一叶知秋。一起案件，印证了中国司法保护民营经济发展之变，也见证了娄秋琴刑事辩护的执着和努力。司法环境发生变化，办案律师感受多多。一年办结4起涉民营企业家无罪案件，是娄秋琴原先未能料到的。但无罪案件会越来越多地出现，她有所预见。这个信号很强烈。

之前，中央三令五申要求"加强产权保护"。"有恒产者有恒心"也被写入了《中共中央、国务院关于完善产权保护制度依法保护产权的意见》。

于2018年年初举行的中央政法工作会议则明确提出：要抓紧甄别纠正一批社会反映强烈的产权纠纷案件，进一步稳定社会预期，增强企业家信心。

之后，中央政法各单位出台法律文件、召开相关会议，要求加大对民营企业家的人身、财产权利的保护力度，坚决纠正涉产权错案。

让娄秋琴印象深刻的是，去年5月，最高人民法院对物美集团创始人张文中诈骗、单位行贿、挪用资金案再审改判无罪，这大大提振了人们对司法保护产权的信心。

娄秋琴明显感觉到，办理涉民营企业家案件更加得心应手。"司法环境发生了变化，司法人员更愿意倾听律师意见，办案更慎重，纠错更大胆，这样我们辩护时的底气也更足了。"她说。

颇为巧合的是，娄秋琴办结的这4起涉民营企业家案件分别是在侦查阶段、审查起诉阶段、一审阶段和二审阶段取得无罪效果的，正好涵盖了刑事案件的四个诉讼程序。

2018年年底，娄秋琴代理的另一起民营企业副总裁涉嫌挪用公款1200多万元、贪污3000多万元的案件一审宣判，当事人同样被宣告无罪。"这起案件进入审判程序后，我们说服承办法官对当事人先行取保候审，让当事人少受了3年羁押之苦，这在以往很多案件是很难做到的，为法院点赞。"她说。

宣判后，4000多万元涉案冻结款被立即解封。当事人说，是娄秋琴凭借精湛的专业技能和对自己近乎苛责的要求打赢了这场官司。

企业家涉及刑事风险高发，各种因素都有，即便无罪释放，损失往往已经难以避免。

"企业家被抓，不管结果如何，企业'黄'了的案例，我见过太多。"娄秋琴感慨道，我国企业特别是民营企业，对企业家的个人依赖都很高，一旦企业家涉刑案，企业很容易陷入困境甚至瘫痪。

在她看来，当前企业家涉及刑事风险高发，这既有外部因素，也有内部原因，即企业、企业家自身的不规范。

"有的企业家，对法律尤其是刑事法律一点概念都没有。"娄秋琴说，这些企业家认为有些事是"行规""潜规则"，大家都在做就可以做，殊不知自己已经碰触了法律的红线。

她举例说，按照公司章程，财务支出500万元以上需要股东签字同意。合作无嫌隙时，股东之间打个电话，和财务说一声就把钱支走了。过后如果股东之间闹翻，有股东翻脸不认账时，就很可能变成挪用资金或职务侵占。

另外一些企业为了避税或者支出便利,存在通过个人账户出入账的情形,风险极大。娄秋琴曾办理过一起涉案 3700 多万元的职务侵占案,就是由此导致的。最终,她将满满一屋子的原始记账凭证翻了个遍,所幸找到有力证据,法院最终认定侵占金额为 200 多万元。

"企业、企业家只有自身硬,才能规避法律风险,才经得起查。"娄秋琴说。

为此,这些年,她将大量精力投入企业刑事合规领域,在专著《公司企业管理人员刑事法律风险与防范》和《商界警示:企业管理人员不可不知的 88 种刑事法律风险》里,将一家公司从设立到终结所有的刑事风险点都整理了出来,还常年给很多大型企业及一些高端的法务联盟进行刑事合规培训,将许多风险隐患遏制在源头。

"企业刑事合规是大势所趋,护航民营经济发展,律师大有作为,刑辩律师大有可为。"娄秋琴说。

娄秋琴:为学日益,为道日损[①]

"刑辩女律师""在读博士""学院副院长""好妈妈"……这是一张美丽且充满魅力的名片。

见到她以前,你会以为她只是一个认真干练、不苟言笑的人;见到她以后,你会发现她亦是一个简单随和、率性可爱的人。她似乎有着一种与生俱来的神奇魔力,让你见到她就会不自觉地喜欢上她,或许这就是她口中所说的魅力吧。

她,就是娄秋琴律师,一个可甜可盐的人,在世界的纷繁复杂中始终保持着真实与立体的人格体现。

除了关注她令人羡慕的人生与成就,我更在意她是如何使自己活得如此精彩的。当天的交流活动以问答形式展开,娄律师在交流现场用三个小时与大家分享了关于人生选择、时间管理、技巧与实践、职业理想、人生态度等方面的经验与心得。

魄力:两次转身,另辟天地

王先谦对《荀子》中"杨朱哭衢涂"解读说:"喻人一念得失,可知毕生,不必果至千

---

① 参见王文雅:《刑辩女侠娄秋琴:为学日益,为道日损》,郭倍倍指导,载中南财经政法大学网,http://alumni.zuel.edu.cn/2020/1123/e10379a257643/pagem.htm。

里而觉其差也。"杜甫也曾写下"茫然阮籍途,更洒杨朱泣"的凄美诗句。人生,是一个不断做选择的过程,而这个过程往往都不尽洒脱,我们对娄律师的职业选择充满好奇。

娄律师在解答的言语之间透露出坚定,在娄律师身上,似乎不存在这种世人的困惑。娄律师的人生里,随便一个片段都是故事。两次漂亮的转身,一次发生在高考填报志愿,一次在事业正红时,每一次,她都有魄力。

"如果没有去中南财经政法大学攻读刑事侦查专业,我现在就是一名理工女。"因为对刑侦充满好奇,当年在父母不知情的情况下决然填报提前批志愿,一纸高考录取通知,将分数本可以上清华的娄律师带到长江之滨。一刹那,人生轨迹被改变,这是娄律师刑辩之路的起点。

第二次转身是在 2017 年,正值事业风生水起之时,娄律师不顾劝阻毅然选择师从顾永忠教授继续读博深造,沉淀自我。她说相比于刀光剑影的刑辩之路,孤灯黄卷的学海之涯也很难熬,但既然选择了,就要义无反顾,正如其作诗所言:"花开花落复春秋,云卷云舒伤情怀。刀光剑影展侠义,笔困纸穷蓄薄发。无意闯入无涯海,月浅灯深何处寻?待到来年傲枝头,任尔东南西北风。"

人生的痛苦莫过于选择一条道路之后,又纠结于另一条未选择的路。而她,永远知道当下的自己要什么。

笃定:认准目标,义无反顾

《老子·有无相生》中有句话叫"为无为",道家讲的无为,就是按照道的方式来作为,想要有为,先要懂得无为的道理,有所舍才能有所得,所以为无为。

代理案件、著书立说、照顾家庭、读博深造、讲座分享……娄律师将多线条工作处理得有条不紊,如何进行时间管理是大家关注最多的问题,她用"统筹""专注""放弃"六个字来总结。人生最难的不是得到,而是放弃,一直以来,娄律师每个阶段的人生目标都非常清楚。

读研期间,娄律师就有着一种异于同龄人的笃定与坚持,她从一进校就计划自己毕业后要做律师。在研三,她没有像大家那样疲于奔命地准备各种考试,而是选择直接去北京大成律所实习,毕业就拿到 offer,她说,那为她节省出很多时间。

工作期间,在事业与家庭两难之中她依然保持着清醒的认知。"钱可以等孩子长大了再赚,但孩子的成长不会等你。"她说在孩子 10 岁以前,希望尽可能多陪伴孩子,因为孩子从小到大养成的习惯,有些是在学校里、书本上学不到的,而是来源于大人们的以身作则和耳濡目染。在她看来,事业与家庭的平衡之道在于懂得舍弃。

知道自己想要什么,就知道自己该舍弃什么,这是前提。但真正难的是,我们很多人并不清楚自己想要什么。

我们要做的,就是找到自己在这个世界上独有的坐标。认准目标之后,懂得舍弃,剩下的便是义无反顾。

睿智:由人及事,理直气柔

在日常的工作、学习、生活场景中,我们习惯于遵守就事论事的原则,针对事情本身讨论可行的解决方案,绝不掺杂其他因素。美国著名的潜能开发专家托尼·罗宾斯则认为:不妨先论人,再论事。

柔中带刚,让你不得不自愿让步。并不刻意强调自己的干练与理性,而是清楚自己的分寸所在。娄律师执业以来成功办理过多起无罪辩护案件,在我国目前无罪判决率极低的司法环境下,她又是如何做到的呢?

为公众所熟知的甘肃陈琴琴故意杀人案,从死刑改判无罪,该案的辩护律师正是娄秋琴。多年之后,她与当年该案的合议庭成员之一在公众场合相遇,法官仍然记得她,并且向她表示了敬意。

"做得对的未必一定是做得好的,做刑辩律师除了专业技能,还应当要有一定的格局,我们通过为个案辩护维护了个案的正义,但如果能通过个案去推动司法的进步,那会更有价值。一个无罪案件辩护的成功,不仅仅只有律师的功劳,也有法官、检察官各方的努力。"在与娄律师的交谈中,发现她总是从别人身上去找闪光点,感恩她所遇到的人,这也是娄律师即使做了那么多无罪辩护的案件,多年后却仍然能让法官对她心怀敬意的原因吧。

一提及刑事辩护,娄律师的眼神都是亢奋的,她说,作为律师,每次和法官、检察官的交流都是智慧的交锋,刑事辩护归根到底是一门说服的艺术,不但需要专业能力而且需要各方面的知识储备及其他综合能力。用她的话说,就是动用全身的智慧,去阐释法律的精髓和原理,去激发法官、检察官内心的善念,甚至还要通过说服主办法官、检察官去说服更多的人。

这个问题不只是在法庭上,在人生当中同样如此。度的把握非常重要,既能坚持自己的原则和初心,又不让他人心生隔阂,这是一件非常难的事。正确的立场,也需要妥当的表达。就像《周易》里讲的"曲成万物而不遗",用迂回的方式奔向自己的目标。

把事情做成,绝非就事论事这么简单,一定是由人及事,通过说服人去把事情解决。

格局:立足行业,用心呼吁

律师应该怎样面对刑辩道路的艰难,娄律师提出了自己的见解。

比如律师会见难,一直都是一个老生常谈的问题。2018年,娄律师针对看守所会见问题在全国范围内做了调研,并且根据调研结果,提出了增加看守所会见室数量、提高看守所会见室使用效率、增加视频会见方式、激活和完善通信权、降低羁押率、惩戒违法人员、排除限制会见期间取得的口供等具体的建议,并呼吁推行看守所周末会见制度,以时间换空间。

这些建议在全国各地引起了巨大反响,允许周末会见的看守所越来越多,切实化解了部分会见难的问题。

"取得这样的成果也绝非我个人的功劳,我只是通过调研引起了大家对这个问题的关注,中国很多问题都不可能一蹴而就地解决,需要一步一步来,有些先进可行的经验,我们通过呼吁引发关注,关于看守所周末会见制度的推行,很多地方律协、司法局、公安局发挥了重大的作用。作为律师,关注行业的问题,这本身就是我们的职责。"

因为行业有了尊严,身在其中的个体才有尊严,娄律师说。

从容:减法生活,少即是多

老子所谓"为学日益,为道日损",说的是人要想得道,就要不停地做减法。

如何将事情做到极致? 娄律师说,到了不惑之年,她开始减少每年代理的案件量。"为道日损"是一个自然而然的过程,无须刻意。娄律师在减少自己社交、工作的同时,也将精力更集中地投入论文写作和金融领域。她说,人的精力是有限的,尤其是刑事辩护业务,不像非诉业务,需要亲力亲为,要想把案件做到极致,要投入很多精力,何况案件是做不完的,倘若毫无保留地把自己的执业经验和技能传播分享给更多的人,也许比办理个案更有利于这个社会。

虽然娄律师说每年办的案件少了,但我们却常常发现她在金融领域活跃的身影,在各地举办的金融与刑事的私享会上,她与金融界的人士进行思想的碰撞,对此,她兴致盎然。她说:"金融领域的知识壁垒较高,刑事律师平时接触得并不多,每次与他们交流,都激发了继续学习的动力。"所以"为道日损"其实是学习的另外一个层级和方向,这个层级的学习是以"为学日益"为前提的,没有任何人可以跨过"为学日益"直接进行"为道日损"。

少则得,多则惑,减法的另一端,是往更需要专注的方向做加法。

结　语

知其雄,守其雌,锋芒内敛,然则魅力四射。正如娄律师所说:"发自己的光,别灭他人的灯。"

娄秋琴：保持初心，坚守品质[①]

在见到娄秋琴师姐前，我曾无数次想象过一名全球知名大所大成律所的高级合伙人、一位总是听说过传闻的刑辩女律师、一位中国政法大学知名校友可能的样子。直到在采访地点真正见到了娄秋琴师姐，她认真、飒爽、博学、亲切……我想再多的词汇都无法真正完美展现出这样一位"女强人"的全部。当天的采访，通过问答的形式，娄秋琴师姐与我们分享了她对于复合成长、输出表达、实践理论、时间管理等方面的经验与看法，向我们展示了"保持初心，坚守品质"的意蕴。

多维发展，复合成长

"法学领域应该关注复合型人才的培养，刑事法学更是如此。"这是娄秋琴师姐对于新背景下法学学生发展方向的独到理解。她本科攻读刑事侦查学，后来又在中国政法大学攻读了刑法学硕士和诉讼法学博士，从事了十几年的刑事辩护工作，办理了大量各种各样的刑事案件，一直深耕在刑事领域。除此之外，娄秋琴师姐还对企业刑事合规研究投入了大量的精力，她到各类企业进行广泛调研，给各类企业进行合规培训。现如今，她还参与到金融等领域的工作中，将她自身所掌握的专业的法学知识与金融领域各个行业相融合并为行业赋能，赢得了广泛的认可。随着现代市场经济的发展、新兴科技的进步，侵犯知识产权、信用卡诈骗、人体基因编辑等新型犯罪不断涌现，跨学科成为刑法学学生必须面对的问题。十几年的学习与工作经历让她深刻意识到，刑法作为包容万千、维护社会方方面面的后盾法，其性质、地位就决定了要想真正学好刑法，就必须掌握其他领域的行业规范、行业术语。

当谈及在学生阶段如何培养跨学科思维和多学科能力时，娄秋琴师姐强调："跨学科的学习是一个终身学习的过程，在学生阶段要结合自己的兴趣和精力进行，做好匹配和权衡。"刑法的罪名有四百多条，涉及社会的方方面面，与很多学科都有交织，但学生阶段的时间是有限的，我们在完成学校基本课程之外，还可以在

[①] 本篇文章为作者在中国政法大学接受专访后，由刑事司法学院整理而成并首发，采访人：林纬晋、黄馨、黄静怡，管理人：李贵柠。

有限的时间里尽量多选择自己所感兴趣的、社会所关注的、法界所着重的热点和常用罪名,在取舍权衡后投入时间精力进行跨学科学习,在所选择的领域学精做精,让跨学科思维和多学科能力成为自己相对于其他法学学生的优势。在研究生阶段,娄秋琴师姐就重点研究经济犯罪和职务犯罪,硕士毕业论文是针对非法经营罪的研究,毕业不到三年,她便在法律出版社出版了《商界警示:企业管理人员不可不知的88种刑事法律风险》和《从政警示:国家公务人员不可忽视的66种刑事法律风险》两本著作。她说研究这两大类犯罪的罪名,单纯学习刑法还是远远不够的,必须同时涉猎其他部门法,还要了解企业和机关的运作,相信正是因为娄秋琴师姐一直本着跨学科的思维,才让她能在相关领域的刑事辩护工作中如此得心应手,不但办理了大量具有重大社会影响力的经典案例,还取得了近十起无罪辩护成功的骄人成绩。

"机遇只会偏爱那些有准备的人",相信跨学科的学习将让我们更容易撬开机遇的大门。

提升表达,输出分享

娄秋琴师姐不但是一位优秀的律师,还是一位学识、经历丰富的老师,兼任中南财经政法大学刑事辩护研究院副院长,她经常出入各大高校的讲台,包括北京大学、清华大学、中国人民大学、中国政法大学、北京师范大学、中南财经政法大学等,也经常给各大企业、协会、司法机关进行培训。她说将自己的经验进行分享是一件特别快乐的事情,对自己而言,也是一个不断提升自我和学习的过程。我们从事后一些报道中发现娄秋琴师姐分享主题涉猎的范围非常广泛,不但讲辩护,还讲侦查;不但讲实体辩护,还讲程序辩护,不但讲刑事辩护经验,还讲企业刑事合规,而且针对不同行业不同领域不同模块。她说那是因为她把每一次授课都当成一次系统梳理自己思路的锻炼机会,不是为了讲而讲,"读和听是一种输入的学习法,而写和说则是一种输出的学习法,必须多个方面结合起来"。她认为,对于诉讼律师而言,表达是一项非常重要的能力,刑事辩护的魅力就在于如何说服司法裁判者接纳律师的辩护观点,需要不断地练习,不断地换位思考。即使是同样的内容,针对不同的对象,我们的表达方式都应该是不同的。

但表达的提升是一个日积月累的过程。娄秋琴师姐坦言,在研究生阶段,她不算是一个非常善于表达的人,刚执业去开庭之前也非常紧张,庭前需要不断地演练,庭后需要不断地复盘,从最初的紧张到最后的自如,是经验的积累,也是不断刻意锤炼自己表达能力的过程。她鼓励同学们在校期间,不但要刻苦学习专业,还要努力抓住机会将自己所学不断输出,通过输出发现自己的不足,然后再去输入,一定会得到很大的提升。"不管未来走向任何岗位,善于沟通表达都非常重要。"采访过程中,我们也深深感受到娄秋琴师姐的语言魅力,相信这也是成就她辩才无碍的原因之一。

实践探索,理论研究

"坐而论道不如起而行之。"理论与实践的关系自古以来就是值得解决的哲学问题,法学学习与应用也不例外。娄秋琴师姐用"法学本身就是一个经验学科,从理论到实践,再从实践到理论,周而复始、不断挖掘、不断升华"来总结她二十几年的学习和工作中的经验。十几年的刑事辩护工作实践,让她不断发现在研究生阶段没有能发现的问题。她说缺乏实践的经验,有些法条即使读一百遍也可能无法发现任何问题,到实践中我们才发现法律解释的重要价值。所以在硕士研究生毕业后的工作过程中,娄秋琴师姐还一直坚持理论的学习,阅读各类著作和论文,同时还不断进行总结,笔耕不辍,在各大出版社出版了八本著作,尝试深层次地理解问题并寻求解决之道,甚至放弃手头的很多工作,重新回到中国政法大学进行博士学位的进修,在第一学年,她基本住在学校,出入教室和图书馆,海量阅读文章,发表了近二十篇文章,其中包括两篇核心,她的文章大部分都是围绕刑事辩护和企业合规的主题,她说写论文不是目的,而是通过理论的学习和研究去解决实践问题,掌握了理论学习的方法,也有利于更好地解决日后在实践中遇到的新问题。

"不能仅在海量的论文中去找所谓的问题,因为这些问题可能是实践中已经解决的问题,有些问题可能是伪命题。"娄秋琴师姐的这句话给我留下了极大的印象。她说她当年的硕士论文就是因为研三去大成律师事务所实习接触了一个非法经营罪的案子,才发现这个罪名堵漏条款运用在实践中存在的问题,然后回到学校通过搜集海量的论文及相关的司法解释进行深度研究,最终既把论文完成了,还对案件的处理提供了很好的建议。这让我想到,如果我们学生把绝大多数时间花在在理论的高空楼阁中构建自己的知识体系,去获取、去吸收、去掌握,然后惯性地在其中寻找自己所希望研究的问题,而这些问题缺乏实践的土壤,研究的价值就可能大打折扣。"读万卷书,行万里路",娄秋琴师姐的经验告诉我们,在文献查找、专注阅读的同时还要关注社会热点、参加法律实践,在实践中不断发现问题,再通过理论学习去解决问题,才能指导法学实践的进步,实现我们成为"法治之光"的愿景。

时间管理,智慧统筹

出差、办案、会见、开会、授课、写作、锻炼、陪伴家人……娄秋琴师姐的工作与生活每天安排得都是满满当当。在谈及如何处理学习、工作、家庭三者的关系时,娄秋琴师姐用"统筹"两个字来概括自己的时间管理哲学。"既要进行时空统筹,也要进行事务统筹。"比如出差途中,跑步锻炼时,这些时间都不能浪费了,可以充分利用起来进行构思或者自我反思,坐高铁和乘飞机也可以阅卷或者写作,安排的航班和车次甚至住宿的宾馆也尽可能合理,可以节省等待的时间或者路途时间,这些都是娄秋琴师姐的时空管理策略。除了时空统筹,还要进行事务统筹,办一个疑难复杂的案件,要查阅大量文献,有时就会发现一些理论问题,在阅读的基础上,可以撰写并发表文章,也有助于办理案件,然后再将总结的共性问题进行分享输出,这样就可以将办案、写作、开会、授课进行统筹,看似办了很多件事,但基础内容是可以融会贯通的,在办案过程中还能学习到很多为人处世的学问,然后传导给孩子们。"世间万事万物事实上都是相通的,不要割裂地对待,当我们通盘进行统筹安排时,可以节省大量的时间,让自己忙而不乱。"这是娄秋琴师姐的总结,也给了我们很大的启迪。

即使再忙碌,娄秋琴师姐也一直强调"不能因为赶路而忽略了沿途的风景"。从娄秋琴师姐的朋友圈里,我们发现她同时也是一个非常有生活情趣的人,她热爱运动,热爱摄影,善于发现美的事物,享受当下的每个时刻。"如果因为赶路而忽略了沿途的风景,就失去了赶路本来的意义。"求学博取的路程是艰苦漫长的、职以问道的生活是重复单调的,但我们可以向师姐学习,用身边一份份的"小确幸",让人生之旅变得更加多姿多彩。

结　语

娄秋琴师姐的执业信条是"穷尽全身智慧,走心用情地办好每一起案件"。这让我们看到了法律人的执着。临近采访结束,我们问能否给师弟师妹们送一句话,她说"保持初心,坚守品质"是她近期在思考的一句话,送给大家,也用以自勉,希望我们每个人都能保持成为法律人的初心,坚守做好法律人的品质!

娄秋琴：掌控自己方能掌控人生[①]

智者无惑

人生只有走出来的精彩，没有等出来的辉煌。这句话用在娄律师的刑辩之路恰到好处。

娄律师高中读的是理科，原本与法律专业并没有交集，追溯到23年前，中南财经政法大学的刑事侦查专业在江西省只招收一名理科生，天生热爱挑战和充满好奇的她瞒着父母填报了提前批志愿并被录取。一次意外的拐点，打开了娄律师的刑事辩护之路。

优秀不仅是因为专业，还有努力，她不放过任何时间提高自己的思维、专业和技能。

也许与娄律师是处女座有关，苛求完美的特质，严格的自我要求，经常性复盘是娄律师从入行就养成的习惯，日积月累，逐渐沉淀，从小的感悟到文章写作再到书籍出版，文字的积累彰显着娄律师专业上的成熟，也见证着她从不松懈的坚持。

8本著作的出版，其中不乏历经多次修订再版的经典之作，《常见刑事案件辩护要点》就是其中一本，它不只是刑事律师手头必备的工具书，还成为公安、检察院、法院系统力推的著作，甚至受到在押犯罪嫌疑人、被告人的追捧。

压缩休息和娱乐时间，提高学习和工作效率，娄律师认为这是管理时间的最佳途径。除了自我学习，娄律师也积极参与各类行业之间的交流。法纳有幸邀请到娄律师来所深入交流，并向娄律师详细介绍了从管理案件、管理裁判、管理客户几个维度，标准化、流程化刑辩的作业模式，将大数据引入办案，用案例大数据分析法，预测个案的定罪量刑，通过竞合思维，制定庭审办案策略，把办案过程和结果，通过文字报告的形式展示给客户，形成会见报告、证据审查报告、庭审报告、结案报告等增加客户安全感和信任感的办案模式。

娄律师非常认可精细化的刑辩作业模式，表示除了要达到良好的辩护效果，辩

[①] 本文为作者在广东法纳川穹律师事务所接受的专访。参见法纳君：《娄秋琴律师：掌控自己方能掌控人生》，载微信公众号"法纳刑辩"2020年5月14日，https://mp.weixin.qq.com/s/l4S1COFbjSe7P1ScrWA4kA。

护过程的精细化以及良好的客户体验一样非常的重要,想要把案件做到极致,每一个环节都不容有失。渴望强大,不懈地追求成长,追求极致,不知疲倦,源自一种内在动力。

越是有造诣的人,越懂得克制,越爱惜羽毛。

十几年的刑辩之路,娄律师取得了卓越的成绩,办理了近 10 个无罪案例,其中不乏死刑改判为无罪和巨额经济犯罪案件的一审宣告无罪和二审改判无罪案件,除此之外,娄律师还办理了大量有影响力的职务犯罪案件,如原铁道部长刘志军案受贿、滥用职权案等。

许多当事人慕名而来,希望娄律师能够帮助他们。娄律师会对案件进行严格筛选,她说每年的刑事案件量很多,需要帮助的人也很多,但我们律师的精力毕竟是有限的,刑事辩护的亲力亲为性,也决定了我们要真正办好每一个案件,就一定要有所选择,选择利用自己的能力能真正帮得上的案件和客户,然后把每一个案件做"精"做"细",让客户体验到专业的刑事辩护所发挥的作用和效果。

人生旅途,岔路很多,智慧的人永远会选择最笔直的那一条。

勇者无畏

强大的人不是能征服什么,而是能承受什么。

娄律师不单是位优秀的职业女性,同时也是位坚韧的母亲。劳动法对于三期女职工有特殊的保护,甚至有明确的规定"妊娠满 7 个月应给予工间休息或适当减轻工作",这一时期的女性身体和情绪尤其需要保护。

娄律师几近生产时间仍去参加庭审辩护,充分的准备、激烈的对抗,她的努力不但取得良好的结果,更赢得了法官的尊重。现实社会的铁蹄下,面对困难,要想突围而出,付出的绝对不仅仅是智慧与努力,还需要付出更多的坚强和韧性。

跨出舒适圈,人生的圆圈才能变大。

近些年金融犯罪高发,也有越来越多的金融犯罪案件的当事人找到娄律师,金融知识和行业情况的复杂让她对金融领域产生了浓厚的兴趣,除了日常的业务研究,她将更多的时间用来研究金融专业知识、思维方式、行业情况和内部运作习惯。

"金融+刑事"私享会,是她这么多年坚持举办的活动,她秉承"物质上极简,精神上极奢"的理念,力争每一次私享会只交流干货并推出有见地的研究成果。如何把专业做到极致,优秀的人会不断地探索方法。

刑事侦查学本科、刑法学研究生,十几年刑事辩护的沉淀,仍然觉得对于专业上的研究还需要更加深入,正值事业风生水起时,她转身投入学校继续深造,攻读诉讼法学博士,她认为实体辩护与程序辩护必须结合起来,才能更好地维护当事人的合法权益。

每个杰出的人都可能经历一段平凡到不平凡的道路,通过主动构建自己的优势,可以预见每一次转身终将是华丽的归来。

选择一条通往强大的路,一路狂奔,只为奔跑,不为到达。

仁者无忧

留着干净的短发,素净而坚定的面容,眼神里透着锐利,开口说话必定含笑,声音清脆而爽朗,有的人只一眼就让人心生欢喜,她就是其中之一。有的人走到哪里都受欢迎,因为心怀善意,胸中有山水,心中有慈悲。

到访法纳,娄律师主动与律所的青年律师见面交流。从执业经验、办案方法、客户沟通、时间管理到人生态度,毫无保留地分享,一而再再而三地加时,她总是说特别喜欢跟年轻人在一起,因为年轻人代表着未来,她希望能把自己更多地贡献给未来。

没有人要求她一定要帮助别人什么,善良的人总是会用一种让人舒服的方式感受她的善意,内心欢喜,所以传递欢喜。

聊到如何取得客户的信任,特别是在客户咨询过很多行业大咖之后,她给的回答是,打动人最好的方式就是真诚,不管最终是否会接受案件委托,她都会把她对于案件的专业分析以及应对策略毫无保留地告诉客户,会用她能想到的对客户来说最好的方式给予他们帮助。与人相处最美好之处就是真诚。

菜根谭说:"文章做到极处,无有他奇,只是恰好;人品做到极处,无有他异,只是本然。"

子曰:"智者不惑,勇者不惧,仁者不忧。"

她知世故而不世故,历圆滑而弥天真。

她,叫娄秋琴。